근현대교회사

펭귄 교회사 시리즈 ④

근현대교회사

제럴드 크랙 · 알렉 비들러 / 송인설 옮김

크리스찬
다이제스트

근대 교회사

GERALD R. CRAGG

The Church and the Age of Reason 1648–1789

차례

제 1 장

서론: 새로운 시대

베스트팔렌 조약(1648)은 전쟁의 시대와 분쟁의 세기를 그치게 했다. 이것은 30년 전쟁의 끝일 뿐만 아니라 일반적으로 종교 전쟁의 끝이었다. 다음 150년 동안 유럽의 평화는 종종 깨어졌다. 나라들 사이에 전쟁이 있었으나 종교는 거의 전쟁의 구실을 제공하지 않았다. 영국 왕실에 가톨릭 왕조를 세우려던 루이 14세의 노력의 실패는 때늦은 종교 갈등의 시대의 추가 기록 같은 것이었다. 양 국가는 칼에 의한 선전 활동을 그만두었고, 이에 따라 교리적 논쟁은 국가들 사이가 아니라 국가 안에서 해결되었다. 따라서 신앙의 문제는 국제 문제에서 중요한 자극제가 되지 못했다. 교황 인노켄티우스 10세는 가톨릭에 대한 조항에 반대하였고, "주 하나님의 열심으로"(Zelo Domus Dei)라는 서신으로 항의 내용을 보냈다. 그는 가톨릭에 대한 조항들이 "무효이고 저주받은 것이고 과거와 현재와 미래에 아무 영향도 결과도 끼치지 못한다"고 선언했다.

그러나 이러한 수사학적 기교는 구사하기는 쉬워도 존중받기는 힘들었다. 유럽은 교황의 흥분에 아무런 관심도 기울이지 않았다. 분명한 것은 이제 정치적 문제는 교회 행정가와 신학자들의 의견을 참조하지 않고 해결될 수 있게 되었다는 것이었다. 교황의 영향력은 아주 약화되어 그는 더 이상 서유럽의 정치 문제에 효과적으로 개입할 수 없었다. 교황은 독일에서 외국의 유력자로 취급받았다. 종교재판소는 교황이 스페인의 문제에 직접적으로 참여하는 것을 배제시켰다. 마자랭은 프랑스에서 조심스럽게 교황과 거리를 두었다. 교황의 권력은 쇠락하였다. 교황의 성무금지령은 아무런 효과가 없어서 사용할 수 없게 되었다. 이렇게 제도적 종교의 평판이 쇠락하면서, 새로운 시대가 시작되었다. 베스트팔렌 조약은 믿음의 문제에서 각 나라 안에서 세속 군주의 힘이 강화되었다는 것을 인정하였다. 종교적 제재가 그 권위를 잃게 되면서, 이에 따라 각 나라의 법이 명성을 얻었다. 휴고 그로티우스에 의해 시작된 작업은 사무엘 푸펜도르프(Samuel Pufendorf)에 의해 계속되고 확대되었다. 주권 국가들 사이의 관계가 통제되어야 한다는 것이 일반적으로 인정되었으나, 새 시대가 호소한 원리는 이전 시대의 원리들보다 더 세속적인 것이었다.

종교적 차이는 더 이상 국가들 사이의 분쟁을 정당화시키지 않았다. 종교의 차이는 한때 동료 시민 전체를 분리시키지 않게 되었다. 이것은 항상 즉각 이루어지지는 않았다. 헝가리는 관대한 규칙을 폐지하였고 비국교도에 대한 처벌 조치로 다시 바꾸었다. 루이 14세는 위그노의 자유를 보장한 낭트 칙령을 철회하였고, 프랑스에서 종교의 통일을 이루려고 시도하였다. 프랑스인들이 팔츠를 점령하였을 때, 그들은 칼빈주의자들을 아주 무자비하게 굴복시켰다. 그래서 이웃 개신교 군주들은 루이가 멈추지 않으면 자기 영토의 가톨릭 주민에 대해 보복하겠다고 위협하였다. 잘츠부르크 대주교는 그의 영토에서 15,000명의 개신교인들을 추방하였다. 스위스에서 종교 분쟁은 아라우(Aarau) 평화 협정(1712) 때까지 계속되었다.

폭력이 진정된 후에도 오랫동안 반목이 계속되었으나, 문제의 본질이 변화되었다. 종교적 경쟁자들은 두 집단 사이의 정치적 권력의 균형을 유지하는 복잡한 과제에서 하나의 요소가 되었다. 영국에서는 정치적 이유로 이루어진 강력한 박해가 실패한 후 수정된 관용 정책으로 나아갔다. 그래서 누구를 억압할 때 그 동기는 종교적이기보다는 정치적일 때가 더 많았다. 많은 나라에서 이단은 여전히 처벌할 수 있는 범죄였으나, 18세기가 시작할 때 잘못된 믿음은 형사 처벌되기보다는 무시되는 쪽이 많았다. 관용은 불안정하게 보였다. 그러나 박해의 정신은 때때로 강력하게 고취되었을지라도 효과가 없었다. 대부분의 나라에서 종교적 적대감은 점증하는 계급의 분열의 의식으로 전이되었다. 가끔 사회적 구분은 교파적 분열과 일치하였다. 영국에서 지방의 대지주와 교구 목사의 연합은 강화되었고, 국교에 대한 비일치 선언은 대개 중산층에 한정되어 있었다. 다른 곳에서 사회의 분열은 종종 교회의 삶에 반영되었다. 프랑스 교회의 상급 성직자들은 이해 관계와 관심사에 의해 하급 성직자들보다는 상류 계급과 더 밀접하게 연결되었다. 반면에 시골의 성직자들은 점차 보통 사람들의 열망에 민감하고 동정적으로 변해 갔다.

이 시대는 안정을 몰랐다. 1648년 이전 몇십 년의 혼란은 평화에 대한 열망을 강화시켰다. 사람들은 루이 14세의 야심이 세력의 균형을 깨뜨리고 아주 조심스럽게 유지되고 있는 안정을 무너뜨릴 위협으로 위험하게 생각하였다. 우리의 시대의 두번째 부분(1715-89)에서, 안정을 향한 추구는 일관성 있게 또 성공적으로 추진되었다. 영국에서 월폴(Walpole)과 프랑스의 뒤부아(Dubois)와 플뢰리(Fleury)의 정책은 유럽에 가장 긴 평화의 기간 중의 하나를 제공하였다. 이러한 주류적 태도는 교회와 교회의 임무를 생각하는 방식에 영향을 주었다. 그 시대의 일반적 정서는 계몽된 관점과 전통적 권위에 의해 강화된, 보다 안락하고 번영된 삶을 추구하도록 촉구하였다. 기존 질서를 위해 교회의 지원을 요구하는 것은 자연스러운 일이었다. 안정된 시대에 종교적 기관들은 대개 보수적 태도를 취한다. 그들은 기꺼이 전통적 방식의 후견인이 된다.

18세기에 그들은 사회의 구조 안에 깊이 연루되어 있었다. 안정성은 귀족이나 농부들에게 필요한 만큼 교회에도 필요했다. 교회의 수입은 십일조 같은 반(半) 봉건적 세금으로부터 나왔다. 그러나 이 견해가 전제하고 있는 공동체의 삶의 이상은 무너지기 시작했다. 궁핍한 사람들을 다루는 적절한 방법은 그들을 공동의 삶 안에 재 통합시키는 것이라는 주장이 있었으나, 그 이론은 점차 적용하기 힘들게 되었다. 교회는 여전히 사회적 복지의 주요한 기관이었을지라도, 그 요구를 더 이상 다 충족시킬 수 없었다. 프랑스의 교육과 건강의 분야에서 교회의 사역은 점점 더 비판을 받게 되었다. 교회는 자본가 농업의 혼란이 농부들에게 덮쳤을 때 모든 곳에서 농부들의 근본적 궁핍을 고칠 수 없었다.

이 시대가 부딪친 주요한 문제 중의 하나는 권위의 문제였고, 그것은 도처에서 교회에 영향을 끼쳤다. 교회와 국가의 관계는 일제히 교회에 비우호적인 방식으로 해결되었다. 영국의 하노버 왕가의 에라스투스주의(Erastianism)는 모양새를 갖추어 교회를 종속시켰다. 그밖의 다른 곳에서 교회의 독립은 보다 더 공개적으로 제한되었다. 통치자들은 교회의 일에 간섭하였고, 교회의 부를 빼앗았고, 교회의 삶의 구조를 변화시켰다. 로마 가톨릭 국가에서 로마와의 끈은 고의적으로 느슨하게 되었다. 명목상으로만 교황청에 의존하였을 뿐 민족 교회를 추구하는 움직임이 상당히 진행되었다. 몇몇 전제 국가에서, 교회는 국가의 한 부서의 지위로 축소되었다.

교회의 권위는 많은 영역에서 도전받았으나, 어느 영역도 지성적 분야만큼 심각하지는 않았다. 새로운 심리학, 즉 인간의 지성을 흰 종이로 설명하고 그 위에 경험이 지식을 새겨 나간다는 심리학은 교회에서 오랫동안 지배적인 견해를 공격하였다. 도덕적 문화가 기독교 신앙을 대체하는 적절한 수단이라는 은폐된 주장은 교회의 권위에 대한 간접적 공격이었다. 사람들은 하고 싶은 대로 생각하고 행동할 자유를 원했다. 볼테르와 그의 견해에 동조하는 사람들에게, 계몽주의는 그들을 "하늘의 뜻에 철저히 복종하는 것"으로부터 해방시켰다. 자유는 다양한 방식으로 해석되었으나, 최소한 자신의 종교를 적절하게 취할 권리를 부여하는 것이라고 생각되었다. 처음에 권위에 대한 공공연한 공격은 드물었다.

볼테르는 그의 초기 작품에서 교회나 정부에 대해 드러내 놓고 숙고하는 것을 억제하였다. 그러나 퀘이커의 교회와 정부에 대한 저항에 대한 그의 찬양은 그의 의도를 분명하게 드러내었다. 전통적 권위는 또한 피에르 벨(Pierre Bayle) 같은 사람들의 완곡한 비판에 의해서도 약화되었다. 뉴턴 물리학에 대한 과장된 존경도 비슷한 효과를 내었다. 곧 보다 대담한 정신의 소유자들은 권위에 대한 이러한 조심스런 접근이 너무 힘들다는 것을 발견하였다. 공격들은 보다 더 공공연해지고 신랄해졌다. 계몽주의 사고의 지도자들은 이제 드러내놓고 교회와 교회의 신앙에 대해 비판적이었다. 그리고 합리주의의 교만이 결국 반동을 불러일으켰을 때, 그 대안은 반드시 기독교에 더 우호적인 것은 아니었다. 사람들은 루소가 아무것도 새로 만들어 내지 않았으나 모든 것을 태워 버렸다고 말하였다. 계몽주의의 주창자들은 안정성을 옹호함으로써 시작하였으나, 마지막에는 프랑스 대혁명의 전령이 되었다.

이 시대의 매력은 주로 지적 발전에 있었다. 17세기 중반에 이르면 우리는 근대 세계의 문턱에 위치하게 된다. 사람들의 지성을 사로잡은 문제들과 이 문제들이 논의된 정신은 우리를 여전히 압도적으로 중세적인 분위기로부터 본질적으로 근대적인 분위기로 이전시킨다. 과학은 극적인 승리를 거두었고, 18세기 말까지는 교육받은 사람들은 모든 곳에서 뉴턴의 자연 이해를 받아들였다. 인간의 지성의 작용은 로크에 의해 만족스럽고 흥미롭게 보이는 방식으로 탐구되었다.

로크는 하나님이 지혜와 권위의 궁극적 원천이라는 것을 믿었고, 기독교의 도덕이 최고로 지혜롭고 합리적인 행위의 법전이라고 간주하였다. 그러나 이성이 우리에게 자연을 다스리는 법칙을 이해하도록 가르치고 또 사려 깊은 인간이 자연으로부터 유래하는 믿음의 유형을 서서히 드러나게 한다는 그의 확신은 아주 중요한 의미가 있었다. 로크는 계시의 필요나 가치에 대해 도전하지 않았다. 그러나 그가 계시에 부여한 상대적 위치는 계시가 다른 방식으로 얻을 수 있는 것을 재확인하는 것을 의미하였다.

로크의 계승자들은 그의 사고에 잠재되어 있는 것을 명확하게 드러냈다. 이성의 역할은 확대되었고, 계시의 역할은 축소되었다. 성경은 강력하고 때로는 비동정적인 심문을 받아야 했다. 기적은 도전을 받았다. 예언은 재평가되었다. 그리스도인의 사고는 기독교의 독특성과 권위를 모두 박탈하려고 하는 위협에 부딪쳤다. 이 시대는 바로 이러한 투쟁에 지속적인 관심을 쏟았다. 새로운 사고는 처음에는 기독교 신앙을 향해 우호적 경향을 보였다. 그러나 점차 하나님이 계시하신 것으로부터 인간이 발견한 것으로 균형이 이동하였다. 마침내 이성의 충분성이 확신있게 주장되었고, 성서 신학의 모든 내용은 비교적 중요하지 않은 주변부의 위치로 전락하였다. 영국에서 이러한 이성의 도전은 활력있고 단호하게 대처되었다. 일련의 유능한 저술가들이 교회는 여전히 그 비판자들을 극복할 수 있다는 것을 보여주었다. 버클리와 버틀러의 작품은 영국 사상사에서 탁월한 지위를 차지했다. 어쨌든 이성의 도전은 자기 파괴적이라는 것이 증명되었다. 흄은 극단적 합리주의가 완전한 회의주의로 나아간다는 것을 보여주었다. 철학에서는 이 문제에 대해 새로운 접근을 발견해야 했다. 이러한 동안 웨슬리는 종교는 단순히 지적 가설이라는 경솔한 전제를 무너뜨렸다. 그는 사람들에게 다시 신앙은 하나님의 능력이고 인간의 삶을 변혁시킬 수 있는 것이라는 사실을 일깨웠다.

대륙에서는 그 유형이 약간 달랐다. 영국의 사고, 특히 뉴턴의 물리학과 로크의 심리학은 이 시대의 지적 배경의 일부가 되었다. 18세기의 세계 평화주의는 국제적으로 기본적 신념으로 나타났다. 많은 확신들이 영국의 이신론자들로부터 나왔다. 전형적 세계 평화주의자는 볼테르였다. 그는 원래의 영국에서는 크게 신뢰를 얻지 못한 이성에 대한 견해를 대중화시켰다. 이성에 대한 신앙은 18세기 사고의 전형이 되었으나, 바로 그 확신이 반동을 일으켰다. 루소와 낭만주의자들은 합리주의자들의 무미건조한 지성주의를 거부하였다. 그러나 새로운 강조는 옛 것만큼이나 신앙에 대해 위험스러운 것이었다.

대륙에서 불신앙에 대한 대답은 영국에서보다 더 자신이 없었다. 프랑스 변증가들은 설득력이 없었고, 대부분의 성직자들은 그들의 태도에 의해 그들이 주로 다른 것들에 관심이 많다는 것을 보여 주었다. 독일에서, 경건주의로 알려진 복음주의적 운동은 무미건조한 합리주의와 황량한 유형의 스콜라 정통주의가 인간의 탐구하는 정신에 개방적인 유일한 대안이 아니라는 것을 증명했다. 분명히 경건주의는 열정과 지성을 모두 만족시키는 방식으로 이 둘을 결합하는 데 실패하였고, 따라서 다음 세기에 씨름해야 할 근본적 문제를 남겨 놓았다. 그러나 임마누엘 칸트에서 독일은 유일하게 종언을 고하고 있는 시대를 요약하고 동시에 다가 올 시대를 예기할 자격이 있는 사상가를 내었다.

이성과 권위는 하나의 긴장을 나타내고, "정열"과 "형식주의"는 또 다른 긴장을 나타낸다. 이 시대는 지금까지 끊이지 않는 혼란을 일으킨 열정에 반대하는 반동 속에서 시작되었다. 문명화된 인간은 조용하고 합리적으로 그의 믿음을 붙들고 있을 것이라고 주장되었다. 다음과 같은 교황의 유명한 구절은 이 시대의 기본적 확신을 반영하고 있다. "신앙의 형태를 위해서는 은혜없는 열심당으로 하여금 싸우게 하라." '정열' 은 광신과 같이 취급되었고, 모든 곳에서 의심의 대상이 되었다. 그러나 다행히도 열정은 항상 모든 곳에서 억제될 수는 없었다. 그리하여 우리는 이성의 시대의 세련된 표면 아래에 아직도 열정이 살아있음을 증명하는 일련의 운동들을 보게 된다. 프랑스의 얀센주의자들은 고위직에서 지배적인 예수회 신학과 정반대의 위치에 있었다. 정적주의는 과도하게 지적으로 신적인 것을 이해하는 방식에 대한 신비주의적 저항이었다. 영국에서 근엄한 고전주의적인 영국 성공회는 처음에 후기 청교도의 쇠퇴해 가는 열심에 부딪쳤고, 그 다음 초기 감리교의 신선한 열정과 충돌하였다. 독일에서 경건주의의 정신은 루터교 정통주의의 경직성에 대한 반발이었다.

이 시대를 단조롭고 지루한 기독교 시대로 취급하는 것은 명확히 잘못된 평가이다. 이 시대의 분명한 결점을 무시하는 것도 마찬가지로 어리석은 일이다. 개혁이 긴급하게 필요하였으나, 개혁하려는 시도는 대개 실패하였다. 변화를 추진할 힘이 부족하였다. 영국 성공회는 그 조직의 약점 때문에 선교를 수행할 수 없었다. 왕정 복고의 시대에 사람들은 청교도들이 거칠게 파괴해 버린 이전의 상황으로 되돌아가고자 하였고, 심지어 변화에 대해 이야기만 해도 반역처럼 생각되었다. 하노버 시대가 생각 있는 사람들에게 기존 체계를 변화시킬 필요를 일깨웠을 때, 정치가들은 어떤 종류의 변화도 추진하기를 거부하였다. 교회의 삶은 정치 구조와 너무 밀착되어 있어서 권력 있는 자리를 차지하고 있는 사람들은 체제를 바꾸려 하지 않았다. 바로 이 체제 안에서 체제의 결점들은 편리한 것이기 때문이었다.

어느 누구도 교회의 곤경에 대해 별 다른 생각을 하지 않았다. 프랑스 대혁명이 유럽을 붕괴시켰을 때, 개혁이란 말은 혐오의 대상이 되었다. 프랑스에서 가장 긴급한 정치적 재정적 변화는 이해 관계와 무기력에 의해 차단되었다. 국가가 국가 자신을 구할 수 없을 때, 붕괴하는 체제와 연결된 교회가 변화의 요구에 무감각하다는 것은 놀라운 일은 아니다. 오직 독재자가 계몽된 절대주의는 개혁을 전제한다고 생각했을 때만 교회의 구조를 변혁시킬 수 있다는 것이 증명되었다. 요셉 2세가 오스트리아에서 추진한 계획은 이러한 접근 방식이 성취할 수 있는 최선의 예였다. 이것은 또한 그러한 변화가 왜 그렇게 시시하게 끝났는지 잘 설명해 준다.

베스트팔렌 조약으로부터 프랑스 대혁명까지의 기간은 영웅의 시대는 아니었다. 그럼에도 불구하고 이 시대는 천재적 자질을 인정받을 수 있는 많은 인물들을 갖고 있었다. 이 기간 동안 근대 기독교의 많은 중요한 운동들이 발생했고, 근대의 특징적인 많은 문제들이 처음으로 그들의 본래의 형태로 나타났다. 바로 여기에 지금까지 일어났던 많은 일들, 지금도 우리 앞에 놓인 많은 문제들에 대한 열쇠가 있다.

제 2 장

루이 14세 시대의 프랑스 교회의 삶, 1648-1715

17세기의 후반부는 루이 14세의 시대였다. 그는 절대적 권력과 화려한 권위를 가진 새로운 형태의 왕권을 확립하였다. 그는 미묘한 방법으로 유럽의 지배적 분위기를 창출하였고, 그가 세운 기준들은 교회의 삶에 깊은 영향을 미쳤다.

그의 개인적 통치는 그의 통치 기간과 일치하지 않았다. 그가 보좌에 올랐을 때 그는 미성년자였고, 권력은 다른 사람의 손에 있었다. 추기경 마자랭은 국가에서 강력한 영향력을 행사했고, 능숙한 솜씨로 그의 전임자 추기경 리슐리외가 시작한 정책을 일관되게 추진하였다. 베스트팔렌 조약은 그의 노력에 승리의 관을 씌워 주었으나, 10년 동안은 승리의 완전한 열매를 거둘 수 없었다. 그러나 1659년 그는 그의 목적을 성취하였고, 국내에서 그는 왕의 수위권의 기초를 놓았고 해외에서 스페인의 가톨릭 제국을 제압하였다. 프랑스의 운명의 방향을 잡은 이 두 고위 교회 행정가는 자신의 종교적 확신을 가지고 그의 외국 정책을 결정하지 않았다. 이 두 사람은 모두 국내에서 국가 안의 국가를 만들기 위해 종교적 충성을 이용하려는 시도가 그쳐야 한다고 믿었다. 리슐리외는 프랑스 개신교 신자들에게서 헌법상의 보호의 일부를 빼앗음으로써 그들의 힘을 내리 눌렀다. 분열은 가톨릭 교회 안에서 자주 일어났다. 리슐리외는 모든 개혁의 충동을 왕의 통제 아래 두어 통일을 이루려고 하였다. 마자랭은 그의 전임자가 했던 것을 강화하였다. 그리하여 정책이 나아갈 방향이 명확하게 드러났고, 왕은 그가 성취할 수 있는 것을 보여주는 것만 남았다.

1659년 루이 14세는 성인이 되었다. 2년 후 마자랭은 죽었고 왕은 이제 자신이 직접 국정을 수행하겠다고 선언하였다. 그의 통치 기간의 종교의 역사는 그의 고고한 왕권에 대한 견해의 영향을 반영하고 있다. 왕은 절대적이었다. 국가의 힘은 일치를 요구했다. 이것은 일관된 통일성을 전제로 하였고, 따라서 국교에 대한 반대는 용납될 수 없었다. 그래서 개신교 신자들은 억압받았고 왕은 낭트 칙령을[1] 철회하는 데 성공하였으나, 그 희생은 컸다.

왕의 권위는 국가의 삶의 모든 측면을 포괄하였다. 교회도 예외가 아니었고, 국가의 권위와 경쟁하려는 것은 속속들이 조사 대상이 되었고 필요하다면 저지될 필요가 있었다. 그래서 갈리아주의가 다시 부흥했고, 왕과 교황 사이의 관계가 긴장되었다.

루이 14세는 정치적으로는 개신교 신하들을 평화롭게 두는 것이 더 이로울 것이라고 생각했을 것이다. 위그노들은 한때 심각한 문제였으나, 지금은 정치적 의욕이 꺾여 버렸고 과거에 그들을 그토록 강하게 했던 귀족 계급과의 유대도 끊어졌다. 1662년 루이는 그들이 "그들의 애정과 충성"을 이론의 여지가 없게 증명해 보였다는 것을 인정했다. 그들은 더 이상 가톨릭 교회에 위협이 되지 못했다. 일부 위그노 목사는 능력 있는 설교가요 학자였으나, 어느 누구도 개종시키려는 열정을 가진 것 같지는 않았다. 더욱이 위그노들은 그들이 아주 중요한 경제적 세력이라는 것을 보여주었다.

그러나 그들은 격려를 받거나 관용되는 것 대신에 점차 심한 박해를 받게 되었다. 이것은 과거에 프랑스를 잘 유지시켰던 정책을 역전시킨 것이

---

1) 1598년 프랑스의 종교 전쟁을 종식시킨 이 칙령은 특정 지역에서 그들의 신앙을 허가하였고, 그들에게 가톨릭 신자와 동일한 온전한 시민권을 부여하였으며 특정 요새 도시를 헌법상의 보호 수단으로 수여한 바 있었다.

었다. 프랑스의 과거의 정책은 외교적 유익과 상업적 이익을 가져왔고 프랑스를 유럽의 진보의 선두 자리로 밀어 올렸는데 말이다. 그것은 새 시대의 흐름과 일치하지 않는 것이었다. 이러한 변화의 책임은 부분적으로 왕 자신에게 있었다. 그의 통치 이론은 비국교도를 대수롭지 않게 여기는 것을 불가능하게 했다. 그는 국가의 힘은 단일의 공식적 신앙을 가진 통일된 국민에게서 나온다고 믿었다. 이러한 왕의 경향은 교회의 욕망에 의해 더 강하게 강화되었다. 프랑스의 가톨릭 교회는 그 권력의 절정에 있는 듯했다. 가톨릭 교회의 성직자들은 웅변, 학문, 열정에서 뛰어났고 심지어 사회적으로도 인정을 많이 받았다. 그러나 그들은 위그노가 계속 존재하는 것을 하나의 치욕으로 생각했다. 그들은 항상 개신교의 권리 장전인 낭트 칙령을 원망하였다. 고위 성직자들은 그들의 특권에 관하여 교황과 간헐적으로 논쟁을 벌였고, 그들의 반 개신교적 열정을 강조하는 것이 바람직하다는 것을 알았다. 여기서 왕은 그의 주교들에게 그를 지지할 것을 확인시켰다. 왕도 로마와 입장이 달랐다. 왕과 교황은 각각 개신교의 권리를 공격함으로써 상대방을 격려하였다.

처음에 왕과 그의 성직자들은 단순히 낭트 칙령을 가장 엄격한 의미로 해석하고 그 혜택을 가능한 한 많이 폐지시켜야 한다고 주장하였다. 교회는 "개신교가 한 방에 붕괴되어야 한다"고 요구한 것이 아니라 "그 자유의 축소에 의해 약해지고 점차 고사되어야 한다"고 요청하였다. 그 첫 조치로 성직자 총회는 1660년 낭트 칙령의 집행을 조사할 위원회들을 임명하도록 제안하였고, 그 때부터 낭트 칙령의 자유는 점차 폐지되었다. 매년 몇 가지 이전의 특권이 철폐되었고, 몇 가지 새로운 부담이 부가되었다. 1666년 왕의 칙령은 60조항에 걸쳐 개신교도들을 괴롭힐 수 있는 다양한 방법을 제시하였다. 그들의 삶의 한 측면도 건드리지 않은 것이 없었다. 다양한 이권이 가톨릭으로 개종하도록 유도하였다. 배교한 사람들에게 경제적 유인이 제공되었다. 개신교 신자들은 정부의 공직의 말단 자리도 갈 수 없었다. 왕은 계속 낭트 칙령의 본질적 조항은 그대로 남아 있다고 엄숙하게 확인해 주었다. 만일 그의 정책이 국내에서 걱정을 일으켰다면, 해외에서는 경악을 불러일으켰다. 콜베르(Colbert)는 심각한 경제적 손실이 뒤따를 것이라고 경고하였다. 브란덴부르크의 선제후는 서면으로 강력한 항의를 제기하였다. 루이는 당분간 그의 정책을 유보하였다. 심지어 1666년의 칙령을 취소하기까지 하였다. 그러나 계속하여 개신교인들에게 고통을 주었고, 날마다 그들의 지위는 더 불안정해졌다.

10년 후, 루이는 그의 억압 정책으로 되돌아갔다. 그는 외국의 간섭으로부터 자유로워졌고, 그의 입장은 강경책으로 변했다. 후일 그의 비공식적 부인이 된, 마담 드 맹트농(Mme de Maintenon)의 영향은 루이의 미신적 열정을 더 강화시켰다. 그의 개인적인 도덕은 향상되었다. 그의 궁정의 유쾌함과 화려함은 수수한 종교적 의식으로 대치되었다. 왕은 속죄할 것이 많았고, 그 시대 사람이 말한 대로, "얀센주의자와 위그노들의 등에 올라 자기 자신의 죄를 회개하는" 데 열심이었다. 그의 회심은 "이성에 뿌리를 두고 있지 않고 사랑의 열매가 없었기 때문에" 박해자로서 그의 행보를 막을 것은 아무것도 없었고, 그는 그의 통치 기간 중 하나의 정치적 실수를 향하여 열심히 나아갔다. 위그노에 대한 조치가 많아지고 심해졌다. 그들의 공적 예배를 위한 시설은 현저하게 줄어들었다. 세금 부담은 급격하게 늘어났다. 위그노 교역자들은 특정 지역에서 일정 기간 동안만 살 수 있었다. 가난한 위그노들을 위한 기부금은 가톨릭 기관을 위하여 유보되었다. 위그노들의 병원, 학교, 대학은 폐쇄되었다. 많은 위그노 교회가 파괴되었다. 교인들은 학문을 하는 직업을 얻을 수 없었다. 가정은 (유괴된) 아이들이 가톨릭이 되기를 원한다는 구실로 유린되었다. 개인의 자유에 대한 제한이 재산의 파괴보다 더 고통스러웠다. 자유의 제한과 재산의 파괴는 악명 높은 용기병의 위그노 박해(dragonnades)에서 절정에 달하였다. 군인들은 개신교인들의 집을 파괴하고 그들을 죽일 수 있었다. 죽지 않으려면 개종해야 했다. 수많은 사람이 어쩔 수 없이 가톨릭 신앙을 고백하였다. 도망갈 수 있는 사람들은 해외에서 피난처를 찾았고, 위그노들의 출애굽이 시작되었다.

이론상으로 낭트 칙령은 여전히 법이었으나, 지난 20년간 거의 200개의 법률이 통과되어 그 세부 시행 방식을 규정하였다. 이제 고위직의 유력자들은 모두 루이에게 마지막 조치를 취하도록 촉구하였다. 그는 어떤 개신교 교인도 그들의 이단 신앙을 가지고는 존속할 수 없다는 확신을 갖고 있었다. 예수회의 멩부르그는 이 마지막 조치로 "비극적인 화재, 즉 프랑스를 완전히 파괴시켰고 연기만 남았다가 그 연기마저 곧 완전히 사라질 대화재"가 발생했다고 말하였다. 왕은 1685년 확신을 가지고 낭트 칙령을 폐지하였다. 위그노의 마지막 특권들이 철폐되었다. 위그노 교역자들은 추방되었으나, 나라를 떠나려 하는 평신도들은 가혹한 형벌로 다스렸다. 순순히 따르는 자들은 해를 받지 않을 것이라고 했다. 그러나 이러한 설득은 아무 소용이 없었다는 것이 드러났다. 용기병 박해가 다시 시작되었다. 많은 사람들이 갤리선으로 끌려갔다. 모든 조치에도 불구하고 수많은 위그노들이 다른 나라로 도망하였다. 견디다 못한 남부의 위그노들은 반란을 일으켰다. 20년 동안 세벤느 계곡의 싸움으로 인해 프랑스는 다른 일을 할 수 없었고, 나라의 자원이 고갈되었다.

한 편에서 개신교가 왕의 권위에 도전하는 동안, 다른 쪽에서는 교황이 이에 도전하였다. 절대주의는 비국교도를 용납할 수 없었을 뿐만 아니라 외세의 간섭도 용인할 수 없었다. 교황은 영적인 지도자일 뿐만 아니라 이탈리아의 군주였다. 그는 프랑스 교회에 어떤 종류의 권위를 행사할 수 있었는가? 로마의 수위권이 취하고 있는 형태는 필연적으로 모든 가톨릭 국가에서 교회와 국가의 관계를 악화시켰다. 프랑스에서 이 문제는 갈리아주의라고 알려진 전통과 확신에 의해 보다 더 복잡해졌다. 갈리아주의의 전신은 중세까지 거슬러 올라갈 수 있고, 다른 많은 나라에서 이와 유사한 현상을 볼 수 있었다.

프랑스는 그 힘과 탁월함뿐만 아니라 국가 교회와 로마 교황 사이의 관계의 유형에서도 특별한 나라였다. 다른 나라에서 종교개혁의 도전은 중앙 집권화를 촉진시켰다. 보통 지역의 자율적 세력은 이에 반대하였으나, 대부분의 로마 가톨릭 세계에서 트렌트 공의회의 조항들은 이 중앙 집권적 흐름을 제도적으로 보장해 주었다. 그러나 프랑스에서는 오직 트렌트 공의회의 교리적 결론들만 받아들여졌고, 교회와 국가의 관계는 여전히 1516년의 정교 협약(Concordat)에 의해 지배되었다. 이 정교 협약은 여전히 프랑스와 교황의 관계를 규정하고는 있지만, 트렌트 이전의 상황을 반영하고 있는 것이었다. 다른 나라의 교회들은 이 옛 시대의 모습을 포기하였으나, 프랑스 교회는 그들과 달랐다.

17세기 중반, 이 문제가 뚜렷하게 부각되었다. 루이 14세는 국정을 장악하자마자, 교회를 그의 정치 야망의 도구로 간주하고 있다는 것을 보여주었다. 무제한적 권위를 주장하는 통치자는 갈리아주의를 교회를 통제하는 데 적절한 이론으로 생각하였다. 더욱이 공공의 여론도 프랑스 교회의 권리와 위엄을 새롭게 강조하는 것을 환영하였다. 부르봉 왕가의 통치 아래 이루어진 나라의 통일은 국가의 긍지를 높였고, 이것은 필연적으로 프랑스 교회의 자의식을 고양시켰다.

갈리아주의는 당시의 필요에 딱 들어맞는 이론이었다. 그 뒤에는 강한 전통이 있었으나, 그것은 그렇게 엄밀하게 규정되지는 않았다. 그것은 프랑스인들이 애국심을 갖는 고대의 주장, 즉 "갈리아의 자유"에 근거하고 있었다. 이 갈리아의 자유는 교황의 교서는 프랑스 국왕의 허락이 있을 때만 프랑스에 들어올 수 있다고 주장하였다. 바티칸의 사법적 결정은 프랑스에서 법적 효력이 없었다. 프랑스 국민들은 로마의 법정으로 소환될 수 없었다. 프랑스의 법원은 국내법이 침해될 때마다 합법적으로 교회 문제를 처리할 수 있었다. 그러나 갈리아주의는 전통적 특권을 다시 강조한 것에서 그치지 않고 그 이상의 주장을 하였다. 갈리아주의는 당시 로마 교회 안에서 주도적인 중앙 집중화의 흐름에 대하여 반발하는 반작용 때문에 힘을 얻었다.

많은 프랑스인들은 교황지상주의(ultramontanism)를 역사적으로 방어할 수 없고 신학적으로 부당한 주장으로 보았다. 그것은 또한 아주 위협적으로 행정적 변화를 일으키는 것으로 생각되었다. 프랑스인들은 전통적으로 그들의 교회 문제를 국내에서 해결하였고, 또 그들의 국내 법정이 별로 신뢰감을 주지 못하는 외국 법정보다 더 현명하고 효과적으로 문제를 해결할 수 있다고 믿었던 것이다. 더욱이 벨라르미노와 같은 로마의 신학자들은 교황의 무오성을 프랑스인들이 아주 싫어하는 정치 이론과 연결시켰다. 교황지상주의자들은 교회의 이익이 다른 모든 것에 우선한다고 주장했다. 교황만이 교회의 일을 판단할 수 있기 때문에, 그는 교회의 일과 관련될 경우 세속 통치자들의 뜻을 지배할 수 있다고 하였다.

따라서 갈리아주의는 자연스럽게 두 가지를 강조하였다. 신학적으로 갈리아주의는 교회의 무오한 권위는 교황 한 사람에게 위임된 것이 아니라 교황과 주교들에게 공동으로 부여되어 있고 따라서 최종적으로는 공의회가 결정해야 한다고 하였다. 정치적으로 갈리아주의는 세속 통치자들이 아무리 심각한 일을 저질러도 그들의 권한에 개입하는 교황의 권한을 부정하였다. 이것은 자연스럽게 보쉬에가 프랑스에서 아주 설득력 있게 주장한 왕권신수설을 다시 주장하게 하였다. 그래서 갈리아주의는 다양한 방법으로 주장될 수 있는 입장이었다. 프랑스 주교들은 주로 교회의 집단적 정신을 옹호하고 또 전제적이고 무오한 교황권에 대해 민족 교회의 자율권을 보호하는 데 관심이 있었다. 의회(parlements)는 법률적으로 외부의 권위가 침입해 들어오는 것을 차단하기로 결정하였다.

그러나 엄밀하게 경계를 긋는 선이 그어지지는 않았다. 갈리아주의를 통일된 포괄적 교리로 만들어서 좋은 시민과 좋은 가톨릭 신자의 의무를 화해시키려는 시도에도 불구하고, 보통은 주로 어느 한 쪽을 더 강조하게 되었다. 실제 일부 프랑스 예수회 사제들은 민족적 애국적 열정의 영향을 받아 신학적으로는 교황지상주의자이고 정치 이론상으로는 갈리아주의자일 수 있다는 것을 보여주었다. 분명한 규정이 없다는 것은 갈리아주의가 하나의 체계라기보다는 시대적 풍조로 생각되어야 한다는 것을 나타내 주었다.

17세기 후반, 무오한 교황권은 절대적 왕정과 충돌하였다. 양자의 이론적 주장은 더 강화되었고 결국 갈등을 일으켰다. 어떤 것들은 성격상 사소한 것이었으나, 어떤 것들은 루이 14세의 도가 지나친 교만과 권위적 방법에 의해 촉발되었다. 통치권에서 핵심적 논쟁은 "레갈르"(regale), 즉 비어 있는 주교좌의 소유물에 대한 왕의 권리에 대한 것이었다. 단순한 주장으로 보이던 것이 수대에 걸쳐 왕실 법률가들에 의해 극단적이고 거대한 체계로 확대되었다. 이 문제는 루이가 절대주의와 통일을 위해 이 "레갈르"를 지방의 주교좌에 확대하기를 원했기 때문에 더 확대되었다. 그는 이 지방의 주교좌를 왕의 소유로 돌렸다. 지금까지 이러한 세금 부과에서 면제되어 있던 주교들은 저항하며 교황에게 호소하였다. 1681년 프랑스 성직자 총회는 루이의 주장에 굴복하고 "레갈르"를 나라 전체에 확대시켰다.

교황이 이러한 행동을 부정했을 때 왕은 잠시 입장을 바꾸고 그의 성직자들이 갈리아 교회의 입장을 보다 명확하게 규정하도록 요구했다. 이 결과 1682년 유명한 「4조항」(Four Articles)이 나왔다. 그 내용은 다음과 같았다. (1) 교황은 세속적 문제에 대해 권한이 없다. (2) 전체 공의회가 영적인 문제에서 교황보다 우위이다. (3) 전반적으로 받아들여진 프랑스 교회의 법은 침범할 수 없고 교황권은 이 법들을 준수해야 한다. (4) 신앙의 문제에서 교황의 결정은 전체 공의회에 의해 비준 받을 때만 취소될 수 없다.

보쉬에는 할 수 있는 한 최대로 과장하여 이러한 주장을 하였고, 루이는 당장 성직자들이 이 주장을 받아들이고 프랑스 사제 교육 과정에 포함시키라고 명령했다. 그 결과 프랑스인들은 점차 왕에게 왕이 주장하는 거의 신적인 권리를 부여하게 되었고, 그 과정에서 특징적인 "앙시앙 레짐"(ancien regime)의 정치 이론이 명확하게 나타나게 되었다. 또한 불가피하게 왕과 교황 사이의 간격이 벌어졌다. 교황은 굴복하기를 거절했고, 왕이 임명한 새로운 주교들을 세우기를 거부함으로써 보복하였다. 과장을 하면, 루이는 한동안 진지하게 분열을 생각하였다.

그러나 1689년 그의 대적자 인노켄티우스 11세가 죽었다. 새 교황은 화해할 준비가 되어 있었고, 왕은 교회의 수장과 지속적인 적대 관계를 바라지 않았다. 루이는 화해(rapprochement)를 환영할 충분한 이유가 있었다. 그는 해외에서 심각하게 역전되는 일련의 결과에 직면하였고, 할 수 있는 대로 연합을 하여 그의 입장을 강화할 필요가 있었다. 1693년 그는 저항을 포기하였다. 갈리아 조항은 철회되었으나, 처음에 요란하게 발표된 것과 달리 은밀하게 이루어졌다. 사실 갈리아 조항은 은밀하게 철회되어서 계속하여 많은 프랑스인들의 확신을 대변하였고, 18세기 내내 갈리아주의는 프랑스인의 삶에서 힘을 발휘하였다.

이론의 세부적 내용에 관한 한, 루이의 통치는 교회와 국가의 관계를 괴롭히는 모호성을 해결하지 못하였다. 그러나 갈리아주의의 실제적 적용은 항상 그 이론적 발전을 앞서는 경향이 있었고, 17세기 프랑스에서 이 교리는 독재적 왕조가 교회를 국가의 한 기관으로 간주하는 것을 위장하는 역할을 하였다. 루이는 성직자를 국가의 공복으로 간주했다. 그는 성직자들이 자기의 뜻에 복종하기를 기대했고, 그들이 그렇게 하도록 강제할 능력이 있었다. 그는 성직록을 줄 만한 이들에게 편안한 성직록을 주어 보상해 주었다. 그는 고집스런 성직자들의 수입을 아첨꾼들의 연금으로 주어버림으로써 고집쟁이들을 파멸시킬 수 있었다.

갈리아주의가 프랑스 교회의 자율을 보호하기를 추구하였다면, 얀센주의는 프랑스 교회의 정화를 추구하였다. 얀센주의 논쟁은 그 원인과 과정에서 갈리아주의 논쟁보다 '더 복잡하였다. 얀센주의는 훨씬 더 많은 열정과 혹독한 처사를 불러일으켰다. 이것은 이프레(Ypres)의 감독이었던 네덜란드 신학자 코르넬리우스 얀센(-1638)의 작품에서 유래하였다. 그는 당시의 무미건조한 신학에 식상했다. 그는 대중적 도덕을 가장 잘 드러낸 스토아적 자족성이 인간의 무력함을 무시하고 창조주에 대한 절대적 의존성을 망각했다고 주장했다. 교회에 만연된 형식적 의식은 인간은 오직 신앙을 창조하는 하나님의 사랑을 통해서만 구원받을 수 있다는 본질적 사실을 감추었다. 그는 하나님의 사랑은 회심을 통해서 효력을 보이고 회심은 하나님의 선하신 호의에 의존해 있다고 보았다. 이러한 얀센의 은총에 대한 가르침은 예정의 교리를 암시하였다. 그는 힘써 예수회를 대적하면서, 이에 못지 않게 개신교를 격렬하게 거부하였다. 그는 진정으로 "복음적이지만 개신교적이지는 않고 가톨릭적이지만 예수회적이지 않은" 기독교의 입장을 추구하였다. 그는 아우구스티누스의 은총의 교리가 중세의 공로주의 사상에 의해 모호해졌다고 보고, 아우구스티누스에게서 영감을 찾았다. 그의 작품 「아우구스티누스」(1640)에서 그는 평생의 사고와 연구를 정리하였다.

비록 얀센주의가 저지대 국가들에서 크게 위력을 떨쳤을지라도, 가장 큰 영향력을 행사한 곳은 프랑스였다. 얀센의 절친한 친구요 생 시랑의 수도원장인 뒤 베르지에르(du Vergier)는 얀센주의의 견해를 대중화시켰다. 그는 특히 하나님의 사랑과 인간의 회개의 필요성을 강조하였다. 이러한 그의 가르침보다 더 중요한 것은 유능한 제자들을 불러모으는 그의 은사였다. 그는 아르놀의 유명한 법률가 집안 식구 몇 명을 끌어들였다. 얀센주의는 포르 르와이알 수녀원장 앙젤리크 아르놀을 통해 이 유명한 수녀원과 아주 가까운 관계를 형성하였다.

그리하여 얀센주의 논쟁은 (신학적으로 복잡한 문제인) 특정한 은총의 교리에서 시작되었고 선택과 예정이라는 당혹스런 신비에 연루되었다. 그러나 얀센주의가 창조한 열광을 설명하는 것은 그렇게 추상적인 문제에 대한 열정이 아니었다. 갈리아주의 성직자, (심지어 궁정의) 고위층 귀족, 학자들이 얀센주의에서 매력을 느꼈다. 그 도덕적 영향은 강력하였다. 부패한 시대에 얀센주의는 엄격하고 단호한 요구를 하였다. 비굴한 시대에 얀센주의는 자기 존중의 위엄을 주장했다. 획일성의 시대에 얀센주의는 독립적 의견을 가진 단체가 되었고, 강력한 만큼 두려움의 대상이 되었다. 그러한 그룹에게 루이 14세의 정부가 무관심할 수는 없었다.

그러나 실제 논쟁은 얀센주의가 실제 호소하고 있는 문제에 관한 것이 아니었다. 1648년까지 교리적 문제는 실제 덮여 있었다. 1649년 소르본느 대학에 의해 「아우구스티누스」란 책에서 5개의 명제가 검열되었고 정죄 여부를 결정하기 위해 로마에 제출되었던 것이 사실이었다. 이 명제들의 전반적 내용은 그 비평가들이 얀센주의 가르침에서 찾아낸 이중적 강조를 반영하고 있었다. 첫째는 하나님으로부터 특별한 도움을 받지 않고는 인간은 하나님의 명령을 수행할 수 없다는 것이고, 둘째는 은총의 작용은 불가

항력적이고 인간은 자연적인 것이든 초자연적인 것이든 — 비록 어느 것도 강력하게 강제적이지는 않지만 — 결정론에 종속되어 있다는 것이었다. 이러한 가르침에 잠재되어 있는 것은 당시 사상계가 싫어하는 신학적 비관주의였다.

그러나 이미 신학적 고려 대신 다른 문제들이 등장했다. 이 갈등에서 지속적으로 중요한 요소는 예수회와 얀센주의자의 대립이었다. 수년 동안 얀센주의 진영의 지도자였던 앙투안 아르놀은 예수회의 방법을 공격하여 심각한 손상을 입혔다. 더욱이 소르본느에서 "정규" 성직자와 "재속" 성직자 사이, 즉 수도회 소속 교수와 수도회에 속하지 않은 교수 사이에 분규가 일어났다. 갈리아주의와 얀센주의는 다양하게 서로 꼬였다. 더 복잡한 것은 교황이 주로 이 문제의 신학적 측면에 대해 관심이 없다는 점이었다. 17세기 교황은 종종 교리보다 권력에 더 관심이 많다는 인상을 주었고, 특별히 알렉산더 7세는 그의 권위를 주장하고 확인하는 데 열심을 내었다. 따라서 거의 처음부터 당파적 · 정치적 편견이 진정한 신앙적 문제를 덮어버렸고 논쟁을 격화시켰다. 거의 20년 동안, 한편에 예수회와 국가와 교회의 친 예수회 인사들이 있고 다른 한편에 "은총의 옹호자들"이 있어서, 한 달도 충돌이 없이 지나가는 적이 없었다. 짧은 휴식기를 지나고 나면 투쟁이 다시 시작되었고 18세기 내내 이러한 상황이 계속되었다.

이 논쟁이 취한 과정은 얀센주의자들을 수동적 태세로 몰아넣었다. 수년 동안 앙투안 아르놀과 그의 동료들은 후방에서 교묘하게 행동을 전개하였다. 얀센주의자들의 입장은 곧 전복될 수 있는 성질의 것이 아니었기 때문에 전술상으로 강력하였다. 얀센주의는 그 추종자들이 근본적인 신앙적 관심이 별로 없었으므로, 도덕상으로는 취약하였다. 그 대적자들은 「아우구스티누스」에서 발견되었다고 주장하는 어떤 이단적 명제들을 포착하였다. 그러나 이 명제들이 정말 그러한가? 이러한 사실상의 문제들은 거의 끊임없는 논쟁을 유발시킬 수 있는 것이었다. 그 책에서 사용된 거슬리는 말들은 그 비평가들이 주장하는 의미를 갖고 있는가? 그리고 이것은 진정으로 교황의 규정이 필요한 문제였는가?

얀센주의자들은 소르본느 대학이 그 명제들을 정죄할 때 심각한 패배를 당했다. 당연한 절차로 아르놀의 대적자들은 그에게서 대학에서 가르칠 자격을 박탈하기로 결정하였다. 그들은 성공하였으나, 오히려 이로 인해 이 논쟁에 불후의 명성을 부여한 한 사람이 개입하게 되었다. 파스칼의 「프로방시알」(*Provincial Letters*)은 아르놀의 면직을 방어하기 위한 노력에서 기원하였으나, 예수회의 도덕적 결의론의 전 체계를 공격하는 방향으로 확대되었다. 「프로방시알」의 탁월함과 이 작품의 통렬한 위트와 강렬한 도덕적 진지함은 심원한 효과를 일으켰다. 예수회와 그 동조자들은 파스칼이 이런 일을 감당할 자격을 갖추지 않았다고 주장하였다. 파스칼은 (도덕적 문제를 해결하는 과정에서) 결의론의 작품으로부터 뽑아 놓은 발췌문을 가지고 연구하였으나, 그는 도덕 신학의 기본 원리를 이해하지 못하고 있다는 것이었다. 그러나 예수회의 관습은 예수회를 공격당하기 좋게 만들었고, 민감한 양심을 손상시키는 조직적 체계는 복잡한 이론에 호소함으로써 비난을 모면할 수 있을 것 같지 않았다. 교양 있는 사람들에 관한 한, 파스칼의 「프로방시알」은 예수회에 회복할 수 없는 수치를 가져다주었다.

그러나 얀센주의의 운명은 아주 다른 법정에서 결정되었다. 프랑스 왕과 교황청과 예수회의 연합은 결국 강력한 것이었다. 1660년 박해가 시작되었다. 루이 14세는 성직자 총회에게 이단을 박멸하는 수단을 만들라고 명령하였다. 다음 해 바로 성직자들은 프랑스의 성직록은 5개 중대 명제를 정죄하는 글에 서명해야 보유할 수 있게 하자고 제의하였다. 얀센주의자들의 계략을 무너뜨리고 또 복잡한 "사실의 문제나 법의 문제"를 피하려는 모든 시도들이 강구되었다. 많은 얀센주의 지도자들이 피신했고, 포르 르와이알의 수녀들은 정부의 격렬한 노여움에 노출되었다. 아마도 수도원 역사에서 얀센주의자들이 교리적 문제로 주교와 국가 교회의 성직자들과 왕과 교황에게 이렇게 저항한 것은 유례가 없는 것일 것이다. 그러나 마찬가지로 어떤 책에서 특정 단어가 나올 때 이 특정 단어들이 어떤 의미를 담고 있는 것으로 해석될 수 있는지 여부에 의해 교리적 이단 여부를 결정하는 것도 역사상 유례가 없는 것이었다.

왕은 그의 분노를 억누를 수 없었지만, 그의 분노가 저항할 수 없는 것은 아니라는 것을 발견하였다. 1665년 왕은 교황에게 향하였다. 루이의 손안에서 많은 고통을 당한 교황 알렉산더 7세는 그의 기회를 잡았다. 교황은 그의 교서(Regiminis apostolici)에서 이 논쟁을 순전히 교황에 대한 불순종의 문제로 처리하였고, 교서의 문구는 적절한 용어로 구성되었다. 이 시대의 여러 문제의 복잡한 상호 관계는 "레갈르" 문제로 왕에게 저항한 네 명의 주교가 동일하게 교황에게 강력하게 반대하였다는 사실에 잘 반영되어 있다.

1668년은 논쟁이 가라앉았다. 조심스런 협상 결과, 교황이나 왕에 저항했던 사람들이 명예롭게 서명할 수 있는 문구가 만들어졌다. 이 합의는 "교회의 평화"(1669-79)라고 알려진 비교적 조용한 10년의 기간을 가져왔다. 높은 사회적 지위를 가진 여인들이 다시 포르 르와이알에 모였다. 그러나 이 평화는 불안정한 것이었고, 항구적인 것은 아니었다. 여자 수도원의 유력한 수호자 몇 사람이 죽고, 루이는 정통을 위한 열심으로 얀센주의에 대한 그의 분노를 다시 점화시켰고, 포르 르와이알은 점점 더 입지가 불안하게 되었다. 그러나 얀센주의는 조용하기는 하였지만, 절대 죽지 않았다. 케넬(Pasquier Quesnel)의 「도덕 성찰」(*Reflexions morales*)은 얀센주의 지도자에 의해 기록된 가장 대중적인 책으로서, 얀센주의가 계속 생명력을 유지하도록 도와주었고, 이 책을 중심으로 지지자들이 계획을 세우기 시작했다.

18세기 초반, 고질적인 대학의 학문적 문제가 발생하였다. 한 얀센주의자가 소르본느 대학에게 「아우구스티누스」에 대한 정죄를 "신중한 침묵"으로 받아들여도 좋을 것인가 하는 문제를 제기하였다. 이것은 법을 외적으로는 수동적으로 인정하지만 내적으로는 잘못된 것이라고 반대하는 의미를 담고 있었다. 논쟁이 다시 격렬해졌다. 루이는 교황에게 같이 협력하여 얀센주의를 영원히 제거하자고 제안하였다. 그래서 1705년 클레멘트 11세는 "신중한 침묵"을 명백하게 잘못된 것으로 정죄하였다. 왕은 더 가혹한 조치를 취하였다. 포르 르와이알의 수녀원은 세속으로 환속되었다.

이것도 충분하지 못했다. 외국과의 관계가 더 악화되자, 그의 열심은 일종의 미신적 광기로 변했다. 그는 다시 교황의 도움을 청하여, 이번에는 케넬의 「도덕 성찰」을 정죄하였다. 1713년 이 작품에서 인용한 100여개 이상의 명제들을 정죄하는 칙령(Unigentius)이 발표되었다. 얀센주의의 주장을 이보다 더 철저하게 정죄하는 것은 생각할 수 없을 정도였다.

그러나 이 칙령의 가혹함은 이에 상응하는 반발을 불러일으켰다. 이 칙령을 승인한 페늘롱은 많은 프랑스인들이 이 칙령이 아우구스티누스, 바울, 심지어 예수 그리스도 자신을 정죄한 것으로 믿었다고 인정하였다. 보쉬에가 그렇게 조심스럽게 권장한 성경 읽기는 이 칙령에 의해 금지되었다. 그리고 이것이 불러일으킨 동정심의 물결은 18세기 내내 얀센주의가 프랑스의 삶을 흔들어 놓는 효소로 작용하였다는 것을 의미하였다.

얀센주의는 예수회와 그들의 모든 방법에 대한 반발로 시작되었다. 저항 운동으로서 얀센주의는 혼자가 아니었다. 예수회는 공격적인 단체였고, 그들의 강력한 활동은 적대자를 양성하였다. 그들은 엄격한 군대 방식으로 훈련받았고, 명백하고 실천적인 목적에 헌신하였다. 그들은 수학적 증명같이 정확하고 압도적인 믿음의 형태를 선호하였고, 그들의 종교 실천의 규칙에서 무엇보다 편의주의를 중요하게 여겼다. 그들은 많은 신학자들이 저항하고 싶을 한계까지 유용성을 주장하였다. 공리주의의 적절한 한계에 대한 거대한 논쟁은 도덕 이론에 대한 것, 특별히 참회 고백의 규칙에 대한 것이었다. 사제는 참회자에게 어떤 기준을 적용해야 하는가? 사제는 관대해야 하는가 아니면 엄격해야 하는가? 예수회는 융통성 있는 태도를 주장하였다. 가혹함은 교회를 필요로 하고 또 바꾸어 생각하면 교회에 유용했을 사람들을 배격함으로써 그 자체의 목적을 거부한다는 것이었다.

예수회는 고해 신부들에게 관대하라고 권하였다. 이때 그들은 사죄를 거부할 다른 강력한 이유들이 있다고 하더라도, 사죄를 선포할 선한 근거가 있으면, 사죄를 허용하라고 하는, "개연성 이론"(Probabilism)의 교리에 호소하였다. 이제 사죄를 베풀 선한 근거를 규정할 필요가 생겼고, 그래서 정교한 결의론(casuistry)의 체계가 나타났다. 그런데 이 결의론은 참회자를 고해 신부의 열심으로부터 방어해 주도록 되어 있었다. 결의론은 본래 사악한 의도에서 자유로운 말이었으나, 예수회가 그것을 주장한 방식 때문에 불행한 의미를 갖게 되었다.

예수회의 반대자들은 예수회가 도덕성을 떨어뜨렸다고 주장하였다. 예수회는 사람들에게 고해 신부로부터 이미 만들어진 도덕 기준을 얻고 스스로 자신의 책임을 지는 의무는 포기하라고 권장하였고, 반면에 도덕의 관리자 고해 신부들은 그리스도인 행동에 대해 방만한 견해를 취하도록 강요하였다는 것이다. 당시의 일반적 경향은 예수회의 이론과 반대였다. 도미니쿠스회 신학자들은 보다 더 엄격한 의무를 강조한, "더 큰 개연성 이론"(Probabiliorism)으로 알려진 대항 이론을 발전시켰다. 1665년, 1666년, 1679년 교황은 미온적 도덕 이론을 정죄하였다. 예수회는 신학교에서 그들의 입장에 대한 비판과 반대 견해에 대한 설명을 모두 허용하라고 명령을 받았다.

프랑스에서 신학적 의견의 무게 중심은 개연성 이론에 대한 비평가들에게로 쏠렸다. 파스칼은 강력하게 비난하였고, 다른 많은 사람들도 마찬가지로 강경하였다. 보쉬에는 특별히 정곡을 찌르는 비판을 하였다. 그의 명성 때문에, 그의 정죄는 권위가 있었다. 17세기 말, 개연성 이론의 체계는 완전히 신뢰를 상실한 듯하였고, 1700년 보쉬에가 이끄는 프랑스 성직자들은 공식적으로 개연성 이론을 비난하였다. 그러나 이것으로 문제가 끝난 것은 아니었다. 18세기 내내 예수회와 도미니쿠스회 사이에 격렬한 논쟁이 일어났고, 개연성 이론은 보호 속에 로마 가톨릭 교회의 주도적인 도덕 이론으로 재확립되었다. 그러나 루이 14세의 통치 기간에 이 논쟁이 벌써 방탕의 유혹이 강하던 때에 도덕적 억제력을 해이시켰다는 것은 의심이 없는 것 같았다.

17세기 말, 이성의 숭배는 저항을 일으킬 만큼 충분히 진보하였다. 종교적 실천에 침투한 형식주의와 그 시대 예배를 특징짓는 의식주의는 이에 만족하지 못하는 영혼들이 정적주의로 열려진 운동에 쉽게 반응을 보일 수 있는 분위기를 조성해 주었다. 프랑스에서는 신비적 부흥이 상당한 홍미를 일으켰으나, 그 영감은 외국에서 온 것이었다. 스페인에서 성 테레사의 전통은 아직도 강력하였고, 그 가르침과 분위기 중 일부가 미카엘 몰리노스(Michael de Molinos)에 의해 이탈리아에 전해졌다. 그의 활동은 혼합된 반응을 불러일으켰다. 주교와 심지어 추기경들의 태도도 양분되었다. 예수회는 몰리노스의 영적 지도의 방법을 격렬하게 공격하였다. 그의 개인적 도덕은 흠잡을 데가 없었다. 그의 견해는 교황에 의해 정죄되었다. 그는 종교재판소에 의해 체포되었고, 그의 책의 68개 명제가 정죄되었고, 그는 종신형을 선고받았다. 그러나 그의 일부 책은 특별히 그의 「영성 안내서」(*Spiritual Guide*)는 대단한 인기를 끌었다. 그는 영혼이 온전히 하나님 안에서 안식할 때 그리스도인의 완전을 얻는다고 가르쳤다. 영혼은 모든 노력을 포기하고 자기 자아를 포기하여 완전한 수동성에 이를 때, 하나님 안에서 자기 자아를 상실하고 자신의 유익에 대하여 아무 관심이 없게 된다는 것이다.

이 교리는 여러 익명의 신비가들에 의해 프랑스에 소개되고 해석되었다. 모든 프랑스 정적주의자들은 공통적으로 다음과 같은 확신들을 갖고 있었다. 그들은 신자들이 이 세상에 대해 이방인이 되어야 한다고 가르쳤다. 그러면 그들은 하나님의 지속적인 임재를 경험하고 끊이지 않는 기도의 삶을 살게 된다는 것이었다. 정적주의자들은 하나님에 대한 사심 없는 사랑에서 동기를 부여받았고, 수동성을 고양시키는 방법을 발견하였고, 의지를 하나님께 완전히 양도하는 것을 목적으로 삼았다. 그들의 관상은 너무나 내면적이고 인격적이어서, 그들은 때때로 그리스도인의 삶의 외적 증거들을 낮게 평가하고 심지어 음성 기도까지 무시하는 듯이 보이기도 하였다. 그들은 교회의 역할을 제한되고 한시적인 것으로 보았다. 교회는 영혼을 낙원의 외적 경계까지 인도할 수 있을 것이지만, 참된 성결을 열망하는 사람들은 교회의 사역을 넘어 하나님과의 직접적인 교제의 삶을 바라보아야 한다. 이러한 견해는 지지자들뿐만 아니라 비판자들도 얻을 것이 확실하였다. 정상적인 상황이라면, 정적주의는 프랑스의 삶의 표면에 아무 물결도 일으키지 않았을 것이다. 마담 기용(Guyon)은 정적주의에게 악명과 중요성을 동시에 가져다주었다.

이 위대한 여인은 귀족 가문 출신이었고, 대단한 인격적 매력을 지니고 있었다. 그녀의 비판자들은 그녀가 훈련되지 않은 열정과 균형 잡히지 않은 성격을 갖고 있다고 주장하였다. 그녀의 최초의 노력은 말할 것도 없이 경솔하였으나, 그녀는 곧 고위직에 자신의 견해를 천거할 수 있다는 것을 보여주었다. 그녀는 궁정에서 지지자들을 얻었다. 그녀는 심지어 페늘롱의 지지를 받기도 하였다. 「짧고 쉬운 기도의 길」(*Short and Easy Method of Prayer*, 1685)에서 기용은 자신의 견해를 자세하게 설명하였다. 그녀는 관상은 그리스도인의 삶의 본질적 활동이라고 주장하였다. 하나님에 대한 황홀한 관상에서, 영혼은 자신의 유익에 대한 모든 관심을 망각한 채, 버림을 받든 영원한 행복을 누리든 상관하지 않게 된다. 복음의 위대한 진리들은 물론이고 우리의 구세주의 삶과 죽음도 생각할 필요가 없다. 왜냐하면 이러한 것들은 순수한 관상의 적절한 대상이 아니기 때문이다. 필요한 단 한 가지는 "하나님의 흐름과 힘"에 복종하는 것이다.

이러한 가르침은 도전을 받지 않고 넘어갈 수 없었다. 페늘롱은 그녀의 모든 견해를 공유하지는 않았어도 그녀의 강조점에 공감하였다. 그는 보쉬에를 초청하여 그녀에 대한 소송 사건을 재판해 달라고 부탁하였다. 마담 기용과 인터뷰를 한 후, 보쉬에는 강력하게 경고하였다. 그는 또한 몰리노스와 라 콩브의 가르침을 정죄하고 넌지시 마담 기용의 가르침을 정죄한 조사 위원회의 주도적 인물이었다. 그는 이것으로 만족하지 않고 신비주의의 적절한 한계에 대한 책을 저술하기 시작하였다. 그러나 페늘롱은 그보다 먼저 「성도들의 생활 원리 해설」(*Explanations of the Maxims of the Saints*, 1697)을 출판하였다. 페늘롱은 정적주의의 가치를 보전하고 정적주의가 잘못될 수 있는 가능성을 막기 위해 열심을 내었다. 그래서 프랑스 교회의 가장 탁월한 두 지도자는 교리적 문제에서 공개적으로 서로 입장을 달리하였다. 페늘롱은 교황에게 호소하였고, 교황은 비록 아주 부드러운 용어를 썼지만 1699년 그의 견해를 정죄하였다. 페늘롱은 당장 승복하였고, 그 후 교회의 공식적인 일에서 아무 역할을 감당하지 못했다.

이것은 별로 중요하지 않은 논쟁 같아 보였으나, 그 결과는 심각하였다. 그것은 루이 14세 치하의 종교적 문제의 복잡성을 잘 보여주는 것이었다. 얀센주의, 갈리아주의, 정치적 당파의 경쟁, 궁정의 파당의 시기들이 함께 연루되었던 것이다. 논점들은 흐려졌고, 문제의 진정한 성격은 인식되기 힘들어졌다. 프랑스 주교들 중 가장 존경받는 두 영적 지도자 사이의 공공연한 분쟁은 신실한 사람들을 혼란에 빠뜨렸고, 방종한 사람들을 고무시켰다.

루이 14세의 시대는 계속적인 신학 논쟁에 휘말렸으나, 이 논쟁에 대한 설명이 전부는 아니었다. 이 시대의 종교적 삶의 기록은 아주 풍성하였다. 통치 초기에는 영적 영감을 받기 위해 해외에 의지하는 경향이 있었다. 스페인과 이탈리아의 영성 학파들이 그들의 제자들을 갖고 있었으나, 스페인의 열렬한 정열도 이탈리아의 감상적 취향도 프랑스의 냉정하고 비판적인 분위기에 어울리지 않았다. 그러나 더 건강한 스타일과 더 항구적인 효력을 지닌 토착적인 운동이 있었다. 뱅상 드 폴(Vincent de Paul, -1660)은 시골 사제들의 무지한 상태에 크게 실망하고, 선교 사제 공동체 "라자로회"(Lazarists)를 창립하여 프랑스의 변방 지역에 복음을 전하였다. 농촌 지역은 아주 가난하였다. 농촌 사람들의 고통을 경감시켜 주기 위해 그는 "자비의 자매회"(Sisters of Charity)를 조직하였다. 중요한 점에서 그는 규범적인 실천에서 벗어났다. 수도회는 대개 가능한 한 독립을 많이 요구하였다. 그러나 뱅상 드 폴은 그의 제자들이 주교들에게 복종할 것을 강조하였다. 세상에서 격리되어 기도에 헌신된 여자 수도원의 삶은 신앙심이 깊은 여인들을 위한 양식으로 공인되었다. "자비의 자매회"는 이웃과 밀접한 관계 안에서 사역하기 위해 창립되었다.

뱅상 드 폴만이 혼자 성직자 훈련에 관심이 있던 것은 아니었다. 성직자 훈련이 너무 필요하였지만, 그 필요를 채울 방법이 없었다. 보통의 사제들은 대개 가난하고 종종 심각하게 무지하였다. 어떤 사람은 그 흔한 사죄의 형식도 알지 못하였다. 신학 교육을 갈망하는 사람들은 교육을 받을 기회가 없었다. 신학은 대부분의 지방 대학에서 거의 무시되었고, 최근에 생긴 교구 신학교는 아직 숫자가 적었다. 프랑스 오라토리오회(French Oratory)는 성직자를 훈련하기 위해 세워졌으나 학문의 중심지에 한정되어 있어서 그 효력의 범위가 넓지 못하였다. 오라토리오회는 그 회원 중에 아주 탁월한 학자들을 배출하였으나, 시골 사제들을 교육하려는 창립자의 소망을 충족시킬 수는 없었다.

"생 모르의 회중"(Congregation of Saint-Maur)은 비판적이고 역사적인 연구의 중심지였고, 교회사에서 마빌롱(Mabillon)의 노력으로 명성을 얻었으나, 마찬가지로 그 영역이 한정되어 있었다. 일반 성직자들을 교육하는 사명은 1642년과 1643년에 세워진 두 수도회, 즉 쉴피스회(Sulpicians)와 유디스트회(Eudists)가 맡게 되었다. 그들은 학문이 아니라 경건을 강조하였고, 사제의 수준을 현저하게 높여 놓았다.

다른 사명을 갖고 있지만 그들과 비슷한 정신을 갖고 있는 수도회는 1680년에 세워진 "기독교 형제들"(Christian Brothers)이었다. 이들은 시설이 좋지 않은 학교에 교사들을 공급하는 평신도 독신 수도회였다. 17세기 전반부는 여러 다양한 수도회들이 설립되는 것을 볼 수 있었다. 많은 수도회가 여전히 처음의 열심을 갖고 있었고, 교회의 삶의 활력을 위해 중요한 역할을 감당하였다.

루이 14세 시대는 파리의 주도적인 설교자들의 영향을 무시하고는 온전하게 설명될 수 없었다. 설교는 여론을 형성하는 소수의 수단 중의 하나였다. 설교는 공적인 문제를 비판할 수 있는 거의 유일한 매체였다. 이것은 그 위험이 없지 않았다. 설교자는 그의 설교단을 정치적 목적을 위해 사용하고 심지어 개인의 출세를 위해 이용하고 싶은 유혹에 시달렸다. 자의식이 강하고 문학 활동이 풍성한 시대에, 설교는 종종 그 구조가 지나치게 정교하였고 문체가 아주 탁월하였다. 특별히 뛰어난 궁정 설교가들은 종종 그들의 메시지를 그 표현 방법 아래에 종속시켰다. 이러한 인위성은 뱅상 드 폴과 다른 종교 부흥 지도자들에 의해 공격받았고, 프랑스 강단의 가장 화려한 설교가 중의 한 명인 보쉬에에 의해 비난을 받았다.

보쉬에는 그의 설교에서 이론이 실천을 강화하는 방식으로 신학과 윤리를 결합시키고자 노력하였다. 복음에 대한 열정과 그리스도인의 행동에 대한 관심이 정교하게 균형을 이루고 있었고, 이 둘은 그의 화려한 수사학에 의해 강화되었다. 이 통치 기간의 후반기에 보쉬에는 파리에서 거의 설교하지 않았고, 수도 파리의 주도적 설교자로서 그의 위치는 예수회의 부르달루에(Bourdaloue)에게 넘어갔다. 페늘롱이 그 설교가 기독교에 대한 최고의 논증이기는 하지만 종교적 신앙은 아니라고 말했던 것이 바로 부르달루에의 설교를 두고 말한 것이었다.

제 3 장

새로운 시대와 새로운 사상: 1648-1715

17세기 중엽은 서구 사상에서 새로운 시대가 열릴 것 같지 않은, 가망 없는 시대처럼 보였다. 유럽은 전쟁의 소용돌이에 휩싸여 있었다. 유럽의 많은 지역은 기독교 세계의 여러 시민 전쟁으로 인해 황폐해졌고, 유럽인들은 극도로 지친 나머지 안정과 평화를 약속해 주는 옛날의 익숙한 방식들로 되돌아가고 있었다. 최근의 사회적 소란은 사람의 본성에 대해 가장 비관적인 관점을 더욱더 강화시켰고, 도덕의 붕괴는 무정부적 질서가 서유럽의 영적 활력을 훼손했다는 것을 보여주었다.

그러나 근대는 이미 시작되고 있었다. 베이컨은 미래를 지배하게 될 과학적 방법을 제시했고, 데카르트는 철학에서 새로운 시대의 막을 연 사고 원리들을 전개했다. 사람들의 지성은 더 이상 중세와 고전 시대로부터 물려받은 가정들에 의해 지배당하지 않으려 했다. 데카르트는 1650년에 죽었다. 그의 생애의 대부분은 베스트팔렌 조약 이전의 시기에 속한다. 그러나 그의 영향은 아주 강력하여, 새 시대의 사상에서 그의 기여를 고찰하지 않고는 새 시대를 이해할 수 없었다. 데카르트는 프랑스 출신이었고, 예수회 학교에서 교육받았다. 그는 자원하여 군인이 되었다. 군대 생활은 그에게 인간의 본성을 연구할 수 있는 절호의 기회를 주었고, 전쟁 사이에 끼여 있는 긴 겨울 동안 그에게 숙고할 수 있는 긴 휴가를 주었다. 그는 생애의 많은 부분을 네덜란드에서 보냈다. 네덜란드는 스페인과 치열한 전투를 치른 후, 활력이 넘치고 강력한 상업 제국으로 부상하고 있는 나라로서 지적, 예술적, 과학적으로 선두에 서 있는 나라였다.

데카르트의 선배들은 암묵적으로 인간과 하나님의 문제들에 대한 다양한 신념들을 받아들였다. 데카르트는 회의의 방법으로 지식에 접근해야 한다는 가정으로부터 출발했다. 즉 우리는 순수 이성에 의해 판단될 때, 불확실하게 나타나는 모든 것을 거부해야 한다는 것이었다. 그는 "나는 생각한다. 그러므로 나는 존재한다"는 명제로 그의 제일 원리를 삼았다. 생각은 생각 자체를 의심할 수는 없다. 그리고 우리 자신에 대한 어떤 다른 진술도 상대적으로 모순으로부터 자유롭지 못하다. 진리의 기준은 관념의 명확성과 명료성이다. 우리는 우리의 근본적인 신념의 특징으로부터 개념이 명확성과 명료성을 추론한다. 어떤 관념도 신에 대한 관념만큼 명확하지 않다. 신에 대한 관념은 감각의 경험으로부터 유래한 것이 아니고 우리 자신의 행위에 의해 형성된 것도 아니기 때문에, 그것은 신 자신이 우리 안에 심어 놓은 선천적 관념임에 틀림없다. 신에 대해 사유하는 것은 신이 존재한다는 것을 의미한다. 완전한 것은 만약 그것이 존재하지 않는다면 덜 완전한 것일 것이다. 완전은 실질적 존재를 포함한다. 바로 이것에 우리 주위 세계에 대한 우리의 지각의 확실성이 의존해 있고, 그래서 우리는 다른 존재들과 다른 사물들의 실존에 대해 확신할 수 있다.

데카르트는 하나씩 하나씩 그의 지식 체계를 세워나갔다. 그의 지식 체계는 형이상학뿐만 아니라 물리학과 수학을 포함하였고, 결국 일상 생활에 실천적으로 적용하는 것에서 분리되지 않았다. 그는 새롭고 흥미로운 것 즉 신, 자유, 불멸에 대한 증명들을 제공하였는데, 이들은 인상적으로 추론의 과정을 거쳤으나 보통 사람의 지성도 이해할 수 있는 것이었다. 데카르트의 매력의 일부는 그가 우리 삶의 모든 다양한 구성 요소를 한데 연결시킨 그 통일성에 있었다. 그의 사상 체계는 이후의 발전들에서 결정적 역할을 하게 되고 또 종교적 고찰에 중요한 관계가 있는 여러 다양한 요소를 포함하고 있었다는 것이 곧 드러날 것이다. 그의 사상 체계는 스콜라주의의 변증법적 이성과 다르며, 이것보다 훨씬 더 매력적인 형태의 이성을 찬양한다. 게다가 회의의 사실을 인정하고 회의에게 인간의 사고 안에서 규범적인 자리를 허용하였다. 그래서 회의는 결정적인 죄가 아니라 최고의 덕목이 되었다. 데카르트는 우선 신앙의 문제에 관심을 갖지 않았다. 그는 신앙과 이성이 중복되었던 영역에 몰두하였기 때문에, 신앙의 문제들은 무시하고 지나갔다. 대부분의 그의 계승자들은 그의 예를 따랐다. 그 결과 이성은 믿음을 얻는 가장 중요한 수단으로 나타났고, 그 이후의 시대는 데카르트가 부분적인 접근으로 생각한 것으로 만족하고 말았다. 그는 수학에서 가장 극적인 성취를 이루었다. 그는 인간의 과학이 자연을 정복할 수 있는 도구들을 만드는 일을 도왔다. 그의 사상은 이러한 사실에 의해 특징지워졌고, 그 다음 시대의 사상도 그러하였다. 그의 사상은 그것이 해방의 힘이라는 것을 항상 증명하지는 못했다.

데카르트에 의해 설립된 사상 체계로서 데카르트주의(Cartesianism)는 곧 대부분의 유럽 국가에서 여전히 영향력이 있는 아리스토텔레스주의에 대한 도전으로 생각되었다. 네덜란드 대학들은 그 이후 그들의 찬란한 발전 단계에서 어디에 충성할 것인가 하는 문제로 깊이 분열되었으나, 새로운 사상은 많은 종류의 연구에 아주 중요한 자극을 주었다. 플랑드르의 루벵 대학은 데카르트에 반대하였다. 프랑스에서 예수회는 새로운 체계를 거부했고, 오라토리오회(Oratorians)는 지지했다. 에피쿠로스적인 그리스도인이며 또 종교적 신앙과 철학적 사변을 엄격하게 분리시킨 신부, 가생디(Gassendi)는 강력하게 반대하였다. 데카르트주의의 직접적인 영향은 세 인물, 즉 데카르트의 제자 말브랑슈(Malebranche), 데카르트의 영향을 크게 받은 스피노자(Spinoza), 그리고 데카르트에게 강력하게 반대한 파스칼(Pascal)의 사고에서 가장 잘 볼 수 있다.

선천적으로 형이상학적 재능을 타고난 오라토리오회 수도사, 말브랑슈는 바로 데카르트가 그의 참된 소명을 깨닫게 해 주었다고 하였다. 그에게서 그리스도인이 되는 것은 곧 철학자가 되는 것이었고, 철학자가 되는 것은 곧 데카르트주의자가 되는 것이었다. 만약 분명한 불일치들이 있다면, 그는 그것들을 화해시킬 것이다. 그는 개인과 우주는 신앙과 이성이 모두 성취되는 통일성 있는 질서 속에서 포괄된다는 것을 증명하려 하였다. 이러한 통전적 질서 속에서, 신은 그가 확립한 법칙들의 통일성을 통해 그의 목적을 성취한다는 것이다. 이러한 법칙들은 이성의 산물이고 표현들이고 또 이성은 아주 포괄적이어서, 결국 그 영역에 신까지도 포함시킨다. 말르랑슈에 의하면, 우리는 명확성을 질서에 연결시키고, 논리 안에 있는 신앙을 신비주의와 결합시킴으로써, 우리는 하나님과 그렇게 가까이 연합되어 하나님이 삶을 보는 대로 삶을 볼 수 있게 된다는 확신에 이르게 된다고 한다.

데카르트에서, 신에 대한 믿음은 그의 체계에서 중심이 되기는 하더라도 성격상 형식과 격식을 위한 것이다. 말브랑슈와 스피노자에서, 신에 대한 믿음은 열정적인 확신이 되었다. 범신론은 두 사람 모두에게 나타나 있었다. 말브랑슈에서는 잠재적으로 나타나고, 유대인 스피노자에서는 분명하고 공공연하게 나타났지만 말이다. 말브랑슈는 데카르트주의가 기독교의 진리를 완벽하게 표현하고 있다고 믿었다. 스피노자는 모든 전통적인 확신들이 단념되어야 한다고 확신했다. 스피노자는 종교가 내적 신념이기를 그만두었고 그 결과로 더 이상 인간의 행위를 지배하지 못한다고 생각했다. 교회는 탐욕과 야심이 많은 사람들의 소유가 되었고, 그래서 시기와 악의가 사랑의 정신을 추방했다고 생각했다. 새로운 시작이 있어야 했고, 이성은 그 출발점을 제공해야 했다.

스피노자는 오직 하나의 실체 즉 무한자가 있다고 믿었다. 그것은 무한하기 때문에 어떤 서술어도 그것에 붙일 수 없다고 했다. 무한자를 묘사하려는 우리의 모든 시도들은 기껏해야 부정에 불과한 것으로 드러나기 때문이다. 그러나 우리는 사유와 연장을 신의 속성으로 돌릴 수 있고, 따라서 신적인 것은 인간에게 두 가지 방식, 즉 지성을 통해 그리고 물질적 존재를 통해 인간에게 분명하게 된다. 존재하는 모든 것은 신 안에서 존재하며, 인간 자신은 영원한 존재의 양태이다. 스피노자는 인간이 그들 자신에게서 시작하는 경향이 있고, 그들의 시시한 관심과 이기적 본성에 사로잡혀 있어서 신을 그들 자신의 모습으로 만든다고 믿었다. 우리는 그 과정을 역전시켜야 된다. 신으로부터 시작하고, 인간을 영원 안으로 다시 통합하여야 한다. 그럼으로써 인간이 우주적 질서에 동화되어야 하기 때문이다.

　신과의 완전한 연합 속에서 인간의 마음은 고요한 평정을 얻는다는 스피노자의 확신보다 더 인상 깊은 것은 없다. 그러나 그 시대 사람들에게 스피노자는 파괴적 비판 속에서 결정적 진술을 하였다. 그는 인격과 목적과 의도를 배제하는 방식으로 무한을 생각했다. 종교는 인격적 관계의 가장 고상한 형태를 제공하는 것을 그만두었고, 그래서 인간의 자유와 행복이 모두 다시 정의되어야 했다. 인간의 자유와 행복은 고상하게 생각되었지만, 기독교의 충만한 인생에 대한 이해와 진정으로 일치하는 방식으로는 생각되지 못했다. 인간의 정치적 제도와 종교적 문헌도 역시 검토해 보아야 했다. 스피노자의 의도는 건설적이었으나 많은 사람들은 그것을 믿지 않았다. 그리고 이것은 데카르트주의가 잠재적으로 위험한 체계라는 인상을 강화시켰다. 스피노자는 데카르트로부터 기하학적 방법과 이성적 방법을 배웠고, 그는 이 방법을 그의 반(半) 과학적이고 반(半) 종교적인 범신론을 형성하는 데 사용하였다. 그는 우주적 법칙이라는 자연주의적 개념을 발전시킴으로써 여러 면에서 당대의 주류 신학에 도전하였다. 데카르트의 회의주의는 전통적 믿음을 크게 손상시키는 해악처럼 보였다. 말브랑슈, 페늘롱(Fenelon) 같은 새로운 체계의 제자들은 데카르트의 신 개념이 진실로 기독교 신앙의 형태와 일치하는지, 그리고 그들이 주장하는 종교적 견해가 결국 그들이 촉진하려고 하는 바로 그 이해 관계에 해롭지 않은지 질문하기 위하여 항상 멈추어 선 것은 아니었다.

　이러한 혼란은 당대의 가장 뛰어난 인물 중의 하나의 마음 속에는 존재하지 않았다. 블레즈 파스칼(Blaise Pascal)은 새로운 철학에 대한 가장 단호한 반대자였고, 인간과 우주에 대한 데카르트의 서술이 아무리 칭찬할 만하다고 할지라도 근본적으로 오류라는 가장 강한 신념을 갖게 되었다. 그는 자신의 놀라운 수학적 과학적 재능을 아주 깊고 강한 종교적 신앙심과 결합시켰다. 그는 그 시대의 많은 경박한 사람들에게 부족했던 것, 즉 인생의 비극적 신비에 대한 깊은 의식을 갖고 있었다. 더욱이 그는 지고의 질서에 대한 체계적 사고와 문학적 재능에서 놀라운 능력을 보여주었다. 그가 수학과 과학에 기여한 것은 말할 필요가 없다. 또 예수회의 결의론에 대한 그의 무자비한 폭로도 고려할 필요가 없다(참고 2장). 모호한 도덕적 융통성을 가지고 있는 예수회 사람들은 교회 안에 있는 주요한 대적들이었다. 또 데카르트의 철학에 의존하는 자유 사상가들은 교회 바깥의 적대적 세력이었다. 그는 그들을 논박하기 위해서 기독교의 진리를 옹호하는 작품을 쓰기 위해 자료를 모으기 시작했다. 파스칼은 1662년 일찍 죽는 바람에 그것을 완성시키지 못했지만, 그의 단편적 메모들은 부분적이지만 아주 통찰력 있는 작품 「팡세」를 만들었고, 이 작품으로부터 우리는 그의 사고 유형을 추론할 수 있다.

데카르트는 이성의 권위를 확립하고 또 이성이 그 안에 과학뿐만 아니라 종교의 기본적 진리를 포함하고 있다는 것을 보이는 것으로 충분하다고 생각했다. 그러나 파스칼은 이것을 기본적 문제를 미해결 과제로 남겨두는 것으로 보았다. 왜냐하면 이성은 선한 목적이나 악한 목적에 모두 종속될 수 있는 중립적 힘이기 때문이다. 기독교의 진리를 깊이 통찰해 보는 것이 필요하다. 신앙은 이성만큼이나 필수적인 것이고, 신앙은 또 하나님의 선물이다. 증명은 결코 은혜를 대신할 수 없고, 인간이 신과의 장벽을 제거하는 것을 돕는 것은 바로 은혜이다. 파스칼은 자연인이 온전한 삶을 성취하는 수단이 결핍되어 있다는 것에 대해 추호의 의심도 없었다. 그는 인간이 천성적 재능을 사용하고 자신의 과학적 지식에 인도될 때 스스로 풍성한 삶을 영위할 수 있다는 자유 사상가들의 확신을 자기 기만으로 간주하였다. 이러한 순진한 단순화는 증거에 의존한 것이 아니라 가정에 의존한 것이다. 과학자는 사실을 연구해야 한다. 그리고 사실들은 내적 무질서의 혼란한 그림을 드러낸다. 인간의 이성은 결국 비합리성으로 끝난다. 그의 선한 의지는 악의에 말려 든다. 정의와 폭력은 구분할 수 있으나 불가분리한 것으로 드러난다. 인생은 점점 유쾌한 것을 통과하여 빛을 향해 전진하고 있는 것이 아니다. 인생은 모순과 혼란에 휩싸인다. 이러한 증거를 설명하기 위해서, 파스칼은 다음과 같은 가설을 제시했다. 즉 우리는 인간 안에서 이중적 본성을 다루고 있다는 것이다. 우리는 인간이 타락한 상태의 결과를 안다. 또한 우리는 신의 은혜의 작용을 인식한다. 파스칼은 이 가설을 위한 이성적인 지지를 위해 두 형태의 논증을 전개한다. 먼저 그는 역사를 가리킨다. 즉 모든 개연성의 법칙과 반대되게, 기독교는 세계 안에서 자신을 확립시켰고, 그 이후 기독교의 신적 기원의 주장을 강하게 지지하는 방식으로 자신을 유지해 왔다. 다음 그는 경험에 호소하였다. 우리가 영감의 순간에 발견하는 것은 하나의 실재를 전제한다. 그런데 이러한 실재에 도전하는 것은 어리석은 일이고, 또 이 실재는 그리스도가 이 현재의 삶에서도 우리에게 주신 하나님과의 관계를 가리킨다.

파스칼의 사고의 통찰력과 그의 예리한 사고는 그의 동시대인들뿐만 아니라 지금까지 수많은 독자들에게 깊은 인상을 남겨 주었다. 우리의 의도를 위해서는 — 부트루(M. Boutroux)가 지적한 대로 — 이제 "종교와 과학"의 문제가 나타났고 이미 세 가지 특징적 반응이 나왔다는 것을 지적하는 것이 아주 흥미로운 일이다. 데카르트는 자연적인 것과 초자연적인 것 모두에 대한 우리의 지식이 인간의 이성에 뿌리를 두고 있다는 것을 발견했다. 자연적인 것과 초자연적인 것은 공통적 원천을 가지고 있고, 어느 하나가 주도적 권위를 갖고 있지 않다. 가생디를 대표로 하는 다른 사람들은 과학을 과장하는 경향이 있다. 그들은 과학을 본질적으로 자족적인 것으로 간주하고, 종교를 주변적 관심사로 추방한다. 파스칼에게서 종교는 나머지 삶으로부터 분리될 수 있는 관심사가 아니다. 종교는 우리의 본성과 경험을 조명한다. 그것은 우리의 삶 속에서 흩어진 요소들을 하나로 통일시킨다. 그것은 우리의 지성을 인도하고 우리의 과학을 지배한다. 왜냐하면 종교만이 자연의 가득찬 신비를 밝힐 수 있기 때문이다. 종교는 오직 이성만이 제기할 수 있는 질문들에 대답하고, 과학이 자신의 제한된 방법 속에서 이루려고 노력하는 삶을 우리에게 실현시킨다. 종교는 이성 혹은 과학과 대립 관계에 놓일 수 없다. 왜냐하면 종교는 이성과 과학을 포함하나 또한 초월하기 때문이다. 우리의 사고가 신으로부터 출발하고 결국 그를 의지한다면, 우리는 이를 통해 우리의 존재의 단편적인 힘들이 모든 진리에 대한 봉사와 활용 안에서 조화되는 수단을 발견할 것이다.

라이프니츠는 우리의 시대의 첫번째 국면이 끝난 직후인 **1716**년에 죽었다. 라이프니츠는 이 시대 거장들의 놀라운 다재다능함의 전형적 예였다. 그는 수학자와 과학자였고, 철학자와 신학자였으며, 역사가와 법률가였고, 정치인과 외교관이었고, 경제학자와 언어학자였다. 이 여러 영역에서 그는 영구적으로 중요한 기여를 하였다. 라이프니츠는 몇몇 분야에서 크게 기여함으로써 유럽 지성사의 위대한 창조적 인물 중의 하나로 인정받았다. 당시 많은 사람들은 그를 기독교 재통합의 주창자로 알고 있었다. 그는 기독교 세계의 내부적 분열이 재앙일 뿐만 아니라 불필요한 것이라고 생각했다. 상호 인내로 발전될 관용은 아무것도 성취하지 못할 것이었지만, 라이프니츠는 가톨릭 교인과 개신교 교인들이 실제 어떤 기본적 진리와 일종의 공통의 합리적 기반에 동의하고 있고, 이것이 상호 협력의 충분한 근거가 된다고 믿었다. 그는 모든 교회의 신학과 조화될 수 있는 철학의 체계를 발전시켰다고 믿었고, 많은 그의 특징적 관점들은 교회들을 결합하는 그의 시도의 결과로 구성된 것이었다. 라이프니츠는 민감하고 독창적이었지만, 그는 교회의 협상의 복잡성을 과소평가 했다. 그는 교회가 이론적으로 일치를 갈망하지만 수용할 만한 공동의 근거에 이르는 것이 불가능하다는 것을 발견한 첫번째 사람도 아니었고 마지막 사람도 아니었다. 라이프니츠는 가톨릭이 토론하려고 하기는 하지만 양보하려 하지는 않는다는 것을 충분히 깨닫지 못했다. 그리고 그는 자신이 비록 루터교 신자일지라도, 개신교의 본래의 정신을 진정으로 이해하지 못했다. 그래서 그는 보쉬에(Bossuet) 같이 뛰어난 인물들과 오랫동안 토론하는 협상을 벌였으나, 어떠한 구체적 결과도 얻지 못했다.

라이프니츠는 진정한 그의 시대의 아들이었다. "하나님의 영에 의해 조명된 우리의 이성은 자연의 법칙을 드러낸다…" 신의 존재는 지식의 열쇠이고 또 도덕성의 선결 요청이다. 더욱이 신의 존재는 단자들의 실현을 위해 필연적이다. 이 단자는 존재의 기본 단위들로서 바로 이것으로부터 우주는 건설되었다. 라이프니츠는 세계의 역동적 본성에 매혹되었고, 또 인과관계가 아마 물질(matter)의 중심 가까이에 놓여 있다는 것을 깨달았다. 그러나 그는 그러한 통찰을 추구하는 수단들이 없었고, 부득이 자비로운 신에 의해 창조되고 다스려지는 기계론적 우주를 가져온 그의 단자들에 의존하였다. 그리하여 그 일치와 조화 속에서 우주는 신의 의도의 성취이고, 따라서 최상의 가능한 세계임에 틀림없는 것이다. 만일 신이 그의 완전을 계시하기 위하여 세상을 창조했다면, 신은 그의 의도를 위해 그 목적에 가장 적합한 것을 선택하였었을 것이다. 그 다음 라이프니츠는 악의 존재에 대한 혼란스러운 사실을 이러한 결론과 조화시켜야 했다. 그는 불완전과 육체적 고난을 도덕적 악으로부터 구별했고 — 이 도덕적 악에 문제의 핵심이 있다 — 각각이 행하는 역할을 말했다. 그는 다양한 해결책을 제공하였는데, 어떤 것도 전적으로 설득력 있지는 않았지만 모두 이 세상은 악을 포함하고 있더라도 어떤 생각할 수 있는 대안보다 더 낫다는 결론에 이르렀다. 문제가 예민하기 때문에, 대답들은 불충분하게 보인다.

볼테르는 그의 대답들을 무자비하게 조롱하였다. 그는 「캉디드」(*Candide*)에서 "만약 이것이 모든 가능한 세상들 중 최선의 것이라면, 다른 것들은 어떠한가?" 하고 질문했다. 하지만 라이프니츠의 영향은 너무나 커서 풍자에 의해 무너지지 않았다. 그의 철학은 그의 제자 볼프(Wolff)에 의해 체계화되고 보다 더 해명되었고, 미래의 독일 대학들의 사고의 유형을 결정지었고, 신학에서는 계몽주의의 길을 닦아 놓았다.

특별히 이러한 결정적 변화에 의해 특징지워진 17세기의 종교적 사상은 간략한 목록의 탁월한 사상가들에 의해 대표될 수 없다. 새로운 힘들이 서구인의 지적 관점을 변모시키고 있었다. 모든 힘이 특별히 종교적 성격을 띠고 있는 것은 아니었지만, 그들 중 대부분은 직접 혹은 간접적으로 종교적 믿음을 변화시켰다.

17세기 후반은 과학이 빠르게 진보한 시대였다. 자연 연구에 대한 관심이 일반화되었고, 대부분의 유럽 민족이 지식의 확장에 공헌하였다. 네덜란드가 앞서갔고, 많은 유능한 네덜란드 연구자들 중에서 세 명의 천재가 부각되었다. 얀 스왐메르담(Jan Swammerdam)은 곤충의 삶에 대한 끈기

있고 정밀한 연구로 곤충학의 기초를 놓았다. 안토니 반 레벤후크 (Anthony van Leeuwenhoek)는 생리학 연구로 눈과 뇌의 구조를 밝혔다. 그는 혈액 순환에 대한 이해를 크게 확장시켰고, 또 현미경을 개량시켜서 미세하고 잘 알려지지 않은 생물의 세계를 볼 수 있게 해 주었다. 크리스티안 호이헨스(Christian Huyghens)는 지식의 모든 영역에서 다재다능한 인물들 중의 한 명이었다. 수학자들의 시대에서 그는 독보적이었다. 그는 기계에도 뛰어나서 마이크로미터를 만들고 최초로 진자 시계를 발명했으며 망원경의 성능을 크게 개선시켰다. 그는 보다 정교한 기구들를 가지고 보다 나은 결과들을 얻을 수 있었다. 그는 토성의 고리들을 발견함으로써 천문학을 더 발전시킬 수 있었다. 이들은 겸손하고 공손한 사람들이었다. 그러나 새로운 지식이 구 시대의 사고에 영향을 주면서 종교 사상가들은 새로운 문제에 부딪쳐야 했다. 새로운 계급 즉 회의적 관점을 가지고 모든 억압을 참을 수 없어 하는 새로운 부류의 인간들이 나타나고 있었다. 극단적인 경우는 자연 이외의 신을 인정하지 않는 나폴리의 사제, 체사레 바니니(Cesare Vanini)였다. 그러나 전반적으로 그는 모호한 비판 정신을 드러내었다. 그는 일련의 반(反)기독교적 명제들을 제시하지는 않았다.

17세기는 우주의 구조에 관한 것 이외에 다른 교훈들도 배우고 있었다. 인간은 그들이 살고 있는 세계를 발견하고 있었다. 여행은 새로운 경험들을 가져오고 옛 믿음들에 대해 종종 이의를 제기하는 가변성을 가져왔다. 여행 문학이 크게 유행하였다. 정확한 보고에 의하면, 어떤 여행 문학은 바라는 소원이 투사된 것이었으나, 그것이 상상이든 진실이든 새로운 사상들을 전달하는 매체의 역할을 하였다. 많은 여행자들은 집을 떠날 때 지녔던 사고들을 그냥 다시 가져왔으나, 이 사고들이 이국적 삽화로 윤색되었을 때 더 큰 비중을 갖게 되었다. 자유의 의미, 정의의 본성, 소유권 등 모든 시대에 근본적인 개념들은 새로운 사회적 환경에 놓여졌기 때문에 새로운 시각을 얻게 되었다. 물론 이러한 일은 여행의 지루함에 빠지지 않고 이루어질 수 있었고, 「걸리버 여행기」(*Gulliver's Travels*)는 여행 일기의 형식으로 위장된, 사회 비판의 가장 유명한 예였다. 완전히 새로운 가치들의 세계가 소개되었다. 새로운 형태의 덕목이 조명을 받았다. 이집트인, 중국인, 페르시아인, 태국인, 심지어 도덕적인 야만인 등은 모두 이교도들이었지만 이들이 참된 철학자들이라는 것이 알려졌다. 그들은 기독교 신앙에 대해 전혀 들어보지 못하였을지라도, 덕과 지혜의 모범들이라는 것이 증명되었다. 진리는 우리가 상상하는 것보다 훨씬 더 상대적이 아닌가? 샤르댕은 "나의 판단에 의하면, 각 인종의 기후는 항상 그 민족의 성향과 관습의 주된 원인이다" 하였다. 여행은 점차 옛 믿음들을 서서히 파괴시켰다. 라 브뤼에르(**La Bruyere**)는 이렇게 말하였다. "어떤 사람은 폭넓은 여행에 의해 그들의 비도덕화를 완성시키고, 그들에게 남아 있는 종교의 흔적도 다 상실한다. 그들은 매일 새로운 종교, 새로운 관습, 새로운 의식들을 본다."

인간의 시야가 확장되면서, 흥미의 중심이 변하였다. 무역은 확대되었고, 안락한 생활은 증가했다. 경제적·정치적 현실들은 다음 세상이 아니라 이 세상에 대해 관심을 집중시켰다. 인간은 현재에 몰두했고 미래를 망각하였다. 새로운 정치 제도의 발생과 정치적 권위의 확대는 전적으로 세속적인 권력에 대해 의문을 제기했다. 지금까지 통치자의 신적 권리라는 관점으로 규정된, 교회와 정부 사이의 관계는 여전히 보쉬에(**Bossuet**) 같은 성직자에 의해 전통적인 흐름을 따라 논의되었지만, 정치적 발전들은 종종 이론가들을 당황하게 하였다. 어느 누구도 국가 교회가 공동체의 믿음을 집단의 삶에 연결시키는 최선의 길이라는 것을 의심하지 않았으나, 군주들은 교회가 참으로 잘되는 것을 생각하는 모든 사람들을 당혹시키는 방식으로 교회를 다루었다. 교회의 고위 직분은 점점 영적인 자격의 인정보다는 정치적 공무에 대한 보수가 되었고, 또한 왕의 보좌와 제단 사이의 끈들은 이미 성직자를 개혁의 대변인보다는 반동의 선봉장으로 만드는 방식으로 움직이고 있었다.

대부분의 나라에서 종교의 자유의 한계들이 축소되고 있었다. 1678년 헝가리에서 신앙의 자유가 철회되었고, 1685년 프랑스에서도 폐지되었고, 가톨릭 국가에서는 조만간에 반대 방향으로 흐름이 바뀔 징조가 보이지 않았다. 칼빈주의 나라에서는 보다 더 큰 자유가 있었는데, 이것은 국가가 교회로 하여금 정부의 간섭이라는 후원이 없이 이단을 처리하도록 하는 경향이 있었기 때문이다. 네덜란드로 몰려온 위그노 난민들은 완전한 표현의 자유가 보장되어 있는 강력한 신학적 논쟁의 중심부에 있었다. 프랑스 개신교 지도자들은 그들의 나라에서 박해를 비난할 때는 신랄했지만, 무제한적 신앙의 자유의 결과들은 싫어했다. 그들이 발견한 자유는 그리스도인의 통찰과 용기의 결과인 만큼이나 세속적 무관심의 결과로 보였다.

그 시대는 교회에 대한 비평가들이 점점 더 전통적 확신들에 대해 분명히 공격하도록 장려하는 분위기였다. 계몽된 중국인과 이교도의 미덕들을 칭찬하는 것으로는 충분하지 않았다. 처음에는 주변적인 것들에 대한 공격이 있었다. 사람들은 성경을 직접 비판하지는 않았지만, 연대기에 대해 의문을 제기했다. 그 시대는 지구의 나이에 대해 아주 혼란에 빠져 있었다. 성경은 천지 창조 이래 중요한 사건들에 대해 영감 있는 이야기를 제공하는 것으로 보였고, 인내심 있는 인간들은 성경의 이야기로부터 역사의 연대기를 추론하였다. 하지만 그 결과들은 이집트, 페르시아, 중국 등 다른 자료의 연구들이 제공하는 증거와 일치하지 않았다. 교묘하게 조정해 보기도 하였지만, 소용없었다. 일어난 모든 사건을 다 담을 만큼 충분한 세월이 없었던 것이다.

그러나 더욱 심각한 문제는 오라토리오회 사제이고 성경 문헌의 연구자인 리샤르 시몽(Richard Simon, 1638-1712)에 의해 제기되었다. 그는 성실한 가톨릭 교도로서 성경을 의지하는 개신교 신자들을 혼란시킬 방법을 발견했다고 느꼈지만, 그의 상급자들은 곧 그가 그들의 적에게 쏘았던 미사일이 그들 자신의 진영으로 되돌아올 것이 확실한 부메랑이라는 것을 발견했다. 그리하여 그는 그의 수도회로부터 추방되었다. 그의 작업은 진정으로 성경에 대한 비판적 연구의 아주 초기의 예들 중의 하나였다. 그와 그의 시대는 그것을 유용하게 사용할 통찰력이 없었으나, 그는 그 이후로 성서 연구에서 필요불가결한 도구로 인정된 수단을 고안한 것이었다. 보쉬에는 시몽의 발견들로 인해 괴로웠을 것이다. 교회는 이 주제넘은 신부를 징계하였으나, 그의 연구를 억압할 수는 없었다.

그리고 교회의 징계권 바깥에 있는 다른 사람들이 동일한 분야에서 연구하고 있었다. 스피노자의 저작들이 보다 널리 유포되면서, 그의 성경에 대한 통찰력 있는 평가가 새로운 접근을 전제하고 있었다는 것이 알려졌다. 아마도 다방면으로 유능한 휘고 그로티우스(Hugo Grotius)의 개척자적인 노력들이 스피노자나 시몬보다 더 큰 영향을 미쳤을 것이다. 하지만 이러한 결과를 대중화시키는 작업은 다른 사람의 손에 주어졌다. 암스테르담에서 피난처를 발견한 위그노 피난민 중 한 사람인 피에르 벨(Pierre Bayle)은 이러한 비판적 결과들을 포착하였다. 그는 대중화시키는 놀라운 재능을 가지고 시몬의 이론들을 해설하였을 뿐만 아니라 더 확대시켰다. 그의 「사전」(*Dictionary*)은 이신론자들과 회의론자들이 성경과 성경에 근거한 신앙에 대한 공격을 위해 재료를 캐내는 광산이라는 것이 증명되었다.

벨은 물론 자신이 파괴적일 의도는 없었다고 주장했다. 그는 만족할 줄 모르는 지적 호기심과 억누를 수 없는 저술의 욕구를 가졌다. 그는 독창적인 사상가는 아니었지만, 볼테르나 디드로 같은 다른 사람들이 뒤따라 추구할 탐구의 길들을 잇따라 제시하였다. 그러나 그의 의도가 무엇이든간에, 그가 조장한 정신은 비판적인 것이었고, 어떤 건설적인 목적에도 도움이 되지 않았다. 아마도 어떠한 다른 사람보다 더 크게, 벨은 18세기 내내 유행했던 회의적 정신을 불러일으켰을 것이다.

그 시대의 정신은 새로웠기 때문에, 그것에 맞서는 최선의 방법은 즉각적으로 나타나지 않았다. 파스칼은 최소한 이 새로운 정신의 파괴 작업에 대항하는 한 가지 강력한 방법을 제시하였으나, 그는 곧 죽었고, 그가 계획한 작업은 단편적으로만 존재하였다. 보쉬에는 늙어감에 따라 지적 사조가 변하고 있다는 것을 인식하였다. 젊은 시절 그는 눈부신 웅변으로 유명했고, 개신교에 대한 공격으로 많은 갈채를 받았다. 그러나 지금 그는 권위로만 대처할 수 없는 도전에 직면하였고, 그는 또 다른 방식으로 이 도전에 대처할 수 있는 다른 수단이 없었다. 그는 성경 연구의 새로운 방법을 이해하기 위하여 인내력을 가지고 히브리어를 숙달하기 시작했다. 그는 벨과르 클레르(Le Clerc)와 다른 사람들이 새로운 대답이 나와야 할 새로운 질문들을 제기했다는 것을 알아차렸다. 그러는 동안 그는 쥐리외(P. Jurieu)와 위그노 추방자들의 끊임 없는 공격에 노출되었다. 머뭇거리는 우유부단함 속에서 마지막에 도달하고 있는 것은 위대한 인물들만이 아니었다. 전성기의 루이 16세가 상징하고 있던 강한 신뢰는 그에게 태양왕이라는 이름을 부여해 주었던 그 시대의 변증가들을 버리고 있었다. 사람들은 더 이상 훈련된 질서, 신적 권리, 신의 섭리, 고전 시대의 안정성 등을 삶의 계층 질서적 성향의 관점에서 생각하지 않았다. 그들은 운동과 변화의 관점으로 생각할 준비가 되어 있었다. 보쉬에는 종언을 고하고 있는 시대의 대표자였다. 새로운 시대는 자기의 예언자로 볼테르를 맞이할 것이었다.

제 4 장

영국의 왕정 복고와 혁명, 1660-1714

1660년 청교도 혁명은 그 힘을 다 소진했다. 혁명은 올리버 크롬웰을 대신할 지도자를 배출하지 못했다. 정책도 없었고, 권력을 계속 잡으려는 욕망 이외에는 아무 계획도 없었다. 혁명은 영국 백성들의 구조적 문제들을 해결하는 데 실패했고, 그들의 종교적 열망을 만족시키지도 못했고, 백성들의 일상 생활의 세세한 부분까지 규제함으로써 전반적인 분노를 일으켰다. 군대의 통치는 비용이 많이 들었고 억압적인 것이었다. 영국 국민 대다수가 실험에 싫증을 느끼고 또 익숙한 방식으로 복귀하기를 원하였기 때문에, 왕정 복고가 일어났다.

그래서 영국 시민들은 스튜어트 가문의 왕을 환영했고, 모든 사람들은 군주정과 함께 영국 교회가 회복될 것이라는 것을 알았다. 추방당한 영국 성공회 신자들은 인내를 가지고 그 날을 준비하였다. 그들의 왕과 불행을 함께 겪었던 로드파(Laudian) 지도자들은 정책과 계획을 가지고 있었다. 처음부터 조심스럽게 진행할 필요가 있었다. 왕정 복고 때 장로교가 중요한 역할을 담당하였고, 권력의 자리에 견고하게 들어간 것같이 보였다. 이들은 의회에서 상당한 위치를 가지고 있는 당파였지만, 그들이 소란을 피우는 것은 바람직한 것이 아니었다. 왕의 처음 명령은 자비롭고 융화적인 것이었다. 스튜어트 왕은 네덜란드의 브레다에서 "친절한 양심"을 고려할 것을 약속하는 선언문을 발표했고, 왕정 복고를 기뻐하였으나 놀란 마음으로 그 결과를 지켜보던 많은 사람들은 새로운 희망을 가졌다. 왕은 지도적인 장로교 목사들을 왕실 목사로 임명하였고, 그들에게 교회의 고위직을 제공하였다.

불안한 기간이 2년 동안 계속되었다. 새로운 왕조의 전반적인 본성이 드러나고 있었지만, 많은 점에서 그 자세한 성격은 예측할 수 없었다. 조심스럽게 종교적 안정이 이루어졌다. 주교들이 회복되었고 다시 한 번 의회에서 지위를 얻었다. 강한 성격, 뛰어난 학식, 분명한 생각을 갖고 있는 인물들이 공석이었던 주교좌를 채웠다. 해임되었던 성직자들이 생계 수단을 다시 얻었고, 청교도 교역자들의 추방이 시작되었다. 과거의 예배의 형식이 재도입되었다. 교회와 성당을 혁신하는 업무가 추진되었다. 중요한 요직은 충성파 교역자들에 의해 조용히 채워졌고, 반면에 장로교와의 협상은 계속되었다. 리처드 백스터는 그와 그의 친구들이 여러 가지 악습을 개혁한 국교회에서 직책을 얻을 준비가 되어 있다는 것과 교회의 확립이 지속적으로 추진되고 있다는 것을 보여주었다. 의회의 장로교가 불안해 할 때, 그들에게 전략적 양보가 주어졌다.

1660년 10월 25일의 선언에 의해, 왕은 장로교인들이 바라는 대부분의 것들을 주기로 약속했다. 공동기도서를 수정해 달라는 청교도의 요청을 고려하기 위한 대회가 사보이에서 열렸다. 그러나 성공의 가망은 없었다. 주교들은 전혀 양보할 필요를 느끼지 않았고, 재빨리 아무 양보도 필요하지 않은 시점에 도달했다. 청교도의 지도자인 백스터는 학식과 거룩함을 겸비하였지만 기질적으로 정교한 협상에 어울리지 않는 인물이었다. 결국 열매도 없고 종종 격렬한 논쟁을 한 후, 회의는 아무 결과도 없이 결렬되었고, 주도권은 다른 기관으로 넘어갔다. 이 회의는 예배 의식을 개정하는 과제를 부여받았고, 의회는 예배 의식의 사용을 통제하는 규칙을 제정할 의무가 있었다.

그리하여 청교도 도덕을 전혀 배려하지 않은 기도서가 나왔고, 청교도들을 교회에서 효과적으로 배척하는 새로운 법이 제정되었다. 통일령은 오직 주교의 안수를 받은 사람만이 교회에서 직무를 수행할 수 있다고 못박았다. 통일령은 합법적 권위에 저항하는 권리를 포기하고 "엄숙한 동맹과 계약"(Solemn League and Covenant)을 거부하는 맹세를 강요하였다. 그리고 통일령은 모든 성직자와 교사들이 이 기도서의 모든 내용에 "진실한 동의와 찬성"을 맹세할 것을 요구했고, 이러한 수용은 1662년 성 바돌로매의 날 이전에 공적으로 선포되었다.

그 결과 영국 교회로부터 실질적 탈출이 발생하였고, 근대의 비국교도가 시작되었다. 시민 전쟁 전에 분리주의자들은 작은 집단에 지나지 않았으나, 이제 비국교도들은 영국 국민의 삶에서 실질적인 소수파가 되었다. 일치보다 분리를 좋아했던 사람들은 다양한 동기를 갖고 있었다. 어떤 사람들은 다시 안수를 받을 수 없었고, 어떤 사람들은 그들이 행한 맹세를 거부할 수 없었고, 어떤 사람들은 양심적으로 기도서에 의해 부과된 특정 의식들을 (혹은 문구들을) 사용할 수 없었다. 그들 중 대부분은 성실하고 고결한 사람들이었으며, 많은 사람들은 탁월한 학자 혹은 뛰어난 설교가들이었다. 그들은 왕정 복고 이후의 사회적 문제에 직면해 있던 교회가 감당할 수 없는 손실을 입었다는 것을 보여주었다.

통일령의 통과는 새로운 정부의 첫번째 단계의 마지막 사건이었다. 우리는 여기서 잠시 복구된 정부가 직면해 있던 몇 가지 문제점을 생각해 볼 수 있다. 교회와 국가의 관계는 명확하게 확립되었다. 교회와 국가는 아주 친밀한 유대로 연합된 듯이 보였다. 교회는 왕당파로 넘쳐흘렀고, 의회는 국교도들로 가득 찼다. 무저항과 수동적 순종은 영국 교회의 특징적 교리가 되었다. 그러나 다음 통치 기간의 사건들은 이 연합의 본성이 다시 한 번 시험을 거칠 필요가 있다는 것을 보여주었다. 불안한 국가에서 또 다른 문제는 왕이 교회의 일에 대해 권한을 행사하는 것이었다. 왕은 의회가 인정하기를 거부한 권한들을 주장하였다. 처음에 교회는 이 문제에 대하여 불확실한 목소리로 말하였으나, 제임스 2세 아래에서 교회의 태도는 강경하여졌고, 이 문제는 스튜어트 왕가에 치명적 결과를 가져왔다.

그러나 하나의 문제는 명백하게 해결되었다. 일치냐 포괄성이냐 하는 문제에서, 왕정 복고 교회는 일치를 선택하였다. 교회는 과거보다 내부의 차이가 심하지 않았으나, 그 대가로 교회가 민족 전체를 대표하는 과거의 권리를 상실하였다. 그러나 여기서도 문제는 돌이킬 수 없이 종결된 것은 아니었다. 찰스 2세의 통치 기간에 더욱 광범위한 포괄의 가능성이 반복적으로 제기되었다. 그것은 1689년 아주 중요한 하나의 실천 계획이 되었고, 앤 여왕의 통치 아래에서 전개된 상황은 비국교도들이 국민 생활에서 요구할 수 있는 자리가 전적으로 해결된 것이 아니었다는 것을 보여주었다. 그러나 통일령은 당장 효력을 내기 시작했고, 시간이 흐름에 따라 점점 더 두드러졌다. 통일령은 영국 백성들의 생활을 분열시켰고, 종교 단체들의 관계뿐만 아니라 정치와 사회적 계약에도 영향을 미치는 분열을 조성하였다.

통일령은 비국교도들을 억압하는 광범위한 계획의 일 부분이었다. "시정부법"(Corporation Act, 1661)은 이미 비국교도들이 시 정부에서 근무하는 것을 금지시켰고, "5마일법"(Five Mile Acts, 1664)은 교역자들을 억압하기 위한 것이었고, "집회법"(Conventicle Acts, 1664, 1670)은 예배에 참여하는 일반 백성들을 억누르기 위한 것이었다. 이러한 법률들은 함께 집대성되어 "클래런던 법전"(Clarendon Code)이 되었다. 이것은 찰스의 위대한 대 재무상의 이름을 따라 명명된 것이었으나, 실제 이 억압적 체계를 만든 것은 열렬한 영국 국교회파 하원(Anglican House of Commons)이었다. 궁정에서 클래런던의 지위는 점차 불안해졌으나, 하원의 완고한 다수파와 협력하여 그럭저럭 자기 자리를 유지했다. 그들의 정책은 부분적으로 복수심에 의해 지배되었다.

대공위 기간(Interregnum) 동안 고생했던 지방의 대지주들은 그들의 적에게 똑같이 보복하려 하였다. 그들의 정책은 부분적으로 두려움에 의해 촉발되었다. 청교도들은 전복되었으나, 그들이 바로 얼마 전에 과시했던 막강한 힘을 언제 다시 보일는지 아무도 알 수 없었다. 갖가지 소문들이 무성하였다. 병적인 상상력은 가장 가능성이 없어 보이는 곳에서 음모를 찾아낼 수 있었고, 정신을 바짝 차리게 하는 진짜 불안한 소요들도 있었다. 여러 가지 놀라운 사건들이 반란을 막기 위해 안전 장치를 강화하고 싶은 욕망을 자극했다. 새로운 법들이 만들어진 이 시기는 정치적 동기가 종교적 동기보다 더 강하다는 것을 보여주었다.

이러한 공포들은 점차 가라앉았으나, 이것이 계속되는 동안 복구된 교회는 가장 중요한 종교적 의무에 관심을 쏟을 수 없었다. 청교도 운동에 대한 강한 반발은 기본적인 도덕의 기준들도 위태롭게 했다. 궁정의 방종은 연극계뿐만 아니라 사교계에서도 모방되었다. 일부 영국 성공회 주교들은 (특히 대주교 셸던) 용감하게 왕의 죄악된 생활을 책망했으나, 교회는 너무나 깊숙이 새 정부의 일부분이 되어 있었기 때문에 적당한 거리를 두고 새 정부를 바라볼 수 있는 능력이 없었다. 더욱이 종교는 정치적 책략에 깊게 연루되었다. 찰스 2세는 본성적으로 열광적인 사람이 아니었고 관용적 조치로 그의 왕국을 일치시킬 수 있다고 믿었기 때문에, 비국교도들에게 새로운 법의 가혹함을 완화하겠다는 약속을 이행하기를 원하였다.

1663년 초, 그는 자유령을 선포함으로써 그렇게 하려고 시도하였으나, 그의 목적과 이를 이루기 위해 그가 제안한 기관에 대해 강한 반대를 받았다. 찰스는 아주 전술에 능한 인물이었기 때문에, 그의 조치를 극단으로 밀어붙일 수 없었다. 그는 철회하였으나, 10년 동안 그의 목적을 마음에 품고 있었다. 1667년 클래런던 백작이 몰락하였을 때, 정치적 지도력은 종교적 강령보다는 정치적 방책에 관심이 더 많은 사람들에게 넘어갔다. 관대한 정치로 그들의 지지 세력을 넓히기를 희망하는 카발파(Cabal)는 박해에 대한 열심이 없었다. 일부 왕의 신하들은 은밀한 가톨릭 신자들이었다. 찰스는 정책을 바꾸어 프랑스와 동맹을 맺었고, 이러한 "도버의 밀약"을 통해 네덜란드와 새로운 전쟁을 벌이고 왕 자신이 가톨릭 신앙으로 회심하는 것을 준비하였다.

네덜란드와의 전쟁 직전, 찰스는 1672년의 "신교 자유령"(Declaration of Indulgence)을 공포하였다. 필요한 허가서를 얻은 개신교 비국교도들은 예배 목적으로 등록된 장소에서 공적으로 자유롭게 예배를 드릴 수 있었다. 로마 가톨릭 신자들도 미사를 드릴 수 있었으나 오직 사적으로만 가능하였다. 새로운 실험은 1년의 절반이 넘게 실행되었다. 수백 명의 비국교도 교역자들은 그들 자신과 그들이 설교할 장소를 위해 허가서를 획득했다. 혹독한 박해의 첫 기간이 지나갔고, 그들은 이제 숨쉴 수 있는 공간을 확보하고 견고한 공동체적 삶을 형성하였고 다시는 뿌리를 뽑히지 않았다. 그들은 자신들이 얻은 유예 기간의 합법성과 또 왕의 정책 뒤에 있는 진정한 목적에 대해 두려움을 갖고 있었다. 그러나 그들의 의심은 신교 자유령이 일으킨 전반적인 분노와 비교해 볼 때 아무것도 아니었다. 이 부분에서 확실히 종교적 질투가 작용하였다. 많은 영국 국교도들은 비국교도들이 얻은 자유에 대하여 분개하였다. 비국교도들의 자유는 대부분은 합법적인 것이었다. 국회가 소집되었을 때, 하원은 신교 자유령은 철회되어야 한다고 주장했다. 만약 왕이 진실로 비국교도들의 고통을 경감시켜 주기를 원한다면, 왕은 그것을 법적으로 해야만 하고, 비국교도들은 왕과 협력할 것이지만, 왕의 대권은 이 목적을 위하여 행사할 수 없다는 것이었다. 비국교도들에게 유익을 주는 법이 도입되었으나, 정치적 책략의 와중에서 이 법은 통과되지 못했다. 그러나 하원은 공적 신뢰를 필요로 하는 지위에서 교황주의자를 배제시키는 법안을 통과시켰다.

"심사율"(Test Act)은 왕이 행한 것뿐만 아니라 왕이 원하는 것으로 예상되는 것에 대한 반발이었다. 도버 조약(Treaty of Dover)의 비밀 조항들에 대한 소문이 널리 퍼졌고, 심사율은 주로 정치적 목적을 얻기 위한 종교적 수단이었다. 이 법의 목적은 교회의 이익보다는 국가를 보호하기 위한 것이었다. 이 법은 성례전적 심사를 사용하여 로마 가톨릭 신자들을 공직에서 추방하였고, 그것은 교회에 불행한 영향을 주었다. 비국교도들은 이 법에 의해 어떠한 직위에 오르든지 허락을 받아야 했다. 성직자로부터 증명서를 받아야 하는 필연성은 모욕적이고 지각없는 악습으로 변질되었다. 심사율에 의해, 이기적인 영국 의회는 교회의 거룩한 예전들을 정치적 목적을 위해 악용하였다. 이 법은 영국 교회에 대항하는 수많은 대적을 일으켰고, 결정적으로 비국교도들로 하여금 정치적으로 저항하게 만들었다.

심사율은 또한 더욱 극적인 사태의 발전을 예시했다. 로마에 대한 공포는 항상 영국인의 삶의 표면 아래에 잠복되어 있었다. 그것은 해외의 발전과 국내의 경향들에 의해 촉발되었다. 교황의 음모에 대한 발견은 민족 감정을 격분시켰다. 티터스 오우츠(Titus Oates)가 발견했다고 발표한 음모는 진짜 음모는 아니었지만, 하나의 음모가 있었다. 그러나 히스테리적 상태에 있는 백성들은 증거를 살펴볼 수 없었다. 왕은 허풍쟁이 오우츠가 실제로 어떤 인물인지 알았지만, 무고한 백성들을 죽음에 몰아넣은 법정 살인의 과정을 막을 수 없었다. 단비(Danby) 백작의 도움으로 특별히 영국 성공회의 정책으로 돌아온 찰스는 정치적 생활의 다양한 조류들 사이를 조심스럽게 헤치고 나아가야 했다.

실제 거칠고 무책임한 분위기가 영국 국민의 삶을 지배하고 있는 듯했다. 당파 의식은 강렬한 원한 관계가 되었다. 샤프츠버리(Shaftesbury) 백작 아래에서, 휘그당은 비국교도들과 매우 밀접한 동맹 관계를 맺고, 영국 교회에 의해 지지를 받고 있던 토리당과 대립해 있었다. 샤프츠버리 백작은 대단한 책략을 지닌 대담한 정치 지도자였으나, 책임감이 없고 조심성이 없는 인물이었다. 그는 계속된 세 번의 선거에서 나라의 지지를 얻을 수 있다는 것을 보여 주었다. 그의 휘그당은 비국교도들에 대한 제한을 완화시킬 것을 제안하였다. 그들은 또한 이제 가톨릭 신자가 된 왕의 동생 요크 공을 왕위로부터 제외시킴으로써 왕위 계승권을 변화시키자고 제안하였다. 그들의 계획은 좌절되었다. 찰스 왕은 의회를 해산시켰고, 토리당으로 돌아섰고, 그들의 도움으로 남은 통치 기간을 다스렸다. 토리당은 휘그당만큼이나 무절제하게 권력을 남용하였다. 그들은 비국교도들에게 그들의 분노를 쏟아 부었다. 박해는 이제 정치적 세력에 보다 더 밀접하게 연결되었고, 종교적 견해의 결과와 보다 덜 직접적으로 연관되었다. 1683년 "라이 하우스 음모 사건"(Rye House Plot)의 발견은 이미 작용하고 있는 힘에게 빌미를 주었고, 찰스 2세의 마지막 통치 기간에 비국교도들은 이전에 알지 못했던 무자비한 박해를 받았다. 반면 영국 성공회 설교자들은 왕에게 충성하는 주장들과 엉뚱한 무저항의 교리에 대한 해석들을 설교하였다.

25년 동안 영국 교회는 지나치게 국가의 시녀였다. 왕정 복고 후 영국 백성의 삶에 들어온 경직된 긴장은 교회에 영향을 미쳤다. 그러나 이것은 오직 그림의 한 면이다. 교회 생활의 외적 형태가 회복되었다. 질서 있는 예배 생활이 재개되었고, 교회와 성당의 아름다운 유산들이 다시 보호를 받고 복원되어 사용되었다. 렌(Wren)은 웅장한 뜻을 품고 런던 대 화재에 의해 제공된 특별한 기회를 활용하였다. 퍼셀(Purcell)과 다른 음악가들은 교회의 음악이 하나의 살아 있는 예술이라는 것을 증명하였다. 주교좌가 뛰어난 많은 명사들에 의해 채워지는 일은 드물었다.

캔터베리 대주교 셸던(Sheldon)은 따뜻한 애정을 갖게 하는 사람은 아니었지만, 어느 누구도 그가 과거의 견고한 교회 정치의 전통에 서 있다는 것과 그가 나름대로 흔들림 없이 교회의 유익을 추구하고 있다는 것을 부정하지 않았다. 셸던의 후계자인 샌크로프트(Sancroft)는 온유와 지혜와 거룩함이 겸비된 인물이었다. 코진, 샌더슨, 윌킨스, 거닝, 켄, 모를리 등 이 모든 사람은 교회에 영광을 부여한 사람들이며, 이들 중 많은 사람은 어느 세대도 자랑할 수 있는 지도자들이었다. 논쟁으로 인해 혼란에 빠지기도 하였으나, 신학도 번영하였다. 교회는 여전히 예배에 적극적으로 참여하고 삶으로 신앙을 고백하는 많은 평신도들을 갖고 있었다.

비국교도들은 또한, 비록 서로 다른 방법으로 정치적 투쟁에 참여하였을지라도, 당시의 정치적 투쟁에 참여함으로써 고통을 받았다. 당시는 굉장한 박해의 시기였고, 비록 탄압이 견디기 어려운 것이었을지라도, 고난은 의심의 여지없이 그들의 신앙을 단련하고 정화하였다. 청교도 운동은 왕정 복고 직전에 아주 불리하게 보였다. 왕정 복고 후 청교도 운동은 그 생명력을 재발견했다. 청교도 운동이 당한 박해는 간헐적으로 일어났지만, 아주 혹독한 것이었다. 처음에 박해는 종종 악의나 원한에 의해 일어나기도 했지만, 시간이 흘러가면서 강도가 약해졌다. 관용의 정신이 늘어났고, 행정 관리들은 정직하고 악의가 없는 백성들을 괴롭히는 것을 꺼려하였다. 많은 법들이 밀고자를 장려했으며 그들의 손에 큰 권력을 주었기 때문에, 그들은 당연히 그들의 의지와 반대로 행하도록 강요받았다. 여러 가지 법 아래서, 비국교도는 행정관 앞으로 불려 올 수 있었다. 비국교도는 벌금을 내거나, 감옥에 가거나, 다음 순회 재판을 기다렸다. 비국교도는 법정에서 많은 악습의 폐해를 받아야 했고, 감옥에서 모진 고생을 겪어야 했다. 수감된 죄수의 운명은 결코 동일하지 않았다. 만약 감옥이 붐비지 않거나 간수가 동정적인 사람이면, 죄수는 비교적 편안하게 지낼 수 있었다. 그러나 감옥은 종종 참을 수 없을 만큼 죄수들로 가득 찼고, 더위와 추위와 오물과 질병은 감옥을 참을 수 없는 상황으로 몰고 갔고, 앙심을 품은 간수들은 은밀한 고통을 안겨 줄 수 있었다. 수천 명이 죽었다. 많은 사람들은 건강이 나빠진 상태로 출옥하였으나 재정의 파탄에 직면해야 했다. 동산의 압류도 동일한 효과를 내었다. 도구들, 장사 물품들, 집안의 모든 소유물들이 벌금을 내지 못해 압류될 수 있었다.

박해 기간 동안 예배는 은밀하게 열렸고 위험이 알려지면 해산되었다. 퀘이커 교도들은 사실상 타협을 거부했다. 가장 위험한 시기에도 그들은 공개적으로 위장하지 않고 모였다. 그들은 박해의 모든 충격을 몸으로 감당하였다. 그들은 극단적인 폭력을 감수했을 뿐만 아니라 결국 그들의 적대자들로 하여금 박해를 포기하게 하였다. 모든 비국교도들이 그렇게 타협 없는 증인으로 부름 받았다고 느끼지는 않았으나, 모든 비국교도들은 자신들의 입장을 재평가하게 되었다. 이 과정에서 그들은 이러한 시련에서 그들을 지탱해 줄 수 있는 신앙의 근본 요소들로 돌아갈 수밖에 없었다. 청교도 신앙의 고귀한 글들이 바로 박해의 그림자 아래서 쓰여졌다는 것은 우연이 아니다.

제임스 2세의 짧은 통치 동안, 나라의 정치는 종교 문제에 의해 지배되었다. 그의 가톨릭 신앙 때문에 그를 왕위에서 배제하려는 시도는 실패하였다. 토리당 교인들은 정통성의 원리와 무저항의 교리에 지나치게 사로잡힌 나머지 왕위 계승의 단절 같은 과격한 조치를 생각할 수 없었다. 그러나 많은 사람들은 가톨릭 신자가 영국 국교회의 수장이 되어 어떻게 그의 권력을 행사할 것인지 의아하게 생각했다. 제임스의 초기 선포들은 분별 있고 타협적인 것이었다. 그는 국교회의 권리들을 인정하였고 그의 백성들의 신앙을 존중한다고 하였다. 그는 몬머스(Monmouth)와 아가일

(Argyll)이 종교적 구원자로서 그들의 역할을 강조하며 반란을 일으켰음에도 불구하고 살아남았다. 그러나 제임스는 곧 그의 가톨릭 신앙을 증진시키기 위해 그의 권력을 사용하려 한다는 것을 분명하게 드러냈다. 그는 도움을 받지 않고는 그의 목적을 성취할 수 없었다. 그래서 처음에는 영국 교회에 의지하는 반면에 개신교 비국교도들에게 가혹한 박해를 계속하였다. 영국 국교회가 왕의 명백한 의도에 반대할 때, 왕은 모든 비국교도들을 자유롭게 하고 영국 국교도들을 그들의 태도에 따라 벌하는 일에 비국교도들이 그를 돕도록 설득할 수 있다고 믿었다. 이 두 가지 책략 가운데 어느 하나도 성공할 것이라고 믿는 사람은 오직 둔감하고 생각 없는 사람일 것이다. 오직 완고하고 어리석은 사람만이 그가 채택한 방법을 극단적으로 강요할 것이다.

왕은 심사율에 상관없이 가톨릭 신자들이 군대와 국가에서 자유롭게 왕을 위해 일해야 한다고 주장하였다. 왕은 그의 목적을 이루기 위해, 교회와 시 정부와 심지어 의회까지 모든 기본적 제도들을 개조하려고 하였다. 그는 그의 목적을 방해하는 법률을 폐지하는 것에 도움을 줄 만한 모든 사람들을 설득하기 위해 집요한 노력을 기울였다. 그는 이 일을 거의 진전시키지 못했지만, 그의 교회와 교회의 재산에 대한 공격이 모든 사람을 놀라게 하기까지는 치명적인 반대를 유발시키지는 않았다. 그는 대학을 통제하는 지배권을 확보하려고 노력했고, 옥스퍼드의 막달렌 대학에 대한 그의 행동은 이제 어떤 법적 권한들도 침해당하지 않는다는 보장이 없다는 것을 보여주었다.

그는 신교 자유령(1688)을 모든 교회 안에서 낭독하라는 그의 요구를 거절했다고 하여 대주교 샌크로프트와 다른 여섯 명의 주교들을 재판에 회부하는 치명적인 실수를 저질렀다. 주교들에 대한 무죄 선고는 대중들이 유례없이 주교들에 대한 충성심과 암암리에 왕에 대한 적개심을 표출하는 계기가 되었다. 그러나 제임스는, 양 정파의 사람들이 종교적·정치적 생활의 토대들이 그의 통치에 의해 위협받고 있다는 것을 확신하게 될 정도로 문제들을 밀어붙였다. 그래서 오렌지의 윌리엄에게 영국에 와서 왕에 대항하여 영국의 기본적 자유를 지켜 달라는 초대장이 발부되었다.

1688년의 혁명은 영국의 종교적 생활에 중요한 성과들을 가져왔다. 교회와 비국교도와의 오랜 관계는 분명하게 변화되어야 했다. 제임스의 경솔한 정책은 개신교도들을 과거 어느 때보다도 더 밀접하게 연결시켰다. 관용의 조치가 불가피하였다. 여론은 관용을 지지할 준비가 되어 있었고, 정치적 상황은 관용을 필연적인 것으로 만들었다. 대주교 샌크로프트와 다른 교회 지도자들은 이 시기가 온건한 비국교도들을 다시 교회로 돌아오게 하는 데 적절하다고 믿었다. 관용법(Toleration Act)은 통과되었으나, 포괄주의 법안(Comprehension Bill)은 통과되지 못했다. 이제부터 예배 장소를 등록하고 종교 조항(Articles of Religion)의 교리적 부분을 수용하는 비국교도 목사들은 공개적으로 박해 없이 설교할 수 있게 되었다. 형벌 조항들은 폐지되지 않았으나, 그 실행이 일시 정지되었다.

비국교도들은 이 불합리한 타협에 만족해야만 했다. 직접적인 박해 가능성은 없어졌다. 마침내 그들은 토리주의가 다시 부활되는 순간 그들의 안전이 위협받을 수 있다는 사실을 발견하였다. 그러나 또한 비국교도는 법적 승인과 칼빈주의자 왕의 호의를 얻을 수 있었다. 그 결과 비국교도의 활동이 급격하게 늘어났다. 수백 개의 새로운 예배당이 건축되었다. 사역이 확장되었고 새로운 모임들이 일어났다. 그러나 활력은 동시에 파괴적인 방법으로 작용하였다. 관용법이 통과된 직후, 런던의 회중교회와 장로교회는 교파들의 경쟁을 없애고 공동의 기금으로 궁핍한 교역자와 가난한 회중들을 돕기 위해 협력하기로 하고 "행복한 연합"(Happy Union)을 설립하였다. 이러한 일치는 밝은 미래를 보장하는 것이었으나 일시적인 것으로 끝났다. 실제 비국교도들은 그들의 새로운 자유를 형제와의 싸움에 낭비하는 것같이 보였다. 비국교도들은 노샘프턴셔의 목사 리처드 데이비스의 방법과 신앙에 관해 논쟁을 벌였다. 그들은 유명한 장로교 목사 윌리엄스 박사를 중심으로 하는 길고 쓰라린 논쟁을 시작했다. 이 논쟁은 두 칼빈주의 학파 사이에서 일어난 것으로서, 그 주요 문제는 다음 세기의 교리적 발전과 또한 장로교회가 유니테리언주의(Unitarianism)로 기울어진 것과 일부 관련이 있었으나, 그 성향은 긴 고난의 세월로 인한 극한의 피로를 드러냈다.

영국 교회도 고민이 많았다. 혁명은 정통성 있는 승계의 원리와 절대적 복종의 의무를 강하게 옹호해 왔던 교회를 난처하게 만들었다. 새로운 통치자가 (신적 권리가 아니라 의회의 법률에 의해서) 임명되었다면, 옛날의 의무들은 어떻게 되는 것인가? 만약 당신이 합법적 왕에게 충성을 맹세했다면, 당신은 그 왕이 여전히 살아 있는 동안 다른 사람에게 충성을 맹세할 수 있는 것인가? 대부분의 교인들은 그럴 수 있다고 생각했다. 그럴 수 없다고 생각한 사람들은 충성 선서 거부 사태(Non-Juring Schism)를 일으켰다. 물러난 사람들은 소수였지만 뛰어난 사람들이었고, 18세기의 문턱에 서 있는 교회는 이같은 거룩하고 사심 없는 사람들을 잃어버림으로써 힘이 약화되었다. 교회는 심각한 동요 없이 소중하고 독특한 교리를 갑자기 거부할 수 없었다. 더욱이 이 분열은 국가의 권위가 교회 위에 있다는 주장에 의해 더 가속화되었다. 맹세가 국가에 의해 강요되었고, 교회법상 공석이 아닌 주교좌들이 채워졌다. 혁명의 가장 심각한 결과는 두 세대 이상을 지배한 에라스투스주의(Erastian) 즉 국가의 교회 지배 체제의 태동이었다.

투쟁의 시기의 소란은 곧 다른 출구를 찾아냈다. 바로 삼위일체 논쟁에 사람들의 관심이 집중되었다. 이것은 다음 몇 년 동안 끊임없이 계속된 교리적 논쟁들의 전조였다. 윌리엄은 망명한 제임스 2세의 지지자들인 자코바이트들의 토리당에 대한 동정에 자극 받아, 공석의 주교좌들을 광교회적인(Latitudinarian) 휘그파들로 채웠다. 그들 중 많은 사람들은 유능했으며, 일부는 매우 뛰어난 인물들이었고, 그들은 모두 양심적인 주교들이 되었다. 틸로트슨(Tillotson), 스틸링플리트(Stilingfleet), 버닛(Burnet), 테니슨(Tenison) 같은 이들은 비판을 받기 쉬웠으나 경멸받을 사람들은 아니었다. 그러나 교회는 논쟁을 일삼는 두 당파, 즉 광교회적 휘그당과 고교회파 토리당으로 분열되었다. 세 통치자에 걸쳐 일어난, 주교 회의(Convocation)와 이것의 권리에 관한 거대한 논쟁은 많은 문제들이 서로 얽혀 복잡하게 되었으나, 부분적으로는 윌리엄 3세가 지명한 휘그당 주교들을 괴롭히기 위한 책략이었다.

17세기 말, 한 세대 동안 사회 생활을 지배했던 영향력들에 대한 단호한 항거가 일어났다. 왕정 복고 시대의 드라마는 넉살좋게도 거의 냉소적으로 방탕 그 자체였다. 제레미 콜리어(Jeremy Collier)의 「영국 연극의 부도덕성과 세속성에 대한 소견」(*Short View of the Immorality and Profaneness of the English Stage*, 1698)은 당시의 방탕한 세태에 도전했고, 애디슨(Addison) 시대의 특징으로서 보다 건전한 기풍을 창출하였다. 명예 혁명 이후, 악습은 혁명 이전에 누렸던 만큼 넓은 자유를 주장했다. 교회는 권선징악을 목적으로 하는 단체들을 많이 설립하는 것으로 대응하였다. 종교 단체들은 헌신된 삶을 양육하였고, 사랑의 열정을 건설적인 활동들에 쏟았다.

"풍습 개혁 협회"(Societies for the Reformation of Manners, 1691)가 불의를 정의로 회복하고 불의에 반대하는 법이 시행되는 것을 감독하기 위해 형성되었다. "기독교 지식 전파 협회"(Society for the Propagation of Christian Knowledge, 1698)는 식민지 지역에 선교사들을 파송하였고, 국내와 해외에 지역 도서관을 만들었다. 이것과 밀접하게 연관된 것은 "복음 전파 협회"(Society for the Propagation of the Gospel, 1701)였다. 이러한 협회들을 조직하는 일에서, 토머스 브레이(Thomas Bray)는 지칠 줄 모르고 사역을 하였으나, 그의 노력은 군인들과 선원들, 병자와 가난한 사람들과 죄수들에 대한 관심 등 다양한 방향에서 일어나는 불어나는 인도주의적 열정에 의해 강화되었다. 이러한 실천적 자선 사업은 그 시대의 삶의 가장 심각한 병폐였던 불관용의 나쁜 면들을 완화시켰다.

앤 여왕의 시대 때 논쟁술이 다시 등장하였다. 그러나 이 시기가 전적으로 메마른 시대는 아니었고, "앤 여왕의 자선 기금"(Queen Anne's Bounty)의 설립은 이해 관계가 교회와의 공식적 관계에서 결정적 요소였던 시대에 몇 안되는 사심 없는 행위 중의 하나였다. 앤 여왕은 왕이 교회에게 요구할 수 있는 "첫 열매와 십일조"의 권리를 포기함으로써, 가난한 성직록을 증대하는 기금을 조성하였다. 그것은 교회의 피폐한 삶을 제거한 18세기의 몇 안되는 시도 중의 하나였다. 그러나 교회 생활의 대부분은 정치적 선동의 소용돌이에 사로잡혀 있었다. 토리당의 방자한 태도는 계속되는 주교 회의 논쟁과 비국교도를 박해하려는 시도에서 다시 드러났다. 계속하여 토리당에 의해 하원에서 통과되고 휘그당 주교들에 의해 상원에서 부결된, "임시 통일령"(Occasional Conformity Bills)은 비국교도들이 공직에 접근하는 것을 차단하기 위해 만들어진 것이었다. 야심적인 토리당은 성공을 거두지 못하다가 결국 서셰버렐(Sacheverell) 사건을 통하여 권력을 잡게 되었다. 서셰버렐은 옥스퍼드 대학의 연구원이었지만 거의 학문이 없는 성직자였다. 그러나 그는 분위기에 따라 폭발적으로 독설을 퍼부을 수 있는 인기 있는 설교가였다. 그가 휘그당과 비국교도들을 공격하고 또 암암리에 명예 혁명의 체제를 공격하자, 정부는 이에 자극을 받아 그를 법정에 세웠다. 그러자 이에 대해 반대 여론이 비등해지자, 토리당은 권력을 잡게 되었다.

그 후 당파심이 극도로 작용하였다. "임시 통일령"이 통과되었고, 비국교도 대학을 공격하는 "분리령"(Schism Act)은 비국교도들의 생활에 치명타를 가할 작정이었다. 그들의 주장에 호의적인 여왕과 그들의 지도자 옥스퍼드와 볼링브로크와 그들의 대변인 스위프트를 갖고 있는 토리당은 아주 견고해 보였다. 토리당 교인들은 영국 교회의 이해 관계에 따라 나라를 다스리기를 희망하였다. 그들은 다양한 이유로 실패하였다. 법적 변화든 지성적 변화든 어떤 변화도 로드(Laud)의 정책을 부활시킬 수 없었다. 긴급한 문제는 왕위 계승권이었고, 여기서 토리당은 주춤거리며 분열되었다. 토리당은 가톨릭 신자인 스튜어트 가문의 후계자를 포기하려고 하지 않았으나, 그로 하여금 적당한 조건들을 받아들이도록 유도할 수 없었다. 그들의 우유부단함은 치명적 결과를 가져왔다. 토리당의 고교회파는 짧은 승리의 기간을 맛본 후 곧 붕괴되었다.

중요한 것은 특별한 당파의 운명이 아니었다. 앤 여왕의 통치 기간 동안,

교회는 분명히 큰 정치적 영향력을 가졌다. 현실적으로 교회는 정치적 생활과 복잡하게 묶여 있었다. 교회는 자신의 목적을 이루기 위하여 너무 지나치게 정치적 수단에 의존했다. 국가의 주도권이 휘그당으로 넘어갔을 때, 교회의 지배권도 함께 넘어갔다. 하노버계 교회의 주요한 특징이었던 에라스투스주의는 새로운 현상이 아니었다. 그것은 다양한 모습으로 다시 등장하는 익숙한 사실이었다.

앤 여왕의 통치 기간 동안, 당파의 정신은 전국적으로 널리 퍼졌다. 그것은 교회의 삶을 추하게 손상시켰고, 교회의 증거를 심각하게 약화시켰다. 교인들 사이에 논쟁은 당파들 사이의 갈등을 반영하고 복사하는 것이었다. 교회의 공동체적 삶에서 가치 있는 요소들은 자취를 감추었다. "고교회"와 "저교회"는 정치적 파벌의 표어가 되었다. "교회의 원리들"은 의회와 주교 회의에서 뿐만 아니라 풍자적인 글과 팜플렛에서 그리고 커피 하우스와 선술집에서도 격렬하게 논의되었다. 교회는 소란에 휩싸이며 교회의 생활이 방해를 받았고, 교회의 진정한 관심이 흐려지면서 미래의 전망이 악화되었다.

제 5 장

영국 사상의 전환점, 1660-1714

영국에서 스튜어트 왕가의 왕정 복고는 초기에는 보수적 반동이었다. 개혁은 인기가 없었다. 정치적 생활뿐만 아니라 신학과 예배와 교회 정치에서도 과거의 유산이 강력하게 사람들의 마음을 끌었다.

종교 사상의 많은 지도자들은 구 시대에 훈련받은 사람들이었고, 이들이 종교 사상의 전망과 성향을 지배하였다. 그들은 활동적으로 저술하는 시기는 지나갔으나, 이제 교회 고위직이 부여한 권위를 가지고 그들의 사상을 주장했다. 제레미 테일러(Jeremy Taylor)와 존 코신(John Cosin)은 과거의 사상계의 가장 뛰어난 특성들을 보여주었다. 이들의 과거의 규범들에 대한 충성은 심오한 학문에 의해 보강되었고 영적 통찰에 의해 인도되었다. 테일러는 전통에 대한 존중이 살아 있는 신앙에 의해 조화될 수 있다는 것과 권위에 대한 복종이 해석의 자유와 양립될 수 있다는 것을 증명해 보였다. 새 시대는 이러한 사고의 흐름을 현저하게 확장시키지는 않았으나, 다행스럽게도 적어도 이것을 영국 교회의 유산의 온전한 부분으로 재확인했다.

왕정 복고 시대의 교인들 사이에서, 영국 국교회의 관습에 대한 공통된 충성이 신학의 일치를 의미하는 것은 아니었다. 17세기 초기에 그렇게 강력했던 칼빈주의는 혁명 운동과 연루되어 불신을 받았으나, 윈체스터의 조지 모를리의 경우에서 보듯이, 회복된 주교들 가운데서도 그 대변자들이 있었다. 가톨릭 사상은 더 강한 대변인이 있었다. 헨리 손다이크는 영국 국교회적 형태 안에 있는 가톨릭의 관습을 강하게 옹호하였다. 이것이 은밀한 로마주의에 대한 공감을 의미하는 것은 아니었다. 로드 학파는 항상 로마 교황의 주장을 반대했고, 손다이크의 작품 「트렌트 공의회보다 더 개혁한 영국 교회의 개혁」(*The Reformation of the Church of England better than that of the Council of Trent*, 1670)은 오래 지속되어 온 논쟁의 전통을 이어갔다. 왕정 복고 시기의 뚜렷한 특징 중의 하나는 반(反)로마적 작품들이 많아졌고, 이러한 흐름 안에서 모든 학파의 대표자들이 그들의 역할을 다했다는 것이었다. 케임브리지 트리니티 대학의 학장 아이작 바로우는 백과사전적 학자였으나, 그 시대 사람들에게 교황 수위권을 공격한 사람으로 유명하였다. 제임스 2세의 불안한 시대에, 로마의 주장에 대항하여 영국 국교회를 조직적으로 방어하는 일은 자유주의 입장을 가진 교인들이 담당했고, 다음 세기 초 이들의 작품은 깁슨 주교에 의해 「교황주의자들에 대한 예방법」(*A Preservative Against Popery*)으로 다시 출판되었다.

칼빈주의는 영국 교회에서 거의 자취를 감추었다. 칼빈주의는 연약하게나마 비국교도들 가운데서 존속했다. 청교도 계승자들의 생활은 궁핍해졌다. 그들은 박해 기간 동안 살아남기 위해 시간과 힘을 다 소진한 상태였다. 대개 그들은 자신들이 훈련받은 칼빈주의에 충실하였으나, 칼빈주의의 거친 부분들은 수정되었고, 칼빈주의적 확신은 많이 완화되었다. 리처드 백스터는 청교도 운동의 마지막 단계에서 가장 위대한 인물 중의 한 사람이었으나, 엄격한 칼빈주의 정통으로부터 벗어나서 종종 아르미니우스주의와 칼빈주의의 중간 위치라고 평가되었다.

대공위(Interregnum) 기간의 많은 위대한 지도자들은 왕정 복고 시대에도 여전히 활동하고 있었으나, 그들의 활동 영역은 아주 제한되어 있었다. 토머스 굿윈과 존 오웬은 독립 교회(Independent) 전통의 주요 인물이었다. 두 사람은 우리가 다루는 기간 이전부터 훌륭한 작품들을 많이 저술하였으나, 이 시대에서도 계속하여 많은 작품을 저술하였다. 굿윈의 설교는 청교도적 "강의"로서 최상의 교육 자료의 모범을 제공하였다. 오웬은 관용과 가톨릭 교회 제도와 의식에 대한 당시의 논쟁을 다룬 몇 가지 논문을 저술하였고, 방대한 양의 교리적 작품을 출판하였다. 이 시대의 논쟁은 당연히 많은 사고와 노력을 요구하였다. 주교 제도와 강요된 예전을 반대하는 주장이 다시 등장하였다. 의복과 의식에 대한 공격도 다시 일어났다. 심지어 존 하우(John Howe) 같은 뛰어난 신학자도 비국교도 논쟁에 휘말렸다.

그러나 논쟁은 후기 청교도들의 문학 작품의 일부분에 불과하였다. 때때로 무서운 논쟁자 같은 모습을 보여주었던 존 번연은 일련의 교리적·주석적 작품을 출판하였다. 그는 탁월한 실천적 지혜와 성경을 보통 사람의 일상적 문제와 관련시키는 능력을 결합시켰다. 그러나 그는 알레고리 이야기가 청교도의 삶의 관점을 권장하는 매력 있는 매체라는 것을 발견하였다. 「천로역정」(*Pilgrim's Progress*)은 이 시대의 최고의 걸작품 중의 하나였지만, 청교도적 확신의 주해서로서 「거룩한 전쟁」(*Holy War*)도 이보다 덜 중요하지 않았다. 「무법자」(*Mr Badman*)는 평범한 보통 사람을 아주 잘 아는 한 위대한 청교도의 눈을 통해 당시 17세기의 삶을 생생하게 그리고 있다. 이미 늙고 눈이 먼 존 밀턴은 「실락원」(*Paradise Lost*)에서 가장 훌륭한 영국의 서사시를 저술하였고, 하나님과 사람과 우주에 대한 청교도의 관점을 독자적으로 제시하였다.

퀘이커 교도들은 종교의 자유를 위한 투쟁을 강하게 전개하였다. 그들은 비국교도들 중 가장 비타협적인 사람들이었으나, 그들의 신학적 위치와 이에 못지 않게 맹세와 사회적 관습과 폭력에 대한 그들의 독특한 증거는 그들을 그들의 동료 비국교도들로부터도 분리시켰다. 그들은 박해의 불법성에 대한 수많은 논문 외에, 개인적인 신앙 체험의 이야기들을 아주 효과적으로 사용하였다. 조지 폭스의 「일기」(*Journal*)는 유일한 것은 아니었으나 아주 뛰어난 작품이었다. 어떤 시대의 작품도 「일기」만큼 영적 활기로 가득 찬 것은 없었다. 우리는 폭스가 왜 동시대 사람들에게 걸림돌이 되었는지 이해할 수 있다. 우리는 지금도 "주의 능력이 모든 사람 위에 있다"

는 폭스의 확신 있는 주장을 생생하게 경험할 수 있다. 폭스의 「일기」는 그가 창설한 "퀘이커교"(the Society)를 위한 강력한 변증서였고, 그의 증거와 작품에 생기를 불어넣는 놀라운 종교적 활력의 계시였다.

비록 전통적 사고 유형이 계속되었으나, 왕정 복고 시대의 두드러진 특징은 이 시기가 일으킨 광범위한 지적 변화였다. 새로운 정신 사조의 증거들이 지체없이 나타났다. 케임브리지 플라톤주의자들은 당시 사상의 주류로부터 약간 떨어져 있는 학자들이었으나, 당시 사상의 흐름에 깊은 영향을 주었다. 그들은 케임브리지 대학이 배출한 열매였고, 대부분 일생 동안 케임브리지의 교사였다. 많은 학자들은 왕정 복고 이전에 영향력 있는 자리를 얻었으나, 당시 대학에서 큰 영향력을 행사하고 있던 칼빈주의에 공감하지 않았다. 사실상 케임브리지 플라톤주의자들은 종교 문제와 종교 논쟁으로부터 전환하였다. 주도적인 신학은 교리 신학과 이론 신학이었다. 이러한 상황에서 케임브리지 플라톤주의자들은 보다 넓고 단순한 체계가 필요하다는 것을 보여주었다. 그들은 난해한 교리 문제에 몰두하는 것이 이익보다는 해가 된다고 믿었다. 그들은 칼빈주의가 고수하고 있는 신념보다는 칼빈주의가 장려하는 정신을 공격하였다. 그들은 로드파와 칼빈주의자들 사이의 중도 노선을 추구하였고, 이 두 그룹의 격렬하고 당파적인 정신에 반대했다.

그들은 중재적 입장을 채택하였고, 이를 통해 화해의 자리에 서기를 희망하였다. 그들은 분리되어 있는 것으로 인정되어 왔던 다양한 요소들을 결합시켰다. 신앙과 지식, 이성과 계시, 올바른 교리와 건전한 도덕들은 결코 서로 양립될 수 없는 것이 아니었다. 그들은 실재하는 사물에 대해 정확하게 사고하는 훈련으로 이성을 규정하였고, 또한 이성을 진리를 추구할 때 전 인격이 통일되는 과정으로 간주했다. 그들은 어떤 모습으로 나타나는 지식이든 그 지식에 수용적이었으나, 지식은 인간의 지성을 해방하고 정신을 풍요롭게 할 수 있다는 것을 증명하여야 했다. 이성은 신앙을 강화시키기 때문에, 철학은 신학의 동맹자였다. 이성은 무한의 의미를 규명하는 데 도움을 주고, 하나님의 존재에 대한 신념을 강화시켰다. 이성은 하나님의 존재보다 하나님의 본성을 이해하는 것이 더 중요하다는 것을 보여주었다. 무엇보다도 이성은 세계는 지혜롭고 거룩한 하나님의 관점으로 보지 아니하면 이해할 수 없다는 것을 보여주는 도구였다.

계시에 대한 신앙은 이성에 대한 신뢰와 양립할 수 없는 것은 아니었다. 인간의 능력은 타락으로 손상되었고, 하나님이 자신을 계시해 주지 아니하시면 진리는 항상 우리를 피해 갈 것이다. 더욱이 케임브리지 플라톤주의자들 안에는 신비주의의 흐름이 있어서, 이것이 다음 세대가 굴복하고만 편협한 합리주의로부터 그들을 보호해 주었다. 온전한 정신(sanity)이 이 신비주의의 특징이었다. 케임브리지 플라톤주의자들은 자연 너머가 아니라 자연 안에서 자연을 통하여 하나님을 이해했다. 존 스미스는 다음과 같이 말하였다. "하나님은 우주와 그 안의 많은 피조물을 하나님 자신의 영광을 비추는 거울로 만드셨다. 하나님은 피조물 안에 자신을 복사해 놓으셨고, 우리는 이 물질계 안에서 하나님의 선하심과 능력과 지혜의 성품을 읽을 수 있다".

케임브리지 플라톤주의자들은 "이성의 사용"과 "도덕의 실천"을 하나님을 맛보는 두 영역으로 보았다. 도덕은 종교에 밀접하게 관련되어 있다. 도덕은 신앙의 몇 가지 본질적 내용에 의해 지탱되고 도덕의 요구는 이것에 의해 실행된다. 정당함과 부당함, 자유와 자기 결정은 사물의 본성 안에 뿌리를 두고 있다. 이러한 도덕적 의무감으로부터 그들의 많은 특징적 주장들이 유래하였다. 그들은 기독교가 도덕적 의무감의 강제에 복종하는 개인들에게 진지한 책임감을 부여한다고 믿었다. "기독교는 거룩한 삶이지 거룩한 학문이 아니고," 우리의 의무가 요구하는 것을 겸손하게 의식하고 기독교의 요구를 만족시키는 것은 우리의 의무이다. 동일한 이유로 그들은 교회나 국가의 부당한 중앙집권적 체제에 반대하였다. 권력의 집중은 개인에게서 주도권을 빼앗아 버린다. 주도권이 없으면 책임감은 효과가 없다. 더욱이 그들은 책임감은 관용을 전제로 한다는 것을 깨달았다. 만일 사람이 그의 양심의 명령을 따르는 데 자유롭지 못하다면, 그는 그에게 요구되는 도덕적 온전함을 성취할 수 없다.

　　케임브리지 플라톤주의자들의 공헌은 기독교 진리에 대한 설득력 있는 재진술을 발견하려는 점증하는 욕구에 비추어 보아야 한다. 비록 그들이 기독교적 삶의 해석의 아름다움이 엄격한 추상적 신학에 의해 모호해졌다고 믿었다 하더라도, 그들은 기독교적 삶의 해석의 본질적 타당성을 의심하지 않았다. 필요한 것은 안으로부터 재진술하는 것이었다. 이것이 바로 그들이 동시대인들에게 제시했던 것이다. 그들의 재해석은 성격상 보수적인 것이었고, 기독교 전통의 온전한 의미를 보존하려고 하였다. 이런 점에서 그들의 재해석은 이신론자들의 파괴적 급진주의와 달랐다. 형식 면에서 그것은 추상적이고 철학적이었다. 그것은 교리를 구체적이지 않고 일반적인 용어로 진술하였고, 사실이 아니라 가치에 관한 것이었다. 여기서 그것은 종종 사실적이고 거의 그림 같은 대중적 칼빈주의와 큰 대조를 보였다. 비록 여러 세대 동안 아리스토텔레스주의가 학문적 사변을 지배하였음에도 불구하고, 그것은 플라톤 전통에 호소하였다. 홉스의 유물주의에 반대하여, 그것은 기독교의 본질적 조화와 관념론 철학을 주장하였고, 다음 두 세기 동안 영국 사상에 강력한 영향을 미친 한 전통을 태동시켰다. 이 모든 점에서, 케임브리지 플라톤주의자들은 그들이 기독교 신앙을 지적으로 방어할 수 있고 영적으로 만족할 만한 형태로 주장할 수 있고 또 무신론과 미신의 쌍둥이 위험 속에서 종교를 보호할 수 있다고 믿었다.

　　이성에 대한 호소는 청교도의 "열광"(우리의 용어로는 광신)에 대한 반작용으로 힘을 얻었다. 그것은 주교 존 피어슨의 「사도신경 해설」(*Exposition of the Creed*)과 같이 신앙에 대한 비평적이고 정교하고 이성적인 설명에 의존하는 전통을 강화하였다. 그것은 아이작 바로우의 작품들에 권위를 더해 주었다. 그의 작품은 아주 자세하게 논거를 제시하고, 그 명쾌함에서 수학적이고, 그 진술에서 명확하고 정확하며, 로크와 워버턴과 신앙의 문제에 대해 생각하기를 원하는 다른 모든 사람들에 대한 평가에서 아주 영향력이 있었다. 바로우는 또한 윤리적으로 아주 진지하였다. 그는 그의 동시대인들처럼 이성과 도덕을 밀접하게 결합시켰다. 이러한 경향은 광교회주의자들로 알려진 일군의 작가들 안에서 가장 잘 표현되었다.

그들 중 많은 사람들은 케임브리지 플라톤주의자들에 의해 교육 받았고, 칼빈주의와 로드 학파 사이의 중간적 입장을 추구하는 전통을 따랐다. 그들은 신비적 흐름이 없고 또 신앙 생활에 대해 보다 덜 상상적으로 접근하는 점에서 그들의 선배들과 달랐다. 그 차이는 부분적으로 그들의 삶의 환경 때문이었다. 케임브리지 플라톤주의자들은 한때 케임브리지가 그 자체로 하나의 세계였던 시절에 대학 교수들이었다. 광교회주의자들은 탁월한 성직자들이었고, 영국의 일부 가장 영향력 있는 설교 강단을 맡고 있었다. 그들은 자연스럽게 실천적 고려에 비중을 두었다. 그들에게는 현실성이 이론보다 더 중요하였다. 그들은 이성의 가치를 인정했다. 이성은 그들의 유산의 일부분이었고, 이성은 날마다 평판이 높아졌고, 이성의 권위는 규제되지 않는 영감을 방어하는 훌륭한 보호벽이었다. 그들은 자연스럽게 이성을 상식과 구별될 수 없게 만드는 용어로 규정하였다. 그들은 지적인 사람이면 누구나 이해할 수 있고 평가할 수 있는 생각에 호소했다. 이러한 접근은 이성이 스스로 발견할 수 있는 종교에 높은 가치를 두었다.

높아가는 자연 신학의 인기는 그 시대의 합리주의적 성향의 결과였다. 하나님의 존재는 증명될 수 있었다. 하나님의 속성들은 우주를 관찰하여 규정될 수 있었다. 인간의 신분과 운명은 인간의 본성에 대한 편견 없는 연구로부터 추론될 수 있었다. 이성의 증거는 충분하게 우리의 도덕적 자유의 실재와 미래의 삶의 확실성을 확신시켜 주었다. 분명히 이성은 지나치게 자신있어 하는 교리주의를 수정해 주고 미신적 신앙들을 추방해 주었다. 계시의 사실은 논쟁되지 않았고, 계시의 가치도 의도적으로 평가 절하되지 않았다. 보통의 관습이 신앙의 합리적 유형을 구성하고 계시가 이 합리적 유형과 일치한다는 것을 증명할 수 있었다. 이성과 계시는 교대로 인용되었고, 각각 상대방을 확립시켜 주는 데 사용되었다.

후일 우스터의 주교가 된 에드워드 스틸링플리트는 모세의 역사가 이성의 규범에 일치된다는 것을 증명하여 모세의 역사를 옹호했고, 이 일에서 그는 다른 많은 사람들을 대표하였다. 그는 물론 자연의 빛의 직접적 명령들이 신적 계시의 척도가 되어서는 안된다고 주장하였으나, 그의 경고는 곧 망각되었다.

17세기의 사려 깊은 사람들에서 가장 현안이 된 것은 권위의 문제였다. 권위의 문제는 이 시대의 모든 논쟁에서 직접 혹은 간접으로 관련되었다. 신학에서 고대성에 대한 호소가 이미 중요하게 고려되었다. 광교회파는 고전과 교부들의 권위를 반박하지 않았으나, 그들의 작품을 조심스럽게 사용하였다. 성경은 여전히 주된 궁극적 호소력을 지니고 있었다. 성서는 물론 이성에 의해서 해석되었고, 이성이 사용된 방법은 미세하지만 눈에 띄는 변화를 보였다. 광교회파는 17세기 초기의 특징인 권위에 대한 절대적 의존과 18세기 초기의 합리주의 사이의 중도에 서 있었다. 이러한 변화는 또 다른 중요한 발전과 관련되어 있었다. 과학은 날마다 위대한 승리를 얻고 있었기 때문에, 날마다 더 큰 관심을 끌었다. 광교회파는 지적으로 과학의 진보에 관심을 갖고 있었고 과학의 주장에 동조했다. 그들 중 일부는 왕립 학술 협회(Royal Society)의 회원이었고 활동적으로 그 일을 추진하였다.

교리적 측면에서 광교회파의 위치는 약간 불확실하였다. 그들은 명확성을 너무 사랑한 나머지, 모든 심오한 문제들을 지나치게 단순화하는 경향이 있었다. 그들은 실천적 문제에 많은 관심을 기울이고 이성을 규정하려고 시도한 나머지, 본질적 신앙은 몇 개 안되고 단순한 것이라고 생각하게 되었다. 그들의 견해는 너무 막연하여 종종 이단에 빠졌다는 비난을 받았다. 그들이 신학적으로 모호했던 것은 그들이 부분적으로 논쟁을 유발하기보다 더 큰 성과를 약속하는 문제들에 몰두했기 때문이었다.

후일에 캔터베리의 대주교가 된 틸로트슨은 "기독교의 위대한 목적은 인간의 본성을 개혁하는 것"이라고 믿었고, 이 목적을 위해 취할 수 있는 특별한 단계들을 정의하였다. 강한 윤리적 강조가 모든 광교회파들의 특징이었다. 그들은 항상 인간의 도덕적 의무를 강조했다. 그들은 정직한 행동을 권면하였을 뿐만 아니라 스스로 지칠 줄 모르고 선행을 실천하였다. 불행하게도 그들은 도덕적 열정에도 불구하고 위엄과 긴급성이 결여되어 있었다. 그러나 그들이 행하고 말한 모든 것은 온건한 수준이었다. 그들의 종교는 참된 것이었지만 열렬한 것은 아니었다. 그들은 신앙고백보다는 하나의 흐름의 상징이었다. 그들의 관점은 합리적이었고 감정에 좌우되지 않았고 관대했고 자비로웠다. 그들의 덕행은 쉽게 타락했고, 그들의 선한 의지는 자기 만족으로 변질되었다. 그들은 17세기의 격렬한 투쟁과 18세기의 아주 다른 논쟁 사이의 중요한 과도기적 단계를 대표하였다. 그러나 그들은 충실하고 유능하게 그들 자신의 세대를 위해 봉사하였다. 그들은 방탕으로 치닫는 시대에서 도덕적 규범을 주장했다. 그들은 새로운 지적 관심이 등장할 때마다, 교회가 그 시대의 사고와 보조를 맞추어야 한다고 주장하였다.

17세기 후반, 물리적 우주에 대한 새로운 이해가 점차 통용되기 시작했다. 새로운 발견들이 우주의 본성을 드러냈지만, 새로운 지식을 소화하는 것은 빨리 쉽게 이루어지지 않았다. 코페르니쿠스의 해석은 전통적 견해에 만족하는 무관심한 사람들에게 서서히 접근하였다. 대학에서도 낡은 사고 체계가 굴복하지 않으려 하였다. 17세기 후반에 일어난 변화는 종교적 사상에 매우 깊은 영향을 주었고, 주로 소신 있는 그리스도인들에 의해 촉진되었다. 새로운 과학을 해석하는 과제는 두 명의 탁월한 광교회주의자, 로체스터의 주교 토머스 스프랫과 바트의 교구 목사 조셉 글랜빌에 의해 가장 성공적으로 이루어졌다. 그들은 신앙이란 지식에 의해 파괴될 수 없다고 주장했다. 과학의 영역은 광대하다. 과학은 하나님, 인간, 자연에 관심을 갖지만, 특히 "창조주의 권능과 지혜와 선함이 피조물의 경탄할 만한 질서와 솜씨 안에 드러나 있기 때문에" 하나님께 관심을 갖는다.

다른 말로, 과학자들은 자연 현상을 다루지만, 존중하는 종교적 정신을 가지고 접근한다. 따라서 종교는 과학자들의 노력으로 이익을 얻으면 얻었지 손해볼 일이 없다. 공인된 믿음의 유형은 파괴되지 않을 것이다. 믿음의 의미는 새로운 발견들이 제공하는 신선한 통찰에 의해 조명 받아 밝히 드러날 것이다. 과학과 신학은 그들의 결과에서 아무리 일치한다고 하더라도, 그들의 방법에서 서로 다르다. 따라서 그들은 서로 혼동되어서는 안되고 분리되어야 한다. 이것이 스프랫의 입장이었다. 위대한 화학자 로버트

보일은 그에게 동의했다. 그러나 더 위대한 물리학자 뉴턴은 다른 견해를 갖고 있었다. 신앙과 지식은 너무 밀접하게 관련되어 있고 너무 심오하게 서로를 조명해 주므로, 그들의 관계는 아무리 밀접하게 관련을 시켜도 부족하다는 것이다.

새로운 과학의 눈부신 발전은 깊은 종교적 확신을 가진 사람들에 의해서 성취되었다. 보일과 뉴턴은 신학적 주제들에 대해 광범위하게 저술하였다. 그들의 과학적 저술에 흩어져 있는 내용들은 그들의 발견에서 끌어낸 추론들을 보여준다. 더욱이 그들은 특별히 성서적이고 영성적이고 신학적 성격의 책들을 저술하였다. 그들은 하나님이 손으로 지으신 자연의 우주는 명백하게 창조주의 존재를 나타내고 그분의 인격을 제시해 주고 있다고 믿었다. 자연의 어디를 보든, 우리는 질서와 아름다움을 보고, 과학자들은 이것을 하나님의 존재에 대한 가장 설득력 있는 증거로 간주했다. 뉴턴은 별들의 운행을 다스리는 법칙으로부터, 존 레이는 식물과 동물의 구조에서 발견한 증거로부터 하나님의 존재를 주장했다. 어느 누구도 자연이 하나님의 창조적 능력을 증거한다는 것을 의심하지 않았다. 과학자들은 만족스럽게 하나님의 존재를 확립한 후, 엄격하게 전통적 용어로 하나님의 본성을 규정하였다. 그러나 그들의 전문적 연구는 그들의 신학적 과제를 복잡하게 만들었다. 하나님은 세상을 창조하시고 세계의 법칙을 정하신 후, 더 수행해야 할 기능을 갖고 계신 것인가? 과학은 하나님의 섭리를 위한 공간을 남겨 두었는가? 보일은 하나님이 세계가 붕괴하는 것을 막아 주고 있다고 믿었다. 뉴턴은 하나님의 두 가지 특별한 사역, 즉 항성이 우주 안에서 붕괴되는 것을 막는 것과 세계의 구조적 체계가 좋은 상태를 유지하게 하는 일을 하고 있다고 보았다.

새로운 과학은 새로운 무신론에 대한 강력한 방어벽으로 간주되었다. 보일은 뜻을 세우고 기독교 진리를 방어하기 위한 강좌를 제공하였고, 리처드 벤틀리가 첫번째 연속 강의를 담당하였다. 그는 영국이 낳은 가장 훌륭한 고전 학자였지만, 뉴턴의 물리학의 중요성을 알고 있었고, 이것에 기초하여 「무신론 논박」(*Confutation of Atheism*)을 저술하였다. 계몽된 신학자들은 새로운 과학의 결과들을 당연하게 받아들이기 시작했다. 그들은 그들의 임무가 과학의 원리로부터 올바르게 추론하는 것이라고 보았다. 변화하는 관점은 다른 미묘한 방식으로 종교적 문제에 대한 접근에 영향을 주었다. 과학은 신학적 논의에서 이성에게 더 큰 역할을 부여하였다. 비록 탁월한 과학자들이 그들이 전통적 신앙을 충실히 따르고 있다고 믿었음에도 불구하고, 그들은 기적과 성경 같은 주제에 대한 논의를 조금 수정했고, 이러한 변화는 이신론자들이 요구하는 과격한 개정 작업의 길을 열어 놓았다. 과학자들은 또한 전제로부터 주장하는 것을 거부했다. 그들은 증거로부터 시작해야 한다고 주장하였다. 신학은 오랫동안 그 출발점으로서 "일반적 용어들"에 만족하였고, 그 결과 추상적이고 현실에서 멀어지게 되었다. 결국 새로운 강조가 유익한 것으로 증명되었고, 그 즉각적 결과로 하나의 학문 분야로서 전통적 신학이 불신을 받게 되었다. 과학자들은 지금까지 전통적 종교적 통로를 통해서만 가능했던 만족들을 그들의 탐구 안에서 발견하였다. 그들은 미신과 무지에 대항하여 십자군 전쟁을 벌이고 있다고 믿었고, 이 일을 수행하며 동일한 목적을 추구하는 모든 사람들과 함께 진정한 형제 관계를 이루고 있다고 믿었다. 게다가 새로운 발견들은 보통 사람들에게 하나의 새로운 경험의 세계를 열어 주는 데 도움을 주었다. 그들은 레이의 유명한 작품의 제목이 암시하듯이, "하나님의 지혜는 창조의 작품 안에 나타나 있다"(The Wisdom of God Manifested in the Works of Creation)는 것을 발견하였고, 그들은 "자연의 보화는 무궁무진하다"는 레이의 주장이 진리라는 것을 증명하였다.

존 로크는 그의 시대의 지성적 태도를 요약하였고 다음 시대의 지성적 태도를 형성하였다. 한 세기가 넘도록 그는 유럽의 사상을 지배했다. 그의 작품은 뉴턴의 작품과 함께 지성인들 사이에 새로운 정신을 창조했고, 이것은 곧 종교적 사상에 영향을 주었다. 그는 가끔 지나가면서 신학적 문제에 대해 언급하였고, 이따금 신학적 문제에 집중적 관심을 보이기도 하였다. 그가 기독교를 대하는 정신은 그가 실제로 기독교에 대해 말한 것보다 더 중요하였다. 그는 종교적 신앙에 대한 특정한 태도를 거의 보편적으로 만들었다.

로크는 결코 신앙의 중요성을 약화시키지 않았다. 그의 최고의 걸작 「인간 오성론」(*An Essay Concerning Human Understanding*)에서 로크는 점차 의심 없이 하나님이 존재하신다는 결론을 주장하였다. 우리의 자기 자신에 대한 인식은 가장 단순하고 확실한 경험의 요소 중 하나이고, 이것으로부터 로크는 하나님이 있다는 확신을 견고한 결론으로 이끌어 낸다. 이것은 "이성이 발견한 가장 명백한 진리"이다. 하나님의 존재에 대한 증거는 수학적 확실성과 동등하다. 여기서 강조점은 결과에 못지 않게 중요하다. 신앙은 합리적 증거의 결과이다. 로크는 이성이 어떻게 작용하는지 보여주었을 뿐만 아니라 심지어 종교에서 이성의 역할이 불가피하고 정당하게 나타나게 하였다. 뉴턴의 작품과 함께, 로크는 이성의 증거는 모든 사물을 통하여 작용한다는 것을 아주 명확하게 보이도록 만들었다. 그는 침착하고 공평하게 자기 주장을 증명하여 놀라운 성공을 거두었다. 이성은 모든 난제를 풀 수 있으며 모든 신비를 추방할 수 있을 것 같았다. 신학에 미친 영향은 혁명적이었다. 마크 패티슨은 "로크의 논문의 제목인 「기독교의 합리성」(*The Reasonableness of Christianity*)은 한 세기 동안 영국의 기독교 신학의 유일한 주제였다고 말할 수 있다" 하였다. 그러므로 17세기는 하나님에 대한 신앙을 확신있게 주장하면서 끝을 맺었다. 그러나 17세기가 제공한 하나님은 너무 비인격적이었다. 하나님은 합리적 증거의 산물이었다.

로크의 이성에 대한 강한 주장은 자연히 계시의 지위에 대해 의심을 일으켰다. 그는 계시의 실재나 계시의 중요성을 의심하지 않았지만, 계시를 그의 종교적 삶의 일반적 묘사와 일치하도록 재해석하였다. 계시가 주장하는 것은 기독교의 본질적 합리성이다. 그것은 소수의 교리만 필요하다는 것을 보여준다. 교리는 단순하고 보통 사람들도 이해할 만한 것이다. 기독교는 하나의 본질적 교리를 갖고 있다. 그것은 곧 예수가 메시야라는 것이다. 그리하여 로크는 교리를 최대한 단순화시켰다. 전통적 신학의 구조는 대부분 가끔씩 부적절한 것으로 처리되었다. 어떤 권위는 여전히 필요하였고, 로크는 이것을 성서 특히 복음서에서 발견했다.

로크는 올바른 행위를 강조하는 점에서, 또한 그의 시대를 대표하였다. 신앙의 단순한 형태는 종종 강력한 윤리에 의해 보강될 필요가 있다. 로크는 도덕적 기준들이 강한 자극으로 강화되어야 한다고 믿었다. 아무런 보상 없이 의를 따를 정도로 충분히 사심이 없는 사람은 거의 없다. 철학자들은 덕의 아름다움을 칭송할 수 있으나, 대부분의 사람들은 보상에 끌릴 때만 도덕을 따를 것이다. 다행히 아주 강력한 이익이 옳은 것을 행하는 사람에게 생기고, 그리하여 이러한 관심이 윤리를 강화한다. 로크는 심지어 예수의 사역이 보상과 형벌이라는 조심스런 계산 위에 근거해 있다고 생각했으나, 그는 이익을 위해서 선행을 행하는 것에 양심의 가책을 받지 않는 시대에 살았다는 것을 기억해야 할 것이다. 실제로 로크는 모든 점에서 그의 메시지를 받아들일 준비가 된 세대에게 말하였다. 그 시대가 이성에게 부여한 높은 평가는 모든 상식의 기준에 일치하는 종교적 신앙에 대한 그의 해석을 수용하도록 만들었다. 로크는 다음 시대에 그의 기독교 해석을 유산으로 남겨 주었고, 인간의 정신에 대한 그의 유명한 해석으로 그것을 더욱 강화시켰다.

로크의 영향은 여러 분야에서 찾아볼 수 있다. 그의 영향 중 가장 놀라운 것은 이신론의 높아진 인기에서 볼 수 있다. 이신론은 18세기 전반 절정에 도달했으나, 17세기 마지막 몇 해 동안 정통 기독교를 심각하게 위협하였다. 영국에서 이신론의 초기 주요한 주창자는 (시인 조지 허버트의 동생) 체르버리의 허버트 경이었다. 그는 이신론의 중요 교리를 다섯 가지 근본적 진리로 요약하였다. 첫째, 하나님은 존재한다. 둘째, 하나님께 예배하는 것이 인간의 의무이다. 셋째, 하나님께 예배하는 적절한 방법은 덕을 실천하는 것이다. 넷째, 인간은 그의 죄를 회개해야 한다. 다섯째, 사후에 보상과 벌이 있을 것이다.

허버트는 이러한 단순한 신조가 기독교의 모든 본질적인 것들을 포함하고 있다고 믿었다. 그의 다섯 가지 주장들은 찰스 블라운트에 의해 확대되었다. 블라운트와 함께 이신론은 전통적 신앙을 공격하는 형태를 취하였다. 그는 계시는 미신의 위장된 형태이고, 그리스도는 티아나의 아폴로니우스 같은 이교도 능력자와 비슷하다고 암시하였다. 다양한 이유로 이신론은 놀라운 인기를 끌었다. 도덕이 붕괴한 사회에서, 많은 사람들은 기독교 윤리를 뒷받침하는 계시를 공격하는 것을 환호하였다. 종교에서 이성의 유행은 단순하고 합리적인 체계로서 이신론의 매력을 더 높여 주었다. 대주교 틸로트슨의 설교들의 엄청난 인기는 실천을 강조하고 신학을 최소화하고 이성에 강하게 의존하는 신앙의 유형을 지지해 주었다.

이신론의 초기 단계는 1696년 존 톨런드의 「신비하지 않은 기독교」 (*Christianity Not Mysterious*)의 출판과 함께 막을 내렸다. 이제 이신론은 아주 활동적이고도 광범위한 영향력을 행사하는 시기로 접어들었다. 톨런드는 심오하다기보다 능숙한 재능을 가진 아일랜드 출신 작가였다. 그의 유명한 책은 익숙한 개념들을 활용하는 능력으로 유명하였다. 톨런드는 로크의 견해를 전제하고 확장했으나, 로크의 모방자는 아니었다. 그는 그의 목적을 명확하게 정의했다. 그는 "우선 나는 참된 종교는 반드시 합리적이고 이해할 만한 것이어야 한다는 것을 증명한다. 그 다음 나는 이러한 필요 조건이 기독교 안에 있다는 것을 보여준다" 하였다. 더 나아가 그는 계시의 필연성을 전제하였다. 그러나 그는 이러한 모든 핵심 개념들을 당시 유행하는 지적 사조에 수용될 만한 용어로 규정하였다. 이성은 가장 중요한 실재였다. 계시는 단순히 보충적 정보를 제공하였다. 계시는 합리적 사고에 의해 지배받는 영역 안에서 작용하였고, 이에 근거하여 톨런드는 기독교는 이성에 모순되거나 이성 위에 있는 어떤 것도 포함할 수 없다고 결론 내렸다. 신비는 효과적으로 추방되었다. 그의 많은 사상들은 그 후에 보다 극단적인 형태로 나타났으나, 우리는 이미 발달된 이신론의 본질적 내용들을 가지고 있다. 즉 이성의 우위성, 계시의 보충적이고 종속적인 역할, 기적의 제거, 초자연의 축소, 성경에 부여된 애매한 위치 등이다. 심지어 이신론자들을 일관성 있게 사로잡은 성직자의 능력에 대한 혐오도 있다.

16, 17세기의 정치 이론은 중요한 신학적 의미를 담고 있었다. 왕정 복

고 시대에 왕권신수설은 그 절정에 달하였다가 곧 붕괴하였다. 이 이론의 전신은 중세 시대로 거슬러 올라간다. 17세기 초 그것은 제임스 1세에 의해 주장되었으나, 그것을 공식적인 영국 성공회 교리의 지위로 격상시킨 것은 바로 시민 전쟁이었다. 그것은 혁명적 견해에 대한 가장 확실한 방어벽으로 보였고, 순교자 왕 찰스에 대한 숭배는 왕권신수설에 거의 신성불가침의 권위를 주었다. 많은 저술들이 왕의 신적 권리를 칭송하였다. 이 이론은 사우스, 스틸링플리트, 틸로트슨같이 다양한 견해를 가진 설교가들에 의해 주입되었다. 그것은 「인간의 온전한 의무」(*The Whole Duty of Man*) 같은 실천적 경건의 책에 의해 강화되었다. 대학은 이것이 영국 국교회 신자의 훌륭한 특징이라고 가르쳤다. 왕권의 실제적 결과는 수동적 순종이었다. 법적 권위에 대한 저항은 금지되었다. 왕이 백성들의 뜻과 반대되는 일을 추진한다고 하더라도, 백성들은 침묵 가운데 고통을 당할 수 있을 뿐 왕에게 대적할 수는 없었다. 왜냐하면 "반역은 마술의 죄와 같은 것"이기 때문이다. 이렇게 광범위하게 옹호되었고 그렇게 열렬하게 수용된 이 이론은 그 실제적 결과와 부딪쳤을 때 무너졌다. 제임스 2세는 백성들이 혐오하고 백성들의 자유를 전복시키는 정책을 추진하였다. 그의 신하들은 갑자기 그들이 좋아하는 이론이 구시대에 속한 것이라는 것을 깨달았다. 왕권신수설을 버리는 것은 고통스런 경험이었고, 일부 사람들은 이 이론을 버리는 것을 거부하였다. 1688년 혁명의 위대한 변증가는 존 로크였고, 정치 이론은 그의 저술로 인해 실제로 신학의 한 분야에서 벗어났다.

17세기 전반, 관용을 믿는 사람들은 거의 없었다. 오직 소수의 이론가와 분파주의자들만이 관용을 신뢰했다. 전반적으로 광교회주의자와 청교도들은 자기 파의 승리는 다른 당파의 견해를 추방하는 결과를 가져올 것이라고 생각했다. 올리버 크롬웰은 (한편으로 교황주의자와 주교제주의자들을 제외하고 다른 한편으로 퀘이커 교도와 다른 극단적 집단들을 제외하고) 관용을 채택하였으나, 혼란한 시대에 관용은 채택하기 힘든 정책이었다. 왕정 복고와 함께, 특별한 형태의 영국 성공회가 승리하였고, 통일령은 그것에 수반되는 법률들과 함께 종교적 실천과 종교 사상의 표현을 규제하도록 의도되었다.

한 세대가 지나지 않아, 종교적 확신을 획일화시키려는 시도는 포기되었다. 박해는 효과가 없는 것으로 증명되었다. 박해는 그 희생자들을 강제하지 못하였고, 박해를 주장하는 사람들에게도 거침돌이 되었다. 오랜 세월 동안 계속되어 온 증오는 죽었고, 새로운 사회적 정치적 세력으로 인해 억압은 무용한 정치적 도구와 지지 받을 수 없는 종교적 도구라는 것이 드러났다. 점증하는 이성의 권위는 억압하는 열정을 분파주의자들의 광신만큼이나 "열광적"인 것으로 보이게 만들었다. 일련의 논쟁적 저술들은 박해를 옹호하는 사람들을 공격했고, 단계적으로 관용을 주장하였다. 명예혁명의 정치적 결과들이 혁명에 참여한 어느 당파가 다른 당파의 사람들을 괴롭히는 것을 불가능하게 만들었을 때, 관용은 실제로 가능하게 되었다. 여기서 다시 로크는 다가오는 시대의 사상을 지배하게 될 관용을 이론적으로 방어하는 논리를 제공하였다.

왕정 복고 시대는 지성적 변화에서 중요한 의미를 갖고 있다. 한 세대 안에, 우리는 압도적인 중세적 분위기로부터 본질적으로 근대적 분위기로 넘어갔다. 지배적인 사고 방식이 변화되었다. 아직도 우리의 관심을 끄는 질문들이 나타났다. 우리는 지금도 이성의 위치, 권위의 본성, 우주의 성격을 논의하고 있고, 그것도 17세기 후반에 처음 나타난 정신 안에서 그렇게 하고 있다.

제 6 장

스코틀랜드의 서약자와 온건파

스코틀랜드는 스튜어트 왕가의 회복을 안도감과 즐거움으로 환영했다. 최근의 소동은 백성의 왕에 대한 충성과 서약에 대한 충성 때문에 발생했다. 이제 회복된 왕은 법에 의해 확립된 장로교 교회 정치를 지지하기로 약속하였으나, 그는 장로교 제도에 공감하지 않았고, 장로교 제도를 온건한 형식으로 유지하도록 권면한 로더데일(Lauderdale) 같은 사람들에게 관심을 기울이지 않았다. 그러나 장로교인들은 의심의 여지 없이 스코틀랜드에서 가장 강한 종교적 세력이었다. 그들은 비록 귀족들의 지지를 상실했고 내부적으로 심하게 분열되어 있었지만 여전히 강력했다.

통치 초기에 찰스 2세는 극단론자들을 허용하지 않을 것이라고 공표하였다. 장로교 제도를 지지하기로 한 서약자들(covenanters)의 평신도와 성직자 지도자, 아가일(Argyll)과 거스리(Guthrie)는 반역죄로 재판을 받고 처형되었다. 1661년 "취소령"(Rescissory Act)은 1633년 이래 모든 의회의 결정을 취소하고, 찰스로 하여금 주교제를 교회 정치의 확립된 형태로 만들 수 있게 하였다. 주교제는 스코틀랜드 사람들에게 별로 인기가 없었다. 그들은 과거와 연결되어 있는 주교제를 불신하였으나 싸움에 지쳐 있었기 때문에, 지혜롭고 온건하게 변화가 추진되었다면 이 변화를 수용했을 것이다. 지혜롭고 온건한 변화는 과거에도 아주 부족했지만 미래에는 더욱더 찾아볼 수 없었다. 평신도 후원자(patronage) 즉 성직 임명권의 재도입은 스코틀랜드 사람들의 감정을 극도로 자극하였다. 수백 명의 교역자들이 새로운 상황에 동의하지 않는다는 이유로 성직에서 추방되었고, 그들의 자리는 백성들의 호의를 얻을 수 없는 사람들로 채워졌다. 정부는 반대자를 억압하기 위해 엄청난 벌금을 부과하였고, 벌금을 징수하기 위해 반항자들에게 용기병을 투입하였다.

왕정 복고 후 3년만에 찰세 2세와 백성 사이의 관계가 악화되었고, 이것은 그의 남은 통치 기간의 불행의 원인이 되었다. 반대자들의 마음을 얻기 위한 시도들이 산발적으로 이루어졌지만, 왕이 제공한 양보가 백성들의 마음에 너무 차지 않아서 효과를 보지 못하였고, 백성의 불만에 대해 정부는 무자비한 가혹 행위로 대응하였다. 이것은 스코틀랜드 교회의 역사에서 거의 전설적 위치를 차지하고 있는 "죽음의 시간"이었다. 황무지나 들판에서 소 집단으로 모인 서약자들은 용기병에 의해 약탈되었고 무자비하게 해산되었다. 몹시 황량한 남서부 지방은 관례적으로 반항하였고, 때때로 공개적으로 반란의 횃불을 올렸다. 이들의 봉기는 준비가 부족하여 효과를 거두지 못하였다. 1666년 펜틀랜드 언덕과 1679년 보스웰 브릭에서, 반란자들은 정규 군인들의 적수가 되지 못하였다. 그러한 봉기는 잔혹하게 진압되었고 스코틀랜드인의 생활을 더 괴롭게 만들었다.

이러한 반란의 시기는 두 가지 결과를 가져왔다. 주교제가 정부가 지지한 정책들로 인해 치명적으로 불신을 받았고, 그럼으로써 스코틀랜드에서 주교제가 사라지게 되었다. 그러나 장로교도 역시 현저하게 영향을 받았다. 장로회 제도는 교회 정치의 한 형태로서 계속하여 스코틀랜드인들의 지지를 받았으나, 국가를 지배하는 정신적 위치는 상실하였다. 카메론파(Cameronians) 같은 극단적 서약자들은 타협을 거부하는 소수파로서 명맥을 유지했지만, 대부분의 스코틀랜드인들은 드디어 교회의 계속적인 간섭에서 벗어난 정치 체제 아래서 양심의 명령에 따라 예배드리고 싶어했다.

제임스의 짧은 통치 동안, 모든 스코틀랜드인들은 왕의 가톨릭 교회 후원 정책에 반대했다. 그래서 오렌지의 윌리엄이 도착했을 때, 스코틀랜드인들은 마음을 놓았다. 새 왕은 장로회 제도에 공감을 표하였으나, 그는 곧 스코틀랜드뿐만 아니라 잉글랜드에서도 주교제를 유지하기 위한 정치적 논쟁이 있다는 것을 깨달았다. 그러나 스코틀랜드 주교들의 태도는 그가 교회 정치의 문제를 스코틀랜드인들이 단독으로 해결하도록 맡기는 것을 비교적 용이하게 만들었다. 제임스에게 맹세한 주교들은 새 왕을 인정하기를 거부하였다. 그러나 스코틀랜드는 스튜어트 왕가에 신물이 나 있었다. 주교들이 제임스를 부인하기를 거부하였을 때, 주교들을 지지하던 대부분의 백성들은 주교들을 거부하였고, 1689년 주교 제도는 폐지되었다.

다음 해 장로회 제도가 재도입되었고 점차 이후에 나타날 장로교회의 특징적 형태를 취하였다. 총회를 정점으로 하는 교회 법정의 체계가 완전히 회복되었다. 교회는 자신의 영역 안에서 자유롭고 자율적이었다. 국가는 임명권을 포기하고 정책의 간섭도 단념했고, 교회의 관할권은 이에 상응하여 규정되었다. 두 영역이 분리되었고, 분쟁의 근원이 제거되었다. 둘 사이의 연결 고리는 왕이었고 왕은 고등 판무관(High Commissioner)에 의해 대표되었다. 통치의 초기에 투명한 절차가 완성되었고, 이를 통해 총회를 소집하고 해산하는 첨예한 문제도 쌍방의 권리를 손상시키지 않고 해결되었다. 그리하여 군주의 특권과 총회의 자유에 관한 격렬한 싸움이 우호적으로 해결되었다.

웨스트민스터 신앙고백은 교회의 교리에 대한 권위 있는 해석으로 인정받았으나, 다른 문서들 특히 서약들(Covenants)은 완전히 무시되었다. 국가는 장로회 체제의 신성한 배타적 권리의 교리에 속박당하지 않은 채 장로회 체제를 회복하였다. 성직 임명권자의 권한은 제한되었으나, 이러한 변화는 임시적인 것이었다. 잉글랜드와 스코틀랜드의 통합 이후, 웨스트민스터 의회는 이러한 결정을 뒤엎었고, 그 결과 양측은 완강했고 불행했다. 그러나 통합령은 또한 스코틀랜드 장로교회가 스코틀랜드의 국가 교회이어야 하고 또 모든 영국 군주들의 최초의 공식적 행위는 서약으로 스코틀랜드 장로교회의 "정치, 예배, 권징, 권리, 특권"을 인정하는 것이라고 규정하였다.

18세기 동안 스코틀랜드 장로교회는 점차 광범위한 변화를 경험했으나, 초기의 교회 생활의 분위기와 양식은 미래를 예시할 뿐만 아니라 과거를 반영하였다.

국가적 빈곤의 결과들은 도처에서 명백하게 나타났다. 교회들 또한 황폐하고 어지러웠기 때문에 좋은 인상을 주지 못했다. 한 여행자는 "스코틀랜드 여러 지역에서 우리 주님은 여전히 마구간에서 경배를 받고 매우 비천한 분으로 나타났다" 하였다. 교역자가 사는 집은 종종 그가 집무하는 건물과 함께 관리되었다. 그의 사례비는 작았고, 직업상의 요구들은 혹독하였다. 그는 하나님의 사람과 교육 받은 사람으로서 마땅한 존경을 받았지만, 시찰회(session)의 엄격한 사찰을 받아야 했다. 그리고 당회의 일은 그의 시간의 상당 부분을 빼앗았다. 교회의 치리는 엄하고 가혹하였다. 당회는 모든 사람의 삶의 전 영역을 감독하였다. 범죄에 대한 소문과 방종에 대한 암시는 전부 다 당회에 보고되었고 세밀하게 조사되었다. 어떤 지역에서는 장로들이 나가서 범죄자들을 찾았다. 그들은 매일 밤 거리를 순찰하였고, 선술집에 가서 빈둥거리는 사람을 찾았고, 범죄자를 잡기 위해 개인 집에까지 들어갔다. 여인이 싸움 도중에 그녀의 이웃에게 욕을 하였는가? 세밀한 조사 후 그녀는 책망을 받았다. 어떤 남자가 안식일에 물통을 집으로 운반하였는가? 그는 벌금을 내야 했다. 심각한 도덕적 범죄를 저지른 죄인은 주일날 (때때로 10주 혹은 15주 혹은 26주 동안) 목에 칼을 쓰고 서 있는 벌을 받아야 했고, 교역자의 훈계에 복종해야 했다. 이것은 백성들이 두려워하는 고된 시련이었으나, 부자와 가난한 자에게 불공평하게 부과되었다. 지주의 아들은 벌금을 내고 형벌을 피할 수 있었으나, 농부의 딸은 모면할 가망이 없었다.

안식일은 교역자와 백성들 모두에게 가장 중요하고 엄숙한 날이었다. 모든 필요한 준비는 토요일 밤에 완료되었고, 안식일 날 스코틀랜드 가정에는 저녁 때까지 뜨거운 식사가 없었다. 안식일은 하루 종일 어떤 세속적 활동이 성경 읽기와 교리 문답의 반복과 공공 예배의 참석 등 미리 규정된 틀을 방해하지 않도록 구성되었다. 교회 출석은 특권이었으나 또한 하나의 의무였고, 이 의무 안에서 사람들의 흔들리는 의지가 여론의 압력에 의해 강화되었다. 예배 시간에 장로들은 거리를 순찰했고, 집에서 불참자들을 찾아냈다. 그러나 다른 사람들을 신실하게 만드는 것은 매우 어렵고 실망스러운 것이었다. 시간이 흐르면서, 노회로부터 불평이 많이 나오기 시작했다. 안식일이 엄격하게 올바로 준수되지 않는다는 것이었다.

예배는 형태가 단순하고 성향이 엄숙하고 시간이 턱없이 길었다. 운율적인 시편들이 사람들의 사랑을 받았다. 성서는 읽고 해석되었다. 기도는 즉흥적이었다. 미리 준비한 교역자는 신앙이 부족한 것으로 취급받았고, 교역자가 분명한 열정을 가지고 반복 없이 오랫동안 기도할 수 있다면 은혜를 많이 받은 것으로 인정되었다. 물론 설교는 조심스럽게 준비하지만 노트를 보지 말고 설교해 달라고 요청받았다. 1720년 총회는 설교를 읽는 것은 하나님의 백성에게 죄를 짓는 일이고 영적 위로를 심각하게 방해하는 일이라고 선언했다. 설교의 주제를 위하여 교역자는 하나님의 말씀에 의지하지만, 총회는 말씀의 풍요로움이 규정된 양식 안에서 드러나야 한다고 하였다. "인간의 사중적 상태"는 그리스도인의 신앙과 의무에 대한 다양한 양상이 가장 유익하게 해석될 수 있는 틀을 제공해 주었다. 인간의 조건이 그 본래의 순수한 상태, 타락의 상태, 은총의 복음 아래의 상태, 영원한 세상의 상태에서 고려된다면, 인간의 운명은 가장 잘 이해된 것이다. 또한 안식일의 두번째 예배에서 교역자는 그의 "정규" 본문 즉 그가 택한 본문을 가지고 설교해야 했다. 설교자가 한 번 본문을 택하면 그는 몇 주 혹은 몇 달 동안 계속 동일한 본문을 가지고 설교하였다. 이 설교는 익숙한 본문에서 예기치 않은 감추어진 진리를 찾아내는 점에서 설교자의 창의력을 측정하는 척도였고, 여기서 고통받는 교역자들은 종종 이상하게 해석하는 재주를 보이기도 했다.

대부분의 스코틀랜드 설교의 특징은 단호하고 엄격한 것이었다. 칼빈주의는 율법주의 신앙으로 변질되었고, 이로 인해 신앙의 위대한 교리가 왜곡되었다. 우리 주 예수 그리스도의 은혜가 때때로 매력 있게 설교되기도 하였다. 죄 용서의 약속이 주어졌고, 구원의 확신이 선포되었다. 그러나 이러한 것들은 일반적으로 설교자들을 매혹시키는 주제는 아니었다. 지옥이 가장 인기있는 주제가 되었다. 지옥의 공포는 죄에 대한 가장 효과적인 방지책으로 간주되었다. 랠프 어스킨 같은 위대한 사람은 저주받은 자의 고통을 생생하게 묘사함으로써 명성을 얻었다. 버림받은 자 위에 쌓여진 형벌이 아주 독창적으로 묘사되어 마력적인 공포를 유발하였다. 토머스 보스턴은 "하나님은 그들을 불쌍히 여기는 것이 아니라 그들의 재난을 비웃을 것이다. 하늘의 의인의 회중은 하나님의 심판을 즐거워할 것이고 연기가 영원히 올라오는 동안 계속 찬송할 것이다" 하였다. 이것은 그의 동료 죄인들을 동정하는 사람들에게도 공포의 주제였으나, 열등한 설교가들로 인해 구속의 역사는 "상업적 거래와 저속한 흥정"으로 변질되었다. 그들은 하나님을 "예리하고 의심 많은 법 집행자"로, 십자가를 "법 집행관의 법적 절차"로 축소시켰다. 한 유명한 교역자의 속죄 설교는 우리는 아들이 "하나님의 징벌하는 분노에 의해 무한한 고통을 받고," "순전한 진노, 오직 진노 때문에 아버지는 아들이 죽는 것을 바라신다"고 확신한다고 하였다. 18세기 후반에 나타난 다른 유형의 설교는 은총의 신비에 대한 이러한 어둡고 가혹한 설명을 배경으로 할 때 제대로 이해할 수 있다.

스코틀랜드 예배의 진지함과 장엄함은 성만찬의 의식에서 가장 잘 드러났다. 그렇게 고귀한 예식은 엄격한 준비를 요구하였다. 미리 몇 주 동안, 교역자는 바쁘게 그의 양들을 방문하고 한 사람씩 교리를 가르쳤다. 당회는 범죄 보고서를 심사했고, 모든 추문을 철저하게 캐내었고, 심지어 당회의 동료들도 모두 조사하였다. 장로들은 각각 자신의 구역에서 원수들을 서로 화해시킴으로써 모든 사람이 주의 만찬에 참여할 수 있도록 준비시켰다. "성만찬의 절기"는 엄청난 군중의 예배자들을 하나로 연합시켰고, 이 "위대한 일"은 며칠 동안 계속되었다. 목요일과 금요일과 토요일에 (종종 하루에 두 번 혹은 세 번) 설교 예배가 있었고, 여기서 사람들은 참회하는 가운데 자신을 살피고 "거룩한 예식"에 참여할 것을 기대하라고 진지하게 권고받았다. 교회는 밀려오는 사람들을 수용하기에는 너무 작았고, 예배는 야외에서 열렸다. 주일에 성만찬 예배는 오전 9시에 시작되었고, 종종 하루 종일 계속되었다. 모두 30개 정도 되는 연속되는 "성만찬 상"은 교역자 중의 한 사람이 권면의 말씀을 하였고, 준비 없이 성만찬을 받을 때 당할 형벌을 실감나게 묘사하였다. "울타리 설교"(fencing address)는 크든 작든 수찬의 자격을 박탈하는 죄를 구체적으로 지적하였고, 그들이 행한 일을 고려하지 않고 성만찬 상에 오는 사람들은 무서운 경고를 받았다. 주일은 설교로 마쳤고, 성만찬 절기는 월요일 날 거창한 감사의 예배로 끝을 맺었다.

그러나 바로 이 장엄한 예배 의식이 심각한 문제를 일으켰다. 성만찬이 사람들의 영적 비참함을 보여주고 그들의 영적 필요를 채워주는 하나님의 위대한 사랑을 체험하게 하는 것은 좋은 일이지만, 예배의 압도적인 분위기는 종종 사람의 영혼을 공포와 불안의 소용돌이에 빠지게 하였고, 반면에 경외감을 느끼지 않는 사람들은 오히려 이것을 조롱하게 되었다. 군중들은 너무 많이 몰려 와서, 작은 공동체는 이들을 감당할 수 없었다. 쉼터도 없었고, 날씨가 나쁘면 큰 불편을 겪어야 했다. 성만찬의 떡과 포도주는 종종 부족했다. 가난한 회중은 이렇게 많은 사람들을 위해 성만찬의 포도주를 제공하는 일이 힘들었고, 그래서 성만찬 기간은 연기되기도 하고 때때로 수 개월을 경과하기도 하였다.

18세기 전반에, 스코틀랜드의 종교적 삶의 성격이 변화되기 시작했다. 구 시대의 칼빈주의의 엄격함이 누그러졌다. 오랫동안 메마른 설교자들에 의해 해석되었던 딱딱한 교리가 국민들의 일상 생활 속에서 작용하는 힘에 의해 수정되었다. 마귀와 마술과 마법에 대한 믿음이 뒷전으로 물러갔다. 새로운 유형의 복음주의자들이 나타났는데, 이들은 진지하고 경건하지만 인간적이고 동정적이었다. 지옥에 대한 공포는 교역자와 백성들의 생각에서 조금 밀려났다. 과거의 격렬함이 해소되는 것이 반드시 열정이 없어진 것을 의미하는 것은 아니었다. 캠버스랭과 킬시스에서 유명한 부흥이 일어났고, 놀라운 결과를 가져왔다.

새로운 입장이 점차 기반을 얻었고, 이 입장의 주창자들인 온건파(the Moderates)가 마침내 스코틀랜드 사상에서 혁명을 일으켰다. 그러나 우선 그들은 표면상으로 당대의 지적 흐름에서 벗어나 있고 또 스코틀랜드의 삶에 비참한 결과를 가져온 도구를 사용하였다. 성직 임명권(patronage)은 스코틀랜드에서 오랫동안 골치아픈 문제였다. 그것은 한 번 이상 폐지되었다가 부활되었다. 성직 임명권은 특히 교회의 자유와 국가의 권위라는 더 광범위한 문제와 결부되어 있었다. 1712년 웨스터민스터 의회에 의해 성직 임명권은 회복되었으나, 이것은 스코틀랜드인들의 항의를 불러일으켰을 뿐만 아니라 스코틀랜드 교회의 소원에도 반대되는 것이었다. 70년 동안 성직 임명권은 불만의 대상이었다. 매번 총회는 해당 위원회에게 성직 임명권을 제거하라고 지시를 내렸다. 그러나 18세기가 지나면서, 온건파들은 성직 임명권이 계몽의 도구가 된다는 것을 발견하였다. 교역자들의 견해가 백성들에게 거부당하는 경우에도 이 제도를 잘 사용하면 교역자들을 성직에 취임시키는 것이 가능하였다. 게다가 성직 임명권 문제는 교회의 중앙 통치 기구를 강화하고 총회의 권위를 증대시키는 수단이 되었다.

이 문제에서 온건파들이 보인 정신은 이성의 계몽과 거리가 멀었고 강력한 반대를 불러일으켰다. 그것은 비국교도를 다시 출현시켰는데, 바로 이것이 18세기의 주요한 특징이었다. 명예혁명 후 수 년 동안 비국교도는 스코틀랜드의 삶에서 무시해도 좋은 요소였다. 카메론파는 완강한 소수 집단이었다. 주교제의 지지자들은 제임스 2세를 옹호하는 자코바이트적 정서 때문에 심각하게 붕괴되어 있었다. 그들의 수는 작았고, 회중은 약했고, 그들의 성직자는 비참하게 가난했다. 믿음과 예배에서 그들은 근원적으로 스코틀랜드 교회와 거의 구별되지 않았다. 비국교도들을 상당한 규모로 성장시켜 준 것은 바로 성직 임명권이었다.

1732년 총회는 성직 후원자의 권위를 강화시키는 법안을 통과시켰고, 에벤에젤 어스킨과 다른 네 명의 교역자들은 이에 항의하였다. 그들은 해임되었고, 곧 준 노회(Associate Presbytery)를 만들었다. 곧 이와 비슷한 상황에서 구원 교회(Relief Church)가 설립되었다. 분리파들(Seceders)은 분명히 열정이 있었다. 사람들이 아주 멀리서부터 순수한 복음의 선포가 있고 (국가를 교회 위에 두는) 에라스투스주의에 오염되지 않는 교회로 예배를 드리기 위해 모여왔다. 불행히도 그들은 확실히 스코틀랜드인들의 삶에 증오심을 가져왔고, 그들의 교회도 미움의 지배를 받았다. 분리파들은 자기들끼리 계속 분열되었다. 자치 도시파(Burghers)와 반자치 도시파(Anti-Burghers), 옛 빛파(Auld Lichts)와 새 빛파(New Lichts), 리프터파(Lifters)와 반리프터파(Anti-lifters) 등 분열이 계속되었다. 스코틀랜드 국가 교회도 그 비판자들보다 더 현명하지 못했고 긍휼을 베풀지도 못했다. 국가 교회는 가혹하게 강제적으로 해결하려 하였고, 그럴 때마다 비국교도 회중이 설립되었다. 온건파는 기회를 잘 이용하였으나, 승리의 대가는 컸다. 교회 자체가 한때 거부했던 성직 임명권을 묵인하였고, 그들의 선배들이 세속 기관이 교회의 삶을 침해하는 것이라고 혹독하게 정죄하던 것을 모른 척하고 수용하게 되었다.

온건주의(Moderatism)는 교회 정치적 운동이 아니라 주로 지성적 운동이었다. 온건주의의 가장 큰 승리는 물론 값비싼 대가를 치르고 얻은 것이지만, 새로운 신앙적 정서와 새로운 신학적 관점을 조성한 것이었다. 온건주의는 장로교 체제에 충성을 서약하던 시절의 열정의 전통을 계승한다고 주장하였으나, 그 직접적인 기원은 글래스고의 허치슨 교수의 설득력 있는 가르침을 통해 전달된 샤프츠버리의 윤리학이었다. 인간의 본성에 대한 낙관적 견해가 전적인 타락의 교리를 대체하였다. 심판과 심지어 오직 신앙에 의한 구원의 교리가 사라졌다. 샤프츠버리는 그의 윤리학에서 인간의 의무는 내적 조화의 아름다움을 성취하는 데 있고 인간의 행복은 뉴턴에 의해 발견된 광대한 우주와 일치하는 데 있다고 주장하였다.

새로운 가르침은 전염성이 강했다. 이것을 억제하려는 여러 시도들, 특히 글래스고와 성 앤드루스의 이단 재판들은 실패로 끝났다. 새로운 교리로 가르침 받은 설교자들은 덕, 관대함, 자선 등에 대해 많이 설교하였다. 그들은 "열정의 조화"를 칭송했고, 칼빈주의의 위대한 주제들에 대해 침묵하였다. 그들은 지나가는 말로 바울이 "대학 교육을 받았고 가말리엘 교수에 의해 논리학을 교육받았다"고 언급하며 사도를 칭찬하기는 하였지만, 바울보다 플라톤을 더 많이 인용하였다. 이들은 어스킨이 불평한 대로 "이

교도로 변한 기독교 신학자들"이었다. 흄이 "이방인의 도덕"을 설교한다고 고발한 사람들도 온건파의 지도자들이었다. 토머스 찰머스(T. Chalmers)는 온건파의 설교는 화창한 겨울날과 같이 짧고 명확하고 냉담하다고 말하였다. 그는 "간결함은 좋고 명확함은 더 좋지만, 냉담함은 치명적이다. 달빛 같은 설교는 추수를 거둘 수 없다"고 말하였다.

18세기 중반, 새 학파가 드디어 실질적으로 승리를 거두었다. 그 지도자들은 교회에서 능력있고 아주 영향력 있는 인물들이었고, 그들의 영향력은 국가의 모든 삶의 영역에 확산되었다. 그들은 무역을 진흥시켰고 농업을 개량시켰다. 그들은 학계와 수도의 문화계에서 탁월한 성공을 거두었다. 그들은 에든버러를 유럽의 가장 화려한 도시 중의 하나로 만든 지성의 르네상스의 선봉에 서 있었다. 총회의 논쟁에서 알렉산더 칼라일은 스코틀랜드 교회의 교역자의 특징을 칭송하였다. 그들은 고대와 근대의 최고의 역사를 서술하였고, 인간의 오성을 아주 명확하게 설명하였고, 최고의 수사학 체계를 발전시키고 또 실증해 보였고, 최고의 근대 비극을 저술하였고, 가장 심오한 수학 작품을 발표하였고, 이외에도 많은 업적을 남겼다.

스코틀랜드는 유럽 문화의 주변부에서 이제 중심지로 부상하였다. 스코틀랜드는 프랑스와 영국의 계몽주의를 너무나 완전하게 소화하여 볼테르도 "우리는 서사시에서 정원 가꾸기에 이르기까지 모든 예술 분야에서 스코틀랜드로부터 취미의 지배를 받고 있다"고 인정하였다. 그리고 이러한 다양하고 화려한 생활은 주로 교회 밖이 아니라 교회 안에서 이루어졌다. 흄은 사실 따로 떨어져 있었고 어떤 사람들은 흄을 총회의 재판석에 세우려고 시도하였으나, 그는 교회의 지도적 철학자들과 우호적 관계를 맺고 있었다. 윌리엄 로버트슨은 한 세대 동안 교회의 지도자로서 당대의 최고의 역사가 중의 한 명으로 인정받았다. 총회 자체가 삶의 모든 분야로부터 유능한 사람들을 끌어모았다. 총회의 논쟁에서 그들은 국가적으로 중요한 문제를 논의하였고, 총회의 화려한 의사 진행은 이것이 중요한 문제가 토론되는 유일한 국가적 포럼이라는 사실 때문에 점점 더 중요해졌다.

이러한 굉장한 유익에도 불구하고 심각한 손실이 있었다. 성직자들은 높은 존경을 받지 못하였다. 성직자들은 문화인이고 유능한 사람들이었다. 그러나 그들은 국가에 심각한 부담을 주었고, 국가는 그들을 가난한 처지에 그대로 두었다. 총회의 평신도 지도자들은 교역자의 사례비를 올리기를 거부하였다. 그들은 무관심하게 "가난한 교회는 순수한 교회"라고 주장하였다. 설교는 단순하고 직접적이고 실천적이었으나, 종종 상식으로 채워졌고 도덕적 권면으로 장식되었다. 많은 교역자들은 신실하고 헌신된 목회자들이었으나, 그들이 (알렉산더 칼라일의 「회고록」과 같이) 내면적 생각과 관심을 드러낼 때는 어쩔 수 없는 세속주의가 그들을 지배하는 듯했다. 온건파들은 이미 그들이 아직도 동의를 표하고 있는 교리들로부터 한참 멀어져 갔고, 불편한 양심은 그들이 이 사실을 알고 있다는 것을 드러내었다. 그 모든 자기 신뢰감에도 불구하고, 온건주의는 독창성과 자기 팽창력이 부족하였다. 그래서 온건주의의 권면이 전혀 효과가 없다는 것을 발견한 한 재능있는 스코틀랜드 사람은 다음과 같이 온건주의를 비난하였다.

> 스미스는 관습과 도덕에 대해 차갑게 비난을 퍼부었다.
> 그 날 경건한 사람들이 쏟아져 나와 맥주 잔과 통을 들어 올렸다.
>
> 그의 도덕의 능력과 이유에 대한 메마른 광휘는 무엇을 상징하는가?
> 그의 섬세한 잉글랜드식 외형과 몸짓은 구식이었다.
>
> 소크라테스와 안토니네 혹은 어떤 옛 이방인처럼
> 그는 도덕적 인간을 규정하지만
> 그 날 옳은 것을 믿고 하는 것은 아니었다.

제 7 장

독일: 정통주의, 경건주의, 합리주의

베스트팔렌 조약은 근대 유럽의 가장 가혹하고 오래된 시련을 종결시켰다. 30년 전쟁은 독일 영방 국가의 전역을 황무지로 만들었다. 경제 생활의 구조가 사실상 파괴되었고, 문화는 찾아볼 수 없었고, 도덕은 붕괴되었고, 종교적 이유로 시작된 전쟁이 종교 생활을 거의 다 소멸시키고 말았다. 이 기간의 기록을 보면, 보통 사람들은 "가난하고 불결하고 잔인하고 거칠었다."

평화 조약은 불가피하게 타협적인 내용을 담았다. 어떤 교회 관할 영방 국가들은 이웃 영방에 흡수되었다. 어떤 주교 관할 구역은 교환되었다. 개신교인들은 북쪽을 차지하였으나 다른 곳을 상실하였다. 세 개의 주요 종교, 즉 로마 가톨릭과 루터교와 개혁교회가 한 영방 지역 혹은 또 다른 곳에서 국교로 인정되었다. 공식적 종교가 아닌 지역의 다른 종교의 지위는 지역마다 크게 달랐다. 소수파들은 다양한 압력을 받아야 했다. 심각한 박해도 있었고, 부드럽지만 은밀한 압력도 있었다.

조직된 교회의 삶의 유형은 역사적 세력과 현실적 필요의 상호 작용에 의해 결정되었다. 이미 군주의 종교가 그의 백성의 신앙을 결정하는 것이 독일의 전통이 되어 있었다. 이 원칙은 더 이상 엄격하게 적용될 수 없었다. 변화가 너무 커서, "cuius regio eius religio"(그 지역에서는 그의 종교) 같은 단순한 원리는 베스트팔렌 조약이 끝내려고 한 혼란을 더 가중시킬 형편이었다. 변화는 결코 멈추지 않았다. 전쟁의 폐허에도 불구하고 개종의 열심은 대단했다. 여러 통치자들이 신앙을 바꾸었다. 개신교 군주가 가톨릭 신자가 되었을 때, 그는 그의 백성들이 자기를 따르라고 강요할 수 없었다. 그는 백성들에게 당근을 주고, 같은 종교를 가진 사람들에게 특혜를 줄 수 있었다. 공식적 신앙은 종종 강력한 매력을 갖고 있었다. 작센의 선제후는 로마 가톨릭 교회를 지지하고 폴란드의 왕으로 선출되었다. 헤세와 하노버에서 왕조는 로마 가톨릭 교회와 관계를 맺었으나, 하노버의 주요 대표적 인물들은 곧 개신교 잉글랜드의 왕위를 위해 루터교로 전향하였다.

군주와 백성들 사이에 긴장을 일으킨 비극적 사례는 팔츠에서 일어났다. 전쟁 동안 어느 국가도 팔츠만큼 심하게 고난당하지 않았고, 어느 지역도 갈등이 그렇게 오랫동안 계속되지 않았다. 루이 14세는 그의 확장 정책을 추구하면서 팔츠를 침략하고 철저하게 유린하였다. 그는 1697년 철수할 때, 가톨릭 군주를 세우고 예수회 수사들을 남겨두었다. 가혹한 박해가 뒤따랐다. 루터교와 칼빈주의 차이를 이용하여 개신교를 붕괴시키기 위한 모든 조치가 취해졌다. 개혁파 교회의 법정은 폐기되었고, 백성들의 신앙의 수준을 떨어뜨리려는 수단이 고안되었다. 루이가 파괴해 놓은 것은 전혀 복구되지 않았다. 상황이 너무 악화되자 개신교 국가들은 황제가 개입해 줄 것을 요청하였으나, 예수회의 영향력은 나폴레옹이 독일을 다시 정리할 때까지 지속되었다. 박해와 이민에도 불구하고, 개신교는 전체 인구의 2/3 아래로 내려가지 않았고, 반면에 국가의 후원에도 불구하고 가톨릭 신자들은 항상 소수였다.

독일의 영방의 안정은 많은 영주들의 독립을 강화시켰고, 각 영방의 교회는 주로 지배자에게 의지해 있었다. 소규모의 자급자족적 체제는 넓은 세계의 삶에 참여하는 활력을 제거하였고, 침체 상태가 계속되었다. 개신교 영방에서 지배자와 교회의 관계는 소위 "영방 체제"(territorial system)였다. 본래 이것은 "국가 복음주의 교회"의 창설을 기다리는 동안 과도기적으로 채택된 잠정적 수단이었다. 감독(superintendents)이 주교

(bishops)를 대신하였으나, 처음부터 감독의 권한이 영주의 주장에 의해 제한되리라는 것은 명확한 것이었다. 통치자는 "고위 행정관"(high magistrate)으로서 교회의 최고 협의회를 임명하여 구성하였다. 총감독은 지명되었고, 성직의 위계 질서의 원리는 어느 정도 유지되었으나, 많은 행정 기능이 국가로 이전되었다. 이 체제의 원형은 작센에서 확립되었고, 다른 영방에서 많이 수정되었다. 곧 영주들의 권한이 늘어났다. 그들은 자신에게 종속하는 감독들에게 만족하지 않고, 감독의 권한(jus episcopale)이 자신들에게 있다고 주장하였다. 실제적으로 뿐만 아니라 본래 권한에 있어서도, 영주들이 교회의 삶을 다스릴 수 있다는 것이다. 그 결과 교회회의 (synods) 체계를 운영하지 않는 국가들이 나타났고, 교회 법정을 옹호하는 사람들을 "은밀한 칼빈주의자"로 낙인찍고 제도에 충성하지 않는다고 비난하는 국가들도 생겼다.

성례가 순수하게 시행되고 복음이 진실되게 가르쳐진다면, 루터파의 사고는 가능한 한 교회 직제의 다양성을 허용했다. 그리고 좋은 질서를 위한 것이라면, 종종 국가가 교회의 일을 집행하는 것도 허락했다. 루터파의 사고 전통은 정당하게 루터와 멜란히톤 모두에게 호소할 수 있었다. 기독교 사회는 "영적" 세계와 "세속적" 세계로 분리되지 않는 하나의 단일체, "하나의 기독교 세계"로 생각되었다. 실제 이러한 관념이 더 강화된 것은 독일의 평화가 베스트팔렌 조약에 근거해 있었기 때문이었는데, 이 조약은 영주와 그의 영방의 종교가 하나여야 한다는 옛 원리에 근거해 있었다. 경건주의가 신앙의 내면적·개인적 성격을 강조하며 나타날 때, 그것은 동일한 방향 안에서 움직였다.

프로이센에서 이 체제의 결과는 아주 분명하게 나타났고, 프로이센으로부터 독일 전역으로 확산되었다. 이것은 중앙 집중 정책을 채택한 프리드리히 빌헬름 1세(1713-40)의 정책의 일부였고, 이 정책의 일부가 교회 법정(consistories)에 대한 통제를 확립시켰다. 그는 1730년 자문 협의회를 교회 업무를 위한 최초의 직제로 만들었는데, 이 자문 협의회의 수장은 그의 통치 말기까지 루터교와 개혁교회의 교회 법정을 감독하였다. 이것은 개신교 교파들 사이의 관용과 연합을 확보할 수 있는 근대 중앙 집권적 국가를 목적으로 한 것이었다. 이를 통해 빌헬름 1세는 루터교 예배의 형식과 칼빈주의자들의 설교의 주요 내용을 지배하려 하였고, 성공하지는 못했지만 두 개신교 교파를 통합하려 하였다. 가톨릭 신자들은 열등한 신분으로서 관용을 허락받았으나, 우호적인 대접을 받아 교황도 만족할 정도였다. 종교 박해의 희생자들, 예를 들어 잘츠부르크에서 추방된 개신교도와 프랑스에서 쫓겨난 위그노들은 종교적·경제적·군사적 이유로 프로이센으로 이민오라고 권장받았다.

그의 아들 프리드리히 대제(1740-86)는 다른 종류의 통치자였다. 그는 그의 아버지와 아버지의 종교에 반발하고 사적으로 기독교를 거부하였다. 그럼에도 불구하고 그는 세속 통치자가 모든 형태의 종교적 활동에 대해 절대 권력을 가져야 한다는 견해를 강조하였다. 교회는 독립적 권리를 갖고 있지 못했다. 교회는 자신을 다스리는 법적 권위도 권한도 없었다. 교역자들은 회중이 아니라 왕에게 책임을 졌다. 교역자의 독립성은 국가의 다른 공직자들보다 크지 않았고, 교역자의 권리도 이들과 다르지 않았다. 프리드리히 대제는 모든 신앙에게 동등한 관용을 허용하였다. 이것은 그가 모든 신앙을 가짜라고 간주했기 때문이기도 하고 또 군사적으로 이것이 편리했기 때문이기도 하였다.

그러나 관용이 종교에 대한 무제한적 공격으로 확대되지는 않았다. 신앙은 허상일지는 모르나 여전히 사회 통제를 위한 적절한 도구였고, 대중을 잠잠하게 하는 것은 너무나 필요한 일이었기 때문에 종교를 폐기시킬 수는 없었다. 비신앙은 엘리트의 특권이었다. 프리드리히 대제가 교회에게 허용한 제한된 자유는 공리주의적 동기에 근거해 있었다. 신앙으로서 기독교를 경멸하는 것은 기관으로서 교회를 인정하는 것에 의해 수정되었다.

이러한 태도의 기초가 되는 원리는 1791년 프로이센 영방법(Prussian Landrecht)으로 입법화되었는데, 이 법은 프리드리히의 법률가들에 의해 입안되어 그의 사후에 발표되었다. 이 법전은 교회의 구조에서 개인과 회중들에게 상당한 정도의 자유를 제공하였다. 교회는 목사를 청빙하고 목사를 판단하는 일에서 약간의 자유를 허락받았고, 예배 의식을 바꾸는 것이 허용되었으나, 모든 변화는 정부의 승인을 받아야 했다. 모든 직분자들은 국가에 의해 임명되고 승인되었고, 재산 문제는 정부의 통제 아래 있었다. 교인들을 치리해도 좋았으나, 개인의 명예와 재산권은 침해하지 말아야 했다. 교회는 이렇게 제한된 규모로 스스로 통치할 수 있었으나, 이 정도의 허가도 다음과 같은 기본 가정에 의해 훼손되었다. 교회는 신앙에 의해 지탱되고 적절한 공동체적 삶으로 표현되는 기관으로 인정되지 않았다. 교회는 성실, 충성, 복종, 순종 같은 태도를 심어주기 위한, 국가의 기구로 간주될 뿐이었다.

이러한 체제는 어떠한 교회의 삶을 장려하는가? 평신도는 법률가, 관리자, 후원자로서 교회 일에 참여할 기회가 많았으나, 다른 식으로는 거의 참여하지 않았다. 후원자들(patrons)은 특별히 이 기간의 초기에, 성직자를 추천할 권리를 갖고 있었으나, 그들이 항상 현명하게 처신할 능력을 갖추고 있는 것은 아니었다. 선택하는 일에서 종종 가족이 큰 영향력을 행사하였다. 가끔 성직 예비 후보자는 전임자의 미망인이나 성직 추천권자의 첩과 결혼하라는 등 부당하고 수치스러운 조건을 강요받기도 하였다. 시간이 흐르면서, 이러한 악습은 감소되었고 명백하게 부당한 임명은 사라졌다. 공공 여론의 영향이 지적·도덕적 수준을 올리는 데 도움이 되었다.

18세기까지 개신교 교역자의 수준은 상당히 올라갔다. 목사 지원자는 대학에서 일정 기간 공부를 하였고, 교사 혹은 가정 교사로서 활동하였다. 대학에서 많은 가난한 학생들이 목사직을 택하였다. 그들은 대부분 비천한 신분 출신이었다. 많은 명문가의 아들들은 돈을 잘 버는 직업을 택하였다. 어떤 장학금은 가난한 학생들을 위해 준비되었으나, 수적으로나 양적으로 항상 부족했다. 졸업생들 중 바로 회중의 초청을 받을 수 있는 학생은 극히 소수였고, 대부분은 임시로 가르치는 일을 하였다. 일부 졸업생들은 가정 교사가 되었고, 칸트, 헤겔, 피히테, 슐라이어마허 같은 유명한 사람들은 그들의 인생 경력을 가정교사의 길부터 시작하였다.

개신교 목사들 사이의 생활 수준은 낮은 편이었다. 대학 교수들은 인기와 평판이 높았다. 큰 도시의 교역자들은 경제적으로 국가 공무원보다 훨씬 못하였지만, 중간 정도의 신분을 유지하였다. 시골에서 목사의 생활은 농부나 성공한 장인들에 미치지 못했다. 목사의 수입은 대개 십일조였는데, 이것은 억지로 힘들게 모금되었다. 목사는 궁핍한 생활로 인해 자신과 가족들을 부양하기 위해 여러 가지 방법을 모색해야 했다. 18세기에 국가는 점점 목사들이 국가의 공무원으로 행동할 것을 요구하였다. 그 결과 개신교 교역자들은 사회에서 확실한 지위를 차지하였으나, 지금까지 소유하고 있던 많은 영적 독립성을 상실하였다.

정부는 교역자들을 정부와 국민 사이의 유용한 의사 소통의 통로로 보았다. 설교단은 공공 법령이 발표되는 가장 편리한 장소였다. 목사는 마을에서 유일하게 교육 받은 자로서 현대의 국가 공무원들이 담당하는 많은 의무를 수행했다. 그는 필요한 정보를 제공하였고, 공증 기록인과 통계 기록자로서 활동하였고, 군대의 신병 모집을 도왔고, 산파를 임명하였고, 작은 법정에서 재판을 담당하였다. 헤르더는 "교역자는 국가의 통제 아래에서 군주의 권위에 의해 도덕 교사, 농부, 목록 작성자, 비밀 경찰 등의 자격을 부여받았다"고 씁쓸하게 말하였다. 확실히 교역자는 다양하고 바쁜 삶을 영위하였다. 그의 지위에서 오는 난제들과 시대적 분위기에서 오는 낙심에도 불구하고, 교역자는 종종 가치 있고 고상하고 전문적인 수준을 유지하였다. 독일 개신교 목사관에는 경건하고 학식있는 인물들이 많았다. 헤르더는 상류 계급에서 저술가로서 명백히 선택된 소수 몇 사람 중의 한 사람이지만, 많은 목사들이 독일 문학의 독립적 발전에 많은 기여를 하였다. 그리고 목사의 아들들도 두드러진 활동을 하였다.

로마 가톨릭 영방에서, 성직자는 좀더 높은 사회적 지위를 유지하였다. 고위 성직자와 주교좌 성당의 성직자는 보통 좋은 가문에서 나왔다. 라인란트와 남부의 가톨릭 지역에서, 교회는 통치자의 가문의 자제들에게 교회 행정상의 고위직을 공급해 주었고, 종교적 기관 안에서 교회는 소 귀족들에게 절제된 고상한 삶을 제공하였다. 17세기 후반, 가톨릭 교회는 상당한 선교 활동을 보였다. 반동 종교개혁은 아직 그 힘을 잃지 않았다. 가톨릭 교회는 개신교 군주들을 개종시키기 위해 지속적인 노력을 기울였고, 타락자들을 위한 사역을 강화하였다. 교황의 사절들이 중요한 역할을 감당하였고, 헌신된 선교사 설교자들이 많았다. 18세기 로마 가톨릭은 독일 사회에서 다양한 영향력을 행사하고 있었다. 국가 절대주의의 영향은 다른 곳보다는 적었으나 절대로 무시할 수 없었다. 경건주의는 비록 개신교에서 기원하였지만, 가톨릭의 경건 생활에 영향을 주었다. 반면 합리주의의 도전은 지속적으로 증가하였다.

그러나 개신교 영방들은 지적으로 가톨릭 국가들보다 더 강력하였다. 그래서 그들은 이 기간 동안 독일적인 특징을 잘 보여주는 운동의 중심지가 되었다. 처음에는 전망이 좋지 않았다. 30년 전쟁은 독일을 황폐화시켰고, 모든 곳에서 도덕이 붕괴되었다. 일반인들은 신학적 논쟁에 짜증을 냈으나, 교회는 중생(重生)의 요구를 모르는 것 같았다. 지성은 아주 무미건조하게 발전하고 있었고, 반면에 광범위하고 복잡한 교리적 체계가 루터교와 칼빈주의 신학자들의 경쟁적 입장을 강화하였다. 신학자들은 많은 종교적 사고의 상징적 성격을 깨닫지 못하였다. 논쟁이 종교적 진리를 주장하는 방법으로 용납되었고, 실제 교회의 삶을 지배하는 주요한 정신이 되었다. 엄격한 정통이 강박 관념이 되었다. 논리학, 박식, 학문의 과시가 예배에서도 중심적 위치를 차지하였다. 학문은 논쟁에서는 적당한 것이지만, 설교단에서는 확실히 어울리지 않았다. 그러나 때때로 설교는 난해하고 비현실적인 지식을 과시하기 위한 구실을 제공하였다. 사람들은 성부수난설과 옛날의 이단들에 대한 통렬한 비판을 들었다. 그로스게바우어에 의하면, "대부분의 설교자에게서 설교는 성경을 인용한 정교한 수사학적 연설이었다."

전형적인 것은 아니지만, "당신의 머리털이 세임을 받을 것이다"라는 1605년 설교는 기독교 진리를 위해 봉사하는 건조한 형식주의의 단면을 보여준다. 그 내용은 다음과 같았다: (1) 우리의 머리털의 기원, 모양, 형태, 자연적 위치, (2) 머리털의 바른 손질, (3) 머리털에서 유래하는 회상, 추억, 경고, 위로, (4) 기독교식으로 머리털을 기르는 법.

틸로트슨은 단순한 영어 설교가 앤드루스의 정교한 양식에 반발하였듯이, 17세기 말 독일의 설교자들은 단순하고 진지한 감각을 추구하였고 이전의 설교자들의 수사학을 불신하였다.

독일은 느린 속도로 복구되었다. 대학은 아직도 옛날의 사고 방식에 묶여 있었다. 문학은 침체해 있었고 과학은 의심을 받았다. 마법에 대한 공포가 여전히 농부들의 마음을 사로잡았다. 반유대주의 정서가 널리 퍼져 있었다. 그러나 희망적 요소도 전혀 없는 것은 아니었다. 멜란히톤의 설교에서 유래한, 루터교의 보다 자유로운 흐름이 활력을 보이기 시작했다. 헬름슈테트 대학은 상대적으로 몽매주의에서 벗어났다. 이 대학의 지도적 인물 중의 하나인 칼릭스투스(-1656)는 기독교의 처음 5세기로 돌아가서, 거기서 그의 신학의 자료들을 모색하였다. 두리, 몰라누스, 안드레아이 같은 인물들은 독일의 종교적 차이들을 평화롭게 해결하기 위해 노력하였다. 그러나 17세기 말 신학의 메마른 정도와 교회의 삶의 형식주의는 그 어떤 공격에도 무너지지 않을 것 같았다. 엄격성이 승리하는 듯했다. 헤르더는 "생명 나무의 모든 잎이 찢어져서, 목석 같은 사람도 불쌍해서 울었다"고 말하였다.

이러한 상황에서 경건주의가 발생했다. 경건주의는 생명 없고 완고한 정통주의에 대한 살아 있는 신앙의 항의였다. 모든 혁명적 운동과 같이, 경건주의는 선구자와 개척자를 갖고 있었다. 파울 게르하르트의 찬송가, 아른트의 「진정한 기독교」(*True Christianity*) 같은 대중적 경건 서적, 슈프와 그로스게바우어 같은 사람들의 그림 같고 현실적인 설교 등이 순수한 루터의 경건의 흐름을 보존하였다. 마이스터 에크하르트와 야콥 뵈메 같은 위대한 독일 신비주의자들의 영향은 전적으로 소멸되지는 않았다. 경건주의의 발생에 가장 책임있는 사람은 필립 야콥 슈페너(-1705)였다.

1675년 슈페너(P. J. Spener)는 「경건한 열망」(*Pia desideria*)을 출판하였다. 이 책은 교회 안의 악습에 대한 공격과 그 개혁을 위한 구체적 제안을 결합시켰다. 그는 루터 자신이 세운 원칙에 근거하여, 개인적 신앙의 부흥을 호소하였다. 그는 예배가 형식화되고 생명이 없다는 것과 또 교회 예배가 신선함과 활력을 다시 얻어야만 그 힘을 회복할 수 있다는 것을 알았다. 그는 단순함과 복음적 열심이 설교를 일상의 필요에 연결시킨다고 가르쳤다. 그는 목회의 방법과 설교자 훈련의 개혁을 주장하였다. 설교자는 경건과 하나님에 대한 두려움을 중심에 놓아야 하고, 성직자는 그들의 설교가 보다 덜 논쟁적이고 보다 더 신실해야 한다는 것을 기억해야 한다. 신실한 삶이 게을러지고 실천적 사랑이 무시되자, 그는 모든 계층의 사람들에게 하나님의 말씀을 퍼뜨리는 교제의 중심으로서 "경건의 모임"(Collegia pietatis)을 만들었다. 신앙적 삶을 증진시키는 것은 성직자뿐만 아니라 일반 성도들의 과제이기도 하였다. 기독교는 심오한 교리의 복잡한 체계가 아니라 실천적으로 삶을 변혁시키는 길이었다. 선행은 마땅히 정당한 자리를 차지해야 하는데, 이는 신앙이 외적으로 표현되어야 하고 또 신앙과 선행이 분리될 수 없는 것이기 때문이다. 이를테면 신앙은 태양이고 선행은 태양의 빛이다.

처음에 그의 개혁안은 적대감을 불러일으켰다. 드레스덴에서 궁정 설교자로 있는 동안, 그는 작센의 선제후와 사이가 좋지 않았다. 그러나 1691년 그는 베를린의 더 영향력 있는 자리로 부름을 받았다. 베를린에서 그는 격려와 지지를 받았다. 1694년 할레 대학이 설립되어 새로운 운동의 중심지가 되었다. 그후 할레 대학의 영향력은 빠르게 증가하였다. 그 명성이 높을 때는 매년 1,200명의 학생들이 신학부에서 공부하였다. 할레 대학은 또한 팽창하는 프로이센 국가의 공직자 훈련원이 되었다. 할레 대학은 단일 기관이 아니었다. 대학의 사역은 각종 학교뿐만 아니라 고아원, 인쇄소, 약국, 성서 협회 같은 관련 기관들에 의해 보완되었다.

슈페너와 그의 동료요 후계자인 프랑케(A. H. Francke) 아래에서, 할레의 영향력은 광범위하게 퍼졌다. 할레 대학은 보다 덜 논쟁적인 신학, 보다 덜 냉담하고 보다 덜 세속에 물든 교회, 성경에 정통하고 사랑의 실천에 열심을 내는 그리스도인의 교제를 주장하였다. 경건주의자들은 개신교 선교의 개척자들이었다. 프랑케는 남 인도의 할레-덴마크 선교를 추진하였고, 신대륙에 루터 교회를 건설하기 위해 미국에 묄렌베르크를 파송하였다. 경건주의는 점차 독일 전역으로 퍼졌다. 큰 도시에서 경건주의의 영향력은 아주 강력하였으나, 소 교구에서는 항상 성공을 거둔 것은 아니었다.

이 점에서 벵겔(J. A. Bengel)의 사역은 전 교회의 삶에 보다 더 효과적으로 침투하는 길을 보여주었다. 그는 뛰어난 성서 학자였고, 뷔르템베르크의 아주 유력한 인사였다. 그는 경건주의의 한계를 잘 알았고, 감정과 사고를 결합하고 개인의 회심과 공동체의 책임을 결합하기 위해 노력하였다. 경건주의는 두드러지게 영방에서 교회의 삶에 변화를 주었다. 경건주의는 대중 운동의 성격을 띠었고 교구 안으로 침투해 들어갔다.

후기 경건주의의 주도적 인물은 친첸도르프(Zizendorf) 백작이었다. 그는 아주 감정적인 인물이었다. 그는 진정한 기독교의 표지는 단순하고 어린 아이 같은 신앙이라고 믿었다. 예수의 피의 권능을 믿고 하나님의 어린 양의 공로를 전적으로 신뢰하는 것으로 충분한 것이었다. 그는 생생하고 거의 성적인 이미지를 가지고 영혼과 그리스도의 관계를 묘사하였다. 사랑은 따뜻한 감정적 흥분으로서 그의 신앙적 삶의 핵심에 있었다. 1722년 친첸도르프는 그의 영지 안에 종교적 박해로 합스부르크 땅에서 추방된 모라비안 난민들의 피난처를 제공하였다. 그리고 모라비안들이 헤른후트에 세운 공동체는 새롭게 역동적인 경건주의 운동의 중심지가 되었다. 그들의 삶의 두드러진 특징은 강렬한 개인적 체험을 깊은 공동체 의식과 결합시킨 것이었다. 헤른후트에서 개인적 체험의 중요성은 아주 강조되었으나, 비정상적 행위는 공동체적 삶의 훈련에 의해 통제되었다.

모라비아 형제단은 예수 그리스도와에 대한 깊은 인격적 관계 때문에 분리될 수 없는 일치로 결합되어 있다고 생각했다. 공동체는 곧 독립된 교단(새 형제단 교회)으로 발전하였으나, 이 교단의 감독 친첸도르프는 거대한 규모의 분열을 추진하지 않았다. 점차 열광적인 형태의 영성의 이미지는 억제되었고, 불건전한 지나친 감정의 흐름은 통제되었다. 헤른후트는 선교 사역의 확장에서 중요한 역할을 담당하였다. 헤른후트는 초기 경건주의의 전통을 이어받았으나, 그 노력을 체계화하고 확장시켰다. 공동체 전체가 복음의 확장에 그렇게 전적으로 헌신한 예는 일찍이 없었다. 헤른후트의 인력과 경제력은 제한되어 있었으나, 18세기 말에 이르러 모라비안들은 세계 모든 곳에 선교 기지를 세웠다. 친첸도르프는 루터 이래로 가장 위대한 독일의 복음주의자로 불리었고, 그의 지도 아래 헤른후트는 독일뿐만 아니라 전 기독교 세계에 크나큰 기여를 하였다.

경건주의는 독일 개신교의 탄력을 보여주었다. 경건주의는 독일 개신교가 그 안에 강한 회복력과 갱신의 힘을 갖고 있음을 보여주었다. 교회의 삶의 어느 부분도 경건주의의 영향을 받지 않은 곳이 없었다. 경건주의는 날카로운 논쟁으로부터 영적인 목회로 강조점을 이동시켰고, 루터교 스콜라주의의 지배를 깨뜨리고 삶과 연관되지 않은 교리의 무용성을 강조하였다. 경건주의는 목사의 심방의 중요성을 강조하였고, 교역자와 성도 사이의 새로운 유대 관계를 형성시켰다. 경건주의는 공동체의 책임감과 모든 성도의 제사장적 책임감을 고취시켰다. 일치와 공동체의 교제가 교회의 삶에서 그 자리를 회복하였다. 경건주의의 영향이 너무 왜곡되기는 하였지만, 경건주의는 신앙 부흥 운동으로서 그 본래의 특징을 결코 상실하지 않았다. 중생은 경건주의의 주요 주제였고, 이것은 신학적 교리가 아니라 그리스도인의 핵심적이고 필수적인 경험이었다. 악의 세력에 대한 경건주의의 강조는 그 구원론과 아주 비슷했다. 영혼은 필사적이고 결정적인 싸움터였다.

그러나 경건주의자들은 죄와 죄에 대한 승리를 생각할 때, 종교를 주로 일종의 개인적 체험으로 보았다. 경건주의자들은 기독교를 내면화하면서, 종종 기독교를 주관화하였다. 내면 성찰이 경건주의적 특징을 나타내는 활동이 되었고, 때때로 개인의 영혼에 대한 병적인 집착으로 변질되기도 하였다. 18세기 말의 비평가 두텐호퍼는 이러한 약점이 적절한 균형 감각의 상실에서 온 것이라고 보았다. "나는 경건주의를 단순히 일종의 주관적인 기독교, 즉 독실한 경건의 느낌과 외적인 경건의 형태와 관습에 본래의 가치보다 더 많은 것을 강조하는 기독교로 이해한다."

감정이 신앙 생활에서 너무 큰 역할을 담당하게 되자, 이성의 역할이 심각하게 무시되었다. 지성은 인간의 운명의 신비를 측량할 수 없으므로, 감정과 직관이 지성의 단점을 보완하여야 한다는 것이었다. 이성에 대한 공격은 두 가지 형태의 반대자 즉 교리적 신학자와 합리주의 자유 사상가를 겨냥한 것이었다. 친첸도르프는 "하나님을 이성의 정신으로 이해하고자 하는 사람은 무신론자가 된다" 하였다. 경건주의는 영적 생명력과 지성적 활기의 균형을 유지하는 데 실패하였고, 이것이 경건주의의 가장 큰 결점이었다.

이 불균형으로 인해 신학적 세력으로서 경건주의는 상대적으로 빈약할 수밖에 없었다. 경건주의는 자연과 역사에 대한 접근을 망설였고, 동시대의 과학과 철학 운동을 미심쩍어 하였다. 경건주의 운동의 지적 소심함은 자신을 강렬하고 거의 감각적인 표현 형태로 위장하였다. 생각은 금지되었고, 상상은 자유롭게 허락받았다. 그러나 어떤 점에서 경건주의는 분명한 장점이 있었다. 기독교와 그 메시지는 추상적인 것을 포기하였다. 복음서 이야기의 인간적 요소들이 회복되었다. 친첸도르프는 "나는 우리 주님 자신이 순 사투리로 말하였다고 믿는다"고 말하였다. 그리고 경건주의는 신학적 논쟁으로부터 거리를 두고 있었지만, 그리스도인의 도덕적 책임을 강조할 필요성을 잘 인식하였다.

경건주의는 항상 종교적인 것은 아니었으나, 다른 방식으로 독일의 삶에 영향을 주었다. 경건주의는 교육에 강한 동기를 부여하였고, 나라는 새 이론을 개발하고 새 방법을 실험하는 방식에서 경건주의 지도자들에게 큰 빚을 졌다. 그들은 민족 고유 언어를 종교와 교육을 위한 적절한 매체로 강조함으로써 민족어의 지위를 격상시켰고, 그럼으로써 독일 문학의 발전에 크게 기여하였다. 그들은 외국의 삶과 외국적 사고 방식이 들어오는 것에 저항하였다. 그들은 프랑스의 영향을 혐오하였고 독일 귀족들이 베르사유에서 모방한 사치와 낭비를 대담하게 비난하였다. 그들은 독일 민족의 일치와 결합을 증진시키는 일을 개척하였다.

그들은 여러 면에서 국가의 삶에 영향을 주었다. 그들은 계층의 구분에 대해 비판하지도 도전하지도 않았으나, 이것을 극복하는 데 도움을 주었다. 그들은 가장 미천한 신분의 사람들에게 다가가서, 그들로 다른 계층의 사람들과 만나게 하였다. 경건주의의 교제 모임은 교회가 사회와 공유하고 있는 배타성과 싸웠으며, 여러 계층의 협력을 증진시켰다. 경건주의는 가난한 사람들에게 새로운 자존감을 주었다. 경건주의는 결코 혁명적 운동은 아니었다. 경건주의는 전복시키는 성향을 가진 것으로 비난받았기 때문에, 사회적으로 존경받을 일을 하고 있다는 것을 주장하였다.

그러나 경건주의는 계급의 장벽을 공격하지는 않았지만 이것을 초월하게 하였는 바, 이러한 활동에 응답을 보이는 사람들을 도왔다. 경건주의는 군주의 절대주의를 비난하는 일에는 용감했다. 경건주의는 종교적 생각을 통제하는 것을 저항할 때, 세속 통치자들의 특권에 맞서서 개인의 권리를 강하게 대변하였다. 독일의 통일은 정치적 장벽뿐만 아니라 종교적 장벽에 의해서도 좌절되었다. 16, 17세기의 격렬한 변증적 신학이 계속되는 한, 진보는 생각할 수 없었다. 논쟁은 모든 삶의 국면에 악영향을 주었고, 민족의식의 형성을 방해하였다. 경건주의와 합리주의는 보다 더 관용적인 정신을 조성하는 데 도움을 주었다. 둘 중에 아마도 경건주의가 더 적극적인 영향을 주었을 것이다. 경건주의와 합리주의는 함께 독일 영방의 배타주의의 주요한 보루인 엄격한 루터교 정통주의의 기반을 붕괴시켰다. 더욱이 경건주의는 강렬한 애국심을 증대시켰다. 마침내 이것은 독일 민족주의의 발전에 공헌을 하였다.

경건주의의 계속적인 영향은 독일의 삶의 이 곳 저 곳에서 찾아볼 수 있다. 경건주의는 계몽주의의 인도주의와 보편주의를 위해 길을 닦아 놓았다. 경건주의는 개인에게 자신의 방식대로 자신의 능력을 발전시킬 자유를 주었다. 그것은 18세기 말을 그렇게 화려한 시대로 만든 상상력의 여러 원천들 중의 하나였다. 그러나 종교적 운동으로서 이렇게 활력있는 시대는 비교적 짧았다. 그 이유는 무엇인가? 부분적으로 이는 경건주의의 원리가 편견으로 변질되었기 때문이었다. 경건주의의 교리에 대한 견해는 빈약하고 공리주의적이었다. 그것은 새로운 삶을 주관적 과정으로 다루었고, 칭의가 항상 하나님의 행위로 간주되어야 한다는 것을 망각하였다. 그것은 회심을 정해진 체험의 틀에 박힌 과정으로 축소시켰다. 그것은 우리가 느끼는 방식이 우리가 하나님에게 용납받는 것에 영향을 미친다고 생각하였다. 이것은 율법주의가 신앙 생활에 침투하기 시작하고 있다는 것을 잘 보여주고 있다. 경건주의는 자신의 관점을 한정시킴으로써 자신의 폭을 제한시켰다.

18세기 중반, 경건주의는 분명히 그 활력을 잃기 시작하였다. (현재 그의 찬송가로 잘 알려진) 게르하르트 테르스테겐의 단순하고 세련된 사역에 대한 반응은 독일 민족이 보다 더 진정한 복음의 표현을 갈망하고 있다는 것을 증명해 주었다. 외팅거와 클라우디우스에서, 경건주의의 영성의 흐름은 그 뛰어난 적응력을 보여주었고, 이 적응력은 19세기에 다시 부흥할 경건주의의 모습을 미리 보여주었다.

제 8 장

러시아와 동방 교회들

기독교는 본래 동방의 종교였다. 천년 동안 기독교의 삶과 학문의 중심지들은 동방의 지중해 세계 안에 있었다. 점차 힘의 균형이 서쪽으로 기울어졌다. 신앙의 첫 요새들은 모슬렘의 침략의 물결에 뒤덮였고, 반면에 서방의 힘과 부와 문명은 점차 증대되었다. 17세기에 기독교 세계의 경계는 서유럽의 경계와 일치하였고, 이것은 18세기에도 마찬가지였다. 따라서 기독교가 시작된 지역에서 불안정한 삶을 영위하고 있는 고대 교회들을 기억하는 것은 우리의 선입견을 교정해 주는 역할을 한다.

동방의 교회에 관하여는 별로 말할 것이 없다. 그들의 삶을 다스리는 조건들은 발전의 기회를 제공하지 않았다. 그들의 희망은 그들의 특성을 보존하고 그들의 삶을 계속 유지하는 것이었다. 비록 그들이 공동의 문제에 노출되어 있었으나, 그들이 똑같은 삶을 산 것은 아니었다. 많은 동방의 교회들은 고대 교회의 논쟁 때부터 독립적으로 존재해 왔다. 네스토리우스 교회는 페르시아, 남 인도, 터키 등에 널리 퍼져 있었다. 또 다른 교회는 우리 주님의 하나의 본성(단성론)과 하나의 의지(단의론)에 대한 논쟁의 결과로 생겨났다. 시리아에는 야곱 교회가 있었고, 이집트와 이디오피아에는 콥트 교회가 있었다. 이 교회들은 예루살렘, 안디옥, 알렉산드리아, 콘스탄티노플 등 고대 동방의 다섯 총대주교좌와 교제가 없었다. 그러나 그들은 자기들끼리 뿐만 아니라 그들이 분열해 나온 동방 정교회와 많은 공통점을 갖고 있었다. 그들은 예전과 교리와 조직에서 비슷한 특징을 보였고, 일반적 성향과 그들의 삶의 분위기에서 공통된 유형을 갖고 있었다. 이들 교회들은 대부분 작았고, 고난의 시대를 경험하였고, 종종 박해를 받았다. 그들의 완고한 정신은 그들의 생존을 가능하게 하기도 하였지만, 또한 그들의 삶을 융통성 없고 화석처럼 고정시키고 말았다.

러시아 교회를 제외하고, 동방 정교회는 이슬람의 지배 아래 놓였다. 그리스도인들은 그 존재를 묵시적으로 허락받았고 종속적이고 열등한 신분을 강요받았다. 투르크의 정책은 그리스도인들을 반(半) 자율적인 공동체로 조직하고, 성직자로 하여금 백성들의 삶을 다스리게 하는 것이었다. 권력의 대가는 컸다. 성직자는 정부가 부과하는 과도한 세금을 징수하고, 투르크 군대로 훈련받을 젊은이들을 징집해서 바쳐야 했다. 이 체제는 교회를 타락시키고 부패케 하기 위한 의도로 정교하게 만들어진 것이었다. 성직자는 억압의 대행자가 되었다.

콘스탄티노플의 그리스인들은 그들의 오토만 통치자들에게 비굴하게 빌붙었고, 다른 교회들을 희생시키고 그들의 영향력을 확대하기 위해 통치자들과 공모하였다. 그들은 세르비아 교회와 불가리아 교회의 고위 성직자들을 통제하는 권한을 획득하였다. 그들은 안디옥의 총대주교좌를 얻었고, 예루살렘의 총대주교좌를 얻기 위해 최선을 다하였다. 그들이 성공을 거둔 곳마다, 그들은 자신들의 예전을 도입하였고 또 그리스어를 민족 교회들의 언어로 삼았다. 그들은 정교회 안에 지속적으로 적대감의 씨를 뿌렸다. 제한된 정도의 권력을 제외하고, 그들의 소득은 작았다. 예배는 허락받았으나 그것도 불안정한 조건 아래서 겨우 허락받은 것이었다. (보통 교회 활력의 척도인) 복음 전도는 금지되었다. 개종에 대한 벌금은 가혹하였고, 반면에 배교의 특혜는 항상 제공되어 있었다. 불가피하게 수도원이 교회의 삶의 진정한 요새가 되었다. 동방의 수도원은 서방의 수도원보다 더 제한적으로, 주위 세계의 삶을 변화시키는 데 관심을 기울였다. 그것은 어쩔 수 없이 점차 방어적이고 자급 자족적 기관이 되었다.

정교회는 오직 러시아에서만 적대적 세력의 악몽에서 벗어났다. 그러나 러시아 정교회도 자유롭지 않았다. 16세기 말, 러시아 교회는 형식뿐만 아니라 실제 본질에서도 국가 교회가 되었다. 강한 비잔틴 전통은 교회가 국가의 통제 아래 있다는 것을 당연하게 여겼고, 여기에 러시아의 독특한 방식이 첨가되었다. 모스크바 공국은 아주 종교적 의미로 가득 차 있었다. "제3의 로마"의 교리는 거룩한 정교회 황제의 권력이 참된 신앙을 보존하기 위해 하나님에 의해 임명되었다고 주장했다. 제2의 로마는 제1의 로마와 마찬가지로 배교로 타락하였고, 제3의 로마는 그리스도의 재림 때까지 존속할 것이라고 하였다. 그러나 그렇게 안전하게 지키라고 위탁받은 신앙은 부분적으로는 형식적이고 예전적 의미로 이해되었다. 이것은 당시 상황에서는 불가피한 일이었다.

러시아의 많은 지역에서 기독교는 여전히 새로운 것이었고, 최근까지 이교도인 백성들에 의해 깊이 수용되지 못했다. 어떤 강한 신학 전통도 존재하지 않았다. 성직자들은 준비가 되어 있지 않았고, 종종 실제로 문맹이었다. 기독교는 고정된 기도 형식과 같은 것으로 인정되었다. 그리고 기도가 마술적 힘을 가진 것으로 간주되어서 기도를 조금만 변화시켜도 기도의 힘이 없어진다고 생각했다. 러시아 정교회의 독특한 과제는 받은 바 전통을 지속적으로 보존하는 것이라고 고백되었다. 16세기 교회와 국가의 당국자들은 이러한 영성을 격려하여, 모든 예배 의식에서 러시아적 특징을 형성하였다. 이것은 조건 없는 충성심을 고취하였고, 비극적 단절의 길을 여는 것이었다.

"제3의 로마" 개념은 모스크바가 그 권력을 확장하는 데 유용하였다. 17세기 중반, 유능하고 적극적인 총대주교 니콘은 모든 정교회 백성들에게 차르의 권력이 미치게 하기 위해 노력하였다. 그러나 이것은 러시아인들이 그들의 독특한 방식을 고수하던 때의 고립을 포기하는 것을 의미했다. 동방의 다섯 총대주교와 밀접한 관계를 갖기 위해서는 러시아의 예배 의식서를 재검토할 필요가 있었다. 지금까지는 그리스인들이 러시아의 관습에서 벗어난 것을 비난하는 것으로 충분했었다. 그러나 조심스럽게 연구한 결과 많은 점에서 그리스인들이 옳고 러시아인들이 그르다는 것이 드러났다. 번역도 잘못된 것이 있었고, 부주의한 필사로 오류가 발생한 것도 있었다. 그래서 니콘은 러시아 예배 의식의 형태의 개정을 제안하였다. 그러나 그는 단순히 본문의 문자적 정정으로 만족하지 않았다. 그의 열정은 그를 극단적으로 몰고갔다. 그는 여러 그리스 형식을 빌려오고 여러 의식을 바꾸어 그리스의 관습에 일치시켰다.

그 결과 "옛 신자들"(Old believers)의 분열이 일어났다. 일차적 이유는 사소한 것 같았다. 예배 의식에서 한두 단어의 변화가 위험한 혁명을 일으키는가? "할렐루야"를 두 번 부를지 아니면 세 번 부를지 하는 것이 정말 중요한 문제인가? 사제가 손가락으로 십자가의 성호를 그을 때 두 손가락으로 하든 세 손가락으로 하든 이것이 문제가 되는가? 그러나 이러한 사소한 것이 보통 사람에게는 중요한 상징적 의미가 있었다. 일반 성도들은 거의 설교를 듣지 못하고, 사제들도 신조와 십계명과 주기도문을 피상적으로 이해하고 있었다. 종교는 예전과 동등하게 여겨졌고, 신앙은 보고 듣는 것들, 예를 들면 성상, 음악, 외형적 형상들에 의해 지탱되었다. 소박하게 이해하는 사람들은 이전에 그들이 열심히 존경하도록 가르침을 받은 것들을 이제는 거부하도록 요구받았고, 그들은 변화될 준비가 되어 있지 않았다. 그러나 보다 깊은 문제가 있었다. 어렴풋하고 희미하게, 사람들은 러시아가 진정한 의미에서 정통 신앙의 왕국인지, 러시아의 백성들이 신실하게 그 메시야적 사명을 수행하고 있는지 하는 문제와 씨름하고 있었다. "제3의 로마"가 손상되었고 참된 신앙이 버림받았다는 의심이 일어났다. 적그리스도가 국가의 통치자와 교회의 고위 성직자들을 점령하였고, 최후의 날이 가까이 왔다고 믿게 되었다.

니콘은 또한 국가의 통제로부터 교회의 독립을 주장하였다. 1658년 차르와 싸운 후, 그는 수도원으로 은퇴했다. 1666년 협의회는 그를 퇴위시켰으나, 그 협의회는 그의 대적자들도 정죄하였다. 이 때까지는 전통적인 형식을 옹호하는 이들이 자기들의 견해가 결국 승리할 것이라고 소망하였다. 그러나 이제 그들의 방어가 희망이 없다는 것이 드러났다. 많은 사람들이 투쟁을 포기하고 침묵에 잠겼다. 투쟁이 전적으로 포기되지는 않았다. 대

사제 아바쿰(Archpriest Avvakum) 같은 영웅적 극단주의자들이 옛 입장을 고수하였다. 그러나 전반적으로 보통 사람들은 그들이 자신들의 지도자로부터 버림받았다고 생각했고, 자기들끼리 은밀하게 투쟁을 전개하였다. 적그리스도가 풀려난다면, 분명 세상의 종말이 가까이 온 것이고, 이것은 러시아인의 혼에 친숙한 묵시론적 흐름을 자유롭게 표출시켰다. 종말의 완성은 1666년으로 기대되었다. 사람들은 농작물의 씨를 뿌리지 않았고, 숲 속으로 들어갔고, 어떤 사람들은 하얀 옷을 입고 관에 누워 종말을 기다렸다. 위대한 날이 지체되자, 더 정확한 계산을 통해 1699년으로 정정되었다. 표트르 대제가 해외에서 귀국한 것이 이 때가 틀림없다는 것을 증명하는 듯했다. 그는 모스크바로부터 그의 수도를 옮겼고, 차르의 의상과 종교적 관습을 폐기하였다. 그는 (옛 신자들에게 중요한 문제였던) 대귀족의 턱수염을 잘랐고, 달력을 바꾸어 "주님으로부터 8년을 훔쳤다." 그는 그의 칭호를 황제(emperor)로 바꾸어 그의 새 칭호의 "수"가 666이라는 사실을 위장하려 하였다. 적그리스도의 도래가 그렇게 명확한 사실이었으나, 이상하게도 천년왕국의 도래는 지연되었다. 그러나 두번째 심각한 충격이 "제3의 로마"의 운명에 대한 옛 신앙에 충격을 주었다.

 "옛 신자들"은 심각한 박해 아래서도 그들의 고난을 통한 일치를 이루지 못했다. 옛 신자들은 두 집단으로 나뉘었다. "무사제파"(the priestless)는 지상에는 더 이상 진정한 교회는 없다고 믿었고, 따라서 성례도 없고, 모든 사람에게 동일하게 주어지는 것을 제외하고는 하나님과 그의 백성 사이에 교류의 수단이 없다고 믿었다. "사제파"(the priestists)는 적그리스도의 개념을 그렇게 가혹한 결론으로 몰고가지는 않았다. 후자는 다양한 방법을 통해 국가 교회의 배교에 의해 오염되지 않은 사제들의 교역을 확보하기 위해 노력하였고, 결국 과거와의 유대 관계를 끊는 데 만족하는 사람들을 받아들일 수밖에 없었다. "무사제파"는 더 강한 경향을 가진 사람들로 구성되었고, 처음부터 모든 문제에서 극단적 태도를 취하였다. 그들은 곧 죽음을 수용하였고, 박해를 유발시켰고, 박해가 있기 전에 미리 자신을 제물로 희생시켰다. 1684년 소피아(Tsarevna Sophia)는 완고한 옛 신앙의 지지자들을 화형시키겠다는 칙령을 발표하였고, 이후 십 여년 동안 수천 명이 기꺼이 순교를 받아들였다. 그러나 그러한 극단주의자들은 계속 견딜 수 없었고, "무사제파"는 점차 박해를 피할 수 없을 때만 박해를 용납해야 한다는 식의 태도를 취하였다. 그리고 박해를 지속적으로 피할 수 있는 지역은 북부와 동부의 광활한 삼림 지역과 백해 연안과 시베리아 등이었다. 이 분파의 지도자들은 표트르 대제가 관용을 허락할 때까지 유목민 은둔자의 삶을 영위하였고, 이후 그들은 정착하여 보다 안정된 삶으로 살게 되었다. 그들의 가장 유명한 건물 중의 하나인 비고프스키 수도원은 강력한 경제적 · 지성적 · 예술적 활동의 중심지가 되었다.

이것은 타협이 이루어졌다는 것을 말해준다. 점차 여러 가지 점에서 초기 분파주의자들의 단호한 태도는 수정되었고, 변화가 있을 때마다 옛 신자들은 날카롭게 대립하였다. 두 집단에서 국가와의 관계는 하나의 딜레마였고, 주변 세상과의 관계도 마찬가지였다.

분열의 기간 동안 한편으로 외부의 영향에 대한 반응(특히 개신교와의 접촉)과 다른 한편으로 러시아의 토착 세력의 활동으로 인해, 새로운 분파들이 많이 발생했다. 일부 분파는 예전적 예배에 대한 신경질적 반응에서 유래하였고, 다른 분파는 지성적 영향에 대한 반응으로 생겨났고, 다른 몇몇 분파는 신비적 · 합리적 흐름에 대한 반응으로 시작되었다. 분파들 가운데 아주 다양한 유형들이 나타났고, 여기서 우리는 서구의 정신을 낯설고 이상한 것으로 느끼게 하는 세계에 들어가게 된다.

18세기 중반에 일어난 두코보르파(Dukhobors)는 비록 일부 사람들만큼 극단적인 것은 아니었지만, 이러한 "영적인" 집단을 대표하였다. 그들의 교리에는 강한 신비적 경향이 있었고, 영혼의 선재와 환생과 영육의 이원론에 대한 그들의 교리는 타협을 유발시켰고 이것은 결국 그들의 처음의 증거를 점진적으로 타락시켰다. 특히 그들의 "그리스도의 신분"(Christhood)의 교리는 이상한 문제의 근원이었다. 그들의 주장에 의하면, 하나님은 모든 진정한 그리스도인의 마음 안에 거하시나, 그리스도는 오고 오는 모든 세대에서 그가 택한 한 사람에게 다시 성육신하신다고 한다. 그래서 "그리스도"(Christs)의 왕조가 나타났다. 보다 극단적인 분파들은 도덕과 사회적 실천에서 과격한 경향을 띠었다. 이들은 박해를 유발시켜고, 가혹하게 억압을 받았다. 복음적 기독교의 주류로부터 영감을 얻은 집단은 보다 온건한 성향을 띠었다.

국가 교회 안에서 이러한 운동의 결과는 분명했다. 니콘의 몰락과 "옛 신자들"의 투쟁은 고위 성직자들의 권위를 약화시켰고, 표트르 대제(1672-1725)가 교회를 국가에 종속시키는 일을 비교적 수월하게 만들었다. 영국의 헨리 8세처럼, 표트르는 교회를 다스릴 때에만 국가를 다스릴 수 있다고 생각했다. 차르는 총대주교좌를 지명하였다. 1700년 총대주교 아드리안이 죽자, 그 후임자를 지명하기를 거절하고, 한 주교를 임명하여 "행정가"로서 총대주교의 기능을 수행하게 하였다. 1721년 표트르는 서방을 모방하여 루터교의 교회 법정(consistory)과 유사한 기구를 설립하고, 이 기구에 황제 아래에서 교회를 다스릴 임무를 주었다. 이 위원회는 그들이 교회에서 충성을 얻으려면 의회(synod)라는 이름이 반드시 필요하다고 주장하였다. 그리하여 이 위원회는 1917년까지 러시아 교회를 다스리는 "성의회"(Holy Synod)가 되었다. 그 활동을 안내하고 지도하기 위하여, 이 위원회는 행정관 혹은 평신도 공무원을 배속받았다. 이 행정관은 처음에는 비교적 중요하지 않은 인물이었으나, 19세기에는 강력한 국가 통치의 도구가 되었다.

표트르의 목적은 러시아를 서구화하고 러시아를 근대 세계로 이끌고 가는 것이었다. 첫번째로 필요한 것은 아주 무식한 백성들을 교육하는 것이었다. 1702년부터 점점 많은 학교들이 교회 당국과 교회의 기금으로 설립되었다. 1700년 표트르는 총대주교에게 "성직자가 거의 무학자들이다"라고 말하였고, 성직자 후보자들에게 그리스어와 라틴어 학교에 다닐 것을 명령하는 칙령을 발표하였다. 1714년 그는 교회의 학교들에게 또한 성직자 후보자가 아닌 학생들도 입학시키고 귀족의 아들들을 교육시키라고 명령하였다. 교회의 기금은 신학교의 학생들을 지원할 뿐만 아니라 항해 학교의 학생들을 후원하였고, 심지어 백과사전의 비용을 부담하기도 하였다.

칙령은 성직자와 상류 귀족의 모든 아이들에게 학교에 다니라고 명령하였다. 표트르는 교육받지 않은 교회 직분자들을 잘 교육받은 사람들 위로 승진시키는 것을 금지시켰다. 이 모든 과정은 답답하고 느렸으나, 18세기 말 러시아는 피상적이기는 하지만 약간의 교육을 받은 평신도 계층을 얻을 수 있었다. 사제들도 이전보다 더 좋은 교육을 받았다. 1800년 4개의 큰 신학대학과 46개의 작은 신학교가 있었다. 큰 도시의 교구들은 약간의 교육을 받은 사제들을 갖게 되었다. 그러나 불행하게도 지방의 사제와 지방의 지주 사이의 격차는 줄어들지 않았다. 오히려 늘어나는 경향을 보였다. 지방의 사제들은 거의 농부 같은 지주들에게 의존해 있었다. 그리고 농촌 지방의 예배 의식들은 이상하게도 교육받은 평신도들의 피상적인 이신론과 대조를 이루고 있었다. 계몽된 평신도들은 "성직자 옷을 입은 농부"를 조롱하였다.

교회는 안나 여왕(1730-40)의 통치 기간에 가장 큰 어려움을 당했다. 그녀는 공개적으로 정교회를 무시하였으며, 지금까지 그리고 그 후의 어떤 차르보다도 더 성직자를 경멸하였다. 예카테리나 여제(1762-96)도 러시아 교회에 대해 진정으로 공감하지 않았다. 그녀는 독일 이신론자였고, 정교회 신앙과 거리가 멀었고, 정교회의 독특한 점들을 전혀 이해하지 못하였다. 그러나 그녀는 최소한 전략적으로 정교회를 따르려 하였다. 그녀의 주요한 원리는 "교회를 존중하라. 그러나 교회가 국가에 영향을 미치지 않게 하라"라는 표어 속에 잘 드러나 있다. 그녀의 절대 권력의 후원과 무시를 받으며, 교회는 갱신의 활기를 보이기 시작하였다.

이전의 반 세기 동안 수도 기관의 숫자는 현저하게 떨어졌었다. 1701년 965개의 수도원과 236개의 수녀원이 있었고, 1764년에는 319개의 수도원과 68개의 수녀원으로 떨어졌었다. 이제 부흥의 징후가 분명히 나타났다. 그러나 새로운 종류의 어려움이 발생했다. 1764년 예카테리나는 수도원 토지를 환속하기 시작하였다. 분명히 이 광대한 땅은 아주 비효율적으로 경작되었고, 수입은 항상 현명하게 사용되지는 못했다. 농노들의 운명은 교회 아래에서 편안하지 못했으나, 국가 아래에서 더 악화될 수밖에 없었다. 예카테리나는 수도원 토지의 수입의 일부를 성직자의 생활비로 할당하였으나, 수입의 2/3는(나중에는 7/8) 국가의 용도로 전환되었다.

18세기 서부 유럽은 많은 전통적 믿음에 질문을 제기한 지성적 동요를 경험하였다. 정교회의 세계는 이에 상응하는 활동이 없었다. 이것은 부분적으로 공인된 동방의 사상의 유형 때문이었다. 교리의 발전은 완성된 것으로 간주되었다. 다마섹의 요한(약 750) 이래, 공인된 믿음의 정의에 부가된 것은 아무것도 없었고, 아무것도 말해지지 않은 것은 없다고 생각되었다. 더욱이 조건들이 사상에 호의적이지 않았다. 정교회의 고대의 중심지들은 이슬람의 속박 아래 있었고, 반면에 러시아에서는 백성들의 과거 지향성, 그들의 삶의 소박성, 사제들 사이의 문맹들로 인해 학문과 사변이 발전할 수 없었다.

그러나 이 기간이 완전히 수확이 없었던 것은 아니다. 키에프는 학문의 중심지였고, 키에프의 대주교가 작성한 신앙고백은 동방의 총대주교들과 1672년 예루살렘 공의회에 의해 정교회 세계의 믿음을 규정한 것으로 인정받았다. 예루살렘 공의회는 근대 정교회 역사에서 가장 중요한 공의회 중의 하나였고, 이 공의회의 신앙고백은 (키에프의 신앙고백과 함께) 동방 교회에 의해 공인된 유일하게 권위 있는 신앙의 진술, 즉 여러 에큐메니컬 공의회의 신조를 보완하는 가장 분명한 시도로 인정받았다.

서방의 영향에 대한 러시아의 반응도 무시해서는 안된다. 독립적인 신학 사상은 없었으나, 칼빈주의, 루터교, 로마 가톨릭 저술가들의 주장은 연구되었다. 논쟁은 스콜라주의적 전제에 의해 부당하게 통제되는 경향이 있어서, 전적으로 자유롭지는 못했다. 안나, 예카테리나 2세, 알렉산더 1세는 개신교 입장에서 영향력을 행사하는 경향이 있었고, 개신교의 옹호자들은 사상의 자유를 위한 호소와 교회를 국가에 종속시키는 태도를 기술적으로 화해시켰다.

제 9 장

영국의 하노버 왕조 시대

하노버 시대의 영국 교회는 확실한 장점과 함께 분명한 단점들을 갖고 있었다. 그 다음 시대는 주로 단점들을 기억하였고, 18세기의 많은 성직자들의 특성이 이러한 편향된 시각을 갖게 하였을 것이다. 그들은 신념이 강하였고 생동적이었으나 동정심은 별로 없었다. 그들은 합리적인 것을 상식에 맞는 것으로 생각했다. 감정은 의심스러운 것이었고, 종교적 열정(enthusiasm)은 저주스러운 것이었다. 비록 그들의 이상은 신중하게 중용을 지키는 것이었으나, 그들은 종종 논쟁에서 호전적이었다. 그들의 설교는 영적이라기보다는 합리적이었고, 교리적이라기보다는 윤리적이었다. 그럼에도 불구하고 그들은 방탕한 세대가 도덕적 요구를 들어야 한다는 것을 깨달았고, 조금도 들을 준비가 되어 있지 않은 세대를 향해 도덕을 지키라고 압력을 가하였다. 그들은 차분하고 점잖은 태도에 너무 높은 가치를 두었으나, 철저히 세속화된 시대에 교회를 향한 순수한 마음을 보전하였다. 그들의 방대한 사상과 학문은 아주 인상적이었다. 그들은 기독교 신앙에 대한 위협을 극복하였고, 그들의 활발한 반응은 프랑스 동료들의 어설픈 변증과 뚜렷하게 대조를 보이고 있다.

그들의 성취의 한계는 한편으로는 국가의 과도한 요구 때문이었고, 다른 한편으로는 시대 정신의 영향 때문이었다. 교회는 불가피하게 사회에 만연해 있던 비모험적 정서에 영향을 받았다. 이러한 분위기는 주로 그 이전

시대에서 시작된 영향력의 산물이었다. 한 150여년 동안 영국 사람들은 끊임없는 논쟁에 휘말렸다. 이로 인해 지칠 대로 지친 사람들은 평화의 기간을 필요로 하였고, 18세기는 이것을 제공하였다. 하노버 시대는 비영웅적 정서로 만족하였다. 주된 관심사는 상업적인 것이었다. 가장 심각한 위기는 투기성 매입에 의해 발생하였다. 주요한 토론은 통화와 소비세에 관한 것이었다. 최고의 승리는 새로운 시장을 정복하는 일이었다. 통치자들은 조작과 음모에 능하고 자의적이고 비열한 기준을 가진 기회주의자들이었다. 비록 영국이 번창하고 있었지만, 물질적 성취의 이면에 영적 황폐함이 있었다. 교회의 과제는 이러한 시대적 기준 때문에 아주 복잡하게 되었고, 어떤 공정한 판단도 이러한 사실을 고려해야 했다.

새 시대의 정신을 가장 선명하게 잘 나타내 주는 인물은 정치가 월폴(Walpole)이었다. 그는 보통 개인적 신념을 정치적 필요에 종속시켰다. 비국교도를 구제하려는 그의 태도는 종교적 문제에 대한 그의 접근 방식을 잘 보여준다. 그는 가능한 한 너그러운 관용 정책을 택하였다. 비국교도들은 1715년 반란에서 하노버 왕조에 충성을 다하였다. 그들은 하노버 왕가를 지지했기 때문에 관대한 대우를 받을 자격이 있다고 생각했다. 1718년 "국교와 분파에 관한 임시령"(Occasional Conformity & Schism Acts)이 철폐되었다. 비국교도는 "시정부 안정과 설립법"(Act for Quieting and Establishing Corporations)에 의하여 특별한 조건 아래에서 공직 취임을 허용받았다. 1727년부터 "보상령"(Indemnity Acts)은 매년 법률상의 무자격 상태에서 그들을 구제하였으나, 월폴은 더 이상의 구제를 거부하였다. 그의 관용에 대한 열정은 이론적인 것이 아니라 실천적인 것이었다. 그는 영국 교회가 더 이상의 양보를 허락하지 않을 것이라는 것을 알았고, 지방 대지주로 구성된 하원에서 완전한 법적 관용을 주장하다가 자신의 정치적 입지를 위태롭게 하지 않으려 하였다.

모험적인 정책을 싫어하는 월폴은 교회가 침묵을 지키는 것을 보는 것으로 만족하였다. 서셰버럴(Sacheverell) 논쟁은 그에게 교회 분쟁의 폭발적 잠재력을 가르쳐 주었고, 그는 그러한 갈등이 재발되지 않기를 바랐다.

제임스 2세를 추종하는 자코바이트들은 철저히 감시되었다. 기회가 왔을 때, 고교회 토리당의 급진파의 지도자인 애터베리 주교는 추방되었다. 주교 회의는 몇 년 동안 분쟁에 휘말렸다가 잠잠해졌다. 버클리의 버뮤다 대학 설립안에 대한 월폴의 반응은 아주 시사적이다. 버클리는 이 대학이 신세계를 복음화하는 데 기여할 것이라고 믿었다. 그는 이 기관이 상업적 관심으로 점차 질식되어 가는 구 대륙의 양심을 자극해 주기를 희망했다. 월폴은 특별 보조금을 약속하는 선에서 버클리의 제안에 양보하였으나, 보조금을 지급하지 않으려고 시간을 끌었고, 이것은 이 사업에 치명적이었다. 월폴과 같은 타고난 물질주의자에게, 버클리의 사심없는 열정은 의심스러운 것이었다. 새로운 식민지 조지아를 위한 오글소프(Oglethorpe)의 열정도 마찬가지였다. 그러한 계획은 국가에 직접적인 경제적 이득을 주지 못하고, 정부에 정치적 유익을 제공하지도 못한다는 것이었다.

그러나 영국 교회의 국내 문제는 다른 차원의 일이었다. 월폴은 적대자들이 교회를 지배하지 못하도록 하기 위해서라도 휘그당이 교회를 무시할 수 없다는 것을 깨달았다. 그는 영국 성공회가 토리당을 무서워할 필요가 없듯이 휘그당도 무서워할 필요가 없다는 것을 증명해 보여야 했으나, 그러한 인상을 주는 것은 쉬운 일이 아니었다. 그의 휘그당 일각에서는 반성직자적 편견을 갖고 있었다. 월폴은 교회 문제가 의회에서 다루어질 때 그의 일부 당원들이 "주교와 교구 목사에 대해 통속적인 비난뿐만 아니라 강한 비난도" 서슴지 않을 것이라는 것을 깨달았다. 많은 의원들이 "만일 그들이 국가에 대한 문제에서 왕과 일치하여 나간다면, 교회에 대한 문제에서도 그들이 마음먹는 대로 처리할 자유가 있다"는 태도를 취하고 있었다.

당의 언론인들은 국가 교회 체제에 대한 공격을 그만두려 하지 않았고, 마지못해 기존의 태도를 바꾸었다. 「런던 저널」은 호들리 같은 광교회파 주교가 성직자들에게 명예혁명의 원리와 자유의 정신을 고취하는 위대한 사도요 변혁가로서 가치있는 인물이라고 인정하였다. 「독립 휘그」 (*Independent Whig*)지는 (서셰버럴과 애터베리 같은) "교만하고 박해하고 탐욕적이고 반역적이고 위증하는 사제들"과 "충성심이 있고 온건하고 양심적이고 중도적 인물들"을 대조시켰고, 억지로 이러한 지도자들이 이끄는 교회는 (비록 신적 기관은 아닐지라도) 유용한 기관일 수 있다고 인정하였다. 이러한 입장은 많이 억제된 것이었으나, 점차 통속적인 견해 즉 교회를 휘그당 정부의 교회 정치 기구로 간주하는 입장을 향해 한 발 더 나아간 것이었다. 만일 월폴이 가끔 그의 지지자들에 의해 혼란스러워지면, 그의 입장은 쉽게 교회 문제에서 그와 뜻을 같이하는 런던의 주교 깁슨 (Gibson)의 입장과 비교되었다. 깁슨은 견고한 성직자이고 동시에 확고한 휘그파였다. 그는 휘그당의 중도적 입장 때문에 많은 어려움을 당했다. 휘그당은 전통적으로 비국교도를 옹호하고 언론의 자유를 주장하였다. 그들은 관용을 신뢰했고, 비정통파 기독교에 대해 관대하였다.

그러나 휘그파 성직자들 자신은 교회를 헌법상의 기관의 일부분으로, 하노버 왕조를 위해 지지를 받아야 하는 정치적으로 중요한 기관으로 간주했다. 18세기 전반의 어떤 사건도 휘그당의 친 국교회적 태도만큼 중요한 변화는 없었다. 교회는 정치가들의 정략적 목표가 되었고, 더 이상 그들을 분열시키는 문제가 아니었다.

하노버 시대의 교회는 정당 정치에 같이 휘말려들었다. 상원은 상대적으로 작은 기관이었지만, 그래도 막강한 권력을 휘둘렀다. 주교들은 상원에서 중요한 위치를 차지하였고, 격렬한 논쟁 때마다 결정적인 투표권을 행사할 수 있었다. 1733년 주교 의원들은 월폴을 지지하여 겨우 패배를 면하게 해 주었고, 어떤 정치가도 이러한 교훈을 무시할 수 없었다. 주교 임명은 세력 균형에 영향을 줄 수 있는 몇 가지 방법 중의 하나였고, 충성심이 증명된 인물을 주교에 임명하는 것이 주요 관심사가 되었다. 주교 임명에서 정치적 고려가 가장 중요한 요인이었다. 그 시대 어느 궁정 목사는 "주교가 자신의 인격의 힘으로 출세한다면 그것은 모든 중력과 경험의 법칙에 위배되는 것"이라고 하였다. 윌리엄 워버턴같이 최고의 명성을 누리는 학자도 강력한 후원자들의 도움 없이 성공할 수 없었다. 야심 있는 성직자들은 영향력 있는 친구들이 필요했고 그들을 신중하게 선택해야 했다.

몰락하는 자들에게 줄을 대는 것은 치명적이었다. 후원자가 권력을 잃게 되면, 가망이 없었다. 그러한 구조는 성직자들을 정당 정치가로 만들었다. 일부 성직자들은 이러한 상황에 분개하였다. 「트리스트럼 샌디」(*Tristram Shandy*)의 작가인 로렌스 스턴은 (요크의 명예 참사회원인) 그의 아저씨는 정당 정치인이었다고 말하고, "나는 정치인이 아니고, 그러한 더러운 일을 싫어하고, 나에게 어울리지 않는다고 생각한다" 하였다. 이러한 태도를 취할 만큼 여유가 있는 사람은 거의 없었다. 성직자는 공급 과잉이었고, 승진에 대한 무관심은 곧 가난을 의미하였다. 그래서 성직자들은 고관들의 호의를 얻으려 하였고, 나중이라도 호의를 얻을 것을 희망하며 살았다. 좋은 자리가 날 것 같으면 벌써 추한 싸움이 벌어졌다. 사람이 죽기 전에, 경쟁자들은 성직 임명권자에게 편지로 그 자리를 부탁하였다.

토머스 뉴턴은 뉴캐슬의 공작에게 다음과 같이 편지를 보냈다. "요크의 대주교가 죽어가고 있고, 이 곳의 모든 사람이 생각하듯이, 길어도 내일 아침을 넘기지 못할 것이라는 것을 알리는 것이 저의 의무라고 생각합니다. 부디 이번 두 자리의 공석에 대해 당신의 친절과 호의가 오랫동안 공작의 호의를 고대하여온 자에게 주어지기를 바라옵니다." 뉴캐슬은 성직 임명권의 사용을 천박한 권력 남용에서 복잡한 정치 기술의 수준으로 끌어올렸다. 아무리 작은 자리도 그의 복잡한 정치적 계산에 의해 조정되었다. 그는 주교들을 지명하였고, 그들 중 일부는 성직록 전부를 그에게 선물로 바친 듯했다. 비록 토머스 뉴턴이 이 수치스런 흥정에서 탁월한 솜씨를 발휘하였지만, 다른 많은 사람도 마찬가지였다. 미들턴 경은 자기 계파 사람의 요구를 후원하면서, 만일 그가 추천한 사람이 "임명되지 못하면 공작은 노팅엄 주 선거에서 더 많은 선거 비용을 치러야 할 것"이라고 경고하였다. 대성당 주임 사제직이 공석이 될 경우에는 지원자뿐만 아니라 성직 임명권자 사이에서도 치열한 경쟁이 벌어졌다.

성직에 임명되면 유익과 만족을 누리겠지만, 이것으로 그가 해방되는 것은 아니었다. 심지어 주교도 여전히 정치가들의 수중에 놓여 있었다. 주교직의 경제적 가치는 아주 다양했다. 캔터베리는 일년에 **7,000** 파운드, 더

럼은 6,000 파운드, 윈체스터는 5,000 파운드였다. 그러나 로체스터는 겨우 600 파운드, 옥스퍼드는 500 파운드, 브리스톨은 450 파운드였다. 그러나 가난한 교구의 주교의 경비가 부유한 교구의 주교들보다 덜 드는 것은 아니었다. 보통 처음 주교는 가난한 교구에 배정을 받는다. 그는 명성을 얻으나 가난이 그에게 부과되는데, 이러한 사정은 정부가 그를 보수가 더 좋은 교구로 이동시키는 것이 좋겠다고 판단할 때까지 계속된다. 승진의 기준은 충실한 정치적 봉사 여부에 의해 측정된다. 일년 중 상당한 기간 동안 주교는 상원에서 그의 자리를 지켜야 했다. 그가 웅변의 재주가 있으면, 그는 그를 임명한 당을 지지하는 연설을 하였다. 그러나 그가 투표하는 방식은 주의깊게 감시되었다. 무소속은 낙담할 뿐만 아니라 심각하게 불이익을 당하였다. 경솔하게 처신한 주교는 계속 가난한 교구에 머물러서 불복종의 쓰라린 열매를 먹어야 했다. 강인한 독립파 리처드 왓슨은 평생동안 랜다프에서 550 파운드를 받고 일하였다.

의회의 회기가 끝나도 짐이 가벼워지지 않았다. 주교는 그의 교구에서 자기 정당의 주장을 선전해야 했다. 그는 지역의 주요 유지였다. 지방 지주들의 충성을 강화하고 동요자를 막는 것이 그의 임무였다. 그는 대주교를 통해서든 장관에게 직접 알리든 여론의 주요한 동향을 런던에 보고해야 했다. 후한 환대는 필수적 의무 사항이었는데, 이는 그것이 사도적 덕목이기 때문이 아니라 정치적 이득을 가져다 주기 때문이었다. 선거 때, 주교는 하위 성직자들에게 그들의 임무를 상기시키고 또 그들이 자유 토지 소유자들을 의도된 방식으로 투표하도록 격려하는지 감시해야 했다. 그러한 임무는 대개 아무 이의 없이 수행되었다. 일례로 치체스터의 헤어 주교는 아부가 아니라 기쁨으로 뉴캐슬 지방의 공작을 지지하였다.

18세기에는 어떤 사람도 주교가 본질적으로 정치가라고 주장하지 않았다. 공직자 신분은 그의 진정한 임무를 아주 복잡하게 하였으나, 그를 성직 수행으로부터 면제시켜 주지 않았다. 양심적 노력에 관한 한, 이 시대의 주교들은 마땅히 받아야 할 신뢰를 받지 못하였다. 의정 활동으로 인한 방해와 관계 없이, 주교들은 거의 극복할 수 없는 곤란한 문제들에 부딪쳤다.

그들의 교구는 거대하였으나, 교통 수단은 원시적이었다. 견진 성사를 베풀기 위해 순회 계획을 짜기가 힘들었고, 실제로 순회하는 것은 더 힘들었다. 많은 주교들이 진지하게 최선을 다하기 위해 노력했다는 많은 증거가 있었다. 18세기 전반 링컨의 웨이크와 깁슨, 그리고 후반의 엑서터의 케펠과 로스가 전심 전력으로 교구를 돌보았다. 1764년 케펠 주교는 순회 여행 중에 4만 명 이상에게 견진 성사를 베풀었다. 우스터의 허드 주교의 기록은 주교의 수준이 이전만큼이나 높았다는 것을 보여준다.

교구 부재는 그 시대의 주교들에게 종종 가해진 비난이었으나, 그것은 극단적인 경우였다. 호들리 주교는 악명높은 위법자였고, 그의 신학을 싫어하는 사람들은 그의 잘못을 과장하였다. 뱅거의 주교로서 6년 동안, 호들리는 교구에 한 번도 발을 들여놓지 않았으나 — 이것은 성 데이비드 지역의 로드보다 더 나쁜 기록이다 — 그는 주교직을 받지 말아야 할 장애자였다. 주교직은 어느 정도 자기 부정을 전제한 것이므로, 그 자리는 그에게 제공되지 말았어야 했다. 물론 당시 성직자들은 자기 부정을 이해할 수 없었을 것이지만 말이다. 주교직이 그에게 수여되었다는 것, 그리고 그가 받아들였다는 것은 다른 잘못, 즉 주교직이 목회적 돌봄의 장이 아니라 주로 정치적 봉사에 대한 보상으로 간주된 것을 잘 보여주고 있다. 호들리가 항상 다 바쁜 사람들인 그의 동료 주교들에게 그가 할 수 없는 일들을 해달라고 설득할 수 있었다는 사실은 그 시대의 하나의 보다 친절한 특성을 잘 보여준다.

성직 안수 후보자들은 주교를 찾을 수 있으면 그때 그들의 주교에게 직접 나아갔다. 주교가 런던에 가고 없으면, 수도까지 여행해야 했다. 주교가 안수식을 집례하려 하지 않을 때, 그는 동료 주교에게 전출 허가서를 보냈다. 그러나 후보자의 인격이나 자격 조건에 대한 충분한 점검이 없었다. 학위를 받은 사람도 신학을 제대로 이해하지 못할 가능성이 많았다. 안수 준비가 부족했고, 안수 후의 관리도 소홀했다. 이것은 하노버 시대 교회의 가장 심각한 약점 중의 하나였다. 제임스 우드퍼드의 통렬하고 시사적인 「시골 목사의 일기」(*Diary of a County Parson*)는 교구 목사가 주교와 거의 접촉하지 않았고 접촉해도 형식에 그쳤다는 것을 보여준다. 주교의 임무의 규모와 그의 임무를 방해하는 많은 일들을 생각할 때, 그럴 수밖에 없었을 것이다. 그러나 성직자들은 대개 그들의 계획대로 할 수 있었다. 우드퍼드 같은 사람은 자신의 임무를 잘 감당하였다. 그는 경제적으로 잘 살았고, 성실하게 임무를 수행하였고, 그의 이웃들과 행복하게 지냈다. 그의 동료 목사들에 대해서는 동일하게 말할 수 없었다. 감독의 소홀로 인하여 유랑하는 성직록 없는 성직자들이 나타났고, 이들은 성직에 누를 끼쳤다.

특혜를 받는 소수는 특혜를 받지 못하는 다수로부터 분리되었다. 고위 성직은 부를 축적하는 수단이 될 수 있었고, 일부 주교는 재산을 축적하였다. 대주교 허튼이 죽자, 어느 솔직한 관찰자는 "그는 12년 동안 교회로부터 5만 파운드를 받아 저축하여 남겼고, 선한 일이나 공공 자선 사업에 한 푼도 내지 않았다" 하였다. 이것이 유일한 예는 아니었다. 여론은 출세에 바둥대는 주교들에 대해 비판적이었다. 파일 박사는 호들리 주교와 함께 생활한 후, 그가 두려워하는 유일한 위험은 바로 성대하고 고급스런 식탁이었다고 말하였고, 또 사치스런 성찬과 대부분의 성직자들이 부득불 먹는 단순한 식사를 대조시켰다. 일부 성직자는 사치스런 입맛을 키웠고, 다른 이들은 나면서부터 사치스러웠다.

18세기가 계속되면서, 점점 더 많은 명문가 출신들이 성직에 올랐고, 때 맞추어 "많은 귀족들이 다 소명을 받은 것은 아니다"라는 추문이 이제 사라지면서 어느 정도 만족하며 안도할 수 있었다. 귀족의 자제들은 주교와 대성당 주임 사제의 후보자였다. 지주의 자제들은 참사회원과 부유한 성직록의 후보자였다. 그 결과 고위 성직자들은 종종 이해 관계뿐만 아니라 혈연적으로 정치 지도자들과 연결되었다. 귀족 성직자에게 적당한 수입 때문에 승진을 추구하는 일이 전보다 더 일반화되었다.

성직 겸임은 18세기부터 시작된 악습은 아니었다. 그것은 카롤링거 왕조의 성직자들 사이에서 공인된 관습이었고, 불완전하게 개혁된 교회의 삶에서 떨어질 수 없는 것이었다. 하노버 시대의 관례와 기준은 그들이 과거로부터 물려받은 유형을 낯뜨겁게 발전시켰다는 것을 말해주었다. 성직 겸임은 천차 만별인 개별 보직들의 보수 문제를 해결하려는 유일한 방법이었다. 주교의 수입이 크게 차이가 난다는 것은 이미 언급하였다. 정치인들은 유용한 치리권을 장중에 둘 수 있는 현행 체제를 개혁할 의도가 없었으나, 어떤 완화책을 허용할 의사는 있었다. 넉넉한 대성당 주임 사제 교구(성 바울 성당, 웨스트민스터, 그리스도 교회)는 대개 가난한 교구(브리스톨, 로체스터, 옥스퍼드)에 임명된 주교들이 맡았다. 신임 주교는 과중한 입회금을 지불할 수 있을 때까지 보수가 좋은 일부 교구를 그대로 담당할 수 있었다.

헨리 8세의 법령은 특정 계층의 성직자들에게(귀족 출신 궁정 목사와 그 외 다른 사람들) 성직 겸임의 권리를 주었고, 그리하여 이 악습이 더 확대되기 시작했다. 이 체제는 너무 복잡하여 대주교들은 이 관습의 개혁에 절망하였고 겨우 법률적 테두리 안에서 위험한 특권을 유지하기를 바랄 뿐이었다. 야심 있는 사람들은 행운이 허락되는 한 빨리 승진하려고 노력하였고, 실망한 사람들은 저항하게 되었다. 연줄이 좋은 젊은 사람이 출세 가도를 달린 예로 우리는 유명한 주교의 아들인 존 호들리를 들 수 있다. 그는 고속 승진으로 윈체스터 교구의 재무관, 대성당 명예참사회원, 성 십자가 병원장, 6개의 성직록의 직분을 차례로 받았고, 이들 모두를 죽을 때까지 보유하였다. 이러한 기록은 질투심이 섞인 비판을 초래하였으나, 18세기는 세속적 출세를 매우 중시하였고 성직자의 "성공담"은 공인된 삶의 유형의 일부분이었다. 그 시대는 대개 성공한 사람들을 비판하는 것보다 실패한 사람들을 무자비하게 조롱하였다.

당시 상황에서 어느 정도 성직의 겸임은 불가피하였다. 성직록의 수입은 생활하기에 턱없이 부족하였다. 18세기 초 전체의 과반수인 5,500개 이상의 성직록이 일년에 50파운드 미만이었고, 2,100개 이상의 성직록이 30파운드 미만이었고, 1,200개 이상이 20파운드 미만이었다. 링컨 주에는 5파운드에서 20파운드 사이의 작은 성직록도 많았다. 커다란 시장이 있는 마을에서 보수는 종종 순전히 명목상으로만 존재했다. 콜체스터에는 일년에 3파운드 받는 교회와 1파운드 받는 교회가 있었다. 이러한 상황에서 성직 겸임은 근본적인 개혁 이외의 유일한 대안이었다. 악습의 본질은 한 성직자가 하나 이상의 성직록을 갖는다는 사실이 아니라 체제가 허용한 극도의 불평등에 있었다. 소수는 부유하게 되었으나 나머지는 희망 없는 가난에서 벗어날 수 없었다.

성직 겸임은 성직자 부재를 의미하기 때문에, 부목사(curates)가 많은 교회를 목회하였다. 이들의 곤궁한 형편은 말할 것도 없었다. 윌리엄 존스는 그의 「일기」에서 "모든 상황을 고려해 볼 때, 장사나 사업을 하는 여행자, 심지어 벽돌공이나 선반공도 유급 부목사보다 더 많이 벌었다"고 적고 있다. 윌리엄 로(William Law)는 자기 혼자 만족하고 지내는 성직자를 풍자하며 "성직자는 그의 성직록에 진지한 부목사를 두는 것이 양심적이라고 생각하고, 교구의 모든 영혼을 돌보기 위해 진지한 사람을 얻을 수 있는 가장 값싼 비용으로 부목사를 고용한다" 하였다. 사례비는 일년에 약 20에서 30파운드 사이였다. 일부는 운이 좋았지만, 모두가 운이 좋은 것은 아니었다. 1713년 대주교 테니슨은 5-6 파운드만 받는 부목사에 대해 언급하며, "이들은 고정된 거주지도 없고 가난하고 위태위태하게 생계를 꾸려가므로, 조금이라도 더 나은 보수를 찾아 이 교구 저 교구를 떠도는 유랑의 삶을 산다" 하였다.

부목사의 곤경과 부유한 성직자의 막대한 재산 사이의 대조는 쓰디쓴 고통을 안겨주었다. 스몰렛 교구의 부목사는 여관에서 그의 주교 대리를 만난 후에 이렇게 소리쳤다. "저 늙은 깡패가 가고, 나도 그와 함께 간다. 당신은 세상이 어떻게 굴러가는지 잘 안다. 아, 이 사기꾼 주교 대리는 살 가치도 없다. 그러나 그는 일년에 400파운드의 수입을 주는 성직록을 두 개나 갖고 있고, 불쌍한 나는 그의 모든 고역을 억지로 떠맡는다. 왜냐하면? 일년에 20파운드를 벌기 위해서 그렇게 한다"[로더릭 랜덤(Roderick Random)].

문제는 성직자 공급이 수요를 초과함으로써 더 악화되었다. 애디슨은 공부한 사람들이 초만원이었고 성직 계통은 특별히 더 심하였다고 주장하였다. 트리니티의 유명한 교수인 리처드 벤틀리는 대부분 미래의 전망이 불투명한데도 그렇게 많은 사람이 성직을 지원하는 현상에 놀라움을 금치 못했다. 그는 이것이 제비뽑기와 비슷하다고 보았다. 극소수의 화려한 당첨이 대다수의 실패를 보지 못하게 한다는 것이다. 교회의 삶을 무기력하게 한 많은 폐습들은 오래 계속되어 온 것이었고 어떤 것은 중세 시대까지 거슬러 올라갔다. 이상한 것은 악습이 존속한다는 것이 아니라 이 악습이 거의 저항을 일으키지 않는다는 것이다. 악습은 너무나 당연시되어, 명백한 모순이 깊은 뿌리를 내리고 있었고 아무 반대 없이 용인되었다.

성직자 사이의 재산의 차이 때문에, 성직자의 사회적 지위를 일반화할 수는 없었다. 그들이 인기가 없었다는 것은 의심의 여지가 없다. 성직자 계층이 이처럼 전반적인 공격을 받은 것은 이전에도 없었고 이후에도 없었다. 연극과 소설에서 그들은 심한 조롱의 대상이었다. 이러한 경멸은 그들 자신의 책임이었다. 18세기 초 그들은 대중의 마음에 하나의 전통을 형성시켰다. 정파간 투쟁의 강렬한 당파심, 주교 회의 논쟁의 증오심, 박해의 옹호, 극단적 견해의 지지, 이 모든 것들이 성직자 계층은 호전적이고 과격하다는 인상을 주었다. 그 결과 비관주의적 정서가 당대의 좋은 성직자들의 작품 속에서 흐르게 되었다.

버틀러 주교는 「유비론」(*The Analogy*) 서문과 "더럼 성직자에게 주는 권고"에서 침울하게 종교의 미래를 바라보았다. 후에 캔터베리 대주교가 된 토머스 제커도 똑같이 암담한 전망을 내놓았다. "지금 기독교는 거리낌 없이 욕먹고 조롱당하고 있고, 교회의 교사도 마찬가지이다. 우리의 대적들은 우리에게 할 수 있는 한 가장 가혹하게 대하는 것 같다. 모든 진실을 무시하고 개연성도 없이 무자비하게 과장한다."

분명히 무익하고 방탕한 교구 사제들이 있었고, 풍자가들은 이 사실을 잘 이용하였다. 그러나 이 시대의 소설들이 일깨워 주듯이, 또 다른 면도 있었다. 비록 우리는 필딩(H. Fielding)의 Supple and Thwackum을 갖고 있을지라도, 우리는 또한 교구 목사 애덤스와 웨이크필드의 목사를 갖고 있다. 기독교지식보급협회(S.P.C.K.)의 서신들과 교구 주교들과 대부제들이 질문자들에게 보낸 회답들은 많은 성직자들이 투철한 의무감을 지닌 진지한 사람들이었다는 것을 보여준다. 오지의 성직록에서 많은 성직자들이 잠잠히 신실하게 사역하였다. 사실 영웅적 덕목들은 거의 계발되지 않았다. 대부분의 성직자들은 희생을 거의 요구하지 않는 덕목으로 만족하였다. 광신에 대한 거의 병적인 불안은 중용과 자족에 대해 너무 많은 가치를 두게 하였다. 그러나 18세기의 교회는 많은 면에서 동시대의 삶과 밀접한 관계에 있었다. 보즈웰은 애쉬번의 테일러 박사에 관하여 "그의 키와 인상과 얼굴과 예의 범절은 마음 따뜻한 영국의 지방 대지주였고, 그 위에 성직자의 모습을 갖추었다"고 만족스럽게 언급하였다. 크랩의 관찰대로, 일부 성직자는 우선 스포츠맨들이었으나, 교구민들의 관심에 무관심한 것은 아니었다. 페일리는 이웃과 소박한 삶을 살고 있는 시골 교구 성직자들은 이러한 삶으로부터 깊은 만족을 누렸다고 하였다. 종종 그의 주장은 사실로 드러났다. 이러한 상황은 예기치 않은 면을 갖고 있었다. 성직자의 수준이 일반인보다 월등하게 높은 것은 아니었기 때문에, 성직자와 주민들의 관계가 가까웠다. 성직자들은 변화시키는 효과는 아니더라도 누룩 같은 효과를 갖고 있었고, 적어도 영국 교회는 그 시대의 삶에서 분리되지 않았던 것이다.

교회가 사회에 끼친 영향력은 측정하기 힘들다. 일부 지역에서 그 영향력은 상당했고, 그 시대의 일부 지도적인 평신도들의 삶에서 두드러지게 나타났다. 책임적 위치에 있는 사람들은 대개 아주 신실하였다. 뉴캐슬의 공작이 정치적 성직 임명의 대표적 인물이라고 간주한 사람들은 그의 서신에서 진정한 영적 관심의 표지를 보고 놀랄 것이다. 그는 성만찬 수찬의 특권을 주장하고 싶은 생각도 혐오하였고, 성례를 위해 신중하게 자신을 성찰하였다. 아마 그의 관심은 성만찬보다 더 광범위한 것이었을 것이지만, 그것은 어디까지나 진실한 것이었다. 비스카운트 퍼시벌은 그의 글에서 18세기의 절제된 경건을 가장 진정한 형태로 표현한 또 다른 고위 성직자였다. 몇 가지 점에서 그 시대를 대표하는 인물인 새뮤엘 존슨 박사는 진지하고 때묻지 않은 경건을 지닌 사람이었고, 그의 기도문은 영국의 경건 문학을 풍성하게 하였다. 존슨의 건강한 상식과 아주 다른 관점을 갖고 있는 윌리엄 쿠퍼는 복음주의 운동에 의해 깊은 영향을 받았고, 그의 올니 찬송은 지금도 유쾌하게 사용되고 있다.

이 사람들은 두드러진 인물들이기는 하지만 예외적 존재는 아니었으나, 교회 지도자들은 그들의 친구보다 그들의 대적을 더 의식하는 경향을 보였다. 깁슨 주교는 사회의 상류층과 하류층에 퍼져있는 악에 대해 분노하였다. 제커 주교는 현 시대의 특징은 종교에 대한 공공연한 무관심이고 이것이 상류 사회의 방탕과 원칙에 대한 무시와 또 하류층의 부도덕한 무절제와 대담한 범죄 안에 잘 반영되어 있다고 보았다. 이것은 호거스가 솔직하고 분명하게 묘사한 당시 사회의 모습이었다. 부도덕이 가득했으나, 그것이 비난받지 않고 지나가지는 않았다. 주교들은 궁정의 가장 무도회가 비도덕적으로 변질되는 것에 대해 거듭 항의하였다. 그들은 가난한 사람들의 삶을 황폐화시키는 주류 매매를 억제하는 법안을 지지하였다. 18세기 초반, 풍속 개혁 협회가 부도덕성을 강하게 고발하였고, 1736년까지 10만 번 이상의 행동을 일으켰다. 그러나 그들은 그들의 방법으로 인해 대중의 인기를 얻지 못하였다.

도덕주의자들은 상류층이 냉소적이고 궤변적이고 하류층은 천하고 향락에 빠져있는 것을 발견하였으나, 중간 계층으로부터는 즉각적인 반응을 얻었다. 18세기는 박애주의의 황금기였다. 필요성이 컸고, 많은 남녀들이 다양한 동기로 자극을 받아 그 필요를 채우기 위해 자원하였다. 「신사 잡지」 (*Gentleman's Magazine*)의 한 기고자는 "자선은 가장 지속적이고 가치 있고 우아한 기쁨이다" 하였다. 한 대중적 설교자는 "선행과 자비는 우리의 마음을 항상 평안하고 행복한 상태를 유지하게 한다" 하였다. 그러한 감상적 호소에 무관심한 사람들은 종종 박애는 사회 불안을 막는 위대한 방파제라는 논증에 동의를 표하였다. 1755년 윌리엄 샤프 목사는 "만일 동정심이 당신을 감동시키지 못한다면, 이해 관계를 고려해 보라" 하였고, 가난한 자들이 만일 무시를 당하면 위협이 될 것이고, 격려를 받으면 "정직하고 근면하고 창의적인 일군"이 될 것이라고 청중들에게 상기시켜 주었다. 그러나 종교적 동기가 가장 일반적이고 가장 효과적이었다. 깁슨 주교는 "하나님은 어느 자선의 행위이든 하나님께 바쳐진 헌물과 하나님께 대부해 드린 것으로 간주하신다. 따라서 하나님은 그것을 갚아주실 것이다" 하였다. 보상은 내세까지 연기될 수 있었으나, 그것은 확실하였다.

그러한 호소는 가난에 대한 일반적 태도 때문에 필요하였다. 디포 (Defoe)는 그의 동시대 사람들을 대변하여, 실직은 게으름 때문이라고 주장하였다. 가난한 사람은 구걸 행위가 더 벌이가 좋기 때문에 일하지 않는다는 것이다. 18세기는 가난이 사회적 부적응을 나타낸다는 것을 믿지 않았다. 열정 있는 개혁자들도 가난한 자들을 보호하는 태도를 취하였다. 브렌트퍼드에 새 기업이 문을 열었을 때, 교구의 한 귀부인은 궁핍한 사람들의 집을 돌아다니며 "상관들의 호의를 얻을 수 있는 기회를 이용하여 당신과 가족의 현재와 미래의 행복을 증진시키기 위하여 제공된 기회를 겸손하고 감사하게 받아들이십시오"하고 권면하였다.

자선 사업은 가난한 자들이 본래 받아야 하는 적당한 사회적 지위 이상으로 그들을 격상시킨다는 비판이 있었다. 이 비판에 대하여, 자선 사업을 옹호하는 것이 항상 필요하였다. 특히 교육에 열정이 있는 사람들은 그들의 계획이 아이들로 하여금 그들이 담당하게 되어 있는 잡일을 하지 못하게 하는 것도 아니고, 또 아이들의 마음 속에 불순종의 씨를 뿌리는 것도 아니라고 주장해야 했다. 아이작 와츠만큼 부드럽고 인도적인 영성은 당시의 일반적 태도를 다음과 같이 요약하였다.

내가 낮고 천해도 나는 부자로 하여금 나를 사랑하게 할 것이다.
그들이 나를 비난할 때 나는 겸손하고 정숙하고 깨끗하고 복종할 것이다.

빈민 학교는 상당한 반대에 부딪쳤으나, 그럼에도 불구하고 아주 귀중한 공헌을 하였다. 국교도와 비국교도가 연합하여 빈민 아이들에게 초등 교육과 다양한 사회 봉사의 혜택을 베풀었다. 만일 이 아이들이 사회의 유용한 일원으로 교육 받지 않는다면 이들은 방탕한 삶에 빠질 수밖에 없다는 것이 일반적으로 인정되었다. 빈민 학교들은 빈민 아이들을 기다리고 있는 운명으로부터 그들을 구하기 위해 설립되었다. 공식적 가르침은 주로 기초적인 것이었으나 다양한 기술 교육에 의해 보완되었다. 재정적·행정적·교육적 문제들이 아주 컸으나, 빈민 학교는 당시의 긴급한 필요를 충족시킬 수 있었고, 대중 교육의 보다 적절한 체계의 기초를 놓았다. 목적은 비슷하나 성격이 다른 것으로 트림머 부인이 세운 산업 학교들이 있었다. 그녀는 "어떤 종류의 일이든 할 수 있는 나이가 되었으나 더러운 누더기를 걸치고 거리를 배회하는 빈민의 아이들을 보는 것은 그 교구의 수치이다" 하였다. 만일 그들이 기술을 익힌다면, 그들은 쓸모있는 삶을 살 수 있을 뿐만 아니라 훈련 받는 동안 자신을 부양할 수 있을 것이다. 그러나 경험은 실제적 어려움을 극복하는 것이 불가능하다는 것을 보여주었다. 어린 초보자들은 불가피하게 좋은 재료를 망가뜨렸고, 많은 제품들은 판매할 수 없었다. 유능한 교사는 찾기 어려웠고, 이 계획이 근거를 두고 있는 가정들은 건전하지 못했고, 대부분의 학교는 곧 문을 닫았다.

18세기 후반, 대중 교육에서 가장 중요한 사건은 주일 학교 운동이었다. 여러 곳에서 시험적 실험이 있었으나, 이 운동을 전국적으로 조직화한 사람은 바로 글루스터의 로버트 레이크스였다. 그는 유명한 지방 신문의 발행인이었다. 따라서 그는 언론을 활용하여 그의 사상을 전파할 수 있었고, 그의 사상은 광범위하게 빠르게 확산되었다. 그는 그의 주일학교 운동이 아무것도 성취하지 못한다 하더라도 최소한 "통탄할 만한 안식일 모독은 막아줄" 것이라는 소박한 기대를 가지고 시작했다. 그의 성공은 그가 만든 엄격하고 지루한 틀을 고려할 때 놀라운 것이었다. 주일학교의 정규 수업은 아침 8시부터 밤 8시까지였고, 중간에 예배 참석을 위한 휴식 시간이 있었다. 이 아이들은 글루스터의 핀 공장에서 일 주일 내내 일하면서 오랜 시간 참고 지내는 데 익숙해져 있었다.

18세기의 박애주의자들은 놀이를 나쁘게 생각하였고, 놀 기회가 없을 때 만족하였다. 스트라우드에 설립된 학교의 규칙은 이 프로그램의 본성을 알려 주고, 그 기본 정신을 잘 보여준다. "아이들은 글 읽기를 배우고 기독교의 간단한 의무들을 학습한다. 교육 목표는 그들의 미래의 노동자와 고

용인의 성품 안에서 아이들의 선하고 근면한 행동을 형성시키는 것이다." 18세기에 빈민 학교들은 그 어떤 형태를 취하든 의심을 받았다. 주일 학교들도 예외가 아니었다. 교육은 사회 불안을 조성한다는 것이었다. 주일 학교 설립자들은 권위에 대한 정당한 복종을 강조할 필요성을 느꼈다. 물론 이것은 18세기 박애주의에 상당히 영향을 미쳤던 원리들과 완전히 일치한다. 그러나 주일 학교는 비판자뿐만 아니라 후원자도 있었다. 1788년 존 웨슬리는 볼튼의 주일 학교를 방문하고, 열정적으로 아이들의 깔끔하고 말쑥한 인상들을 기록하였다. 그는 아이들의 행동이 완전히 모범적이었다고 느꼈다. "모두가 진지하였고 품행이 좋았다. 그들은 모든 마을의 모범이다. 그들의 일상적 기쁨은 아픈 가난한 사람들을 방문하고 권면하고 위로하고 그들과 함께 기도하는 것이다."

무력한 자들과 불행한 자들의 곤경은 잊혀지지 않았다. 코람 대령은 부모들에 의해 버림받아 죽는 유아들의 숫자에 깜짝 놀랐다. 수용 시설에 맡겨진 아이들은 거의 생존할 가능성이 없었다. 이러한 종류의 전형적 기관의 사망률은 7년이 넘도록 100%였다. 이 상황을 개선하기 위해, 코람은 유아 병원을 설립하는 것을 도왔고, 이 병원은 급속하게 유명해졌다. 이 사업에 동참한 한 사람인 요나스 한웨이는 매춘부의 곤경에 괴로워하다가 그들을 위하여 막달라 병원을 설립하였다. 한웨이는 굴뚝 청소부들에게도 동정심을 느끼고 이들 부랑민 일꾼들이 처한 작업 환경을 일부 규제하는 운동을 일으켰다. 이 기간에 병자들을 위한 병원이 많이 세워졌고, 많은 영국의 최고의 병원들은 18세기 박애주의 정신에서 비롯되었다.

우리는 감옥의 열악한 환경을 폭로한 존 하워드의 지칠 줄 모르는 노력을 잊어서는 안된다. 이러한 관심은 대개 하나님의 자비하심에 대한 널리 수용된 믿음에 의해 지탱되었다. 교구 차원에서 이러한 교리는 우드퍼드 목사의 「일기」에 아주 상세히 기록되어 있는 여러 가지 자선 활동을 — 병자와 노약자들에게 음식과 물을 제공하는 것과 약자와 빈민을 돕는 활동을 — 불러일으켰다.

이 기간에 교구 교회의 삶은 별 사건 없이 평온하였다. 교회의 삶은 때때로 형식적이었으나 죽지는 않았다. 예배는 단조로웠고 설교는 지루하였다. 그러나 설교는 이해되었고, 설교가 없으면 사람들은 예배에 참석하지 않으려 하였다. 빈번한 성만찬은 규칙이 아니라 예외적인 것이었다. 지방 교구에서 성례는 대개 일년에 4번 실행되었다. 런던에서는 매달 성례를 행하는 것이 보통이었다. 새 교회는 거의 세워지지 않았고, 기존 교회는 소홀하게 관리되었다. 버틀러 주교는 "현재 시대의 전환점에서 우리는 종교와 관련된 모든 것에서 놀랄 만한 초라함을 보고, 그밖의 다른 모든 영역에서는 사치함을 발견한다" 하였다.

비국교도들 입장에서 18세기는 조용하고 비영웅적인 시대였다. 그들의 조상들은 분노하여 일어나서 왕과 주교들을 전복하였으나, 이러한 옛 열정은 남지 않았다. 비국교도들은 국민의 삶에서 정체된 후미에서 살았고, 그들의 신분을 개선하려는 노력은 성과를 얻지 못했다. 그들은 사업에서 적극적이었고 많은 이들이 성공하였다. 퀘이커교도는 재력가들이 되었고, 영국의 일부 거대한 은행들은 퀘이커 기업에 그 기원을 두고 있다. 과학과 발명에서 비국교도들은 중요한 역할을 담당하였으나, 전반적으로 그들은 탁월한 인물들은 아니었고 수수한 삶을 살았다.

18세기가 지나면서, 그들의 활동은 현저하게 약해졌다. (수도 적고 신뢰할 수도 없지만) 이용 가능한 통계에 의하면, 18세기의 처음 25년 동안 비국교도의 수는 25만명에서 30만명 사이를 기록하였다. 이후로 그들은 점차 감소하였다. 초기 하노버 시대의 비국교도 지도자이고 "대추방" (Great Ejection)의 역사가인 에드먼드 캘러미는 "비국교도 세력의 몰락과 그 몰락의 기회"에 일반적인 관심이 있었고 또 이러한 불안이 그 주제에 대한 활발한 팜플릿 논쟁을 촉발시켰다고 기록하고 있다.

각 지역에서 비국교도의 지위는 본질적으로 변하지 않은 상태로 그대로 지속되었다. 관용법은 그들의 생존권과 예배의 자유를 인정하였고 그들에게 이등급의 공직을 주기도 하였다. 조지 1세의 계승 후, 앤 여왕 때 통과된 보복성 법률들이 폐기되었으나, 다른 방식으로 비국교도에게 법적 자격을 주지 않는 것은 건드리지 않았다. 이것은 큰 실망거리였다. 비국교도들은 휘그당으로부터 더 많은 협력을 희망하였다. 그러나 성공회 지도자들은 양보를 강하게 반대하지는 않았다. 일부 주교는 관용법이 더 많은 양보를 전제한다고 믿었고, 비국교도를 포괄시키자는 운동이 간헐적으로 일어났다. 이 협상은 양측의 가장 존경받는 인물들을 동원하였고, 조금 더 결의했다면 상당히 많은 비국교도들이 영국 성공회 안으로 들어왔을 것이다. 처음에 성공회의 망설임은 비국교도에 대한 혐오뿐만 아니라 교황주의자들에 대한 두려움 때문이었다. 예를 들어, 깁슨은 교회의 적들이 너무 많고 너무 강하기 때문에 국가 교회의 법률적 방어벽을 허무는 것은 위험하다고 생각했다. 심사율과 시정부법은 참을 수 없는 거침돌이었으나, 그래도 법이었고 철폐되지 말아야 했다. 그래서 이 법들의 철폐 노력은 실패할 수밖에 없었다. 깁슨은 양심적인 이유로, 월폴은 정치적인 이유로 양보를 거부하였다. 1732년, 1734년, 1736년, 1739년 사건이 동일하게 진행되었다. 어떤 점에서 비국교도의 지위는 사실 더 열악해졌다.

1753년 하드위크 경의 결혼법은 유랑하는 성공회 성직자들의 비밀 결혼을 겨냥한 것이었으나 동시에 비국교도의 결혼을 금지하는 효력을 발휘했다. 멀리 떨어진 마을에서는 장례식도 문제였다. 만일 비국교도가 매장지를 소유하지 않았다면, 교구 성직자는 세례자들만이 자격이 있고 교구 교회 이외의 곳에서 세례 받은 사람은 세례 받은 것이 아니라는 이유로 비국교도의 장례를 거부하였다. 이러한 종류의 문제들을 해결하기 위하여, 비국교도들은 수도와 그 근처의 강하고 부유한 회중으로부터 뽑은 두 개의 자원 단체에 의존하였다. 1727년 형성된 "세 교파의 교역자회"는 상담과 조언으로 도움을 주었다. 5년 후 조직된 "개신교 비국교도 대표자 모임"은 비국교도의 권리를 침해로부터 방어하는 데 중요한 역할을 담당하였다.

예배당은 비국교도 생활의 중심지였다. 그것은 대개 간결한 직방형 건물로서 18세기가 지속적으로 성취한 단순성과 좋은 취향을 특징으로 하고 있다. 들어오는 문 전면에 높은 설교단이 있고, 가끔 그 위에 소리 반향판이 있었고, 설교단은 테두리로 장식되어 있었다. 설교단 테두리는 이 건물에서 유일하게 도색된 것이고, 회중들이 즐기는 몇 안되는 사치품 중의 하나였다. 예배는 과거의 형식을 그대로 따랐고, 미래 세대에 그대로 물려주었다. 기도, 찬송, 성경 봉독, 말씀 설교는 예배의 본질적이고 불변적인 요소였다. 예배 시간은 길었다. 여러 비국교도 단체들 사이의 차이점은 뚜렷하지 않았다. "세 교파"는 장로교, 독립교회(회중 교회), 침례교였다. 퀘이커는 초창기보다 많이 약해졌고, 한때 다른 단체를 그렇게 혼란시켰던 강력한 증거를 그만두었다. 17세기에 번성했던 대부분의 소규모 분파들은 사라졌다.

여러 가지 면에서, 장로교인은 독립교회 교인과 구별할 수 없었다. 장로교는 국가적 체제의 대표제 "교회 법정"(church courts)을 믿었으나, 이것을 설립하지 못했다. 독립 교회에서 그렇게 중요한 역할을 했던 교회 회의(church meeting)는 대개 장로교회에서는 효과가 작았거나 전혀 없었는데, 이는 교회 회의의 기능이 실제 존재하지도 않는 상급 법정에 의해 수행되기 때문이었다. 장로교회는 교회 등록 명부와 신입 교인이 받아들이는 신앙고백에 주의를 덜 기울였다. 그들의 회중은 종종 지정석(pew) 보유자와 기부자 등 몇몇 소수에 의해 과두 정치적으로 통치되었고, 결정적 권위가 재산 관리인(trustee)의 손에 있었다. 이러한 발전으로 인해 대부분의 장로교 회중은 결국 유니테리언주의로 흘러가는 경향이 있었다. 모든 비국교도 단체는 국가적 규모의 교파적 일치의 의식이 아주 부족했다.

비국교도들은 고등 교육에서 국민 생활에 큰 공헌을 하였다. 옥스퍼드와 케임브리지는 국교도 이외의 모든 사람을 제외시켰다. 이것은 18세기에 심각한 자격 박탈은 아니라 하더라도, 대안적 교육 시설이 필요하게 하였다. 비국교도의 학교들은 아마 그때 당시 영국에서 최고의 교육을 제공하였을 것이다. 교과 과정은 유연했고, 과학, 지리학, 근대 언어같이 다른 곳에서 무시되던 과목들을 포함시켰다. 학생 수가 적었고, 감독이 철저하고, 교수진과 학생의 교제가 친밀하였다. 많은 학교들이 특정한 교역자와 밀접하게 연관되어 있었고, 그가 다른 회중으로 옮길 때 그 기관도 그와 함께 이전하였고, 그가 죽을 때 종종 그 기관도 무너졌다. 노샘프턴에서 목회를 하는 필립 도드리지는 유명한 교수였고, 그의 탁월한 교수법은 사후에 출판된 전체 강의록에 의해 잘 드러났다. 학생과 교수로서 경험이 풍부한 조셉 프리스틀리는 학교의 흥미있는 모습을 보여주고, 학교들이 왜 비국교도 안에서 일어나고 있는 교리적 변화에 공헌하였는지 나타내준다.

신학은 신앙을 위태롭게 하지 않으면서 교리의 입장이 조정될 수 있는가 하는 18세기의 결정적인 문제를 제기하였다. 관용법 이후 장로교와 독립교회 사이의 "행복한 연합"은 교리 차이 때문에 와해되었다. 18세기 초 비국교도들은 영국 교회 안에서 삼위일체 논쟁을 일으켰던 문제, 즉 그리스도의 신성에 대한 논쟁에 의해 영향을 받았다. 그리스도의 신성이 진지하게 토론되었고, 1718-1719년 사이에 위기가 고조되었다. 엑서터에서 제임스 퍼스(James Peirce)의 견해들이 큰 관심을 불러일으켰고, 모든 질문이 런던의 비국교도 지도자들에게 맡겨졌다. 신학적 혁신을 두려워하는 사람들은 모든 목사들이 전통적 칼빈주의 용어로 표현된 교리 조항에 서명해야 한다고 주장하였다. 아리우스적 경향을 가진 이들은 이 제안에 반대하였다. 그들은 믿음의 조항이 성경의 언어로 진술되어야 한다고 주장했다. 솔터홀에서 열린 회의에서 이 문제가 뜨겁게 토론되었고, 참석자들은 "서명파"와 "비서명파"로 분리되었다. 대립 전선은 교파를 따라 엄밀하게 그어지지 않았으나, 장로교와 일반 침례교는 대개 다수파인 "비서명파"에 속하였다. 이 회의는 이러한 교리 문제를 해결하는 특별한 방법을 불신임하였고, 18세기 나머지 기간 동안 이러한 종류의 쟁점들은 회중의 결단에 맡겨졌다.

결국 장로교는 점점 더 유니테리언주의로 흘러갔고, 독립교회는 대부분 칼빈주의를 고수하였다. 독립교회가 충실하게 정통적 신앙을 지킬 수 있던 이유에 대해서는 여러 가지 설명이 가능하다. 교회 친교의 중요성, 전 회중의 목사 청빙권, 목사와 성도들 사이의 친밀한 접촉, 지체들이 신앙을 고백하고 회중의 일원으로 용납되는 것의 의미 등 이 모든 것들이 공인된 믿음의 유형을 그대로 보전하게 하였다. 예배 찬송도 큰 공헌을 하였다. 운문 시편과 성구들도 효과적인 교육 매체였다. 아이작 와츠와 필립 도드리지는 회중 찬양을 많이 제공했다. 그들의 찬송은 부르는 사람의 신앙을 무의식적으로 그러나 강력하게 강화시켰다. 칼빈주의 신학은 종종 전통적이고 메마른 형식주의로 변질된 듯했으나, 역사적 신앙의 유산을 보존하였다. 복음주의 부흥 운동이 일어날 때, 독립교회들은 잘 반응할 수 있었다. 칼빈주의는 19세기 정통파 비국교도를 크게 팽창시킨 새로운 활력을 탁월하게 준비하였다. 새 시대가 동터오는 하나의 징후는 1795년 "런던선교회"의 창립이었다. 이것은 세계 복음화의 관심이 일어난 것을 보여주는 유일한 사건이 아니었다. 3년 전 "침례교선교회"가 탁월한 선교 사역을 시작하였고, 1793년 윌리엄 케리가 인도를 향해 떠났을 때 근대 기독교의 하나의 대 서사시가 시작되었다.

영국의 로마 가톨릭 교회는 18세기 내내 활력을 잃은 소수파였다. 제임스 2세가 전복된 후, 로마 가톨릭 교회는 국가에 영향을 줄 수 있는 모든 권한들을 상실하였고, 반면에 극도의 두려움을 줄 능력만을 보유하고 있었다. 제임스 2세를 지지하는 자코바이트들이 위협으로 남아있는 한, 그들은 의심의 대상이 되었다. 그 두려움이 당연했던 것은 스튜어트 왕족이라고 주장하는 사람들이 가톨릭의 신조를 옹호했기 때문이었다. 이것은 어떤 영국 가톨릭 신자도 반란을 지지하지 않았기 때문에 근거없는 이야기였다. 가톨릭이 18세기 초에 최저 수준으로 쇠락하였다는 것이 분명함에도 불구하고, 깁슨같이 분별 있는 성공회 성직자는 아주 경미한 양보를 제안하는 것도 경악하는 시선으로 바라보았다. 가톨릭 대표자들은 사회적으로 고립되었고 정치적으로 무능하였다. 그들은 대체로 평온하게 지냈다.

하노버 시대는 박해의 열정이 없었고, 형법을 거의 집행하지 않았다. 가톨릭 교회는 소박하게 다시 모이기 시작했다. 당연히 산업 시대의 필요에 의해 아일랜드 이민들이 대거 이주해 왔다. 가톨릭 신자들을 괴롭힌 일부 문제는 가톨릭 내부의 문제였다. 치열한 경쟁은 예수회원과 재속 성직자들을 분열시켰다. 이러한 내부적 분열은 전체의 대의를 약화시켰고, 교황의 대리 주교들 즉 영국 가톨릭 교회의 감독을 담당한 주교들의 사역을 곤란하게 만들었다. 그 중의 한 사람, 리처드 챌로너(**R. Challoner**)는 순수한 경건과 강한 목회적 관심으로 어려운 임무를 수행한 지도자로서, 그의 「영혼의 정원」(*Garden of the Soul*)에서 동료 가톨릭 신자들에게 작은 경건문학의 고전을 유산으로 물려주었다. 그러나 가톨릭의 지위는 계속 불안정하였다. 대중들의 광신은 쉽게 점화되었고, 1778년과 1779년의 빈민구제법은 에든버러와 런던에서 폭동을 일으켰다(고든 폭동, 1780). 이 법은 1791년까지 유보되는 것이 안전하다고 판단되었다. 충성을 맹세한 가톨릭 신자들은 교육, 재산, 법 집행과 관련하여 박탈된 자격을 다시 회복하였다. 가톨릭 귀족들은 왕을 알현할 권리를 인정받았다. 그들은 종교 행사에 참석하는 것과 종교적 수도회에 들어가는 것을 허락받았다. 이러한 혜택은 스코틀랜드와 아일랜드의 가톨릭 신자들에게 확장되었다.

아일랜드에서 가톨릭의 불평은 잉글랜드보다 더 심하였는데, 이것은 다수파의 종교가 배척받았기 때문이었다. 18세기 초반 정부의 공식적 입장은 가톨릭을 박멸할 만큼 잔인하지는 않았으나, 이전 세대로부터 물려받은 괴로움을 한층 더 강화시킬 만큼은 충분히 가혹하였다. 다른 곳과 마찬가지로 아일랜드에서 이성의 시대의 특징이 영향력을 행사하였고, 가톨릭 신자들의 지위는 점차 향상되었다. 18세기 후반에는 종교적 불관용의 사례가 거의 없었고, 형법 법전의 종교 관련 조항들은 대개 무효화 되었다. 국교회에서 얻는 물질적 이득에 유혹 받은 일부 가톨릭 신자들은 그들의 신앙을 버렸고, 존 웨슬리는 예리한 관찰자로서 아일랜드에 만연해 있는 종교에 대한 무관심의 풍조에 대해 언급하였다. 이러한 실망스런 상황에서, 가톨릭 사제들은 성실하게 성도들을 돌보았고, 아름답고 아주 효과적인 대중 교육 시설인 울타리 학교들(hedgerow schools)에 의해 큰 도움을 받았다.

18세기에는 비교적 정적인 시대였으나, 시간이 흐르면서 그 성격이 모르는 사이에 변화되었다. 도덕적인 수준이 올라갔다. 영적 활력의 징표들이 나타났다. 성직자 계층은 비록 그 근본적인 성격에서 변하지 않고 남아 있었지만, 새로운 영향력에 반응하기 시작하였다. 그들은 약점과 강점이 거의 동일한 정도로 혼합되어 있었다. 그들은 영감을 주지는 못했으나 분명히 경멸받을 정도는 아니었다. 그들은 세계관에서 신비적이지도 않고 내세 지향적이지도 않았다. 그들은 중용을 지나치게 존중하였고, 절제와 억제와 합리성을 최고의 가치로 보았다. 그들은 금욕적 덕목들에 공감하지 않았고, 자기 부정의 주장을 애써 무시하였다. 그들은 상식을 높이고 물질적 번영을 추구하는 시대의 풍조에 너무 쉽게 적응하였으나, 동시에 현실적인 사회의 방만한 비도덕성과 합리주의적 불신앙을 강하게 거부하였다. 가장 대표적인 성직자들도 독창성과 시적인 감수성과 예언자적 통찰력이 부족하였다. 우리는 그들이 견고한 학문성과 불굴의 근면함과 실천적 지혜와 건전한 경건을 소유하고 있었다고 공정하게 인정해야 한다.

제10 장

감리교와 복음주의 부흥 운동

하노버 시대의 영국 성공회는 여러 방면에서 뛰어났음에도 불구하고 개혁이 시급한 상황에 처해 있었다. 이성의 시대는 일부 인간의 기본적 욕구들을 망각하였다. 자연 종교는 일부 사람들의 지성을 만족시켜 주었지만, 많은 사람들의 마음은 아주 갈급하였다. 목회적 돌봄의 실패, 교구 체계의 경직성, 새로운 도시에 대한 무시 등 국가 교회의 약점들은 많은 빈민 대중들로 하여금 새로운 능력의 말씀을 갈구하게 하였다. "우리가 우리의 불법의 잔을 채우는 데 부족하지 않을 바로 이러한 때, 두세 명의 영국 성공회 성직자가 죄인들에게 회개하라고 강력하게 외치기 시작했다. 2, 3년 안에 그들은 나라의 변방까지 가서 경고하였다. 수천 명의 사람들이 그들의 설교를 듣기 위해 모였다. 그들이 가는 곳마다 많은 사람들이 이전에 가져 보지 못한 종교적 관심을 보이기 시작하였다." 이것은 웨슬리 자신이 감리교 초기 부흥 운동을 설명한 기록이다.

존 웨슬리는 1703년 링컨 주의 엡워스 목사관에서 태어났다. 아버지는 유능한 사람으로서 열정적이고 자기 고집이 강하였으나 비현실적인 인물이었다. 그는 완강한 논쟁가, 확고한 성직자, 단호한 토리당원일 뿐만 아니라 시인이었다. 어머니는 어떤 기준으로 보더라도 탁월한 여성이었다. 그녀는 대가족의 어머니로서 천부적 능력을 발휘하여 강한 의무감과 책임감을 결합시켰다. 그녀가 아이를 가르치는 방법은 아주 단순하였다. 첫째는 아이의 중생하지 않은 의지를 꺾는 것이었고, 둘째는 아이가 가야할 방향으로 엄격하게 훈련시켜 인도하는 것이었다. 이 방법은 이론적으로는 결점이 많은 것이었으나, 존 웨슬리와 찰스 웨슬리를 만들어냈다.

존은 옥스퍼드의 그리스도의 교회 대학에 갔고, 정식 교과 과정을 밟아 링컨 대학의 연구원(fellow)이 되었다. 찰스도 그를 따라 그리스도의 교회 대학에 갔고, "신성 클럽"(Holy Club)으로 알려진 작은 구도자들의 모임을 결성하였다. 회원들은 정기적으로 만나서 교제하고 성경을 공부하고 기도하였다. 그들은 신실하게 교회의 규정을 지켰고, 가난한 자들과 곤경에 빠진 자들을 돕기로 서약하였다. 옥스퍼드는 주로 성직자들의 공동체였다. 그러한 프로그램이 조롱거리가 되었다는 것은 하노버 시대 교회의 상황을 잘 설명해 준다.

신성 클럽의 회원들은 열정적이고 만족을 몰랐다. 웨슬리 형제는 더 철저한 봉사를 찾아 오글소프(Oglethorpe)의 조지아의 새로운 식민주를 향해 떠났다. 이 당시 존 웨슬리는 엄격주의자였다. 그는 자신에게 관대하게 못했고, 남들에 대해서도 마찬가지였다. 그는 내적인 평안을 찾을 수 없었고, 자신에 대한 적대적 감정만 불러일으켰고, 사실상 식민지에서 쫓겨났다. 그는 자신에 대한 무력감을 가지고 영국으로 돌아왔고, 그가 비참하게 실패했다는 생각 때문에 더 고통스러워 하였다. 그는 당분간 빛을 찾아 헤매었다. 그는 한 번은 배 위에서 그 다음은 조지아 주에서 모라비아 사람들을 만났고, 그들로부터 강한 인상을 받았다. 런던에서 한 모라비아 사람이 이미 시작된 사역을 계속하고 있었고, 마침내 1738년 5월 24일 빛이 존 웨슬리의 영혼을 뚫고 들어왔다. 그는 이렇게 기록하였다.

"저녁에 나는 달갑지 않은 마음으로 올더스게이트 거리의 한 모임에 갔다. 거기서 한 사람이 루터의 「로마서 주석」 서문을 읽고 있었다. 약 9시 15분 전쯤 그가 하나님이 그리스도에 대한 믿음을 통하여 마음 안에서 역사하시는 변화를 묘사하는 동안, 나는 나의 마음이 이상하게 뜨거워지는 것을 느꼈다. 나는 내가 구원을 위해 그리스도를, 그리스도만을 신뢰한다고 느꼈고, 그가 나의 죄를 아니 나의 죄도 가져가셨고 죄와 사망의 법에서 나를 구원하셨다는 확신이 들었다."

웨슬리의 「일기」(*Journal*)는 곧 이러한 설명을 붙였다. "그 다음 나는 내가 마음 속에서 처음 느꼈던 것을 거기 있는 모든 사람들에게 공개적으로 증언했다." 그는 그의 메시지를 발견하였다. 그러나 아직 그의 방법을 찾지는 못했다. 교회의 획일적 규정대로라면 그는 더 이상 교구 교회 안으로 들어갈 수 없었다. 그가 설교하는 곳마다 그는 다시 돌아올 필요가 없다는 통지를 받았다. 그의 활동 범위가 점점 더 좁혀지는 듯했다. 그에게 길을 보여주고 그에게 새롭고 놀라운 수단을 발견하도록 도와준 사람은 신성 클럽의 친구 조지 화이트필드(George Whitefield)였다. 만일 그가 교구 교회에서 설교할 수 없다면, 야외에서 설교하는 것은 왜 안되는가?

웨슬리는 1739년 4월 2일 「일기」에서 이렇게 기록하고 있다. "오후 4시 나는 더 비천해질 것을 각오하고, 좀 높은 곳에 서서 약 3천명의 사람들에게 구원의 기쁜 소식을 선포하였다. 나는 다음 성경 말씀으로 설교하였다. '주의 성령이 내게 임하셨으니, 이는 그가 가난한 자에게 복음을 전하라고 내게 기름을 부으셨기 때문이다. 그는 마음이 상한 자를 고치고 포로된 자를 건져 내고 눈먼 자를 다시 보게 하고 눌린 자를 자유케 하고 주의 은혜의 해를 선포하게 하기 위해 나를 보내셨다.'"

그리하여 교회사에서 가장 주목할 만한 이야기의 한 토막이 시작되었다. 「일기」의 진지한 산문체 글은 페이지마다 경이로운 이야기가 기록되어 있다. 존 웨슬리는 사람들이 듣고 싶어하는 곳이면 어디든지 사람들에게 복음을 들고 갔고, 경험은 전국 방방곡곡에서 사람들이 그러한 설교자를 기다리고 있었다는 것을 보여주었다. 바울 사도는 "여행하는 중 가끔…"이라고 말하였고, 웨슬리는 바울의 말을 반복하였을 것이다. 신중한 통계에 의하면, 웨슬리는 여행이 힘들고 위험했던 그 시절에 25만 마일을 여행했다고 한다. 그는 셀 수도 없는 사람들에게 복음을 전하였다. 2천, 3천, 5천, 만 명의 숫자는 절대 예외적 회중이 아니었고, 종종 2만, 심지어 3만 명이 모이기도 하였다. 그는 길거리나 교회 마당에서, 들판이나 광야에서 설교하였다. 그는 항상 청중을 모을 수 있었으나, 항상 경청하게 할 수는 없었다. 군중들은 종종 적대적이었고, 때때로 위험하였다. 돌덩이나 돌멩이나 기타 물건들이 설교자에게 날라오기도 하였고, 그는 때때로 습격을 받고 매를 맞기도 하였다. 18세기 후반에는 비참하고 고통스런 일이 많았다. 식량은 부족했고, 물가는 높았고, 때때로 불만이 폭발하여 감리교 설교자들이 화를 입었다. 때때로 적대적인 지주나 교구 목사들이 그들을 선동하기도 하였다. 그러나 웨슬리는 사람을 두려워하지 않았다. 그는 비상한 인격적 매력으로 소란을 피우는 군중들에게 경외심을 불러일으켰고 그들을 잠잠케 하였다. 심지어 쫓겨나도 그는 주저하지 않고 다시 돌아왔다. 불굴의 용기에 대한 기록으로서 이것과 필적할 수 있는 이야기는 별로 없다.

웨슬리와 화이트필드는 비상한 능력을 가진 설교가였다. 화이트필드는 청중을 사로잡는 능력이 대단했다. 그는 훌륭한 연설가들의 시대에 아마 수사학의 최고의 권위자인 데이비드 개릭으로부터 칭송을 받았다. 그는 냉소적인 체스터필드의 백작같이 완고한 속인들의 동의를 받지는 못했지만 그들의 주의를 끌었다. 웨슬리의 능력은 더 이해하기 어렵다. 그의 설교는 치밀하게 합리적이었고, 교리적 구성에서 방대하였고, 우리 시대의 인기 있는 설교와 비슷한 점이 전혀 없었다. 그러나 그는 하루 중 어느 때라도 회중을 모을 수 있었다. 그는 새벽 5시에 설교하는 것을 선호하였으나, 그의 청중들은 밤에 천둥이 치고 폭풍이 몰려와도 그의 설교에 푹 빠져들었다. 두 지도자의 설교는 더 극적인 결과를 일으켰다. 군중들이 감정의 물결에 휩싸이면서, 어떤 사람들은 스스로 죄인임을 고백하였고, 어떤 사람들은 그들이 왕이라고 소리쳤고, 어떤 사람들은 감사의 찬송을 불렀고, 어떤 사람들은 발작을 일으키기도 하였다.

웨슬리는 이렇게 기록하였다. "내가 설교하는 동안 내 앞에 있던 한 사람이 죽은 듯 쓰러졌고, 곧 두번째 세번째 사람도 쓰러졌다. 반 시간이 지나자 다른 다섯 사람이 털썩 주저앉아 대부분 괴로워하였다. 우리는 주님을 불렀고, 주님은 우리에게 평안으로 응답하셨다." 오랫동안 종교적 감정을 배출할 기회를 박탈당했던 잔인한 시대는 새로운 설교에 강하게 반응하였고, 하노버 시대의 성직자들이 이러한 성령의 나타나심의 역사를 의심의 눈빛으로 바라본 것은 당연한 일이었다.

부흥 운동 초기에 웨슬리와 화이트필드는 협력하여 공동의 과제를 추진하였다. 그들은 동일한 경험을 하였고, 동일한 열정을 공유하였고, 동일한 방법을 사용하였다. 그러나 그들이 동일한 신앙 내용을 갖고 있었던 것은 아니었다. 화이트필드는 칼빈주의자이고, 웨슬리는 아니었다. 하나님의 절대 주권을 강조하는 칼빈주의는 하나님은 헤아릴 수 없는 지혜 안에서 그가 선택한 자들만을 구원으로 예정하셨다고 주장한다. 반면에 아르미니우스주의는 인간의 자유 의지에 훨씬 더 많은 여지를 둔다. 웨슬리는 확고한 아르미니우스주의자였다. 그는 "하나님은 모든 사람이 구원받기를 원하신다"는 믿음을 강하게 붙들고 있었다. 화이트필드는 이러한 믿음을 몹시 걱정스럽게 바라보았다. 그는 「존 웨슬리 목사에게 보낸 편지」(1752)에서 웨슬리가 선택의 교리를 오해하였기 때문에 보편적 구속의 이단에 빠졌다고 주장하였다. 화이트필드에게서 아르미니우스주의는 매우 중요한 죄 의식을 흐리게 하는 것이 분명하였다. 아르미니우스주의는 인간을 스스로 만족하게 만들었고, 반면에 선택은 "육체적 안정성으로부터 영혼을 깨우는" 경향이 있었다.

그는 이렇게 질문하였다. 웨슬리는 칼빈주의가 모든 희망을 꺾어놓고 무관심을 초래한다고 주장할 때 옳았는가? 그 반대의 견해는 전능하신 하나님이라는 절대적 개념을 포기하는 것이 아닌가? 이것은 중대한 쟁점에 깊은 관심을 가진 두 위대한 사람들 사이의 논쟁이었다. 웨슬리는 한때 퉁명스럽게 친구에게 "자네의 하나님은 나의 마귀이네"라고 말하였다. 그들은 훌륭한 사람들이기 때문에 사랑 안에서 헤어졌으나, 논쟁은 못난 사람들에 의해 더 보복적인 정신으로 계속되었고, 복음주의 부흥 운동 과정에 지속적인 영향을 남겼다.

웨슬리는 교리에서 화이트필드와 차이가 있었고, 또 웅변술에서 분명히 그보다 한 수 아래였지만, 조직가로서는 최고였다. 이 분야에서 그의 재능은 너무나 탁월하여 그는 통칭 "천재"(genius)라는 말을 붙여도 좋을 만한 사람들의 반열에 서게 되었다. 화이트필드는 가는 곳마다 열정적으로 좋은 설교를 한다는 강한 인상을 남겼다. 반면에 웨슬리는 가는 곳마다 사람들을 친밀하게 조직하여 공동 생활을 하게 하였다. 초기 단계에 웨슬리는 조직의 중요성을 깨달았다. 그는 조지아에서도 관심 있는 사람들에게 "작은 공동체를 만들고, 일 주일에 두세 번 모임을 가지며, 서로를 책망하고 가르치고 훈계하라"고 권면하였다. 이 방식은 확장되는 그의 영국 사역에 즉시 적용되었다. 1742년 브리스톨에서 신도회(Society)의 지체들은 대략 12인씩 속회(class)로 분리하고 또 지도자를 뽑아 영적 상태를 감독하고 1주일에 1페니씩 "속회비"를 수납하게 하기로 결정하였다. 이런 형태의 조직은 감리교가 전파되는 어느 곳이나 채택되었다.

다음 해 웨슬리는 그의 제자들을 위해 규율집을 펴냈다. 이 규율집은 각 사람에게 어디에서나 악을 거부하고 선을 행할 의무와 예배 의식에 참여할 의무를 부과하였다. 웨슬리는 "모든 사람이 자기가 규율을 따라 살기 원하는지 아닌지 진지하게 고려해 보기를 원하였다." 이것이 바로 감리교 운동의 전형적 특징이 된 권징과 치리의 기초가 되었다. 일년 후, 연회(conference)가 시작되었다. 이 연회는 본래 점증하는 문제와 책임의 문제들에 대한 자문 기구였으나, 곧 강력한 통치 체계가 되었다. 1746년 한 단계 더 나아가 인접한 신도회들을 하나로 묶어 "순회 구역"(circuits or rounds)을 만들었다. 마침내 1사분기 모임이 추가되었고, 지구(Districts)가 세워진 후, 조직 체계가 완성되었다.

그리하여 철저한 조직과 중앙 집중적 통치 구조가 초기부터 감리교의 특성이 되었다. 웨슬리가 개인적으로 행사한 권한은 막대하였으나, 감리교 조직에서 주목할 만한 특징은 아마 평신도 지도력일 것이다. 속장(class leaders), 집사(stewards), 재산 관리인(trustee), 지역 설교자(local preachers)는 행정에 참여하였고 크게 성장하였다. 감리교 운동은 직분을 맡을 자에게 보통 사람이 할 수 있는 능력 이상의 책임을 부과하지 않았고, 이로 인해 견고한 대중적 지지를 얻게 되었다. 모든 활동 단계의 정규 모임은 감리교 단체(connexion)를 일치시켰고, 감독의 임무를 단순하게 만들었다. 모든 회원들은 공동체 생활을 하도록 요구되었고, 공동체 생활을 계속하려면 정기적으로 재정적 후원을 감당하여야 했다.

감리교는 대담한 실험에 착수하였다. 웨슬리는 필요와 확신에 의해 보통 사람들에게 잠재되어 있는 은사와 능력을 점점 더 활용하였다. 그러나 이것은 웨슬리가 사람들을 훈련시켜야 하고 또 그들이 종종 그리스도인의 삶의 단순한 의무를 배워야 한다는 것을 의미했다. 그래서 웨슬리는 개인적으로 뿐만 아니라 공동체적으로 엄격한 훈련을 실행하였다. 회원은 사적인 생활에서 엄격한 기준을 따라야 했다. 그는 규칙적인 성경 읽기, 공 기도와 개인 기도, 신도회 활동, 전도와 양육 등 다양한 종교 활동을 하겠다고 서약했다. 그는 음식과 술, 옷과 장식, 방종, 돈 문제, 사고 파는 일, 안식일 준수, 교회 출석 등에 관한 지침을 받았다. 개인의 양심은 속회 모임의 관심에 의해 강화되었다. 회원은 그의 승리와 실패를 보고해야 했고, 그의 삶의 방식은 감독을 받아야 했다. 회원은 책임이 많아질수록 더 엄격한 훈련을 받아야 했다. 실패에 대한 형벌은 제명이었고, 이것은 빈 말이 아니었다. 1743년 뉴캐슬에서 웨슬리는 규율집을 읽고, 저주, 욕설, 안식일 위반, 술취함, 다툼, 언쟁, 부인 폭행, 거짓말, 악담, 게으름, 나태, 경박함, 부주의함 등의 죄를 지은 64명을 제명시켰다. 엄격한 훈련은 웨슬리가 개혁하고자 노력한 인간의 육체적 요소에 상응하는 것이었다. 웨슬리 자신이 훈련 방법의 필요성과 훈련의 유익에 대해 결코 의심이 없었다. 훈련을 실시하는 곳마다 회원이 늘어났고 영적 활기가 증대되었다.

감리교 운동의 회원들을 살펴보면 웨슬리의 사역의 성격을 알 수 있다. 그는 의도적으로 가난한 자와 소외된 자들을 향해 나아갔다. 당시 사람들과 달리, 그는 가난한 자들을 이해하고 그들을 사랑했다. 그는 부자들의 이기적인 과시욕을 강하게 비난하였으나, "나는 가난한 자들을 사랑한다"고 말하였다. "가난한 많은 사람들 안에서 나는 위장과 어리석음과 가식에 섞이지 않은 순수한 은총을 발견한다." 그의 많은 사역은 그들의 필요에 의해서 영감 받은 것이었다. 1783년 그는 "나는 이번 주 여가가 있을 때마다 가난한 자들을 방문하고 그들을 위해 간구하였다"라고 기록하였다. 그는 많은 돈을 모금하여 생필품들을 샀고, 종종 이것을 직접 나눠주기도 하였다. 나이가 여든을 넘어서도, 그는 이 일에 4일을 투자하였다. 그는 "발목까지 쌓인 눈이 녹아내리는 거리를 아침부터 저녁까지 걸어 다니느라 발이 눈녹은 물에 다 잠겼다." 그는 "가난하고 병든 자를 위하여" 약국을 열기도 하였다. 그는 가난한 자들이 일시적 고통을 극복하거나 전망 있는 사업을 시작하도록 신용 조합 사업을 시작하였다. 그는 과부들을 위한 집과 가난한 아이들을 위한 학교를 설립하였다. 웨슬리는 빈곤이 단순히 "가슴 아픈 악"일 뿐만 아니라 정부가 관심을 가져야 하는 사회적인 문제라는 것을 인식하였고, 「오늘날의 식량 부족에 관한 소고」(1773)에서 정부가 채택할 수 있는 실제적 조치들을 제안하기도 하였다.

어떤 이들에게는 돈이 부족한 것이 문제이지만 어떤 이들에게는 돈을 소유한 것이 문제였고, 웨슬리는 부와 부의 올바른 사용이라는 주제에 대해 깊이 생각하였다. 감리교는 사람들을 회심시켜 건전하고 부지런한 삶을 살도록 하였기 때문에, 감리교인들은 경제적으로 번창하였다. 웨슬리는 부의 획득을 부당하게 간주하지 않았고, 특별히 부의 획득이 정직한 사업의 결과일 때 긍정적으로 받아들였다. 그는 분명히 부의 취득을 위험한 것으로 보았고, 감리교인들의 경제적 성공을 염려하는 마음으로 바라보았다. 그는 이렇게 기록하였다. "나는 맥클레스필드에 가서, 그곳 사람들이 빠르게 부자가 되었으면서도 여전히 하나님을 향해 사는 것을 보았다. 만일 그들이 계속 그렇게 산다면, 그것은 내가 50여년만에 처음으로 알게된 사례가 될 것이다. 나는 그들에게 아주 강한 어조로 내가 그렇게 알 수 있게 해 달라고 경고했다." 웨슬리 자신의 실천은 매우 엄격한 것이었다. "나는 86년 이상 수입과 지출을 정확하게 기록하였다. 이제 나는 더 이상 장부에 기장하지 않을 것이다. 나는 내가 저축할 수 있는 모든 것을 저축했고, 내가 줄 수 있는 모든 것 즉 내가 소유한 모든 것을 준 것에 만족한다."

정치적으로 웨슬리는 토리당이었고, 하노버 왕가의 충실한 신민으로서 1688년의 명예 혁명이 확립한 정부 체제에 확고한 신뢰를 표명하였다. 18세기 말 프랑스를 뒤흔들었던 격변으로부터 영국을 구하는 일에서 그가 어떤 역할을 담당하였는지에 대해 여러 사람이 글을 썼다. 그러나 영국 해협 양쪽의 두 나라 사이에는 자세하게 대응되는 유사점이 없다. 영국은 헌법에 입각한 혁명을 수행했고, 나라의 경제 생활은 이미 변모되어 있었다. 그러나 영국의 가난한 자들을 향해 나아간 웨슬리의 역할이 이러한 사실에 의해 평가 절하되지 않는다. 하몬즈는 "맨체스터와 리드에는 자존감을 발견하고 그들의 종교의 의무와 꿈에 만족하는 수천 명의 남녀 사람들이 있었다"고 기록하였다. 웨슬리가 회원들에게 가르쳤던 애국심은 그들에게 혼란의 시대에 아주 중요한 견고한 안정을 주었다. 이러한 안정은 감리교 회원들로 하여금 다음 세기에 영국의 공공 생활을 변혁시킨 개혁의 점진적 과정을 지지하게 하였다. 웨슬리는 좋은 시민의 의무에 대해 설교할 때, 그가 공적 생활에서 발견한 악습들을 단호하게 공격하였다. 그는 그가 취할 수 있는 모든 수단을 동원하여 정치에서 자행되는 뇌물과 부패에 대적하였다. 그는 끊임없이 강제 징집에 반대하는 운동을 전개했고, 감리교인은 밀수나 난파선 약탈에 가담해서는 안된다고 주장했다. 그가 노예 제도를 단호하게 반대한 것도 간과해서는 안된다.

웨슬리는 다음 몇 가지 분야에서는 좋은 영향을 미치지 못했다. 그의 관용에 대한 견해는 교황주의에 대한 혐오와 교황의 영향력에 대한 두려움에 의해 제한되었다. 여기서 그는 제임스 2세가 다시 촉발시킨 두려움에 얽매인 동시대 사람들의 태도를 그대로 드러냈고, 동시대의 유명 인사 채텀백작과 같은 견해를 가지고 있었다. 교육 분야에서 그는 상상력의 부족으로 젊은이들을 잘 이해하지 못했다. 그의 킹스우즈 학창 시절, 학생들은 오전 4시에 일어났고, 그는 꼭 짜여진 교과 과정 때문에 전혀 놀 시간이 없었다. 여기서도 웨슬리는 그의 시대의 한계를 벗어나지 못했다. 그러나 현대의 이론으로 하노버 시대의 관습을 판단하는 것은 공정하지 못한 일이다. 당시에는 교육의 이념을 추진하는 사람도 없었고 또 그의 실천은 그의 원리보다 나았다는 것을 기억하는 것이 좋을 것이다.

한 가지만 예로 든다면, 그는 어린 아이를 사랑하였고 어린 아이를 끄는 힘을 갖고 있었다. 감리교는 가난한 사람들 사이에서 시작되었으며, 그들이 한 푼 두 푼 기부한 기금을 바탕으로 발전하였다. 그래서 그는 예술, 음악, 문학에 대해 무관심했다. 이 분야에서 감리교는 거의 열매가 없었으나, 한 가지 주목할 만한 예외가 있다. 감리교 찬송은 감리교 최고의 영광이었다. 찬송가는 감리교가 호소력을 갖게 하였고, 감리교의 가장 의미 있는 업적 중의 하나가 되었다. 찰스 웨슬리는 감리교뿐만 아니라 전 기독교 세계에 영원한 유산을 남겼다.

감리교는 영국 성공회 안에서 발생하였고, 웨슬리는 감리교가 성공회로부터 분리되어서는 안된다고 생각했다. 그의 사역 초기에, 한 진지한 성공회 성직자가 어떤 점에서 감리교가 성공회와 다른지 질문했을 때, 웨슬리는 "아무 차이도 없습니다" 하였다. 그리고 "우리가 설교하는 교리는 영국 성공회의 교리들입니다. 영국 성공회의 기도서와 신앙고백 조항과 설교집 안에 있는 근본적인 교리들입니다" 하였다. 그는 "나는 영국 성공회의 일원으로서 살고 죽는다" 하였다. "나의 판단과 조언을 존중하는 사람은 결코 영국 성공회로부터 분리되지 않을 것이다." 이러한 말들은 고립된 진술이 아니었고, 그들은 셀 수 없이 증가될 수 있고, 연회의 결정은 이 진술들을 강화시켰다. 최후의 결별에 대하여 깊은 비애가 있었으나 어쩔 수 없는 필연성도 있었다.

하노버 시대 교회는 감리교 운동 같은 현상을 잘 처리할 준비가 되어 있지 않았다. 주교들의 반응은 다양했다. 깁슨 주교는 문제의 어려움을 알고 신중하였으나 정죄하지 않으려고 애썼다. 포터 대주교는 호의적이었다. 로우스 주교는 "나의 웨슬리여, 내가 저 세상에서 당신의 발 옆에 있기를 바랍니다" 하였다. 많은 주교들은 기탄없이 반대를 표명했다. 워버턴은 감리교의 은총 교리를 강하게 공격하였고, 웨슬리를 새로운 위험한 종교의 바람을 일으키는 자라고 비난하였다. 버틀러 주교도 적대적이었다. "웨슬리 목사님, 특별한 성령의 계시와 은사를 받은양 주장하는 것은 참으로 불쾌한 일이오, 아주 진저리나는 일이오" 하는 그의 유명한 비난은 위대한 하노버 성직자가 영적으로 새로운 운동과 얼마나 멀리 떨어져 있었는지 잘 보여준다. 교회에서 합의된 정책이 없었기 때문에 주교들 사이에 일치된 의견은 없었다. 주교 회의는 중단되었고, 결과적으로 어떤 문서도 작성될 수 없었다. 어쨌든 관심은 다른 일에 집중되었다.

많은 고위직 성직자들은 얽히고 설킨 자리 다툼에 빠져 있었고, 그들은 감리교가 영국 성공회에 대한 도전이라는 것을 깨닫지 못했다. 새로운 신도회들이 확장되면서, 그들은 회중의 특성들을 발전시켰다. 무관심과 불신앙에서 구원받은 많은 회원들은 국가 교회에 대해 애착이 없었고, 아무것도 기대하지 않았다. 감리교적 생활 양식은 점점 더 교회에 의존하지 않게 하였다. 웨슬리가 했던 모든 말에도 불구하고, 그의 많은 제자들은 감리교 운동이 그래야 한다고 생각했다. 감리교와 영국 성공회의 분리는 웨슬리가 실제 영국 성공회가 돌보지 못하는 점증하는 산업 인구들에 대한 자신의 사도직을 받아들인 결과였다. 그러나 영국 성공회는 교구의 경계를 무시하겠다는 웨슬리의 주장을 간과할 수 없었다. 웨슬리의 안수권은 더 이상 허용될 수 없었다. 웨슬리는 교회가 식민지에서 적절하게 목회적 돌봄을 제공하지 못한다는 것 때문에 점점 더 마음이 동요되었다. 그는 연구와 숙고 끝에, 장로들이 합법적으로 안수할 수 있다고 확신했다. 결과적으로 웨슬리는, 자신의 교회가 시인할 수 없는 길을 가기 시작했다. 성공회와 감리교의 분리는 불가피하였을 것이다. 그러나 이것은 아주 유감스러운 일이 아닐 수 없었다.

감리교 부흥 운동의 많은 특징은 시대의 필요와 이 필요를 채울 수 있게 양육된 인물의 은사로 설명될 수 있다. 사회적 문제와 종교적인 문제에서 영국은 웨슬리의 메시지에 귀 기울일 준비가 되어 있었다. 그는 모든 사람이 하나님의 용서를 받을 수 있고 구하는 자마다 새로운 삶의 능력을 얻을 수 있다는 확신을 가지고 나타났다. 그의 방법의 유연성과 야외 설교의 새로움은 그가 전하는 복음을 널리 확신시켰고, 반면에 그의 탁월한 조직의 은사는 그가 성취한 결과를 잘 보존했다. 그러나 웨슬리 자신에게 이러한 설명은 적절하지 못할 것이다. 여든 살 때, 그는 그의 사역의 비밀을 "하나님의 능력, 즉 나를 부르신 일에 적합하게 훈련시킨 능력"이라고 말하였다. 그는 그의 모든 생애와 삶의 모든 작은 일이 하나님의 즉각적인 인도 아래 있다고 확신했다. 그리고 사람들의 반응에서 그는 이 동일한 능력을 확인하였다.

웨슬리는 이렇게 기록하였다. "주정뱅이가 술을 끊고 절제의 생활을 하기 시작했고, 매춘꾼들이 간통과 간음을 포기하고, 불의한 자들이 억압과 부당한 일을 그만두었다. 오랫동안 저주와 욕설을 일삼던 자가 이제 더 이상 악담을 하지 않았다. 게으름뱅이는 자신의 먹을 것을 벌기 위해 스스로 일하기 시작했다. 구두쇠가 배고픈 자에게 빵을 나눠주고 헐벗은 자에게 옷을 입혀 주는 것을 배웠다. 실제로 그들의 모든 삶이 변했다. 그들은 악을 떠나고 선을 행하는 것을 배웠다."

웨슬리는 "감리교인은 하나님 안에서 행복하고, 항상 행복하다" 하였다. 감리교 운동의 노래 안에 있는 속성이 맨처음 회원들의 삶 속에서 표현되었다. 감리교의 역동적 속성을 가장 잘 설명한 이야기는 1751년 웨슬리가 요크 주의 신도회의 모습을 묘사한 것이다. "그들 모두가 영혼이 생기있고 강건하며 활기에 차서, 구세주 하나님을 찬미하고 사랑하며 찬양하였다. 처음부터 그들은 율법과 복음을 모두 배웠다. '하나님은 당신을 사랑하신다. 그러므로 하나님을 사랑하고 순종하라. 그리스도께서 당신을 위하여 죽으셨다. 그러므로 죄에 대해 죽어라. 그리스도는 부활하셨다. 그러므로 하나님의 형상으로 부활하라. 그리스도께서 영원히 살아계신다. 그러므로 당신이 영광 중에서 하나님과 함께 살 때까지 하나님을 향하여 살아라.' 우리는 이렇게 설교했다. 그리고 당신들은 그렇게 믿었다. 바로 이것이 성서적 길이요 감리교의 길이요 참된 길이다. 하나님은 우리가 이 길에서 좌로나 우로나 벗어나지 않게 하신다."

복음주의 부흥 운동은 감리교 운동과 동일시될 수 없고, 하물며 웨슬리 신도회의 삶과는 더욱더 동일시될 수 없다. 화이트필드는 교리적으로 웨슬리와 결별한 후, 비록 일시적 결과밖에 얻지 못하였지만, 비슷한 방향의 사역을 계속 수행하였다. 화이트필드가 비교적 일찍 죽은 후, 칼빈주의적 감리교 운동은 헌팅던의 백작 부인에 의해 탁월하게 추진되었다. 그녀는 상류층에 감리교를 추천하였고, 더욱이 귀족 부인으로서 감리교 운동을 위해 일하고자 하는 성직자를 그녀의 채플린으로 임명할 수 있는 권한을 주장하였다. 이 성직자들은 물론 대다수가 영국 성공회의 사제들이었는데, 이는 감리교 운동이 아직 교파가 아니라 운동이었기 때문에 가능했다. 그러나 백작 부인은 또한 비국교도들과도 밀접한 관계를 맺고 있었다. 그녀의 트레베카 신학대학은 영국 성공회와 비국교도 교회 모두를 위해 성직자를 훈련시켰다. 그녀의 궁정 목사들은 그들의 수에 비해 광범위한 영향력을 행사했고, 그녀의 활동은 도전을 받았다. 1779년 런던의 교회 법정(consistory court)은 그녀의 궁정 목사 임명권과 공적인 목회 사역에 그녀가 원하는 만큼의 성공회 사제들을 쓸 수 있는 권한을 허락하지 않았다. 그러자 백작 부인은 그녀의 채플을 비국교도의 예배당으로 등록하였고, "헌팅던 백작 부인의 교파"(Connexion)는 비국교도 단체가 되었다. 여러 면에서 성공회와 감리교 운동 사이의 유대가 단절되었다.

감리교는 국가 교회 안에서 시작되었다. 화이트필드와 웨슬리는 성공회의 사제였고, 그들의 목적은 영국 성공회를 다시 활력 있게 하는 것이었다. 그들의 모범에 의해 영향을 받은 많은 성직자들은 자신을 이 운동과 동일시하지 않았다. 트루로의 새뮤엘 워커는 서부 콘월에서 유명한 부흥 운동을 일으켰고, 회심자들을 모아 웨슬리의 신도회와 유사한 모임을 만들었다. 하워스의 그림쇼와 에버튼의 베리지는 교구 사제일 뿐만 아니라 순회 복음 전도자였다. 그들은 감리교인들처럼 생명력 있는 영적 종교의 필요성을 강조하였다. 그들은 성령의 직접적 활동이 사람들을 회심시켜 거룩한 삶으로 인도한다고 믿었다. 그들은 신학적으로 웨슬리보다 화이트필드에 더 가까웠다.

톱레이디(Toplady)(「만세 반석」찬송과 많은 강력한 논쟁 작품의 저자)는 강력한 칼빈주의자였다. 복음주의자들은 인간의 전적 타락을 수용하였다. 인간은 자신의 의지로 하나님을 향할 수 없고, 하나님의 은총의 회복은 오직 그리스도에 의해서만 가능하다고 하였다. 복음주의자들은 그 시대의 빈약한 신학과 하노버 시대 교회의 수치를 모르는 세속성에 반대하였다. 그들은 그냥 무조건적으로 위대한 복음주의 교리들을 선포하였다.

이 복음주의자들은 그 시대의 두드러진 특징들에 대해 의식적으로 반대하였다. 시대의 경박한 풍조에 대한 항의는 그들의 칼빈주의적 입장과 유사한 청교도적 경향을 더 강화시켰다. 그들은 카드, 극장, 춤, 방탕한 온갖 오락들을 정죄하였다. 그들은 그들의 사고 속에 삶에 대한 진지한 태도와 죽음에 대한 엄숙한 두려움을 지속적으로 간직하였고, 시간과 영원의 요구가 오직 하나님의 도움을 온전히 믿는 사람들에 의해서만 성공적으로 충족될 수 있다고 주장했다.

그들은 이러한 장점을 몇 가지 바람직하지 못한 요소들과 결합시켰다. 그들은 죽음에 대해 거의 병적으로 집착하였다. 합리주의에 대한 반발로 그들은 감정의 활동을 무제한으로 허용하였다. 당시의 주류 신학이 광교회적 경향과 심지어 소지니주의적(socinian) 경향을 발전시켰기 때문에, 그들은 이성적 탐구를 비판하였고, 무비판적인 성서적 문자주의에 의존했다. 그 결과 복음주의 운동은 신학적 영향력이 상대적으로 빈약한 것으로 입증되었다. 고정된 본문이 이성적 추론과 논증을 대체했고, 특징적 성구가 경건의 기준이 되었다.

18세기 말 복음주의는 급속하게 발전하였다. 존 뉴턴, 윌리엄 로메인, 토머스 스코트가 런던에서 활약하였고, 리처드 세실과 바실 우드도 활동하였다. 베일비 포튜스 주교는 이들을 격려하였고, 점점 더 많은 런던의 성직자들이 이 운동에 참여하였다. 복음주의 운동은 옥스퍼드에서는 미미했지만 케임브리지에서는 활발하였다. 퀸즈 대학의 총장인 아이작 밀너는 대학과 사회에서 탁월한 인물이었다. 킹스 대학의 연구원인 찰스 시몬은 성삼위일체 교회에서 비중 있는 사역을 감당하였다. 케임브리지에서 그리고 점차 영국 성공회 안의 신앙적 진지함이 복음주의 진영 안에서 자리를 잡게 되었다. 많은 복음주의자들이 권력을 행사하는 자리에 있지 않았으나, 18세기가 끝나갈 무렵 복음주의 운동은 교회에서 가장 활발하고 적극적인 그룹이 되었다.

복음주의자들은 감리교와 달리 교회 안에서 활동하였으나, 그들은 교회의 가르침의 한 측면만 강조하였을 뿐 교회가 항상 의존해온 방법에는 가치를 두지 않았다. 그들은 개인 구원을 너무 강조한 나머지, 교회의 공동체적 삶을 소홀히 하였다. 그러나 그들은 사람들이 회심하여 새로운 삶을 살 수 있고 참된 경건을 유지할 수 있다는 것을 보여주었다. 그들의 영향력은 교조주의적인 것도 타계적인 것도 아니었다. 그들은 선행에 헌신적이었고, 개인을 변화시키는 복음이 사회에도 영향을 줄 수 있다는 것을 보여주었다.

이러한 약자와 가난한 자에 대한 그리스도인의 책임감은 18세기 말에 번성했던 몇몇 운동들에게 영감을 주었다. 노예 무역에 대한 십자군 전쟁은 아마도 각성된 그리스도인의 양심이 단단하게 굳어진 사회악에 대항하여 얻은 가장 위대한 승리일 것이다. 퀘이커는 인간 무역을 오랫동안 조금씩 폭로하는 일을 담당했고, 진지하고 영향력 있는 복음주의자 단체인 "클라팜파"(Clapham Sect)는 이 일에 결정적으로 기여하였다. 노예 무역은 확고하게 제도화되었고 강력한 지지를 받고 있었다. 대량 생산과 해운과 식민지 무역의 확대라는 국가의 번영은 노예 무역에 적극적으로 참여할 것을 필요로 한다는 것이 영국 정책의 기본 원칙이었다. 노예 무역은 17세기의 3개의 특허법에 의해 공인되었다. 1698년의 의회령은 노예 무역을 합법화하였다. 1713년, 1725년, 1748년의 조약은 영국의 지분을 확대하였다. 아프리카 무역 회사는 "지금까지 우리 상인들이 세운 회사 중 이 나라에서 가장 이윤이 높은 회사"로 묘사되었다. 노예 무역은 상당히 성공적으로 추진되었다. 1786년 이전까지 영국만 최소한 200만 명의 흑인들을 신대륙으로 이주시켰다. 프랑스, 포루투갈, 네덜란드, 덴마크, 뉴잉글랜드 등 다른 모든 해양 국가들도 노예 무역에 참여하였다. 그러나 결국 인간의 고통에 과도하게 민감하지 않은 시대도 (아프리카 서해안과 서인도 제도 사이의 대서양) "중간 항로"(middle passage)의 공포와 플랜테이션 구조의 가혹한 형편에 의해 충격을 받았다. 인도주의적 감정의 물결이 저항하기 시작하였다. 당대의 가장 뛰어난 몇몇 사람들이 노예 무역의 상업적 이익에 도전하였다.

1787년 노예무역 철폐위원회가 설립되었고, 그렌빌 샤프, 클락슨, 자카리 매콜레이, 윌리엄 윌버포스가 회원으로 활동하였다. 왕의 자문 기관인 추밀원은 노예 무역에 관한 방대한 자료를 수집하였고, 1788년 윌버포스가 병으로 참석하지 못한 상태에서 윌리엄 피트는 하원에 이 안건을 상정하였다. 그러나 영국이 전쟁을 치르는 중이었고 또 영국만이 노예 무역을 철폐한다면 경쟁국들이 이익을 얻는다는 점을 염려하여 노예 제도 폐지가 지체되었다. 승리는 잠시 지연된 것이었고, 윌버포스와 그의 동료들은 결국 승리를 거두었다. 이것은 주목할 만한 기독교 양심의 승리였다. 장기간에 걸친 투쟁을 붙들어준 기원과 정신은 윌버포스의 유명한 작품 「현행 종교 체계의 실천적인 관점」(*A Practical View of the Prevailing Religious System*) 안에 잘 나나타 있다. 이 대중적인 책은 복음주의 진영의 가장 영향력 있는 선언이었다.

한나 모어(Hannah More)의 작품은 복음주의 열정의 또 다른 측면을 잘 설명해 준다. 유능한 이 여인은 회심 전에 훌륭한 문학가였고 사회적으로 유명한 인물이었다. 그녀의 "진지한 기독교"에 대한 관심은 「일반 사회에 대한 위인들의 생활 습관의 중요성에 대한 소고」(*Thoughts on the Importance of the Manners of the Great to General Society*, 1788) 을 저술하게 하였는데, 이 책은 사회의 관습에 놀라운 효과를 준 용기있는 저작이었다. 윌버포스는 그녀로 하여금 멘딥 힐스 지역의 마을에서 벌어지는 일에 관심을 갖도록 하였다. 노동자들은 무지하고 가난에 찌들려 있었다. 부유한 지주들은 거만하고 횡포가 심했다. 성직자들은 무관심하고 나태했다. 주변 13개 마을 중에 성직자가 상주해 있는 곳은 하나도 없었다. 만연한 무지와 악과 싸우기 위해, 한나 모어와 그의 자매들은 처음에는 아이들을 위한 학교를 세우고 다음에는 어른들을 위한 학교를 세웠다. 그들은 도처에서 미신과 두려움으로 길들여진 반대파를 만났다. 이 여인들의 계몽적이고 사심없는 열정뿐만 아니라 용기는 복음주의 정신을 가장 매력적인 형태로 드러나게 했다.

복음주의 운동은 다른 많은 지역에서도 활발하였다. 그들은 교회선교협회, 종교소책자협회, 영국성서공회와 해외성서공회를 설립하는 것을 도왔다. 그들의 영성은 때때로 협소하였고 그들의 동정심은 제한되었으나, 그들의 영향력은 여러 분야에서 하나 둘씩 그리스도인의 양심에 자극을 주고 방향을 제시해 주었다.

제11 장

영국: 이성의 종교의 발흥과 몰락

18세기 초반 영국의 사상의 위상은 대단히 높았다. 이것은 주로 물리적 우주의 비밀을 밝힌 아이작 뉴턴과 인간의 내적 본성을 파헤친 존 로크, 두 사람의 엄청난 권위에 기인한 것이었다. 영국 사상은 대륙의 국가에 이식되었을 때, 종종 그들의 의미 면에서 혁명적 효과를 일으켰다.

영국 자체 안에서 사상의 대립은 심했으나 혼란스럽지는 않았다. 비록 논쟁자들이 아주 본질적인 것에서 차이가 있더라도, 그들은 몇 가지 근본적인 가정들을 공유하고 있었다. 새로운 과학은 우주를 하나의 질서 있는 체계로 간주하게 하였고, 이 우주는 인간이 참여할 수 있는 목적에 의해 인도되고 인간의 지성이 이해할 수 있는 법칙들에 의해 지배된다고 보게 하였다. 새로운 철학은 인간의 본성을 더 깊이 이해하고 또 인간의 정신 (mind)의 작용을 새롭게 이해하는 길을 열어놓았다.

18세기가 시작되면서, 기독교의 진리들이 신중하고 공평한 판단력을 가진 사람들에게 매력적인 것이 될 수 있고 그렇게 되어야 한다는 공감대가 형성되었다. 바로 얼마 전까지만 해도, 폭력적이고 쓸데없는 논쟁이 기독교의 진리를 손상시켰다. 그리하여 신앙은 가장 합리적인 방식으로 제시될 때 가장 매력적일 것 같았다. 파벌 싸움 같은 신학 논쟁에 대한 반동은 두 가지 흐름으로 나타났다. 적극적으로는 광교회적 태도가 널리 확산되었고, 소극적으로는 이신론이 도전해 왔다.

광교회주의는 무미 건조하고 내용이 빈약한 신앙의 형태이어서, 쉽사리 버릴 수 있는 것 같았다. 앞 장에서 우리는 광교회주의의 발흥에 대해 언급하였다. 그것은 18세기 내내 약간 수정된 형태로 지속되었고, 종교개혁 이후 가장 의미 있는 종교 사상 운동의 하나를 대표하였다. 그것의 목표는 그것의 성취보다 더 중요했다. 그것은 지속적으로 관심을 불러일으킬 주제들을 다루었으며, 그 중의 많은 것들이 다음 세기에 새로운 형태의 모습으로 재등장하였다. 광교회주의자들은 교회를 새로운 지성 세계가 요구하는 변화에 화해시키는 과제를 떠맡았다. 그들은 본질적 신앙 내용이 전통적 신앙 조항에 관심을 기울이지 않는 단순하고 비전문적인 용어로 표현될 수 있다고 믿었다.

아마 이러한 견해를 주창한 대표자는 새뮤엘 클라크 박사일 것인데, 그의 「하나님의 존재와 속성들」에 대한 보일(Boyle) 강좌는 당시 사람들에게 경이적으로 명석하고 합리적인 설명이라는 인상을 주었다. 우주의 조화와 질서는 지혜로운 만큼 자비로우신 창조주를 가리킨다. 하나님의 부성적 통치는 그의 자녀들에게 하나님 자신과 같은 자비를 요구하고, 하나님의 아버지되심과 아버지와 비슷한 선한 의지를 보이는 우리의 의무 같은 이러한 기본적 진리들은 광교회주의들의 본질적 요소였다. 이러한 단순한 신앙의 유형으로부터 중요한 추론들이 뒤따른다. 질서 있고 아름다운 우주에서 인간은 어둡고 불길한 모든 두려움에서 해방되었다. 하늘의 은하수가 인간의 기쁨을 위해 지어졌다면, 인간의 본래적 고귀함은 얼마나 위대한가! 인간의 본성의 신비를 명상하는 것은 얼마나 적절한 일인가! 인간은 기쁨으로 바라보는 대상의 중심이 되었고, 인간 자신에게 이렇게 몰두하는 것은 당연하다고 느꼈다. 포프(Pope)는 천재적인 솜씨를 발휘하여 당대의 일반적인 확신을 인상적으로 구성하여 다음과 같이 완벽하게 표현하였다.

> 그러므로 네 자신을 알라.
> 감히 하나님을 탐구하려고 하지 말라.
> 인류의 진정한 연구 대상은 인간이다.

광교회주의자들은 종교의 사변적인 요소를 최소화한 후에 자유롭게 종교의 실천적 의미들을 강조하였다. 그들은 우리의 도덕적 의무를 강조할 때, 선행의 결과들을 생각나게 함으로써 인간의 흔들리는 목표를 확고하게 잡아 주었다. 건전하고 경건하게 사는 것이 지혜로운 것은 덕이 보상을 가져오기 때문이다. 이것은 이 세상에서 해당되는 사실이고, 즉각적인 이득은 영원한 복락에 대한 확고한 전망에 의해 강화된다. 틸로트슨은 죽었으나, 그의 설교는 새 시대의 윤리 교과서가 되었고, 이 점에서 그는 완벽할 정도로 명쾌하였다. "두 가지 사실, 즉 현세의 상당한 보상과 내세의 보다 더 큰 보상에 대한 소망과 확증이 우리의 의무를 아주 쉽게 한다."

그러나 광교회주의자들의 말을 인용하는 것은 위험하다. 그들 자신의 말은 너무 쉽게 그들의 입장을 풍자하고 있는 듯이 보인다. 이러한 약점에도 불구하고 그들은 많은 장점을 갖고 있다. 그들은 건강한 상식을 갖고 있었고, 상상력이 풍부하지는 않아도 학문에 열심이었고, 그들의 신앙이 시대에 부합한다는 강한 확신이 있었다. 논쟁은 그들의 잠재력을 드러냈고, 그들은 18세기 전반의 중요한 논쟁에서 중요한 역할을 담당하였다. 모든 사람은 믿음은 인간의 지성의 판단에 따라 서기도 하고 넘어지기도 한다고 인정했다. 이런 면에서, 기독교의 옹호자들은 그 적대자들에게 접근하였다. 그들은 정통 교리를 기꺼이 이성의 법정에 세우려 하였고, 그 시험에서 승리할 것이라고 만족스럽게 생각했다. 하나님 자신이 이성에 만족스러운 신임장을 제공하실 것으로 기대되었다. 기독교는 이성의 종교이다. 기독교의 하나님은 자연의 하나님이다.

로크의 저서 「기독교의 합리성」(*The Reasonableness of Christianity*)의 제목은 그 시대의 기본적 믿음을 축약적으로 나타내었다. 이런 의미에서, 합리주의는 모든 논쟁자들의 공통된 입장이었다. 합리주의는 종교에 관한 교리가 아니라 종교의 문제에 접근하는 태도였다.

이신론자들은 이성에 호소하였고, 이성의 법칙들이 자연 속에서 탁월하게 드러나 있는 것을 발견하였다. 바로 자연 안에 하나님에 대한 진리가 참되고 충분하게 표출되어 있다. 또한 자연 안에 인간의 삶을 위한 하나님의 법이 완벽하게 나타나 있다. 매슈 틴달(Matthew Tindal)은 옥스퍼드의 "만민 대학"(All Souls College)의 유능하고 박식한 연구원으로서, 논쟁에서 영감을 받아 아주 중요한 작품 중의 하나를 저술하였고, 그의 책 제목 그대로 「기독교가 창조만큼이나 오래되었다」(*Christianity as Old as the Creation*, 1730)는 것을 증명하고 만족스러워 하였다. 하나님의 사역은 완전하고, 완벽하게 하나님을 계시한다. 만일 그것이 보충될 필요가 있으면 불완전한 것일 것이다. 그것은 완전하기 때문에, 여기에 뭔가를 덧붙인다면 하나님의 본래의 의도와 최초의 솜씨를 손상시킬 것이다. 물론 틴달은 인간은 처음부터 완전한 종교를 이해할 수 있도록 완벽한 기능을 소유하였다고 조심스럽게 가정하였다.

이것은 이신론자들의 근본적 약점들 중의 하나를 보여준다. 그들은 역사에 대한 감각이 없기 때문에, 인간의 발달의 문제와 이에 따르는 중대한 악의 문제들을 지나치게 단순화시켰다. 최초의 계시가 완벽하기 때문에 더 이상의 계시는 필요없다는 것이다. 모든 사람들이 자연 종교의 실재를 인정하였다. 그러므로 가장 중요한 문제는 자연 종교가 충분한지 아닌지 하는 것이다. 이신론자들은 충분하다고 하였고, 기독교인들은 불충분하다고 하였다. 이신론자들은 계시는 기껏해야 여분으로 주어지는 것이고, 최악의 경우에는 미신적이라고 주장했다.

톨런드(Toland)는 기독교에는 신비한 것이 없다고 주장하여 전면적인 논쟁을 일으켰다. 기독교는 초이성적인 것도 반이성적인 것도 담고있지 않다. 기독교 변증가들은 반이성적인 것이 없다는 것에는 동의하겠지만 초이성적인 것이 없다는 것에는 수긍하지 않을 것이다. 기독교 변증가들은 하나님의 계시가 없이는 우리는 결코 알 수 없는 것이 많다고 주장하였다. 결국 이 진리들은 이성과 완벽하게 조화될 것이지만 우리의 한계는 우리가 사실을 보지 못하게 할 것이다.

계시와 같은 것이 있다고 한다면, 우리는 계시를 어떻게 인식할 수 있을까? 기독교인들은 계시된 것이 하나님으로부터 기원한 것임을 증명하는 명백한 표지들로서, "증거"(evidences)가 있다고 하였다. 이신론자들은 계시의 존재뿐만 아니라 가능성도 의문시하기 때문에, 계시를 지지하는 증명들의 충분성을 부정하였다. 이 증거들에는 예언과 기적이라는 두 가지 종류가 있다. 신약의 사건들은 구약의 예언들을 진정으로 성취하였는가? 복음의 선포가 그것이 하나님의 본성과 목적을 진정으로 드러내는 것임을 증명하는 기적적인 사건들에 의하여 강화되었는가? 이신론자들의 논쟁은 두 단계로 이루어진다. 첫번째 단계는 자연과 이성에 대한 논쟁이고, 기독교가 자연이나 이성에 이미 내재되어 있지 않은 것을 어느 정도 제공하는가 하는 문제이다. 두번째 단계는 기독교의 기록의 진정성에 대한 역사적 증거에 대한 문제이다.

이신론자들은 그 당시 누구도 만족스럽게 대답하지 못했던 질문들을 제기하였다. 당시에는 역사 의식, 발전에 대한 인식, 점진적 계시에 대한 개념들이 전혀 없었으므로, 논쟁은 쓸데없는 언쟁으로 변질되었다. 후기의 이신론자들은 신약성서 기자들이 너무나 순진하여 사실들을 제대로 이해하지 못했거나 아니면 사실이 아닌 것을 기술한 바보 또는 부정직한 사람들이라는 것을 증명해야 한다고 생각했다. 기독교인들은 이에 맞서서 복음서 기자들의 정직성과 복음서의 신뢰성을 옹호함으로써 반박하였다. 공격은 결코 발생하지 않았던 결정적 사건인 부활에 초점이 맞추어졌고, 응답은 상세한 점까지 조사하는 형태를 띠거나 아니면 셜록의 「부활의 증인들에 대한 재판」(*Trial of the Witnesses of the Resurrection*)과 같이 정교한 법률적 형태를 띠었다. 모세, 다윗, 바울 같은 성경의 위대한 인물들의 정직성에 쏟아진 이신론자들의 비방은 역겨운 것이었고, 이들을 위해 변론된 옹호도 확신을 주지 못했다. 그러나 시간이 지나면서 논쟁자들이 그들 자신의 문제에 대답할 수 있는 수단이 없다는 것과 대중적 흥미를 상실하고 있다는 것이 분명해졌다.

그러나 논쟁이 한창일 때, 논쟁이 대중의 상당한 관심을 끌었다는 것은 의심의 여지가 없다. 논쟁은 평균적 교육을 받은 사람들의 수준에 맞추어 진행되었다. 교육을 더 많이 받은 이신론자들은 커피 하우스에서 통용되는 쉬운 문체로 저술하였다. 그들의 작품들은 종종 피상적이었으나, 대개는 읽기가 쉬웠다. 이것은 강점을 갖고 있었다. 신학은 추상적일 여유가 없었다. 누구나 이해할 수 있는 것이어야 했다. 이신론은 평범한 사람이 질문할 가능성이 있는 그런 종류의 질문을 제기하였다. 그러므로 답변도 평범한 사람에게 맞추어져야 했다. 비록 이신론자들이 그렇게 많지는 않았고 또 형식적 의미에서 단체를 형성하지는 않았더라도, 그들이 광범위한 독자층에게 호소력이 있었다는 것은 분명했다. 그리하여 그들의 작품은 아주 많은 답변을 불러일으켰다. 콜린의 소책자 하나가 35개의 답변을 얻었고, 틴달의 「창조만큼이나 오래된 기독교」는 적어도 150개의 회답을 얻었다. 1720년부터 1740년까지 20년 동안 논쟁에 대한 관심이 대단하였다가, 곧 식어버렸다. 볼링브로크의 「전집」(*Works*, 1754-6)은 거의 관심을 끌지 못했고, 아마 그 이상의 가치도 없던 것 같았으나, 진지하고 탐구적인 의미를 가지고 있는 흄의 초기 철학적 작품들은 처음에는 사실상 독자들로부터 외면을 당하였다.

이신론은 논쟁에서 패하기도 하였지만 실제로는 이신론의 내적 약점에 의해 무너졌다. 이신론의 비판적 힘은 이신론의 건설적 능력보다 더 강하였다. 이신론자들의 역사적 통찰력은 한계가 있었고, 인간에 대한 이해도 제한적이었다. 그들은 보편적 신앙을 제시하는 대신, 제한적 범위와 일시적 호소력을 갖는 교리들을 제공했다. 그들은 계시를 거부하고 자연 종교를 찬양하면서 비현실적이며 불가해한 것들을 제거하고 있다고 믿었으나, 결국 종교 자체를 평범하고 빈약하게 보이는 것으로 만들고 말았다. 그들은 이 세계가 하나님이 고안하고 작동시키는 기계라고 간주하였다. 그들은 거짓된 낙관주의에 빠졌고, 삶의 악과 재난을 설명할 수 없었다. 자연의 법칙은 분명하고 변화될 수 없기 때문에, 그들은 자연으로부터 끌어낸 인간의 도덕적 추론들도 마찬가지로 단순하고 영구적이라고 가정하였다.

이신론의 최대 약점은 종교적 신앙을 쉬운 조건으로 제공한다는 것과 신봉자들에게 자기 만족감을 부추긴다는 것이다. 또한 이신론의 입장이 갖고 있는 분명한 어려움에 대해 대답이 없었다. 만약 모든 사람들이 계시의 도움이 없이 그렇게 쉽게 종교적 진리를 이해할 수 있다면, 왜 여지껏 사람들이 그렇게 하지 못했는가? 이신론자들은 그 잘못이 성직자 계급에 있다고 대답한다. 그러나 이것은 너무나 단순하여 사실일 수 없고, 그렇게 믿는 사람은 아무도 없었다.

이신론의 적대자들은 논쟁 기술에서 더 뛰어났다. 이들은 더 박학하고 더 건전한 논리 체계를 가졌다. 그러나 논쟁의 혼전에 참가한 논쟁자들이 싸움에서 실제로 승리하지 못했다. 논쟁이 빈약한 토론으로 소멸되기 오래 전에, 양측이 자신들의 시야를 제한하는 가정들에 집착하는 한, 그 시대가 제기한 질문들은 해결될 수 없다는 것이 분명해졌다. 이신론에 대한 진정한 대답은 18세기의 합리주의의 제한된 사고 틀을 깨고 나올 수 있고 새로운 빛으로 이 본질적 쟁점들을 논의한 세 사람으로부터 나왔다. 로(「이성의 소송」(*The Case of Reason*, 1731), 버클리(「알키프론」(*Alciphron*, 1732), 버틀러(「종교의 유비」(*The Analogy of Religion*, 1736)는 이 문제가 이성과 이성의 역할에 대한 새로운 이해를 통해서만 해결될 수 있다는 것을 보여주었다.

윌리엄 로(Law)는 케임브리지의 임마누엘 대학의 연구원인데, 조지 1세에게 충성을 맹세하지 않았다는 이유로 그 자리를 포기한 인물이었다. 충성 서약을 거부한 그는 교회 생활과 동떨어져 살았으나, 곧 그의 「그리스도인의 완전」(*Treatise on Christian Perfection*, 1726)과 이보다 좀더 유명한 「경건하고 거룩한 삶으로의 진지한 부르심」(*Serious Call to a Devout and Holy Life*, 1728)에서 그가 실천적 경건 작품을 저술하는 특별한 은사가 있음을 보여 주었다. 로는 틴달의 「창조만큼이나 오래된 기독교」에 의해 당대의 논쟁에 참여하게 되었다. 틴달은 이성이 진리의 유일한 기준이라고 주장하였으나, 이성이 무엇인지 규정하지는 않았다. 기독교는 본래의 자연 종교를 재현한 것이라고 하는데, 그렇다면 자연은 무엇인가?

로는 틴달이 주요 용어들을 모호하게 사용한 것을 재치있고 강도높게 공격하였다. 그의 논증이 전개되면서, 그의 작품은 조화와 능력을 더해갔고, 거의 유기적 통일성을 갖게 되었다. 이 책의 매력은 그의 논쟁 기술에만 국한되지 않는다. 말과 사상의 논쟁 이면에, 개성의 대조가 있다. 로는 하나님의 위엄과 삶의 신비를 깊이 느끼는 신앙인이었다. 틴달은 종교를 추상적이고 학술적으로 이해하는 학자였다. 로는 자연히 틴달의 하나님 이해의 가벼움을 공격하였다. 틴달이 하나님을 사실상 인간 능력의 잣대로 축소시켰다는 것이다. 하나님의 본성을 헤아리는 척하며 하나님이 무엇을 하는 것이 적절한지를 결정하는 교만이라니! 로는 하나님이 인간 이성의 엄격한 기준에 따라 행동해야 한다는 틴달의 가정이 터무니 없이 불합리하다는 것을 기술적으로 노출시켰다. 그러나 그는 너무 정면으로 공격을 가하였다. 그는 이성을 가지고 동시대인들에게 신앙을 권면할 여지가 없을 정도로 이성을 평가절하하였다. 그는 예언과 기적을 정당하게 회복시켰으나, 그의 평범한 동료들을 만족시켰던 것과 다른 방식으로 그렇게 하였다. 그가 이 논증을 다루는 방법에 못지 않게, 그가 이 논증을 해야 할 필요성은 독특한 것이었다. 로는 당대의 사람들이 누리지 못했던 통찰력과 경험을 가지고 저술하였고, 여러 해에 걸쳐서 그가 신비주의를 표방하고 나아갔을 때 이성에 흠뻑 젖은 그 시대는 당연히 그를 무시해 버리고 말았다.

　조지 버클리(George Berkeley)는 그가 이신론을 파괴할 수 있는 비판적 논증을 발견하였다고 믿었으나, 그것은 본래 논쟁을 위한 것이 아니라 근본적 철학 체계로 고안된 것이었다. 버클리는 18세기의 가장 매력적인 인물 가운데 하나였고, 가장 기교적인 문체를 사용했던 사람 중의 하나였다. 그가 비교적 젊은 시절 더블린의 트리니티 대학에 있을 때(그는 이 대학의 학자, 연구원, 교수였다) 그는 마음과 실재에 대한 기본적 해석을 생각해냈다. 그러나 그의 관심은 사변에 국한되어 있지 않았다. 그는 버뮤다에 대학을 설립하기로 결심한 열정적인 선교사였고, 아일랜드의 고위 성직자였다. 버클리는 그의 우주 해석이 미적으로 단순하고 명쾌하다고 확신하였다. 비전문가들은 대개 그의 해석이 혼란스럽고 모순적이라고 생각했고, 새뮤엘 존슨같이 상식 있는 사람들은 말도 안되는 소리라고 무시하였다. 버클리의 중요성은 그가 우리에게 새로운 관점으로 우주를 제시해 주었다는 데 있다. 관념은 실제로 존재하는 사물이고, 우리가 실제로 알 수 있는 것이다. 물질적 사물은 우리의 감각이 인식하는 한에서만 존재한다. 다른 말로 하면, 물질적 사물의 존재는 수동적이고 의존적이다. 오직 마음만이 능동적이고 독립적인 존재이다. 영, 유한한 정신, 무한한 정신만이 그 존재에 대해 우리가 증거를 갖고 있는 유일한 실재이다. 우리 자신의 정신의 산물이 아닌 관념의 존재에 대해 책임이 있는 분은 완전한 지성이신 하나님이다. 관념의 존재의 질서는 신적 작용에 의해 결정되고, 이것은 자연의 법칙에 의해 의미가 주어진다.

이러한 난해한 이론은 이신론자들이 논쟁했던 쟁점과 직접 관계가 없는 것처럼 보일 것이다. 버클리에게서 그 관계는 명백할 뿐만 아니라 중요하였다. 그는 이신론자들의 비신앙적 합리주의에 의해 충격을 받았다. 야수 같은 폭군을 제거하는 것은 모든 피상적 합리주의의 근본 토대를 제거하는 것이었다. 통상적 신 존재 증명은 버클리에게 무신론과 같은 것으로 보였다. 그리하여 그는 「알키프론」에서 실재에 대한 그의 영적 해석에 입각하여 당시에 만연되어 있던 여러 가지 유형의 불신앙을 차례로 공격하였다. 그는 계시의 내용을 설명하는 데 관심이 있지 않았으나, 기독교인의 믿음이 인간의 참된 행복을 향상시킬 수 있고 인간의 이성적 능력을 온전히 발휘하기 위하여 필요하다고 강력하게 믿었다.

버틀러(Butler) 주교의 기념비적 작품인 「자연의 구조와 과정에 대한 자연 종교와 계시 종교의 유비」(*The Analogy of Religion, Natural and Revealed, to the Constitution and Course of Nature*)는 이신론 논쟁이 산출한 가장 경이적이고 결정적인 작품이었다. 이 작품은 실제로 본질적인 문제들에 대하여 논쟁의 종지부를 찍었다. 잔잔한 논쟁들은 몇 년 동안 계속되었으나, 근본적 쟁점들이 해결되었다는 것은 분명하였다. 버틀러는 거의 논쟁 상대자의 이름을 거론하지 않았다. 그는 사람이 아니라 기본 관념들과 싸웠다. 그러므로 그의 작품은 개인의 논증에 매이는 제한된 효과로부터 벗어났다. 그러나 버틀러는 위엄 있게 초연한 태도를 유지하였음에도 불구하고, 이신론자들을 시야에서 놓치지 않았다. 그는 이신론자들의 논증을 하나씩 철저히 연구하여 각각 등급을 매겼다. 그는 난점을 회피함으로써 점수를 따려 하지 않았고, 자신의 주장을 과도하게 주장하지도 않았다. 바로 이러한 신중한 판단력은 그의 추론에 완전성과 궁극성을 부여하였다. 그의 작품에 배어있는 그의 겸손한 태도 역시 주목할 만하다. 이신론자들은 자신만만한 낙관주의에 빠져서, 그들이 자연의 유형 안에서 하나님의 지혜와 목적을 아주 단순하게 읽어 냈기 때문에 하나님의 지혜와 목적에 관한 모든 것을 알고 있다고 주장했다.

버틀러는 당혹스러울 정도의 명쾌함을 가지고, 삶의 복잡성과 비합리성을 보았다. 그는 도처에 만연해 있는 경박한 자신감의 외양을 깨뜨리는 침울한 고독을 가지고 그의 주위를 살폈다. 그는 그의 대적자들이 기꺼이 인정하는 것을 당연하게 인정하였다. 버틀러는 하나님의 존재를 증명하지 않았다. 이신론자들도 하나님이 존재한다는 가정 위에서 그들의 주장을 전개하였다. 이성도 또한 용인되어야 한다. 이성은 우리의 본성적 빛이고, 우리가 사물을 판단하는 유일한 기능이다. 그러나 이성은 완전한 지식 체계를 제공하지 못하고, 사실상 오직 개연적인 결론을 보증해줄 뿐이다. 일상의 삶에서 개연성은 우리가 갖고 있는 유일한 안내자이다.

그는 이신론자들의 전제를 뿌리째 무너뜨렸다. 이신론자들은 자연 종교가 우리에게 명쾌하고 전혀 모호하지 않은 지식을 제공할 수 있다고 가정하였다. 그렇다면 우리가 이 자연 종교로부터 그렇게 만족할 만한 결과를 얻기 때문에, 계시 종교가 제공하는 불확실한 개연성들은 쉽게 무시할 수 있다는 말인가? 버틀러는 이렇게 허울 좋은 논증의 전제를 사정없이 파괴시켰다. 자연은 빛과 이성이 최고의 권위를 갖고 있는 영역이 아니다. 자연은 곳곳에서 설명 안되는 신비와 모호성과 복잡성을 갖고 있는 어두운 영역으로 가득 차 있다. 만일 우리가 자연 속에서 그런 문제들을 만난다면, 우리가 종교 안에서 비슷한 어려움에 부딪친다고 해서 놀랄 필요가 있는가? 우리가 한 영역이 다른 영역에서 얻을 수 있는 최선의 것과 완전히 다른 종류의 결과를 만들어낼 것을 기대할 만한 어떤 권한이 있는가?

버틀러는 한 단계 더 나아갔다. 자연의 사실들은 비록 확실성을 보장해 줄 수 있는 기초를 제공해 주지는 못하더라도, 계시 종교의 개연적 진리를 추론하는 분명한 근거를 형성해 준다. 우리는 자연이 경험에 의해 우리에게 드러나 있기 때문에 자연의 일상적 과정을 알고 있고, 자연이 아주 애매하고 불확실한 면이 많다는 것을 발견한다. 만일 종교의 계명이 비슷한 모호함과 난점이 있다면, 자연의 지식은 종교의 지식만큼이나 의존적이라고 주장하는 것은 합리적인 것이다. 버틀러는 자연에 관하여 알려진 것에서 종교의 개연적 진리를 추론했다. 이것이 그가 강조한 유비의 방법이다. 그는 개연성의 균형이 종교 체계에 우호적이고 또 이 개연성이 자연 관찰에서 나온 자연스런 결론이라고 생각했다.

버틀러는 종교의 진리를 증명하지 않았고, 또 하나님께서 세상을 완전한 지혜와 정의로 다스리신다는 것을 보여주지도 않았다. 이것은 그의 목적이 아니었다. 그는 종교 철학을 제공하려 하지 않았고, 기독교에 대해 던져진 몇 가지 반대에 대항해 보려 하였을 뿐이었다. 그러나 그의 관심이 그를 자극하여 추구하게 한 방향은 분명한 것이었다. 개연성이 우리가 정상적으로 행하는 기준이라는 것을 보여준 후, 그는 종교는 이론이 아니라 실천의 문제라는 것을 제시했고 또 우리는 비록 완전한 확실성이 부족하다고 하더라도 올바르다고 보여지는 행동 양식을 따라야 한다고 하였다. 버틀러는 그 시대의 위대한 도덕 교사들 가운데 하나였다. 그의 「유비」에서, 불멸을 선호하는 그의 논증은 인간 행동이 현세와 내세에서 가지는 의미를 전제한다. 인간의 본성은 목적이나 목표를 인정할 때에만 의미를 발견하도록 구성되어 있다. 그 목적은 (홉스의 주장처럼) 이기적인 충동을 통하여 달성될 수 없다. 인간의 본성은 덕을 행하고자 한다. 샤프츠버리 (Shaftesbury)가 이 점을 가르쳤었다. 그는 자선을 인생의 참된 표지로 만들었고, 또 "도덕 의식" 안에서 정당함과 부당함을 선택할 수 있는 인간 능력의 원천을 발견했다. 버틀러는 샤프츠버리의 사상 체계를 발전시켰고, "양심"이 본성상 인간의 삶을 다스린다는 것을 보여주었다. 양심은 정당하게 궁극적 권위를 주장할 수 있다. "인간의 질서와 체질로 볼 때, 다스리고 통치하는 것은 양심의 일이다."

18세기는 이성이 모든 신비를 단순한 논리로 해결할 수 있고 또 어둠과 미신의 마지막 그림자를 일소할 수 있다는 확신을 가지고 시작했다. 일관된 비판을 통해 이러한 확신 있는 주장이 피상적이라는 것이 명약관화하게 드러났다. 18세기의 주요 인물들은 이성과 이성의 힘에 대한 신고전주의적(Augustan) 확신과 결별하였다. 로, 버클리, 버틀러는 이 결별의 과정에서 중요한 단계를 대표한다. 존 웨슬리와 복음주의자들은 또 다른 단계였다. 그리고 합리주의의 불충분성에 대한 가장 철저한 철학적 진술은 데이비드 흄으로부터 왔다.

흄(David Hume)은 영국 철학자들 가운데 가장 위대한 인물이었다. 그는 최고의 영어 산문을 쓰는 대가로서, 그의 시대의 확신들을 부드럽고 단순하게 파괴하였다. 로크가 틀을 짜고 버클리가 수정한 체계가 흄에게서 절정에 달하였다. 흄의 분석 작업의 논리적 결과는 사고의 재구성이 아니라 지식의 회의적 해체였다. 그는 모든 전통적 확신들, 즉 신과 영혼, 자연과 질료, 인과 관계와 기적 등을 파괴하였다. 이것은 이러한 주제에 대한 논의가 중단되었다거나 혹은 합리적 믿음이 갑자기 끝났다는 것을 의미하지 않았다. 그것은 새로운 출발이 시작되었음을 의미하였다.

로크는 확신 있는 합리주의의 대제사장이었다. 흄은 그의 철학이 최후의 논리적 결론으로 가면 아무곳으로도 인도할 수 없다는 것을 보여주었다. 그래서 새로운 출발점이 필요했고, 칸트에게서 그것은 놀라운 성과를 거두었으나, 이성의 충분성에 대한 신념은 깨지고 말았다. 흄의 사변의 효과는 비록 즉시 이루어지지는 않았더라도, 궁극적으로 심오한 것이었다. 그의 초기 저작이면서 아마 가장 뛰어난 작품인 「인간의 본성론」(*A Treatise of Human Nature*)은 (흄이 그 작품의 운명을 표현한 대로) "출판되면서부터 사산아로 태어났고" 그의 사상의 의미는 당장에 인정 받지 못했다. 흄도 그가 그의 연구를 마치자마자 그의 이론이 믿기 힘들다는 것을 깨달았다고 시인하였다. 그리고 그는 그의 회의주의에 대해 교의적 태도를 거부할 만큼 철저한 회의주의자였다.

그러나 그의 영향력이 점차 드러났고, 특별히 종교적 주제를 다룬 일부 저작들은 상당한 관심을 불러일으켰다. 그의 유명한 「기적에 관하여」(*Of*

Miracles)는 "자연의 법칙"과 이 법칙의 위반 사이의 대조를 발전시킨 작품이었는데, 그의 근본적 입장과 전적으로 일치하지는 않았으나, 많은 관심을 끌었다. 그는 「종교의 자연적 역사」(*Natural History of Religion*)에서 종교적 믿음을 낳은 과정은 그 믿음을 지지해 주는 이론적 논거들과 아주 다르다는 것을 암시했다.

그의 유작 「자연 종교에 대한 대화」(*Dialogues Concerning Natural Religion*)는 종교적 믿음을 위한 전통적 논증들을 면밀하게 분석하였다. 이 작품의 문학 형식은 흄의 입장을 확인하기 어렵게 만들었으나, 논의의 전체적 흐름은 우주 안에 어떤 목적이 있음을 인정하였다는 것을 암시하였고 또 유신론의 모호한 형태를 지향하였다. 신학적으로 흄의 중요성은 그가 가르친 것보다 향후 다른 사람이 말하는 것을 불가능하게 만든 것에 있었다. 그는 18세기 초기의 경박한 합리주의의 기반을 파괴하였다. 인간의 정신이 모든 신비를 일소하고 모든 난점을 해결할 수 있다는 자족적 확신은 흄의 냉정하고 면밀한 분석의 날카로운 결과를 견딜 수 없었다. 합리주의는 미신을 공격하다가 결국 회의주의의 공격을 받고 말았다.

18세기 후반, 영국의 종교 사상은 활력과 명성이 쇠락하였다. 중요한 운동도 없고 위대한 인물도 나타나지 않았다. 복음주의 부흥 운동이 영국의 종교적 삶을 회복시키는 동안, 이와 비교할 만한 신학적 자극이 일어나지 않았다. 과거의 굴레로부터 신학을 해방시키려는 시도가 있었던 것은 사실이다. 자유주의자들은 영국 성공회가 철저하게 개혁될 필요가 있고, 영국 성공회의 신조가 개정되어야 하고, 예배가 근대적 사고와 접촉하지 못하고 있고, 그 행정 조직이 너무나 비대하고 비효율적이어서 효과적인 기능을 발휘하지 못한다고 믿었다. 직접적인 공격 대상은 성직 후보자와 현행 성직자들에게 부과된 서명(subscription)의 문제였다. 이러한 자유주의자들의 가장 분명한 진술은 대집사 블랙번의 「신앙 고백」(*The Confessional*, 1766) 안에 잘 드러나 있다. 그들의 일치된 정치적 움직임은 1771년 "페더스 태번"(Feathers Tavern) 청원서를 제출한 것이었다. 이것은 성직자들에게 신조와 신앙 고백 조항의 구속에서 벗어나서 이성과 양심의 빛을 따라 성경을 해석할 수 있는 권한을 허용해 달라고 의회에 제출한 청원이었다. 요구는 거부되었고, 에드먼드 버크는 이 청원을 아주 강도 높게 비판하였다.

종교 생활의 표면에 드러난 이러한 혼란은 이것이 주로 18세기 내내 작용했던 경향을 반영해주기 때문에 중요하다. 광교회주의자들은 다양한 형태의 (아리우스적 혹은 소지니적) 유니테리언주의의 믿음을 향해 나아갔다. 영국 성공회 안에서 상당한 동요가 있었고, 그밖의 장로교회에서 점점 더 유니테리언적 견해를 향해 가는 움직임이 있었다. 자유주의자들은 변화가 이렇게 번져가는 불안을 막는 유일한 해법이라고 주장했고, 상당한 여론 집단이 그들을 지지했다. 더 큰 자유와 유연성을 위한 일반적 욕구가 있었다. 많은 사람들은 교회가 경직된 사고, 고루한 법, 다른 기독교인에 대한 불관용적 태도를 갖고 있다고 느꼈다. 평신도 지성인들은 그들이 이해하고 존중하는 신앙에 의해서만 유지될 수 있다는 것이었다. 그러나 개혁은 성취되기 어려웠다. 비국교도들에게 매우 불만스런 법률인 심사율과 시 정부법를 철폐하려는 시도는 다시 버크의 영향력 때문에 실패했고, 국교회의 정치 참여는 교회의 친구들도 옹호할 수 없는 악습마저 제거하지 못하게 했다.

자유주의 학파의 뛰어난 주창자 중의 한 사람은 리처드 왓슨(R. Watson)이었다. 그는 케임브리지에서 탁월하면서 독특한 경력을 가졌다. 그는 화학자가 아니었으나 화학과 교수로 임명되었고, 화학을 가르칠 만큼 충분히 화학에 정통하게 되었다. 그는 신학자가 아니었다가 정식의 절차를 따라 신학과 교수로 임명되었으나, 신학의 범위를 극도로 협소하게 제한시켰다. 이렇게 협소한 신학의 범위는 자유주의 학파의 단점 중의 하나였다. "나는 할 수 있는 한 신학 연구의 범위를 축소시켰다. 이는 내가 나의 성경 이외의 다른 것을 공부하지 않기로 결심하였기 때문이다. 나는 나 자신만큼이나 영감을 받지 못하는 공의회, 교부, 교회, 주교, 다른 사람들의 의견에 그다지 많은 관심을 기울이지 않는다."

기번이 「로마 제국 쇠망사」(*Decline and Fall*)을 출판하고 교회의 비둘기 새장을 너무도 심하게 동요시켰을 때, 왓슨은 그를 반박하는 일에 착수하였고, 한 달이면 이 일을 해낼 수 있다고 생각하였다. 그는 대학과 국가의 정치가 중복되는 경계선 상에서 활동하였고, 랜다프(Llandaff)의 주교로 승진하였다. 그러나 그가 그의 정치적 친구들이 몰락한 후에도 계속하여 개혁을 주장하였기 때문에, 그는 더 이상 앞으로 나아갈 수 없었다. 그가 행한 모든 일에는 정당한 목적과 부당한 수단, 예리한 통찰력과 무딘 둔감함이 결합되어 있었다.

윌리엄 페일리(W. Paley)는 왓슨과 비슷한 생각을 갖고 있지만, 왓슨보다 훨씬 더 중요한 인물이다. 왓슨처럼 그도 케임브리지 출신이다. 페일리의 강의가 그의 저서만큼 쉽고 명쾌하였다면, 그는 탁월한 교사가 되었을 것이다. 그는 어떤 의미에서도 독창적 사상가는 아니었으나, 그의 자료를 배열하는 데는 남다른 재능을 보였다. 그가 말한 것은 종종 다른 사람들로부터 인용해 온 것이다. 그의 도덕 철학과 정치 철학은 공리주의자들로부터 온 것이고, 그의 흄에 대한 응답은 더글라스로부터 온 것이고, 그의 자연 신학은 레이와 더럼으로부터 온 것이다. 그러나 그는 뛰어난 기술로 그의 논증을 전개하였고, 누구도 필적할 수 없을 정도로 명확하게 자기 주장을 펼쳤다. 18세기 말, 페일리는 그 시대 정신을 정확하게 반영하였고, 그 시대의 강점과 약점을 다음과 같이 요약하였다. 18세기는 명쾌함, 활발한 지성, (거의 무미 건조할 정도의) 건강한 상식, 제한된 관점, 신비와 경이에 대한 둔감 등으로 집약될 수 있다는 것이다. 그의 당대에 그는 흄, 기번, 톰 페인의 영향력을 강력하게 방어하였고, 케임브리지 대학에서 그의 「기독교의 증거」(*Evidences of Christianity*)가 1919년까지 학사 학위 자격 시험을 위한 교과서였던 것은 주석가로서 그의 놀라운 능력 때문이었다.

자유의 종교가 신학과 정치에서 가장 온전한 형태로 발전한 것은 바로 비국교도들의 세계였다. 그들의 합리주의는 종종 유니테리언주의로 넘어갔다. 좀더 진보적인 비국교도들은 윤리학에서 벤담과 공리주의자, 경제학에서 애덤 스미스, 심리학에서 데이비드 하틀리, 정치학에서 (좀더 급진적인 지도자가 없는 관계로) 찰스 제임스 폭스를 추종하였다. 사상의 변화는 조직이 느슨하고 더 큰 자유를 요구하는 전통이 있는 비국교도 교회에서 더 쉽게 일어났다. 비국교도 신학교는 새로운 연구를 장려하였고, 많은 분야에서 새로운 발전이 일어나는 강력한 기반이 되었다.

18세기 후반의 뛰어난 비국교도 인물은 리처드 프라이스(R. Price), 조지프 프리스틀리(J. Priestley)였다. 프리스틀리는 경건한 비국교도 가정에서 태어나서 비국교도 신학교를 다닌 후 교회 회중을 섬겼고 그 후 다시 신학교에서 교수 활동을 하였다. 그는 항상 만족을 모르는 지적 호기심을 충족시키기 위해 광범위한 분야를 섭렵하였다. 그의 지식은 백과사전적이었다. 그는 역사, 정치, 경제, 철학, 신학에 관하여 저술하였고, 또 당대의 가장 뛰어난 실험 과학자 중의 한 명이었다. 그는 인간 이해에서 유물론자였고, 영혼의 존재를 믿지 않았다. 그는 결정론자였고, 인간의 자유 의지를 믿지 않았다. 그는 대부분의 전통적 기독교 교리를 부정하고 또 그가 신앙을 미신의 구속으로부터 해방시킬 뿐이라고 주장하는 기독교인이었다. 불굴의 낙관주의를 가지고 그는 인간이 점점 더 낫고 충만한 삶을 향해 진보하고 있다고 믿었다. 무지와 속박과 빈곤의 족쇄가 깨졌다. 그는 기쁨으로 "모든 곳에서 오류와 미신이 무너지고 있다"고 외쳤다. 그러한 사람은 당연히 개혁자였다. 그는 사람들의 의식을 향상시켜서, 가난한 자들이 미래를 보고, 부유한 자들이 관대하고, 권력자들이 계몽되고 진보적 태도를 취하도록 만들고 싶었다. 가난한 자들은 그를 싫어하였고, 부자와 권력자들은 그를 불신하였다. 그의 과격주의는 위험하게 보였고, 프랑스 혁명이 사람들의 분노를 자극했을 때 버밍엄의 폭도들은 그의 집에 불을 질렀다. 프리스틀리의 저술을 읽기 시작한 바로 그 날이 가기 전에, 그의 인도적 마음과 조용한 신념과 천년왕국의 도래의 확신에 대해 경탄하지 않고 그의 저술을 읽는 것은 불가능하다.

콜리지(Coleridge)는 한때 소지니주의를 달빛과 같다고 하였다. 그의 비유는 명확하고 차가운 빛을 암시하지만, 이것은 프리스틀리에게 거의 적용할 수 없다. 프리스틀리의 확신은 봄날의 따사하고 밝은 아침을 연상케 한다. 그러나 그가 그의 확신을 글로 옮겨 놓았을 때, 어두움의 구름이 지평선 위로 모여들었고, 그의 목가적 꿈은 폭풍우에 의해 산산이 부서졌다.

개혁의 요청은 프랑스의 거대한 격변에서 나오는 혁명의 소란에 의해 압도되었다. 18세기 말, 18세기의 일반적 분위기와 반대되는 반동적 흐름이 이미 시작되었다. 이성은 불신을 받고 있었다. 명확성, 명쾌함, 균형, 조화 등은 동터오는 낭만주의 시대에 어울리는 덕목이 아니었다. 이 반동적 흐름의 주요한 대표자는 에드먼드 버크(Edmund Burke)이다. 역사적 연속성, 교회와 국가 안에서 유기체적 성장은 너무 중요하게 되어서 개혁의 요청은 잠잠해졌다. 버크의 교리의 토대는 깊은 종교적 경외감이었다. 인생은 신의 섭리에 의해 지탱된다. 지혜의 길은 역사 안에서 천천히 고통스럽게 형성되고, 한 국가는 이제껏 인도받은 길을 따를 경우에만 안전하게 앞으로 나아갈 수 있다. 따라서 폭력적 변화는 악이다. 교회를 약화시키는 것은 과거의 가치를 간직하고 현재의 공동체의 삶을 거룩하게 하는 사회의 요소를 약화시킨다. 젊었을 때 개혁자였던 버크는 그가 단지 혁명의 과도함을 공격하고 있다고 믿었으나, 그는 어떤 변화도 싫어하는 두려움에 가치있는 이론의 권위를 빌려주었고, 18세기는 모든 영역에서 새 시대가 요구하는 변화들을 뒤로 미룬 채, 공황(panic)의 상태로 끝나고 말았다.

제 12 장

신세계의 기독교

17세기 중반까지 북미 동부 해안의 영국 식민지들은 초기 정착의 문제들을 극복하였고, 이제 팽창의 시기를 맞이하였다. 영국 성공회는 가장 오래된 식민지인 버지니아에서 가장 강한 세력을 형성했고, 로마 가톨릭은 메릴랜드에 정착하였고, 청교도는 뉴잉글랜드에 국가 교회를 건설하고 그들의 "거룩한 실험"(holy experiment)에 착수하였고, 대서양 연안 중부지역에서는 다양한 민족과 종교적 흐름이 나타났다. 1646년까지 허드슨 강변을 따라 18개의 언어권이 정착하였고, 서유럽에서 번성하였던 대부분의 교회들이 아메리카의 토양 속에 이식되었다.

영국 식민지 회사의 왕성한 활력과 힘은 뉴잉글랜드 지방에서 특히 더 뚜렷하였다. 많은 사람들은 미국의 기원이 플리머스의 필그림 파더스(Pilgrim Fathers)와 매사추세츠 만의 청교도들과 불가분리하게 연결되어 있다고 생각한다. 이 두 집단은 비록 의도와 목적은 유사하더라도 그 기원과 성격이 다르다. 플리머스 정착자들은 네덜란드에서 자발적 망명 기간을 거친 후 신세계에 온 분리주의자들이었다. 청교도들은 영국 성공회의 정치와 예배를 정화시키고자 했던 개혁자들이었으나 성공회로부터 떨어져나갈 의도는 없었다. 그들에게서 성공회는 여전히 그들의 "사랑스런 어머니"였고, 그들은 "한 몸의 지체들"이었다. 그들은 그들이 보기에 부모의 몸을 망쳐 놓은 부패로부터 교회를 바로 세우기를 희망하였다. 그러나 이 두 집단은 실제로 비슷하였다. 사회적·교회적 일치의 끈은 사람들이 체결하고 들어가고 또 교회와 국가에서 그들을 함께 묶어주는 계약이었다. 그들의 종교적 믿음은 그들이 건설할 사회의 성격을 결정하였다. 사실상 각각의 회중은 대체로 자립적이며 자족적이었다. 회중은 아주 민주적이었다. 신앙을 고백한 모든 이들이 계약을 받아들였고, 교회에 참여하였고, 교회의 생활과 방향을 충분히 공유할 자격을 부여받았다. 그들은 직분자를 선출하여 회중의 복지 문제를 맡겼고, 정책과 행정에 대한 모든 문제를 토론하고 결정하였다. 그들은 거룩한 공동체와 정화된 교회의 이상을 마음에 품었다. 많은 정착민들의 목적은 하나님의 말씀을 따라 하나님을 예배하는 것이었다. 다른 목적도 있었다는 것은 의심할 여지가 없다.

모든 사람은 경제적 진보가 종교적 개혁과 함께 양립하기를 희망하였으나, 그러한 목적은 부차적인 것이었다. 물론 의도된 질서가 역전될 위험이 항상 있었다. 일부 정착민들은 주로 물질적 소득에 관심이 있고 거룩한 예배에 무관심하였고, 그들을 전적으로 추방할 수는 없는 일이었다. 그러나 그들을 격려할 필요는 없었다. 따라서 식민지의 문제를 지도할 권한은 교회의 교인들에게 국한되었다. 통치는 그들의 수중에 있었다. 회중의 일원으로 등록된 사람들은 공동체의 자유인이었다. 그들만이 온전한 투표권을 소유하였다. "거룩한 실험"의 본성은 식민지 개척자의 목적에 의해 결정되었다. 성경에서 하나님은 교회와 국가 양쪽에서 인간의 삶의 양식을 제공해 주셨다. 하나님은 하나님의 이름을 진정으로 예배하기로 서약한 사람들을 원하였다. 이것은 어떻게 이루어질 수 있는가? 청교도들은 대답을 제시할 준비가 되어 있었다. 그것은 성도들의 통치를 통해서만 이루어질 수 있다는 것이다. 따라서 모든 뉴잉글랜드 정착지에서, 회중은 공동체의 핵을 형성하였고 세속적 권한은 회중의 지체들에게만 국한되었다.

시민 공동체와 교회 회중을 동일시한 것은 교회와 국가 사이의 독특한 관계를 낳았다. 행정관은 교회의 "수양 아버지"(nursing fathers)였다. 그들은 회중들 사이의 분쟁을 중재하고, 교역자들의 자격을 판단하고, 교역자들의 임지를 결정하고, 시민들의 행동을 감독하고, 도덕법을 실행하였다.

교역자는 특권뿐만 아니라 의무도 있었다. 그들은 하나님의 말씀에 근거하여 행정관을 인도하고, 성경의 통찰을 일상의 삶에 적용하였다. 교역자와 행정관은 이렇게 상호 보완적 책임에 의해 서로 연결되었다. 양자는 교인들에게 책임을 졌고, 모두 함께 하나님의 뜻이 시민의 개인적 삶에서 이루어지는 것 못지않게 공동체의 일에서 편만히 이루어지는 이상에 헌신하였다.

이러한 기초 위에서 "거룩한 실험"이 시작되었으나, 이것은 이미 많은 점에서 도전을 받았다. 신정 사회에서 행정관은 어쩔 수 없이 강제력과 통제력을 가졌는데, 이 힘은 믿음과 실천의 문제에도 작용하였다. 로저 윌리엄스(Roger Williams)는 인간이 그의 양심에만 순종해야 하는 문제에 국가가 개입할 권한이 없다고 논박하였다. 안식일을 지키는 것은 마땅한 일이지만, 강제로 안식일을 지키게 하는 것은 행정관의 일이 아니라는 것이었다. 그들은 단지 자신들의 권위를 강화하기 위해 종교적 서약을 부과해서는 안된다. 로저 윌리엄스는 개인의 양심의 자유와 교회와 국가의 책임의 분리를 주장하였다. 그가 로드 아일랜드 식민지를 건설한 것은 그의 확신을 공유하는 자들에게 피난처로 제공하였고, 또 그의 견해의 지속성과 궁극적 승리를 보장해 주었다. 그러나 반면에 그의 저항은 청교도 실험의 첫번째 실패를 의미했다.

개혁을 꿈꾸며 헌신한 정착민들은 유순한 시민들을 거의 기대할 수 없었다. 모든 사건에서 어려움이 증폭되었다. 능력있고 의사 표현이 확실한 앤 허치슨(Anne Hutchison)이라는 여인은 교역자들의 신학을 공격함으로써 공동체의 토대를 흔들었다. 그녀는 진리의 척도로서 성경을 통해서 조명하는 성령뿐만 아니라 성경을 넘어서 조명하는 성령을 내세웠다. 그러나 식민지는 진리는 성경 안에 계시되어 있고 정당하게 소명을 받아 임명된 교역자는 성경의 공식적 해석자라는 믿음을 갖고 있었다. 허치슨 부인의 태도는 엄청난 혼란을 일으킬 것 같았다. 그녀는 추방되었고 로드 아일랜드로 도망갔다. 침례교인들도 행정관의 통제에 반항적이었다. 퀘이커들은 더 혼란스럽다는 것이 입증되었다. 그들은 심한 핍박에도 불구하고 그들의 증거를 원치 않는 곳에서 증거를 계속했다. 일부 이주민들은 더 많은 자유와 더 좋은 땅을 찾아 매사추세츠를 떠나 남부 코네티컷 계곡에 정착하였다.

열심있는 비국교도들의 도전은 심각하였으나, 더 위험한 도전은 사회의 방종과 미지근한 신앙적 요소였다. 거룩한 실험은 공동체와 회중을 일치시켰고, 정치적 권력을 계약 안에 있는 사람들에게 제한시켰다. 그러나 건국의 아버지들(founding fathers)의 목적에 무관심한 새로운 세대가 일어났다. 교회의 지체로서 참여하는 사람들의 수가 놀랍게 감소하였다. 정치적 책임을 담당해야 하는 사람들이 맡을 자격이 없어서 그렇게 하지 못했다. 그들은 신앙을 고백하지도 않고 계약을 서약하지도 않았다. 해결책은 "중간 계약"(halfway covenant)을 인정하는 것이었다. 유아세례 받은 사람은 어떤 의미에서 교회의 교인이었다. 그들은 주의 성찬의 성례를 받을 수 없었고 종교 정책을 형성하는 데 참여할 수 없었으나, 그럼에도 불구하고 부분적으로 소속되어 있어서 그들의 시민권을 행사할 수 있었다. 그러한 타협은 청교도 식민지의 이상에 치명적인 것이었다. "거룩한 실험"은 사실상 실패하였다.

다른 측면에서, 뉴잉글랜드 사람들은 이미 주목할 만한 성공을 거두었다. 청교도들은 교육 수준이 높은 목회를 신봉했고, 이것을 위해 대학을 설립하였는데, 이 대학은 현재 세계에서 가장 탁월한 지성의 중심지 중의 하나인 하버드 대학교였다. 교양 있는 목회는 교육받은 사람을 전제하였다. 만일 그들이 읽을 수 없다면 어떻게 성경을 읽을 수 있겠는가? 이 필요를 채우기 위해, 뉴잉글랜드 사람들은 문법 학교라는 탁월한 제도를 설립하였다. 그들은 인디언들에게 복음을 선포하는 의무를 소홀히 하지 않았다. 여기서 많은 장애물이 있었고, 유목 생활은 많은 문제를 야기하였다. 대륙의 새 이주민과 옛 거주민 사이의 마찰은 뿌리 깊은 문제였고 주기적으로 폭력 사태를 야기하였다. 그러면 선교의 열정은 식고 말았다. 그럼에도 불구하고 진지한 일이 시작되었다. 로저 윌리엄스는 동정이 인디언의 많은 신뢰와 신용을 얻을 수 있게 한다는 것을 보여주었다. 아마 가장 위대한 초기 선교사일 것 같은 존 엘리엇(John Eliot)은 인디언의 언어로 신약성서를 출판했고, 그들 가운데 언약 교회(covenanted church)를 세웠다.

17세기의 후반은 안정된 성장의 시기였다. 남부 식민지의 인구는 증가하였고, 대부분의 지역에서 성공회가 공식적 종교가 되었다. 교회 사역은 여러 가지 문제에 봉착해 있었다. 가장 가까이 있는 주교는 대서양 반대편에 있었기 때문에, 안수는 어려웠고 견진 성사는 불가능했다. 지역 교구 위원들(vestries)은 과도한 권한을 소유하고 있었고, 종종 영구적인 종교적 과두 체제가 되었다. 교구는 넓었고, 사제는 극히 소수였다. 감독과 훈련의 문제를 해결하려는 시도로, 런던 주교는 일부 주교의 기능을 행사할 권위를 받은 주교 대리(commissaries)를 임명하였다. 메릴랜드의 토머스 브레이와 버지니아의 제임스 블레어는 교역자들이 목회 임무를 충실히 수행하도록 감독하는 데 최선을 다하였다. 개인은 많은 일을 할 수 있었고, 조직은 더 많은 일을 할 수 있었고, "기독교 지식 보급 협회"(1698)와 "복음 전파회"(1701)의 설립은 효과적인 봉사를 위한 새로운 기회의 장을 열어 주었다. 선교사들이 훈련되어 파송되고 관리되었다. 뉴잉글랜드의 청교도 지역에서도 그들은 새로운 성공회 교회를 세웠다.

대서양 중부 연안에서 흥미로운 발전이 일어났다. 퀘이커교도들은 뉴잉글랜드와 뉴욕에서 별로 환영받지 못했다. 1672년 조지 폭스(George Fox)가 아메리카를 방문한 후, 그들은 새로운 땅을 요구하였다. 1681년 윌리엄 펜이 펜실베이니아를 건설하였을 때 그들은 기회를 잡았다. 펜(W. Penn)의 계획은 대담하고 꿈으로 가득 찬 것이었다. 그는 강제력의 사용을 거부하였고, 그의 식민지로 이주해 오는 모든 사람에게 종교의 자유를 인정했다. 다른 지역에서 박해 받은 이들은 펜실베이니아에서 피난처를 약속받았고, 대규모의 이민이 그의 초대에 응답하였다. 독일에서 루터교인, 메노파, 개혁교회 교인들이 왔고, 영국에서 침례교인, 퀘이커교도, 성공회 교인들이 왔고, 얼스터에서 스코틀랜드계 장로교인들이 이주해 왔다. 마침내 이들은 강력한 교회들을 세웠다. 장로교는 꾸준하게 성장하였고, 18세기 초 신대륙에서 노회를 조직하였다. 루터교와 개혁교회도 비록 그들의 효율적 조직이 18세기 말까지 지체되었으나 역시 증가하였다. 주민들이 각각 여러 가지 언어를 사용하는 것은 펜의 계획에 치명적이었다. 그가 인디언을 대하는 공상적 방식은 인종들 사이의 관계를 위한 영속적 유형을 만들지는 못하였다. 힘의 사용을 거부하는 그의 태도는 결국 허용되지 못했다.

그러나 펜은 모든 신앙의 사람들에게 동일한 권리를 부여함으로써 탁월한 모범을 세웠다. 어떤 교파도 국교의 지위를 주장할 수 없었다. 따라서 아무도 강제적 조치를 취할 수 없었고, 완전한 관용의 틀 안에서 광범위한 다양성을 추구하는 미국식 유형이 나타나기 시작했다. 로드 아일랜드에서도 동일한 정책이 추진되었다. 로저 윌리엄스는 퀘이커교도와 크게 의견의 차이를 보였으나, 그의 식민지에서 그들의 도피성의 존재에 대해 이의를 제기하지 않았다.

17세기 말과 18세기 초에 이르러, 식민지 체제는 심각한 방해 없이 지속적으로 강화되었다. 여러 민족들이 다양한 종교 집단들을 가지고 들어왔다. 이 모든 종교 집단들은 신대륙에서도 구대륙의 전통적 양식을 그대로 보존할 것 같았다. 그러나 새롭고 강력한 영향력이 나타났다. 18세기 초 미국의 종교적 삶에 깊은 영향을 준 부흥 운동이 일어났다. 우선 대각성 운동은 여러 집단이 협력하여 일으킨 운동이 아니었다. 매사추세츠의 노샘프턴에서 조나단 에드워즈의 설교는 전 회중의 마음을 깊이 움직였다. 독일인 프레일링하우젠은 뉴저지에서 놀라운 성과를 거두었다. 펜실베이니아의 길버트 테넌트도 동일한 성공을 거두었다.

이러한 다양한 흐름은 존 웨슬리의 친구이며 동역자인 조지 화이트필드에 의해 통합되었다. 화이트필드는 능력 있는 설교자였다. 그는 가는 곳마다 사람들에게 죄를 깨닫게 하고 새로운 삶을 주장하였다. 그는 영국 성공회의 국교도였으나 모든 집단들과 기꺼이 협력하였다. 해외 방문자로서 그는 모든 식민지에서 편안하게 사역하였다. 그의 연속적인 방문에 의해 그는 부흥 운동을 통합시켰고, 이를 통해 식민지의 국경과 교파적 장벽과 분산된 부흥의 열기를 극복하였다.

대각성 운동은 교회에 어마어마한 활력을 제공하였다. 많은 교회가 괄목할 만한 성장을 기록하였다. 장로교와 침례교는 급속하게 팽창하였다. 감리교는 미국에서 새로운 교파였으나 거대한 열정의 흐름을 타고 확장되기 시작하여 후일 미국에서 가장 큰 교파 중의 하나가 되었다. 루터교는 뮐렌베르크의 지도 아래 세력을 공고히 하고 전진할 채비를 갖추었다. 네덜란드와 독일 계통의 개혁 교회는 무관심 속에서 시들어 가고 있었는데, 대각성 운동을 계기로 생기를 회복하고 소멸의 위기를 극복하였다. 모든 교회는 교회 밖에 있는 사람들에게 나아갔고, 헌신하지 않은 사람들에게 도전을 주었고, 인디언 선교에 자극을 주었다.

데이비드 브레이너드는 비록 선교 사역 초기에 죽었으나, 동시대인들의 상상력을 사로잡았고 그들이 소홀히 한 임무를 깨닫게 하였다. 비록 대각성 운동이 교육받지 못한 이들의 설교를 장려하고 종종 이성보다 감정에 호소하였으나, 그것은 교육적 열정의 두드러진 확장을 가져왔다. 대학의 수가 몇 배로 증가하였다. 대각성 운동은 노예 제도 반대 운동도 일으켰다. 존 울먼(John Woolman)은 퀘이커교도로서 부흥 운동에 의해 덜 영향을 받은 집단에 속하였으나, 그의 노예 제도 반대 주장은 대각성 운동의 영향력 아래에서 긍정적 반응을 얻었다.

이러한 결과들은 유익한 성과들이었으나, 다른 결과들은 그렇지 못하였다. 모든 지역에서 논쟁이 벌어졌다. 장로교인들은 부흥 운동을 찬성하는 파와 반대하는 파로 분열되었다. 침례교인들도 심각한 분열을 겪었다. 일부 열광주의자들은 이상하게 과격해져서, 보다 절제된 방식으로 헌신하는 자들로부터 경멸의 대상이 되었다. 새로운 종류의 지도력이 등장하기 시작했다. 새로운 집단이 형성되어 빠르게 팽창하였다. 미국인의 신앙 생활의 양상이 달라졌고, 그 중심이 미세하게 이동하였다. 대각성 운동의 초기 지도자들은 강한 신학적 전통 위에 서 있었다. 화이트필드는 비록 심오한 사상가는 아니었으나 확신있는 칼빈주의자였다. 당대의 통찰력 있고 독창적인 지성인 중의 한 명인 조나단 에드워즈도 칼빈주의자였다. 이들은 하나님의 주권을 무시하거나 하나님의 구속적 활동을 약화시킬 위험은 없었다.

그러나 그들의 후계자들은 하나님의 주도권에 대한 인간의 반응에 몰두하였다. 그 결과 그들은 인간의 감정적 반응에 과도한 의미를 부여하였다. 회심은 인간이 어떻게 느끼는가의 관점으로 묘사되었고, 새로운 삶은 인간이 어떻게 행동하는가의 관점으로 규정되었다. 이러한 것은 하나님께 대한 순종의 도덕적 결과를 강조하는 것보다 더 나아간 것이었다. 그것은 인간에게 몰두하였고, 인간이 행한 것과 인간이 의를 성취한 등급의 정도에 몰입하였다. 이상한 방식으로 인간의 활동이 하나님이 통치하신다는 핵심적 사실을 모호하게 하였다. 이 과정에서 미국의 신앙 전통에서 가치 있는 한 가지 요소가 약화되었다. 청교도들은 인간의 총체적인 삶에 대한 교회의 책임을 강조했다. 그들은 사회의 모든 영역이 하나님의 심판을 받을 것이고 하나님의 뜻에 복종해야 한다고 믿었다. 부흥 운동은 교회의 역할을 최소화하였고, 인간의 공동체적 삶의 종교적 의미를 무시하였다. 개인 영혼의 내적인 경험에 몰두하게 함으로써 사람들의 관심이 복음의 정치적·경제적·지성적 의미로부터 멀어지게 하였다.

18세기 전반은 대각성 운동에 의해 지배되었고, 18세기 후반은 독립 전쟁에 의해 지배되었다. 이 두 가지 큰 사건 사이의 기간은 혼란과 분쟁의 시기였다. 프랑스와 인디언 전쟁은 변경의 마을에 재난을 가져왔고, 이것은 불안한 사람들로 하여금 내면의 마음을 찾게 하였다. 종교 지도자들은 그들의 공동체적 삶의 기초를 재검토하였다. 그들은 어떻게 로마 가톨릭과 다르고, 그들의 자유가 어떤 점에서 절대 권력에 대한 복종보다 나은가? 그 동안 많은 교역자들은 식민지에 널리 퍼진 독립의 기운을 격려하였고, 또 자유의 소중한 혜택을 인식시켰다. 프랑스 전쟁이 끝났을 때, 청구서를 지불하는 골치아픈 문제가 발생하였다. 설교자들은 식민지 권리의 침해에 대한 대중들의 분노의 불길에 부채질을 하였다. 이뿐 아니라 상업적·정치적인 다른 많은 원인들로 인하여 결국 전쟁이 일어났다. 여기서 교회의 영향력은 간과될 수 없다. 교회는 혁명 기간 동안 완전히 자유롭게 표출된 태도를 이미 수 년 동안 조성해 왔다.

대부분의 교회는 열정적으로 식민지의 독립 운동을 지지했다. 극소수 예외를 제외하고, 회중교회, 장로교회, 침례교회 지도자들은 혁명을 열렬하게 지지하였다. 퀘이커교도는 비폭력 입장 때문에 독자적인 노선을 취하다가 양쪽으로부터 고난을 당했다. 성공회는 특히 뉴잉글랜드에서 강력한 충성파였고, 결과적으로 처참하게 대중의 신망을 상실하였다. 감리교 역시 미국의 독립 운동을 반대하는 존 웨슬리의 입장을 따르다가 그 기반을 잃어버렸다.

새로운 나라의 인구는 약 300만명 정도였다. 이 인구의 종교적 욕구에 봉사하기 위해 3,100개 이상의 회중들이 있었다. 이 가운데 회중교회들이 가장 많았고, 그 다음으로 장로교, 침례교의 순서였다. 교회가 식민지들의 독립의 열정과 함께 활기를 띠었던 것은 분명했다. 여러 주들이 연방의 조직으로 발전하면서, 각 교파들도 전국적 구조를 만들고 그 공동체적 삶을 통일시키기 시작하였다. 교회들은 또한 그들의 새로운 상황에 내재한 문제에 대처하기 시작했고, 이 중에 교회와 정치의 관계보다 더 중요한 것은 없었다. 일부 식민지는 국교회 형태를 갖고 있었다. 예를 들어 뉴잉글랜드에서는 회중교회가 국교회였고 남부 지방에서는 성공회가 국교회였다. 중부 식민지에서는 많은 교회들이 여러 사람들로부터 지지를 받고 있었기 때문에 어느 한 교회도 우월한 지위를 차지할 수 없었다. 이것은 중요한 의미가 있는 교훈이었다. 그것은 관용의 관례와 완전한 종교의 평등에 영향을 미쳤다.

혁명 이후, 버지니아의 국교회 체제는 논쟁적 쟁점이 되었다. 대각성 운동은 점차 침례교와 장로교의 힘을 증가시켰도, 그들은 영국 성공회가 누리던 우월한 지위를 강력하게 공격하였다. 일부 집단에 만연돼 있던 이신론은 비판의 수위를 높였다. 제퍼슨 같은 사람들은 온건한 신앙의 형태는 옹호하였으나, 한 교파가 특혜를 누리는 것은 반대하였다. 열띤 격론 후에, 버지니아주는 1785년 모든 교파를 동등하게 대우하는 법안을 통과시켰다.

얼마 후 미합중국이 창설되었을 때, 헌법은 종교적 심사를 금지하였고 국가적으로 어떤 종교 집단도 특혜를 누릴 수 없다고 규정하였다. 이것이 기존의 제도를 당장 없애거나 모든 주에 획일적 양식을 만든 것은 아니었다. 뉴잉글랜드에서 종교는 가장 중요한 삶의 일부분이기 때문에 주 정부는 법률적 보호와 재정적 지원으로 교회를 지탱해 주어야 한다는 믿음이 계속 유지되어 왔고, 반 세기 이상 회중교회가 국교회적 지위를 누렸다. 그러나 미국의 특징적 형태가 형성되었다. 즉 모든 종교는 동등하게 자유롭고, 어느 종교도 특별한 혜택을 받지 않으며, 모든 교회는 그들의 교인들로부터 재정 후원을 받아야 한다는 것이었다.

18세기 말, 미국의 교회는 사방에서 직면하는 새로운 문제들로 인해 유동적 상황에 처하였다. 이신론이 유럽에서 들어와서 급속한 발전을 거두었다. 그것은 교양 있는 동부 사람들에게 설득력이 있었고, 서부 변경 사람들로부터도 호의를 얻었다. 변경(frontier)의 문제들이 점점 미국의 삶을 지배하면서, 서부의 필요가 모든 교회의 관심을 끌었다. 회중교회와 장로교회는 새로운 지역에 훈련된 교역자를 함께 파송하였으나, 그 임무는 교역자 개인의 능력을 넘어서는 일이었다. 평신도 설교자를 가진 침례교와 순회 설교자(circuit riders)를 가진 감리교는 정착민을 뒤따르며 그들을 돌보는 일에서 주목할 만한 성공을 거두었다.

18세기가 끝날 때, 미국은 부흥 운동의 열정이라는 새로운 거대한 물결에 휩싸였다. 차분한 모습을 보이는 동부에서, 부흥 운동은 이신론과 유니테리언주의의 도전에 부딪쳤고 복음주의적 기독교의 교리를 강력하게 재확인하였다. 변경에서 부흥 운동은 고도로 충전된 감정적 형태를 취하였다. 그것은 멀고 힘들고 종종 외로운 지역에서 사는 사람들의 필요를 채워 주었다. "야외 집회"(camp meeting)는 사람들을 한데 모아 거대한 공동체를 만들었고, 이 모임은 당시 사회적 상황에서 종교가 인격적으로 중요한 의미를 얻은 곳이었다. 그것은 종종 무미하고 천한 삶을 사는 사람들에게 다채롭고 고귀한 삶을 제공하였다. 그것은 미국 교회의 삶에 지울 수 없는 강한 흔적을 남겼다.

그것은 미국 기독교의 일부 흐름 속에 일관되게 흐르고 있던 강렬한 감정적 특성을 잘 설명해 준다. 그것은 신앙에서 지성적 요소를 약간 도전적으로 거부하는 경향에 책임이 있다. 의심할 것 없이, 그것은 변경 지역 주민들의 기본적 욕구를 충족시켜 주었다. 부흥 운동이 죄와 구원을 직접 양자택일하도록 요구하는 선명한 단순성은 변경 주민들의 경험과 비슷했고 그들이 이해할 수 있는 것이었다. 그러나 부흥 운동의 감정적 흥분은 심하게 타락되었고, 종종 회심자들이 통과하기 힘든 장벽을 만들었다. 부흥 운동가들은 그리스도인의 심오한 경험의 영역은 이해할 수 없었다. 거칠고 폭력적인 변경의 생활은 자연스럽게 신앙에 의한 도덕의 변화를 강조하게 하였다. 그러나 도덕은 전적으로 개인적 차원으로 간주되었다. 도덕의 광범위한 의미들이 무시되었고, 도덕의 공격은 종종 분명한 악, 이를테면 음주, 욕설, 도박 등에 국한되었다.

이 시기가 끝났을 때, 우리는 기독교의 열정의 특별한 양상에 직면하게 된다. 그것은 새 나라와 새 시대가 당면한 요구들을 충족시켜 주었으나, 이전에 창조적 힘으로 작용했던 옛날의 본질적 전통과 융합되지 못하였다. 이 새 전통은 신학적 깊이는 없었으나, 그것이 섬긴 사회와 마찬가지로 풍부한 활력을 소유하였고, 미국을 그리스도의 나라로 만드는 의무뿐만 아니라 권리를 주장하는 데 아무 의심이 없었다.

프랑스의 가톨릭은 영국의 개신교와 마찬가지로 17세기 초반에 신세계에 왔다. 1608년 퀘벡이 건설되었다. 7년 후, 6명의 최원시회칙파 (Recollects) 신부들이 도착하였다. 다시 10년이 흘러서 예수회가 캐나다 선교를 시작하였다. 삶은 힘들었고, 식민지는 황량한 광야의 변두리에서 위태한 삶을 겨우 유지했다. 퀘벡, 쓰리 리버즈, 몬트리올의 작은 마을들은 생존을 위해 투쟁했다. 거대한 삼림 지역 너머와 그 안에서 예수회 신부들은 인디언들에게 영웅적 선교를 시도했다. 이로쿠오이족 인디언들 사이에서 그들은 별로 진척을 거두지 못했다. 유목 생활을 하는 부족들에게 영구적인 결과를 거둔다는 것이 사실상 불가능한 것임을 깨닫고, 정착하는 삶의 방식을 격려하는 것이 그들의 정책이 되었다. 퀘벡 바깥의 실러리 (Sillery)에서 그들은 시범 마을을 세웠고, 작은 성과를 거두었다. 예수회가 가장 고무적인 반응을 얻은 것은 바로 평화를 사랑하며 정착 생활을 하는 휴론족이었다. 예수회가 순교 열전의 가장 찬란한 역사 중의 하나를 기록한 것도 바로 이로쿠오이족이 휴론족을 전멸시켰을 때였다. 그들이 본국에 보낸 보고서 「관계」(*Relations*)에서 예수회 신부들은 그들의 인디언 사역에 대해 생생하고 자세하게 설명해 놓았다. 그래서 이 보고서의 흥미와 일부 이야기의 영웅주의적 특징으로 인하여 이 사역이 상대적으로 작은 규모였다는 사실이 종종 은폐되기도 하였다.

신세계에서 프랑스의 정책을 담당한 사람들은 독자적인 캐나다 교회가 발전하는 것을 보고 싶어했다. 그러나 진척 속도가 느렸다. 변경의 마을과 분리될 수 없는 문제들이 있었고 이에 더하여 사법 관할권 분쟁이 일어났다. 교회의 권위의 효과적 근원은 무엇이었는가? 성직자들은 의견의 일치를 보지 못했고, 1658년 라발이 대리 주교로 임명되었을 때 비로소 어느 정도의 일치를 기대할 수 있게 되었다. 라발은 진실하고 바른 인물로서 공평하고 열정적이고 성실하고 자신에 대해서 엄격한 사람이었다. 그는 심리적 통찰력의 은사는 별로 없었다. 그는 본질적인 것과 우연한 것을 구별하는 데 어려움을 겪었고, 종종 그의 자리가 가지는 권리들을 주장했다. 그것은 그가 통치했던 작은 교회였다. 성직자는 약 25명이고, 교회 수는 10개도 안되었고, 기관들도 극소수였고 운영이 힘들었다. 그러나 식민지가 발전하면서 교회도 성장하였고, 1674년 퀘벡은 주교좌로 승격되었다. 라발은 그의 신학교를 성직자들의 공동 생활의 중심지로 만들기 위해 노력하으나, 그의 온정주의적 태도는 캐나다의 삶의 특징을 지배하는 자연의 힘과 모순되었다. 시골의 사제들은 주교와 효과적으로 접촉할 수 없었고, 국민들의 독립적 성격이 동일하게 그들의 사제들의 특징이 되었다.

초기부터 프랑스인들의 캐나다 교회는 독특한 특징을 발전시키기 시작했다. 교회는 프랑스의 대도시에서 일어난 논쟁에 의해 영향을 받지 않았고, 갈리아주의와 얀센주의에 대한 토론의 목소리도 없었다. 시간이 지나면서, 볼테르적 이단을 장난삼아 논의해 보려는 의향도 없었다. 세속 권위와 약간의 긴장이 있었고, 성직자들 사이의 치열한 경쟁이 있었다. 프랑스 캐나다 가톨릭 교회는 깊은 신앙과 순수한 도덕과 비사변적 관심과 비학문적 취향 등의 특징을 보였다. 청교도적 금욕 생활이 널리 유행하였다. 지옥에 대한 위협이 도덕적 기준을 강화하였다. 성직자들은 자연스럽게 공동체의 지도자들이 되었고, '프레스비테레'(Presbytère)는 공동체 생활의 중심지가 되었다. 사제는 그의 백성들의 모든 일과 접촉하고, 그들에게 조언하고, 그들의 분쟁을 조정하고, 그들의 법적 고문으로서 활동하였다.

뉴프랑스가 영국으로 넘어갔을 때, 캐나다 교회는 갑자기 스스로 자립해야 하는 형편에 놓이고 말았다. 당분간 미래가 위태로워 보였다. 새 통치자들이 새 신앙을 강요하려 할 것인가? 영국의 법이 지배하는 곳에서 로마 가톨릭의 위계적 성직 질서가 수용될 수 있을 것인가? 미국 식민지의 점증하는 사회 불안은 정책의 변화를 강요했고, 영국은 프랑스계 가톨릭을 영국의 개신교로 동화시키는 것을 전제하는 모든 결정을 철회하였다. 1774년 퀘벡 법령은 로마 가톨릭 신앙의 자유로운 활동을 보장했다. 그것은 영국 국왕이 성공회의 수장이라는 수장권에 대한 선서를 왕권에 대한 간단한 충성의 서약으로 대체하였고, 충성 서약을 행한 자에게 공직 취임을 허락하였다.

프랑스계 캐나다인들은 독립 전쟁 동안 영국 왕에게 충성을 다했다. 그들은 새로운 주인을 사랑하지 않았을 것이지만, 주인을 뉴잉글랜드의 양키들로 새롭게 바꿀 의도도 없었다. 따라서 그들이 이미 확립된 노선을 따라 그들의 삶을 발전시키는 것이 허용될 것이라는 것이 분명하였다. 예배의 자유가 인정되었고, 주교 제도도 승인되었다. 재산 소유권은 문제가 되었다. 상당한 분량의 교회 재산이 프랑스의 수도회에 속해 있었다. 그리하여 새로운 법령은 프랑스 수도회의 땅과 건물을 캐나다의 대표자에게 넘겼고, 외부 세계와의 강한 유대는 단절되었다. 성직자 양성이 큰 문젯거리였다. 영국은 프랑스에서 성직자를 훈련시키는 것을 반대하였고, 예수회와 최원시회칙파들이 식민지에 남아있는 것을 금지하였다. 인구는 증가하고 있었고 전적으로 자립해야 하는 형편에서 교회는 이 문제를 제대로 해결할 수 없었다. 프랑스 혁명 때 일부 도움의 손길이 왔다. 영국은 반가운 도움을 제공한 망명 사제들의 캐나다 입국을 허락하였다.

캐나다의 정복이 요구했던 재조정은 교회의 지위를 강화하는 것이었다. 식민지는 패배로 인한 사회적·행정적 변화뿐만 아니라 전반적인 파괴로 인해 이전의 지도자들을 잃었다. 옛 지주 계층은 그들의 부와 특혜적 지위와 경제적·정치적 권위를 상실하였다. 성직자는 나라의 종교 생활뿐만 아니라 사회 생활을 하나로 통합할 수 있는 자연스런 지도자였고 유일한 지도자였다. 그들이 공동체의 지도자로서 이미 얻은 지위는 또 하나 중요한 의미를 더해주었다. 그들은 프랑스-캐나다인들의 통일성을 유지할 수 있는 유일한 생존 집단이었고, 그들로 인해 퀘벡의 로마 가톨릭은 견고하게 항구적으로 살아남을 수 있었다. 프랑스가 캐나다의 영토를 상실하기 전, 개신교는 노바스코샤에서 교두보를 확보했다. 정복 후에, 개신교도들은 몬트리올과 퀘벡에 나타났고, 점차 나라의 정치 생활뿐만 아니라 경제 생활도 통제하기 시작했다. 미국 독립 전쟁 후에, 영국 왕실을 지지하는 충성파들이 대거 이주해 왔고, 캐나다의 개신교는 캐나다의 팽창기 이후 계속 왕성한 활동을 전개했다. 그러나 프랑스-캐나다인들은 영향을 받지도 않고 변화되지도 않았다. 그들의 지도자들은 그들의 일치가 프랑스어와 프랑스의 고유한 문화, 가톨릭 신앙을 존속시키는 데 달려있다는 것을 알고 있었다. 이 세 가지의 상호 침투가 오늘날까지 프랑스 캐나다인들의 특징이 되었고, 캐나다 국가의 두드러진 특징을 형성하였다.

캐나다는 프랑스 선교사들이 활동한 유일한 무대가 아니었고, 신 대륙의 유일한 가톨릭의 거점도 아니었다. 루이지애나는 프랑스의 식민지로서 출발하였고, 위태롭기는 하였으나 교회가 미시시피강 어귀에 굳건하게 확립되었다. 17세기와 18세기 동안 서인도제도는 미국의 본토보다 더 바람직한 식민지처럼 보였으나, 여러 섬 안에서 종교 활동은 계속 실망스런 결과를 안겨주었다. 여러 섬들은 주기적으로 유럽 열강들의 전쟁에 휘말렸다. 원주민과 정착민들도 군사적으로 충돌하였다. 이 중에서 가장 피해가 컸던 것은 가톨릭의 여러 수도회들의 알력이었다. 이를테면 도미니쿠스 수도회는 카푸친 수도회와 싸웠고, 예수회는 최원시회칙파와 싸웠고, 수도회 소속 수도사와 교구 사제 수도사가 서로 반목하였다. 이것은 프랑스 교회 안에서 선교 열정이 감소한 것과 관련이 있었다.

　이베리아 반도의 스페인과 포르투갈은 남미 지역을 독점하였다. 가톨릭 교회는 남단의 티에라 델 휘고에서 시작하여 대륙 전체를 가로지르고 중미를 거쳐 캘리포니아에 이르기까지 퍼져있었다. 그러나 비록 가톨릭 교회가 외관상 인상적이었다 하더라도, 사람들의 삶 속에 내린 뿌리는 얕고 위태로웠다. 브라질 교회는 포르투갈의 교회였다. 그밖의 다른 곳은 스페인의 교회였다. 17세기 중반까지 교회는 이미 신대륙에서 150년의 경험을 축적하였다. 급성장의 단계가 끝났고, 이 시기의 목적은 팽창보다는 현상 유지였다. 라틴 아메리카의 교회는 이중적 양상을 발전시켰다. 교구 제도가 대륙 전체에 걸쳐 완성되었다. 성직자의 위계 질서가 완성되었고, 거의 스페인의 형태를 따랐다. 주교의 수가 스페인 본국보다 턱없이 적었고, 교구는 때때로 광대하였고, 성직자의 수는 부족하기 일쑤였다. 건축 양식은 동일했고, 교회는 비록 성공하지는 못했지만 비슷하게 장엄한 분위기를 목표로 하였다. 결국 그들은 스페인 풍의 교회들이었고, 주로 스페인 사람들을 위해 봉사했다. 사제들은 비록 효과는 거두지 못했지만, 교구 안에서 원주민들의 종교적인 무관심에 침투해 들어가기 위해 노력하였고, 대도시 바깥 지역에서 가톨릭 전도의 불완전한 특성들이 심하게 드러났다. 거대한 지역들은 사실상 접근되지 못했고, 스페인 선교의 진취적 추진력은 사실상 멈추었다.

　그러나 선교 사역은 포기되지 않았다. 광대한 지역이 선교 영역으로 지정되었고 큰 수도회 특히 프란체스코회와 예수회가 선교 지역을 담당하였다. 라틴 아메리카 교회의 한 가지 특징은 예수회의 활기와 효율성이었다. 예수회는 주로 교육을 책임졌고, 하급 성직자들의 훈련을 전담하였다. 예수회의 내적 훈련은 엄격하였고, 예수회 수도사들은 양심의 지도자가 되도록 요구받았다. 예수회의 독창적인 선교 사역은 파라과이에서 "정착 마을"(reductions)을 조직한 것이다. 이것은 나라의 내륙에 있는 자급자족적인 공동체로서 약 40개 정도가 있었다. 이 공동체들은 1650년과 1720년 사이에 대단한 번영을 누렸다. 각 마을은 사각형 모양으로 건설되었는데, 인디언들의 집과 정원들은 세 측면에 짓고, 교회, 학교, 진료소, 가게는 네번째 측면에 지었다. 이 사역의 독창성은 이러한 편리한 토지 계획에 있는 것이 아니라 인디언들이 스페인 왕과 맺은 관계와 또 그들이 살아온 신정 정치적 온정주의를 정교하게 표현한 것에 있었다. "정착 마을"은 소유주가 없는 지역에서 건설되었다. 인디언들이 자발적으로 스페인의 통치에 복종하였기 때문에, 그들은 왕의 "직접적인 신민"들로 대우받았다. 그 결과 예수회는 완전히 자족적인 공동체를 발전시킬 수 있었고, 어떤 침입자도 이곳에 들어오지 못했다. 이 작은 세계 안에서, 모든 일상 생활은 세밀하게 규정대로 움직였다. 각 "정착 마을"은 보통 두 명의 사제가 있었고, 모든 공동체 생활은 그들의 통제를 받았다.

예수회의 실험을 혹평하고 반대하는 자들도 있었다. 초기에 "정착 마을"은 상 파울로 사람들이 지배하는 이웃 지역들의 직접적인 공격에 노출되어 있었다. 시간이 지나면서, 점차 이 폐쇄된 공동체가 외부 세계의 접촉을 받지 않고 남아 있는 것이 불가능하다는 것이 드러났다. 그들이 스페인 제국과 접촉하지 못하도록 무한정 막을 수도 없었다. 잉여 농산물을 시장에 파는 인디언들은 종종 거대한 도시의 매력으로 인하여 유혹을 받았다. 예수회의 성공은 그들에 대한 적대자들을 일으켰다. 유럽에서 예수회의 선교 방식에 대한 공격은 예수회에 대한 점증하는 비난의 일부가 되었다. 그들의 사역은 포르투갈과 스페인의 국경 분쟁에 의해 심각하게 훼손되었고, 결국 1767년 스페인 영토에서 예수회의 해체는 예수회의 파라과이의 실험에 재난을 초래했다.

극동 지역에서 기독교의 팽창은 꾸준하게 점진적으로 그 힘을 잃어 갔다. 열정적인 가톨릭의 확장기, 즉 초기 반동 종교개혁의 정열의 시기, 특히 성 프란시스 사비에르(하비에르, F. Xavier)와 그 동료들의 놀라운 사역의 시기는 끝나고 말았다. 개신교 선교가 급격하게 고조되어 밀려오고 있었다. 많은 지역에서 예수회가 성취한 터전이 상실되었다. 거의 모든 곳에서 여러 가톨릭 수도회들 사이의 치열한 경쟁으로 인해 선교의 진보가 방해를 받았다. 실제로 이 내적 반목은 슬프게도 반복적으로 17세기와 18세기 선교 역사에 침입해 들어왔고, 그 중의 하나 즉 "전례의 문제"(affair of the rites)는 몇 년 동안 유럽 전역을 괴롭혔다.

예수회는 중국에서 고무적인 발전을 이룩하였다. 그들은 황제의 신임을 얻었다. 그들은 과학과 천문학에 대한 전문적 지식으로 인해 지식층으로부터 존경을 받았다. 그들은 기독교가 지식인들의 마음을 얻을 수 있고 중국인들의 삶의 틀 안으로 기꺼이 융화될 수 있다고 확신했다. 당연히 이것은 어느 정도의 적응(accommodation)이 필요하였다. 우선 언어의 문제가 있었다. 이것은 기독교가 기존의 중국의 용어를 수용하고 "세례"를 주어 사용할 수 있을까 하는 문제였다. 보다 논쟁적인 것은 관습의 문제였다. 예수회는 공자를 위대한 윤리의 교사로 인정할 준비가 되어 있었고, 중국의 생활 양식과 결합된 일부 의식들, 예를 들면 조상에 대한 숭배 같은 것은 종교적이라기보다 사회적이고 반기독교적 의미가 없다고 주장했다. 이런 관례는 안전하게 실행해도 괜찮고, 중국 기독교의 체계 안으로 통합될 수 있다는 것이었다. 사소한 몇 가지를 조정하는 것은 중국 제국을 회심시킨다는 밝은 전망을 위해서 치러야 하는 작은 대가인 것 같았다.

다른 수도회 선교사들은 이 문제를 다르게 보았다. 도미니쿠스회와 해외 선교회의 사제들은 예수회가 이교도와 위험한 타협을 시도하고 있다고 정죄하였다. 예수회를 지지하는 자들의 말대로, 그들이 예수회의 성공을 시기하는 마음에서 비난한 것일 수 있으나, 어쨌든 그들은 로마에 호소하였다. "전례"의 문제는 바티칸뿐만 아니라 대부분의 유명한 유럽의 가톨릭 학교들 안에서 뜨겁게 토론되었다. 소르본느 대학은 논쟁에 휘말렸고, 여러 가지 의견이 찬반으로 나뉘어 충돌하였다. 일련의 결정을 통하여 로마 교황청은 예수회의 방식에 명확하게 반대하였다. 판결의 전달이 힘들고 느렸고, 그 결정의 실행은 파괴적인 결과를 초래하였다. 황제는 이러한 판결을 중국 문화에 대한 모욕이라고 보고 분노한 나머지 가톨릭에 베풀었던 모든 양보들을 철회하였고, 기독교 선교 사역을 사실상 중단시켰다. 예수회는 그들이 본래 얻은 성과와 이제 빼앗긴 전망을 가리키면서, 그들의 입장이 사건에 의해 정당화되었다고 생각했다. 예수회의 비판자들은 예수회가 항상 거짓된 희망으로 스스로를 기만하고 있고, 중국은 결코 신앙을 받아들일 의도가 없었고, 정직한 실패가 허울좋은 자기 기만보다 낫다고 주장했다.

제13 장

프랑스의 교회, 1715-89

루이 14세의 오랜 통치가 끝났을 때, 그의 후계자는 아직 어린 아이에 불과하였다. 분명 중요한 변화가 임박했고, 임종을 앞둔 왕은 그의 모든 국가 정책과 교회 정책이 뒤집어질지 모른다고 예견했다. 그는 그것을 막기 위해 계략을 꾸몄으나 실패하였다. 새 왕이 미성년인 동안 권력은 섭정의 수중에 들어갔고, 그의 관점과 목적을 살펴볼 때 오를레앙은 새 시대의 전형적 인물이었다. 그는 자신이 신학과 도덕에서 전통적인 "편견"으로부터 해방된 것을 자랑하였고, 공인된 전통과 단절하는 데 열심을 내었다. 그는 교회의 교리를 의심하였고 교회의 관습을 무시하였다. 그의 성격으로 인하여 그는 자연히 루이 14세의 절대주의에 반대하는 사람들이나 맹트농 부인에 의해 영감받고 지지받은 금욕적인 정부에 반대하는 모든 사람들의 지도자가 되었다.

섭정 시대는 초기에 정신적으로 자유로왔고, 적어도 방법적인 면에서 혁명적이었다. 이 시대는 광범위한 규모로 절대 왕정의 통치를 위원회(committee)의 통치로 대체하려고 시도하였다. 행정은 6개의 위원회가(후에는 7개의 위원회) 맡았는데, 교회 업무를 담당한 위원회는 파리의 대주교 드 느와이유(de Noailles)가 맡았다. 드 느와이유는 예수회의 교황권 지상주의(ultramontane) 정책에 반대하는 집단의 지도자였다. 이 실험은 실패하였다. 절대주의가 자유 체제가 필요로 하는 지도자를 양육시키지 못했기 때문이었다. 섭정은 교회 일에서 비국교도를 통제하기보다 그들을 격려하는 것이 더 용이하다는 것을 발견했다. 얀센주의자들은 루이 14세의 통치 마지막 몇 달 동안 가혹한 탄압을 받았다. 그가 죽었을 때, 얀센주의자들과 예수회의 싸움이 다시 되살아났다. 이때 갈리아주의도 다시 등장했다. 이 두 가지 문제는 고등 법원(parlements)의 권리와 권한에 대한 법적 문제와 관련이 있었다. 그리하여 몇 달 안에, 18세기 동안 프랑스의 종교적 삶을 혼란시킬 논쟁들이 나타났다.

교회 위원회(ecclesiastical council)는 곧 그 비효율성을 입증했다. 위원회는 얀센주의 논쟁을 해결하려고 노력하였으나 실패하였다. 교황의 대칙서 「우니겐티우스」(*Unigenitus*)에 대한 논쟁이 다시 불붙었고, 이 투쟁은 프랑스인들을 다시 한 번 분열시켜 서로 싸우게 하였다. 섭정은 당황했고 화가 났다. 그는 소란한 열광주의자들을 혐오하였고 이렇게 폭발하는 열정에 공감을 느끼지 않았다. 그는 이 여러 세력들을 장악하지 못했다. 볼테르는, 한편에 대부분의 주교와 예수회와 카푸친회가 있었고, 다른 한편에 소수의 주교와 나머지 프랑스 사람들이 있었다고 말하였다. 이 상황을 조정하기 위하여, 오를레앙은 교황의 수위권에 동조하는 지도자들에게 의지하였다. 종교적·헌법적 자유주의의 짧은 실험은 포기되었고, 섭정의 통치는 루이 14세만큼 절대주의적이고 자의적 통치가 되었다.

혼란하고 불안정한 상황에서, 두 사람의 성직자가 연속하여 권력을 잡고 18세기 전반의 나머지 기간 동안 프랑스의 국정을 통제하였다. 뒤부아(Dubois)는 그의 탁월한 정치적 능력으로 인해 출세하였다. 그는 교묘한 선동가였고, 수완과 타협에 능한 자였다. 그는 도덕적 기준이 허물어진 시대의 비도덕적 인물이었다. 그는 비록 나쁜 사제였지만, 프랑스에서 가장 부유한 교구의 대주교이고 로마 가톨릭 교회의 추기경이었다. 그 시대의 가장 뛰어난 일기 저술가인 생 시몽은 그를 혐오하였고 효과적으로 그의 이름에 먹칠을 하였다. 그는 "배신, 탐욕, 육욕, 야심, 감언이설 등의 모든 악들이 뒤부아를 다스렸다"고 하였다. 절대주의가 다시 등장하면서, 교황권 지상주의가 기반을 획득했고 뒤부아는 더 강한 편에 섰다.

추기경 플뢰리(Fleury)는 보다 훌륭한 인물이었고 더 성공적인 교역자였다. 멀리 떨어진 남부의 주교로 있다가 루이 15세의 가정 교사로 부름받은 후, 그는 섭정이 죽은 후에도 오랫동안 프랑스의 국정을 지도하였다. 그는 나라가 평화를 필요로 하고 있다는 것을 알았다. 그래서 해외에서 평화를 획득하고 국내에서 평화를 보장하는 것이 그의 정책의 일관된 목표가 되었다. 그는 위협적인 장애물에 직면하였다. 교회는 교회의 특권을 잃지 않을까 불안해 하였다. 그는 개혁자들이 도전하였던 세금 면제를 확인해 줌으로써 교회의 지지를 얻었다. 그는 프랑스인들의 삶을 괴롭혀 왔던 반(半) 종교적 논쟁을 단호하게 억누르기로 마음 먹었다. 가장 지속적인 논쟁은 얀센주의 논쟁이었고, 그의 가장 집요한 적대자들은 파리 고등 법원(Parlement of Paris)의 지도자들이었다.

얀센주의는 첫째로 종교적 이단이 되는 것을 그만두었고, 마음의 평정을 되찾았다. 그리고 로마의 간섭에 분노하고 프랑스의 내정에 로마의 영향력을 차단하는 데 열심을 내었다. 얀센주의는 비슷한 변형을 경험한 갈리아주의와 결탁하였고, 이 연합은 권력 투쟁에 참여한 사람들의 정치적 야망을 위해 탁월한 방패를 제공해 주었다. 교황의 칙서 「우니겐티우스」에 대한 논쟁이 계속되었다. 이 칙서의 적용을 반대하는 성직자들은 점점 탄압을 받았고, 1730년 이 칙서는 프랑스 법의 일부로 선언되었다. 그 결과 18세기 내내 판사들과 치열한 싸움이 벌어졌고, 이 싸움의 내용은 종교적이라기보다는 법률적인 것이었다.

그러나 파리의 고등 법원이 감당했던 역할을 살펴보기 전에, 먼저 종교적 세력으로서 얀센주의가 변질된 모습을 관찰하는 것이 필요하다. 박해는 종종 희생자들 안에 히스테리적 증세를 일으키는데, 얀센주의자들은 수년 동안 박해를 받아왔다. 18세기 초, 얀센주의자들 중 극단적인 사람들은 도가 지나친 방향으로 나아갔다. 그들은 방언을 하였고, 기적을 행하는 능력을 주장하였고, 묵시론적 예언의 빛으로 조명된 세계에서 살았다. 진지한 젊은 얀센주의자가 생 메다르가 공동 묘지에 묻혔고, 파리 사람들은 그의 무덤이 기적적 치유의 장소가 된 것을 보고 깜짝 놀랐다. 1732년 정부가 개입하여 공동 묘지를 폐쇄하였고, 파리의 재사들은 다음과 같은 유명한 말을 만들어냈다.

> 왕명으로, 하나님께 금지 명령을 내리기를
> 이 곳에서 기적을 행하는 것을 금하노라 하였도다

그러나 열광은 왕명으로 억압될 수 없었고, 그 다음에 이상한 경련 현상으로 분출하였다. 이 극단적인 사람들은 무서운 자기 고행을 통해 광란의 상태에 들어간 후 예언도 하고 기적도 행하였다. 식견이 있는 얀센주의자들은 그들을 비판하였고 경찰도 혹독하게 그들을 탄압하였으나, 40년이 지난 후에도 디드로는 그들을 조롱하고 공격해야 하는 것이 필요하고 유익하다고 생각했다. 보다 정통적 형태의 얀센주의는 일부 수도원과 지방 교구에 남아 있었고, 수도원장 그레그와르의 인격 안에서 보여지듯이 혁명 기간에도 죽지 않고 남아 있었다.

18세기 중반, 종교적 문제가 왕실과 고등 법원이 주요 당사자이고 얀센주의, 갈리아주의, 예수회가 부수적 요인으로 참여한 싸움에 휘말렸다. 당시 중대한 현안 중의 하나는 국민이 충성을 바치는 정치적·사법적·교회적 권위 사이에 어떻게 올바른 세력 균형을 도모하느냐 하는 것이었다. 절대주의 왕권은 다른 모든 권위들을 흡수하겠다고 위협했고, 전통적 특권의 옹호자들은 대경실색하였다. 삼부회(States-General)는[1] 1614년 이후로 소집되지 않았고, 파리 고등 법원은 그 틈을 뚫고 들어가려고 시도하였다.

파리 고등 법원은 정치적 역할을 수행하는 것을 열망하였고, 그 항의권

---

1) 삼부회(States-General)는 영국 의회와 기원이 비슷하고 한때 영국 의회와 성격과 기능이 유사한 대표제 기관이다. 한편 고등 법원(parlement)은 소송 사건에서 최고의 권위를 가진 상설 법정이다. 원래 하나의 고등 법원(파리 고등 법원)이 있었으나, 법 집행의 필요성 때문에 몇 개의 지방 고등 법원을 세웠다. 고등 법원은 그들의 법률적 기능 외에도 정치적 권한이 있었다. 그들은 국가와 관련된 중대한 정책을 결정하는 데 참여했고, 자신들을 국가의 근본적 법률의 수호자로 간주하였다.

을 왕권을 효과적으로 통제하는 것으로 변화시킴으로써 이 목적을 달성하기를 희망했다. 얀센주의에 관한 논쟁은 고등 법원에게 저항과 간섭을 위한 중요한 구실을 제공해 주었다. 대부분의 고등 법원 판사들은 얀센주의에 공감하고 갈리아주의적 태도를 갖고 있었다. 얀센주의처럼 갈리아주의도 중요한 방식으로 수정되었다. 그것은 왕과 교황의 관계에 따라 변화되었고, 특히 국가의 성직자와 로마의 교황의 관계를 통제하는 (평신도 법률가 집단인) 고등 법원의 주장에 의해 영향을 받았다. 고등 법원은 교황의 결정은 왕의 승인 없이는 프랑스에서 공표될 수 없다는 입장을 세웠고, 왕의 승인은 고등 법원 자체에 의해 검토되어야 한다고 주장했다. 18세기에 고등 법원은 성만찬이 어떤 조건에서 집행되고 보류되어야 하느냐 하는 것 같은 순전히 영적인 문제를 처리할 능력이 있다고 선언하였다. 그리하여 교회적 차원의 갈리아주의가 정치적 차원의 갈리아주의와 복잡하게 섞이게 되었다. 본래 순수한 신앙의 동기에 의해 영감을 받은 운동이 서서히 세속화되어 갔다는 것이 바로 18세기의 특징이었다.

그리하여 권력 투쟁에서 왕실은 파리 고등 법원과 충돌하였다. 왕실은 예수회와 동맹을 맺었고, 파리 고등 법원은 사회 각 분야의 얀센주의자와 갈리아주의자들에게 호소하였다. 그러나 그 양상은 이렇게 단순하지 않았다. 루이 15세는 이러저러한 문제들에 대해 단호하게 대처할 의지가 부족하였다. 만일 그가 고등 법원을 추방한다 하더라도, 그는 곧 후회하고 파리로 돌아오도록 허락할 것이다. 왕의 동요는 그의 조치의 효력을 떨어뜨렸다. 그의 태도는 항상 측근들의 의견에 따라 바뀌었다. 심지어 왕이 함께 이야기한 적이 없는 사람에 의해서도 변하였다. 왕실의 드 퐁파두르 부인은 처음에 예수회를 혹독하게 비판하였고 그들의 정책에 강력하게 반대하였다. 그러나 그녀는 견해를 바꾸어 예수회 사제를 그녀의 고해 신부로 받아들였고, 왕에게 예수회를 호의적으로 대하도록 영향을 주었다.

상황이 결정적으로 예수회에게 유리하게 작용하였다. 그들은 지속적으로 일련의 승리를 거두었다. 볼테르가 프랑스 학술원에 가입하고자 할 때, 그는 예수회의 지지를 받는 것이 편리하다고 판단했고, 볼테르가 예수회를 옹호하여 쓴 편지는 문학적 성숙도에 특별히 관심이 없던 시대에 가장 이상한 문서 중의 하나이다. 드디어 예수회는 적대자들에게 결정적인 타격을 가할 만큼 충분히 안전하다고 생각했다. 그들은 칙서 「우니겐티우스」를 받아들이는 사제에게 고해성사 하지 않은 사람은 종부성사를 받을 수 없다는 판정을 확보하였다. 파리에는 얀센주의를 충실히 따르는 교구들이 많이 있었고, 임종의 자리는 꼴사납게 언쟁하는 자리가 되고 말았다. 고등 법원은 강력하게 반발하였고, 위의 결정의 시행을 금지시켰다. 수도에서 격렬한 동요가 일어났다. 국민들은 고등 법원을 지지하였고, 왕은 소요를 진정시키고자 「우니겐티우스」에 대한 모든 논의를 금지시켰다. 금지령은 효과가 없었다. 왕은 당황했고 갈팡질팡 하였다. 그는 고등 법원 판사들을 추방하였다. 그 결과 성직자들의 평판이 땅에 떨어졌다. 다르장송은 "종교의 교역자들이 거리에 나설 때마다 공공연한 항의를 받았다. 이 모든 것은 「우니겐티우스」와 고등 법원의 치욕 때문에 일어난 일이었다"하고 기록하였다.

그러나 예수회는 인내하면 승리할 수 있다고 확신했다. 그들은 왕을 설득하여 고등 법원을 오지로 추방시켰고, "왕립 사법부"(Royal Chamber)를 만들어 고등 법원을 대신하여 그 기능을 수행하게 하였다. 그들은 「우니겐타우스」를 거부하는 자들에게 성례의 위로를 박탈하는 운동을 강화하였다. 국민들의 감정이 너무도 격앙되어서, 예민한 관찰자들은 사회적·종교적 혁명 일보 직전이라고 믿었다. 일촉즉발의 충돌은 가까스로 피해 갔다. 루이 15세는 안절부절 못하고, "왕립 사법부"를 해산하였고, 고등 법원을 다시 불러들였다. 고등 법원은 돌아왔지만 타협할 기분이 아니었다. 고등 법원은 즉시 지위고하를 막론하고 교회의 모든 성직자들이 신앙의 규범의 권위로 「우니겐티우스」를 따르는 것을 금지하였다. 당분간 이것은 이 논쟁적 문서의 중요성을 파괴한 것 같았으나, 그것은 끊임없는 논쟁의 대상이 되었고, 7년 전쟁의 치욕이 프랑스에게 닥쳤을 때 루이 15세는 이 칙서를 교회법의 일부로 받아들이라고 명령하였다. 국민들이 다시 한 번 분노하였다. 왕의 생명을 노리는 시도가 있었고, 예수회와 얀센주의자들에게 혐의가 돌려졌다. 새 금지령은 종교 정책에 대한 공격을 금지하였으나, 순간적인 단호함은 다시 흔들렸다. 마침내 1757년 어느 누구도 「우니겐티우스」를 공적으로 언급해서는 안된다는 법령이 선포되었다.

이 유명한 칙서는 반 세기의 상당 부분 동안 프랑스의 공공 생활을 끊임없는 소용돌이에 휘말리게 했다. 그것은 논쟁의 빌미가 되었고, 열렬한 충성과 지독한 혐오의 대상이 되었다. 그것은 예수회의 야망과 동일하게 간주되었고, 예수회에 대한 반감이 계속 고조되었다. 유럽의 주요한 가톨릭 법원에서 그들의 우세한 지위는 격렬한 반감을 야기하였고, 그들의 계속적인 정치 개입은 그들에 대한 반대를 강화시켰다. 18세기 중엽 나라마다 분노의 물결이 일어났다. 수도회가 전복되는 이야기는 다음 장(14장)에서 기술될 것이다. 한 가지만 언급하면, 프랑스에서 예수회의 몰락의 계기는 상업적 손실에 관한 소송 사건이었다. 그러나 그 길은 이미 얀센파와 고등 법원을 상대로 한 끊임없는 투쟁에 의해 준비되었다. 반면 점증하는 새로운 철학의 영향력은 예수회에 불리한 방향으로 작용하였다. 이렇게 깊은 긴장 가운데서 「우니겐티우스」에 대한 투쟁은 단지 표면적 현상일 뿐이다.

18세기의 프랑스 교회는 이 시기의 정치적·헌법적 투쟁에 휘말렸다. 교회의 특권은 너무나 광범위하고 교회의 영향력이 미치지 않은 곳이 없었다. 이 시대의 논쟁들은 교회의 신앙에 도전하였고, 교회의 사상을 변형시켰다. 그러나 이 시대의 역사에서 교회의 중요성은 다른 곳에 있었다. 프랑스 교회는 그 구조와 생활 면에서 절대주의 시대의 많은 특징을 집약적으로 보여주었다. 다른 어떤 교회보다 더 심하게 프랑스 교회는 새로운 시대를 동트게 한 혁명 세력에 의해 직접 도전을 받고 결국 변형되었다.

로마 가톨릭 세계에서 프랑스 교회는 의심의 여지 없이 최고의 자리를 차지하고 있었다. 숫자가 역할을 보증하는 것은 아니지만, 프랑스 교회는 수적으로 서유럽의 다른 어느 교회보다 월등히 많았다. 지성적 활기와 영적 활력의 전통은 프랑스 교회의 독특한 특징이었다. 18세기는 과거의 표준을 넘어가지도 못하고 심지어 유지하지도 못하였으나, 프랑스 교회는 다른 나라 교회가 가질 수 없는 우월함을 갖고 있었다. 교회와 수도회의 어마어마한 숫자는 프랑스인의 삶에서 교회의 탁월함을 조용하게 도처에서 일제히 증명해 보였다. 교회는 거의 13만명의 교역자를 갖고 있었고, 그들의 생계를 위해 몇 세대 동안 축적해 온 거대한 재산에 의존했다. 거대한 부가 교회의 유일한 특권은 아니었다. 많은 교회의 고위 성직자들은 이에 어울리는 봉건적 지위를 갖고 있었다. 주교는 종종 세속 영주였고, 종교의 권력과 세속의 권력이 긴밀하게 혼합되었다. 더욱이 교회는 일부 특별한 특권을 주장했다. 교회는 최고의 권위를 인정받았고, 왕국의 첫번째 신분을 구성하였다. 공적 예배를 인도하는 것은 교회의 독점적 권한이었다. 1685년 낭트 칙령을 철회하는 칙령은 지금까지 누려왔던 개신교의 권리를 박탈하였다. 18세기는 반(半) 관용적 태도와 예견할 수 없는 억압의 분출이 교대로 나타났으나, 로마 가톨릭이 프랑스의 공식적 종교, 특혜를 받는 종교라는 것은 의심의 여지가 없었다. 일부 지역에서 가톨릭 교회는 배타적 사법권을 갖고 있었다. 교회의 특권 중 가장 심하고 많은 사람을 화나게 한 것은 세금의 면제였다.

교회의 책임은 교회의 특권만큼이나 광범위하였다. 교회의 영향력은 모든 영역을 다 포함하였고, 모든 구석 구석의 삶과 연결되어 있었다. 출생, 사망, 결혼 같은 시민의 모든 행동이 교회의 통제 아래 있었다. 공공적 양심을 형성하고 여론을 형성하는 교회의 권한은 도전을 받지 않았고, 왕의 신하들은 공공연하게 이신론적 견해를 갖고 있을 때에도, 성직자를 사람들에게 정부의 정책을 우호적으로 전달하는 정상적인 매체로 간주하였다. 교회는 모든 형태의 자선 활동을 전개하였다. 교회는 모든 병원과 진료소와 빈민구호소를 운영하였다. 교회는 사실상 교육을 완전하게 통제하였다. 그러나 교회는 심각한 비판을 받지 않을 만큼 충분하게 효과적으로 이러한 의무들을 실행하지 못했다. 공적인 봉사는 의도는 좋았으나 계획과 조직이 없이 이루어졌다. 교회의 교육 프로그램의 전제들이 공개적으로 도전을 받았고, 그 수준이 너무 미흡하다는 비판을 받았다. 확실히 프랑스 대혁명이 프랑스인의 삶의 모든 영역을 조사하였을 때, 국민 대다수가 문맹이라는 사실이 드러났다. 여기서 교회의 교육이 부실했다는 것이 분명하게 입증되었다.

비판자들은 교회가 이 의무들을 잘 수행할 수 있는 넉넉한 자원이 있음에도 불구하고 이 의무를 형편없이 수행했다고 주장하였다. 의심할 바 없이 교회는 부유하였다. 프랑스의 많은 땅이 교회의 수중에 있었다. 일부 가난한 남부 지방에서 교회의 소유지는 겨우 4%였으나, 북부 교구에서 피카르디는 30%, 캉브레시는 60% 이상이었다. 당시의 통계가 종종 정확한 양을 은폐하였기 때문에, 교회의 정확한 수입을 판정하기는 어려운 일이다. 오늘날 일부 전문가들은 교회의 수입을 6천만 리브르라고 추정하고, 다른 이들은 이것의 3배로 평가한다. 불만의 요소는 교회의 막대한 재산이 아니라 이 부에 대한 면세 특권이었다. 왕국의 재정 상황이 악화되면서, 교회가 국가적 부담의 정당한 자기 몫을 받아들이는 것을 거부하는 태도는 점차 참을 수 없게 되었다. 교회가 자발적으로 왕실의 재정에 지원금을 기부한 것은 사실이지만, 이것은 교회의 막대한 부나 나라의 절망적 상황에 비교해 볼 때 턱없이 모자라는 것이었다. 교회는 최고의 특혜를 누렸고, 단호하게 양보를 거절하였다. 혁명 전야에 상황이 위험스럽게 되었을 때, 당시 제1 장관이었던 추기경 로메니 드 브린느는 그의 동료 성직자들에게 당장의 필요를 채울 만한 기금을 내자고 제안하였다. 이에 대한 반응으로 동료 성직자들은 그가 요청한 액수의 4분의 1을 제공하였다. 교회는 적절하게 봉사를 실행하지 못하였고 또 봉사에 의해서만 정당화될 수 있는 특권을 교회가 계속 보유하겠다는 이러한 결정은 여러 지역에서 교회에 대한 적개심을 악화시켰다.

이러한 문제에 대한 교회의 태도는 교회의 특징과 구조를 고려할 때만 이해할 수 있다. 권력은 고위 성직자들의 수중에 있었고, 많은 주교들은 더 이상 기독교 공동체의 이상이 용인할 수 있는 어떤 유형과도 일치하지 않았다. 물론 일반화는 쉬운 만큼이나 위험스럽다. 예외 없는 규칙은 없으므로, 성직자 계급 전체를 비난하는 것은 부당한 일이다. 양심적으로 주교직을 감당하고 신실하게 양떼를 목회한 주교들도 있었고 일부는 사도적 단순성과 진실성을 가진 삶을 영위하였다. 그러나 이들은 보통 가난하고 먼 교구를 맡았다. 확실히 그들은 공적 관심을 끌고 구 제도(ancien regime) 아래에서 교회의 특징을 결정하는 사람들이 아니었다.

특권을 누리는 주교들은 대개 부재 성직자였다. 많은 주교들이 자기의 교구를 가능한 한 방문하지 않았다. 일부 주교는 교구 사람들에게 한 번도 나타나지 않았다. 한 냉소적인 사람은 주교들을 수도로 몰려가게 하는 것은 지루함이라고 하였다. 확실히 부유한 주교들은 궁중 이외의 장소에서는 그들의 막대한 수입을 쓸 기회가 없었다. 만일 그들이 호사스런 지출을 기꺼이 줄이고자 했다면, 교회가 무시한다고 비난받은 자신의 임무들을 더 적절하게 이행하였을 것이지만, 그러한 변화는 관점의 혁명을 전제로 하는 것이다. 많은 고위 성직자들은 10만 리브르 이상의 수입을 올렸고, 더 많은 특혜를 받는 성직자들의 수입은 이보다 2배 심지어 4배나 되었다. 이 수치들은 다른 성직자들의 봉급과 비교해 보지 않으면 의미가 없다. 오지의 교구에서 근무하는 어느 주교는 7천 리브르를 받았고, 300리브르가 사제가 받을 수 있는 법정 최소 봉급이었다. 부유한 주교들은 호화로운 수입을 가지고 세속 군주처럼 살았다. 그들은 궁정의 기준들을 아무런 이의없이 받아들였고, 그들도 궁정의 일부가 되기를 열망하였다. 그들은 당시 절대주의에 대한 아부를 묵인했고, 교회가 세상에 예속되어 있는 것에 만족해 하는 듯했다. 그들은 사회에 만연되어 있는 경망스러운 태도에 순응했고, 적절하다고 생각하는 생활 수준을 유지하기 위해 세속적으로 될 뿐만 아니라 탐욕스럽게 될 수밖에 없었다.

이 주교들은 성직에 대한 불신을 초래한 책임이 있는 사람이었다. 주교 제도의 성격에서 진지한 변화가 없었다면, 그들의 태도는 결코 세상의 신용을 얻지 못했을 것이다. 보쉬에와 페늘롱의 시절에, 강단에서 학문적 탁월함과 뛰어남은 아직도 주교에게 적당한 특징으로 인정되었다. 설교강단의 힘이 현저히 약화되었고, 이것은 점차 주교직을 귀족에게 국한시키는 경향과 일치하였다. 혁명 직전에 130명의 주교 중 한 사람만이 평민 신분이었다. 사실 교구는 귀족의 자제들에게, 특히 탈레랑처럼 신체 장애로 인하여 더 좋은 공직에 나아갈 수 없는 자들에게 제공되는 자리로 인정되었다. 그 결과 필연적으로 고위 성직자들에 의해 대표되는 교회는 점점 더 일반 백성들로부터 유리되었다.

모든 세속적 주교들이 경망스럽고 무익한 삶을 산 것은 아니었다. 일부 주교들은 정치가처럼 행세를 하였고, 그 당시 어떤 사람은 주교를 두 가지 부류, 즉 "성만찬을 집행하는 주교"와 "지역을 다스리는 주교"로 분류하였다. 탈레랑은 "프랑스의 성직자들은 참으로 경건한 사람, 행정가로서 뛰어난 사람, 오로지 세속적이고 나르본느의 대주교처럼 기꺼이 성직의 속성을 버리고 대귀족으로서 사는 사람들로 구성되어 있었다"고 말하였다. 그러나 나르본느의 대주교는 뛰어난 행정가로서 불굴의 의지로 무역을 장려하고 농업을 개량하며 습지에 배수 시설을 갖추고 길을 닦고 수로를 만들었다. 그는 또한 계몽 사상을 지녔다고 자부하고 필로조프(philosophes)로 행세하는 전형적인 인물이었다. 추기경이고 스트라스부르그의 대주교인 로한(Rohan)도 비슷하게 생각이 해방된 사람이었다.

샹포르는 이렇게 말하였다. "사제는 조금 믿어야 한다. 그렇지 않으면 위선자로 생각될 것이다. 그러나 그는 그의 믿음에서 너무 진지해서는 안된다. 그렇게 않으면 사람들은 그를 관용이 없는 자로 부를 것이다. 종교가 공격을 받을 때, 주교 대리는 미소를 지을 수 있고, 주교는 크게 웃을 수 있고, 추기경은 정중하게 동의할 수 있으면 좋겠다" 하였다. 이러한 말은 많은 부분에서 과장된 것이지만, 일말의 진실보다 더 많은 진실을 갖고 있다. 그 시대의 정신은 필연적으로 비신앙적 동기로 교회에 오는 사람들에게 영향을 주었다.

추기경 로메니 드 브린느는 동시대의 주요한 사상가들의 환호를 받기 위해 당시 철학을 받아들였다. 그가 파리 대주교의 자리에 천거되었을 때, 루이 16세는 "안 돼오. 파리의 대주교는 최소한 하나님을 믿어야 하오" 하고 반대하였다. 신앙이 냉담해지고 종교적 소명 의식이 약화되었을 때, 일부 주교들이 야심과 음모로 가득 찬 삶을 사는 것은 당연했다. 유혹이 아주 컸는데, 이는 그 자리가 휘황찬란한 것이기 때문이었다. 어떤 주교들은 국가의 고위직을 추구하고 또 차지하였다. 다른 주교들은 조금 덜 명예스러운 자리를 획득하였다. 로메니 드 브린느와 탈레랑은 첫번째 부류이고, 추기경 로한은 두번째 부류였다. 로한은 실제 악명 높은 "다이아몬드 목걸이" 일화의 중심 인물이었다. 이것은 당시 교회의 최고위층이 프랑스의 왕비를 유혹하려고 했다는 것을 보여주었기 때문에 사회에 큰 충격을 준 사건이었다.

교회의 악습은 고위 성직자들이 급속도로 신앙에 무관심하고 냉담해진 계층과 밀접하게 연결되어 있었다는 사실로부터 발생하였다. 당시 사회의 풍조들이 부지불식간에 교회에 침투하였다. 자기 의무를 성실하게 수행하고 공익에 헌신했던 모범적인 주교들도 종종 그들의 지위에 연연하였고 또 조금씩 그들의 신앙에 대해 변명하였다.

수도회는 고위 성직자와 교구 사제들 사이의 중간적 위치를 차지했다. 지역 사회에서 그들의 위치는 점차 쇠퇴하였다. 대수원장들(abbés)은 수도원의 수입들을 다 차지하였지만 수도원의 삶에 참여하지 않았고, 수도로 몰려들어 세속적 삶을 사는 것을 좋아하였다. 수도사들 사이에서도 도덕 수준은 낮았다. 그들은 그들의 삶의 방식에 쏟아지는 점증하는 비판들을 의식하고 있었다. 필로조프들에게, 수도사들은 무지몽매한 과거에 의해 유산으로 남겨진 미신들의 집합체였고, 그러한 공격은 수도사적 삶에 분명한 소명 의식이 없던 자들의 확신을 흔들었다. 1765년 생-제르맹-드-프레의 교육 수준이 높은 28명의 수도사들은 그들의 품위를 떨어뜨리는 옛 습관을 없애 달라고 요청하였다. 수도원에서 내면의 훈련은 종종 느슨해졌고, 해악이 증가하였다. 극단적인 경우에는 수도원의 기준들이 사실상 포기되기도 하였다. 성무 일과(canonical hours)가 지켜지지 않았고, 방문객들이 마음대로 들어왔고, 수도사들은 세상을 즐기고자 제멋대로 수도원 밖으로 나갔다. 우리는 당시 수도원에서 남녀 혼성 파티, 호화스러운 연회, 가면 무도회에 대한 기록들을 읽을 수 있다.

수도사들은 감소하였다. 해마다 수도원을 찾는 신입 회원의 수가 줄어들었다. 수도원의 평균 수도사 수는 7명 내지 8명으로 떨어졌다. 한때 수도 원적 삶의 중심지였던 유명한 대수도원들도 손가락으로 셀 수 있을 정도 의 수도사들을 갖고 있었다. 랑포르 수도원은 6명, 몽-생-미셸 수도원은 5 명, 익그니 수도원은 4명, 쥐비니 수도원은 3명이었다. 발크로아상의 유일 한 거주자는 농부 한 사람이었다. 일부 수도원과 수도회는 다른 곳보다 영 향을 덜 받기도 하였으나, 샤르트르의 생-피에르 수도원장은 많은 사람을 대표하여, "우리는 우리의 옛 자아의 그림자에 불과하다"고 고백하였다. 그 러나 수도원들은 외부 세계의 간섭이 없이는 축소되지 않았다. 로메니 드 브린느의 지도 아래 위원회가 조직되었고, 이 위원회는 극약 처방을 내렸 다. 개혁이 필요하다는 입장에서 이 위원회는 500여개의 황폐화된 수도원 건물을 폐쇄하였다. 그것은 불필요하다고 판단되는 수도회들을 해산하였 고, 수도 서약을 할 수 있는 연령 제한을 높였고, 소명 의식을 상실한 수도 사들의 환속을 수월하게 해 주었다. 그러한 프로그램은 훈련 규율을 회복 하는 데 실패하였고, 다만 광범위하게 무관심한 자들의 열망을 강화시킬 뿐이었다. 여자 수도원들은 상대적으로 시대의 물결에 영향을 덜 받았으 나, 전체적으로 침체되어 가고 있었다.

고위 성직자와 하위 성직자 사이의 분열의 골은 깊었고 대부분 건널 수 없는 것이었다. 본래 그들은 서로 상반된 관점과 생활 양식을 갖고 있 었다. 주교들의 악습은 그들의 덜 유복한 형제들에게 가혹한 부담을 주었 다. 마을의 사제가 겸손한 헌신과 청빈의 덕의 모범으로 존경받는다고 감 상적으로 다루어지는 것은 별로 위로가 되지 못했다. 의심의 여지 없이 많 은 사제들은 극도로 가난하였다. 18세기 말 정부가 마침내 조치를 취하여 교회로 하여금 지방 사제들에게 최저 생계비를 주도록 강제하였다. 이 일 에서 주도권은 전적으로 평신도들의 재원에서 나왔고, 교회 당국은 개혁에 열의를 보여주지 않았다. 사제들은 평민 출신이었고 평민들과 친밀한 접촉 을 유지했다.

시간이 흐르면서, 사제들이 고위 성직자들과 점점 더 소외되었고, 그들 사이에 민주적이고 거의 혁명적인 정신이 나타났다. 이 민주적 정신은 초대 교회의 두드러진 특징인 평등에 더 많이 호소함으로써 더 강화되었다. 이 민주적 정서의 영향은 무시할 수 없다. 하위 성직자의 수, 그들의 주장의 정당성, 헌신적 신앙, 목회적 열정 등 이 모든 것은 그들의 당시 악습들에 대한 비판에 비중을 실어주었다. 그러나 그들은 즉각적인 개혁을 이룩하지 못했다. 하위 성직자의 지위는 여전히 변화되지 않았다. 그들은 교회의 정치에 참여할 수 없었고, 교회의 일에서 발언권도 없었다. 사실상 그들은 고위 성직자들의 아랫 사람이었고, 그들의 거만한 상급자들에 의해 경멸을 받았다. 그러나 그들의 저항은 미래에 중요하게 되었고, 혁명 운동에서 열매를 거두었다. 프랑스의 유명한 역사가 사니악(P. Sagnac)은 교회 내의 반목은 사실상 내전의 상태로 악화되었다고 주장했다. 하위 성직자들의 공격적 태도는 그들의 혐오스러운 지도자들에 대한 저항을 준비하는 것이었다. 주교들은 봉인장(lettres de cachet)으로 비판자들을 진정시켰으나, 이것은 진정한 불만에 대한 영구적인 해답도 효과적인 해답도 아니었다.

이렇게 분열된 교회는 점점 더 많은 공격에 노출되었고, 교회는 이 공격을 견딜 수 없었다. 교회의 신앙의 확신과 영적 삶의 질은 시대의 세속적 정신에 의해 부식되었다. 교회는 사회적으로 행정적으로 재정적으로 긴급하게 개혁될 처지에 놓여 있었으나, 시대가 요구하는 변화를 내부에서 일으킬 의지도 힘도 없었다. 교회는 그 적대자들에게 이미 인질을 주었고, 그들의 수중에 들어갔다. 성직자 사이의 분열은 그 비판자들을 향해 공동 전선을 펼치지 못하게 방해했다. 이것은 필로조프들에게 기회를 주었고, 그들은 호기를 잡았다. 그들이 이렇게 획득한 전술상의 이점은 대중들의 예수회에 대한 증오에 의해 더 강화되었다. 새로운 사상의 지도자들만이 로욜라의 제자들을 혐오한 것은 아니었다. 다른 수도회, 교구 사제들, 법률가들, 부르주아들이 모두 예수회에 대해 반감을 갖고 있었고, 반면 예수회는 교회의 가장 공격적인 도구였다.

한 가지는 분명하다. 즉 성직자의 영향력이 약해지고 있었다는 점이다. 신학에 대한 관심이 신학을 연구하는 자들 사이에서도 약해졌다. 과학과 인문학이 더 많은 관심을 받았고, 교의학과 성경 연구는 별로 관심을 받지 못했다. 성직자는 여전히 계몽의 원천이고 고상한 품위의 원천으로 남아 있었다. 볼테르는 교회에 대한 강한 혐오감에도 불구하고 그만큼은 인정하였다. 그러나 성직자들의 교리는 필로조프들에 의해 비판받았고, 그들의 특권은 경제학자들에 의해 공격받았고, 18세기의 대부분의 지적인 사람들은 이 두 가지 태도 중 하나를 택하였다. 이러한 도전에 직면하여 성직자들은 자신이 없고 무능했고, 너무나 자주 자기 영역을 적들에게 넘겨 주었다. 성직자들은 17세기 번성했던 논쟁가들과 비교할 수 있는 논쟁가의 반열에 끼지 못하였다. 교회는 지적인 사람이 부족하지는 않았으나, 그들은 그들의 은사를 신학적 논쟁에 사용하기를 거절하였다. 더욱이 널리 퍼진 프리메이슨의 영향력이 이전에 사람들이 교회에 의존하였던 욕구를 채워 주었고, 아마도 많은 사람들의 마음에서 가톨릭 교회의 힘을 약화시켰을 것이다.

프랑스 혁명 직전에 프랑스 교회의 영향력이 거의 없어졌다고 주장하는 것은 잘못이다. 신앙 생활은 활기를 띠고 그런대로 지속되었다. 비판의 목소리가 점점 강해지고 있었지만 항상 적대적인 것은 아니었다. 그러나 교회의 결점과 의무의 불이행은 점차 가차없는 비판을 받게 되었다. 중산층의 점증하는 분노는 구 제도의 모순에서 그 구실과 정당성을 발견하였다. 농부들은 낡아빠진 특권의 부담 때문에 말로 표현 못할 좌절감에 사로잡혀 있었다. 당시 문학이 사회 전역에 유포한 신 사상은 전국적인 동요를 한층 더 강화하였다. 야심있는 평민들은 더 많은 자유를 요구하였고 프랑스의 삶에 더 온전하게 참여하겠다고 주장했다.

성직자들은 이런 열망을 지도할 준비가 되어 있지 않았고, 구 제도에 너무 깊이 붙어있었다. 그러나 그들은 평민들의 열망을 막을 수가 없었다. 일부 고위 성직자는 새 시대의 대변인인 양 행세하였기 때문에, 교회가 그렇게 끈질기게 오랫동안 붙어있던 특권들의 옹호자가 될 수 없었다. 그들은 개혁을 주장하고 있는 하위 성직자들과 하나가 되려고 시도하지도 않았다. 나라가 혁명의 위기를 향해 나아갈 때, 교회는 과거의 권리 주장과 미래의 요구 사이에서 마비 상태가 되어 있었다. 혁명 초기에 지도층 성직자들은 새 시대의 필요를 원하지 않는 것이 아니라는 입장을 보였으나, 온건한 제안의 시기는 짧았다.

혁명 운동의 지도자들은 자신들의 배후에 가공할 만한 예측 불허의 세력이 있다는 것을 발견했다. 바로 막 깨어나 훈련되지 않은, 지금까지 눌려 있던 계층들의 열정이었다. 온건한 개혁은 과격한 공포 정치에 의해 물건너가 버렸고, 생존한 교회는 역경을 통하여 단련되었고 가난에 익숙하여졌고 고난을 통하여 순수함을 회복하였다.

제 14 장

계몽 군주 시대의 교회와 국가

18세기는 계몽 군주의 시대였다. 교회와 국가의 관계는 특별한 형태를 띠었고, 이에 기초한 교회의 역사는 주로 새로운 왕의 책임 개념에 대해 교회가 반응을 보인 기록이었다.

중부 이탈리아에 넓게 걸쳐있는 교황령은 유럽의 정치 구도에서 독특한 위치를 차지하고 있었다. 여기서는 국가가 교회이고, 교회가 국가였다. 그 통치자는 다른 군주들과 영적 관계뿐만 아니라 세속적 관계도 맺고 있었고, 이로 인하여 그는 종종 일종의 압력에 종속되어야 했다. 교회와 국가의 일반적 유형을 고려하기 전에, 우리는 이 규칙에 대한 예외를 검토하여야 한다.

많은 동시대인들은 교황의 국가에 대해 아주 비판적이었다. 그들은 어떤 영역도 이것만큼 후진적이고 미개하고 성직자 중심적이고 미신적인 것은 없다고 말했다. 교황령은 오토만 제국을 제외하고는 유례가 없을 정도로 교묘하게 약하고 정체된 모습을 보였다. 부분적으로 이것은 자의식이 계몽된 시대에 공인된 유일한 신화였다. 모든 과장이 그러하듯이, 그것은 진리의 요소를 보유하고 있다. 교황령의 통치자는 대개 나이가 많았고, 욕심많은 친척들에 의해 둘러싸여 있었다. 교황의 업무는 일 처리가 늦었고, 개별 경쟁자들에 의해 복잡하게 꼬였고, 상충하는 이해 관계에 의해 좌절되었다. 주요 행정가들은 경제 이론보다 교회법에 정통한 성직자들이었다. 지도부는 일관된 정책이 없었고 어느 단계에서도 상상력 있는 방향 제시가 없었기 때문에, 무역은 쇠퇴하고 생활은 더 빈곤해졌다. 그러나 다른 면도 있었다. 마비 상태가 아직 파괴하지 못한 것을 부패가 붕괴시켰다고 우회적으로 말하는 것은 공정하지 못하다. 교황의 궁정은 서두르지 않는 능력으로 유명했다. 사회는 단조로운 무감각에 빠지지도 않았고, 지적 관심이 쇠퇴하지도 않았다.

어느 누구도 교황 국가의 어려움을 덮어 두려는 유혹을 받지 않았다. 17세기 말까지 과도한 편애와 정실의 관계가 억제되었다. 악이 모두 뿌리뽑힌 것은 아니었으나, 베드로의 유산이 더 이상 교황의 친척의 전리품이 되지는 않았다. 18세기 내내 교황 제도는 문제의 다른 측면, 즉 과거의 유산과의 지루한 투쟁에 휘말렸다. 전반적인 재정의 혼돈은 어느 정도 줄어들었으나, 행정의 개혁이 항상 재정의 문제를 해결한 것은 아니었다. 교황 제도는 항상 피할 수 없을 뿐만 아니라 해로운 응급 조치를 하도록 강요받았다. 마침내 프랑스 대혁명이 18세기의 세계를 파괴하였을 때, 교황 제도는 파산할 지경에 이르기까지 동요되었다.

18세기 교황들은 자격 있고 존경할 만한 인물들이었으나, 교회에 들이닥친 쇠퇴의 물결을 막을 수 없었다. 베네딕트 14세(1740-58) 이외에 어떤 교황도 지적으로 탁월하지 못했다. 사보이의 빅토르 아마데우스가 "만약 그가 교황직을 획득하지 않았다면, 그는 항상 교황의 자격이 있다는 평가를 받았을 것이다"라고 유명한 평가를 내린 것은 바로 클레멘트 11세를 두고 말한 것이었으나, 이것은 그 시대의 다른 교황들에게도 해당되는 말이었다. 교황들에게 부족한 것은 열정이었다. 그들은 아무런 도덕적 영향력을 행사하지 못했고, 그들의 영향이 미치는 범위는 상대적으로 좁았다.

베네딕트 14세는 18세기 교황 제도의 강점과 약점을 보여주는 전형적인 인물이었다. 그는 능력과 매력을 겸비하였다. 그는 정감 있고 위트 있고 접근하기 쉽고 친구를 잘 사귀는 은사가 있었다. 그는 건전한 경제 정책의 필요성을 알고 있었고 그것을 실행하기 위해 최선을 다했으나, 그의 주요 관심은 문학과 예술에 있었다. 그는 뛰어난 언변의 소유자였고 세련된 문장을 썼다. 그는 로마의 예술적 보배들을 보전하였고 바티칸 필사본의 목록을 만들기 시작했고, 교육과 연구를 장려하였다. 그는 18세기의 계몽 군주의 이상에 거의 접근하였다. 흄과 몽테스키외와 볼테르와 프리드리히 대제가 그를 칭송한 것은 놀라운 일이 아니다. 그러나 베네딕트 자신은 특정 영역에서 그의 무능력을 잘 알고 있었다. 그는 붕괴의 과정을 정지시킬 수 없었고 변화의 물결을 막을 수 없었다. 그는 교회의 권위가 약하다는 것과 세속 군주들에 대한 유화적 태도가 로마가 요구할 수 없는 양보를 얻게 할 것이라는 것을 알았다. 그는 다음과 같이 말했다. "나는 바티칸의 천둥 번개가 잠잠한 것을 더 좋아한다. 그리스도는 하늘에서 불을 불러 내리지 않으셨다. 열정을 격정으로 오해하지 않기 위해 주의하자. 이 오해가 종교에 엄청난 해악을 초래하기 때문이다."

교황은 종종 범세계적 책임을 지닌 영적 지도자보다 작은 이탈리아 군주로 간주되었다. 이것은 약점이었으나, 이것을 보상해 주는 장점도 있었다. 이탈리아는 정치적 실체가 아니었기 때문에, 작은 영방의 군주로서 교황의 위치는 다른 주요 열강들에게 종속되는 것을 막아주었다. 이만큼 그의 세속적 권위는 여전히 국제적 독립을 보장해 주었다. 이러한 독립은 종종 실제보다 더 분명했다. 교황의 권위는 계속하여 쇠퇴해 왔다. 교황의 주장이 효력이 있으려면 그것을 용납하는 수용적 태도가 있어야 하는데, 이 교황권에 대한 수용적 태도는 중세 시대에는 가능했지만 1300년 이래 계속적으로 줄어들었고 결국 18세기에 이르러 공적으로 보류되고 말았다.

교황의 권위는 실제로 너무 막연하게 규정되어 효과적으로 충성을 요구할 수 없었다. 대부분의 가톨릭 신자들은 교황에게 최고의 명예를 인정할 준비가 되어 있었으나, 많은 사람들은 신앙의 문제에서 궁극적 권위는 전체 공의회에 있다고 믿었다. 오직 이탈리아 신학자들만이 교황권 지상주의적 관점을 갖고 있었다. 프랑스에서는 교황이 혼자서는 신앙과 도덕의 문제에서 오류를 범할 수 있다는 것이 여전히 주장되고 있었다. 심지어 주교들이 종교적 문제에서 분명하게 독립적 태도를 취하였을 때, 가톨릭 군주들이 교회의 정치적 주장을 무시하는 것은 놀라운 일이 아니었다.

교황은 이론적으로 교황의 권위를 인정하는 통치자들을 지배할 수 없었다. 군주들은 종종 교황을 간단하게 무시했고, 분명히 교황이 그들의 일에 간섭하는 것을 허용하지 않았고 심지어 그들의 교회의 일에 개입하는 것도 허락하지 않았다. 로마 교회의 권위는 로마 가톨릭 통치자들의 공격에 의해 훼손되었고 실제 거의 파괴되었다. 프랑스, 스페인, 파르마, 나폴리 등 부르봉 국가들은 교황의 세속적 이해 관계를 짓밟는 일관된 경향을 보여주었다. 국제적 모임에서 교황은 자기 목소리를 내지 못하였다. 교황의 사절은 위트레흐트 협상 테이블에서 배척을 당했다. 시칠리아의 운명은 교황의 전통적 주권을 모두 무시하고 해결되었다. 클레멘트 12세가 나폴리에 대한 비슷한 권리를 주장하였을 때, 그의 주장은 간단히 일축되었다. 1648년부터 유럽의 모든 국경의 재조정은 교황의 눈치를 보지 않고 추진되었다. 때때로 그는 아주 무시되었고, 때때로 퉁명스럽게 거부당했다. 2세기 동안 교황의 정치적 위신이 이렇게 실추된 적은 없었다. 반동 종교개혁 이래 교황의 민병대인 예수회의 전복은 가톨릭 군주들의 공격적인 자신감과 로마의 상대적 무능력을 잘 보여준다.

가톨릭의 대의에 대한 예수회의 공헌의 크기는 이론의 여지가 없다. 그들은 종교개혁의 물결을 뒤엎었고, 한 나라씩 차례로 통치자와 백성들을 로마에 복종하도록 이끌었다. 그들의 헌신과 훈련과 용기는 아무리 칭송해도 지나치지 않았다. 그들의 학교와 대학은 그들에게 누구도 따라올 수 없는 교육 수준을 제공해 주었다. 그들은 고위층의 신임을 얻는 데 특별한 재주가 있었고, 왕의 고백 신부가 되었고, 귀족과 부자들의 상담자로 선임되었다. 그들은 이러한 모든 능력과 영향력을 하나도 남김없이 교황청의 판단에 위탁하였다. 확실히 교황의 분명한 책임은 그렇게 효과적이고 순종적인 일꾼들을 보호하는 것이었다.

그러나 예수회는 그들의 분수에 지나쳤다. 그들은 음모에 중독되었고, 사람들은 그들의 동기를 의심하기 시작했다. 그들은 그들의 도덕적 가르침 때문에 치명적인 공격을 받게 되었다. 그들은 권력에 대한 욕구를 보여주었고, 권력욕을 충족시키는 듯했다. 권세있고 부유한 이들은 적을 갖기 마런이었고, 예수회는 타락한 방법으로 대적들을 만들어서 예수회는 교황에게 도움이 되기보다 부담이 되기 시작했다.

　확산되는 적대감은 여러 강력한 영향력이 복합적으로 작용함으로써 위험 수위에 이르렀다. 18세기의 통치자들은 그들 자신의 권위를 확장하는 데 여념이 없었다. 그들은 교황의 권위를 강화하는 어떤 시도에도 분노를 터뜨렸다. 지배적 여론을 형성하는 철학자들은 예수회의 불구대천의 원수들이었다. 프랑스에서 얀센주의자들과 고등 법원 판사들(parlementaires)은 과거의 상처를 회복할 기회를 기다리고 있었다. 대부분의 가톨릭 국가에서 권력은 교황의 의도에 공감하지 않는 사람들의 수중에 있었다. 최초의 공격이 가해진 곳은 바로 포르투갈이었다. 사실상 이 나라를 통치한 폼발은 예수회가 식민지에서 왕의 특권을 가로챘다고 비난했고, 왕을 살해하려는 시도는 왕에게 결정적 조치를 취할 기회를 주었다. 예수회가 이 음모에 가담했다는 증거는 희미하였으나, 예수회의 도덕적 교리가 국왕 살해를 묵인하는 듯이 보였기 때문에 곧 받아들여졌다. 어쨌든 1759년 예수회는 이 나라로부터 추방되었다. 일부 프랑스 단체들은 예수회의 포르투갈 추방 사건을 환영하였다.

　비슷한 공격을 촉발시킨 구실은 예수회 라발레트 신부의 재정 문제 때문에 일어났다. 그는 마르티니크에서 장사에 깊숙하게 개입하였다가 영국과의 전쟁의 위험 때문에 파산을 당했다. 그의 채권자들은 예수회 전체가 그 회원이 진 빚을 갚아야 한다고 주장했다. 예수회는 지불하기를 거부했고, 이 사건은 법정에 고소되었고, 법정은 예수회가 책임을 져야 한다고 판결했다. 이 사건으로 인해 예수회의 정관을 정밀하게 조사해야 한다는 목소리가 높아졌다. 법적으로 예수회는 프랑스에서 묵인된 채 존재하게 되었다는 것이 발견되었다. 예수회에 대항하는 소송의 횟수와 범위가 급증했다. 예수회의 도덕적·정치적 가르침은 정죄되었다. 그들의 학교는 폐쇄되었고, 그들의 재산은 몰수당했고, 그들의 시설은 해체되었고, 1764년 철학자들이 주도한 여론의 압력 아래 루이 15세는 예수회가 프랑스에서 더 이상 존재할 수 없다는 칙령을 발표하였다.

포르투갈과 프랑스의 다음 차례는 스페인이었다. 예수회가 복잡한 음모에 가담했다는 소문이 나돌았고, 카를 3세는 비록 경건한 군주였으나 예수회를 신뢰하지 않았다. 마드리드에서 폭력 사태가 벌어졌을 때, 비밀 수사 결과 이 사건의 혐의가 예수회에게 돌려졌다. 대 재상인 아란다는 예수회가 스페인에게 충성을 바치지 않고 왕의 목숨을 노렸다고 왕을 설득했다. 은밀하게 예수회 추방 계획이 세워졌고, 1767년 갑자기 예고도 없이 그러나 아주 성공적으로 예수회는 진압되었고 스페인과 식민지의 모든 예수회 기관들이 순식간에 폐쇄되었다.

예수회의 전복은 명백하게 성취되었다. 오직 골수에 사무친 원한만이 교만한 예수회의 굴욕에 만족하지 않고 완전히 멸망시키려 할 것이다. 그러나 가톨릭 군주들은 만족하지 않았다. 부르봉 국가들은 교황이 예수회를 해산해야 한다고 마음 먹었다. 그들은 공동의 정책과 공동의 계획을 갖고 있었다. 그들의 로마 주재 사절들은 교황에게 끊임없는 압력을 가했다. 클레멘트 13세가 죽었을 때, 그들은 그들의 요구에 순응하는 성향을 보이는 후계자를 세우기 위해 온갖 계략을 다 꾸몄다. 클레멘트 14세(1769-74)는 기술적으로 시간을 벌었다. 그는 망설였고, 대안을 제시하였고, 그때 그때 조금씩 양보를 하였고, 부르봉 왕들을 만족시키는 방법들을 논의했다. 그의 지구전 전략은 심판의 날을 연기하는 데 그쳤다. 가톨릭 국가의 대사들은 끊임없이 예리하게 교황을 괴롭혔다. 그들은 외교 관계를 단절하겠다고 위협했다. 교황이 계속 연기했을 때, 그들은 교황령을 침공하겠다고 위협했고, 클레멘트 14세는 그의 교서 「도미누스 아크 레뎀프토르」(Dominus ac Redemptor)를 통해 예수회를 해산하였다.

교황권 지상주의의 세력은 그 결정으로 인해 아주 낙담하였다. 예수회의 이해 관계는 교황청 사람들과 너무 밀접하게 연결되어 있어서 예수회의 전복은 종교개혁 이래 교황의 위신이 가장 큰 타격을 입은 것 같았다. 그러나 가톨릭 국가에서 이 소식을 만족스럽게 받아들이는 사람들도 많았다. 분명히 절대 군주들의 분노는 교황이 그들의 요구를 따랐다는 사실에 의해 누그러지지 않았다. 그들은 이 성공을 더 많은 승리를 미리 맛본 것 정도로 생각했다. 다음 몇 년 동안 광범위한 변화가 일어났다. 때때로 이 변화들은 교황의 억지 동의로 이루어졌고, 종종 교황의 강력한 반대에도 불구하고 추진되었다. 이 시기가 끝났을 때, 우리는 피우스 6세가 요셉주의 같은 개혁 운동의 파괴 공작을 저지하기 위해 분투하는 모습을 보게 된다. 이러한 발전을 이해하기 위해 정치적 흐름이 교회에 영향을 준 방식들을 세밀하게 생각할 필요가 있다.

계몽 군주 정치는 절대주의 정부의 18세기적 형태의 전형적 특징이었다. 왕권을 제한시켰던 많은 제어 세력들은 더 이상 작용하지 않았다. 대부분의 대륙 국가에서 국민을 대표하는 의회는 빈사 상태에 빠져있거나 중단되었다. 법적 이론적 제어는 그 성격이 변화하였고 종종 그 힘을 상실하였다. 왕의 통치는 다른 종류의 허락에 호소했다. 독재 권력을 신적으로 정당화 하는 경향은 없어졌다. 프랑스의 루이 14세의 왕정 절대주의를 지지하는 이론은 스페인의 필립 2세의 신앙고백적 절대주의가 의존하던 이론만큼이나 케케묵은 것으로 보였다.

독일 정치 이론에서 그렇게 중요한 역할을 했던 루터교의 신적 권리에 의한 통치 개념은 프리드리히 대제에게 전혀 설득력이 없었다. 그의 눈에, 군주정은 통치 수단으로서의 효율성에 의해 정당화되었다. 그는 자기 자신을 국가의 최고의 공복으로 보았다. 만일 그가 신실하게 그의 의무를 이행한다면, 그는 마음 편하게 종교적 지지를 무시할 수 있을 것이다. 프리드리히는 그의 동료 군주들보다 더 솔직할 뿐만 아니라 더 냉소적이었으나, 모든 18세기 통치자들은 이전 시대의 통치자보다 훨씬 더 세속적인 동기에 호소하는 경향이 있었다. 물론 이론은 전적으로 무시되지 않았다.

합리주의적 계몽 철학자들은 그들의 후원자들의 통치를 정당화하는 교리적 정치 이론들을 만들어낼 준비가 되어 있었다. 종종 그들의 사고의 흐름은 국민의 권리의 신장을 전제하고 있는 듯이 보였으나, 그들의 이론은 냉엄한 사실에 의해 제한되었다. 언젠가 미래의 유토피아에서 사정은 달라질 것이다. 그때 국민들의 지혜와 성숙이 그들의 정치 참여를 보장해 줄 것이지만, 그 행복한 시절까지 권력은 전적으로 군주의 손에 있어야 한다.

군주는 의심의 여지 없이 나라의 지적 지도자들의 지도를 받을 것이다. 철학자-왕은 사회적 행복을 위한 가장 확실한 첩경을 제공할 것이다. 권력은 가장 계몽된 충고를 받아들일 사람들에 의해 행사되어야 한다. 달랑베르는 "한 나라의 최고의 행복은 그 나라를 가르치는 사람들과 뜻을 같이 하여 그 나라를 다스리는 사람들을 갖는 것이다" 하였다. 올바크(Holbach)는 이 이론의 주요한 확립자였고 볼테르는 이 이론의 가장 영향력 있는 주창자였다. 일부 계몽 군주들은 인권과 국민의 정부 이론을 입술로만 찬양했으나, 보통은 냉엄한 현실의 세계가 화려한 말과 구체적 성취 사이에 끼여들었다. 프리드리히 대제의 냉소적 현실주의는 민주적 감상주의를 인정하는 것을 경멸하였다. 그는 인권에 대한 환상을 조금도 염두에 두지 않았다. 만일 그가 그의 백성에게 양심의 자유나 교육의 기회 같은 어떤 혜택을 준다면, 이것은 그의 관대한 자비에 의해 주어진 은사들이고, 인권 이론을 인정한 것이 아니었다.

비록 계몽 군주들이 이론에 호소하기는 하였으나 그 이론의 실천은 실제적 형편에 지배되었다. 계몽 통치자는 개혁의 열정을 그가 아직도 의존하고 있는 사회 집단의 저항에 맞추어 조절해야 했다. 봉건 귀족과 고위 성직자 같은 특권 계층은 변화의 길에서 주요한 장애물이었다. 중앙 집권적 정부의 효율적 체제를 창조하려는 어떤 시도도 전통적이고 자율적인 귀족과 교회의 권리와 충돌할 것이 확실하였다. 교회는 그 부(富)와 힘에도 불구하고 특별히 공격에 취약하다는 것이 드러났고, 한 나라씩 차례로 개혁의 열정의 일차적 대상이 되었다. 어떤 통치자도 교회의 수입을 시대 정신과 일치하는 것 같은 목적을 위해 전용해 쓰려는 유혹에 저항할 수 없었다. 그들은 옛 사회 복지 기관이 새 시대의 문제를 감당할 수 없다는 것을 강조함으로써 이러한 재산 압류를 정당화하였다. 빈곤이 널리 퍼졌고, 교회가 맡았던 구제 기관은 더 이상 적절하게 이 문제를 해결할 수 없었다. 중부 유럽과 동유럽의 큰 왕국들 안에서 자본주의적 농업은 과거의 농부들의 삶의 양식을 파괴하였다. 계몽 절대 군주는 이 어려움을 풀 수 있을지도 모른다. 특권 계층이 문제를 해결할 수 없다는 것은 명백했다.

계몽 군주는 교회의 권한을 축소하고 그 영향력을 제한하는 경향이 있었다. 그 유형은 나라마다 다양했다. 모든 나라에서 동일하게 교회의 재산이 줄어들거나 몰수되었고 성직자의 활동이 제한되었다. 종교는 실제 국제 관계에서 한 요소가 되는 것을 그만두었다. 영국과 프로이센이 웨스트민스터 협정(1756)을 체결하였을 때, 프랑스와 오스트리아의 관측자들은 새로운 교파적 동맹의 시대가 오고 뒤이어 종교 전쟁이 일어나는 것 아닌가 하고 두려워하였다. 그러나 프리드리히 대제에게 그러한 개념은 전적으로 낡은 사상이었다. 그는 다르장송에게 어떤 사람도 아니 여자라 할지라도 루터나 칼빈에 대해 열광하지 않을 것이라고 확신시켰다. 프리드리히는 교회령을 수용하고 제후 감독의 땅을 국유화하고 싶었을 것이나, 이것은 권력 정치의 문제이지 종교적 확장의 문제는 아니었다. 이러한 목적을 위해 그는 그의 군대의 힘에 의존하고 종교적 충성은 무시했다. 이러한 교회의 영향력의 감소와 상응하는 것은 정치 도덕의 타락이었다.

대 선제후 프로이센의 프리드리히 빌헬름은 이기심과 나쁜 신앙이 교묘하게 결합된 정책을 추구했다. 그는 "너무 철저하고 능숙하고 냉정한 정치적 이기주의자"로 드러나서, 그는 그의 다른 결점들을 넉넉히 덮을 수 있었다. 만일 경건한 칼빈주의자가 이러한 정신으로 일을 할 수 있었다면, 프리드리히 대제가 양심의 가책이 없는 기회주의자가 보여주는 한계를 증명해 보였다는 것은 놀라운 일이 아니다. 폴란드의 분할에서 우리는 이러한 권리와 의무에 대한 냉소적 무시가 취할 수 있는 극단적 조치를 볼 수 있다. 그 당시 고의적인 약탈 행위는 상대적으로 별다른 저항을 일으키지 않았고 유럽의 양심은 너무나 조용했다. 18세기는 이기적 효율성보다 더 높은 어떤 법칙에 복종하는 것을 배우지 못하고 창의적 과학 기술을 군사력의 확대에 바친 주권 국가들의 공동체를 정복해 버린 운명을 미리 제한된 규모로 맛보여 주었다.

어떤 특징들은 모든 계몽 군주들에게 공통된 것이었으나, 대륙의 국가들은 각각 고유한 발전 양상을 갖고 있었다. 18세기 중반 프리드리히 대제는 탁월한 위치를 획득했고, 군사적 지도자로서 그의 뛰어난 자질은 유럽의 이목을 그의 왕국에 집중시켰다. 프로이센은 절대주의 통치의 유익의 최고의 모범인 듯했다. 그러나 겉모습은 기만적인 것이었다. 프리드리히는 실제 국가 공무원 제도를 고도로 효율적으로 만들었고 국가의 삶을 군대의 병사에 맞는 방식으로 조직하였다. 비록 그가 농부들의 운명을 향상시키기 위해 노력하였지만, 그는 그의 이론을 현실로 전환시킬 수 없었다. 그의 통치는 실제로 농노를 증가시키는 결과를 초래하였다. 그의 통치는 프랑스 혁명 오래 전에 이미 낡아버린 가정 위에 기초를 두고 있었다. 그가 비자유적 수단으로 자유의 목적을 성취했다는 것은 사실이다. 그는 고문을 폐지했고, 교육을 증진시켰고, 정치와 경제 분야에 계몽주의 원칙을 적용하였다. 그는 전혀 기독교에 공감하지 않았고 독실한 신자들을 참을 수 없었다. 그는 국가에 대한 봉사를 기독교 신앙과 삶에 대한 적절한 대안으로 간주했다. 그는 모든 종교적 믿음은 동등하게 불합리하다는 근거 위에서 관용을 옹호했다. 그는 계몽된 회의주의자로서 18세기 철학에 잠재해 있는 인문주의적 가치들을 풀어놓을 수 있다고 믿었다. 그는 그렇게 하는 데 실패하였다. 그는 비록 해방되었다고는 하지만 관점에서 근본적으로 자유롭지 못했고 오히려 철저하게 개혁되어야 할 필요가 있는 사회 구조를 강화시키고 말았다.

독일의 소 영주들은 불가피하게 프로이센이나 오스트리아의 세력권 안에 들어갔다. 이 소 영주국들은 아주 다양한 양상을 보였다. 브룬스빅과 작센-바이마르 같은 일부 영주국들은 계몽된 진보의 모델이었으나, 다른 영주국들은 그렇지 못했다. 교회 선제후 영지에서는 전통적 삶과 사고의 양식이 다른 곳보다 덜 도전을 받았으나 여기서도 새로운 정신은 일어나고 있었다. 교회의 본성과 교회의 권위의 근원에 대한 질문이 진지하게 제기되었다. 1763년 트리어 선제후의 고위 교회 행정가, 폰 혼트하임은 페브로니우스라는 가명으로 「교회의 형편과 교황의 정당한 권한에 관하여」 (*Concerning of the Condition of the Church and the Legitimate Power of the Pope*)를 출판하였다. 그는 교황은 무오하지 않다고 주장했다. 교황은 교회 전체 위로 올릴 것이 아니라 그 아래에 종속되어 있고, 교황의 결정은 항상 전체 공의회에 부칠 수 있다. 모든 나라에서 교회의 권위는 국가나 지방의 주교 회의에 의해 행사되어야 한다. 그러한 교리는 비집중화된 교회를 전제하였고, 교황에게 단지 그의 동료 주교들 가운데서 수위권을 부여하였다. 페브로니우스주의는 많은 나라에서 일어나고 있는 점증하는 국가의 독립 의식을 인정하였고, 시대 정신과 일치하는 것 같았다. 가톨릭 안에서 그것은 상당한 지지를 얻었다. 라인란트의 세 선제후에 의해 서명된 "코블렌츠의 조항"은 로마의 거만한 태도와 교황청 상서국(chancery)의 착취에 저항하였다. 1786년 보다 많은 대표자 회의는 "엠스의 조항"을 비준하였고, 그것은 서부 독일에서 가톨릭 지도자들이 이미 취해온 입장을 재확인하였다.

오스트리아는 비록 프로이센에 의해 점차 도전을 받았으나, 아직도 게르만 세계의 지도적 국가로 간주되었다. 베를린보다 못하지 않게 빈(비엔나)에서 계몽주의 원칙은 그 기반을 넓히고 있었다. 요셉 2세는 가장 열심있는 계몽 군주였다. 그는 냉소적 인물도 불신앙인도 아니었다. 그의 개혁의 열정은 독특하게 종교적 자질을 띠고 있었다. 그는 때때로 고집센 교회의 아들로 보였으나, 그는 자신이 진지한 신자이고 그렇게 남고자 한다고 주장했다. 프리드리히는 그의 신랄한 독설의 능력으로, 그를 "나의 형제 성물 보관인"이라고 불렀다.

그의 어머니 마리아 테레사가 살아 있을 동안, 상당한 변화가 추진되었다. 어떤 사람도 이 여왕의 경건을 의심하지 않았고, 프리드리히는 그녀를 "사도적 마녀"라고 표현했다. 그녀는 "영어가 종교적·윤리적 원칙을 타락시키는 위험성 때문에" 그녀의 대학에서 영어 교육을 금지시켰다. 그녀는 비국교도를 혐오하였는데, 이는 그녀가 교회에서 그녀의 보좌를 지지해 주는 보루를 발견했기 때문이었다. 그러나 그녀는 교회의 세속적 권한은 편리하게 억제되어야 한다는 것을 인정했다. 일부 그녀의 결정은 계몽주의의 진정한 정신 안에 있었다. 그녀는 형법을 수정하고 고문의 사용을 제한하였다. 그녀는 신중한 범위 안에서 지적 생활을 격려하였고 교육을 국가가 교회에 넘길 수 없는 책임으로 간주하였다. 그녀는 그녀의 충고자로서 자유주의자들을 선택했고, 이들은 그들의 후계자들을 계몽된 개혁의 학교에서 훈련시켰다.

요셉 2세는 그의 어머니가 마지못해 인정한 변화를 열정적으로 추진했다. 그녀가 죽기 전 15년 동안, 여왕은 아들을 공동 통치자로 용납했고, 긴장은 심각했다. 그는 교육을 그녀가 용납하는 것보다 더 철저하게 세속적 방향으로 개혁하고 싶어했다. 그는 "국가는 수도원이 아니고, 우리는 실제 우리 이웃을 위해 수도사들을 갖고 있지 않다" 하였다. 마리아 테레사의 보헤미아 농부들을 향한 모호한 정책이 폭동을 일으켰을 때, 요셉이 개입하였다. 그는 주기적으로 비국교도를 억압하는 그녀의 정책에 충격을 받았다. 박해는 어리석고 소모적인 것이었다. 박해를 감행하면 "우리가 필요로 하고 활용할 수 있는 많은 사람들이 희생될 것이다."

그러나 그는 단순히 공리주의적 근거에 호소하지 않았다. 인간의 양심을 강제하는 것은 하나님의 인내를 경멸하는 인간의 오만이었다. 그는 그의 어머니에게 하나님이 통치자의 권위 위에 둔 한계를 인정하고 성령께 인간의 마음의 변화를 맡기는 것이 보다 겸손하고 적절한 처사라고 설득하였다. "여왕이 아시는 대로, 그러한 것이 나의 신조이고, 나의 확신의 힘은 내가 살아 있는 한 나를 이 신조를 고수하게 할 것입니다."

1780년부터 1790년까지 10년 동안, 요셉은 이 신조의 내용을 발전시키는 데 자유로웠다. 오스트리아 계몽주의는 이제 전투적 국면에 접어들었다. 황제는 18세기 정신이 고취하고 그가 이미 시작한 개혁 운동을 끝까지 밀어부치기로 결정했다. 이성이 모든 일을 다스려야 하고, 국가의 권한은 이성의 종으로서 행동하여야 했다. 따라서 국가는 개혁의 주체였고, 그 효과는 국가의 모든 삶의 영역에서 느껴질 것이었다. 그는 일정한 규칙과 관습이 이성의 원칙 위에 근거해 있고 신앙이나 역사의 전통에 의해 영향 받지 않는, 절대주의 정부의 형태를 형성할 것을 제안했다. 요셉 안에서 가톨릭 세계의 교황의 권한을 제한하고 교회를 그 "원시적 구조"로 회복하려는 영향력은 계몽주의의 이상과 결합되었다. 그의 계획은 18세기 후반의 국가 통치자, 정통 경제학자, 자의식적 합리주의자들의 적절한 동기에 의해 영감을 받았다. 그의 열정과 정열은 아무리 칭찬해도 부족하였다. 그의 노력은 그의 좋은 성품의 결점 때문에 실패할 수밖에 없었다. 교리적 비유연성, 지혜롭지 못한 성급함, 자기 확신적 교만, 행정상의 어리석음, 이론에 기만당하는 경향, 그의 신하들이 자기만큼 공평무사하리라는 순진한 믿음 등 이 모든 요인들이 함께 결합하여 그의 포괄적 개혁 계획에 치명적인 타격을 입혔다.

황제의 계획은 거의 모든 삶의 영역에 영향을 주었다. 그는 오랫동안 농노의 문제를 알고 있었다. 더 많은 자유, 정당한 토지 소유 체계, 공평한 세금 부담 등이 그의 해법이었다. 제국의 법 체계와 행정 체계는 개혁되었다. 그는 세속적 토대 위에 조직된 의무 교육 제도를 도입하였고, 오스트리아는 유럽에서 가장 높은 학교 입학률을 기록하였다. 대학 개혁에서 그는 철학과 신학 같은 사변적 과목을 희생시키고 과학, 의학, 법 같은 실천적 과목을 확대시켰다. 그는 검열을 폐지하였고, 미신은 고대의 면책 특권 뒤에 숨는 것 대신에 비판에 노출되어야 했다. 그는 "나는 계몽의 원칙을 도입함으로써 깊이 뿌리박힌 전통들을 약화시켰다"고 기록하였다. 그는 다름 아니라 인간 관계의 근본적 재조정을 주장했고, 그의 계획은 18세기 사고의 특징인 낙관주의를 가장 확신있게 반영하였다.

그러한 정책은 오스트리아 종교계를 경악시켰다. 모든 유형의 신앙이 그의 세속 교육 정책에 반대했다. 어떤 점에서 황제의 계획은 직접적으로 가톨릭 교회의 권한과 특권에 영향을 미쳤다. 가톨릭 성직자들은 이미 로마와 직접 서신 교환을 금지당했고, 교황의 교서는 통치자의 동의가 있을 때에만 제국 안에서 공포되었다. 이러한 조치는 비록 일부 사람에게 충분히 놀라운 것이었으나, 사람들은 1781년의 관용 법령에 대응할 준비를 거의 하지 못했다. 이 법령은 가톨릭 교회의 주도적 지위를 인정하였고 가톨릭 교회에게 공적 예배를 인도하는 유일한 특권을 주었으나, 비국교도에게 사적으로 예배드릴 권리를 부여하였다. 루터교와 칼빈주의와 그리스 정교회는 첨탑 같은 두드러진 표지를 세우는 것을 피하는 한, 교회를 세우는 것을 허락받았다. 처음으로 공식적 신앙을 따르지 않는 사람들이 시민권을 획득할 수 있었다. 그들은 법률가나 의사가 되는 허락을 받았고, 무역에 종사하고 법인체에 들어가도 되었고, 학계에 진출할 수 있었고, 특별한 허락을 받아 공직에 들어갈 수 있었다. 사실 이러한 새로운 특권은 제한적이었다. 이 법령은 유대인들에게는 거의 준 것이 없었고, 유니테리언주의자들과 이신론자들에게는 아무것도 주지 않았다. 이 법령은 전통적 합스부르크 정책의 극적 전환이었다. 그것은 관용적 정신 안에서 생각되었고 보다 자유주의적 태도를 향한 중요한 전진을 나타내었다. 비국교도는 더 이상 불법자로 취급되지 않아도 되었다.

교황청 당국은 이러한 발전을 보며 당황하였다. 1782년 피우스 6세가 황제의 마음을 돌이키기 위해 예기치 않게 빈을 방문하였다. 여행은 성공적이지 못했다. 교황은 황제에 의해 형식적인 환영을 받았고, 카우니츠 수상에 의해 겨우 예의를 갖춘 접대를 받았고, 서민들에 의해 열정적인 환대를 받았다. 그러나 관용 법령은 개정되지도 철회되지도 않았고, 황제의 개혁 열정은 일시적이나마 억제되지 않았다. 실제 그것은 여러 추가적 부분에서 교회의 특권에 영향을 주었다. 황제는 일부 교황의 교서를 취소할 권리를 주장했다. 이따금 그는 이 권리를 행사하였다.

그는 주교들에게 그에게 충성의 서약을 하도록 요구하였다. 그는 주교좌를 재조직하는 일을 감행하였다. 만일 주교의 소득이 과도하게 보이면, 그는 그것을 축소시켰다. 그는 성직 겸임을 금지하였다. 그는 교구를 재조직하였다. 그는 잘 교육받은 성직자를 확보하는 수단을 신중하게 연구하였다. 교구 신학교는 불만족스러웠고, 그래서 그는 이것을 억압하였다. 그는 적절한 훈련은 신학과 교회법뿐만 아니라 세속적 분야의 지식을 포함해야 한다고 믿었다. 개정된 교육 과정은 소수의 잘 조직화된 기관에서 가장 효과적으로 교육될 수 있었다. 따라서 그는 5개의 종합 신학교를 설립하였다. 그는 이 신학교들이 젊은 사제들에게 건전하고 종합적인 교육, 즉 내용이 견고하고 관점이 자유롭고 최신 과학과 양립할 수 있고 당대의 최고 학문과 접촉하는 교육을 제공할 것이라고 확신했다.

이 신학교들은 국가의 권위에 종속되어 있었다. 그리하여 사제의 교육은 주교의 관할에서 국가의 관할로 이전되었다. 실제로 요셉은 점차 교회를 국가의 일개 부서로 변화시켰고, 이러한 변화의 결과는 점차 분명하게 드러났다. 황제는 거대한 수도회의 국제적 성격을 싫어하였다. 그는 그의 나라 안에 있는 수도사들이 외국의 총장에게 더 이상 종속되어서는 안된다고 명령을 내렸다. 그는 수도원의 형편에 대해 불만족스러웠다. 왜냐하면 전적으로 관상에 헌신한 사람들은 합리적인 경제학의 원칙을 위반했기 때문이었다. 중농주의자의 제자로서, 그는 어떤 종류의 낭비도 반대했고 만일 사람들이 일하지 않는다면 그것은 분명히 낭비적인 것이었다. 그래서 그는 수도원의 수를 급속도로 줄여버렸다. 총 2,163개의 수도원 중에 700여개가 폐쇄되었다. 수도사의 숫자도 65,000명에서 27,000명으로 떨어졌다. 교육이나 병자를 돌보는 것 같은 실천적 의무들에 헌신한 수도회들만 생존을 허락받았다.

요셉의 열정은 주요한 일에만 개입하는 것으로 만족하지 못했다. 그는 아주 사소한 일이라도 개혁되지 않으면 휴식을 취할 수 없었다. 그는 단순성이 초대 교회의 예배의 특징이라고 믿었다. 바로크풍의 사치함은 그의 기분을 상하게 하였다. 그래서 그는 교회 예배의 형식에 간섭하였다. 그는 순례와 만성절 같은 "미신적 관습"에 반대하였다. 어느 것도 그의 관심을 끌지 못할 만큼 사소한 것도 없었고, 어떤 영역도 그의 관심에서 벗어날 만큼 멀리 떨어져 있지도 않았다.

이러한 모든 것을 포괄하는 전능적 온정주의는 확실히 분노를 일으켰다. 헝가리에서 불만이 폭발하여 5년 동안 소란이 계속되었다. 오스트리아계 네덜란드에서 의도는 좋았으나 좋은 조언을 받지 못한 요셉의 개혁은 참을 수 없는 분노를 일으켰고, 이것은 국가의 변화가 세속적 삶의 구조에 영향을 주었을 때 반란으로 발전했다. 회피할 수 없는 징표들은 이미 그가 그의 신하들로 하여금 그의 정책을 지지하도록 설득하는 데 실패했다는 것을 보여주었다. 그러한 증거는 급속하게 늘어났고, 1790년 황제가 죽었을 때 그가 그토록 열심히 추진한 계획들이 곧 붕괴할 것이라는 것이 분명했다. 그의 많은 개혁은 전적으로 단명으로 끝났다. 그러나 심지어 보수적 반동의 물결도 그의 선한 의지가 그의 선한 양식보다 항상 앞섰던 개혁자의 일을 전적으로 지울 수는 없었다.

합스부르크 왕가에서 그의 형을 계승한 레오폴트 황제는 이미 토스카나 공작령의 계몽 개혁자로서 뛰어난 경력을 쌓은 인물이었다. 그는 새로운 철학을 향한 요셉의 정열을 공유하였고, 동등하게 완전한 개혁의 필요성을 느꼈다. 그는 또한 질서, 효율성, 절약, 평형 등을 좋아하였고, 그의 계획의 세세한 부분까지 열정적으로 관심을 보였다. 어느 누구도 그의 공작령이 개혁의 기운이 무르익었다는 것을 부정할 수 없었다. 피렌체의 문화적 탁월성은 몽매주의에 의해 파괴되었다. 종교재판소는 아무 도전도 받지 않고 다스렸고, 그 활동은 수사의 행위와 도덕을 자세하게 감독하는 것에 의해 보완되었다. 어느 나라도 자유가 이렇게 억제되지는 않았다. 어느 곳도 개혁파 통치자가 교회의 반동적 요소의 과장된 힘과 그렇게 확실하게 부딪친 곳이 없었다.

레오폴트는 교회와 국가의 관계를 새로운 터전 위에 세우기로 결심했다. 요셉처럼, 그는 세속적 통치자가 교회의 일을 지시하고 감독할 의무뿐만 아니라 권리도 갖고 있다고 믿었다. 그러나 그의 목표는 국가의 권력과 교회의 권력의 개별적 기능을 다시 정의하는 것 이상으로 확대되었다. 교회 자체는 개혁을 필요로 하였고, 정화되고 청결하게 되었을 때에만 사람들을 영적 무기력 상태에서 벗어나게 할 수 있었다.

레오폴트의 정책은 용기 있을 뿐만 아니라 포괄적이었다. 그는 종교재판소에게서 문학을 규제하는 권한을 박탈하였고, 종교재판소의 분노와 저항에도 불구하고 이 기관을 억압하였고, 오직 베네치아가 그 존재를 관용하는 제한된 형식으로 이 기관의 부활을 허락하였다. 그는 성직자의 소득에 세금을 부과하였다. 그는 로마에 송금하는 것을 제한시켰다. 그는 교회 법정들의 권한을 변경시켰다. 그들의 관할권은 영적인 문제에 국한되었고 세속적 형벌을 부과하는 권한은 취소되었고 교황의 사절의 법정은 폐지되었고, 로마에 소송을 제기하는 것은 금지되었다.

여러 가지 점에서 교황청의 직접적인 영향력은 축소되었다. 교황청의 성직 임명권은 엄격하게 통제되었고, 수도회에 대한 개입 권한은 제한되었다. 탁발 수도사들의 활동도 일부 제한을 받았다. 병원의 운영은 교회에서 민간으로 이관되었다. 재속 성직자의 문제는 신중하게 관심의 초점이 되었다. 성직 임명권은 개혁되었고, 부재 성직자는 공격받았고, 낮은 사례비는 인상되었고, 성직자 교육의 수준은 향상되었다. 수도원만큼 개혁의 필요성이 절박한 곳은 없었다. 수도원의 수는 너무 많았고, 일부 수도원의 상황은 공개적 걸림돌이었다. 너무 명백한 부도덕성의 책임을 물어, 레오폴트는 로마에 물어보지 않고 도미니쿠스회 소관의 토스카나 수녀원들을 폐쇄하였다.

레오폴트는 그의 교회 개혁을 그의 모든 정책의 왕관으로 생각했다. 교회 개혁은 인기와 거리가 멀었다. 그가 그의 정책을 설명한 책자들은 아주 몽매주의적 태도로 수사들에게 복종해 온 주민들에게 영향을 주지 못했다. 그의 주요 보좌관은 주교 피스토이아의 스키피오 리치니와 프라토였고, 그들은 함께 교회 정치의 대회(synodal) 체제를 부활시킴으로써 성직자들의 지지를 얻으려 하였다. 1786년 피스토이아에서 열린 대회는 보다 많은 사람이 교회 정치에 참여하는 것이 교구 사제들의 마음을 얻었음을 보여 주었고, 이 모임에서 채택된 정책은 아주 자유주의적 성향을 띠었다.

다음 해 레오폴트가 토스카나 주교들의 총회를 소집하였을 때, 그는 완강한 반대에 부딪혔다. 분명히 그는 너무 많은 것을 너무 빨리 성취하고 싶은 유혹을 받았고, 교회 지도자들은 더 이상의 변화에 저항할 결심을 하였다. 레오폴트의 노력의 열매들은 이 노력을 일으킨 사심없는 열정과 적절한 관계를 맺지 못했다. 그는 그의 시대의 문제들을 상당히 잘 이해했고, 이 문제들이 해결되는 방식도 어느 정도 파악하고 있었다. 그는 그의 사명을 근면과 자기 부인의 자세로 감당하였다. 통일된 작은 왕국에서 계몽 군주 정치의 이상은 최악의 형태의 무관심과 미신의 열매에 부딪혔다. 그들의 만남의 결과는 결론이 나지 않았다. 레오폴트가 피렌체를 떠나 빈으로 갔을 때, 성직자와 대중의 반발은 이미 그의 정책을 위협하고 있었다. 오래지 않아 혁명의 물결이 그들을 덮쳤다.

러시아에서 표트르 대제는 절대주의적이고 반(半) 야만적인 국가를 문명으로 얇게 포장하였다. 예카테리나 대제가 계몽주의의 주창자로 나타났을 때, 한 종류의 절대 왕정이 다른 종류의 절대 왕정에 도전했고, 그 대조는 동시대인들을 매료시켰다. 어린 시절 그녀는 프랑스 계몽 철학자들의 작품을 연구했고, 이들은 합리적 정부의 비밀은 계몽 절대 왕정의 원리에 있다는 그녀의 본능적 확신을 강화시켰다. 그녀는 전심으로 새 시대가 낳은 아이였으나, 그녀의 열정이 현실을 못 보도록 그녀의 눈을 가리지는 않았다. 그녀는 신비적 안목뿐만 아니라 도덕적 가책도 결여하고 있었다. 그녀의 정책을 만들 때, 그녀는 전적으로 명확하고 합리주의적인 지성에만 의존했다. 나라는 분명히 개혁이 필요했다. 미숙한 정부는 잔인하고도 예측할 수 없게 법을 집행하였고, 이것은 광범위한 불만을 일으켰다. 농부들의 비참한 사정은 종교 박해로 인한 증오에 의해 어두워졌다. 예카테리나는 그녀가 백성들에게 프랑스 철학의 자유주의 교리로부터 얻은 축복을 제공할 수 있는 절호의 기회를 얻었다고 믿었다.

명확한 법전은 절실하게 필요했고, 아마도 그녀의 최초의 가장 놀라운 기여는 법률의 개정이었을 것이다. 이 과제를 맡은 위원회에 보낸 그녀의 「지침」(Instruction)은 계몽주의의 고전이 되었다. 그것은 무한한 인간의 진보를 전망하고 기뻐하는 낙관주의에 의해 영향을 받았다. 그것은 화려한 언어로 자연의 법칙과 계몽된 통치자의 책임에 대해 말하였다. 그러나 이러한 정열적인 계획은 러시아의 현실에 전혀 맞지 않았다. 그것은 러시아의 문제에 닿지 않았고 러시아의 법을 입법하는 데 도움이 되지 않았다. 이것은 곧 분명해졌고, 예카테리나는 현실적으로 이 사실을 받아들였다. 비록 그녀가 의기양양하게 진보에 대해 말하였다 해도, 그녀는 자신의 열정에 속지는 않았다.

교회 문제를 다룰 때, 예카테리나는 그녀의 폐위된 남편 표트르 3세가 시작한 정책을 추진했다. 교회 토지는 국유화되었고, 그 결과 200만의 농노들이 국가의 지배 아래 들어갔다. 그녀는 수용된 토지를 관리하는 위원회를 설립하였고, 수입의 일부는 교회의 목적을 위해 할당되었으나 대부분 학교와 병원과 빈민촌을 위해 전용되었다. 교회는 그 어느 때보다 더 분명하게 세속의 지배 아래 종속되었다. 성직자는 사회 정치적 삶에서 독립적인 영향력을 행사할 기회를 거의 갖지 못했다. 그들은 그들의 종속적 지위에 대해 분노하였고 불만을 조장하기도 하였으나, 그들은 어쩔 수 없이 국가의 급료를 받는 공무원의 지위로 떨어졌다. 국가의 이성에 의해 지배받는 교회 정책은 정부의 책임이 된 농노에게 유익을 주지 못했다. 이것은 국가가 직면한 가장 심각한 문제 중의 하나였다. 예카테리나는 계몽주의 이상에 호소하는 데 숙련되어 있었다. 프리드리히 대제처럼 그녀는 이 어마어마하게 들리는 원리들을 그녀의 백성들의 생활을 향상시키는 데 적용하지 못했다.

계몽 군주의 왕국 주변의 북부 국가들은 새로운 관념의 영향을 느꼈다. 항상 정치적으로 혼란했던 **폴란드**는 나라가 점점 더 약해지면서 점점 더 불관용으로 나아갔다. 첫번째 분할 이전의 몇 년 동안 이 나라의 역사는 지속적으로 재난을 초청하는 꼴이었다. 로마 가톨릭의 다수파는 루터교와 정교회의 소수파를 계몽주의 이상과 어울리지 않게 아주 가혹하게 대하였다. 폴란드 동서의 계몽 군주들은 그러한 불관용을 개입의 추가적 구실로 삼았다. 결국 양심의 자유가 외부의 강요로 주어졌고, 몇 년 동안 나라는 억지로 세계에서 가장 관용적인 나라 중의 하나가 되었다. 그러나 그 결과 애국적 저항의 물결이 높아졌고, 국내의 회복된 불관용과 외부의 점증하는 간섭의 상호 작용으로 인해 결국 왕국이 무너지게 되었다.

덴마크는 다양한 형태의 정부 형태를 경험하였고, 이 모든 정부 형태들은 종교 생활에 영향을 주었다. 1660년 루터 교회와 코펜하겐의 시민들에 의해 지지를 받는 연약한 왕정은 절대 권력을 획득하였고 점차 교회의 사역과 예배를 포함하여 국가의 모든 삶의 영역을 더 철저하게 장악하였다. 18세기 초기에 왕의 온정주의적 형태는 경건주의의 이상에 의해 지배되었다. 지방 교회의 오르간 연주자의 임명 같은 사소한 일들도 왕의 관심의 대상이 되었다. 안식일 규정은 엄격하고 자세했다. 크리스티안 6세는 왕에 의해 인도되고 국가 교회에 의해 실행되는 개혁이 건전한 국민의 삶을 보장할 것이라고 믿었다. 바르고 건전한 삶은 타협없는 규제를 통해 획득될 것이다. 이 체제는 실제로 2대에 걸친 왕실의 도덕의 붕괴에 의해 흔들리더니 결국 스트라우엔제에 의해 잠시 동안이었지만 극적으로 도전을 받았다. 이 뛰어난 모험가는 목사의 아들로서 의사로서 인생을 출발했으나 왕 크리스티안 7세와 왕비 캐롤라인에 대한 그의 영향력을 통해 곧 어떤 장관도 누리지 못한 권력을 얻었다. 비록 자기가 군주는 아니었더라도 그의 정책은 확실하게 계몽주의의 이상에 의해 영감을 받았다. 그는 덴마크에게 전통의 힘을 단절하고 특권의 악습을 뿌리뽑을 자비로운 전제 군주정을 주려고 하였다. 그의 해방의 원칙들의 실천을 방해하는 어떤 것도 다 제거되었다. 그 시대의 철학은 최고의 자유를 얻어야 했다. 교회에 의해 지지받고 사람들에게 소중한 많은 관습들이 철폐되었다. 대량의 입법들이 덴마크의 생활에 혁명을 일으켰다. 모든 시민은 그에게 최선으로 보이는 삶을 살 자유를 보장받을 수 있었다.

스트라우엔제 자신에게서 자유는 명백하게 모든 도덕적 규제의 철폐와 동의어였다. 그의 사해동포적 인도주의는 대부분의 덴마크인들에게 감동을 주지 못했다. 그가 교리를 제거하고 소화하기 힘든 법을 제정하자, 사람들은 그를 신앙과 도덕의 적으로 간주하였다. 2년이 안되어 그는 폐위되고 처형당했다. 젊은 베른스도르프 아래에서 덴마크는 계몽적이지만 온건한 정부를 경험하였다. 베른스도르프 정부는 일상적인 것은 무시하였으나 대부분의 계몽 군주를 괴롭힌 농부의 신분의 문제를 해결하였다.

1772년 스웨덴은 구스타푸스 3세에게 가장 바람직한 개혁의 기회를 제공하였다. 계속된 실정으로 인해 스웨덴은 파국 직전의 상태였다. 왕은 쿠데타에 의해 실제적 권한을 얻고 최선의 계몽 군주의 전통에 일치하는 정책을 추진하였다. 고문은 철폐되고 종교의 자유에 대한 규제는 폐지되고 출판의 자유가 도입되었다. 루터 교회는 그 배타적 지위를 상실했으나 이것을 보상하는 이익을 얻었다. 루터 교회는 재정적·사법적 악습으로 고통을 받았다. 교회의 자선 기금은 불법으로 전용되었다. 다수의 교구 목사관이 폐허로 변했다. 주교의 시찰은 무시되었다. 그의 개혁을 추진할 때, 구스타푸스 3세는 주로 두 명의 성직자 즉 주교 올라프 발퀴스트와 칼 구스타프 노르딘에게 의존하였다. 왕은 이들에게서 정치적 은사를 발견하였고 점점 더 그들의 도움에 의존하게 되었다.

스페인과 포르투갈에서 새로운 군주들은 약간 정체된 국민들의 삶에 자극을 주었다. 그것이 일으킨 긴장은 주로 교회와 국가의 관계에 관한 것이었고 서로 경쟁하는 사상끼리 충돌한 것은 아니었다. 새로운 철학은 별로 큰 인상을 주지 못했고, 교회에 사실상 영향을 미치지 못했다. 프랑스 같은 사상과 양심의 위기는 없었다. 결정적인 문제는 교회의 영향력이 국가의 일에 얼마나 영향을 미칠 수 있는가 하는 것이었다. 이 오래된 쟁점은 계속 확장되어 국가의 권력의 주도권에 대한 이전의 모든 제한들에 도전하기 시작했다.

스페인은 유럽에서 가장 열렬한 가톨릭 국가였다. 통계만으로도 이것이 잘 드러난다. 160개의 주교좌가 있었고 최소한 400,000명의 성직자들이 있었다. 이 숫자는 프랑스보다 훨씬 더 큰 것이다. 비록 스페인이 더 적은 인구와 더 적은 부를 갖고 있지만, 수적으로는 그 반대이다. 교회는 진정한 의미에서 국민들의 삶의 중심이었다. 수도사와 탁발 수사들은 특이하게 성직자 중의 높은 비율을 차지하고 있다. 열정적인 신앙은 스페인 교회의 독특한 특징이었다. 불행하게도 미신 또한 스페인 교회의 특징이었다. 수도회는 열정적인 신앙을 불러일으켰고, 미신을 강화하였다. 종교재판소는 오랫동안 자유로운 정신의 활동을 규제하였고, 스페인을 외국 사상의 오염으로부터 격리시키기 위해 최선을 다했다. 절대적 정통주의를 유지하기 위한 필요성이 강박 관념이 되었다. 고위 성직자들은 프랑스 동료들보다 덜 귀족적이었고 덜 세속적이었다. 그들은 또한 예술과 학문과 지적 추구에 관심이 적었다. 마을 사제들은 종종 그들이 섬기는 농부들만큼 가난했고, 그들의 생각은 농부들과 비슷하게 무지와 광신의 경향을 갖고 있었다. 그들은 신앙이 사람들의 삶에 살아있도록 최선을 다하였으나 종종 그들이 제공한 것은 원시적이고 잔인한 미신이 가미된 것이었다.

그러한 교회는 어떠한 종류의 변화에도 저항했을 것이다. 교회는 카를 3세 안에서 새로운 이념을 위해 광신적 열정을 갖지 않은 통치자를 만났다. 그는 당시 철학적 경향에 대해 관심이 없었다. 그의 보좌관들은 그 시대의 철학을 따르는 이들이었으나 그는 그렇지 않았다. 그의 동시대인들에게 그는 이중 인격자로 보였다. 진지하게 종교적 관점을 가진 사람으로서 그는 그의 영토를 동정녀 무흠 잉태의 교리에 바쳤고, 프란체스코회의 제3 수도회 회원에게 어울리는 단순하고 검소한 삶을 살았다. 그러나 그의 개인적 경건은 그가 왕권을 강화하는 일관된 정책을 추구하는 것을 변경시키지 못했다. 스페인 왕좌에 오르기 전 그는 두 시칠리아 왕국의 통치자로서 오랜 견습 기간을 보냈다. 그는 그가 교회의 주장을 거부하는 동안에도 교회의 교리를 존중할 수 있다는 것을 보여주었다.

스페인의 왕으로서 그는 일련의 유능한 행정관들에 의지했다. 그들의 견해는 왕의 생각보다 앞서 있었고, 왕은 그들과 함께 분명한 목적을 가지고 일할 수 있었다. 플로리다블란카는 외교관이고 경제학자이고 프랑스 계몽 철학자들의 제자였다. 예수회의 대적, 아란다도 마찬가지였다. 캄포마네스는 열정적인 개혁자이고 유능한 행정가일 뿐만 아니라 고전 학자이고 법률가이고 역사가이고 경제학자였다. 요벨라노스는 이러한 태도와 관점뿐만 아니라 교육에 대한 깊은 이해와 국가가 교육의 주도권을 잡아야 한다는 강한 신념을 함께 갖고 있었다. 이 사람들은 스페인 계몽주의의 대표자들이었다. 그들은 절대주의 왕정이 유일한 개혁의 길을 제공한다고 믿었고, 카를의 의도와 전적으로 동의하였다.

그가 왕의 권력을 확장시킬 때, 왕은 교회의 지위를 약화시켰다. 그는 교회 고위직을 임명할 권리를 주장했다. 그는 교황의 교서가 그의 승인을 받기 위해 그에게 제출되었을 때에만 그 교서를 인정했다. 그는 로마와의 접촉을 제한하였고, 그의 영토에 대한 교황의 개입을 끊어버렸고, 성직자의 특권을 규제할 기회를 절대로 놓치지 않았다. 일반인들도 지금까지 교회의 영역이던 사회 복지에 참여할 수 있게 되었다. 카를은 심지어 종교재판소도 억제하였고, 옛날의 모습을 찾아볼 수 없을 만큼 그 무서운 권력을 축소시켰다. 그는 계속하여 교회를 희생시키고 국고의 수입을 늘려나갔다. 카를은 위대한 지적 능력을 가진 사람은 아니었으나, 일정한 목적을 추구하는 그의 의지력으로 인해 당대의 주요한 통치자 중의 한 명이 되었고, 스페인의 가장 유능한 왕 중의 한 명이 되었다.

포르투갈에서도 역시 교회와 국가 사이의 긴장은 왕의 지위를 강화하는 지속적인 시도에 의해 발생하였다. 그러나 중심 인물은 왕이 아니라 그의 재상이었다. 폼발(Pombal)은 당대의 가장 유능한 정치가 중의 한 명이었다. 게르쇼이 교수는 그를 "18세기의 가장 극적이고 역동적인 통치자"라고 하였는데, 이 칭호를 놓고 경쟁하는 사람들을 생각한다면 이것은 대단한 칭찬이다. 포르투갈은 무지와 미신이 너무 많았기 때문에, 폼발은 왕정을 개혁을 위한 유일한 도구라고 간주하였다. 그는 왕권이 강화되어야 한다는 것을 알았고, 상업적이든 재정적이든 교육적이든 그의 정책들이 대부분 교회와 충돌하게 될 것이라는 것을 깨달았다.

그의 대적은 예수회와 이것과 밀접하게 연결된 귀족 계급이었다. 그는 예수회와 귀족이 포르투갈의 쌍둥이 약점이고, 4류의 사제가 지배하는 국가로 전락한 원인이라고 믿었다. 예수회는 강력하였고 부유하였고 지금까지 주로 국내외의 국가 정책을 결정했다. 폼발은 두려움 없이 무자비하게 예수회를 공격하였다. 그는 어떤 사람보다 예수회의 전복에 더 많이 기여한 사람이었다. 그리하여 그는 그의 개혁 정책을 추구하는 데 자유롭게 되었다. 그는 이미 종교재판소의 권한을 제한하였다. 그는 또한 교황의 영향력을 너무 극적으로 단절시켜서 18세기 후반 내내 포르투갈 교회가 사실상 로마에서 분리된 상태로 있게 만들었다.

개혁을 지향하는 절대주의는 18세기 삶의 특징이 되었다. 일반적 지적 분위기는 어떤 기본적 신념을 널리 퍼뜨렸다. 입술로 사상의 자유를 외치는 것이 하나의 관례였으나, 그 자유를 행사하는 것은 심각하게 억압받았다. 프리드리히 대제는 "신문이 재미 있으려면 신문을 괴롭혀서는 안된다" 하였으나, 검열은 오직 비정치적 주제에 대해서만 완화되었다. 레싱은 "제발 당신의 베를린의 사상과 저술에 대한 자유에 대해 말하지 마시오. 그 자유는 그저 당신이 종교에 반대하여 말하기 좋아하는 많은 재담을 유포시키는 자유 정도에 불과합니다" 하였다.

교회에 대한 외국의 영향도 철저히 차단되었다. 가톨릭 국가에서 바티칸 교황청과의 끈은 최소한으로 축소되었고, 주로 로마에서 독립한 민족 교회를 선호하는 경향이 발생하였다. 정부는 자유롭게 교회의 일에 간섭하였다. 그들은 수도원을 재조직하고, 수도회를 억압하고, 교회의 구조를 개혁하고, 교회의 기금을 국유화하였다. 이러한 변화는 위에서 주도권을 쥐고 착수되었다. 그들은 대중의 요구에 의해 시작되지 않았고, 교회 안의 분명한 요구를 따라 행해진 것도 아니었다. 그들은 "시대 정신"에 의해 영감을 받았으나, 시대 정신은 주로 당시의 문화적 힘에 응답하는 제한된 집단 안에서 유력하게 작용하였다. 그리하여 놀랍게도 계몽 군주 자체의 성격이 덧없이 사라졌다.

프랑스 혁명은 구 체제와 그 통치자들을 깨끗이 청소해버렸다. 그것은 18세기를 위해 봉사한 목적과 방법의 신용을 떨어뜨렸다. 폭력의 물결이 물러갔을 때, 보수적 반동이 일어났다. 지배 계급은 이론상으로나 실제적으로 개혁의 이상에 양보하지 않은 절대주의 체제에서 재확신을 추구하였고, 교회는 언제든지 반동을 정당화하는 일을 할 수 있다고 생각되었다.

제 15 장

합리주의의 절정기와 그 이후

18세기는 계몽과 해방의 시대였다. 전체적으로 볼 때, 18세기는 창조적 사상이 두드러진 시대는 아니었다. 18세기는 17세기에 큰 빚을 지고 있었고, 생각보다 더 많이 중세의 유산에 의존해 있었다. 18세기의 사상의 재료는 다른 곳에서 빌려온 것이었지만, 그 재료들이 취한 유형(pattern)은 독창적이고 새로운 것이었다. 이성의 시대는 그것이 주장한 교리보다 그것이 장려한 사고 방식에서 주목할 만하였다. 그것은 세속적 정신과 파괴적 효과를 가지고 있었다. 그것은 아우구스티누스 이후 유럽의 사상을 지배했던 지성적 유형과 종교적 유형들을 점점 해체시킨 회의주의를 유포시켰다. 그것은 인간 정신의 자율성과 또 진보와 완전을 향한 인간의 무한한 능력을 선언하였다. 인과율의 원리 안에서 그것은 모든 지식의 비밀을 열고 우주와 인간의 본성을 낱낱이 알 수 있는 열쇠를 발견했다고 믿었다.

18세기의 사상은 주로 영국에서 기원하였으나, 성격상 압도적으로 프랑스적이었다. 그 기본 개념들은 로크와 뉴턴에 의해 형성되었고, 벨(Bayle), 몽테스키외, 볼테르, 디드로에 의해 대중화되었다. 범세계적 문화가 전개되었다. 18세기 사상의 수도는 파리였고, 그 모국어는 프랑스어였다. 이념들은 자유롭게 유포되었다. 또한 보편적 언어는 이념들이 광범위하게 통용될 수 있게 하였다. 그리고 이념들은 프랑스인들이 지지하는 덕택에 비중이 더 커졌다. 프랑스에서 새로운 사상을 널리 전파하는 데 도움을 준 사회적 기관이 발생했다. 살롱(salons)은 문학적·사회적 생활의 중심지로서 흔히 몇몇 교양 있는 여성들에 의해 지배되었고, 이 곳에서 당대의 사상들이 자유롭게 토론되었다. 전무후무하게 유럽의 사회적·지적 지도자들이 사상과 관심이 같은 공동체 안에서 연합하였다.

살롱은 사상을 전파하는 것 외에도 사상의 성격을 결정하였다. 그 시대의 필로조프(philosophes)들은 특별한 학문 분야에 헌신한 정통적 학자들이 아니었다. 그들은 문필가였고 동시에 세상 물정에 밝은 사람들이었다. 그들은 사회에서 쉽게 성공하였고, 사회의 존경을 받았고, 사회의 성격을 결정하였다. 그들은 심오한 것보다 이해할 만한 것이 중요하다고 보았다. 사상들이 명확하고 흥미가 있다면 관심을 끌 것이다. 필로조프들 중 일부는 과학자였고, 일부는 역사가, 경제학자, 심리학자였고, 또 일부는 능력있는 출판인들이었다. 그들 중에는 많은 재능이 있는 사람도 있었고, 소수의 천재도 있었다. 이들에게 철학은 많은 지식의 가지들 중의 하나의 가지가 아니라, 모든 가지들에 생명을 불어넣는 정신이었다. 그들의 목표는 지식의 전파와 해방된 정신의 창조였다.

이 운동의 최고의 해석자인 그림(Grimm)은 "교양 있는 사람들의 거대한 공화국이 유럽에서 형성되고 있고 계몽주의가 사방에 확장되고 있다는 것을 언급하는 것은 나에게 큰 기쁨이다" 하였다. 이성의 시대는 엄밀하고 정확하게 정리되고 그 의미가 논리적으로 일관되게 발전한 개념들에 의해 지배되었다. 필로조프들의 사상은 항상 명확하였고, 종종 동시에 추상적이었다. 그림은 이 위험을 인식하고 그것이 약점이라는 것을 깨달았다. 그는 이렇게 말하였다. "우리의 모든 지식은 우리의 개념을 일반화하고 우리의 머리 속에서만 존재하는 관계를 상상하는 데 있다. 사람들은 우리의 상상이나 지혜를 높이 평가하지만, 그럼에도 불구하고 이러한 것들은 황당한 것이다. 한 마디로 몇몇 특별한 사실에 근거하여 귀납적 결론을 내린 것이고, 이것으로부터 우리는 자연스럽게 지금까지 알지 못했던 소위 영원한 불변의 법칙을 확립한다고 한다."

18세기의 사상의 특징인 열정(zest)은 그것의 자신감에서 왔고, 이 자신감은 인간의 정신이 새롭고 경이로운 도구를 발견하였다는 믿음에 의해 생긴 것이었다. 이렇게 높은 평가를 받은 것은 바로 이성이었다. 즉 인간의 정신 자체가 아니라 인간의 합리적 기능들(rational faculties)이 특수한 목적들을 위해 사용될 수 있는 방식이었다. 데카르트는 연역법에 의존하였다. 뉴턴은 귀납적 분석을 사용하여 자연의 경이로운 법칙들의 비밀을 통찰하였고, 뉴턴의 물리학의 방법과 정신은 18세기를 지배했다. 자연은 비할 데 없는 권위를 부여받았고, 자연 법칙은 인간의 정신이 이해할 수 있는 모든 영역을 지배한다고 가정되었다. 자연은 진리의 시금석이었다. 인간의 사상이나 제도는 자연 법칙, "자연이 모든 시대의 모든 사람들에게 계시한"(볼테르) 법칙에 일치하는지 여부에 의해 판단되었다. 뉴턴이 물리적 우주에서 발견한 원리들은 모든 탐구 영역에서 확실히 적용될 수 있다. 이 시대는 질서있고 이성적인 자연의 구조에 매료되었다. 간단한 의미 변화에 의해, 자연적인 것과 합리적인 것은 동의어로 전제되었다.

자연은 모든 곳에서 최고의 지위를 누렸고, 덕과 진리와 이성은 자연의 "사랑스런 딸"이었다. 이러한 접근의 효과는 모든 영역에서 분명했다. 프랑스에서 역사학, 정치학, 경제학은 일종의 "사회적 물리학"이 되었다. 새로운 관점은 몽테스키외의 「법의 정신」(*The Spirit of the Laws*)에서 잘 볼 수 있다. 그러므로 인간의 제도에 대한 연구는 자연 과학의 연장이 되었다. 지식의 실천적 결과들이 점점 더 강조되었다. 인간은 이성을 선물로 받았는데, 볼테르는 이것이 "인간이 신의 본질을 이해하기 위해서가 아니라 이 세상에서 잘 살기 위해서" 받은 것이라고 하였다.

윤리학에서도 자연 법칙이 최고의 권위였다. 도덕은 신의 뜻에 복종하는 것 대신 독립과 자율성을 택한 과학이었다. 자연적인 것과 합리적인 것은 또한 세속적인 것이 되었다. 이성의 시대는 주로 뉴턴의 물리학에서 이끌어낸 이 분석적 절차를 정리하고 해명하고 설명하는 작업에 관심을 두었다. 이 시대의 가장 뛰어난 업적은 「백과전서」(*Encyclopedia*, 1750-1770)였다. 이 사업을 감독한 천재, 디드로는 그 목적을 다음과 같이 설명하였다. 그와 그의 동료들은 특별한 지식들을 전달하는 데 주된 관심이 있

는 것이 아니라, 오히려 당시 지배적인 사고 유형에서 근본적 혁명을 일으
키는 것을 목적으로 하였다는 것이다.

이것은 당시 공인된 믿음들에 대한 계획적인 도전이었다. 교회의 신학과
윤리는 지금까지 당했던 그 어떤 비판보다 더 무자비한 비판을 받았다. 이
성과 자연 법칙에 대한 호소는 전통적 권위의 형태로부터 자유을 얻으려
는 갈망과 밀접한 연관이 있었다. 봉건 제도의 옛 형태들이 붕괴되었다. 이
것들을 지지해 주던 믿음의 옛 형태들도 불신을 받았다. 새 시대는 과거의
기준을 거부하였다. 그러나 사람들이 원한 것은 변화였지 혁명이 아니었
다. 그 모든 파괴적 모습에도 불구하고 계몽주의 사상은 이상하게 보수적
이었다.

필로조프들은 중산층에 속한 자들로서 질서와 안전의 가치를 믿었고 안
정된 사회를 원하였다. 무질서한 우주라는 개념은 그들에게 혐오스러운 것
이었다. 그리하여 그들은 편의상 이신론이 후기 국면에서 인정했던 종류의
신을 보전하였다. 신은 규모가 축소되고 길들여졌다. 신의 위엄은 더 이상
우리를 당황하게 하지 않고, 신은 질서를 보장해 주는 자로서만 유용할 뿐
이었다. 신은 추상적이고 멀리 떨어져 있다. 신은 더 이상 절박한 상황에
처한 사람을 만나주지 않기 때문에, 신은 더 이상 불편하지 않았다.

볼테르는 "나는 신을 믿으나, 신비주의자나 신학자들의 신이 아니라 자
연의 신, 위대한 기하학자, 우주의 건축자, 변화될 수 없고 초월적이고 영
원한 제1의 운동자를 믿는다" 하였다. 그러한 신은 전적으로 인간 역사의
드라마 바깥에 서 있었다. 그는 이 시시한 행성 위에서 일어나는 어떤 일
과도 연결될 수 없었다. 신은 기계를 만들고, 기계를 움직여 놓았으나, 그
기계는 이제 조물주의 손에서 완전히 독립하여 예정된 행로를 따라 움직
인다. 그러므로 필로조프들은 계시의 사실을 부인했다. 그들은 성경과 거
룩한 교회를 필요없게 만들었다. 그들이 어쩔 수 없이 보유한 신 개념은
제1의 원인의 추상적 개념으로 변색되었다. 이것은 그들이 뉴턴의 혁명을
찬양한 자연스런 결과였다. 그들은 "자연을 신격화"하였기 때문에 "하나님
을 비신성화"하였다.

권위에 대한 비판적 심문은 네 가지 뚜렷한 단계로 발전하였다. 전통적 믿음에 대한 공격의 첫번째 단계의 대표적 인물은 피에르 벨이었다(50쪽을 보라). 벨(P. Bayle)은 그 주제가 무엇이든, 믿음에 반대하는 이유를 아주 자세하게 표로 만들었다. 그는 신앙의 근거들을 열거하는 일에서 정확할 뿐만 아니라 정당하다고 주장했으나, 그의 저항은 동시대인들에게 확신을 주지 못했다. 확실히 그의 작업은 군소 비판가들이 자유롭게 이용할 수 있는 거의 마르지 않는 저수지를 제공했다.

공격의 두번째 단계는 「백과전서」로 대표되었다. 이 거대한 기획은 필로조프들의 구심점으로서 그들의 방법을 잘 보여주고 또 그들의 관점을 확산시켰다. 기독교에 관한 디드로의 논문은 예수의 초월적 종교에 대한 깊은 존경을 표현하였으나, 실제로는 (아마도 이것이 본래의 목적이었겠지만) 독자들에게 기독교의 사회 윤리에 대한 깊은 경멸감을 갖게 만들었다.

그러나 무미건조한 순수 이성은 반발을 초래하였고, 장 자크 루소는 새로운 접근 방식의 예언자였다. 논리만으로는 인간의 마음을 만족시킬 수 없었고, 감정이 자신의 본래의 위치를 주장했다. 루소는 감성에 호소하여서 하나님 경외와 인류 사랑을 추구하는 단순한 종교를 옹호하였다. 느낌은 사고보다 더 중요했다. 자연은 근본적으로 선했다. 인간은 사회의 악습들에 의해 타락되었으나, 간단한 해결책이 가까이 있었다. 인간은 우리의 삶이 정당하게 세워지는 '사회 계약'(Social Contract)을 깨달아 그것으로 돌아가기만 하면 되었다. 루소는 합리주의자들의 가르침을 아주 격렬하게 반대했다. 그는 합리주의자들보다 기독교에 훨씬 더 우호적이었던 것처럼 보였다. 그는 「사보이 주교 대리의 신조」에서 감정적 열정에 가미된 이신론적 종교관을 제시했다. 비록 그가 계시의 가치를 의심하고 또 계시를 지지하는 증거들의 적법성에 의문을 제기하였음에도 불구하고, 그는 복음서와 그 가르침 중에서 합리주의자들의 오만과 뚜렷하게 대조되는 아름다움과 거룩함을 발견하였다. 그러나 루소는 기껏해야 기독교의 위험한 동맹자였다. 그의 감정의 종교는 역사적 신앙의 표지들을 제거해 버렸고, 확산된 유신론의 형태를 장려하였다.

종교에 대한 공격의 네번째 단계는 루이 16세 때까지 사상계에 일어났던 혼란을 반영한다. 볼테르의 영향은 하나님을 완전히 부정하도록 분위기를 조장하였다. 루소의 제자들은 자연과 자연 배후에 있는 최고 존재에 대한 모호한 숭배를 주장했다. "조명주의"(Illuminism)는 신지학적 요소와 신비주의적 요소를 결합하는 운동으로서 주로 알레고리적 해석 방법에 의존하였는데, 새롭게 일어나는 이상한 종교 집단의 특징이었다. 여러 면에서 사악하게 유럽을 여행하면서 회춘의 비약을 조제하였던 칼리오스트로 (Cagliostro) 같은 돌팔이 의사들도 이 시대의 불안한 갈증을 반영했다. 필로조프들의 조롱은 옛 형태의 신앙에 대한 확신을 흔들었고, 인간의 영혼의 열망은 이상하고 예상할 수 없는 방식으로 만족을 찾게 되었다.

볼테르의 영향력은 전통적 신앙을 공격하는 이러한 단계들 중의 하나로 제한될 리가 없다. 반 세기의 절반 이상 동안, 그는 유럽 사상계에서 가장 영향력 있는 사람이었다. 그는 비평가로서는 일류였지만 철학자로서는 이류였다. 초기에 그는 (반드시 항상 그랬던 것은 아니지만) 영국의 이신론자들에게 강하게 끌렸고, 그들의 견해를 널리 퍼뜨렸다. 이신론자들은 영국에서 사실상 잊혀진지 오래된 후에, 대륙의 지성적 분위기에 영향을 미쳤다. 볼테르는 이신론자들로부터 기적, 예언, 성경의 권위를 비판하는 논거들을 도입하였다. 그는 로크와 뉴턴의 견해를 대중화하였다. 여기서도 그는 18세기의 사상의 유형을 결정하는 데 깊은 영향을 주었다. 그는 뉴턴의 법칙이 가지는 단순함과 장엄함을 강조하였고, 그것을 피상적으로 부정확하게 설명하였다. 그가 뉴턴의 법칙으로부터 이끌어낸 추론은 중요하였다. 그는 인간의 정신은 이제 권위와 선천적 관념과 계시로부터 해방되었다고 주장하였다. 그리하여 빈 공간에 이성이 들어왔고, 이성은 설명될 수 있는 모든 것을 설명하는 몇 가지 간단한 원리를 사용하는 방식을 가져왔다.

볼테르는 신비나 모순처럼 불가사의한 것에 대해서는 설명할 수 없는 것이라고 간단하게 처리했다. 초기 단계에서 그는 이신론자들이 그럴 듯하게 믿을 수 있었던 추상화된 종류의 신성을 인정했다. 그는 "나는 무신론자가 아니고, 미신적인 사람도 아니다. 나는 상식과 중도의 길을 지지한다"
하였다. 그러나 시간이 흐르면서 볼테르의 중도적 자세는 점차 격렬한 반
대에 의해 무색하게 되었다. 그는 하나님이 개인의 삶을 관심 있게 살펴보
신다는 섭리의 개념을 어리석은 것으로 치부했다. 기존 교회에 대한 그의
공격은 점점 더 신랄해졌다. 거만한 조롱과 세련된 풍자라는 그의 일반적
무기에 의존하는 대신에, 그는 성난 비난을 시도하였다.

이 점에서 볼테르는 혼자가 아니었다. 모든 필로조프들이 기존 종교의
권위에 대한 통렬한 비판에 참여하였다. 영국 사상과의 대조가 뚜렷했다.
영국에서 이신론자들은 기꺼이 그들의 주장을 토론하고 심지어 몇 가지
쟁점에서 타협할 준비가 되어 있었다. 프랑스에서 이신론자들은, 감옥과
박해라는 옛 무기를 보유하고 있고 이 무기들을 사용할 준비가 되어 있던
고집센 정통주의의 반대에 부딪쳤다. 교회는 세속 당국이 억압 정책을 쓰
기를 기대하였다. 이러한 태도는 필연적으로 불관용이 지배하는 종교 체제
에 대한 저항을 불러일으켰다. 이렇게 잠재된 박해의 위협으로 인해 볼테
르는 약간 삐딱하고 표리 부동하게 처신하게 되었다. 그는 타인의 권위 뒤
로 숨었고, 그가 실제보다 더 많이 타인의 권위를 받아들인다는 암시를 주
었다. 그는 때로는 폭언을 하였고, 때로는 굽신거렸다. 볼테르는 자신이 용
감하다고 생각할 때는 욕설을 일삼았고, 그가 소심하다고 느낄 때는 거짓
말을 하였다.

박해의 위협은 이성과 상식의 주창자들이 행한 폭력과 방종을 설명해
준다. 그렇게 하는 것이 안전하다고 느낄 때, 그들은 맹렬하게 미신의 요새
를 공격하였다. 어느 것도 그들의 야비한 비판을 피할 수 있을 만큼 성역
으로 존재하는 것은 없었고, 어느 것도 그들의 확신있는 분석을 물리칠 만
큼 신비스러운 것은 없었다. 믿음, 기득권, 교회의 오랜 특권들은 끊임없이
공격을 받았다. 사제들의 실패는 고의적으로 이성과 인간의 기본권을 부정
한다고 과장되었다. "더러운 것을 박멸하라"(Ecrasez l'infâme)는 볼테르
의 함성이었다. 그는 이 구호를 단조롭게 반복하였다. "더러운 것"은 하나
님도 아니고, 그리스도도 아니고, 기독교도 아니고, 심지어 가톨릭 교회도

아니었다. 아마도 볼테르가 이것으로 말하고자 했던 것은 특권을 누리며 박해를 가하는 정통주의 신앙이었을 것이다. 이런 점에서, 필로조프들의 공격은 거의 전적으로 파괴적 목적을 갖고 있었다. 그들은 소위 미신의 제국을 공격하여 입힌 희생에 대하여는 걱정하지 않았다.

그들의 불타는 소원은 엘리트를 권위의 속박으로부터 자유케 하는 것이었다. 그러나 이러한 구원은 계몽된 자들에게 주어졌다. 볼테르는 민주적 열망에 대해 공감하지 않았다. 그의 기독교에 대한 혐오와 이성의 시대의 신중한 계급 의식은 그가 프리드리히 대제에게 한 말에 잘 나타나 있다. "폐하는 악명 높은 미신[기독교]을 박멸함으로써 인류에게 영원한 공헌을 할 것입니다. 저는 계몽될 가치도 없고 모든 멍에에 어울리는 하층민들 사이에 서서 말하지 않습니다. 저는 잘 교육받은 사람들, 생각하기를 원하는 사람들 사이에 서서 말합니다."

어떤 지역에서는 이러한 폭력이 유익했다. 필로조프들은 학문적 탐구의 자유를 확립하기를 원하였기 때문에 신학을 공격하였다. 그들은 신학적 전제들로부터 해방된 학문을 추구하였다. 볼테르는 틀린 점을 폭로하는 방식으로 성경의 물리학을 공격하였으나, 그의 목적은 아주 분명하였다. 신학적 방법과 경험적 방법이 다르다는 사실을 인식할 수 없었으나, 그들 각각의 영역에서는 타당했다. 서로 다른 학문 영역 사이의 구분은 서서히 인정되었고, 그동안 볼테르와 그 친구들은 교회의 권위가 부적절하고 강제력이 정당하게 행사될 수 없는 특정 영역이 있다는 사실을 확립하는 일에 열심을 내었다.

그의 관용에 대한 옹호에서, 볼테르의 보다 관대한 성향은 그의 전통적 권위에 대한 증오와 함께 나타났다. 그의 마음의 성향은 그를 강제적 억압의 대적으로 만들었고, 특별히 악명 높은 종교 박해는 그로 하여금 불관용을 집중적으로 공격하게 만들었다. 비록 프랑스의 위그노들이 법적 권한이 거의 없었더라도, 그들이 일관되게 억압을 받은 것은 아니었다. 위그노들의 자유는 제한적이고 위태위태하였다. 어떤 순간이라도 예기치 않은 상황은 새로운 박해를 촉발시킬 수 있었고, 장 칼라(**Jean Calas**)의 운명은 극단적인 경우였다. 1761년에 칼라의 아들이 자살하였다. 아버지는 그 지역에서 존경받는 인물이었고, 아들은 우울증으로 인해 여러 해 동안 고생했고 마음이 불안정했던 것으로 알려져 있었다. 그러나 가톨릭 교회는 칼라가 아들이 가톨릭으로 개종하는 것을 미연에 방지하기 위하여 아들을 교살하였다고 주장하였다. 민심이 분노하였고, 이 사건은 감정적으로 법정에서 심리되었다. 툴루즈 고등법원은 가족을 유죄라고 판단하였고, 그 시대의 정신을 따라 아주 잔인하게 아버지를 형차로 능지처참하도록 선고하였다.

볼테르는 이 사건에 관심을 갖기 시작했다. 그는 증거들을 검토하였고 법원이 오심을 내렸다고 확신하였다. 이 사건에서 그의 뛰어난 홍보 능력이 유감없이 발휘되었다. 이 비극적 상황은 볼테르로 하여금 보통 종교 논쟁에서 빠지기 쉬운 폭력과 야비한 잘못을 범하지 않게 해 주었다. 열정적이나 절제된 열심으로, 쟁점에서 벗어나지 않는 명확성을 가지고, 그는 이 문제를 여론의 법정으로 몰고갔다. 여론의 반응은 너무 강력해서 무시할 수 없었다. 그 판결은 왕과 평의회에 의해 재검토되었다. 뒤늦게나마 칼라의 기억과 그의 가족들이 공정한 대우를 받았으나, 이 일이 유럽 지성들에게 미친 효과는 큰 의미가 있었다. 불관용은 치명타를 입었고, 종교적 믿음을 사법적으로 처리하는 것은 영원히 불명예스런 일이 되고 말았다.

필로조프들은 반(反)기독교적이었으나 반드시 반종교적인 것은 아니었다. 그들은 사용할 수 있는 모든 무기들을 동원하여 교회를 공격하였고, 유럽의 일부 나라에서 상당한 반향을 얻고 있던 일종의 반성직자주의의 물결을 일으켰다. 그들은 명확하게 하나님을 공격하면서 사제들의 위선을 공격하였다. 동시에 명백하게도 그들은 그들 나름대로 종교적이라고 할 수 있는 믿음과 열망들을 가슴 속에 품고 있었다. 그들은 교리를 혐오하였으나, 우주 자체만큼이나 모든 것을 담을 수 있는 신을 깨닫고 싶어했다. 이러한 비기독교적 진리들을 규정해 보려는 과정에서, 이성의 시대는 이성의 불충분성을 드러냈다. 외관상 선해 보이는 세상 안에 있는 악의 문제는 회피할 수도 없었고 해결할 수도 없었다. 그들은 신학자들의 설명을 거부하였으나, 대안이 없었다. 흄은 이성의 능력의 제한성을 증명하였다. 어떤 문제에 대해 인간의 정신은 자기 능력만 의지한다면 대답을 발견할 수 없다. 18세기가 절반도 지나가기 전에, 도움받지 않은 인간 이성에 대한 오만한 신뢰는 누그러졌다. 그 결과 사람들은 실천적 문제로 관심을 전환하였다.

개혁의 정신을 소유한 필로조프들은 형이상학보다 윤리학에서 만족감을 느꼈다. 디드로의 도덕에 대한 관심은 예외적인 것이 아니었다. 그의 대부분의 동료들은 자신들이 "도덕적인 사람"으로 비쳐지기를 원하였다. 그들의 대적들은 그들을 도덕의 적이라고 표현하였다. 그들이 낡은 도덕을 새롭고 효과적인 도덕으로 바꾸고 있다는 확신보다 더 효과적인 대답을 제공할 수 있을까? 디드로는 "신학자들보다 더 많이 아는 것으로는 충분하지 않다. 신학자들에게 우리와 철학이 충분한 은총이나 효과적 은총보다 더 나은 인간을 만들 수 있다는 것을 보여줄 필요가 있다" 하였다. 더욱이 실용적 학문들은 추상적 사변보다 훨씬 더 많은 보상을 가져다줄 것이다.

흄은 형이상학으로부터 역사학과 경제학으로 돌아섰고, 그리하여 많은 사람들에게 하나의 선례를 남겨 주었다. 이것은 단순한 관심의 전환 이상의 의미가 있었다. 우리는 여기서 세계를 변화시키고 개선하고자 하는 열망을 발견할 수 있다. 역사는 실례를 통하여 가르치는 철학이라고 간주되었다. 교훈적인 동기가 강하였고, 그 뒤에는 사회가 개혁될 필요가 있다는 확신이 있었다. 이 시대의 징표들 중의 하나는 변혁에 대한 열망이었고, 이성 혼자서 필요한 변혁을 이룰 수 없다는 사실이 점차 분명해졌다. 따라서 세계를 개선하는 실제적 조치들이 점점 더 강조되었다. 대수도원장 생 피에르는 보편적 평화를 확립하려는 야심적 계획을 세운 것으로 유명하였다. 그는 각종 계획을 세우는 일에서 창의력이 풍부하였고 그의 열정에서 두드러졌으나 예외적 인물은 아니었다.

필로조프들의 종교적 관심은 그들을 윤리학에 대한 강조와 실천적 학문에 대한 관심 너머로 인도하였다. 그들은 전통적 교리를 거부하였으나 반드시 종교 자체를 배격한 것은 아니다. 올바크는 그의 무신론을 과시하였으나, 그는 비교적 제한된 소수 동료들을 대변하였을 뿐이었다. 필로조프들이 권장한 관점의 주요 요소들은 분명히 종교적 의미를 담고 있었다. 이것은 그들이 아무리 기독교 신앙으로부터 멀어졌다 해도 사실이었다.

우선 그들은 인간은 본성적으로 선하고 악하지 않다고 가르쳤다. 인간이 악을 행할 수밖에 없게 하는 어떤 선천적 성향도 없다. 인간은 죄의 성향을 타고 태어나지 않았다. 인간은 나면서부터 옳은 것과 그른 것을 동시에 갖고 태어났다. 인간에게 건전한 환경을 조성하라, 그러면 인간의 선한 의지의 성향이 나타날 것이다. 그러면 인간이 쉽게 계몽되고 이성의 인도를 잘 따르고 관대하며 인도적 성향이 있다는 것이 드러날 것이다. 우리는 이미 이 기본적 교리들이 필로조프들로 하여금 악의 문제를 있는 그대로 다루기 힘들게 하였다는 것을 언급하였다. 프리드리히 대제는 "이 저주 받은 인간"이라는 냉소적 표현을 가지고 이 계몽주의 인간 평가의 너무 순진한 태도를 단번에 꿰뚫어 볼 수 있었으나, 그의 전반적 입장을 공유하는 사람이라도 그의 인생에 대한 엄정한 사실적 판단을 수용할 수 있는 사람은 거의 없었다.

둘째, 필로조프들은 우리의 주된 관심이 현세의 삶에 있는 것이지 사후의 가상적 존재에 있지 않다고 주장하였다. 비록 이들 중 다수가 영혼 불멸에 대한 믿음을 갖고 있다고 하더라도, 그들은 천국에 대하여 몰두하는 것을 경멸하였다. 이들은 관심의 중심을 바꾸기를 원하였다. 현재의 삶을 단지 내세를 위한 연습 기간으로 바라보는 것 대신, 인간은 지금 여기서 선한 삶을 성취하도록 노력해야 한다. 그리고 이 선한 삶은 우리의 능력 안에 있다. 우리에게 길을 보여주는 이성의 빛과 경험의 인도를 가지고, 인간은 완전한 삶을 이룩할 수 있다고 정당하게 기대할 수 있다. 이 목표에 도달하기 위하여 필요한 단계들은 적고 간단하다. 우리는 무지와 미신의 폭정을 깨뜨려야 하고, 봉건적 권위의 압제를 전복시켜야 한다.

필로조프들은 기독교를 공격할 때 과거의 회고와 미래의 전망에 호소하였다. 그들은 도덕적 교훈을 위하여 역사를 기술하였다. 암흑 시대는 기독교가 지배하던 시기와 일치한다. 그들의 사실은 종종 그들의 이론에 종속되어 있었다. 레이날은 그의 방대하고 유명한 책 「인도제도의 철학과 정치의 역사」(*Philosophical and Political History of the Indies*)에서, 다른 문명의 모든 미덕을 잘 정리해 놓고, 기독교 침략자들과의 접촉이 예외없이 그들을 파괴하였다는 것을 증명했다. 필로조프들은 기독교적 과거에 반감을 가진 반면에, 철학이 지배하는 미래를 믿고 기대하였다. 인간의 참된 자아 실현은 과거(고대의 황금 시대)에 있는 것도 아니고 미래(기독교의 천국 대망)에 있는 것도 아니었다. 그것은 잘못된 가치를 참된 것으로 대체할 때, 즉 대리적 속죄를 자아의 성취로, 하나님에 대한 사랑을 인류에 대한 사랑으로 대체할 때 이루어질 것이다.

18세기 후반에 이르러 초기의 낙관적 확신은 현재의 불완전함 너머로 인간에 의해 모든 잘못이 시정될 미래를 바라보는 불안한 마음으로 바뀌었다. 심판주로서 하나님은 폐위되었고, 미래 세대가 하나님의 지위로 격상되었다. 미래 세대는 성취의 시대 이상일 것이다. 그것은 모든 계몽된 인류의 열망과 노력들이 옳았다는 것을 입증해 줄 것이다. 디드로는 "철학자들의 입장에서 미래 세대는 종교인들의 하늘 나라에 해당하는 것이다"라고 기록하였다. 그리고 열렬하게 예배하는 심정으로 다음과 같이 미래 세대의 복을 기원할 수 있었다. "오 미래 세대여, 신성하고 거룩하도다! 억눌린 자들과 불행한 자들의 지지자여, 그대는 정의롭고 그대는 깨끗하고 그대는 선한 자를 위해 원수를 갚아주고 위선자의 탈을 벗겨 버릴 것이다. 위로를 주는 확실한 생각이여, 나를 버리지 마소서!" 열성파들은 소수였으나, 이 신앙의 효과는 상당히 컸다. 이러한 계몽되고 해방된 인간에 대한 믿음은 프랑스 혁명의 초기 지도자들의 마음을 강하게 사로잡았다. 프랑스 혁명은 기능적인 방식에 있어서는 정치적 격변이고 어떤 의미에서는 종교적 혁명의 양상을 띠었다.

전통적 기독교를 반대하였으나 스스로 종교적 동기에 의해 영감을 받은 이 사상 운동은 다른 중요한 결과를 낳았다. 이 운동은 초자연적 권위의 원리에 도전하였다. 그것은 신적 계시를 부인했고, 기적을 조롱했고, 신앙의 주된 교리들을 공격하였다. 그것은 종교적 권위를 생각하는 방식에 깊은 영향을 주었고, 신학적 체계를 움직였던 강압적 정신을 깨뜨렸다. 불관용은 불신을 당하였고, 더 이상 개인을 현재의 교회 체제에 복종하라고 강요할 수 없게 되었다. 교회는 유럽의 지성 세계를 통제할 수 있는 영향력을 상실하였고, 과학은 자유롭게 독자적인 길을 추구하였다. 과학은 진리의 추구에서 한층 더 큰 자유를 보장하였다. 과학은 개인의 통찰력에 심지어 이단적 지성에도 새로운 위엄을 주었다. 과학은 종교적 가치에 혼란을 가중시키는 대가로 그렇게 하였고, 종교적 가치의 혼란은 근대의 생활의 현저한 특징이 되었다. 그리고 과학은 모든 교회의 표준과 방법에 깊은 변화를 주었다.

기독교적 확신에 대한 위협이 너무 커지자 이에 대응하는 기독교 변증가들의 노력이 요구되었다. 이러한 변증의 요구는 전적으로 무시되지는 않았으나, 가톨릭 국가에서는 적절하게 위험에 대처하지 못했다. 버클리나 버틀러 같은 권위를 가지고 불신앙을 질책할 수 있는 사람이 나오지 못했다. 종교는 그 직접성(immediacy)의 의미를 상실하였고, 프랑스는 웨슬리에 해당하는 인물이 없었다. 교회 지도자들은 밀려오는 불신앙의 조류에 무관심한 것은 아니었으나, 그들은 해롭고 비효과적인 방법으로 이 물결을 막아보려 하였다. 그들은 세속 권세에 호소하였다. 그들은 "불온한" 작품을 저술하고 배포하는 자들에 대한 규제를 요구하였다. 이것은 그냥 하나의 자극제였다. 검열은 시대 정신에 맞지 않았고, 「백과전서」 같은 거대한 작품은 그것을 억압하는 모든 시도에도 불구하고 유포되었다. 기독교에 대한 공격에 응답하는 책들을 많이 출판하도록 장려하는 시도들이 있었으나, 제한적 성공밖에 거두지 못했다.

프랑스에서 조롱을 조롱으로 대응하려는 노력이 있었으나, 조롱은 기독교 변증가들의 최선의 도구가 아니었고, 볼테르와 같은 적에 대해서는 위험한 무기라는 것이 입증되었다. 전문적인 내용의 저서들은 훨씬 더 큰 결점들을 갖고 있었다. 저자들은 과학적 영역에서 일어나는 것을 너무나 알지 못했다. 교회의 적들은 특별한 확신을 가지고 과학적 영역에 호소하는데 기독교 변증가들은 이렇게 할 줄 몰랐다. 필로조프들은 싸움의 장소를 선택했다. 그들은 또한 싸울 무기를 강요하였고, 기독교 변증가들은 보통

주된 쟁점들을 잘 알지 못하였다. 비판자들이 토론을 법적·정치적·경제적 문제로 확대시키는 경향 때문에, 변증가들은 더 혼란스러웠다. 변증가들은 전술상의 오류에 빠졌고, 사소한 면에서 얻은 성공은 승리를 가져다주지 못한다는 것을 잊었다. 그들의 약점은 종종 잘못된 훈련에서 온 것일 수 있다.

오랫동안 교회를 지배해온 예수회 대학들은 성직자들에게 부당하게 권위에만 복종하도록 가르쳤고, 그럼으로써 말과 실재 사이의 구분을 혼동하였다. 그들은 확신을 주지 못하는 논거나 어느 누구도 토론하려 하지 않는 논거들에 호소하였다. 18세기 말, 우리는 변증가들이 기독교의 진리는 기독교의 유용성보다 덜 중요하고 또 기독교의 높은 도덕은 기독교의 신학적 주장을 강조할 필요를 없게 만든다고 암시하는 것을 발견한다. 신앙의 대적들은 기독교의 불합리성을 조롱하였다. 신앙의 대변인들은 이차적 입장을 옹호하는 데 바빴다. 이것은 전략상 큰 실책이었다. 베네딕트 14세는 다음과 같이 기록하였다. "무신론과 물질주의에 저항하고 파괴하는 것이 그들의 유일한 목적이어야 할 때, 오늘날 재능과 학식이 있는 사람들은 많이 있으나, 부인할 수 없는 것은 그들이 현실성 없는 문제나 그들 사이에서도 인정할 수 없는 논쟁에 너무 많은 시간을 낭비하고 있다는 것이다."

프랑스 문화는 범세계적 성격을 띠었고, 프랑스어는 문화적인 유럽의 언어가 되었다. 프랑스의 사상이 널리 유행하였기 때문에, 대륙의 다른 나라들이 프랑스의 유행을 그대로 모방했다고 생각하기 쉽다. 그러나 이것은 지나친 단순화일 것이다. 특히 독일은 독일 고유의 합리주의의 형태를 발전시켰고, 당연히 18세기 사상의 제한된 관점에 대해 가장 권위있는 해답을 제시하였다. 프랑스처럼 독일에서도 영국의 영향력이 강하였다. 뉴턴과 로크는 이신론자들에 의해 보완되었다. 이신론은 고향인 영국에서 중요성을 상실하였을 때에도 대륙의 사상계에 강력한 영향력을 행사하였다. 그러나 라이프니츠는 새로운 관점의 주요한 원천이었다. 그는 독일에서 뉴턴에 비교할 수 있는 권위를 갖춘 인물이었고, 그의 철학은 독일 사상에 깊숙이 스며들었다.

프랑스와 달리, 독일은 신앙 생활의 활력을 되찾은 운동, 즉 경건주의를 경험하였다. 초기 합리주의의 주창자들 중 다수가 경건주의 전통에서 양육되었고, 일부는 의식적으로 이 전통에 반발하였다. 다른 나라에서 강하게 나타났던 경향이 독일에서도 나타나기 시작했다. 종교는 단순화되는 것이 유익할 수 있다는 주장이 나왔다. 종교의 전통적 교리들은 몇 가지 본질적 진리들을 흐리게 할 뿐이고, 성직자들의 사기의 산물이었다. 신은 순수 이성이다. 신의 이성을 반영하는 우리의 이성은 사고와 행동의 모든 문제들을 해결하는 충분한 안내자이다. 초기 합리주의자들 중에서 가장 영향력있는 인물은 크리스찬 볼프였다. 그는 경건주의의 중심지이며 본 고장인 할레에서 새로운 사상을 확립하였다. 그는 기독교의 주장들이 극단적 형식으로 개진되었다고 주장하였다. 많은 형태의 종교들이 있고, 대부분의 종교들이 높은 평가를 받을 수 있다. 만일 당신이 그것을 의심한다면, 공자의 지혜를 연구해 보라. 공자의 지혜는 인간의 이성을 인정하는 주장들을 옹호하고 도덕적 원리의 충분성을 증명해 준다. 이러한 견해는 중산층의 환영을 받았다. 회의주의가 유행하고 불신앙이 만연하였다.

이러한 경향에도 불구하고 독일의 계몽주의는, 프랑스보다 훨씬 더 많이, 교회에 대한 공격이라기보다는 오히려 교회 안의 개혁 운동이었다. 그리하여 독일의 합리주의는 단순히 성경을 공격하지 않고, 새로운 정신으로 성경을 연구하였다. 일단의 탁월한 학자들은 구약과 신약 사이의 차이와 신, 구약 각각의 차이점을 지적하였다. 그들은 저자 규명의 문제를 제기하였고, 논의된 본문의 정확성을 검토하였고, 지금까지 평면적이고 차이없이 동일한 것으로 받아들여진 본문 안에서 다양한 층들을 식별해 내었다. 그들은 예언과 기적을 면밀하게 검토하였다. 일부 이러한 작업은 꼭 필요한 선구자적인 것이었다. 많은 연구가 시대의 한계에 의해 그 가치를 인정받지 못했다.

성경 연구에서 이성의 사용을 옹호할 때, 비평가들은 다른 어떤 것도 필요하지 않다는 인상을 주었다. 그들은 계시와 기적적인 것과 초자연적인 것을 다룰 때, 피상적이라고 정죄받는 판단 기준을 사용하였다. 그들은 역사적 시각이 부족하였고 또 경이로운 마음도 없었다. 그들 중 일부는 정신이 극단적인 사람이었고 심지어 균형이 잡히지 않은 사람도 있었다. 그 중의 한 사람인 바르트(K. F. Bahrdt)는 공부는 많이 하였으나 분별력도 재치도 겸손도 도덕도 없다는 평가를 들었다.

그러나 18세기 후반의 가장 영향력 있는 학자들 중의 한 명인 제믈러는 기독교의 신앙을 버리지 않았고, 반면에 에르네스티, 미카일리스와 아이히호른은 유능한 성경학자가 되기 위하여 회의적이 될 필요는 없다는 것을 보여 주었다. 이 비평의 일부는 극단적이고 심지어 위험하게 보였으나, 많은 비평은 기독교 공동체로부터 왔다. 비평의 가장 큰 봉사는 기독교의 기원에 대한 관심과 신앙의 창시자의 인격에 대한 관심을 불러일으킨 것이었다. 그 정신과 의도에서, 비평은 프랑스의 필로조프들의 공격과 아주 달랐다.

독일 계몽주의의 발전에서 가장 대표적이며 가장 광범위하게 영향을 끼친 인물은 고트홀트 에프라임 레싱(G. E. Lessing)일 것이다. 그의 문학적 재능은 대단하였다. 그는 몇 년 동안 독일 지성계에서 최고로 뛰어났던 시인들과 철학자들에게 영감을 주었다. 더욱이 그는 독일 신학과 이를 통해 근대 개신교 사상에 많은 영향을 주었다. 레싱은 확고한 명성을 얻었을 때 종교적 논쟁에 착수하였고, 그의 견해는 그의 명성의 권위에 의해 한층 더 설득력 있게 되었다. 그는 볼펜뷔텔에 있는 브룬스빅 공작의 도서관에서 사서로 있을 때 1774년부터 1778년 사이에, 약간 과격한 경향이 있는 합리적인 성경 비평가 라이마루스의 작품에서 인용문을 발췌하여 「볼펜뷔텔 단편집」(*Wolfenbüttel Fragments*)을 출판하였다.

논쟁이 계속 이어지는 동안, 레싱은 라이마루스의 견해를 옹호하지 않았다. 그의 주요한 목적은 가장 신성한 주제라 할지라도 자유로운 토론권이 있다는 것을 보여주는 것이었다. 기독교와 성경을 동일시해서는 안된다. 기독교가 기록된 문서를 갖기 오래 전에도, 신앙은 승리하고 변혁시키는 힘을 갖고 있었다. 그러므로 기독교는 기록된 문서보다 더 위대하다. 기독교 진리를 확고히 해주는 증거는 기독교가 인간 본성의 필요를 충족시켜 주는 방식에 있고, 그 결과로 종교적인 사람은 가장 과격한 비평가의 발견도 당황하지 않고 존중할 수 있다. 레싱의 견해는 아주 제한된 사람들 외에는 확신을 주지 못했으나, 이로 인하여 그후로 신학적 저술가들이 보다 더 많은 자유를 누리게 되었다.

레싱은 또한 새롭고 중요한 연구 영역을 제안하였다. 교회의 초기 역사, 신약 정경의 형성, 신앙의 본질적인 특성들이 모두 재검토되어야 했다. 레싱은 그의 유명한 희곡 「현자 나단」(*Nathan the Wise*, 1779)을 통해 그의 독특한 견해를 더 널리 확산시켰다. 그는 참된 종교는 하나님에 대한 사랑과 인간에 대한 사랑 안에 그 본질이 있다는 것과 참된 구도자는 고등 종교를 통해 동일하게 하나님을 발견할 수 있다는 것을 암시하였다. 기독교, 유대교, 회교는 모두 다 진리에 이르는 길이다. 기독교의 특수성과 기독교의 독특한 주장들은 소멸되어 버렸다. 이러한 상대주의의 결과는 베를린 대성당 본당 신부의 태도 안에 나타났다. 그는 유대인들이 하나님을 믿고 영혼 불멸과 도덕을 믿기 때문에 "참된 기독교인"이라고 가르쳤다.

레싱의 아주 자극적인 최후의 작품은 「인류의 교육」(*The Education of Mankind*, 1780)이라는 소 논문이었다. 이 작품의 기본적 전제는 어떤 교의적 신조도 최종적일 수 없다는 것이었다. 발전을 고려하지 않는 사람들은 종교의 성장을 깨달을 수 없다. 모든 역사적 신앙은 인류의 영적 생활을 발전시키는 데 고유한 역할을 감당하였다. 역사는 분명한 진보의 법칙을 드러내고 있다. 때때로 퇴보가 일어날 수 있으나, 이러한 퇴보조차도 세계를 궁극적인 목적으로 인도해 가는 데 필연적으로 참여하고 있다. 사람들은 점차적으로만 양심은 내적인 음성이고 덕은 그 자체로 보상을 받은 것이고 영혼 불멸은 인간 영혼의 무한한 가치에 상응하는 필수적인 것이라는 사실을 이해할 수 있었다. 당시 융통성 없이 완고한 정통주의와 부정적이고 공격적인 회의주의만을 알고 있던 시대에서, 이러한 견해는 혁명적인 것이었다. 18세기 초 비역사적인 합리주의는 신용을 잃었고, 레싱은 역사의 의미와 발전의 중요성을 아주 매력 있게 제시하였다. 그는 이렇게 함으로써 종교 철학에 새로운 방향을 주었다.

임마누엘 칸트는 두 시대 사이에 서 있었고, 어떤 의미에서는 두 시대에 모두 속한 자였다. 그는 18세기 사상의 중요한 흐름들을 종합하였고, 그들이 어떻게 화해될 수 있는지 보여주었다. 그는 또한 19세기를 철학사에서 아주 화려한 시대로 발전시키기 위해 새로운 길을 열었다. 쾨니히스베르크에서 교수로서 평온한 삶을 살았던 다정한 사람 칸트는 세계를 지금보다 훨씬 더 좋은 곳으로 만들 수 있다고 확신하였다. 그는 이성의 시대의 아들이었다. 그는 이성의 시대의 사고 형식을 사용하였으나 그 한계를 극복하였다. 그는 뉴턴 물리학이 밝혀 놓은 자연 법칙의 중요성을 알았다. 그는 또한 인간 본성의 새로운 깊이를 풀고 인간의 도덕적 본성의 의미를 드러낸 루소의 중요성도 인정했다. 이 둘은 완전히 상반된 것 같았다. 그러나 칸트는 경험으로 이 둘이 종합될 수 있다는 것을 알았다. "위로는 별들이 반짝이는 하늘이 있고, 내 안에는 도덕의 법칙이 있다"는 그의 유명한 말에서, 그는 이 둘이 그의 외경심을 불러일으킨다고 말하였다. 칸트는 이 두 경험이 단일한 해석의 틀 안에서 연합될 수 있다는 것을 보이는 작업을 시작했다. 칸트는 그가 과학적 지식의 정당성을 인정할 수 있고 또 도덕적 의무의 타당성도 시인할 수 있다고 믿었다. 인간은 자연 법칙에 의해 지배받는 우주의 본성을 알 수 있고 또 도덕의 법칙에 순종하는 자유를 경험할 수 있다는 것이었다.

칸트의 첫번째 단계는 우리가 사실을 인식하는 방식을 규정하는 것이었다. 그는 과학적 지식의 실재를 의심하지 않았다. 뉴턴의 권위가 너무도 컸기 때문에 그 점에 대하여 어떠한 의심도 허락할 수 없었다. 칸트는 자연을 관찰한 결과 개연성은 믿을 수 있으나 필연적 법칙의 획일성은 믿을 수 없다는 흄의 논거가 설득력이 있다는 것을 인정하였다. 우리는 이성으로 세계를 지배하는 원리들을 통찰할 수 없다. 그러나 칸트는 이성이 이 원리들을 발견할 수 없다고 하더라도 그 원리들이 존재하고 있다는 것을 믿었다. 그래서 칸트는 문제를 해결하는 방향을 전환하였다. 그는 이성이 세계에서 작용하는 법칙들을 발견하기 위하여 세계 속으로 들어가는 대신에, 경험의 사실들은 정신 자체가 제공하는 원리들에 의해 조직화될 때에만 지식이 된다고 주장했다. 우리에게 공급되는 물질적 지각은 그 어떤 것이라도 정신 자체가 제공하는 범주를 따라 생각되어야 한다. 칸트는 정신이 사물과 관계하는 방식을 전환함으로써 혁명적 변화를 일으켰고, 그 한 결과로 기계적 필연성의 체계를 주장하게 되었다.

칸트는 흄의 사상 속에 잠재되어 있는 공격에도 무너지지 않을 정도로 지식의 확실성을 확보하기 위하여 의도적으로 지식을 제한하였다. 그래서 엄격한 의미에서 인간이 정확한 지식을 가질 수 없는 사물들이 많이 있게 되었다. 인간의 감각 경험 밖에 있는 것과 형이상학과 자연 신학이 사용하는 모든 범주들은 "규범적"(regulative)이라고 말할 수 없었다. 그러나 칸트는 "현상적"(phenominal) 실재의 영역 외에 또 다른 "물 자체"(noumenal)의 존재를 인정하였고, "물 자체"의 타당성을 확립하기 위하여 의도적으로 "현상"의 범위를 제한하였다. 정확 무오한 과학 지식보다는 통찰력이 정말로 더 중요했고, 칸트는 우리의 도덕 경험이 드러내는 것이 현상이 드러내는 진리 너머로 우리를 인도해 준다고 믿었다. 칸트는 그의 유명한 경구에서 "그러므로 나는 '신앙'을 위한 여지를 남겨놓기 위하여 '지식'을 부정하는 것이 필요하다는 것을 발견하였다"라고 기록하였다. 우리가 피할 수 없는 도덕적인 속박을 인식하는 것이 우리의 감각에 드러난 물질적 세계를 이해하는 것만큼 명확하고 훨씬 더 중요하다. 도덕법은 불변하고, 의무는 계속적인 초시간적 절대이다.

지식을 결정하는 조건들을 확립한 후, 칸트는 인간의 의무감이 어떻게 작용하는지 보여 주는 일을 시작했다. 여기서 칸트의 대조적인 구분, 즉 현상과 물 자체의 구분이 더 중요해졌다. 인간은 현상 세계에 속한 것 못지않게 물 자체의 세계에 속해 있기 때문에, 인간이 의무의 요구를 깨닫는 것이 가능하다. 이것은 자유를 가능하게 만든 것이고, 그러한 자유가 없다면 어떤 의무도 의미가 없을 것이다. 그러나 자유 그 자체는 다른 더 큰 실체들, 특별히 신의 존재와 영혼 불멸의 확실성에 의존한다. 그래서 칸트는 경험의 두 영역을 구분하였다. 현상의 세계에서 인간은 자연 법칙의 필연성에 종속되어 있으나, 물 자체의 세계에서 인간은 자유하다. 인간의 삶의 통일성은 이 두 영역이 구분되어질 수는 있으나 실제로는 서로 밀접하게 연관되어 있다는 사실로부터 발생한다. 더욱이 결국 필연성이 지배하는 자연의 영역은 목적에 의해 지배되는 궁극 목적의 영역에 종속되어 있다. 이 두 가지 경험 영역이 서로 관계되어 있다고 본 것은 칸트의 사상의 성격을 결정하는 데 아주 중요하다. 별이 총총한 하늘이 주는 놀라움은 위대한 것이지만, 도덕의 법칙이 일으키는 경외심보다는 못하고, 의무에 대한 복종은 현상 세계의 이해가 할 수 있는 것보다 더 깊이 실재를 이해하게 해준다.

우리는 이미 칸트가 이전 세기의 정신을 요약하였고, 이제 막 시작되는 시대의 목표들을 결정하였다는 것을 언급하였다. 그는 이성의 시대의 아들이었다. 그가 도덕적 의무감에 근거하여 확립한 신학은 그 시대의 용어로 신, 자유, 영혼 불멸을 다루었다. 우리는 18세기가 알 수 있다고 확신하는 의미로는 신, 자유, 영혼 불멸을 "인식할" 수 없다고 주장한 점에서, 칸트는 그의 시대와 달랐다. 그러나 신, 자유, 영혼 불멸은 우리의 자유의 조건이므로, 우리는 그것들이 존재함을 항상 "믿어야" 한다. 칸트의 문제는 흄의 회의주의가 사정없이 흔들어 놓은 확실성의 근거를 재확립하는 것이었다. 그는 그것을 궁극적으로 신 안에서 발견하였고, 그것이 항상 신 안에서 발견될 수 있다고 보았다. 그는 너무 깊이 18세기에 뿌리를 두고 있었기 때문에, 그는 신으로부터 시작할 수 없었다. 이성의 시대의 전제는 계시는 인간의 엄청난 정신적 노력으로 얻어야 한다는 것이었다. 그래서 칸트는 인간으로부터 출발하였고, 인간의 본성 안에서 절대자에 이르는 길을 발견하였다. 그러나 그는 18세기가 이성에 부과한 협소한 제한으로부터 이성의 개념 전체를 구원하였다. 더욱이 물질에 대한 정신의 우위를 주장함으로써, 그는 19세기에 중요한 숙제를 남겨주었다.

칸트는 18세기의 사상을 내부로부터 활력을 회복시켜 주었고, 더 나아가 그것을 궁극적으로 변혁시켰다. 비록 특별히 신학적 성격을 띠고 있지는 않지만 그 시대의 관점을 변화시켰기 때문에 종교적 사상에 영향을 준 다른 지적 힘들도 있었다. 낭만주의적 부흥은 "자연"의 개념을 철저하게 변화시켰다. 초기 저술가들은 자연을 과학의 법칙 아래 종속되어 있는 영역으로 간주하였다. 18세기 말, 자연은 "숭고하고 아름다운 것"의 최고의 표현으로 간주되었다. 경이에 대한 감각이 되살아났다. 경외스럽고 장엄한 산의 풍경은 더 이상 조잡하다거나 야만스럽다고 경멸되지 않았다. 자연은 예배할 마음을 주었으나, 사람들이 엎드려 경배한 것은 항상 기독교의 하나님은 아니었다. 애매모호한 범신론이 유행하였다. 감성은 논리보다 더 중요했다. '노발리스'(Novalis)의 몇몇 서정시에서 드러났듯이, 감정은 종교적 성격을 갖고 있을 수 있었으나, 낭만주의와 기독교의 관계는 기껏해야 구름처럼 희미하게 규정되었다.

18세기 말을 대표하는 최고의 인물은 괴테였다. 괴테의 작품은 18세기의 사상을 변형시켰던 많은 경향들을 반영하고 있었다. 그의 정신의 넓이와 관심의 폭은 그를 탁월한 시인 이상으로 만들었다. 괴테는 그의 시대의 위대한 대변인 중의 한 사람이었고, 그는 새 시대의 분위기를 형성하는 데 도움을 주었다. 그의 초기 작품은 감성주의, 정서적 혼란, 인습에 대한 저항 등과 함께 질풍 노도(Sturm und Drang) 운동의 전형적 특징을 보여주었다. 이탈리아를 방문한 후, 고전적이고 심지어 이교적인 요소가 그의 사상 안에 나타났다. 그러나 근본적으로 그의 관점은 "신의 살아있는 옷"이라는 스피노자의 자연 이해를 갖고 있었고, 이것은 (라이프니츠에게서 유래한) 인간의 삶의 신적 소명에 대한 막연한 믿음과 결합되었다. 합리주의의 지배가 끝난 후, 의심의 여지 없이 종교적 감정이 부활되었다. 그러나 어떤 것은 거의 기독교적인 것이 아니었다. 새로운 입장을 추구하는 시대에 맞추어 신앙을 재해석하는 것은 이제 막 시작된 시대에서 기독교 사상가의 과제가 될 것이었다.

18세기가 끝날 무렵, 독일인들은 그들의 필요에 맞추어 권위있게 살아 있는 메시지를 전달해 줄 수 있는 예언자를 기다리고 있었다. 프리드리히 슐라이어마허(F. Schleiermacher)가 바로 그 예언자임이 증명되었다. 아주 독특하게 그는 합리주의에 싫증이 나고 프랑스 혁명의 진행 과정에 환멸을 느낀 세대에게 기독교 신앙을 재해석해 주기 위해 필요한 재능을 소유하고 있었다. 그의 신학적 입장의 특징은 기독교의 주관적 요소를 강하게 강조하는 것이었다. 「종교론」(*Speeches to the Cultured Despisers of Religion*, 1799)에서, 그는 신앙의 본질은 교의가 아니라 직관이며 감정이라고 지적하였다. 철학과 예술을 장려하는 것은 영혼의 생명을 유지하는 것을 대체할 수 없었다. 종교로부터 해방되었다고 자랑하는 교양인들은 가장 전통적인 교리주의자들만큼이나 외적인 현상의 노예들이었다. 「독백」(*Monologue*)에서 슐라이어마허는 자유인은 그의 영혼 바깥에 있는 어떤 권위에 의해서도 지배당하지 않는다고 선언하였다. 내적 생명은 식물의 자유로운 자발성과 함께 성장하고 꽃을 피워야만 하였으나, 슐라이어마허는 이렇게 만족스러운 개인의 삶은 오직 사회 안에서만 가능하다고 확신하였다. 이러한 개인에 대한 강조와 공동체 안에서 개인의 자아 실현에 대한 강조는 슐라이어마허의 메시지를 특별히 그의 시대에 받아들일 만하게 해 주었다. 독일 민족의 삶의 르네상스에서 그의 강력한 설교는 아주 중요한 요소였다. 아주 독특하게 그는 프로이센 국민의 종교적 열망을 이해하였고 그 열망을 충족시켰다. 그러나 그의 영향력은 어떤 애국적 설교가보다 훨씬 더 오랫동안 지속되었다. 그의 「종교론」은 그 시대의 가장 창의적인 작품 중의 하나로서 칸트의 「순수 이성 비판」과 괴테의 「빌헬름 마이스터」와 같은 반열에 있었다. 그의 위대한 작품인 「신앙론」(*The Christian Faith*)은 우리로 하여금 이 시대의 한계를 넘어서게 해 주었고, 슐라이어마허가 어떻게 19세기 초기의 사상을 지배하였을 뿐만 아니라 기독교 세계의 신학을 풍성하게 하였는지를 보여주었다.

제 16 장

바로크 시대의 기독교와 문화

예술적 취향은 본래 일정하지 않다. 19세기 빅토리아 시대는 18세기의 예술을 경멸하는 것이 유행이었다. 바로크 건축은 존 러스킨이 명확하게 규정한 비평 원리들을 따르지 않았다. 로코코 양식은 이미 품위가 떨어지고 천박하게 된 기준들이 마침내 붕괴되고 말았다는 것을 보여주었다. 18세기의 회화는 우아하지만 천박하다는 평가를 받았다. 심지어 18세기의 음악은 19세기 거장들의 작곡과 비교됨으로써 손해를 보았다는 주장도 있었다. 이에 대한 강한 반작용이 일어났는데, 1820년대 이후로 힘을 한데 모아, 모든 분야에서 18세기의 성취에 대해 보다 공정한 평가가 내려지게 되었다. 이러한 변화는 그 시대의 교회의 삶이 당시 교회가 무기력과 나태 속에서 침체하였다는 근거로 단순히 무시될 수가 없다는 인식과 평행을 이루는 것이었다.

18세기 예술의 많은 국면들이 종교 생활에 영향을 미쳤고 또 거꾸로 종교 생활에 의해 변화를 받았기 때문에, 교회와 문화의 관계는 무시될 수 없었다. 일부 지역에서는 교회가 여전히 문화의 후원자였다. 이것은 특히 바로크 시대가 크게 성공을 거둔 세 가지 영역 즉 건축, 조각, 음악에서 사실이었다. 더욱이 예술적 성취들은 당대의 정신을 충실히 반영하였다. 교회의 영향력이 가장 적은 곳에서도 그 시대의 문화는 무시될 수 없다. 문화는 교회가 그 안에서 증거하고 예배하려고 시도하는 세상의 본성을 잘 보여주기 때문이다.

바로크 건축은 예술적 목표를 분명하게 의식하고 있고 또 전통의 강한 지지를 받고 있다는 확신을 가지고 발전하였다. 바로크는 겉보기에 양립할 수 없을 것 같은 여러 힘들을 하나로 결합한 데 그 특징이 있었다. 그것은 대조의 시대(age of contrast)의 산물이었다. 그것은 극단들이 불안정하게 서로 균형을 이루는 사회에서 발전하였다. 무절제한 자기 방종과 새로운 수도회의 금욕적인 자기 부정이 함께 있었다. 과학이 과학의 제국을 팽창시키고 있었고, 미신도 분명히 자기의 세계를 확장하고 있었다. 자선 사업과 범죄가 나란히 번창하였다. 화려함과 천박함이 모두 이 문명의 주요한 특징으로 보였다. 바로크 건축은 다양한 미학적·종교적·사회적 영향력들이 상호 작용한 산물이었다. 그것은 대 교회와 군주의 왕궁들이 선호하는 양식이었고, 수도원과 대 저택에 적합한 양식이었다.

남부 독일의 많은 바로크풍 교회들은 루이 14세가 군주의 표준으로 확립한 양식을 따름으로써 세상의 통치자들과 함께하고 싶어하는 성직자들의 열망을 반영하고 있었다. 그러나 바로크는 또한 반동 종교개혁의 건축이었다. 그것은 예수회와 함께 유럽으로 전파되었다. 처음에 그것은 조심스럽고 절도가 있었고, 실지를 재정복하려는 군대의 전초 기지에 적합한 양식이었다. 확실한 승리의 암시가 있었다. 그것은 높은 바로크 성당에서 일어나 힘차게 승리의 합창을 부르며 오직 성공만을 격려하는 것이 필요했다. 그래서 이 양식은 석조 건물 안에서 반동 종교개혁과 한 쌍을 이루었다. 그것은 전투하는 교회를 상징했다. 그것은 또한 세속적 정신에 쉽게 동화된 양식이었다.

로마는 바로크 예술의 수도였다. 여기에서 바로크 예술은 그 독특한 특징을 발전시켰다. 사치스러운 장식이 점점 드러나는 양식의 표지가 되었다. 모든 세세한 부분이 똑같이 호화롭게 처리되었고 명백하게 동등한 중요성을 주장할 수 있었다. 교회는 이제까지 유례가 없을 정도로 회화로 장식되었다. 다채로운 대리석을 풍부하게 사용함으로써 그 효과는 증폭되었다. 금속 작업은 새롭게 중요해졌을 뿐만 아니라 새롭게 복잡해졌다. 바로크는 많은 건축가와 예술가들의 작업으로 발전하였으나, 그 중에서 두 사람 즉 보로미니(-1677)와 베르니니(-1680)가 아주 탁월했다. 보로미니는 베르니니보다 더 대담한 혁신가였다. 그의 영향으로 바로크 양식은 그 동안 르네상스 건축을 지배했던 전통들과 대담하고 무모하게 결별하였다. 베르니니는 최근까지 유행했던 전통들을 수용하였고, 그 안에서 대담성보다는 장엄한 특징을 지닌 학파를 창설하였다. 그는 의심의 여지 없이 로마적 바로크 양식의 지도적 주창자였고, 그의 영향력은 신고전주의가 출현할 때까지 계속되었다. 그는 그의 세련된 작품 안에서 다양한 예술적 매체의 종합을 통해 폭발적인 감정적 효과를 내려고 시도했다. 건축과 조각이 긴밀하게 서로 의존하게 되었고, 회화는 비록 부수적 역할을 담당하였더라도 장엄함과 호화스러움과 동적 효과를 강화해 주었다. 예술에 대한 이러한 종합적 접근 방식은 바로크 시대의 가장 뚜렷한 특징이었고, 그것은 로마 유파의 주목할 만한 공헌이었다.

새 양식은 급속하게 유럽 전역으로 확산되었다. 이탈리아의 건축가들은 프랑스, 스페인, 오스트리아, 폴란드, 심지어 러시아까지 바로크 양식을 옮겨 놓았다. 바로크 양식은 전파되는 곳마다 놀라운 적응 능력을 보여주었다. 각 지역의 유파들은 그들의 건축 방식과 재료들, 각 나라의 기질과 취향에 맞추어 바로크 양식을 변형시켰다. 정열과 강렬한 특징을 갖고 있는 스페인은 매력 있으나 극단적인 바로크 형태를 발전시켰다. 스페인의 바로크는 변덕스런 고집과 복잡한 정교함과 환상적 장식 면에서 더 이상의 진보가 불가능한 수준에 이르렀고, 가장 대표적 인물인 호세 쿠리게라(Jose-Churriguera, -1725)의 이름은 화려한 장식이 결합된 기이한 양식의 대명사가 되었다.

프랑스의 바로크 양식은 재빨리 이탈리아의 원형으로부터 독립하였고, 둘째 가라면 서러울 정도로 유일하게 로마 유파 다음으로 큰 영향력을 행사하였다. 베르니니가 프랑스에 초청받아 루이 14세와 루브르 궁전의 건축에 대해 협의하였을 때 그의 여행은 왕의 행차와 같았으나, 그가 제출한 계획은 거부당했다. 루이는 파리에도 베르니니 수준의 건축가들은 있다고 생각하였다. 프랑스적 바로크는 실용적인 생활 필수품에 대한 갈리아적 관심과 또 인테리어의 배치와 장식에 대한 큰 관심 때문에 인기가 높았다. 그것은 루이 14세 때 가장 화려하게 꽃을 피웠다. 그의 베르사유 궁전은 어느 특정한 양식의 본보기 이상의 가치가 있었다. 그것은 시대 전체를 대표하는 상징이었다. 그것은 호사스럽고 과장스럽고 약간은 감정을 현혹시키지만, 대단히 인상적인 효과를 주었다는 것은 부인할 수 없었다. 이것이 화려함과 교만 속에서 "가장 기독교적인 왕"의 궁정을 위한 무대이어야 했다는 것은 당시 세속 사회의 기준이 얼마나 깊숙하게 기독교에 스며들었는지를 암시적으로 보여준다. 동시대 사람들은 프랑스의 건축을 주로 왕궁과 화려한 공원과 연결시켰으나, 프랑스 건축가들은 파리 전경의 중요한 부분을 차지하는 많은 대 교회들, 예를 들어 앵발리드, 발-드-그라스, 현재의 판테온인 생주느비에브 등을 설계하였다.

스페인 통치 아래의 네덜란드에서 바로크 양식은 위대한 화가 페터 파울 루벤스의 작품 활동을 통해 발전하였다. 그의 방대한 유화들은 일반 관람자의 흥미를 끌기도 하고 불쾌감을 주기도 했던 많은 특징들을 잘 보여주었다. 여기서 우리는 대부분의 바로크 회화들이 열망하였던 웅장함과 운동감, 우월감과 화려함, 휘황찬란한 색상과 기술적 재능 등을 발견한다. 루벤스의 누드의 관능성도 아주 특징적인 것이었다. 다른 분야에서 이 시대의 플랑드르 예술은 파생적인 것이었으나 전적으로 성공을 거두지는 못했다. 그것은 이탈리아, 프랑스, 스페인, 독일의 근원에 의존하였으나, 그 혼합은 진정한 종합을 이루지 못하였다.

독일의 바로크 건축은 강력하고 인상적이었다. 그것은 자신들의 저택을 유행을 따라 장식하기를 바라는 모든 젊은 군주들이 선호하는 양식이었다. 얼마나 많은 독일 도시들이 베르사유 궁전을 모방한 "대저택"이나 "성"을 갖고 있었는가 하는 것은 놀라운 사실이다. 고대의 도시들은 종종 전적으로 새로운 명성을 얻었다. 드레스덴에서 교회, 궁전, 공공 건물 등의 일련의 휘황찬란한 건물들은 그 도시를 당대의 관광 명소 중의 하나로 만들었다. 츠빙거는 18세기 사회가 이상적인 것으로 받아들인 궁정의 우아함을 석조에 담은 모든 시도 중에서 가장 고상한 것 중의 하나였다. 뷔르츠부르크, 바이로이트, 안스바하 등은 모두 새 정신이 옛 도시를 변화시킨 방식을 잘 보여준다. 카를스루에, 만하임 같은 개개의 도시뿐만 아니라 지방 전체가 궁중의 분위기를 갖추었다.

바바리아와 오스트리아와 가톨릭이 지배적인 남부 게르만 세계에서, 바로크 예술은 여기에 필적할 만한 것이 없는 따뜻함과 화려함을 가지고 번창하였다. 그것은 이탈리아로부터 왔고, 세련된 로마의 작품의 특징인 경쾌한 역동성과 웅장한 위엄이 결합된 모습을 보여 주었다. 그것은 주로 군주와 대공들의 예술이었다. 비엔나 궁정들 즉 벨베데레 궁과 쉔부른 궁은 투르크의 위협이 마침내 도시 밖으로 밀려난 시대를 반영한다. 잘츠부르크는 대주교 볼프 디트리히에 의해 바로크풍으로 재건축되었고, 여기서 그는 성직자보다 귀족으로 행세하였다. 그리고 그의 동료들인 바바리아와 오스트리아 지역의 대수도원장과 주교들도 동일한 정신에 의해 자극을 받았다. 고대 수도원 건물들은 사라졌고 그 대신 당시 유행을 따른 호화로운 새 수도원 건물들이 들어섰다. 프란타우어가 수도원을 건립한 멜크에서, 거대한 대리석 강당, 호화로운 "황금의 도서관", 환상적인 교회 등은 바로크의 꿈을 아주 화려하게 구현하였다. 피셔 폰 에를라흐, 발타자르 노이만, 프란타우어처럼 유명한 건축가의 작품들은 남부 독일과 오스트리아 전역에 널리 퍼져 있었다. 그러나 퓌르스텐펠트부르크(Fürstenfeldbruck)와 "14인의 성자의 순례 교회"(Vierzehnheiligen) 같은 걸작들은 진실을 다 이야기해 주지 않는다. 거의 모든 바이에른의 마을에는 매력적인 양파 모양의 탑이 있고 종종 특징적인 조각과 프레스코화가 많은 교회들이 있었다.

바로크 건축은 18세기의 다른 매체와 함께 세 가지 특징을 갖고 있다. 첫째, 그것은 기교를 목적 그 자체로서 중시한다. 그것은 세밀한 부분까지 관심을 가지고 스타일을 강조하였고, 장식을 그 자체로서 높이 평가하였다. 둘째, 그것은 유형(pattern)에 대해 예민한 감각을 가지고 있었다. 그것은 예술적 창조를 영웅적 대구(couplet)나 푸가(fugue) 같은 전통적 형식의 범위 안에 한정시켰다. 셋째, 그것은 소위 "풍부한 표현"(eloquence)에 가치를 부여하였고, 격심한 감정을 불러일으키려는 시도보다는 표현적인 것을 더 강조하였다.

건축에서 이러한 기본적 원리들은 공간 자체가 어떻게 다루어졌는지를 잘 설명해 준다. 건물은 그것이 놓여 있는 환경의 일부분이었다. 탁트인 광장이 설계되고 거리가 보이고 주랑과 분수를 활용하는 것 등은 인간의 작품이 환경과 어떻게 연관될 수 있는가 하는 전체적 개념으로부터 분리될 수 없다는 것을 보여주었다. 바로크는 또한 "외형(façade)의 예술"이다. 그것은 건물의 외면에서 기념물이 될 가능성을 예민하게 지각하고 있었으나, 어떤 평면이든지 그 위에 장식하고 꾸밀 수 있는 기회를 잡았다. 여러 장식품을 사용하고 날카로운 대조를 주기 위해 표면을 분할하는 것은 강한 빛이 건축가가 의도하는 효과를 온전히 내기 위해 필요하다는 것을 의미했다. 바로크 양식은 건물 바깥뿐만 아니라 내부에서도 다량의 정교한 요소들에 의존해 있었다. 즉 높이 장식된 제단, 정교한 석고 작품, 천장의 그림, 금속 창살, 오르간 케이스 등을 갖추었다. 때때로 그들은 실재의 감각에 의해 부과된 모든 제한들로부터 단절되어 자유로운 듯했다. 최악의 경우 그들은 왜곡된 외형과 화려한 색깔이 뒤죽박죽 혼합된 것으로 변질되었다. 최선의 경우 그들은 빛과 광선과 넘치는 기쁨이 놀랍게 조화를 이루었다.

이러한 양식에서는 당연히 회화적 효과가 탁월하였다. 부품들이 의도적으로 눈에 띄는 방식으로 배열되었다. 안정성보다 극적인 운동감이 건축가가 추구하는 효과였다. 교회 전체가 찬란한 빛과 오색의 빛깔들과 운동감으로 가득찼고, 이것은 높은 제단 위에서 절정에 달하였다. 여기서는 장엄한 것을 추구하는 것이 특징이었다.

도나우 강 유역의 벨텐부르크 성당의 제단 위에는 군마를 타고 있는 성 게오르게가 죽음의 고통 속에서 몸을 꼬고 있는 용을 살해하는 그림이 있다. 불이 활활 타오르는 배경 위로 금빛 나는 인물이 비취고 있고, 주위는 기둥을 휘감은 어두움으로 둘러싸여 있고, 기둥은 금발의 주두로 장식되어 있고 열매와 꽃의 화환이 걸려 있다. 어두운 그늘로부터 성도들이 성자가 뿜어내는 구원을 경이롭게 지켜본다. 그것은 대담하게 풍부한 색채를 사용하고 대조법과 운동감을 살리고, 그래서 찬란한 효과를 거두고 있다. 그것은 의심의 여지 없이 거의 연극에 가깝지만, 나름대로 또한 경건하다. 인간은 인간적이고, 인간의 이상은 인간적인 형식으로 표현되었음에 틀림없다.

반구 천장(cupola)은 시선을 집중시키는 중심으로 제단 다음으로 중요하였다. 그것은 건물의 실루엣에 바로크 건축가들이 좋아하는 불룩한 선을 주었다. 실내에서 그것은 빛과 색채가 어른거리는 최상의 공간을 제공해 주었다. 잘츠부르크 대성당은 둥근 돔과 성가대석에 쏟아지는 빛을 강조하기 위해 지붕 선(nave)이 의도적으로 낮게 처리되었다. 네레스하임 성당의 반구 천장은 많은 프레스코화로 가득 차 있어서 마치 하늘이 열리고 천상의 천사들이 회중 위로 날아다니는 듯했다. 그러나 이렇게 넘치게 빛과 색채와 움직임을 활용하는 이 화려한 방식은 어떤 당혹스러운 의심을 불러일으킨다. 여기서 하나님에 대한 섬김과 예배가 엄숙하다거나 절제되어 있다거나 하는 암시를 전혀 발견할 수 없다.

전성기 바로크의 화려함과 우월감은 "육신의 정욕과 안목의 정욕과 이생의 자랑"은 지나가는 것이라는 불안한 지각에 의해서도 억제되지 않았다. 황금 빛의 성자들, 석고로 만든 구름, 대리석으로 조각된 천사들은 이 장소 이외의 어느 세상에도 속해 있지 않았다. 천사들은 그들의 천상의 본성과 정반대되는 부피와 심지어 감각적인 면까지 있었고, 관람자들은 "이렇게 너무 너무 단단한 육체는 녹아버릴 것"이라는 생각을 억제할 수 없었다. 세상을 전적으로 거부할 필요는 없을지 모르나, 열광적으로 세상과 관계를 맺는 것은 거의 바람직하지 않다. 바로크 건축은 왕궁에서 가장 두드러진 승리를 얻었다. 베르사유 궁전은 바로크 건축의 최고의 상징이었고, 바로크 건축은 교회를 섬길 때 왕궁에서 물든 세속적 정신으로부터 결코 전적으로 도피할 수 없었다. 그것은 반동 종교개혁에 상응하는 건축으로서 시작하였다. 18세기가 시작될 무렵, 바로크의 성취는 더 이상 하나님을 영화롭게 하지 않았다. 그것은 신적 권리로 다스리는 왕들을 찬송하였다.

로코코 양식은 어떤 흐름을 따라 바로크의 발전을 논리적 극단까지 밀고 나갔다. 개인의 상상력이 모든 제약으로부터 자유롭게 되었다. 절대적 자유가 새 국면의 특징이 되었다. 유연성과 운동감은 불규칙한 리듬으로 변하였다. 단절된 선을 선호하는 것이 바로크의 기념비적 특성이 허용할 수 있는 한계를 넘어 추구되었다. 보다 친밀하고 우아한 형식이 옛 양식의 화려함과 장엄함을 대체하면서 미묘한 변화가 일어났다. 우아함과 매력이 건축의 세부적 부분들의 특징이 되었다. 걷잡을 수 없는 쾌활함이 18세기 문명에 그렇게 큰 역할을 담당했던 보조적 예술들의 특징이 되었다. 로코코는 부분적으로는 바로크 시대의 위엄있는 화려함에 대한 반작용이었다. 거대한 궁정은 살기에 편안한 곳은 아니었고, 로코코는 편안함이 우아함과 매력과 결합될 수 있는 주거 환경을 제공하고자 하였다. 와토(J. A. Watteau)의 회화와 루이 퀸즈의 가구에서 드러난 가볍고 기교적인 정신은 교회 건축에도 영향을 미쳤다. 억압받지 않은 유쾌함이 저택뿐만 아니라 교회에서도 로코코 장식의 주도적 특징이 되었다. 환상은 규칙과 균형에 대해 반항한다. 조각들과 장식품이 제한 없이 증가했고, 정교한 장식이 극도로 발전하였다. 침머만이 오버람머가우 근처에 건축한 "초원의 교회"와 츠비팔텐, 오토보이렌, 발트파센에서 이 양식은 절정에 달하였다.

반동은 필연적이었다. 로코코의 최종 단계에서 쾌활함이 많이 사라졌다. 균형감과 고요함이 우아함과 매력을 대체하지 않은채 다시 나타났다. 고전적 예술에 대한 관심의 부활은 장식의 환상적 자유를 이미 억제하고 있었다. 반동이 하나의 힘으로 결집되었다. 1780년에서 1790년까지 신 고전주의 운동의 소박함이 바로크와 로코코의 따뜻함과 화려한 색채를 대체하였다.

영국에서 왕정 복고는 위대한 건축의 시대의 문을 열어 주었다. 런던의 대화재(1666)는 건축가들에게 좀처럼 갖기 힘든 기회를 제공해 주었다. 크리스토퍼 렌(Wren) 경은 이 기회를 십분 활용할 수 있었다. 그래서 17세기 후반에는 시대 정신에 충실하고 영국 성공회의 필요에 아주 적합한 교회 건축 학파가 창설되었다. 우리는 바로 교회 안에서 영국식 바로크 건축의 성장과 발전을 가장 완전하게 연구할 수 있다. 이러한 창조적 노력의 분출은 18세기 중엽까지도 잠잠해지지 않았다. 이 기간 안에 두 가지 뚜렷한 국면이 있다. 한 세대 이상, 렌이 상황을 지배하였다. 그 후로 또 한 세대 동안, 일련의 유능한 사람들이 렌이 시작한 전통을 이어나갔다. 그들은 모두 렌에 의해 깊은 영향을 받았다. 1708년 렌은 교회 건축과 관련하여 유명한 기록을 남겼다. 렌의 권위가 얼마나 컸는지는 그의 계승자들이 그의 원리를 따르는 것을 얼마나 만족스러워 했는지에 의해 알 수 있다.

렌은 소수의 천재적 예술가들에게 찾아오는 기회를 잡았다. 아마 어떤 건축가도 렌만큼 화려하고 광대한 영향력을 남긴 사람은 없을 것이다. 그러나 건축에서 렌은 하나의 아마추어였다. 그는 제임스 깁스가 이탈리아에서 받은 집중적인 전문적 훈련을 받지 못했다. 렌은 과학자요 수학자로서 양 분야에서 탁월한 능력을 입증하였다. 그가 처음 폐허가 된 "구 바울 성당"의 보수 문제를 생각하였을 때, 그는 파리로 여행을 떠났다. 그는 베르니니를 만났다. 그는 방금 발-드-그라스 성당을 완성한 나이 많은 망사르의 작품을 연구할 기회를 가졌다. 이 기간의 영국 대 건축가들 즉 렌, 혹스무어(Hawksmoor), 반브러(Vanbrugh) 등이 모두 예술적 영감을 프랑스에 의존하였음을 기억하는 것이 중요하다. 그러나 렌이 빌려온 생각을 대단히 독자적인 방식으로 발전시켰다는 것을 관찰하는 것은 훨씬 더 중요하다.

비록 런던 대화재가 렌에게 화려한 기회를 주었더라도, 그것은 그에게 자유로운 기회를 보장해주지 않았다. 그는 새 런던을 위한 복합적 계획을 세웠다. 그 계획의 장기적 비전과 상상력에도 불구하고, 그것은 기득권 문제와 복잡한 토지 소유권 문제로 인하여 실패할 위기에 봉착하였다. 그가 선호했던 그의 첫번째 성 바울 성당의 설계는 거절당했다. 옛날의 도시 계획안은 계속적으로 모든 점에서 그의 과제를 복잡하게 만들었다. 협소한 도로와 밀집된 환경 때문에 렌은 바로크 건축가들이 특별히 갈망하던 장점 즉 그 위에 세워진 건물에게 최대로 인상적인 것을 부여하는 환경을 빼앗기고 말았다. 렌의 교회는 다양한 건축 부지를 위해, 대개는 소규모로, 때로는 불규칙한 형태로 설계되었고, 다른 건물에서 거의 자유롭게 떨어져 있을 수 없었다. 어떤 의미에서 이것은 그의 과제를 단순하게 만들었다. 교회의 모든 부분을 똑같이 고려하며 설계할 필요가 없었다. 렌은 놀라운 기술로 몇 가지 관심을 기울일 가치가 있는 요소들 즉 탑, 실내 장식, 건물 외관 등에 집중했다. 이것은 위장된 축복이었다. 작업의 중압감은 많은 교회를 완전히 세세한 것까지 설계하는 것을 불가능하게 만들었을 것이다.

돌부스러기들이 제거된 후, 가장 먼저 해야 할 일은 사람들이 임시로 예배드릴 수 있는 값싼 "장막"을 만드는 것이었다. 대화재 4년 후, 거대한 재건축이 시작되었다. 석탄 세금의 증가로 필요한 자금이 조성되자 일이 급속도로 진척되었다. 렌은 런던에 54개의 교회를 건축하였다(이 중에서 34개의 교회는 1940년까지 존속하였다). 초기의 압력은 총 건축 공사비에 의해 측정되었다. 처음 17년 동안의 재건축 계획(1670-1687)에서, 264,000 파운드 이상의 공채가 필요하였다. 다음 13년 동안에는 53,000 파운드만 필요하였다. 물론 이 수치는 교구 위원들과 개별 신자들이 기부한 금액이 포함되지 않았기 때문에, 진상을 다 말해주지 않는다. 사적인 기부는 경기가 정상화되면서 많아질 것이고, 가구와 장식의 필요성에 의해 자극을 받을 것이다. 이 거대한 사업의 주목할 만한 특징은 렌이 재원들을 절약한 기술이었다. 그는 그 지출이 전체적 효과에 기여하지 않는 한 돈을 쓰지 않았다. 그의 교회는 엄격한 공리주의적 건물과 그의 목적에 도움이 되는 화려한 장식을 독창적으로 결합하였다.

이보다 더 흥미로운 것은 렌이 그의 교회 안에서 무한하게 다양한 건축 문제를 해결한 방식이었다. 건축 부지의 불규칙성은 어떤 기본적 유형도 그의 모든 필요에 도움을 줄 수 없다는 것을 의미했다. 그의 교회의 평면도를 연구해 보면, 그가 내부 공간을 얼마나 창의적으로 배열하였는지 알 수 있다. "성 스테판의 월브룩"(1672-1673)은 본래 작은 직사각형 방이다. 그러나 렌은 능숙한 솜씨로 지붕선(nave), 측랑(aisles), 십자 교차부(crossing)를 아주 인상적으로 만들었다. 그리고 가는 기둥(columns)으로 우아한 돔 지붕(dome)을 지탱하게 함으로써 아주 빈약한 건축 부지를 장엄하고 거대한 공간으로 보이게 하였다.

렌의 재치 있는 능력은 특별히 탑(towers)과 뾰쪽탑(spires)에 잘 나타나 있다. 다수의 탑들은 교회 본 건물보다 나중에 세워졌다. 재료를 다루는 그의 기량은 온전하게 성숙되었고, 그는 런던 대화재 직후 당했던 종류의 압력으로부터 자유롭게 되었다. 그의 어떤 탑들은 완전히 단순하였고, 어떤 탑들은 항아리(urns)나 방첨탑(obelisk)으로 장식된 난간(parapets)을 갖고 있었고, 어떤 탑들은 종종 돔 지붕이나 피라밋이나 계단 위에 아주 정교하게 만들어진 종탑(bell turrets)을 세웠고, 어떤 탑들은 그 위에 뾰쪽탑을 올렸는데, 종종 한 단씩 세웠고, 때로는 돌로 첨탑을 만들었고 때로는 납으로 덮었고, 때로는 윤곽선을 오목하게 하고 때로는 볼록하게 만들었다. 순교자 성 마그누스의 탑은 옥상 지붕(lantern), 돔 지붕, 뾰족탑을 갖고 있다. 그러나 유형별 분류 작업은 사실을 왜곡한다. 렌의 탑들은 하나하나가 나머지 다른 탑들과 다르다. 그의 교회들도 마찬가지이다. 그는 결코 똑같은 설계를 반복하지 않았다. 그의 풍부한 착상은 가장 불가능하게 보이는 곳에서 가장 온전하게 나타난다.

물론 렌의 걸작품은 성 바울 성당이다. 250여년 이상, 석조 옥상 지붕, 황금 구, 십자가를 꼭대기에 얹은 바울 성당의 거대한 돔은 하늘 위로 우뚝 솟아 런던의 스카이라인을 형성하였고 런던 시의 삶의 상징이 되었다. 서쪽의 정면부는 기둥으로 받쳐진 지붕이 있는 겹층의 포르티코(portico) 현관으로 되어 있고, 그 옆에 두 개의 작은 탑이 세워져 있는데, 이 탑들은 돔의 원형을 강조하기 위하여 아름다운 비례를 갖추어 정교하게 설계되었다. 외벽은 서쪽 정면부의 이층 선의 흐름을 연장한 것이고, 십자형 교회 지붕의 수랑들(transepts)은 각각 저마다 우아한 포르티코 현관이 있다. 내부에서 렌은 여덟 개의 거대한 아치(arches)로 돔 지붕을 지탱했고, 이 아치들은 8개의 육중한 지주(piers)에 의지해 있었고 지붕 선(nave)과 지붕의 수랑(transepts)이 교차하는 곳에서 팔각형의 구조를 형성하고 있었다. 거대한 공간과 수직적 높이를 만듦으로써, 렌은 뛰어나게 장엄한 분위기를 만들었다. 바로크 건물의 특성은 특별히 호화로우면서도 억제되어 있는 화려한 장식에서 나타난다.

대성당과 교회 건축 이외에도 렌은 그의 뛰어난 명성을 입증할 만한 작품들을 많이 남겼다. 그리니치 궁전, 햄프턴 궁의 신축 부분, 케임브리지의 트리니티 대학 도서관 등은 모두 그의 재능과 능력을 잘 보여준다. 그러나 아마도 그의 교회 건축이 그의 작업의 질적 수준과 그의 위대한 성취를 가장 잘 나타내는 것 같다. 우리 이미 렌이 어떤 의미에서는 스스로 혼자 배운 건축가였다고 말한 적이 있다. 렌은 재빨리 그의 일에 정통하였으나, 점점 그의 향상되는 능력이 그의 창의적 능력을 결코 감소시키지 않았다. 그의 작품은 전형적인 틀에 얽매이지 않았다. 그는 결코 자기 자신의 재능의 희생자가 되지 않았다. 참신한 상상력은 그의 초기의 실험적 시도에도 나타나 있었지만 그의 후기의 보다 확실한 성공에도 역시 잘 나타나 있었다. 그가 사용한 형식은 르네상스 시대의 유산들이었다. 이니고 존스에 의해 영국에 도입된 팔라디오식(Palladian) 전통이 강하게 그의 마음을 끌었으나, 렌은 익숙한 재료들을 재치있게 개별적으로 사용하였다.

무엇보다도 렌은 경쟁할 만한 상대가 없는 탁월한 기술을 가진 구조 예술가였고, 이외에도 구조에 비례와 스타일을 주는 법을 알았던 사람이었다. 그는 그의 건물을 우아하게 하는 비밀을 갖고 있었다. 렌은 균형 감각을 가진 시대 정신에 의해 도움을 받았다. 그는 운이 좋게도 포틀랜드 돌, 다듬은 돌에 의해 강조된 따스한 색깔의 벽돌 등의 재료를 사용할 수 있었다. 그러나 그의 성공의 진정한 비밀은 그의 완전한 비례 감각이었다. 그의 성취의 독특한 특징은 영국식 바로크 양식을 대륙의 바로크 양식과 비교함으로써 잘 알 수 있다. 남부의 바로크 양식은 극적인 운동과 의도적으로 눈에 띄는 방식으로 배열된 넓이의 이상에 의해 지배되었다. 렌의 작품의 특징은 평온함과 안정감이었다.

왕정 복고부터 섭정 통치까지, 렌은 영국 건축의 표준이 되었다. 그의 작품은 미국 식민지의 이주지 양식을 형성하는 데도 기여하였다. 그는 "최초의 근대 건축가"라고 불리웠고, 리처드슨 교수는 현대 스웨덴 건축은 렌의 원리들을 "거의 문자 그대로" 따랐다고 지적하였다. 대부분의 사람들에게서 렌의 위대한 업적은 런던 시를 웅장한 윤곽선을 가진 도시로 만든 것이었다. 이것은 그가 이룩한 불후의 금자탑이다.

18세기 전반기에 다수의 유능한 건축가들은 렌의 전통을 따랐다. 실제 존 반브러 경은 잠시 동안 폭발적인 인기를 끌었다. 그의 많은 작품은 활기 넘치는 운동감과 선동적 스케일과 극적인 감각을 가지고 있었고, 렌의 학파보다는 대륙의 바로크 양식에 더 가까웠다. 혹스무어와 깁스에서 영국 교회 건축은 렌이 이룩하였던 발전을 추구하였다. 니콜라스 혹스무어는 대단한 재능과 강한 개성을 지닌 건축가였으나, 성 조지 교회, 블룸스베리 교회와 같은 그의 가장 독창적인 교회 건축에서도 렌이 교회 건축에 대해 기록한 원리를 세부적인 부분까지 그대로 따랐다. 혹스무어에서 영국의 바로크 양식은 최고도로 발전하였다. 그는 설교를 갈망하는 시대에 건축을 했다. 렌의 교회도 역시 주로 회중들이 설교자의 말씀을 확실하게 들을 수 있도록 설계되었으나, 혹스무어는 교회에게 교회가 섬기도록 되어 있는 목적을 강조하는 수사학적 특성을 별도로 부여하였다. 그의 교회에는 렌의 걸작이 풍기는 차분한 휴식과 뚜렷하게 대조되는 어두운 허풍의 분위기가 있다.

제임스 깁스는 운이 좋게도 세상에서 눈에 가장 잘 띄는 위치에 멋있는 교회들을 세웠다. 런던을 방문하는 자들은 누구나 "초원의 성 마틴 교회" 또는 "성 메리-르-스트랑" 교회를 보지 않을 수 없고, 어느 교회도 이 교회들보다 더 큰 명성을 얻지 못했다. 성 마틴 교회에서 깁스는 현란한 포르티코 현관을 설계하였고, 그 위에 탑과 탑첨을 올려놓았는데, 이것은 하늘을 향한 충동과 결합되어 있는 안정된 인상을 준다. 깁스의 건축 작품에는 18세기 건축의 많은 특징들이 잘 나타나 있다. 분명한 것은 뚜렷한 전통이 강한 통제 아래 있다는 것이다. 그것의 특징은 탁월함, 고요함, 과묵함, 감탄할 만한 마무리 등이다.

1660년부터 1750년까지 이 시대의 중요한 교회 건축은 대부분 런던과 런던 근교의 지역에서 찾아볼 수 있다. 바로 이 지역에서 교회 건축이 가장 필요하였다. 런던 대화재 이후 재건축과 수도의 성장은 건축을 긴급히 필요하게 만들었다. 그러나 세기가 바뀐 후, 정당하게 기대할 수 있는 것보다 더 적은 교회가 런던에 세워졌고, 다른 지역에서는 거의 세워지지 않았다. 옛 상업 도시들은 옛날의 교회로 충분하였고, 어떤 사람도 중부와 북부 지역의 신생 도시들이 제기하는 도전을 인식하지 못했다. 깁스는 더비에 아주 아름다운 교회를 건축하였다. 이 유파의 후기 대표자 중 가장 유능한 건축가인 아처는 버밍엄의 성 필립 교회를 건축하였는데 현재는 대성당으로 발전했다. 그러나 18세기는 대부분의 기간 동안 교회 건축에 대한 열정을 보여주지 않았다. 조지 왕조 시대(1714-1830)의 건축은 주로 인상적인 대저택과 매력적인 별장 등의 가정 집이었다. 목욕탕은 18세기의 질서있고 고상한 도시 계획이 이룩한 최고의 성취였다. 이러한 고요하고 장엄한 건축술은 시대 정신을 잘 반영해 준다. 이 시대는 위엄, 우아함, 개인의 위신, 안락함 등을 높이 평가하였으나, 교회 건축에는 별로 관심이 없었다.

대륙뿐만 아니라 영국에서도 바로크 종교 예술의 특징은 화려한 장식에 있었다. 조각, 목공, 가구 공예, 회반죽 미장 등의 보조적 예술은 가장 탁월한 수준에 도달하였고, 이 시기의 교회들이 화려한 인상을 보존하는 데 기여하였다. 라틴계 장인들은 모든 구속으로부터 자유로왔지만, 개신교는 당연히 어느 정도의 장식을 억제하였다. 남부 유럽의 가톨릭 교회를 장식한 조각상과 회화를 위한 자리가 없었다. 영국 성공회에서 목수들은 강단, 성서대(lectern), 세례반 덮개를 아름답게 장식하였고, 대개 오르간 케이스와 가끔은 제단 뒤 장식 벽(reredos)를 장식하였다. 회반죽 미장공들은 천장 작업을 하였다. 조각가들은 기념 명판과 묘비를 만들었다. 장인들은 종종 건축가들의 직접적인 감독 아래 작업을 하였고, 때때로 상당한 독립성을 허락받기도 하였다. 이러한 소 보조 예술 분야에서 가장 유명한 사람은 그린링 기번스(Grinling Gibbons)였다. 그는 반 세기 동안(1670-1722) 영국의 지도적인 나무 공예가였다. 그는 성 바울 교회의 성가대석과 그 주위의 칸막이를 제작하였고, 피카달리의 성 제임스 교회의 제단 뒷벽을 만들었고, 케임브리지의 트리니티 칼리지의 도서관과 옥스퍼드의 퀸스 칼리지의 도서관을 장식하였다. 기번스는 목공 외에도 대리석과 청동을 다루는 일에 능숙하였고, 그의 명성이 높을 때 교회의 가구를 비치하는 거대한 사업을 잘 감당하였다.

이러한 형태의 기술은 네덜란드와 플랑드르 지방의 유파들에 의해 강한 영향을 받았다. 특별히 묘비 조각에도 바로크의 영향이 잘 드러나 있다. 1720년대와 1730년대에 다수의 중요한 예술가들이 영국에 나타났다. 리스브라흐, 쉬메이커즈, 루빌리악은 최고 수준의 조각가였다. 리스브라흐, 쉬메이커즈는 위대한 플랑드르 유파의 기술뿐만 아니라 그들의 관점을 도입하였고, 루빌리악은 프랑스와 남부 독일에서 훈련을 받았고, 조각 분야에서 가장 강력하게 바로크적 영감을 끼쳤던 베르니니와 친밀하게 접촉하였다. 이 세 사람의 대표적인 작품은 웨스트민스터 수도원의 묘비들이다. 본래 이 수도원은 바로크적 조각 예술을 표현하기에는 적합하지 않은 건물이었으나, 바로크 정신을 좋아하지 않는 자라고 할지라도 루빌리악의 나이팅게일 기념비처럼 대담한 주제가 종종 다루어진 기술을 감상할 수 있다. 케임브리지의 트리니티 칼리지의 예배당 입구에 서 있는 아이작 뉴턴 경의 놀라운 조각상을 아는 사람이라면 어느 누구도 이 유파의 공헌을 낮게 평가할 수 없을 것이다.

이 시대에 음악이 탁월하게 발전하였음은 의심의 여지가 없다. 교회 음악은 간헐적으로만 발전하였다. 로마 가톨릭 세계에서 대위법(polyphonic) 예전 음악은 팔레스트리나(-1594)에서 정점에 도달하였다. 17세기 동안 새로운 표현 형태들이 발전되었다. 오페라는 매우 흥미있는 가능성을 열어 놓았다. 반동 종교개혁의 정신으로 격려를 받은 음악가들은 이러한 새롭고 흥미있는 형식들을 시험적으로 활용하여 더 많은 사람들의 마음을 끌었다. 대중적 취향은 이러한 경향을 지탱해 주었다. 교회에서 사람들은 오페라 하우스의 음악처럼 풍부하게 구성된 음악을 기대하였다. 세속의 표준과 세속의 정신이 교회 음악에 침투하기 시작하였다. 교회 음악의 극적인 잠재력에 의해, 미사 음악은 드라마처럼 처리되었다. 작곡가들이 오페라와 동일한 정신으로 생각되는 음악에 반응할 때, 예배자들은 회중이라기보다는 오히려 청중이 되어버리는 경향이 있었다. 페르골레시(-1736)는 세속 음악과 교회 음악을 다 작곡하였고, 그의 "스타바트 마테르"(Stabat Mater)에서 그의 스타일은 그가 희곡 오페라에서 사용한 것과 본질적인 점에서 다르지 않았다. 전문적 기술은 더 이상 가사의 의미와 관계 없었다. 경박한 것이든 장엄한 것이든, 음악의 성격은 동일하였다. 음악은 더 이상 종교적 감정을 표현하는 훌륭한 매체가 아니었다.

하이든이나 모차르트를 팔레스트리나와 비교해 보면, 우리는 어떤 변화가 일어났는지 잘 알 수 있다. 18세기의 음악가는 생계 문제나 표현 매체의 문제에서 교회에 훨씬 덜 의존하게 되었다. 음악은 광범위한 기술상의 영역을 확보하였고, 전적으로 음악을 위한 음악을 할 수 있게 되었다. 이것은 관현악단과 관현악곡의 발전에서 분명히 알 수 있다. 하이든의 미사곡 같은 종교 음악의 작곡에서도, 음악은 독자적인 것이었고 음악 그 자체만을 감상할 수 있게 되었다. 음악이 가사의 의미를 강화할 수도 있으나 항상 그런 것은 아니다. 하이든은 특별히 심오하지는 않지만 진정한 종교적 감정을 갖고 있었고, 또 그의 곡에서 어떤 비신앙적 흔적도 없었다. 그러나 그의 음악은 강한 감정의 필연적 표현이 아니고, "천지 창조" 같은 작품은 듣는 이에게 깊은 종교적 반응을 일깨우지도 못했다. 그의 음악의 아름다움은 의심의 여지가 없으나, 순수한 신앙의 필연적 표현은 아니었다. 표면상의 목적이 무엇이든간에, 주로 음악을 만드는 기쁨을 위해 만들어진 음악은 세속적 음악이다.

모차르트는 저질의 음악을 작곡할 능력이 없었기 때문에, 그의 교회 음악은 고도로 전문적이고 아주 아름다운 작품이었다. 그의 교회 음악 작품은 그의 초기 시대에 속한다. 그들은 잘츠부르크 제후-대주교의 궁전에서 비천하게 봉사할 때의 작품이었다. 그들은 하이든의 작품보다 더 지적인 이해를 보여주었고, 종교적 감정을 더욱더 심오하게 추구하였다. 모차르트가 성직자보다는 평신도의 후원을 원하였다는 것과 그가 교회 음악이 아니라 기악용이나 오페라용 음악에서 그의 천재적 재능을 발휘하는 출구를 찾는 것을 더 좋아하였다는 사실은 교회와 음악의 새로운 관계를 반영해 주었다. 그러나 모차르트의 최후의 대작, 「진혼곡」(*Requiem Mass*)은 가슴을 저미는 종교적 감정을 불러일으켰다. 모차르트는 진혼곡이 바로 그를 위한 미사곡임을 확신하면서, 그의 임종 석상에서 이 곡을 작곡하였다. 음악은 가사 내용을 심오하게 해석하므로, 음악의 아름다움은 항상 음악이 표현하는 진리에 종속되어 있었다.

개신교 세계에서 교회 음악은 이 시대에 절정에 달하였다. 이것은 특히 독일에서 그러했고, 부분적으로 영국에서도 그러하였다. 17세기 중반의 사회 불안은 영국의 음악계의 자연스런 발전을 방해하였다. 윌리엄 버드(W. Byrd)와 올랜도 기번스(Orlando Gibbons)는 대위법 작곡의 전문가였다. 그들의 음악은 장엄함과 절제를 특징으로 하였으나, 새로운 세대에게는 무언가 결함이 있는 것 같았다. 왕정 복고 시대의 음악은 훨씬 더 강렬한 표현력을 갖고 있었다. 그것은 더 광범위한 사상과 감정을 전달할 수 있었다. 새로운 표현 매체가 전적으로 교회 음악에 적합한 것은 아니었고, 항상 확고한 통제 아래 있었던 것도 아니었다. 블로우, 와이즈, 험프리는 아름다운 성가를 지었으나, 기교가 부족하였고, 처음에 도입한 주 선율을 유지하고 전개하는 능력의 결핍으로 음악의 통일성이 없었다. 아마도 이러한 결과는 영국 음악 전통의 방해 때문일 것이다. 이 시대의 가장 탁월한 작곡가인 헨리 퍼셀도 이러한 약점에서 전적으로 자유롭지 못했다. 그는 솔로의 독창부와 합창부를 번갈아 교대하는 형식을 자주 사용한 성가곡들을 다수 작곡하였으나, 이 장엄한 기법을 성공적으로 시도해볼 수 있었다. 성악, 현악기, 트럼펫, 오르간을 위한 그의 작품 「Te Deum and Jubilate in D」는 왕정 복고 시대 교회 음악의 주요 특징들을 집약적으로 보여준 인상적인 곡이었다. 그는 놀랍도록 다양한 표현 기법을 활용하였다. 그의 음악은 항상 신선하고 활력이 있었고, 가사를 충실하게 해석할 뿐만 아니라 통찰력 있게 해석하였다.

헨델은 비록 영국 태생은 아니었으나, 입양으로 확실히 영국인이 되었다. 그의 독일 음악적 배경은 이탈리아의 영향과 특히 오페라에 대한 열정에 의해 수정되었다. 오페라의 시각적이고 극적인 가능성이 헨델의 마음을 강하게 끌었다. 당시의 상황이 그로 하여금 오라토리오로 방향을 전환하게 하였을 때도, 그는 오페라 양식을 전적으로 버린 것은 아니었다. 오페라와 오라토리오는 서로 다른 목표를 갖고 있다. 오라토리오는 극적인 사건을 직접적으로 표현하는 대신에, 영웅적 수법으로 과거 사건을 보여준다. 오라토리오에 어울리는 분위기는 구원에 대한 감사를 표현하거나 이미 성취된 승리감에 도취된 환희를 드러내는 것이다. 헨델의 대부분의 오라토리오는 구약 성경의 사건들에 바탕을 두고 있는데, 헨델은 이 구약의 사건들을 오페라적 성격을 도입하기 위하여 이용하였다. 헨델이 종교 음악을 작곡한 것은 아마도 그의 개인적 성향 때문이라기보다는 당시 널리 퍼진 유행 때문일 것이다. 그는 결코 무대에 어울리는 극적 양식을 전적으로 포기하지는 않았다. 헨델은 「메시야」에서 최고의 성공을 거두었다. 이것은 기독교적인 주제를 다룬 그의 유일한 오라토리오였다. 여기서 헨델은 외형적 특징보다는 주제의 내적인 의미에 더 깊은 관심을 가졌다. 그러나 그의 음악의 특징이었던 승리감은 대개 종교적 정신이라기보다는 세속적 정신이었다.

독일 교회 음악의 위대한 성과는 주로 요한 세바스챤 바흐로부터 왔으나, 우리는 바흐를 오직 위대한 전통의 절정으로 이해할 수 있다. 종교개혁은 음악의 발전을 위한 새로운 길을 열어놓았다. 독일은 문화적으로 로마에 의존하지 않았고, 팔레스트리나의 복잡하고 신비적인 형태의 교회 음악과 접촉하지 않았다. 루터는 하나님께 드리는 예배는 회중들이 이해할 수 있어야 한다고 말하였고, 이러한 전제는 새로운 출발을 알리는 것이었다. 회중 개개인들은 가사를 이해할 수 있어야 하고 또 음악에 참여할 수 있어야 한다. 찬송을 부르는 것은 새로운 것은 아니었으나, 루터는 이것을 새로운 형태의 교회 음악의 기초로 만들었다. 이것은 일단 확립되자, 창조적이고 어디서든지 적용할 수 있는 것으로 증명되었다. 17세기는 시와 음악이 모두 활력있게 표현된 시대이다. 요한 헤어만(-1647)은 "오 복된 예수, 얼마나 상하셨는지"라는 찬송을 썼고, 이 찬송은 요한 크뤼거(-1662)에 의해 곡이 붙여졌고, 결국 바흐의 「마태 수난곡」의 일부가 되었다. 리스트 (-1667)와 프랑크(-1677)와 특히 파울 게르하르트(-1676)는 독일의 종교 시를 아주 풍요롭게 하였고, 숍과 프랑크와 크뤼거는 이 가사에 걸맞는 음악을 제공하였다.

교회 음악은 물론 회중의 찬송가에만 국한되지 않지만, 이러한 합창곡의 영향에서 벗어난 작곡가는 거의 없었다. 많은 작곡가들이 그렇게 할 의도가 없었다. 소수의 작곡가들만이 이탈리아에서 온 이념들에 대해 반응을 보였다. 비록 루터교 전통의 영향이 강하여 교회 음악이 상대적으로 세속의 영향을 덜 탔다고 하더라도, 일부 탁월한 작곡가들은 새로운 형식의 가능성을 개척할 준비가 되어 있었다. 바흐의 동시대 사람인 텔레만은 함부르크 오페라하우스의 감독으로서 오페라 작곡으로 대단한 명성을 획득하였다.

이탈리아에서 공부한 적이 있던 하인리히 슈츠(-1672)는 여러 가지 다양한 음악 형식들이 지니는 최상의 특징들을 하나로 결합할 수 있다고 믿었다. 그가 제한적으로 합창곡을 사용한 것은 아마도 이탈리아에서 훈련받은 영향 때문일 것이지만, 그는 확실히 외국의 유행을 무조건 그대로 답습하고 흉내내지 않았다. 그는 새로운 기능들을 완전히 숙달하였지만, 그의 창의적 능력으로 이 기교들로부터 벗어나서 독자적인 표현 수단을 창조하였다. 그의 작품의 가장 인상적 특징은 그가 작품을 다루는 기술에 있다. 그의 작품이 그에게 최소한의 자유를 제공할 때에도, 그의 음악은 그의 풍부한 창의력이 제한되었다는 암시를 주지 않았다. 슈츠의 「그리스도의 가상칠언」은 장엄한 아름다움이 있으며 상상력이 풍부하고 대담성이 있다는 특징이 있으나, 그리스도의 수난사를 언급할 때 좀더 구식의 방법을 택하였다. 아마도 그는 이탈리아 오페라의 형식이 잠재적으로 독일의 종교 음악에 위협을 줄 것이라는 것을 간파하였던 것 같다. 그는 옛 예전용 수난곡이라는 제한적 범위 안에서 수난곡의 세 곡을 작곡하였는데, 이것은 감동의 확실성과 극적인 효과 면에서 바흐의 위대한 수난곡의 선구자로 인정받을 만하였다.

합창곡들은 루터교 음악 전통에서 중심적인 요소가 되었고, 그들의 교육적 영향력은 상당하였다. 그들은 잘 알려졌고, 하나 혹은 두 개의 악구만으로도 깊은 감동을 불러일으킬 수 있었다. 그리하여 이 합창곡들은 아주 다양한 방법으로 활용될 수 있었다. 합창곡과 다른 음악 장르의 결합은 심지어 아주 복잡한 대위법 작곡도 이해하기 쉽게 만들었다. 합창곡의 선율은 오르간 전주를 위한 주제를 제공할 수 있었고, 이렇게 함으로써 추상적 형태의 음악은 풍요로운 종교적 의미를 부여받게 되었다. 합창곡은 칸타타 안에서 사용할 수 있다. 합창곡은 수난곡의 일부가 될 수 있었다. 합창곡은 실제 루터교 교회 음악의 가장 중요한 구조적 특징이 되었다. 북스테후데(Buxtehude)는 이러한 음악 형식에 잠재된 엄청난 잠재 능력을 제대로 이해한 작곡가 중의 한 명이었다. 뛰어난 찬송가 가락은 교회에 꼭 있어야 할 요소였고, 예배에 적당한 감정을 불러일으켰다. 익숙한 가락을 사랑함으로써 회중들은 새로운 가락도 이해하게 되었다. 북스테후데는 합창곡 서곡을 종교적 경험을 확증하고 사람들의 음악적 지식을 확대하는 수단으로 사용하였다.

바흐는 혁신가는 아니었다. 그는 점점 더 세력을 얻어 오던 화려한 이탈리아 스타일을 신뢰하지 않았다. 그는 전통적 독일식 방법에 의존하는 것으로 만족하였으나, 독특하고 새롭고 활력있는 정신을 불어넣는 기술과 유연성을 가지고 독일식 방법을 이용하였다. 특히 바흐는 합창곡의 가능성이 거의 무제한적이라는 것을 입증하였다. 헨델과 텔레만은 새로운 시대가 합창곡의 옛 위엄을 위한 여유를 갖고 있지 않기 때문에 합창곡 없이도 작곡 활동을 할 준비가 되어 있었다. 그러나 바흐는 합창곡이 무한히 다양한 방법으로 사용될 수 있고, 마르지 않는 종교적 음악적 영감의 근원을 제공한다는 것을 보여주었다.

바흐는 라이프치히의 성 토마스 학교와 교회의 성가대 지휘자로서, 칸타타 연주뿐만 아니라 칸타타 작곡까지 담당하였다. 이 영역에서 그의 작품의 양은 우리를 깜짝 놀라게 한다. 칸타타에서 바흐는 합창곡의 가사와 가락을 모두 그의 칸타타 작품의 기초로 이용하였으나, 그는 자신을 어느 하나의 형식 혹은 하나의 영감의 원천에 제한시키지 않았다. 때때로 그는 그의 칸타타를 기독교 교회력 위에 기초를 두었고 때로는 성서의 사건에 기초를 두었으나, 그의 목적은 항상 그의 주제의 내적 의미를 성찰하는 것을 격려하는 것이었다. 그의 창의적 멜로디, 화성 기법, 성악과 악기의 반주를 결합하는 능력은 결코 실패하지 않았으나, 그의 종교 음악의 주된 특징은 바로 깊은 사색과 영적인 순수함의 결합이었다. 그는 오르간 전주곡에서도 합창곡에서 따온 주제들을 인상적으로 활용하였다. 오르간 전주곡들 중 일부는 단순히 교회 회중 찬송의 도입부 역할을 하였다. 다른 전주곡들은 바흐가 이미 칸타타에서 창작한 것들과 밀접하게 연관된, 정교한 악장이었다. 또 다른 전주곡들은 오르간곡 자체를 위한 복합적 작품이었다. 이러한 오르간 전주곡들에서, 우리는 이 위대한 종교적 주제들 안에 있는 고귀함과 아름다움을 전개할 수 있는 바흐의 최상의 능력을 볼 수 있다. 그의 수난곡에서 바흐는 또한 합창곡을 장중하며 정교한 작품 속으로 끌어들일 수 있는 감각과 기술을 보여주었다. 여기서 수난곡들은 두 가지 중요한 기능을 담당하였다. 그들은 회중들에게 연주의 한 부분, 즉 보통 사람들이 이해할 수 있고 참여할 부분을 제공하였다. 그들은 또한 성찰의 분위기를 조성해 주었다. 계속 이어지는 비극적 사건들의 흐름은 더욱 고양되어 사람들로 하여금 그들이 들은 것을 묵상할 수 있도록 허용해 주었다.

바흐는 수난곡 이야기에서 최소한 두 개의 곡을 작곡하였다. 그가 다른 곡들을 작곡하였을지도 모르지만, 그렇다고 하더라도 그들은 현재 남아있지 않다. 수난곡에서 바흐는 고대의 음악과 예전의 전통들을 계승하고 발전시켰다. 가장 오래된 형태의 수난곡은 단선율 성가(plainsong)로 표현된 극적인 이야기였고, 수난 주간에 드리는 미사의 일부분을 차지하였다. 이러한 선율은 팔레스트리나와 버드의 위대한 라틴 작품들에서 최고로 발전하였다. 이것과 같은 계통이지만 고유어로 표현된 것은 17세기의 모테트 수난곡이었다.

오라토리오 수난곡이라는 새로운 형태는 모든 점에서 더 큰 자유를 제공해 주었다. 그것의 음역은 훨씬 넓었고 또 극으로 표현할 수 있는 가능성도 아주 컸다. 그것은 다른 예전적 요소들로부터 독립해서 자체를 위하여 성립할 수 있는 예배의 형식이었다. 이것의 청중들에 대한 효과는 강력하였고, 루터교 교회 음악이 가톨릭의 관습으로부터 벗어난 몇 가지 차이점 중의 하나를 완벽하게 보여주었다. 오라토리오 수난곡은 예배자가 비극적 이야기의 엄연한 현실과 직접 접촉하는 것을 막지 않으려고 하였다. 많은 로마의 예전 음악이 수난의 중심 사건들을 신비스런 분위기로 감싼 반면에, 루터 교회는 이야기의 있는 그대로의 현실 속에서 신자의 교육의 본질적 요소를 보았다. 수난곡은 점점 더 뚜렷하게 독일적이고 개신교적 표현 양식이 되었다. 그것은 또한 고도로 복잡해졌다. 복음서 이야기에 근거한 서창(Recitatives) 다음에 묵상적 아리아, 중창, 합창, 교향악 등이 도입되었다. 군중들의 함성이 극적으로 강렬하게 표현되었으나, 항상 심리학적 통찰이 심오하게 가미되었다.

바흐의 수난곡들의 영향력은 분석을 허용하지 않는다. 그러나 이러한 작품들은 예배의 행위로서 연주되도록 작곡되었다. 우리가 그의 「B단조의 미사」를 보면, 우리는 아마도 또 다른 영역에 있게 될 것이다. 그의 "성모의 노래"(Magnificat)와 미사곡 같은 그의 대부분의 라틴계 교회 음악은 루터교 예배의 일부분으로 연주하도록 작곡되었다. 그러나 「B단조의 미사」의 음계는 교회 예배가 필수적으로 요구하는 한계를 초월한다. 바흐는 그가 이용할 수 있는 모든 자료를 다 활용하였다. 탁월한 기술과 강력한 힘을 가지고, 바흐는 모든 형태의 작곡을 다 시도했고, 종교적 강렬함을 가지고 (이 종교적 강렬함을 가지고 예전의 모든 부분이 느껴지고 해석된다) 끝까지 청중의 관심을 사로잡는다. 이것은 시공을 초월하는 음악 예배의 이상이다. 그것은 바흐가 아니 바흐만이 작곡할 수 있을 만한 헌신과 찬양의 행위이다.

바흐는 여러 면에서 위대하였다. 그는 종교 음악의 신비로운 경이감과 세속 음악의 극적인 강렬함 중의 하나도 위태롭게 하지 않으면서 종교 음악과 세속 음악을 결합할 수 있었다. 그는 합창곡이 제공하는 대중적 요소와 고도의 전문적 기술이 표현하는 귀족적 요소를 융합시킬 수 있었다. 그는 사실주의를 극한으로 추구할 수 있었으나 결코 예전적 성격의 범위를 넘어가지 않았다. 그는 대담한 혁신가이면서 동시에 "완벽한 형식주의자"였고, 그의 주제 내용과 그의 형식에 모두 정통한 대가였다. 그는 (항상 신비롭지만 때로는 모호한) 팔레스트리나의 아름다움과 (강력하지만 어느 정도 감각적인) 헨델의 열정이 이 둘을 모두 초월하는 예술 안에서 융합될 수 있다는 것을 보여주었다. 그는 그의 거의 모든 작품에 최종적인 처리를 해 준 그의 강력한 권위를 가지고 곡을 작곡했다. 강한 확신은 최상의 기술의 산물 그 이상이다. 바흐는 다른 사람의 작품이 종속되어 있는 한계를 초월한 삶의 해석을 제공한다. 놀라운 기술, 섬세함, 그의 작품의 통찰력을 하나로 묶어주는 중심 끈은 신앙의 주제이다. 그는 근본적으로 신앙인이었다. 음악을 작곡하는 것은 신앙의 행위였고, 음악을 연주하는 것은 하나의 예배 행위였다.

바흐는 가장 위대한 교회 음악가였다. 어떤 의미에서 그는 최후의 교회 음악가였다. 우리가 이미 살펴본 바와 같이, 교회와 음악의 관계는 변화하고 있었다. 다른 후원자들이 예술을 돕기 위해 교회와 경쟁하였다. 그들은 종종 더 넓은 표현의 자유와 보다 흥미롭게 보이는 기회를 제공하였다. 이제 종교 음악을 작곡하는 사람들은 종교 음악을 다른 많은 음악 중의 하나로 간주하였고, 세속 정신의 전염은 점차 그들의 작곡에 영향을 미쳤다. 가톨릭 사회에서 변화는 더 일찍 일어났다. 팔레스트리나는 교회에 봉사하는 일에서 자신의 소명을 발견하였던 최후의 교회 음악가였다. 개신교적 독일에서 위대한 루터교 전통은 점차 부식시키는 새로운 영향력 아래에서 허물어지기 시작했다. 바흐의 동시대인들은 이성의 시대가 좋아하는 보다 세련된 음악을 택하였는데, 그의 생애 후반기에 바흐는 그들이 버린 방법들에 의존하였고 그들이 포기한 기준들에 호소하였다. 종교 음악에서 바흐는 최고의 정점이었다. 바흐 이후 교회 음악은 빠르게 몰락하였다.

제 17 장

에필로그

다른 무엇보다 이성과 질서와 안정성을 높이 평가하던 시대는 인류 역사의 가장 급격한 격변의 사건 중의 하나로 끝을 맺었다. 프랑스 대혁명은 18세기의 귀족적 환경에 대한 갑작스런 반감이 아니었다. 그것은 오랫동안 작용하고 있던 힘의 산물이었다. 그것은 그 영감과 지도 원리를 이성의 시대로부터 끌어왔다. 많은 혁명 지도자들은 볼테르와 루소의 정신에 의해 자극을 받았고, 철학자들의 사고 유형에 따라 재형성된 사회를 꿈꾸었다. 재건설을 시도할 때, 그들은 종종 파괴하였고, 격동이 끝났을 때 대부분의 유럽은 삶의 구조를 재건해야 했다. 과거에 일어났던 것에 비추어 볼 때, 우리는 이성의 시대가 기독교 교회에 끼친 영향을 어떻게 평가해야 할까?

우선 가시적으로 교회는 심한 고난을 당했다. 그 어떤 좌절도 이보다 더 교회의 지위를 떨어뜨릴 수 없었을 것이다. 모든 곳에서 교회의 독립성은 쇠퇴하였다. 교황의 권위는 너무 아래로 추락하여서 국제 문제에서 그는 도덕적 힘으로서도 인정받지 못하였다. 세속 국가들은 교황을 강압적으로 무례하게 무시하거나 괴롭힐 수 있었다. 교회에 관계된 업무를 다룰 때, 계몽 군주들은 그들이 편리한 대로 행동하였다. 그들은 그들 마음에 드는 대로 개혁을 주도했고, 그들의 교회와 로마의 접촉을 최소한도로 축소시켰다. 그들의 예수회에 대한 공격에서, 그들은 그들이 교황의 권위를 주장하는 자들을 얼마나 멸시하는지 보여주었다. 그러나 교황의 권위가 추락하는 과정은 아직 최저점에 이르지 않았다. 나폴레옹 이전에는 어떤 사람도 교황을 황제의 권력의 전차 바퀴에서 끌어내리려고 하지 않았다. 그러나 피우스 7세의 굴욕은 앞으로 전개될 상황의 길을 닦아 놓았다. 비슷한 운명을 공유하고 있는 정통적 군주들은 교회의 정통적 수장을 새롭게 공감하는 시선으로 바라보았다. 새 시대의 유형은 권좌와 제단 사이의 협력(alliance) 관계가 될 것 같았다. 군주는 교회를 지탱해 주고 교회는 합법적 권위를 성별해 줄 것으로 보였다. 새 시대가 도래하였다는 것은 추기경 콘살비가 비엔나 회의에서 존귀하게 영접받았다는 사실에서 그 증거를 찾아볼 수 있었다. 전 시대에 교황의 사절들은 모든 중요한 국제 회의에서 단호하게 배척당하였다.

그러나 겉으로 드러난 모습은 기만할 가능성이 많다. 영국에서 교회와 국가의 협력 관계는 친밀하였다. 교회와 국가가 모두 고통을 겪고 있었기 때문에, 각자가 상대방에게 서로 의지하였다. 그러나 18세기까지 국가는 마치 교회가 국가의 종교적·도덕적 업무를 담당하는 부서인 것처럼 행동할 수 있다는 것이 분명해졌다.

프랑스 대혁명 직후의 종교적 부흥은 국가의 공식적 국면에서 하나의 실용적 프로그램이었다. 다시 권좌에 오른 통치자들은 "그들의 흔들리는 보좌 주위를 전통의 덩굴 손으로 감싸는" 것을 기뻐하였으나, 그들의 종교에 대한 태도는, 나폴레옹의 태도와 마찬가지로, 진지하지도 않고 열정적이지도 않았다. 교회와 국가라는 오래된 문제는 해결되지 않았고, 그것은 단지 다른 모양으로 다시 나타났다. 그것은 계몽 군주들 아래에서 하나의 형태를 취했고, 혁명 정부와 나폴레옹 제국 아래에서 또 다른 형태를 취했고, 정통성이 모토가 되었을 때 또 다른 형태를 취하였다. 이성의 시대의 공헌은 계속되었다. 합리주의와 전통주의는 아직도 원수 사이였고, 인간의 도성은 신의 도성을 잠식하였고, 이성의 권위는 계시의 권위보다 우월한 것으로 간주되었다. 세속 정부는 교회가 그들의 필요를 채워주는 한에서 교회의 도움을 청하였고, 전통적 교리를 지지하는 일에서 아주 조심스러웠다.

드 보날(De Bonald)은 문명화된 사회에서 종교는 신정적(theocratic) 토대 위에서 질서를 확립한다고 주장하였다. 조셉 드 메스트르(Joseph de Maistre)는 교황 수위권을 새로운 전통주의의 핵심 교리로 간주하였으나, 공동의 종교적 근원으로부터 세속의 권위와 교회 정치의 권위를 이끌어 내려는 그러한 시도는 일부에게만 제한적으로 확신을 주었다. 반동에 대한 일치된 철학이 있을 수 없었다. 옛 문제가 단지 근대적 모습을 취한 것뿐이었다.

교회를 지배하는 정신도 마찬가지로 변화하였으나, 그것은 여전히 18세기의 흔적을 갖고 있었다. 영국에서 하노버 시대 교회의 진지한 도덕은 복음주의자들과 다음 세기의 소책자 운동가들에게도 혐오스러운 것이었으나, 영국 성공회는 조셉 버틀러와 심지어 윌리엄 페일리의 영향력으로부터 재빨리 탈피하지 못했다. 로마 가톨릭 교회의 정서와 관점은 비슷하게 수정되었다. 18세기의 안전망은 없어졌다. 역경의 불길을 통과한 교회는 훨씬 더 시대의 필요에 깨어 있게 되었고, 유산으로 물려받은 자원이나 전통적 권위에 훨씬 덜 만족하게 되었다. 교황의 입장에서 이성의 시대는 무능의 시대였고 심지어 굴욕의 시대였다. 그러나 세상적 연약함은 인도적이고 관용적인 관점과 양립할 수 있었다. 거대한 격변 후에 새로운 정서가 지배하였다. 교황청은 반동적이고 편협한 정신에 사로잡혔다. 그것은 권위, 위신, 힘에 사로잡혔고, 그것의 최고의 성취는 교황의 무오성을 선포한 것이었다.

이 시대 기독교 세계의 종교적 삶이 거의 빈사 상태에 가까웠다고 말하는 것은 너무 빠른 판단이다. 사실은 이 가정을 지지하지 않는다. 부흥 운동과 합리주의가 불편한 긴장 속에 있었던 것이 사실이었다. 이성의 권위는 종종 이성이 거만하지 않을 때는 자기 만족적인 태도를 조성하였고 이성이 논리에 사로잡혀 있을 때는 신비를 경멸하는 태도를 조장하였다. 그러나 이것은 오직 전체의 일부분이고, 종종 과장되고 풍자된 부분이다. 많은 위대한 영성의 고전들이 이 기간에 영어로 씌어졌다. 찬송가 분야에서 이성의 시대는 아주 탁월한 시대였다. 와츠와 도드리지, 웨슬리 형제, 쿠퍼,

뉴턴의 찬송과 비교해 볼 때, 19세기의 찬양은 사치스럽고 감상적이고 내면적이라고 판단된다. 감리교 운동과 복음주의 부흥 운동은 종교적 활력이 각성되는 데 큰 공헌을 하였다. 버틀러 주교의 공헌도 비록 그것이 합리적이고 약간 어두울지라도, 앵글로 색슨 민족의 영적 자원을 풍성하게 해주었다.

독일에서도 우리는 합리주의와 복음주의 영성이 동일하게 불편한 균형 속에 있는 것을 발견한다. 경건주의는 특별히 왜곡되기 쉬운 열정의 형태였다. 일부 지역에서 경건주의는 사적인 체험에 만족하고 개인의 승리나 실패에 몰두하고 세상의 필요에 무관심한 경향을 보였다. 그러나 경건주의는 결코 합리주의를 논박되지 않는 절대 영역으로 남겨두지 않았고, 이 두 힘은 모두 근대적 관점에 크게 공헌하였다.

프랑스에서 18세기의 자신만만한 합리주의는 이에 대응할 만한 적절한 반응을 일으키지 못했다. 공식적 기독교는 잔뜩 겁먹은 상태로 혼란스러워 보였다. 정통주의의 대변자들은 침묵 일변도였다. 그러나 이것은 로마 가톨릭 교회가 영적 삶의 저수지를 다시 가득 채운 업적을 공정하게 평가한 것은 아니다. 18세기 초기에 주목할 만한 많은 수도회들이 설립되었고 이 중에 일부 가장 뛰어난 수도회는 프랑스에 세워졌다.

이탈리아 교회는 성 알폰소 리구오리(St. Alfonso Liguori)라는 한 종교 지도자를 배출하였는데, 그는 그의 뛰어난 자질 덕분에 그의 많은 동료 신자들의 사랑을 받았고 그의 수도회(구세주회, Redemptorists)는 활발하게 전도 사역과 자선 활동을 전개하였다. 이러한 영적인 비축은 혼란의 시대에 긴급하게 요청되는 것이었다. 영적 비축의 질적 수준은 교회가 역경의 불을 통과해 오는 방식에서 잘 드러났다. 교회는 시련을 받았으나 정화되고 청결해졌다.

보다 평가하기 어려운 것은 교회가 이 시대의 지적 운동에 반응한 방식이었다. 이성의 권위는 도전을 받았고, 의심의 여지 없이 명백한 이성의 권위는 전복되었다. 이것은 이 시대가 끝나기 오래 전에 일어난 일이었다. 그러나 이성은 비록 억제되었으나, 여전히 강력한 영향력을 행사하였다. 심지어 프랑스 대혁명 기간에도 사람들은 이성의 법정에서 정당화될 수 있는 믿음, 관습, 제도들만이 존재할 권리가 있다고 주장하였다. 18세기 사고의 전제는 다음 시대에도 여전히 지배적인 영향력으로 남아 있었고, 때때로 우리의 검토되지 않은 상당수의 많은 전제들이 이성의 시대의 직접적인 유산이라는 것을 깨달을 때 우리는 깜짝 놀랄 수밖에 없다. 특히 과학적 탐구가 이루어지는 자유로운 정신과 인간의 지적 추구를 지배하는 가정들은 18세기의 힘의 직접적인 산물이다. 이후로 종교 사상이 다루어지는 분위기는 현저하게 변화되었다.

그럼에도 불구하고 지성의 해방 전쟁은 계속 진행되었다. 18세기에 그렇게 널리 퍼져있었던 인간의 완전 가능성에 대한 순진하고 천박한 신앙은 이성의 종교(cult of reason) 위에 근거를 두고 있었다. 대중적으로 이해된 합리주의는 모든 실재는 정신(mind)에 의해 인식될 수 있다고 주장했다. 바른 이성은 사회를 자연과 자연의 신에 의해 제정된 조화로운 형태로 바꿀 수 있었다. 일단 인류가 이 해방시키는 진리를 받아들이기만 하면, 황금 시대가 올 것이다. 그러나 이것은 이론에 불과하였다. 25년에 걸친 혁명의 혼란과 전쟁이 있은 후, 유럽은 이 철학의 열매가 불화와 폭력과 환멸뿐이었다는 결론을 내렸다. 따라서 이성의 시대에 그렇게 기만적으로 분명하게 보였던 자명한 확신을 전복시키기 위한 단호한 시도가 시작되었다. 다른 이유가 없다면, 이성의 철학은 그것의 도덕적 방향성을 상실하였기 때문에 그릇된 것임에 틀림없었다. 이성은 종교적 신앙의 토대를 해체할 수 있었으나, 선한 행동을 위한 비교적 만족할 만한 보장을 제공할 수 없었다. 윤리학 못지않게 형이상학에서 합리주의의 붕괴는 명백한 사실이었다. 칸트부터 시작하여 근본적인 철학적·종교적 문제들이 재검토되었다. 위기의 본성은 대답의 형태를 결정하였다. 종교적 문제들은 압도적으로 철학적 무대에서 논의되었다.

철학자와 신학자를 제외한 다른 사람들은 삶에 대한 합리주의적 그림에 반항하였다. 낭만주의 운동은 이성의 시대가 인간의 삶을 합리주의적으로 만든 것에 대해 비전문가들이 저항한 것이었다. 많은 영역에서 인간은 상식이 감정보다 우월하다거나 표준적이고 공식적인 가치들이 새로움과 기쁨의 상실을 보상할 수 있다는 추론에 저항했다. 신비, 경이, 미, 자연스러움 등은 만족스러운 삶에 대한 바른 이해를 위해 필수적인 것이었다. 이러한 것들은 중요한 종교적 의미를 갖고 있으나, 이들을 재확인하는 것이 곧 기독교 신앙을 회복하는 것은 아니었다.

이성의 시대는 사람들을 근대 세계의 문턱 너머로 옮겨놓았다. 그것은 그들에게 인간과 우주의 옛 개념들이 부적절하다는 것을 보여주었고, 그들에게 새로운 관점의 본질적인 것들을 제공해 주었다. 이성의 시대는 옛 수수께끼의 조각들을 재배열하는 스콜라적 정통주의는 사상이나 삶의 충분한 도구가 아니라는 것을 보여주었다. 그것은 이성의 매력과 제한성을 보여주었고, 낭만주의 정신의 힘을 드러내 주기도 하였다. 이성의 시대는 실제로 인간의 오래된 종교적 문제에 대해 대답을 주지 못했다. 비록 한때 그것이 그렇게 하였다고 확신했었지만, 사실은 그렇지 않았다. 그것은 신앙에 대한 새로운 해석의 일부가 되는 많은 요소들을 제공했고, 유용하게 이용될 수 있는 방법을 제시하였다. 그러나 그것은 새 시대에게 옛 신앙을 근대인에게 이해할 수 있는 용어로 재진술하는 과제를 숙제로 남겨 놓았다.

참고문헌

General histories of the period provide valuable background material as well as considerable detail about religious development. *The Cambridge Modern History* (IV, V, VI); *The New Cambridge Modern History* (VII); Methuen's *History of England* (volumes by Trevelyan and Robertson); Methuen's *History of Europe* (volumes by Reddaway); Harper's *The Rise of Modern Europe* (volumes by Nussbaum, Wolf, Roberts, Dorn, Gershoy) are all useful. For some of the European countries little is available in English except general histories.

교회사 일반

Relatively little is available. J. W. C. Wand, *A History of the Modern Church* (1930) and J. H. Nichols, *A History of Christianity, 1650–1950* (1956) are both helpful. K. S. Latourette, *A History of the Expansion of Christianity*, vol. III (1939) is primarily concerned with missionary development, but its scope is wider than its title might suggest. The volume by Preclin and Jarry in Fliche and Martin, *Histoire de l'église* (t. xix) is concerned exclusively with the Roman Catholic world. F. Nielsen, *The History of the Papacy in the Nineteenth Century*, vol. I (1906) is invaluable for the eighteenth century. In L. von Pastor's *History of the Popes* vols. XXX to XXXVI cover our period. F. Heyer, *The Catholic Church from 1648 to 1870* (English translation, 1969) is a useful survey.

프랑스

Many of the most useful books are available only in French. G. Goyau, 'Histoire religieuse' in Hanotaux (ed.), *Histoire de la nation française* is valuable. The chief works of the great French writers of the period – Pascal, Descartes, Voltaire, Rousseau, and the various French leaders of European thought – are readily available in English. Part of Fénelon and Bossuet has been translated. On Jansenism, N. Abercrombie, *The Origins of Jansenism* (1936) is critical of the movement. Sainte-Beuve, *Port-Royal* is political rather than religious in emphasis, but remains an important work. R. A. Knox's *Enthusiasm* (1950) is useful on the Quietists and the Jansenists. E. K. Sanders, *Bossuet* (1921); H. F. Stewart, *The Holiness of Pascal* (1915). J. McManners' *French Ecclesiastical Society under the Ancien Régime* (1960) gives a fascinating picture of church life in a provincial city.

잉글랜드

R. S. Bosher, *The Making of the Restoration Settlement* (1951) deals with the early years in great detail. An older book, covering the Stuart period, is Hutton's volume in Stephens and Hunt, *A History of the English Church* (1903). In the same series, the parallel volume for the eighteenth century is by Overton and Relton (1906). Of contemporary works, G. Burnet, *History of My Own Time* is a graphic account by an eye-witness. For the later Puritans, nothing takes the place of such works as Bunyan's *Pilgrim's Progress*, George Fox's *Journal*, or Richard Baxter's *Autobiography* (an abridgement of his *Reliquiae*.) G. F. Nuttall's *Richard Baxter* (1966) is a sympathetic study of an important figure. G. R. Cragg, *Puritanism in the Period of the Great Persecution* (1957) is concerned with the social history of the later Puritans.

For the eighteenth century, the works of Norman Sykes (*Church and State in England in the Eighteenth Century, Edmund Gibson, William Wake,* and *From Sheldon to Secker*) have been primarily responsible for much recent revaluation of the period. Parson Woodforde's Diary is easily available.

The literature on Methodism is immense. There is no substitute for John Wesley's *Journal*; it can profitably be supplemented by his letters. E. Harrison, *Son to Susannah* is a popular biography which does not minimize the bizarre features of the movement. *A New History of Methodism*, ed. W. J. Townsend and others (1909). For those who have access to it, L. Tyerman's old-fashioned *Life and Times of John Wesley*, 3 vols. (1870), contains a great deal of valuable material. Among recent studies of Wesley may be mentioned the following: C. W. Williams, *John Wesley's Theology Today* (1962); V. H. H. Green, *The Young Mr Wesley* (1961) and *John Wesley* (1962); M. Schmidt, *John Wesley: A Theological Biography*, vol. I (1962) A. C. Outler, ed., *John Wesley* (Library of Protestant Theology, 1964) is particularly useful. See also R. Davies and E. G. Rupp, *A History of the Methodist Church in Great Britain* (1965—). Hanoverian bishops have been enjoying a mild renascence. In addition to Dr Sykes's works mentioned above, E. F. Carpenter has given us biographies of Tenison, Sherlock, and Compton, and G. V. Bennett of White Kennett. R. Coupland's *Wilberforce* (1923) is an excellent study of a leading Evangelical.

독일

A. L. Drummond, *German Protestantism Since Luther* (1931) helps the reader to understand a complex field. K. S. Pinson, *Pietism as a Factor in the Rise of German Nationalism* (1934) is wider in scope than its title suggests. On the same subject, see E. Stoeffer, *The Rise of Evangelical Pietism* (1965). W. H. Bruford, *Germany in the Eighteenth Century* (1935) contains useful comments on church life.

아메리카

There is a good introduction in J. Brauer, *Protestantism in America* (1953). The various works of W. W. Sweet are standard in this field. Perry Miller's *Jonathan Edwards* (1949) is an intriguing study of a very important figure. The same author's *The New England Mind* (2 vols., paperback, 1961) is a work of major importance. So is A. Heimert's *Religion and the American Mind* (1966). Heimert and Miller produced a useful collection of source material in *The Great Awakening* (1967). See also H. Shelton Smith *et al.*, *American Christianity* (2 vols., 1960–63). N. R. Burr, *A Critical Bibliography of Religion in America* (2 vols., 1961) is valuable. For Canadian church history there is H. H. Walsh's *The Christian Church in Canada* (1956).

러시아

P. N. Miliukov, *Outlines of Russian Culture*, Part I (1943); Vladimir Solovyev, *Russia and the Universal Church* (translated 1948); and F. C. Conybeare, *Russian Dissenters* (1921) may be mentioned.

스코틀랜드

Hume Brown, *History of Scotland* (1899–1909) is still the most useful general history. W. L. Mathieson, *The Awakening of Scotland*(1910), Graham, *Social Life in Scotland in the Eighteenth Century*, vol. II, and Balfour of Burleigh, *The Rise and Development of Presbyterianism in Scotland* are valuable.

For the other European countries, English studies are relatively scarce. The great exception is the Papacy, where volumes XXXI–XXXVII of Pastor's monumental *History of the Papacy* (English translation, 1940–50) deal with the papal states during this period.

지성사

The following may be recommended: P. Hazard, *The European Mind* (English translation, 1953) and *European Thought in the Eighteenth Century* (English translation, 1953); E. Cassirer, *The Philosophy of the Enlightenment* (English translation, 1951); B. Willey, *The Seventeenth Century Background* (1934), and *The Eighteenth Century Background* (1940); G. R. Cragg, *From Puritanism to the Age of Reason* (1950) and *Reason and Authority in the Eighteenth Century* (1964); C. I. Becker, *The Heavenly City of the Eighteenth-Century Philosophers* (1932); J. M. Creed and J. S. Boys Smith, *Religious Thought in the Eighteenth Century* (1934). R. R. Palmer, *Catholics and Unbelievers in Eighteenth Century France* (2nd edition, 1966) is a very able study of intellectual developments in France.

바로크 문화

The best definition in English of the Baroque spirit is perhaps that given in G. Highet, *The Classical Tradition* (1949). For art and architecture in general, H. Wölflin, *Principles of Art History* (English translation, 1932) is good. Sacheverell Sitwell's works on Baroque art are still stimulating; for accuracy of treatment they have been superseded by books like J. Bourke, *Baroque Churches of Central Europe* (1958) and N. Powell, *From Baroque to Rococo* (1959). M. Kitson, *The Age of Baroque* (1966) is an able and richly illustrated examination of the artistic achievement of the period. On Wren there is nothing to compare with the volumes of the Wren Society.

For music, there are M. F. Bukofzer, *Music in the Baroque Era* (1947), H. Leichentritt, *Music, History and Ideas* (1938), P. H. Láng, *Music in Western Civilization* (1941); A. Schweitzer, *J. S. Bach* (1923); and B. Smallman, *The Background of Passion Music* (1957).

현대 교회사

ALEC R. VIDLER

The Church in an Age of Revolution

1789 TO THE PRESENT DAY

차례

서문

본서에서 다루어지는 역사의 시대를 "혁명의 시대"(Age of Revolution)라고 부르는 것은 적절한 일이다. 이 시대는 프랑스 혁명으로 시작된다. 프랑스 혁명은 혁명으로 묘사되는 대부분의 사건보다 훨씬 더 획기적인 일이었고, 그것 자체가 몇 가지 후속적 혁명들을 일으켰다. 거의 같은 시기에, 철학 분야에서 칸트의 코페르니쿠스적 혁명이 일어났다. 이 것도 프랑스 혁명 못지 않게 사상계에 엄청난 격변을 일으켰다. 또한 19세기에 자연 과학과 기계 과학, 사회학, 역사학에서 혁명적인 변화가 일어났다. 역사의 연구는 특히 성경 안의 역사 연구에도 혁명적 변화를 일으켰다. 당연한 말이지만, 20세기가 시작된 이후에도 혁명적인 변화들은 계속되었다. 인간 실존의 모든 영역과 문명의 모든 국면이 끊임없이 역동적으로 변화되었고 또 과거에 일어났던 일은 여전히 존재하고 있다는 광의의 의미에서, 20세기도 역시 혁명의 시대였다.

교회는 모든 기독교 제도들의 복합체이다. 이런 의미에서 교회는 세상 안에서 일어나고 있는 사건에 의해 영향을 받을 수밖에 없다. 사실 교회는 거의 혁명에 이르는 내적 변화를 경험하였다. 비록 교회가 대부분 그 변화를 거부하는 고집이 있고 또 모든 "지나간 시대의 예찬자"(laudatores temporis acti)를 규합하는 주요한 근거로 생각될 수 있지만 말이다. 나는 이 책에서 프랑스 혁명 이후의 교회의 모든 현장을 망라하거나 이에 대한 정확한 백과사전적 설명을 나열할 수 없다. 나의 작업은 사건들의 과정과 사상의 국면과 주장과 논쟁과 도처에서 출현한 운동들을 선택하는 것이다. 이것들은 아마도 그 시기에 교회에 대해서 혹은 교회 안에서 발생했던 가장 중요한 것들에 대하여 공정하고 묘사적인 인상을 주는 데 기여할 것이다. 나와 동일한 목적을 가진 다른 저자가 사료들을 선택한다면, 그는 동일하게 계몽적인 선택을 하더라도 필경 다른 방식을 취할 것이다. 나는 나의 실수로 생략된 것 때문에 가해지는 어떤 비판도 담담하게 받아들일 것이다. 그러나 나는 여러 세대에 걸쳐서 교구와 회중들 안에서 끊임없이 이어져 오고 또 이것이 없으면 교회의 역사를 언급할 가치가 없는, 그리스도인의 일상적 삶에 대하여 좀더 많은 것을 말할 수 있기를 소망한다. 역사가들은 그의 네트웍을 통해 일정하지 않고 반복되지 않고 좀더 공적 검열에 개방되어 있는 것을 잡으려고 시도한다. 그런데 일상적 삶은 주요 머리 기사가 되지도 못하고, 역사가들의 손에 쉽게 잡히지도 않는다.

나는 이러한 한계 안에서 본서에서 고려할 주제들을 신중하게 제한적으로 선택하였다. 본서는 유럽의 교회사를 저술한 책이다. 특히 영국에 시선을 많이 두고 동방 정교회와 미국 기독교를 약간 개관하면서, 유럽의 교회사를 다루었다. 다른 대륙의 선교적 확장과 "신생 교회"(Younger Churches)의 출현은 다루지 않았고 다만 "오래된 교회"(Older Churches)의 역사의 일부를 형성하는 경우에만 예외적으로 언급하였다. 왜냐하면 신생 교회들은 너무 다양하고 흥미로워서 별도의 다른 책이나 시리즈로 다룰 필요가 있기 때문이다.

나는 당연히 수많은 저자들에게 빚을 졌다. 나는 그들의 역사적 연구와 주석으로부터 많은 유익을 받았다. 만약 내가 어디서든 그들의 연구 성과를 하나라도 승인 없이 부주의하게 도용했다면 사과하는 바이다. 본인은 고(故) 녹스(W. L. Knox) 박사와 협동으로 「현대 가톨릭의 발전」(*The Development of Modern Catholicism*, 1933)을 저술한 바 있었다. 본서는 그 책의 두세 장에서 약간의 자료를 인용하였다. 저작권 보유자인 S. P. C. K. 출판사가 그렇게 하도록 허락해 준 데 대하여 감사드린다.

A. R. V.

제 1 장

갈리아 교회: 프랑스 혁명과 나폴레옹

1842년 모리스(F. D. Maurice)는 "어떤 신중한 독자라도 지난 100년 동안 프랑스가 정치적 운동의 중심지였고 독일이 철학적 운동의 중심지였던 것처럼, 영국이 모든 종교적 운동의 중심지였다는 것을 인정할 것이다"라고 기록하였다. 이것은 영국에게 지나치게 높은 점수를 준 것일지도 모르지만, 프랑스나 독일에 대해서는 그렇지 않을 것이다. 프랑스 혁명은 분명히 유럽 정치사에서 거대한 전환점이었고, 구 체제(ancien régime)의 붕괴 신호였고, 여전히 위력 있는 낙진을 쏟아 내는 일종의 원자폭탄 같은 것이었다. 그것은 파국이면서 동시에 시작이었다. 즉 붕괴된 체제를 대신하는 새로운 구조를 건축하려는 일련의 계속적인 시도들의 시작이었다. 교회는 구 체제에서 항상 생동적인 요소가 되지는 못했어도 통합적인 요소였다. 국가 교회 체제는 당연한 것이었다. 국가 교회 체제가 해체될 때, 교회의 운명은 어떻게 될 것인가?

이러한 문제는 프랑스 혁명이 풀어놓은 힘들이 진행하는 곳이면 어디서든지 발생했다. 그러나 이러한 문제들이 이론이 아니라 신속한 사건의 압력에 의해서 가장 두드러지게 대답된 곳은 바로 프랑스였다. 그러므로 혁명의 시대가 교회에 미친 정치적 충격을 연구하기에 가장 적합한 곳이 프랑스이다. 그것은 1789년 이후나 혹은 그 후속 시기에 프랑스에서 어떤 안정적인 해결책이 나왔다는 것을 의미하지는 않는다. 오히려 프랑스의 교회 역사를 이 시대의 기독교의 불안정과 생존의 패러다임으로 만든 것은 바로 1789년 이래 교회와 국가와 사회 사이의 관계의 다양성과 유동성과 불안정성이다. 프랑스에서 대서 특필된 것은 다른 곳에서 더 작게 이차적으로 기록되었다.

프랑스 혁명의 전야의 프랑스 교회의 위치는 얼핏보면 견고하고 당당하기까지 했다. 성직자들은 특권 계층이었다. 가톨릭 교회는 어떠한 경쟁자도 없었다. 왜냐하면 낭트 칙령의 폐지 이후로 가톨릭 신자만이 시민권을 가졌기 때문이었다. 성직자들은 그들의 독자적 법정을 갖고 있었고, 혼인은 교회의 통제 아래 있었다. 교회는 방대한 부와 재산을 소유하였고, 세금을 면제받았다. 교회는 교육과 병자 간호를 독점했다. 그러나 당당한 외형의 이면에는 중대한 남용과 취약한 원천들이 있었다.

우선 영적인 생명력이 없었고, 이것이 없는 교회는 위기의 시간에 필요한 자질이 없었다. 17세기에는 얀센주의가 활기 있는 영향을 미쳤고 신비주의도 꽃을 피웠던 반면에, 18세기에 프랑스에서는 종교가 영국의 광교회주의처럼 영감 없는 도덕주의로 변질되었고 복음주의적 부흥 운동에 상응하는 사건이 일어나지 않았다. 수도원과 수녀원들은 여전히 번창했지만 수도사의 상태는 한심스러웠다. 입회자의 숫자가 급속하게 줄어들고 있었다. 일부 대형 수도원은 겨우 소수의 연로한 수도사들밖에 없었다. 수녀원의 상태는 좀더 나았던 것 같다. 그러나 시대 정신은 관상(觀想) 생활을 거의 필요로 하지 않았다. 이 나태한 사람들은 왜 유용한 일을 하지 않는가? 이 질문에 대한 어떤 설득력 있는 대답도 없었다.

교구의 성직자는 영국의 성직자와 아주 비슷했다. 물론 프랑스에서는 귀족 계급이 좀더 철저하게 고위직들을 독점했다. 주교는 세상에서 뛰어나고 교양 있는 사람이었고, 자신의 교구를 영적으로 돌보는 것보다 정치에 더 몰두하였다. 그들은 성례전을 주관하는 것보다 지역을 더 잘 다스렸다. 그들은 호화로운 생활을 하였고, 종종 결핍된 생활을 하기도 하였다. 성직자를 훈련시키는 주요 신학교였던 생 쉴피스(Saint-Sulpice)는 퇴폐적인 상태에 있었다. 교구 성직자들은 존경받으며 종종 선행을 베풀었으나, 신앙적 열정이 두드러지지는 않았다. 그들 중의 어떤 이들은 좋은 교육을 받았으나, 많은 시골 사제들은 신학보다 농사에 대해 더 잘 알고 있었다.

이 시대는 여전히 이성의 시대 혹은 합리적 종교의 시대였다. 17세기의 신학자들만큼 위대한 신학자들도 없었다. 평신도는 물론이고 성직자도 당대의 합리주의적 문헌들인 백과사전 학파의 학문, 미신에 대한 볼테르의 조롱, 루소의 감상적인 이신론 등을 읽었고 이것에 동조하였다. 신의 권리보다 인간의 권리가 더 많이 주장되었고, 성직자들은 자연히 그들의 권리를 확보하려는 야심을 가졌다. 그들은 더 이상 교황의 노예가 되는 것을 원하지 않는 것만큼 주교들의 노예도 되고 싶어하지 않았다. 심지어 장로회주의의 흐름도 있었고, 이것은 많은 성직자들로 하여금 프랑스 혁명에서 공포된 "성직자 기본법"(Civil Constitution)을 환영하는 길을 예비하는 역할을 하였다.

교회의 막대한 부는 매우 불평등하게 분배되어 있었다. 대부분의 주교와 고위 성직자들이 풍요와 사치를 누리며 살 수 있었던 반면에, 하위 성직자들 특히 시골 지역의 성직자들은 일반적으로 가난하고 불확실한 십일조 헌금에 의존하여 살았다. 성직자의 급료와 생계 수단의 불균형은 교회 안에서 불만과 분열을 일으켰고, 하층 성직자들에게 급진적 변화를 선호하는 마음을 형성시켰다.

평신도들은 아무리 교회의 악습을 비판한다고 하더라도, 전반적으로 교회 편이었다. 그러나 파리와 지방의 문화 중심지들의 지식인들 사이에서는 볼테르적인 회의주의와 불신앙이 많이 자리잡고 있었기 때문에, 위기에 처한 교회는 친구뿐만 아니라 대적자도 갖고 있었다. 교회에 대한 적개심이 얼마나 많이 프리메이슨 단체로 집중되었는지에 대해서는 의견이 분분하다. 많은 성직자들이 프리메이슨단에 속해 있었다. 그들은 아직 격렬한 반(反)성직자주의를 주장하지는 않았다. 그러나 이후에 반성직자주의는 대륙의 프리메이슨단의 특징이 되었다.

어쨌든 프랑스 혁명의 시련에 직면해야 했던 교회 모습은 무기력하게 타락했다기보다는 맥빠지고 미지근한 교회였다. 1789년의 분위기는 교회를 없애버리기 위하여 곧 불어닥치기를 기다리는 폭력의 폭풍이 아니라, 구 체제의 악습을 제거하고 이성적 개혁을 성취하려는 일반적인 욕구였다. 그렇다면 혁명이 일어났을 때, 혁명은 교회에 어떤 영향을 미쳤는가?

1789년 재정의 위기 때문에 루이 16세가 (1614년 이래 모이지 않았던) 삼부회(States-General)를 소집하였을 때, 국민의 대표자들은 그들의 불평과 염원을 토론에 붙일 수 있는 기회를 부여받았다. 교회와 국가의 질서에서 악습을 철폐하라는 청원이 전국 방방곡곡에서 올라왔다. 그러나 어느 누구도 구 체제(ancien régime)의 두 기둥인 군주제와 교회를 파괴할 것을 제안하거나 생각하지는 않았다. 사람들이 원하고 바랐던 것은 혁명이 아니라 개혁이었다. 개혁은 악습의 교정이고, 혁명은 권력의 이전이다. 그러나 개혁 운동으로 시작된 것은 종종 혁명 운동으로 마치기도 한다. 그리고 상황은 사실 구 봉건적 귀족으로부터 신흥 부르주아에게 권력이 넘어갈 조건이 무르익어 있었다.

삼부회가 소집되었을 때 자신들이 주도권을 잡으리라고 예상했던 귀족들은 곧 그들의 특권적 지위를 포기해야 했고, 부르주아 계급의 대표자들이 주도권을 장악했다. 그들은 자유로운 정신을 가진 이상주의자들이었고, 자신만만한 이상주의적 방식으로 전반적인 제도 개혁을 계획하였다. 그들은 권력을 행사하고 이미 움직이고 있는 격렬한 변화의 과정을 통제하기에는 자격이 미비했고 준비가 부족했다. 결과적으로 상황의 주도권은 그들을 벗어나 더 강경한 정신과 더 냉정한 감정을 가진 자들에게 넘어가게 되었고, 일 이 년 안에 어느 누구도 상상하거나 예상하지 못했던 일이 프랑스에서 일어나게 되었다.

초기 단계에서 프랑스 혁명은 갈리아(프랑스 의 옛 이름) 교회 인사들이 경악을 하며 바라볼 정도는 아니었다. 오히려 정반대였다. 오를레앙의 한 사제는 "며칠 더 있으면 나는 98살이 될 것이다. 내 생애의 어떤 날도 내가 지금 동터오는 것을 보는 이 날만큼 행복하지는 않았다. 오 복된 태양이여, 그대 아래에서 이렇게 많은 덕들이 나오고 있도다!"라고 기록하였다. 삼부회가 모였을 때, 성직자로 구성된 제1신분은 자본가, 상인, 전문직 계층인 제3신분과 운명을 같이함으로써 귀족의 권력과 실제로는 절대 군주의 권력을 무너뜨리는 데 결정적인 역할을 하였다. 이렇게 하여 국민 의회(National Assembly) 혹은 제헌 의회(Constituent Assembly)가 출현하게 되었고, 여기서 부르주아 계급이 지배권을 쟁취하였다.

바스티유 감옥의 습격은 국민 의회가 대규모의 과감한 개혁 조치를 채택할 경우에만 가까스로 통제될 수 있을 만한 힘들이 터져 나오는 신호탄이었다. 성직자들이 자신의 특권과 특히 자신의 생존 근거인 십일조를 포기한다고 선언한 것은 바로 이러한 공포와 관용의 감정이 뒤섞인 분위기 속에서 이루어진 일이었다. 이러한 조치와 후속 조치들은 명백하게 교회 정치적 체제를 재건하도록 유도하였다.

재건은 어떤 형태를 취할 것인가? 그리고 누가 그것을 기획할 것인가? 제헌 의회의 구성원은 대부분 신실한 가톨릭교도였다. 심지어 볼테르나 루소의 제자들도 종교가 국민에게 필수적이라고 생각했다. 모든 사람이 교회의 개혁에 관심을 가졌다. 아무도 교황에게 안내나 지도를 부탁하지 않았다는 것은 의미심장한 일이었다. 이만큼 갈리아 전통의 위력은 견고하였다. 이제 사람들은 제헌 의회의 의사의 집행자인 왕은 전적으로 새로운 교회 문제를 해결할 수 있는 자격이 있다고 생각했다. 그래서 한 명의 주교를 의장으로 하는 제헌 의회의 위원회가 개혁을 기획하기 위해 선출되었다. 위원회는 1790년 4월에 개혁 보고서를 제출하였다. 이 제안들은 논의와 수정을 거쳐 7월에 법령으로 공포되었다. 이 조치는 "성직자 기본법"(Civil Constitution of the Clergy)으로 알려졌다. 이것은 새로운 프랑스 헌법의 일부로서 프랑스 교회를 재조직하였다.

성직자 기본법은 교구의 경계를 재조정하였고, 그 결과로 교구는 도(department)의 행정 구역과 일치하게 되었다. 57개의 교구가 없어졌다. 대주교좌(archbishoprics)는 폐지되었으나, 여전히 수도대주교의(metropolitan) 교구들은 여전히 존재하였다. 로마의 주교인 교황은 갈리아 교회에 대하여 어떠한 권위도 갖지 못하게 되었다. 비록 이것이 "보편 교회의 가시적 수장과 함께 유지될 신앙과 교제의 일치를 훼손하지 않는"

일이라고 말해졌지만 말이다. 다른 말로 하면, 교황은 단지 명예상의 수위권만 인정되었다. 주교는 각각 자신의 주교좌 성당의 주임 사제(curé)이어야 했다. 대성당의 참사회와 다른 고위 성직자들은 폐지되었으나, 주교는 그것이 없으면 사법 관할권을 행사할 수 없는 위원이나 교구 위원회를 두어야만 했다. 주교는 행정 구역의 시민 유권자들에 의해 선출되었다. 선거 전에 유권자들은 미사를 듣고 그들이 오직 종교적 내용만을 고려하겠다고 서약하여야 했다. 선출된 주교는 교황이 아니라 수도대주교 혹은 연장자 주교로부터 확증을 받아야 했다. 그는 단순히 교황에게 그가 선출되었다고 통보할 것이다. 교구 주임 사제들(curé)도 비슷한 방식으로 선출되었다.

우리는 성직자 기본법을 무모한 혁명적 혁신으로 간주하지 말아야 한다. 그것은 혁명 이전의 갈리아 원칙들을 약간 극단적인 형태로 이행한 것이다. 그것은 전반적으로 삼부회를 위하여 준비되었던 청원에서 요청되었던 개혁의 종류에 부합되는 것이었다. 그것이 국가 권력에 의하여 강요되었다는 반론에 대해, 우리는 그것이 갈리아인들이 국가 권력의 영역 안에 있다고 주장하는 교회 정치적 규율과 조직만을 다루었다고 대답할 수 있다. 성직자 기본법은 교리를 다루지 않았다.

그러나 성직자 기본법이 국가 교회 회의(national ecclesiastical synod)나 주교들에게 제출되어 승인을 받지 말아야 했을까? 불행하게도 주교들은 거의 귀족 출신이었고, 그들이 주교좌는 유지시켜 주더라도 그들의 많은 전통적인 특권과 권력을 빼앗아갈 헌법을 승인할 수 있었을까? 이것은 거의 기대할 수 없는 일이었다. 분명히 만일 제헌 의회가 성직자 기본법을 위한 국가의 권한뿐만 아니라 교회의 권한도 확보할 수 있을 만큼 재원이 풍부했더라면, 성직자 기본법은 성공했을 가능성이 더 많았을 것이다. 비록 그 상황에서 이 일이 어떻게 이루어질 수 있을지 제안하는 것은 쉽지 않은 일이지만 말이다.

실제로 교황은 아홉 달 동안 결정을 내리지 못하고 우물쭈물하였다. 신실하고 철저하게 양심적인 가톨릭교도였던 왕은 교황이 성직자 기본법을 정죄했다는 것을 알기 전에 이 법을 승인하였다. 더욱이 교황의 권위를 인정하는 가톨릭교도들은 그들이 무엇을 해야 할지 혼란스럽고 확신이 서지 않았다. 1790년 말경 왕은 마지못해 모든 현직 주교와 교구 사제들이 성직자 기본법에 서약해야 한다는 법을 재가하였다. 그들은 교황의 뜻을 확인하지 못한 채 복종할 것인지 여부를 결정해야 했다.

얼마나 많은 성직자들이 서약했으며 얼마나 많은 성직자들이 거부했는지 그 정확한 수치는 알 수 없으나, 대개 반은 서약을 하고 반은 하지 않았던 것 같다. 그리하여 성직자 기본법은 그 장점이 무엇이든지, 프랑스 교회를 둘로 분열시켰고, 10년 동안 프랑스 교회는 계속 분열되어 있었다. 주교들은 거의 모두 비선서 성직자였고 또 대부분 망명하였다. 그러나 새롭게 선출된 입헌적 교회(Constitutional Church)의 주교들을 주교로 세울 만큼의 주교들은 있었다. 탈레랑(Talleyrand)은 비록 후에 곧 자신의 성직을 그만두었지만, 새롭게 주교를 세우는 일을 도와 주었다.

그러나 이것은 단지 프랑스 교회의 환난의 시작에 불과하였다. 처음에 비선서 성직자들은 그들의 교역을 수행하는 것을 허락받았으나, 프랑스 혁명의 주도권이 훨씬 과격한 사람들에게 넘어갔을 때, 광신자와 반동 세력으로 추방되었고 개인적으로만 미사를 집전할 때 목숨을 걸고 해야 했다. 많은 성직자들이 추방당했고, 다른 성직자들은 학살되었다.

그 다음 공포 정치, 반기독교 운동이 있었고, 그 다음 이성의 여신 숭배와 로베스피에르의 지고의 존재(Supreme Being)와 나중에는 신적 박애주의(theophilanthropy)라는 새로운 종교가 뒤를 이어 나타났다. 이제 입헌적 교회도 공격을 받게 되었고, 일부 지도자들은 변절하였고 다른 이들은 결혼을 통해 안전을 확보하였다.

이 몇 해 동안 성직자들에 대한 몇 가지 공격의 물결이 있었으나, 최악의 물결이 지나갔을 때 선서자들과 비선서자들은 간헐적으로 그리고 점진적으로 교역을 재개할 수 있었다. 가톨릭 교회는 비록 국교회의 지위를 상실하였고 또 가톨릭 교회를 뿌리째 뽑아버리려는 모든 시도에도 불구하고, 여전히 프랑스인들의 영혼 안에 살아 있었던 것 같다. 그럼에도 불구하고 교회는 머리를 다시 들어올린 순간 더 심한 공격에 노출되었을 뿐만 아니라 치명적으로 분열되고 말았다. 입헌적 성직자들과 로마에 충성하는 성직자들은 서로 심하게 대립하였고, 더욱이 친로마파 성직자들 가운데서 정부가 계속 강요했던 다양한 서약들의 적법성에 대한 의견의 차이로 고통스런 반목이 계속되었고, 공화정파와 왕당파 사이에서도 싸움이 계속되었다. 동시에 반성직자적·반기독교적 세력이 정부와 국가에서 강한 힘을 발휘하고 있었기 때문에, 프랑스 가톨릭 교회의 미래는 암담해 보였다.

이 장면을 바꾼 것은 나폴레옹의 등장이었다. 이 특별한 인물은 군대 사령관뿐만 아니라 정치가와 행정가로서도 천재성을 발휘하였다. 프랑스는 혁명의 혼란 이후에 중앙 집권화된 강력한 효율적 정부가 필요하였다. 나폴레옹은 이러한 정부를 제공할 수 있었다. 그는 국가의 재정 상태를 개선하였고 경제적 번영을 이끌었고, 법전을 만들었고, 공교육 체계를 구축하였다. 이 공교육 제도는 그가 창안한 다른 것과 마찬가지로 오늘날까지 계속 유지되고 있다.

나폴레옹은 정치가로서 프랑스 교회의 분열을 종식시키기로 결심하였다. 만약 그가 신자라고 한다면, 그는 어느 정도까지 가톨릭 신자였는가 하는 문제는 아직도 밝혀지지 않고 있다. 그러나 그는 사회에 일치와 응집과 만족을 제공할 수 있는 종교의 역할에 대하여 진지한 이해를 갖고 있었다. 물론 종교의 사회적 유용성은 그의 독창적인 사상은 아니었다. 볼테르, 루소, 샤토브리앙, 기타 여러 지도적인 프랑스 사상가들이 다양한 방식으로 이 입장에 동의하였다. 그러나 나폴레옹에게 와서 그것은 정책의 원리가 되었다. 그는 이 원리를 다음과 같이 표현하였다. 그는 "종교의 신비"에 대하여 이렇게 말하였다.

> 이 신비는 성육신의 신비가 아니다. 나는 그것을 논하지 않으며 교회의 다른 어떤 교리들도 논하지 않는다. 그러나 나는 종교 안에서 사회의 전체적인 신비를 본다. 나는 … 어떤 사회나 어떤 문명도 복음의 교훈과 교리들와 분리된 채 번창할 수 없다고 주장한다. 가난한 사람이 추위로 죽어갈 때 내 궁전에서 열 개의 굴뚝들이 연기를 뿜어내고 있고, 그는 헐벗고 있는데 내 옷장에는 열 벌의 의상이 있고, 내 식탁 위에 매 끼니마다 한 가족의 일 주일분 음식이 차려져 있다는 것을 가난한 사람

이 당연하게 인정하도록 만드는 것은 무엇인가? 그에게 내세에서 내가 그와 동등할 것이며 사실 그가 나보다 더 행복할 기회를 갖고 있다고 말해주는 것은 바로 종교이다.[1]

나폴레옹이 그의 정부의 많은 동료들이 그의 계획을 반대했음에도 불구하고 교회의 통일성과 번영을 회복시키기로 결심한 것은 바로 그가 종교와 종교적 일치의 사회적 유용성을 확신했기 때문이다. 그것은 단단한 호두껍질을 깨는 힘든 작업이었다. 왜냐하면 그는 성공하기 위하여 입헌적 교회와 비선서 교회 사이의 분열을 치유하고 또한 교황의 협력과 승인을 얻어야 했기 때문이다. 교황으로부터 독립한 프랑스 교회를 구축하려는 시도는 실패였다는 것이 증명되었다. 나폴레옹은 그 실수를 반복하지 않을 것이다.

그래서 나폴레옹은 새로운 종교적 화해를 위하여 교황과 협상에 들어갔으나, 이 일이 이루어질 선을 그은 사람은 바로 나폴레옹 자신이었다. 그는 입헌적 성직자들과 비선서 성직자들이 함께 결합되어야 하고 또한 그 목표를 위해 양 교회의 모든 주교들이 사표를 제출하고 그렇게 하지 않으면 교황이 그들의 주교좌를 공석으로 선언해야 한다고 주장했다. 새로운 성직자 위계 질서는 제일 집정관인 자신에 의해서 지명될 것이고, 이전의 입헌적 주교들은 새로운 임명에서 공정한 몫을 받을 것이라고 하였다. 교황청과 비선서 성직자들이 지금까지 입헌적 교회에 대해 말했던 모든 것에 비추어 볼 때, 이것은 교황청이 먹기에는 너무 쓴 약이었다.

그러나 이러한 무거운 대가는 프랑스 교회의 회복과 그 뒤에 뒤따를 것을 위하여 지불할 만한 가치가 있었다. 그래서 나폴레옹은 대부분의 다른 문제들에서처럼 이 일에서도 바라는 바를 얻었다. 교황청의 협상자들은 그의 계획에서 한두 개의 수정밖에 얻어내지 못하였다. 결국 1801년 7월 정교 협약(concordat)이 체결되었다. 이것은 한 세기 이상 프랑스와 교황청

---

1) Paul Droulers S. J. *Action pastorale et problemes sociaux sous la Monarchie de Juillet*. 1954, p. 117.

의 관계를 지배하였다.

혁명 기간 동안 발생했던 교회 재산의 압류는 교황에 의해서 용인되었고, 그 대신 주교와 다른 성직자들은 국가에 의해 봉급을 받게 되었다. 이것은 성직자들로 하여금 프랑스 혁명 이전보다 더 국가 정부에 의존하게 만들었고, 결국 성직자들은 점점 더 국가의 지배에 반대하여 교황을 지지하는 쪽으로 돌아서는 경향을 보이게 되었다. 이 점에서 나폴레옹은 별 의도 없이 교황지상주의를 자극하고 말았다. 더욱이 나폴레옹은 교황이 프랑스 주교들의 사임을 요구할 수 있는 권위를 갖고 있다는 것을 시인하였는데, 이것은 훨씬 더 교황지상주의적 의미를 지니고 있었다. 프랑스 혁명 이전의 왕정 정부는 이것을 허락한 적이 없었다.

나폴레옹은 이 점에서 교황 자신이 처신한 것보다 더 교황적이었는데, 이는 그가 분열을 치유하는 다른 어떤 길도 보지 않았기 때문이다. 그러나 그는 실제로 갈리아인들이 항상 주장하던 자유와 특권을 유지하는 데 마음을 두었다. 그는 이것을 당장에 증명해 보였다. 정교 협약이 동의되고 발표되자마자, 그는 프랑스에서 교황의 권위의 행사를 제한하는 "기본적 조항"(Organic Articles)을 자기 자신의 권위로 발표하였다. 이것은 교황에게 극단적으로 불쾌한 것이었다.

그는 프랑스 대다수의 가톨릭 신자들에게 교회의 구원자와 회복자로 보이기를 원했고 그 당시에는 그렇게 보이기도 하였다. 그러나 이제 전반적 과정을 살펴볼 때 그의 의도는 자신의 목적을 위하여 교회를 이용하고 착취하는 것이었다. 그는 교황 피우스 7세가 자신의 계획을 이루기 위한 고분고분한 도구이기를 바랐다. 그는 피우스 7세를 이상하게 매혹시킬 수 있었다. 그러나 바로 이 점에서 그는 결국 교황을 잘못 판단했다는 것이 드러났다. 비록 교황은 때때로 황제의 대관식을 위해 파리에 왔을 때처럼 놀라운 양보를 하였지만, 그는 심지어 교황령에서 쫓겨나고 프랑스에서 투옥되었을 때에도 황제의 손에서 놀아나는 것을 거부했다.

실제로 피우스 7세의 저항은 나폴레옹의 몰락의 요인들 가운데 하나였다. 그럼에도 불구하고 정교 협약의 결과로, 프랑스 교회는 새로운 수명의 연장을 부여받았다. 프랑스 교회는 비록 혁명 기간 동안 극도로 허약해졌고 제정 시대에 많은 금지 조치 아래에서 고생을 하였지만, 프랑스인들의 삶 속에서 그 지위를 회복할 기회를 얻었다.

1814년에 교회가 기회를 잡을 것인지 말하는 것은 불가능했다. 교회의 외적인 구조는 실제로 회복되었으나, 이것에 버금가는 영적 생활이나 신학 사상의 부흥이 없었다. 제정 아래에서 전통적 충성이 해체된 사회를 향하여 선교하겠다는 의식을 가진 일단의 사제들을 훈련시킬 여유가 없었다. 당시 상황도 기독교 사상의 혁신에 우호적이지 않았다. 볼테르와 루소의 후계자들의 영향에 대응하거나 또는 이성의 시대가 물려준 반(反) 신앙적 도전에 맞설 수 있는 어떤 가톨릭 저술가도 나타나지 않았다. 샤토브리앙의 기독교 변증서인 「기독교의 정수」(*Le Génie du Christianisme*, 1802)는 감상적이었다. 기독교 철학과 신학에 관한 한, 프랑스의 역사적 사건들은 어떤 근본적인 새로운 것도 발생시키지 못한 채 구 질서의 붕괴를 드러내었다.

제 2 장

독일의 신학적 재건

1804년 7월 16일 독일의 시인이자 극작가인 실러(Schiller)는 한 친구에게 이렇게 썼다. "캄캄한 미신의 시대에 베를린은 최초로 이성적인 종교적 자유의 횃불을 밝혔다 … 이제 이 불신의 시대에는 또 다른 종류의 명성을 얻어야 할 것이다 … 이제 언젠가 개신교의 중심지가 될 베를린은 빛에 온기를 더하고 그리하여 개신교를 고상하게 만들어야 한다." 독일 특히 베를린의 미래에 대한 그의 희망은 대개 실현될 수 있었다. 왜냐하면 바로 거기에서 먼 곳까지 널리 열정과 경고를 불러일으킬 새로운 종교 사상이 생성되었기 때문이다.

1857년 신학의 상황을 조사한 마크 패티슨은 다음과 같이 말할 수 있었다. "우리 시대가 마음대로 사용할 수 있는 학식과 비평의 모든 자료들을 충분하고 자유로이 적용하면서 생동력 있는 종교적 질문들을 논의하는 일은 이제 독일에서만 일어나고 있다. 그러한 논의는 이탈리아에서 사멸하였고 프랑스에서도 거의 그렇게 되었다." 신학의 발전에서 독일인이 첨단을 걷고 있다는 것은 지금도 대체로 사실이다.

슐라이어마허(F. D. E. Schleiermacher, 1763-1834)는 보통 "근대 신학의 아버지"라고 묘사된다. 그는 분명히 개신교에 빛과 온기를 가져다 주었다. 그의 초기 작품인 「종교론」(*Religion: Speeches to its Cultured Despisers*, 1799)은 종교가 지성계에서 상실했던 위치를 회복하려는 과감한 시도였다. 종교는 미개한 자들의 비위를 맞추기 위한 뇌물이나 노인들을 위한 위로가 아니라 인류의 지적인 삶에서 가장 고상한 구성 요소였다. 슐라이어마허는 당대의 가장 탁월하고 영향력 있는 신학의 교사가 되었다. 또한 그는 철저하게 새로운 교의학의 체계를 완성하였다. 오늘날 처음으로 그의 주요 작품인 「기독교 신앙론」(*The Christian Faith*, 1821-2)을 읽은 신학자들은 그가 아주 최근에 나온 것으로 생각되는 신학적 개념들이 얼마나 많이 거기서 어렴풋하게 예시되어 있는지를 발견하고 놀랄 것이다.

이 뛰어난 인물은 19세기 초 세계를 뒤흔들었던 모든 사상의 조류와 사회 운동의 합류점에 서 있었다. 그가 양육을 받은 모라비안들의 복음주의적 경건, 계몽주의(Aufklärung)의 합리주의, 칸트의 비판적 관념론, 베를린에서 함께 동역했던 프리드리히 슐레겔(Frederick Schlegel)의 낭만주의, 나폴레옹에게 저항하며 프로이센의 부흥을 꿈꾸었던 애국주의적 이념 등 이 모든 것들이 슐라이어마허에게 자국을 남겼다. 또한 종교개혁 300주년 기념으로 추진되었던 프로이센의 루터파 교회와 개혁 교회의 재연합도 그에게 영향을 주었다.

18세기는 이성의 시대였다. 종교 전쟁과 메마른 논쟁에 대하여 염증이 난 사람들은 안도감을 가지고 꼭 필요한 모든 종교와 도덕은 아주 단순하게 확인될 수 있다는 개념을 받아들였다. 이성은 인류에게 보편적으로 퍼져있는 빛이었다. 그것은 본성적으로 모든 이들에게 주어져 있었고, 그것만으로 충분했다. 오래된 신념과 제도들은 이성에 종속되어야 하며 이성에 의해 판단되어야 한다. 이성의 시험을 견디어낸 것은 단순하고 이상적인 요약으로서의 "자연 종교"였다. 이것은 자연적인 원인들에 대한 무지나 혹은 사제와 군주들의 야심 안에 그 기원을 갖고 있는 인위적(positive) 종교와 대조를 이루고 있다.

"독일의 소크라테스," 임마누엘 칸트(Immanuel Kant, 1724-1804)는 이러한 상식의 흐름의 밑바닥에서 진흙을 휘저어 놓았다. 슐라이어마허는 칸트를 연구하였을 뿐만 아니라 만나기도 하였다. 그는 질문하였다. 이성은 무엇인가? 이성의 능력과 한계는 무엇인가? 그의 대답은 결코 평범하지 않았다. 사실 그의 대답들은 이후로 계속하여 철학적 논의를 위한 자료를 제공하였다. 그러나 대략 신학에 관한 한 그의 가르침은 두 가지 면을 갖고 있었다. 부정적인 면에서, 칸트는 인간의 지식은 본체 혹은 물 자체(noumena)에 대한 지식이 아니라 오직 현상이나 외면에 대한 지식일 뿐이라고 주장했다. 그리하여 그는 합리적 형이상학이나 합리적 신학의 가능성을 부정했다. 왜냐하면 이것들은 물 자체 혹은 궁극적 실재들에 도달하려는 것을 목표로 삼고 있기 때문이었다. 전통적인 신 존재 논증은 형이상학적이기 때문에 완전히 실패로 끝났다.

그러나 칸트는 자신이 한 손으로 빼앗아 버린 것을 다른 손으로 돌려주는 것 같았다. 비록 이론상으로나 순수 이성을 따르면 궁극적 실재에 관한 한 불가지론에서 벗어날 수 없지만, 실제로는 인간의 의식 안에는 신, 자유, 영혼 불멸에 대한 믿음이 요청될 때에만 의미가 있는, 무조건적인 도덕적 의무감이 있다. 그 결과가 무엇이든지 "너는 이것을 해야 한다" 혹은 "너는 그렇게 하지 말아야 한다"라고 말하는 지상 명령은 첫째 "너는 해야 한다"고 말할 자격이 있는 신(God)을 필요로 한다. 둘째, "너는 해야 한다"는 것은 "너는 할 수 있다"고 말해질 수 있는 곳에서만 가능하므로, 자유(freedom)도 또한 요청되어야 한다. 셋째, 인간이 스스로 추구해야 한다고 느끼는 도덕적 완전은 이생의 범위 안에서는 실현될 수 없기 때문에, 영혼 불멸(immortality)도 또한 요청되어야 한다. 이와같이 칸트는 도덕적 의식을 분석함으로써 종교적 믿음을 변호한다. 종교는 우리의 모든 의무를 신의 명령으로 인정하는 것이다. 그것은 "모든 예배의 본질을 인간의 도덕적 본성 안에 두는 신앙"이다. 슐라이어마허는 칸트가 버려둔 곳으로부터 출발했다. 그는 도덕적 의식으로부터 종교적 의식으로 나아갔다.

슐라이어마허는 또한 낭만주의의 자녀였다. 그는 인간이 생각과 의지뿐만 아니라 감정과 느낌도 소유한 존재라는 사실을 깨달았다. 합리주의와 대조적으로, 낭만주의는 형식보다 내용을, 도덕보다 미학(美學)을, 추상적인 것보다 구체적인 것을 더 중요하게 여겼다. 낭만주의는 우주를 기계가 아닌 예술 작품으로 보고, 인간을 우주의 거울로 본다. 낭만주의적 정신은 예수의 인격에 대한 열렬한 경건과 깊은 헌신에 동의하였다. 이것은 슐라이어마허가 모라비안들로부터 배운 것이었고, 그가 부모들의 순진한 전통적 정통주의와 결별해야 함을 깨달았을 때 오직 잠정적으로 가라앉아 있었다.

그러나 언제나 위대한 신학자는 항상 반향판(sounding-board) 이상이기 마련이다. 슐라이어마허는 이전 시대의 사람들의 소산 그 이상이었다. 그의 위대성은 기독교에 대한 새롭고 포괄적인 해석을 제출했다는 데 있었다. 그는 종교는 신앙으로 수용해야 할 고정된 교리들의 요약이라는 전통적 개념을 거부하였다. 그는 인간의 경험 안에 있는 종교의 근원을, 철학이 그것에 대해 뭐라고 하든, 독자적으로 존재하는 생생한 실재라고 보았다. 슐라이어마허는 다른 이들처럼 자신에게 동의하라고 논증하지 않았다. 그 대신 그는 자기의 경험과 유사한 경험을 다른 사람들 안에서 각성시키려고 노력하였다.

그는 종교의 출발점을 인간의 절대 의존의 감정에서 발견했다. "하나님은 독특한 방법으로 느낌(feeling) 안에서 우리에게 주어진다. 만약 우리가 인간에 대한 혹은 인간 안에서 일어나는 하나님의 독창적 계시에 대하여 말한다면, 그 의미는 언제나 다음과 같을 것이다. 즉 인간뿐만 아니라 모든 시간적 존재의 특징인 절대 의존과 함께, 절대 의존에 대한 직접적인 자의식도 또한 주어진다는 것이다. 이 자의식이 곧 신에 대한 의식이 된다." "느낌"으로써 슐라이어마허는 감각이나 감정뿐만 아니라 실재와의 직관적 접촉을 의미했다. 절대 의존의 감정 안에서 하나님은 만물의 "기원"(Whence)으로 직접적으로 파악된다

이러한 느낌은 모든 종교의 근저에 놓여 있고, 모든 종교 안에는 어느 정도의 계시가 있다. 기독교의 특징은 그리스도에 의한 구속 사상이다. 그리스도에 대한 본질적인 것은 그의 가르침이나 기적이나 예언의 성취가 아니라 그의 완전한 신-의식(God-consciousness)이다. "이것은 그리스도의 내면에 있는 신의 참된 현존이었다." 그리스도는 인류 가운데 나타난

하나님의 유일하고 완전한 계시이다. 그리스도의 구속자로서의 사역은 그의 신-의식 능력을 다른 사람들에게 분여한 것에 그 본질이 있다.

죄는 인간 안의 신(神) 의식의 정반대이거나 결핍이고, 저열한 충동과 고상한 충동 사이의 투쟁의 산물이다. 구속은 신 의식이 희미하고 약해진 상태를 벗어나서 생생하고 강하고 성장 가능한 상태로 옮겨지는 것이다. 죄는 개인적이며 동시에 사회적이다. 한 개인 안에서 작용하는 죄는 다른 사람들 안에 악을 생산한다. 마찬가지로 구속도 공동체적 과정이다. 하나님과의 교제는 예수께서 설립하신 교제 즉 교회를 통하여 소통되고 유지된다. 슐라이어마허는 교회가 그리스도의 몸, 즉 성령에 의해서 생기있게 된 기관이고 동시에 인간적이고 변질되기 쉬운 것이라고 가르친다. 많은 독일 신학자들과 달리, 슐라이어마허는 교회가 국가적 통제로부터 벗어나 자유와 자율을 누리는 것에 큰 의미를 부여했다. 교회의 완전성은 이 세상에서 실현될 수 없다. 즉 궁극적 완성은 피안의 세계에 있다. (사망, 심판, 천국, 지옥을 다루는) 전통적인 말세론은 명확하게 이해될 수 없는 예언적 항목들을 담고 있다. 슐라이어마허는 개인의 영혼 불멸을 믿을 만한 분명한 보증이 있는지에 대해 확신이 없었다.

한두 단락의 글로는 그리스도의 사역에 대한 교회의 지속적 경험에 기초하여 기독교 신학의 전체 구조를 재해석한 슐라이어마허의 풍부하고 신선한 창의성을 겨우 암시만 할 수 있을 뿐이다. 개신교 스콜라주의의 판에 박힌 교과서들은 교리를 법정적이고(forensic) 외면적으로(external) 진술하였다. 그러나 슐라이어마허는 이러한 교리 진술로부터 사람들을 해방시켰다. 그는 신자들의 경험과 일상적 삶에 호소함으로써, 당대의 자연 과학이나 역사적·문학적 비평이 유지될 수 없음을 보여준 전통적 정통주의의 특성들을 버릴 수 있었다.

이러한 문제들 중의 일부에서, 그의 가르침은 당연히 시류에 뒤떨어지게 되었다. 예를 들어, 그는 제4 복음서를 예수의 생애에 대한 1차 자료로 받아들였다. 그러나 그의 작품은 전반적으로 토마스의 「신학 대전」(*Summa*)이 토미즘에 영향을 주고 칼빈의 「기독교 강요」(*Institutes*)가 개혁 신학에 영향을 준 것과 같은 정도로, 이후의 자유주의 개신교 신학에 영향을 주었다. 어떤 로마 가톨릭 작가는 다음과 같이 말하였다.[1] "슐라이어마허 사상의 영향력은 매우 컸다. 그의 이름이 19세기 개신교 신학을 전적으로 지배했으며 20세기도 여전히 동일한 영향을 받고 있다고 말하는 것은 과장이 아니다."

그러한 슐라이어마허의 영향력을 제거하기 위하여 많은 노력을 기울였던 카를 바르트 박사도 슐라이어마허가 신학을 비신학적 세계에서 최선인 모든 것들에 연결시키려고 노력한 것이 그의 위대한 덕목이었다는 것을 인정하였다. "그는 (신학자들이 종종 그렇게 하듯이) 시대를 뒤따라 가면서 회고적으로 이 작업을 하지 않았다. 오히려 그는 그 시대에 태어난 인물로서 아니 보다 나은 미래의 성취를 위해 헌신한 자로서, 시대를 앞질러서 이 작업을 수행했다."[2] 그러나 바르트는 또한 슐라이어마허가 신약 성경적 의미의 신앙을 지식(gnosis)으로 변형시켰다는 것을 암시하였다. 바르트는 슐라이어마허가 그의 임종 석상에서 의사가 마시지 말라고 금했던 포도주 대신에 물을 사용해서 그의 가족과 함께 성만찬을 기념했다는 것을 회상하였다. 이것은 그의 신학에 대한 비유였을까? "그러나 슐라이어마허가 성만찬을 기념하고 싶었다는 사실은 의심의 여지가 없다. 그는 아마도 물에 비교될 수 있을 것 같은 그의 기독론 안에서 그리스도를 선포하기를 원했다."[3] 바르트는 여기서 아직도 최종적으로 대답되지 않은 질문을 제기하였다.

*

헤겔(G. W. F. Hegel, 1770-1831)의 신학 재건 작업은 전혀 다른 기반 위에 기초를 두고 있었고 전혀 다른 정신에 의해 형성되었으나, 19세기에

---

1) L. Christiani in *Dict. theol cath.* XIV, 1505.
2) K. Barth. *From Rousseau to Ritschl.* 1959 p. 315.
3) ibid., p. 313.

그의 신학은 슐라이어마허 못지 않은 영향력이 있었다. 슐라이어마허처럼 헤겔도 베를린 대학의 교수였으나, 그들은 공통점이 없었다. 헤겔은 슐라이어마허의 가르침을 경멸하였다. 헤겔은 만약 종교가 오로지 절대 의존의 감정에만 근거를 두고 있다면, 주인에게 절대적인 의존 감정을 가지고 있는 개가 가장 훌륭한 기독교인일 것이라고 말했다. 슐라이어마허는 설교자였고 그의 시대의 사회 생활과 운동들에 참여하였던 반면에, 헤겔은 학자였고 순수하고 단순한 철학자였다. 비록 헤겔은 일평생 종교에 관심을 가졌고 젊었을 때 한때 성직에 대해 심사숙고한 적도 있었지만, 그는 슐라이어마허가 모라비안들로부터 배운 바 있었던, 역사적인 실존 인물로서 그리스도에 대한 열렬한 인격적 경건과 헌신이 없었다. 헤겔은 격렬한 영적 갈등의 시기를 거친 것 같지도 않다. 페어베언(A. M. Fairbairn)은 두 사람을 적절하고 생생하게 다음과 같이 대조하였다.

> 헤겔은 때로는 수위가 높아진 강물이 둑과 둑 사이를 흐르면서 그 진로에 놓여 있는 모든 것을 압도하듯이 거대하고 위엄이 있고 때로는 당겨진 고무줄 총이 비유나 논증으로 비판을 쏘아대어 어떠한 방어용 갑옷도 직선적으로 강력하게 꿰뚫을 정도로 팽팽하게 긴장되어 있다. 반면에 슐라이어마허는 실개천 물이 흐르면서 튀어오를 때 눈에 아름답게 보이고 귀에 음악처럼 들리듯이 민첩하고 치밀하고 우아하다.[4]

첫 눈에 보기에, 칸트가 형이상학적 체계를 건설하는 길을 막았을 때 헤겔이 이전의 모든 철학의 내용을 포함한다고 주장하는 형이상학의 체계를 확립하려고 하였다는 것은 이상하게 보인다. 스테이스(W. T. Stace)는 이렇게 말했다.

> 칸트가 … 철학에 대하여 "정지!"라고 소리치자 마자, 철학은 자기 추종자들을 모아서 일종의 승리의 행렬을 조직하고 악기를 연주하고 깃발을 흔들고 의기양양

---

4) A. M. Fairbairn. *The Place of Christ in Modern Theology*. 1849, pp. 282f.

하게 행진하면서 최후의 공격을 향하여 전진해 갔다. 철학은 일격에 전지성을 획득하고 바로 실재 그 자체의 성채를 점령할 수 있는 능력을 신뢰하고 있었다. 그런데 무엇보다도 기이한 것은 이 일이 칸트가 연마해 놓은 바로 그 무기들을 가지고 이루어졌다는 것이다.[5]

헤겔은 칸트처럼 관념론자였다. 그들은 모두 의식(consciousness)과 의식의 내용 위에 서 있었다. 그러나 헤겔은 오직 현상만이 순수 이성에 의해서 인식될 수 있다는 칸트의 주장을 거부하였다. 불가지적인 물 자체(noumena)는 자기 모순적이다. 왜냐하면 만약 물 자체가 인식될 수 없다면, 우리는 물 자체가 인식될 수 없다는 것을 알 수단이 없기 때문이다. 철학에서 모든 것은 인식될 수 있어야 한다. 절대 그 자체는 인간의 지성에 공개되어 있다. 그래서 헤겔은 이렇게 선언했다. "우주의 본성은 처음에는 있는 그대로 그 자체 안에 감추어져 있고 닫혀 있는 바, 이것은 지성의 용기 있는 노력을 영구적으로 저항할 수 있는 능력은 없다. 우주는 결국 자신을 공개해야만 한다. 우주는 자신의 모든 깊이와 풍요를 정신에게 드러내야 하고 정신이 그것을 향유하도록 내어 놓아야 한다."

헤겔에 의하면, 세상은 합리적 원리 즉 정신(spirit)이나 절대 정신(Absolute Idea)의 작품으로 설명되어야 한다. 이 절대 정신은 "자아와 비 자아의 차이에서 자신을 드러내고 또 이 차이점을 통해 이 차이점을 극복함으로써 자기 자신과의 최고의 연합에 도달할 수 있는 자기 의식의 이념이다." 자연과 역사는 진화하는 과정이고, 이 과정을 통하여 정신은 자기 자신을 실현한다. 정신은 오직 인간 안에서만 자의식이 된다. 그 과정은 변증법적이다. 즉 합리적 원리는 발전하기 위하여 불가피하게 상호 갈등을 겪는 형태 안에서 자기 자신을 분화하지만, 궁극적으로는 화해된다. 이러한 정(thesis), 반(antithesis), 합(synthesis)의 운동은 도처에서 작용하고 있으며 모든 단계에서 발견될 수 있다. 여기서 카를 바르트가 헤겔 변증법

---

5) W. T. Stace. *The Philosphy of Hegel.* 1924, p. 43.

을 묘사한 내용을 살펴보자.

> 정, 반, 합의 삼 박자가 도처에서 울려퍼지는 곳에서, 헤겔의 지혜는 일찍이 매일 같이 모든 집에서 동일한 기계 소리들이 들려왔던 옛날의 직조공 마을과 비슷했다. 이 정반합의 리듬이 울리는 곳에 이 철학의 전체와 핵심이 있다 … 헤겔의 천재성은 모든 자물쇠를 열 수 있는 만능키, 모든 바퀴를 단번에 움직이게 할 수 있는 지렛대, 한눈에 지상의 모든 대륙뿐만 아니라 3층천과 7층천까지도 관찰할 수 있는 전망대 같은 그러한 방법을 대담하게 창안하기를 원했다는 데 있다.[6]

그러나 헤겔에게서, 순수한 사상이나 개념적 이론으로서의 진리는 오직 철학자들에 의해서만 이해될 수 있었다. 대중 집단으로서 인류는 이 일을 해낼 수 없었다. 그래서 진리는 그들에게 회화적이거나 비유적인 종교 형태로 번역되어야 했다. 모든 종교는 어느 정도 이 목적에 기여했다. 기독교는 기독교의 비유적 표현의 내적 의미가 참된 (즉 헤겔적인) 철학의 원리들과 일치했기 때문에, 절대적으로 참된 유일한 종교였다.

그래서 예컨대 헤겔은 삼위일체 교리를 이렇게 설명한다 "순수한 절대 정신으로서 하나님은 아버지이다. 또한 변화와 변형의 요소인 유한자로 나아갈 때, 하나님은 아들이다. 그리고 다시 한 번 이러한 구분을 지양하거나 취소하고 또한 소위 이러한 현현이나 육화로 유출함으로써 풍요해진 다음 다시 고향으로 돌아갈 때, 하나님은 성령이다." 이것은 헤겔적인 신학화의 전형적인 단면이다. 이러한 방식으로, 그는 기독교 교리의 전체 도식을 자신의 철학 체계의 비유적 표현으로 해석하였다. 그의 의도는 기독교가 그 자체를 이해하도록 하는 것이었으나, 문제는 헤겔이 기독교를 다른 어떤 것으로 변형시키지 않았는가 하는 점이다. 그의 체계에서 하나님은 절대자에게 종속되어 있고, 그리스도는 생생한 인격체가 아니라 논리적 건축물이고, 악은 선이나 정신이 되는 과정에 있는 원료이고, 구속은 시간 속의 사건이 아니라 영원한 진리이고, 그리스도의 부활과 승천은 개별자가 된 보

---

6) op. cit. pp. 289f.

편자가 자기 자신에게로 귀환하는 것을 의미한다.

　이처럼 신학이 철학으로 변형된 것에 대해 오늘날 신학자와 철학자들은 전반적으로 우호적인 평가를 내리지 않고 있다. 그러나 헤겔의 체계는 비록 지속될 수 없는 것이었다 하더라도 거대한 장관이었다. 그의 전 체계가 왜곡된 것이라고 생각하는 사람들도 헤겔이 몇 가지 점에서 후대 사상에 가치있고 긍정적인 영향을 주었다는 것을 인정한다. 웹(C. C. J. Webb)은 다음과 같이 말하였다.

　　헤겔은 인류의 사상적 흐름이 지금까지 통과하여 왔던 여러 통로 중에서 최소한 두 가지 통로를 향하여 가도록 도왔다. 헤겔은 이를테면 철학에서 역사에 한 입지를 제공함으로써 … 역사 연구에 새로운 위엄을 부여했다. 이는 베이컨이 그의 시대에 자연의 연구에 새로운 위엄을 부여했던 것과 마찬가지이다. 또한 헤겔은 발전의 개념을 중심적 개념으로 만들었다.[7]

　헤겔은 그의 생애 동안 높은 명성을 얻었으나, 그의 사망 후 곧 그의 추종자들은 붕괴하여 대립적인 파당으로 분열하기 시작했다. 우파는 그를 정통파 기독교의 대변인으로 취급했다. 반면에 좌파는 헤겔의 체계에서 종교적·윤리적 의미를 제거하고 그것을 철저한 무신론으로 변형시켰다. 그 중에서도 포이어바흐가 가장 두드러졌다. 우파와 좌파 사이에는 다양한 중도적 학파들이 있었다. 어떻게 보이든지, 헤겔은 철학적 신학에 새로운 자극을 주었다. 이런 식으로든 저런 식으로든, 유혹에 의해서든 반발에 의해서든, 헤겔주의는 19세기를 매혹시켰다. 이제 우리는 그것이 남긴 영향의 흔적들을 무수하게 만나게 될 것이다.

*

　건조한 이성의 시대의 뒤에는 개신교 신학의 재건만큼이나 가톨릭 신학

---

7) C. C. J. Webb. *A Century of Anglican Theology*. 1923, pp. 29f.

의 재건도 필요했다. 19세기 초, 헤르더(Herder)는 로마 가톨릭 교회가 어떠한 새로운 생명도 들어갈 수 없는 고대의 유해와 같다고 말했고, 사실 가톨릭 교회는 그렇게 보였다. 가톨릭 신학의 가르침은 건조하고 퇴폐적인 데카르트의 사상(Cartesianism)에 기초했다. 낭만파 저술가와 예술가들은 이 케케묵은 분위기에 신선한 바람을 가져왔다.

예컨대 프리드리히 슐레겔(Frederick Schlegel, 1772-1829)은 시는 생명의 무한한 신비를 표현할 수 있으려면 고대 그리스인들과 초대 기독교인들의 신화 같은 신화들이 필요하다고 말하였다. 처음에 그는 로마 제국을 흡수했던 기독교처럼 프랑스 혁명을 흡수하는 새로운 종교를 창안할 것을 제안했다. 그는 노발리스(Novalis)에게 이렇게 썼다. "나는 새로운 종교를 설립하는 것이나 적어도 그것의 선포를 돕는 것에 대하여 생각하고 있다. 아마도 당신이 새로운 그리스도가 되기에 더 나은 자격을 갖추었을지 모른다. 그렇다면 그리스도는 내 안에서 그의 바울을 발견하게 될 것이다." 만약 가톨릭 신앙이 그러한 사람들에게 살아있는 신앙으로 제시될 수 있다면, 그것은 옥토 위에 떨어지는 모습이 될 것이고, 결국 그들 중의 많은 사람이 회심하게 되었다.

낭만주의에 고무된 가톨릭 신학은 독일의 다양한 핵심 지역에서 특별히 튀빙겐에서 부흥하였다. 튀빙겐은 가톨릭 신학부와 개신교 신학부의 교수진이 공존하는 독일 대학들 중의 하나이다. 가톨릭 신학부는 1817년부터 유래한다. 그것은 유능하고 진취적인 신학자들을 보유하고 있었다. 이들 가운데는 요한 세바스챤 드라이(John Sebastian Drey, 1777-1853)와 요한 아담 묄러(John Adam Möhler, 1796-1838) 등이 포함되어 있었다. 그들은 슐라이어마허가 개신교를 위하여 수행했던 작업을 가톨릭 교회를 위하여 이루려고 하였다.

그들은 그들의 신앙이 역사 비평이나 혹은 철학적 논의에 대해 두려워할 아무것도 없다는 것을 증명하기로 굳게 결심했다. 그들에게는 기계(mechanism)가 아니라 유기체(organism), 고정된 폐쇄 체계가 아니라 발전의 개념이 근본적인 것이었다. 그들의 신학은 역동적이었다. 교의들은 추상적이고 고립된 명제들로 간주될 것이 아니라 살아있는 전체의 일부분으로서 전체와의 관계 속에서 고려되어야 한다. 교의들은 교회가 신앙의 생명을 지적인 언어로 번역하려고 끊임없이 노력한 결과이다. 모든 종교는 계시이다. 기독교는 모든 부분적인 계시들을 완성하고 종합하는 계시이고, 부분 계시들 안에 있는 참되고 지속적인 것들을 보전한다. 전통은 일련의 화석화된 문장들의 집합체로 고정되어 있는 것이 아니라, 오히려 신자들 안에 살아있는 하나님의 말씀이다. 전통은 항상 지속적으로 발전하고 있고, 인간 문화의 모든 운동에 비추어 끊임없이 재고되어야 한다.

그들은 가톨릭 신앙이 복합적 전체인 반면에 개신교는 그것을 일방적으로 왜곡한 것이라고 주장했다. 또한 그들은 가톨릭 교회의 보편성과 개신교의 민족주의와 지역주의를 대조시켰다. 그들은 보수적인 가톨릭 신자들에 의해서 혁신자라는 비판을 받았고, 시간이 흐르면서 교리적 재진술이나 교회적 개혁을 위한 그들의 일부 과격한 제안들을 수정했다. 그들은 처음에 성직자 독신주의, 사적인 미사들, 일종 배찬(communion in one kind), 라틴식 예전 등과 같은 유구한 관습들에 의문을 제기하였었다. 그들이 로마 가톨릭 교회 안에서 공식적인 호의를 받았을까? 우리는 이 질문에 답변할 수 없다. 그러나 그들은 이성과 계시, 자연과 초자연, 자유와 권위 등이 서로 대립되지 않으며 상호보완적이라고 주장했고, 또한 가톨릭 교회가 개신교뿐만 아니라 역사 비평, 과학, 철학과도 공개적으로 만날 수 있다고 주장했다.

제 3 장

영국의 기독교, 1790-1830

프랑스 혁명이 영국인들에게 미친 주요한 영향은 그들의 보수주의를 강화시켜서 교회와 국가의 개혁의 압력을 연기시킨 것이었다. 이 개혁의 압력은 조만간 19세기에 도처에서 나타나게 되었지만 말이다. 프랑스 혁명과 나폴레옹의 전쟁은 또한 영국인들의 섬 나라적 특성(insularity)을 심화시켰다. 특히 영국의 지성은 독일에 그 중심을 두고 있는 새로운 철학적·신학적 운동들로부터 고립되었다. 영국의 교회에 관한 한, 19세기의 처음 25년 동안 어떠한 정치적 혹은 지성적 격변도 없었다. 여기서 우리가 해야할 일은 상대적으로 안정되어 있는 상황을 자세히 살펴보는 것이다. 바로 이것을 이해해야만 영국의 기독교 제도와 사상의 이후의 변화의 특수성을 이해할 수 있을 것이다.

사실 영국의 많은 관찰자는 프랑스 혁명의 초기 국면을 환영하고 성원했다. 프랑스 혁명은 봉건적 전제 정치의 몰락이었고, 때 늦은 것으로 생각되었다. 프랑스인들이 영국인들이 스스로 자랑스러워했던 헌법상의 자유를 확립하기 위해 노력하는 것은 크게 칭찬받을 일이었다. 어떤 이들은 더 나아가 인류 역사의 새로운 시대, 즉 과거의 악습과 오염이 영원히 사라지고 자유와 박애와 평등이 마침내 실현되어 가는 시대가 열리는 현장에 있다는 느낌에 도취되었다. "이 여명기에 살아있다는 것이 복되도다."

버크(Burke)는 그의 「반성」(*Reflections*, 1790)에서 프랑스에서 일어난 혁명의 실제적 의미에 관하여 크게 경악하는 내용의 글을 썼다. 지도적인 비국교도였던 프라이스(Price) 박사는 그에게 반발하여 작품을 저술했다. 프라이스는 프랑스인들이 1688년의 영국 혁명의 원리를 심화시켜 전개하는 것을 경축했다. 버크는 영국인들의 정치관이 프랑스인들의 정치관과 정반대라고 주장했다. 영국인들은 전통주의자, 점진주의자, 경험주의자인 반면에 프랑스인들은 위험 천만한 교조적 관념론자들이라는 것이었다. 그의 경고는 프랑스 혁명이 공포 정치로 변질되었을 때 예언적이고 온전히 정당화된 것 같았다. 처음 프랑스 혁명을 환영했던 영국 사람들은 대학살과 왕의 처형과 자코뱅당의 난폭함에 대한 소문을 듣고 대부분 마음을 바꾸었다. 더욱이 영국이 프랑스와 전쟁을 치르게 될 처지에 놓였을 때, 공포심이 강화되었다.

톰 페인(Tom Paine)은 1791년 수만 부가 팔린 그의 「인간의 권리」(*The Rights of Man*)에서 영국의 모든 기성 제도권에 대해 비판을 가하였는데, 그의 위협적 주장은 영국 해협 너머에서 일어나고 있는 무서운 일들에 대한 공포심을 증폭시켰다. 자칭 공화당이었던 톰 페인은 악명높은 불신자로 치부되었다. 그와 반대로 버크는 영국 성공회를 사회적 안정의 근원이고 보장이라고 찬양했고, 그것이 사실이었다. 상황의 전개는 성직자들이 이전보다 훨씬 더 변화를 싫어하도록 만들었다. 주교들은 서로 경쟁적으로 파괴적인 가르침, 민주주의 정신, 혁명 운동의 신성모독적 특성을 비난하였다. 그러므로 프랑스 혁명은 영국에서 보수주의 세력을 강화시켰고, 시계를 거꾸로 돌리고 말았다. 이러한 반동이 없었더라면, 의회는 개혁되었을 것이고, 가톨릭이든 개신교이든 비국교도들이 불리한 조건에서 해방되었을 것이고, 노예 무역이 한 세대 이전에 폐지되었을 것이다.

이제 우리는 영국 성공회를 먼저 살펴보고, 그 다음 다른 기독교 공동체들을 살펴볼 것이다. 프라우드(J. A. Froude)는 국교회(Establishment)의 정서를 다음과 같이 묘사하였다.

프랑스 혁명은 진보적 사고 방식 때문에 모든 계급들을 두려움에 떨게 했다. 도시와 지방의 사회는 정치적으로 토리당이었고 물려받은 신앙에서 어떤 혁신도 허용하지 않으리라고 굳게 결심했다. 신앙은 정통적이었으나 신학적이지 않았다. 교리적 문제들은 별로 사고의 대상이 되지 못했다. 영국 성공회의 가르침에 의하면, 종교는 하나님의 뜻에 대한 도덕적 순종을 의미했다. 종교의 사변적 요소가 받아들여진 이유는 그것이 참된 것으로 가정되었기 때문이다. 신조는 경외스럽게 반복되었으나, 본질적인 것은 실천이었다. 일요일이면 사람들은 선하게 되는 것을 배우려고, 그들에게 수천 번씩 반복되는 계명들을 들으려고, 계명들이 성찬대 위에 금박 글씨로 씌어져 있는 것을 보려고 교회에 갔다. 천국을 열고 닫는 열쇠의 권능(power of keys), 실재적 임재, 교리의 형이상학 등에 대하여 어느 누구도 관심이 없었다. 왜냐하면 아무도 이러한 교리들에 대해 생각하지 않기 때문이었다. 행동과 무관하고 감각에 무관심할 때에만 만족스럽게 처리될 수 있는 질문에 대하여 시간을 낭비하는 것은 무가치한 일이었다.[1]

성직 겸임, 부재 지주, 명목상의 성직록, 성직자의 빈부 격차 등은 도전을 받지 않았다. 주교들은 전반적으로 선하고 양심적이고 존경받는 사람들이었다. 주교들이 자신들을 단지 국가의 공무원으로 간주했다고 말하는 것은 공정하지 못하다. 어쨌든 일부 주교들은 그들이 교회의 신적 특성을 중요하게 여기고 있다는 것을 주장하였다. 더럼의 주교 반 밀데르트(Van Mildert)는 그의 뱀프턴 강의(1814)에서 "교회의 본질적 교리들" 가운데 "기독교의 성례전과 사제직에 대한 규례"를 포함시켰다. 또한 밀데르트는 "우리는 지금 … 교회사에서 교회(THE CHURCH)라고 강조하여 부르는 것에 대하여 말하고 있다. 이 교회는 스스로 사도적 계승을 이어왔다는 주장에 근거하여 대대로 다스려왔다" 하였다.

당신은 아마도 1830년대의 옥스퍼드 소책자들을 읽고 있다고 생각할지도 모른다. 그러나 그것이 아니다. 비록 이따금 이러한 내용을 말하는 사람이 있었다 하더라도, 이것이 대중의 정신에 실제로 영향을 주지는 못했다. 이 시기에 "고교회 성직자"로 알려진 이들은 국가의 기관으로서 교회의 재산과 특권을 보존하는 데 아주 관심이 많았다는 의미에서 고교회 성직

---

1) J. A. Froude. *Short Studies on Great Subjects*. 1886, IV, pp. 239f.

자였다. 그들은 신학적이라기보다는 정치적으로 고교회였다. 토트네스 대집사였던 프라우드의 부친은 구파(old school)의 고교회 성직자였다. "그는 교회 자체를 헌법의 일부로 간주했다. 기도서는 어리석은 자들이나 충성하지 않는 자들만이 시비를 걸 수 있는 의회의 법령으로 간주하였다." 그는 "주교와 모든 기존의 제도를 떠받들었고, 하늘 가는 길은 오른 쪽으로 돌아서서 똑바로 걸어가는 것이라고 믿었다."

물론 이러한 일반적 모습 안에 다양한 모습들이 있었고, 평범한 교회 관습과 구분되는 특징들을 보유한 집단이나 경향들이 존재하였다. 즉 고교회 성직자 중에서 보다 더 신학적으로 사고하는 경향을 지닌 복음주의자들이 있었고 또 대개 "자유주의"라고 불리는 복잡한 집단이 있었다.

이제 영국 성공회 안에서 자리잡은 18세기 복음주의 부흥운동의[2] 계승자들 가운데 가장 뛰어난 사람은 케임브리지와 그 너머에서 큰 영향을 주었던 찰스 시므온(Charles Simeon, 1759-1836)이었다. 1814년 매콜리는 그에 대하여 이렇게 말하였다. "당신이 시므온의 권위와 영향이 어떠했는지, 또한 그가 케임브리지로부터 영국의 오지까지 얼마나 영향력을 행사했는지 알았다면, 당신은 그가 어떤 대주교보다 더 큰 실제적 영향력을 행사했다는 것을 시인할 것이다."

찰스 워즈워스 주교는 "시므온이 뉴먼(Newman)보다 더 많은 젊은 층의 제자들을 더 오랫동안 갖고 있었다"고 인정하였다. 이것은 그럴 수도 있으나, 옥스퍼드에서 뉴먼의 영향력은 더 집중되어 있었고 더 극적이었다. 작가로서 시므온은 뉴먼에 비교될 수 없었고, 뉴먼이 매력적인 인물이었던 반면에 시므온은 킹스 대학의 특별 연구원(Fellow of King's)이었음에도 불구하고 고루한 사람으로 비쳤다. 모든 복음주의자들과 마찬가지로 그는 그리스도의 대속적 죽음에 대한 신앙과 회심을 강조하였다. 그러나 그는 교회 직제와 교회법에 관심을 가진 성례주의자(sacramentalist)이기도 하였다.[3]

---

2) Cf. G. R. Cragg. *The Church and Age of Reason*. Penguin Books, 1960, pp. 141ff.

이 시기에 복음주의는 "클라팜 공동체"(Clapham Sect)와 "종교 협회"(Religious Societies) 운동으로 그 모습을 드러냈다. 클라팜 공동체의 이름과 별명은 당대의 재치있던 성직자 시드니 스미스에 의해 별 근거도 없이 붙여졌다. 이 공동체는 런던에서 30마일 떨어진 클라팜 마을에서 살았던 탁월한 복음주의자들이었다. 실제로 그들은 하나의 단체라기보다는 오히려 대규모의 연합 가족과 같았다. 초창기 복음주의 성직자의 아들이었던 벤(J. Venn, 1759-1813) 목사와 저명한 복음주의자의 아들이요 유명한 은행가였던 헨리 손턴(Henry Thornton, 1760-1815)과 아마 당대의 가장 유명한 웅변가일 듯한 윌리엄 윌버포스(William Wilberforce, 1759-1833)가 있었다. 손턴과 윌버포스는 국회 의원이었다. 식민지 총독이었고 매콜리 경의 아버지인 자카리 매콜리(Zachary Macaulay, 1768-1838)가 있었고, 저명한 법률가인 제임스 스티븐(James Stephen, 1758-1832)도 있었다. 스티븐은 윌버포스의 누이와 결혼하여 유명한 자손들을 두었다.

이 윤택하고 부유한 사람들은 편안하게 살았지만 또한 거의 수도원적인 금욕을 실천했다. 그들은 일찍 일어나서 기도와 성경 읽기와 자기 성찰에 많은 시간을 보냈다. 그들은 스스로 선행과 고귀한 목적들 특히 노예 무역을 폐지하는 일에 헌신했다. 조지 3세는 그가 바른 정신을 가지고 있을 적에도 클라팜의 복음주의 지도자들을 위험스런 혁명가들로 간주했다. 공직자들도 일반적으로 그렇게 생각했다. 그러나 클라팜 공동체는 전혀 그러한 부류가 아니었다. 실제로 그들은 빈곤층 즉 "비천한 계층들"을 향한 자선과 박애로 가득 차 있었으나, 빈자들이 그 지위에 머물러 있어야 한다고 믿었다. 클라팜 공동체는 영국의 가난한 자들의 고통을 무시하면서 서인도 제도의 흑인 노예들의 불행에 대해서 관심을 갖는다고 부당하게 비난받았다. 그러나 클라팜 공동체는 공업화된 빈곤층의 도덕적 · 종교적 필요뿐만 아니라 사회적 필요, 예컨대 병원과 교육 시설에 대해서도 큰 관심을 갖고 있었다. 그들은 형법의 잔인성과 감옥의 상태에 대해서 비판했고, 그들은

---

3) Charles Smyth. *Simeon and Church Order*. 1940.

공장의 형편을 개선하기 위해 국가의 개입을 허용한 점에서 그들의 시대보다 앞서 있었다. 그렇지만 그들이 빈자들과 함께 일했다기보다 빈자들을 위해서 일했다고 말하는 것이 타당할 것이다. 그들의 모든 행위는 자신들의 재능과 시간과 기회를 하나님께 책임을 지고 사용해야 한다는 깊은 깨달음으로부터 나온 것이었다.

복음주의자들이 만든 여러 종교 협회(religious societies) 가운데 가장 중요한 단체는 찰스 시므온이 설립한 교회선교협회(Church Missionary Society)였다. 초기의 불확실한 기간을 지난 후 이 선교회는 복음을 이방인들에게 전달하는 일에서 선구자 역할을 하였다. 시므온의 가장 재능있고 현명한 제자 중의 한 사람이었던 헨리 마틴(Henry Martyn, 1781-1812)은 기라성 같은 초창기 선교사들 중 가장 찬란한 별이었다.[4]

그 다음 교회의 복음주의자들은 처음부터 비국교도들이 만든 종교소책자협회(Religious Tract Society)를 지원했다. 이 단체로부터 훨씬 더 큰 사업이 일어났다. 바로 초교파적인 영국과 해외 성서공회(Biritish and Foreign Bible Society)였다. 고교회 성직자들은 이 단체에 대해 적대적이거나 무관심했다. 이 단체가 교회의 중요성을 떨어뜨리는 것으로 생각했기 때문이었다. 그러나 성서공회는 번역된 성경을 세계 도처에 퍼뜨리는 데 엄청난 성공을 거두었다.

복음주의자들은 런던 유대인 전도 협회(London Society for Promoting Christianity among the Jews), 식민지 및 대륙의 교회 협회(Colonial and Continental Church Society), 보다 많은 성직자들을 공급하기 위한 교회 목회 협력회(Church Pastoral Aid Society) 등을 세웠다. 이러한 종교 단체들은 복음주의자들을 서로 이어주는 강력한 유대라는 것이 입증되었고, 복음주의자들을 하나로 묶어주었다. 그러나 이 종교 단체들은 별로 바람직하지 않은 특성 즉 "영적 우월감"(holier than thou)을 보여주기도 하였다. 모든 조직화된 종교 단체는 이러한 특징을 보여주는

---

4) Constance E. Padwick. *Henry Martin*. 1925.

경향이 있지만 말이다.

보다 신학적 성향의 고교회 성직자들은 또한 가족적 끈으로 묶인 일군의 친구들의 모임을 만들었다. 이들은 많은 사람이 이 지역에서 살았다는 이유로 클랩턴 공동체(Calpton Sect) 혹은 해크니 단체(Hackney Phalanx)라는 이름을 얻었다. 이들의 중심 인물은 번창하던 포도주 상인으로서 1814년 사업에서 은퇴했던 조수아 왓슨(Joshua Watson, 1771-1855)이었다. 그는 자신의 40년의 여생을 교회를 위한 자발적 사역에 헌신했다.[5] 그들은 로드(Laudian)의 전통을 자랑하고 발전시켰다는 점에서 고교회 성직자들이었다. 그들은 예수 그리스도의 대속적 죽음보다 성육신을 기독교의 중심적 교의로 보았고, 인간의 구원의 과정에서 교회의 위치를 강조하고 격상시켰다. 그들은 인도적이고 박애적인 목적들을 지지하는 데 관대했다.

그들은 교회가 급증하는 영국 인구에게 목회하기 위해서 다시 일어서야 할 필요성을 보았다. 그들은 교회 지도자들이나 정치 지도자들과 접촉하여 주교들뿐만 아니라 정부로 하여금 새로운 교회들을 공급하고 교육을 진흥하는 조치를 취하도록 자극하였다. 대략 12년 안에 100여개 이상의 새로운 교회들이 정부 보조금과 자발적 기부금으로 건축되었다. 새 교회의 건물은 미진한 점이 많았으나, 적어도 공간은 넓었다. 당시에는 교회의 수용능력이 아주 부족하였다. 당시 많은 사람들은 교육이 노동자 계급을 오만하게 만든다고 생각했기 때문에 교육의 필요성을 회의적 시각으로 바라보았다. 교육의 절박한 필요성은 "국교회 빈민 교육 진흥 전국 협회(National Society for Promoting the Education of the Poor)에 의해 어느 정도 충족되었는데, 이 단체는 비국교도들의 영국과 해외 학교 협회(British and Foreign School Society)에 해당하는 국교회의 기관이었다.

"자유주의 성직자들"은 그 규정상 이질적일 수밖에 없었고, 이 시대에는 분명히 그러하였다. 명석하고 유능한 상식적 신학(commonsensical

---

5) A. B. Webster. *Joshua Watson*. 1954.

theology)의 저자인 윌리엄 페일리(William Paley, 1743-1805)는 설계 (design)의 논증의 시계공 진술로 유명하다. 그의 「기독교의 증거들」 (*Evidences of Christianity*, 1794)은 20세기 초까지 케임브리지 대학의 문학사 1차 자격 시험을 위한 교과서였다. (가장 편리한 것이 옳은 것이라는) 그의 공리주의적 기독교 윤리는 그의 동시대인들과 동질의 윤리 내용이었다. 시드니 스미스(Sydney Smith)는 훨씬 더 대중적이고 독립적인 성직자 저술가였다. 그는 종교뿐만 아니라 정치에 있어서도 개방적이었고, 휘그당의 기관지인 "에든버러 리뷰"의 주요 기고가들 중의 하나였다. 그는 힘없는 자들과 박해받는 자들을 위해 자기의 유머와 신분을 이용하였다.

자유주의 성직자들 중에서 가장 두드러진 집단은 옥스퍼드의 오리엘 대학(Oriel College)과 연결되어 있었다. 지성적 사색파(Noetics)로 알려진 그들은 옥스퍼드 대학에서 학문의 부흥을 주도했고 오리엘을 예리한 비판적 사상의 중심지로 만들었다. 그들은 직업상으로는 고교회 성직자들이 아니었으나 교회의 사명에 대한 숭고한 의식을 갖고 있었다. 에드워드 코플스턴(Edward Copleston, 1776-1849)과 리처드 훼이틀리(Richard Whately, 1787-1863)는 주교가 되었고, 토머스 아놀드(Thomas Arnold, 1795-1842)는 나중에 럭비(Rugby)의 교장이 되었다.

이제 이 시기의 영국 성공회에 대해서는 충분히 논한 것 같다. 영국 성공회는 잠들지 않았다. 그것은 단지 느리게 부분적으로 일어나서 활동하고 있을 뿐이었다. 비국교도, 감리교, 로마 가톨릭 등과 같은 영국의 다른 기독교 공동체들이 활력으로 충만했다고 말할 수는 없으나, 그들이 불리한 조건과 불만을 가진 소수파로서 이제 회복될 때가 찼다는 이유만으로도 그들 가운데 큰 흥분이 있었다는 것은 분명하다.

18세기 동안 회중교회 혹은 독립파, 침례교, (대부분 유니테리언으로 변한) 장로교 등의 비국교도 교회들은 국교회와 동일한 상태에 처해 있었다. 즉 이들은 모두 건조하고 상식적이고 "열광"을 싫어하고 이성의 시대에 동화되어 있었다. 처음에 그들은 성공회보다 복음주의 부흥의 영향을 덜 받았다. 그들은 감리교적 열광에 찬성하지 않았다. 또한 웨슬리도 어떤 주교들 못지않게 비국교도에 대해 적대적인 입장을 취했다. 그러나 그들은 결국 어쩔 수 없이 좀더 활력있는 신앙적 각성의 영향을 받을 수밖에 없었고, 18세기가 끝나기 직전에 이 신앙의 활력은 해외 선교 사역을 출범시켰고 박애적 운동을 일으켰다.

19세기의 첫 30년 동안, 비국교도들은 주로 자신들의 불리한 상황을 제거하는 일 특히 심사율(Test Act)의 폐지에 몰두하였다. 1828년 결국 심사율이 철폐되었고 비국교도가 권리상으로는 의회에 입성하고 다른 공직들을 보유할 수 있는 자유를 얻게 되었다. 그러나 그들은 여전히 많은 법제상의 불만을 갖고 있었다. 예컨대 그들은 역사가 오래된 대학을 갈 수 없었다. 비국교도들의 대학은 종종 옥스퍼드나 케임브리지보다 더 지적으로 활기있었으나 대학으로 인정받지 못했다. 런던 대학은 1820년대에 아무런 종교적 심사도 받지 않고 설립되었다. 비록 1836년까지 그 설립 허가서를 받지 못했지만 말이다. 이처럼 시민적 평등을 비국교도에게 허용하기를 지연하는 것과 그들이 국교로부터 받은 악의적·경멸적 대우는 19세기 내내 교회와 비국교도 사이의 관계를 격화시켰다.

19세기 초 웨슬리파 감리교는 비국교도와 별로 공통점이 없었다. 그들은 오히려 웨슬리 형제가 분리되기를 결코 원치 않았던 국가 교회에 더 가까웠다. 감리교 교파(Connexion)에 대해서 독재적인 통제력을 행사했던 존 웨슬리는 1791년 사망할 때까지 공식적 분리를 방지할 수 있었다. 그러나 분리는 그 이전에 이미 불가피해졌다. 웨슬리의 사망 이후에도, 대부분의 감리교도들은 여전히 자신들의 이해 관계를 국교회와 함께 공유할 수 있다고 간주하였고, 그들의 정치적 보수주의(Toryism)는 심사율(Test Act)의 철폐 투쟁에 참가하지 못하게 하였다. 19세기 전반기 동안 웨슬리파 감리교(Methodism)의 주도적 인물이었던 자베스 번팅(Jabez Bunting, 1779-1858)은 철저하게 보수적이었고 거의 웨슬리만큼이나 독재적이었다.

그러나 웨슬리가 죽은 후, 감리교 안에서 분열이 감지되기 시작했고, 새로운 교파들이 공식적인 웨슬리계 교파로부터 이탈하여 형성되었다. 1797

년 신 감리교(Methodist New Connexion)가 분열되었고, 1810년 원시 감리교(Primitive Methodists), 1815년 성서 기독교 협회(Bible Christian Society)가 설립되었다. 나중에 더 많은 분열과 연합이 있었다. 마침내 웨슬리파 감리교(Wesleyan Methodists), 원시 감리교(Primitive Methodists), 연합 감리교(United Methodists) 등의 세 개의 주요 감리교 교파들이 존재하게 되었다.

초창기 분열의 이유는 복잡하다. 웨슬리파 감리교는 정치적으로 뿐만 아니라 사회적으로나 교회적으로 점점 보수화되었다. 분열은 감리교 운동의 본래 특징이었던 보다 더 유연하고 자유롭고 민주적인 정신을 회복하기 위한 것이었다. 예를 들어 웨슬리파는 본래 평신도들을 설교자들과 속회 지도자로 활용하였음에도 불구하고 그들의 교회 헌법에서 그들의 지위를 거부하였다. 공식적인 교파의 헌법은 과두적이고 심지어 사제 중심적 체제였다. 반면에 원시 감리교는 정신적으로 민주적이었고 평신도들에게 동등한 지위를 제공했다. 그들은 정치적으로도 과격하여 산업 노동자들의 이해관계에 동조했다. 반면에 웨슬리파는 매우 점잖은 중산층이 되었고, 그들의 예배당은 부유층에 의해서 관리되는 경향이 있었다. 그러나 감리교를 분열시킨 논쟁들과 감리교의 동요에도 불구하고, 감리교는 비국교도 공동체 중에서 가장 강력하고 가장 영향력 있는 교회가 되었다.

18세기 말, 보통 "로마파 비국교도" 혹은 "교황파"로 알려진 영국의 로마 가톨릭 교회는 인구의 약 1퍼센트에 해당하는 미약한 소수파였다. 그들은 슬프게도 형법의 집행, 제임스 왕에 대한 지원, 성공회로의 이탈 때문에 수적으로 감소되었다. 뉴먼은 "두번째 봄"이란 자신의 설교에서 해방 전의 가톨릭의 상황을 잘 묘사해 주었다.

더 이상 이 나라에 가톨릭 교회는 존재하지 않는다. 그렇다. 더 이상 어떤 가톨릭 공동체도 없다. 이런 식으로 나는 말할 수 있다. 그러나 한때 존재한 것에 대한 기념품처럼 소수의 구교 추종자들이 슬픔 가운데서 은밀하게 돌아다닌다. "로마 가톨릭"은 하나의 종파도 아니고 심지어 사람들이 이해하듯이 하나의 이해 관계도 아니다. 그것은 해외의 거대한 공동체(Great Communion)를 대변하는 단체가 아니다. 로마 가톨릭은 단지 대홍수의 자갈과 모래들같이 계수될 수 있는 한 줌의 사람들에 불과하다. 사실 이 사람들은 한때 교회의 고백이었던 하나의 신조를 그저 어쩌다가 떠받들고 있는 것뿐이다. 여기에는 추수철에 오가는 일군의 가난한 아일랜드인들이나 대도시의 비참한 구역에 숙박하는 그들의 거류지가 포함되어 있다. 거기서 우리는 아마 수심에 가득하여 고독하게 거리를 걷고 있는 노인들을 볼 수 있을 것이다 … 철문과 묘지 나무를 갖춘 한 구식 가옥이 높은 담장으로 둘러싸인 채 음침한 모습을 하고 있다. 그리고 그 집에는 "로마 가톨릭교도들"이 여기 살았다고 씌어진 표시판이 붙어 있다. 그러나 그들은 누구였으며, 무엇을 했으며, 그들을 "로마 가톨릭 신자"라고 부르는 것은 무엇을 의미했는가? 아무도 여기에 대답할 수 없었다. 그것은 비록 불쾌하게 들리긴 했지만 형상과 미신에 대해서 알려주었다.

그럼에도 불구하고, 당시 가톨릭 교도들은 대단히 작은 집단이면서도 과격한 논쟁으로 분열되어 있었다. 그 논쟁은 그들 중의 뛰어난 평신도들의 일부가 자신들의 불리한 조건에서 벗어나려는 목적에서 취한 일련의 조치에서 발생하였다. 그들은 그러한 목적을 위해서 (그들이 보유하고 있다고 알려진) 파괴적 신념들을 부인하자고 제안했다. 그러한 신념들에는 파문당한 통치자를 폐위시키거나 그의 암살에 찬성할 수 있는 교황의 권력, "신앙은 이단들과 더불어 유지될 수 없다"는 교리, 교황무오설 등이 포함된다. 또한 그들은 정상적인 관구 조직이 주교의 선거와 심지어 왕의 거부권과 함께 회복되기를 원했다. 그들의 많은 동료 신자들이 보기에, 이것은 너무 심하게 동조하는 것이었고, 서로를 호되게 비난하는 교황주의자들의 딱한 모습도 있었다.

프랑스로부터 박해를 피하여 영국으로 도망친 수천 명의 로마 가톨릭 이민자들의 상황은 더 행복하였다. 그들은 영국에서 관대하게 환영받았다. 의회는 연간 20만 파운드의 보조금을 지불했다. 또한 그들이 일으킨 동정심은 완전한 가톨릭 해방(Catholic Emancipation)을 촉진시켰다. 실제로 1801년 피트(Pitt)가 하나의 법안을 준비했으나, 그것은 조지 3세가 자신

의 즉위식 서약이 그것을 금하기 때문에 이 법안에 동의할 수 없다고 말
함으로써 통과될 수 없었다. 그래서 1829년까지 로마 가톨릭교도는 하원
에 등원하지 못했고 군대나 법관이나 국왕 산하의 행정직을 차지할 수 없
었다. 아일랜드에서 가톨릭교도에게 가해진 제재 조치들은 그렇게 엄격하
지 않았다. 아일랜드에서 휘그당은 가톨릭 해방을 옹호하고 토리당은 반대
하였으나, 가톨릭 해방의 압력은 꾸준하게 힘을 모았다. 다니엘 오코넬
(Daniel O'Connell, 1775-1847)이 주도한 아일랜드인의 투쟁의 결과로
마침내 토리당 지도자들도 양보하게 되었다. 그리하여 아일랜드뿐만 아니
라 영국에서도 로마 가톨릭 교회의 전망에 새로운 시대가 열렸다.

제 4 장

영국 성공회의 부흥, 1830-1845

후커(Hooker)는 「교회 정치법」(*Ecclesiastical Polity*)에서 영국에서 교회와 국가는 하나의 사회라는 이상을 주장했었다. 종교 심사율의 폐지와 가톨릭 해방은 함께 바로 이 옛 이상에 치명적인 타격을 가하였다. 후커의 이상이 완전히 실현된 적은 없었고, 이제는 아주 흐려졌다. 그러나 영국 성공회의 교인들만이 공직을 차지할 수 있다고 하는 한, 그것이 원칙상으로 유지된 것처럼 보였다. 그러나 1830년에 그것은 명백히 시대착오였다.

교회 내의 절박한 위기를 보여주는 다른 상황들도 있었다. 1830년 7월 프랑스의 복고 왕정의 붕괴는 도처의 보수 진영들을 깜짝 놀라게 하였다. 왕권보다는 교권에 대한 항거로 보이는 이 새 혁명으로 인하여, 모든 기성 제도권은 자신들이 위협을 당하고 있다고 느꼈다. 뉴먼은 허렐 프라우드에 게 "프랑스인들은 무서운 국민이다. 어떻게 세상은 악을 선하다고 하며 선을 악하다고 하게 되었는가! 이 혁명은 나에게 반종교의 승리로 보인다 … 이런 불행한 프랑스 사태는 영국에도 큰 영향을 미칠 것이다"라고 편지를 썼다. 실제로 새 혁명의 영향은 뉴먼이 두려워한 것만큼 크지는 않았으나, 영국 성공회는 국내 정세로 인하여 큰 위험에 노출되었다.

오랫동안 토리당이 상승하던 시대가 지나고, 1830년에 휘그당이 정권을 잡았다. 1832년의 개혁령(**Reform Act**)을 통과시키기 위한 예비 조치들이 취해지기 시작했다. 하원뿐만 아니라 모든 국가 기관들의 개혁 압력이 높아갔다. 그러나 어느 기관도 국교회만큼 개혁을 절실하게 필요로 하지 않았다. 국교회의 체제 안에는 봉건 시대 이래로 변화되지 않고 지속되어 온 악습과 불평들이 너무 많았고, 이제 중산층이 권력을 잡아가고 있었기 때문에, 더 이상 묵인될 수 없었다. 당시 공리주의 철학은 교회도 다른 모든 기관처럼 국가의 행복에 기여하는 기관으로서 유용성 여부를 심사받을 것을 요구하였다. 교회의 재산은 이 기준에 의해서 재조직되고 재분배되어야 했다. 1831년 「특별 블랙 리스트」(*The Extraordinary Black Book*)는 교회 정치 체제 내부의 추문과 변칙을 비방하였다. 또한 신문과 잡지들은 교회의 재산 오용 그 이상의 것을 공격하는 기사들을 폭발적으로 게재하였다. 한 보수적인 성직자는 당시의 심정을 다음과 같이 말하였는데, 이것은 절대 과장이 아니었다.

> 교회에 대한 불만 외에는 아무것도 들리지 않았다. 교회의 악습과 타락과 오류들밖에는 아무것도 들리지 않았다. 모든 사이비 학자들은 인간의 손으로 세워지지 않은 이 존엄한 성전을 재건하려는 자신들의 우스꽝스런 계획을 제시하였다 … 범람하는 보고서들은 겉으로는 근거가 있는 것처럼 보였고, 어떤 고위 성직자들은 … 예배 의식의 변화에 우호적이었다. 신조들의 폐지를 주장하는 소책자들이 광범위하게 유포되었다 … 사실 거룩한 교회 건물 가운데, 참견을 좋아하고 무지한 호기심에 의해 검토되지 않고 흔들리지 않고 손상되지 않은 돌은 하나도 없었다.[1]

휘그당은 비국교도들을 지원했고, 많은 사람들은 휘그당이 의회를 개혁했을 때 국교를 해체하든가 적어도 그 직제와 예배 형식에서 고도의 변화를 부과할 것으로 생각했다. 휘그당은 주교가 전반적으로 의회의 개혁에도 적대적이고 대중들의 혹평을 받고 있다는 사실에 고무받아 기꺼이 극단적 조치를 취하려는 과격한 좌파를 갖고 있었다. 주교들은 교회에서 야유를 당하거나 쫓겨났고, 브리스톨의 주교 관저는 불에 타 없어졌고, 엑서터의

---

1) William Palmer. *A Narrative of Events*. 1883 ed., p. 99.

관저는 해안 경비대에 의해 보호를 받아야 했다. 1832년 1월 한 소책자 저자는 "바로 이 순간 교구의 주교가 교회를 거룩하게 봉헌할 용기를 가질 수 있을 때까지 기다리고 있는 새로운 교회들이 있었다"고 기록하였다. 사우디는 "어떤 인간적 수단도 국가 교회가 전복될 위협을 막으려 하지 않는다는 것을 두려워하였다."

그러나 이러한 경종들은 잘못된 것이었다. 휘그당은 야만적 혁명가들이 아니라 온건한 개혁자들이었다. 그들은 국가 교회를 폐지하는 것이 아니라 합리화할 생각을 갖고 있었다. 아일랜드 교회의 예외적 위치를 다룬, 1833년 아일랜드 교회령(Irish Church Act)은 매우 합리적인 조치였다.

> 아일랜드 교회는 22명의 고위 성직자들과 1,200개의 성직록을 두었다. 이 성직록의 수는 이전의 링컨 교구보다 적은 것이었다. 1,200명의 성직록 보유자들 가운데 41명은 개신교 주민을 갖고 있지 않았다. 이 법령은 두 대주교직과 여덟 개의 주교직을 처리하였다. 주교의 관할 구역 사이의 경계선은 그 안에 포함된 개신교 인구와 관련하여 재조정되었다. 또한 빈약한 성직록을 구제하기 위해 사용되던 주교직의 수입은 더 이상 필요가 없게 되었다. 이로 인하여 십일조가 더 이상 징수되지 않았기 때문에 많은 이들이 고민에 빠졌다.[2]

그러나 영국 성공회의 실제적인 개혁은 휘그당이 아니라 로버트 필 경(Sir Robert Peel)의 단명했던 토리당 정부에게 할당되었다. 당시 교회 개혁은 주교 회의(Convocations)가 한 세기 이상 억눌려 있었기 때문에 의회만이 추진할 수 있었다. 필은 교회 위원회(Ecclesiastical Commission) 개념을 창안하지는 않았다. 위원회를 임명하는 것은 인기가 높았던 벤담의 생각이었다. 그러나 교회의 경우에 과격파들은 이 위원회를 교회에 대한 총 공격의 서막으로 이용한 반면에, 토리당과 주교들은 재치있게 런던의 주교 블롬필드(C. J. Blomfield, 1786-1857)의 지도 아래 교회 위원회를 교회에 호의적인 사람들에 의해 교회 개혁을 추진하는 수단으로 받아들였

---

2) E. A. Knox. *The Tractarian Movement.* 1933, p. 121.

다.

로버트 필 경에 의해서 임명되었고 멜버른 경(Lord Melbourne)의 지도 아래 지속된 교회 위원회는 주교와 평신도로 구성되어 있었고 우선 심사 위원회로 활동했다. 블롬필드는 위원회가 어려운 문제를 숙고할 때마다 활력을 제공하였다. 요크의 대주교 버넌 하코트(Vernon Harcourt)는 위원회의 모임에 대해 다음과 같이 말한 것으로 유명하다. "블롬필드가 올 때까지, 우리는 모두 앉아서 자신들의 펜을 고치거나 날씨에 대해서 이야기하곤 하였다."

위원회는 1835-6년에 일련의 보고서를 제출했다. 이것은 극단적 토리당, 고교회 성직자들 같은 과격파의 상당한 반대에도 불구하고 그후 수년 내에 입법화되었다. 이러한 조치의 결과로, 교구들과 주교의 수입이 재조정되었고, 성직 겸임과 비거주 성직자 문제가 처리되었고, 대성당 참사회(cathedral chapters)는 과감하게 축소되었고, 명목상의 목사직과 족벌주의의 추문들이 제거되었다. 교회 위원회는 개혁을 실행하기 위한 항구적 단체로 제도화되었다.

그 결과 영국 성공회는 그 비판가들 면전에서 다시 머리를 들고 그런대로의 장치를 갖출 수 있게 되었을 뿐만 아니라 스스로 국가 교회로서 안전하게 생존할 수 있는 근거를 확보하게 되었다. 비록 어느 누구도 국교의 제도화가 지금 어떤 원리에 근거를 두고 있는지 확신있게 말할 수 없지만 말이다. 그것은 영국의 경험적 조정의 단면을 보여주는 특징적인 표본이었다. 젊은 글래드스턴(Gladstone)은 그의 「국가와 교회의 관계」(*The State in its Relations with the Church*)에서 국가와 교회의 지속적인 연대를 정당화할 원리를 정교하게 확립하려고 시도했으나, 그는 곧 스스로 그것이 이치에 맞지 않음을 깨달을 수밖에 없었다.[3]

교회의 구조와 경제적 의미는 중요하다. 만약 그들이 합리적으로 효과있게 작용하지 않고 또 그 조직을 움직이는 자들과 그 조직이 봉사하려는

---

3) 나의 책, *The Orb and the Cross*를 보라.

사람들에게 잘 움직이고 있다고 느껴지지 않는다면, 그 잠재력을 실현하는 것은 거의 기대할 수 없게 된다. 그러나 조직은 본래 말라빠진 뼈다귀에 불과하다. 그리고 1830년대 영국 성공회에 대한 가장 심각한 질문은 "이 뼈들이 과연 살 수 있는가?" 하는 것이었다. 그러므로 비록 교회 위원회가 시작한 개혁 조치들이 불가피했다고 하더라도, 그 조치들이 그 자체로 "성공회의 부흥"(Anglican Revival)으로 이어지지는 못했다. 물론 로버트 필 경과 블롬필드 주교가 이러한 개혁 조치들에서 가장 공을 세웠지만 말이다. 만일 교회가 영국인들 사이에서 누리던 전통적 지위와 영향력 같은 어떤 것을 회복하려 한다면, 교회는 영적 생명의 새로운 주입이 필요했다. 사실 교회 안에는 1830년대부터 지속적으로 영적 부흥이 있었다. 이 부흥에는 많은 원인이 있었는데, 그 중에서 가장 두드러진 것이 옥스퍼드 운동이었다. 영국 성공회는 교회의 젊은이들을 갱신시켰다고 말할 수는 없으나, 적어도 새로운 생명의 연장을 확보하였다.

1830년대 복음주의 운동은 그 힘이 소진하지 않았다. 비록 그것이 한 분파로 고착되었지만 말이다. 그것은 풍부한 선교적 열정과 도덕적 열망을 갖고 있었다. 복음주의 운동은 빅토리아 중산층의 윤리의 진지성과 조화를 이루었고 사실상 그것을 형성하는 데 기여하였다. 그러나 그 신학은 협소하였고 순진하였고, 부분적으로 옥스퍼드 운동에 대한 반작용으로 인하여 광적으로 반자유주의적, 반가톨릭적 입장을 취하였다. 시므온 사후, 복음주의 운동은 샤프츠버리 경(Lord Shaftesbury)을 제외하면 시므온에 해당하는 지도력 있는 인물이 없었다. 아마도 이러한 이유 때문에, 복음주의 운동의 진보나 쇠퇴는 아직도 역사가들의 관심을 별로 받고 있지 못한 것 같다. 실제로 복음주의 운동은 성공회 부흥의 가톨릭적 측면과 동일한 정도의 관심도 끌지 못한 것이 사실이다.

어쨌든 옥스퍼드 운동이 1845년까지 영국 교회를 지배했다. 존 키블(John Keble, 1792-1866), 존 헨리 뉴먼(John Henry Newman, 1801-90), 리처드 허렐 프라우드(Richard Hurrel Froude, 1803-36) 등은 옥스퍼드 운동의 주도적 인물로서 그 주위에 여러 종류의 놀라운 인물들을 두고 있었다. 아마도 옥스퍼드에서 나오는 새로운 어떤 것에 매력이 있었을 것이다. 그 당시 이 운동은 어떤 위기에 대한 반응이었다. 즉 그것은 재난의 위협과 위기 의식에 의해서 강요된 것이었다. 키블이 "국가의 배교"(National Apostasy)에 관하여 경고하였을 때, 이 표현은 이 운동의 모든 의미를 담고 있었다. 그것은 설교적 수사법이 아니었다. 소책자 운동가들(Tractarians)은 진정으로 국가 정부가(당시 휘그당 정부) 아일랜드 교회이든 영국 교회이든 교회를 손에 넣은 것이 에라스투스적(Erastian) 신성모독이라고 생각했고, 이 일은 교회 자체가 교회의 신적 기원, 선교, 권위에 대한 모든 의식을 상실한 것처럼 보였을 때 일어났다.

서퍽(Suffolk)의 헤들리(Hadleigh)는 옥스퍼드 운동이 시작된 지역이다. 1833년 헤들리 지역에서 개최된 대회에 참석한 한 옥스퍼드 운동가는 그들이 당시 직면한 상황을 이렇게 묘사했다. "우리가 호소할 수 있을 만한 공공의 이념에 대하여 아무런 원칙도 없었다. 교회에 속해 있어야 하는 합리적 근거를 전혀 모르고 있었고, 인간적 제도가 아니라 신적 제도로서 교회의 영적 특성을 다 잊고 있었다. 특별히 모든 정치인들 사이에 가장 무식한 에라스투스주의(Erastianism)가 널리 퍼져 있었다."[4]

이와 같이 일반적으로 영국인들과 적지 않게는 성직자들 사이에서도 교회의 본성에 대한 무지가 만연되어 있었고, 소책자 운동가들은 바로 이 무지를 노출시키고 시정하는 데 착수하였다. 그들은 아직 그렇게 할 시간이 있었다. (물론 그들이 소책자들을 배포한 최초의 사람들은 아니었다. 웨슬리도 그의 소책자들을 갖고 있었다. 복음주의자들은 자신들만의 종교 소책자 협회(Religious Tract Society)를 보유했다. 그러나 소책자 운동가들의 소책자에는 새로운 요소가 있었다. 이들의 소책자는 고교회의 산물로서 명사들에 의해서 씌어지고 유포되었고 빈자들이나 평민들이 아닌 교육받고 까다로운 지성인들에게 전달되었다.)

옥스퍼드 운동가들의 방법은 기독교 신조 중에서 "나는 보편적이고 사

---

4) W. Palmer, op. cit., pp. 99f.

도적인 교회를 믿는다"라는 하나의 항목에 주의를 집중하는 것이었다. 이 고백의 의미는 로드파(Laudians)와 서약 거부자들(Non-jurors)의 가르침을 아직도 보전하고 있는 몇몇 그룹을 제외하고는 잊혀진지 오래되었다. 사실상 그들은 단 하나의 교리 즉 도발적인 "사도적 계승"의 교리를 돛대에 못박고 출범했다. 그들에게서 이 교리는 주교를 통한 교회 내의 사도적 직제의 유지를 의미했다. 뉴먼은 "소책자 1"에서 다음과 같이 기록하였다. "어떤 이들은 자기들의 터무니없는 주장에서 자신들의 신적 사명의 근거를 발견한다. 다른 이들은 그들의 인기에, 또 다른 이들은 그들의 성공에, 또 다른 이들은 그들의 세상적 특성에 근거를 두고 있다. 아마 이 마지막 경우가 우리 자신의 경우와 너무나 흡사할 것 같다. 나는 우리가 우리의 권위의 실제적 근거인 우리의 사도적 계승(APOSTOLICAL DESCENT)을 경시하지 않았는지 두려워 한다." 뉴먼은 또한 그들이 전투의 선봉에 서야 할 주교들 즉 사도의 계승자들에게 … 재물을 허비하는 것보다 복된 인생의 달려갈 길을 다 달리고 순교하는 것을 바랄 수는 없는 것인지 질문하였다.

윌리엄 4세 치하의 주교들에게 그들이 순교하는 것을 환영해야 한다는 말은 불쾌하기보다 놀라운 말이었으나, 그러한 언어는 영국인들이 이전에 결코 생각하지 못했던 문제를 질문하도록 의도된 것이었다. 왜냐하면 1833년 영국 성공회에서 영국 교회가 신약성경이나 안디옥의 이그나티우스의 사도적 교회와 일치된다는 것을 암시하는 말이 거의 없었기 때문이었다.

옥스퍼드 운동가들은 마치 영국 성직자들이 그 안에서 예배하거나 조는 데 익숙한, 어둡고 더럽고 수성 도료로 칠한 벽면 위에 놀라운 그림이 있어서 이 그림의 때가 벗겨지면 건물 전체를 신비롭고 고상한 것으로 변화시킬 것이라고 선언하는 듯했다. 이러한 교회의 변화가 일어날 수 있다는 생각이 옥스퍼드 운동의 소책자들을 읽은 많은 사람들의 마음을 매혹시키기 시작했다. 소책자 시리즈가 90종에 이르기까지 계속 출판됨에 따라, 이미 죽었거나 쓸모없어진 것처럼 보였던 교회의 예전과 제도들이 하나씩 하나씩 새로운 의미를 가지고 빛을 내기 시작했다. 사람들은 키블의 「교회력」(*Christian Year*)이 당대의 사람들에게 「공동기도서」의 정신을 생생하게 만들어 주었다고 말하였다. 또한 옥스퍼드의 성 마리아 성당에서 행해진 뉴먼의 설교들에 대하여 "그가 옛 진리들을 어루만져 생기를 불어넣는 신선하고 이례적인 방식으로 그의 능력을 드러냈다"고 말하였다. 그들이 듣고 있는 동안, 사람들은 기이하게도 경이로운 영광과 경외를 깨닫게 되었고 그들의 삶이 그 안으로 흡수되는 것을 경험하였다.

당시에 옥스퍼드 운동가들은 단순한 소책자 저술가 그 이상이었다. 뉴먼의 설교와 키블의 시와 퓨지(Pusey)의 헌신된 학식은 소책자들보다 훨씬 더 심원하고 지속적인 영향을 미쳤다. 사실 소책자들은 판이 거듭되면서 점점 더 장황해지고 난해해졌다. 옥스퍼드 운동의 지도자들과 많은 추종자들의 겸손하면서도 열정적인 영성은 활기를 불어넣었다. 만일 옥스퍼드 운동이 이 운동에 동조하지 않는 사람들과 가련한 햄든(Hampden) 박사에 대한 탄압의 경우처럼 그 논쟁적 전술에 의해 불쾌감을 느끼는 많은 사람들에게 강력한 영향을 미쳤다면, 그것은 이 운동이 단조로운 도덕적 구조를 갖춘 사회에 분명한 성결을 도입했기 때문이었다. 옥스퍼드 운동의 성결은 엄격한 성결이었으나, 복음주의자들의 성결과 달리 모든 인간의 문화에 대한 온화하고 세련된 이해와 결합되어 있었다.

그럼에도 불구하고 옥스퍼드 운동은 주목할 만한 한계점을 갖고 있었다. 그것이 "옥스퍼드" 운동으로 불리운다는 점은 그것이 옥스퍼드에서 기원하여 그곳으로부터 퍼져나갔다는 사실 이상을 말해준다. 그것은 그 운동이 학구적이고 보수적이고 성직자 중심적이었다는 점을 말해준다. 당시에 옥스퍼드는 대학을 의미했다. 오늘날의 공업화된 도시와는 전혀 다르게, 당시 일종의 라틴어 구역으로서 대학이 있던 곳이었다. 영국에서 나라의 여러 지역으로 신속하게 뻗어가던 공업화의 물결에 대해 옥스퍼드보다 더 닫혀있던 지역은 거의 없었다. 퓨지 박사는 다음과 같이 말했다. "옥스퍼드 운동은 도처에서 반응을 얻었다. 친구들이 무장 군인들처럼 땅에서 솟았다. 나는 우리가 너무 대중적이 되는 것을 두려워할 뿐이었다." 그러나 영국의 제분소, 공장, 광산, 작업장에서 많은 친구들이 일어나지는 않았다. 거기에서는 옥스퍼드 운동가들이 너무 인기있게 될까봐 두려워할 이유가 없었다. 이 운동은 그 호소력이 교육받은 계층에게 제한되었고, 그 주창자들의 신중한 의도보다는 그들의 이해 관계와 동정심으로부터 오는 것이었다는 점에서 학문적이었다. 1845년 이후에야 비로소 앵글로-가톨릭 부흥이 빈민층에게 확장되고 빈민가에 발판을 확보하게 되었다.

옥스퍼드 운동은 옥스퍼드 자체만큼 압도적으로 성직자 중심 운동이었다. 비록 그것이 약간의 저명한 평신도들의 지지를 얻었지만, 소책자들은 주로 성직자들을 대상으로 한 것이었다. 이 운동은 성직자들이 그 메시지를 받아들이지 않으면 어느 누구도 받아들이지 않을 것이 분명하기 때문에, 출발부터 성직자적일 수밖에 없었다. 그것은 지방의 성직자들이 신학적 질문과 교회의 원리에 관심을 갖게 하는 데 성공하였는데, 이것은 대단한 성과였다.

옥스퍼드 운동의 관점이 회고적이었다는 것은 더 큰 한계였다. 우스터 대학의 윌리엄 파머(William Palmer)는 옥스퍼드 운동의 원동력에 대해서 말하면서 그것이 결국 그 원동력을 벗어났다고 생각했다. "우리의 노력은 … 전적으로 보수적이었다. 그것은 우리가 믿고 배웠던 것을 유지하는 것이었지 교리와 훈련에서 새로운 것을 도입하는 것이 아니었다. … 우리의 원칙은 전통적인 것이고 항상 전달받은 것을 유지하는 것이었다. … 우리는 고대성에 호소했다. 우리는 교부들과 공의회들과 보편 교회가 신조들로부터 가르쳤던 교리에 호소하였다."[5]

파머와 마찬가지로 퓨지 박사도 1839년에 한 젊은 성직자에게 이렇게 편지를 썼다. "당신이 어떤 새로운 것도 소유하고 있다고 생각하지 마시오. (새로운 것은 사람들을 우쭐거리게 만들기가 쉽습니다.) 당신이 가지고 있는 참된 것은 당신 이전의 많은 사람들이 조용히 겸손하게 가르쳤던 것이오. 그것은 교리 문답과 예전 안에 있소. 그것은 항상 공공연하게 알려졌지

---

5) W. Palmer, op. cit., p. 44.

만 그것을 망각한 이들에게는 새롭게 보인다오. 당신이 뭔가 새로운 교리의 사도인 듯이 생각하거나 행동하지 마시오."[6]

그렇지만, 우리는 이제 그 운동 안에 또 다른 요소 즉 역동적이고 실용적이고 진보적인 요소가 처음부터 잠재되어 있는 것을 볼 수 있다. 이러한 요소는 교회의 명목적 행위보다 교회의 영적 활력을 더 중요시하고, 심지어 직제의 사도성보다 성결의 현존을 더 높이 평가했다. 이것은 뉴먼 자신에게 해당되는 사실이었고, 일부 그의 젊은 제자들에게 더욱더 그러하였다. 특히 윌리엄 조지 워드(William George Ward, 1812-82)는 다음과 같은 말을 들었다. "그는 영국 성공회에 대해서 특별한 애정이 없었다. 그는 성공회의 현재 모습을 싫어했고 성공회의 과거에 대해서 아무것도 알지 못했다. 원시 시대에 대한 연구는 그의 비역사적 정신과 어울리지 않았다."[7] 워드와 그의 영향을 받은 사람들은 곧 자신들이 장밋빛 안경을 통하여 보아왔던 로마 가톨릭 교회가 영국 성공회가 버려서 거의 회복할 수 없을 정도로 상실한 성령의 열매를 육성하는 수단들을 소유하고 있다는 것을 깨닫게 되었다.

뉴먼이 1841년 "소책자 90"을 저술한 것은 바로 이러한 옥스퍼드 운동의 좌파를 위한 것이었다. 여기서 뉴먼은 "39개 조항"이 보통 정죄되어야 한다고 하는 여러 가지 가톨릭의 관습과 은총의 수단들을 정죄하지 않는다고 주장하였다. "소책자 90"에 대한 적대적 반응, 특히 그가 그 권위를 거의 미신적으로 숭배하던 주교들의 반대로 인하여, 뉴먼은 점점 더 영국 성공회가 로마 가톨릭 교회와 개신교 사이의 중도(via media)라는 주장이 탁상공론에 불과한 것 아닌가 하는 의심을 갖게 되었다. 수년 후 뉴먼은 당시의 로마 가톨릭 교회가 신약성경과 교부들의 교회를 계승하는 정통적 상속자라고 스스로 납득시키기 위해 그의 발달(development) 이론을 만들어냈다. 뉴먼은 성공회를 탈퇴하려는 징후를 많이 보이다가, 결국

---

6) Liddon, *Life of Pusey*. 1893, II, pp. 144f.

7) J. H. Overton, *The Anglican Revival*. 1897, p. 92.

1845년 성공회에서 탈퇴하였는데, 어쨌든 이것은 고유한 의미의 옥스퍼드 운동을 종결시켰다.

이러한 파괴적인 손실에도 불구하고, 옥스퍼드 운동가들은 키블과 퓨지의 흔들림없는 지도력 아래에서 안정되었고, 옥스퍼드 운동은 새로운 국면에 접어들었다. 더 이상 옥스퍼드에 집중되지 않으면서 더 넓은 영역으로 성공회의 부흥을 확장시켰고, 이러한 현상은 19세기 후반기에 이르러 더 견고하게 되었다. 옥스퍼드 운동은 전체 영국 성공회의 가르침, 예배, 예술, 건축에 흔적을 남겼고, 더 넓은 영역에 영향을 주었다.

한 자유 교회 성직자는 최근에 이렇게 말하였다. "영국 성공회의 앵글로-가톨릭 분파가 보다 더 영적인 교회관과 질서 있는 예배 형태를 증거하였고, 이러한 증거가 자유 교회들(Free Churches) 안으로 받아들여졌고 이제는 모든 교회의 증거의 일부가 되었다."[8]

앵글로-가톨릭 교회가 같이 휘말린 모든 논쟁의 한복판에서, 옥스퍼드 운동은 신적인 사회이며 신성한 신비로서 그리스도의 교회, 즉 죄인들의 집이고 동시에 성도들의 학교라는 위대한 사상에 다시 한 번 실체를 부여했다.

옥스퍼드 지도자들 중 어느 누구보다 더 뉴먼은 전기 작가와 심리학자와 신학자들의 매력을 끌었고, 아마 앞으로도 그러할 것이다. 성공회 신자들은 당연히 성공회 부흥의 후기 과정에 비추어 뉴먼이 1845년에 상황을 오판했으며 그가 만약 성공회에 계속 머물러 있었더라면 더 행복했을 것이고 그의 민족의 종교에 훨씬 더 큰 영향을 미쳤을 것이라고 생각하는 경향이 있다. 아니면 그들은 당시의 주교들에게 비난을 퍼부으면서 그들이 만약 뉴먼과 옥스퍼드 운동에 대해서 조금 더 이해했더라면 탈퇴할 필요가 없었을 것이라고 말할 지도 모른다.

다른 한편, 우리는 그가 로마 가톨릭 신자로서 불행한 경험들을 하였고

---

8) A. Victor Murray, *The State and the Church in a Free Society*. 1958, p. 171.

계속해서 옥스퍼드를 그리워했음에도 불구하고 자신이 1845년에 내린 결정의 정확성을 결코 의심한 것처럼 보이지 않는다는 점을 기억해야 한다. 뉴먼의 경력과 생애에 대하여 이미 방대한 문헌이 나와 있고, 소위 "뉴먼의 신비"를 파악하고 싶은 독자들은 자료의 부족을 느끼지 않을 것이다.

  1845년에 탈퇴한 이들 중에 가장 낭만적으로 열정적인 인물은 페이버 (F. W. Faber, 1814-63)였다.[9] 그는 뒤늦게 복음주의에서 옥스퍼드 운동으로 넘어온 인물이었고, 결코 영국 성공회에 대한 뉴먼의 깊은 애정을 공유하지 않았다. 그는 이탈리아 양식에 심취한 열정가였다. 그의 영구적 기념물은 브롬턴 예배당이다.

---

9) Ronald Chapman, *Father Faber.* 1961.

제 5 장

스코틀랜드의 갈등

영국 성공회에서 옥스퍼드 운동이 일어나던 때에 스코틀랜드 교회에서는 탈퇴 정도가 아니라 분리(disruption)에 이르는 중대한 위기를 야기시킨 하나의 운동이 일어났다. 물론 이 운동은 옥스퍼드 운동과 독립적으로 일어난 것이었다. 이 두 운동은 모두 이제 막 기독교 세계 전체에 걸쳐 드러나고 있는, 교회와 교회의 선교에 대한 새로운 평가를 잘 보여준다. 예를 들어 네덜란드와 스위스에서도 유사한 운동이 일어났다.[1] 스코틀랜드의 운동은 잉글랜드의 운동보다 훨씬 더 반(反)에라스투스적이었다. 여기에서 다른 점에서도 그러하듯이 그 나라의 특별한 교회 역사와 상황이 영향을 주었다. 한 스코틀랜드 신학자는 약간 애국주의적 의도로 다음과 같이 말하였다. "모든 개신교 국가 중에서 잉글랜드는 교회에 대한 국가의 우위성이 가장 공개적으로 주장되고 가장 완전하게 인정되고 가장 해롭게 실천된 나라이다. 반면에 우리의 복된 나라는 교회에 대한 국가의 우위성이 가장 지속적으로 가장 성공적으로 저항을 받은 나라이다." 분리의 위기는 이러한 저항의 단면을 잘 보여준다.

종교개혁 이래 스코틀랜드의 역사의 흥망성쇠를 통하여, 그리스도가 교회의 유일한 수장이고 국가의 통치자는 교회 정치에 간섭하거나 통제할

---

1) J. H. S. Burleigh, *A Church History of Scotland.* 1960, p. 353.

권리가 없다는 주장이 확립되었다. 그러나 이러한 주장은 성직임명권 문제와 관련하여 지속되지는 않았지만 반복적으로 논쟁을 일으켰다. 성직임명권 문제는 교구 목사가 평신도 성직 임명권자에 의해 임명되어야 하는지 아니면 교회 자체에 의해 청빙되어야 하는지 하는 문제였다. 1690년 폐지되었던 성직임명권은 1712년 다시 회복되었고, 그 후로도 계속하여 교회의 평화를 깨뜨렸고, 여러 작은 분파들이 탈퇴하는 데 직접 혹은 간접적으로 원인을 제공하였다.

18세기 말에 스코틀랜드 교회에는 온건파와 복음주의파가 있었고, 이 중에 온건파가 주도권을 잡았다. 두 당파는 서로 다른 특성들을 지니고 있었다. 예를 들어 설교 양식이 달랐고 음주 습관도 달랐으나, 겉으로 드러난 가장 주요한 차이점은 성직 임명권 문제였다. 비록 그 배후에 있는 문제는 교양있고 합리적이고 약간 세속적인 종교적 순응성과 또 열정적이고 엄격하고 선교적 정열이 있는 엄격한 칼빈주의 정통 사이의 충돌의 문제였지만 말이다.

1712년 평신도 성직 임명권이 회복되었다. 이때 피지명인은 교회의 적절한 심사를 받은 후 교회에 청빙됨으로써 적어도 이론상으로는 피지명인을 받아들이거나 거부할 수 있는 교회의 권리 즉 당회(presbytery)의 권리가 보호되어야 한다고 규정되어 있었다. 그러나 온건파들은 이 권리를 형식적인 것으로 간주하였다. 어떤 이들은 이것을 (영국에서 왕이 지명한 주교를 참사회가 선출하는 명목적 권한처럼) 신성한 조롱거리라고 말하였다. 반면에 복음주의자들은 피지명인을 선출하는 교회의 권리가 실제로 행사되기를 원하였다.

온건파가 득세하는 동안에, 성직 임명권자의 권리는 실제로 절대적으로 간주되었다. 그러나 이것이 교회 안의 마찰의 유일한 원인은 아니었다. 온건파들은 또한 자신들이 이해하는 대로 국가법과 교회법에 동일하게 엄격히 복종해야 한다고 주장하였다. 그들은 국민이 스스로 다스리는 방식 혹은 교구의 자유를 반대하였고, 개혁의 제안에 비우호적이었다. 그 결과 새로운 인구의 중심지를 맡으려는 복음주의자들의 열심이 좌절되었다. 계속되는 갈등 양상은 대단히 복잡하게 얽히게 되었다. 여기서는 그 이야기의 주요한 흐름을 개관하는 것으로 만족할 것이다.

스코틀랜드 교회를 움직인 인물은 이제 토머스 찰머스(Thomas Chalmers, 1780-1847)였다. 그는 스코틀랜드가 낳은 가장 위대한 성직자 중의 한 사람이다. 이 사실은 많은 내용을 말해주고 있다. 그는 뛰어난 개성과 풍채를 지닌 인물로서 신학에 특별한 관심을 가지고 있는 화려한 웅변가였다. 그는 신학뿐만 아니라 과학적 주제, 수학, 정치경제학에 대해서도 저술하고 강연했다. 그는 자신의 생애를 대부분 교수로 보냈으면서도 탁월한 행동가였다. 그의 신학은 실천적이었고 사변적이지 않았다.

그는 몇 년 동안 교역자로 있다가 회심과 이신칭의의 경험을 한 후 복음주의자가 되었다. 그러나 그의 경우에 어쨌든 신앙은 행위를 열매맺는 것이었다. 야고보서는 그에게 아무것도 가르쳐 줄 것이 없었다. 찰머스는 복음주의 학파의 일반적 특징인 관점의 편협성을 갖고 있지 않았다. 그는 교회 정치적으로 자유주의자였고 실제로 에큐메니컬적이었다. 비록 그가 교황제는 한계를 긋고 거부했지만 말이다. 그의 국가 교회의 설립에 대한 신념은 아주 강한 것이었으나(1838년 런던에서 그는 이 주제에 대하여 강력한 강연을 한 바 있다) 그는 또한 진정으로 종교의 자유와 관용을 믿는 사람이었다. 그는 물론 로마 가톨릭에게 아첨하지 않고서 가톨릭의 해방을 지지했다.

> 아일랜드 가톨릭 신자들에게 해방을 주자. 그들에게 그 나라의 의회 좌석을 주자. 그들에게 그 지역의 정치에 자유롭고 평등하게 참여하도록 허용하자. 그들에게 왕의 오른 편 자리를 주고 왕의 회의에서 발언권을 주자. 그리고 나에게 성경의 배포를 허락하라. 이 강력한 병기를 가지고 나는 적그리스도의 독재를 타도할 것이고, 그 폐허 위에 정당하고 본래적인 형태의 기독교를 건설할 것이다.

찰머스의 우선적 관심사는 교회가 스코틀랜드 민족 전체에게 특별히 산업화의 덫에 걸린 가난한 사람들에게 복음과 기독교 교육을 제공하는 것이었다. 1815년부터 1819년까지 찰머스는 글래스고 시에서 목회를 하였다. 그가 담임한 교회는 그 도시의 주요한 교회들 중의 하나였다. 그가 거기서 설교한 내용은 놀라운 효과를 거두었다. 그러나 그 교구는 그 도시에서 가장 빈곤한 구역들 중의 한 지역을 포함하고 있었고, 찰머스는 자신의 회중이 다른 지역에서 왔다는 사실에 질겁을 하였다. 그래서 찰머스는 한창 성공 중일 때 사직하고, 깜짝 놀라서 반대하는 이들을 무릅쓰고 새로운 교구를 맡았다. 찰머스는 거기서 교회가 교회에 다니지 않는 대중들의 비신앙뿐만 아니라 문맹과 빈곤까지 창조적으로 다룰 수 있는 하나의 체계를 만들었다.

우리는 그 뒤의 위기의 기간에 찰머스가 민족 전체에게 기독교 교역과 기독교 공동체를 제공하려는 정열에 사로잡혀 있었다는 것을 기억해야 한다. 그는 온건파가 교회를 통제함으로써 교회가 그 사명을 수행하는 데 방해받고 있다고 생각했다. 그래서 그는 온건파와 투쟁하였고, 이로 인하여 분열이 발생하게 된 것이다.

1833년에 총회에서 거부법(Veto Act)을 통과시키려는 시도가 있었다. 바로 이 시도가 소위 "10년의 갈등"의 시작이었다. 이 거부법은 교구민들의(혹은 정확히 말해서, 교회와 온전한 교제 속에 있는 가족의 대다수 남성 가장들의) 권리, 즉 성직 임명권자의 지명을 거부하는 권리를 확보하기 위해 고안된 것이었다. 온건파는 1833년 이 거부법의 통과를 저지할 수 있었다. 그러나 이것이 그들의 마지막 승리였다. 다음 해에 거부법이 통과되었다. 또한 교회가 현재 및 미래의 필요를 충족시키기 위하여 교구 조직을 발전시키고 개조하는 것을 허용하는 채플법(Chaples Act)도 통과되었다.

그 뒤 수 년 동안, 거부법 아래에서 성직 임명권자가 교구에 임명한 피지명자가 거부되는 일련의 복잡한 사건들이 발생했다. 주요 논점은 당시 거부법의 반대자들 즉 온건파들이 민사 법원에 의지하여 성직 임명권자의 권리를 강요했다는 사실이다. 전반적으로 그들은 성공을 거두었다. 그리하여 그 문제는 국가의 사법권과 교회의 사법권 사이의 관계의 문제가 되었고 세속적인 것뿐만 아니라 영적인 것에서 교회를 통제하려는 국가 권력의 문제가 되었다.

스코틀랜드 교회는 항상 교회의 자유를 요구했다. 찰머스와 복음주의 지도자들은 의회에 스코틀랜드 교회의 자유를 보장해줄 만한 조치를 도입하기 위해 런던에서 휘그당과 토리당 정부를 설득하는 노력을 여러 차례 시도했다. 그러나 그들의 노력은 무위로 끝나고 말았다. 1842년까지 분명하게 드러난 사실은 기존 제도 아래에서는 복음주의자들이 본질적이라고 여기는 자유를 교회가 행사할 수 없다는 점이었다. 복음주의자들은 교역자들뿐만 아니라 평신도들 가운데서도 광범위한 지지를 얻었다. 복음주의자들은 의회로부터 최소한의 시정도 얻어낼 수 없다고 확신한 후, 국가와 관계를 단절하고 자유 교회(Free Church)를 창립할 준비를 하였다.

1843년 총회가 소집되었을 때, 1203명의 교역자 중 451명이 국가 교회를 떠났다. 이것은 그들이 교구 교회, 목사관, 교회 재산을 포기하고 아무런 물질적 재원도 없이 다시 새롭게 출발하는 것을 의미했다. 그것은 위대한 원칙을 위한 훌륭한 포기 행위였고 아마도 지금까지 유례를 찾아볼 수 없는 행동일 것이다. 새로 조직된 총회는 총회장인 찰머스와 더불어 자유 교회를 건립하기 위한 계획을 세우고 그 계획을 실행에 옮겼다. 주목해야 할 점은 그들이 국가 교회 폐지와 교회 재산 몰수를 긍정적으로 간주해서 국가 교회를 떠난 것이 아니라는 사실이다. 그들은 자원주의(voluntaryism) 즉 교회가 국가의 급여가 아니라 그들의 교인들의 자발적 지원에만 의존해야 한다는 교리를 택하여 돌아선 것이 아니었다.

자유 교회의 창설자들은 국교회를 떠날 수밖에 없었다. 왜냐하면 국교회에 남아있으면 그들이 용납할 수 없다고 간주하는 제도권의 상황에 본의 아니게 동의할 수밖에 없기 때문이었다. 찰머스는 그들의 입장을 이렇게 설명했다.

비록 우리가 국교회를 떠날지라도, 우리는 국교회의 원칙을 계속 고수한다. 우리는 타락한 국교회를 떠나지만, 순수한 국교회로 돌아가는 것은 기뻐할 것이다. 다른 말로 하면, 우리는 종교에 대한 국가의 인정과 국가의 지지를 옹호한다. 우리는 자원주의자들은 아니다.

그들의 관점에 의하면, 자유 교회의 분리는 교회로부터의 분리나 탈퇴의 시작을 의미하지 않았다. 그것은 진정한 스코틀랜드 교회가 국가로부터 단절되거나 분리되는 것을 의미했다. 따라서 자유 교회는 스코틀랜드 전체를 포함하면서 백성 전체에게 접근할 수 있는 국민적 조직 체계를 제공하는데 노력을 경주하였다. 자유 교회는 놀라운 성과를 거두었다. 2년 안에 즉 1843년과 1845년 사이에 500개의 예배 처소가 개척되었고 그 건축비로 32만 파운드의 기부금이 걷혔다. 새로운 목사관들을 건축하기 위해서 10만 파운드가 모금되었다. 또한 해외 선교를 위하여 기탁된 액수는 1843년 4,373파운드에서 1853년 9,518파운드로 증가했다. 그리하여 "10년의 갈등"(Ten Years' Conflct) 뒤에 "10년의 재건"(Ten Years' Rebuilding)이 뒤따랐다. 자유 교회는 국내 선교와 해외 선교에 활력을 주는 선교 감각을 갖추고 있었고, 국교회 교인들의 3분의 1 정도를 데려갔다고 추정되었다.

그러나 교회 분리의 아버지들의 주장에 입각해 보더라도, 그들의 분리가 전적으로 정당화되는 것은 아니었다. 어떤 교회도 그러한 일을 함에 있어서 100퍼센트 정당하다고 말할 수 없다는 것이 건전한 교훈이다. 스코틀랜드 교회를 둘로 분열시키는 것은 본질적으로 재난이었다. 온건파들만이 국교회 안에 남아있던 것도 아니었다. 국가의 사법권과 교회의 사법권 사이의 관계에 대한 자유 교회의 신념을 공유하고 있던 다른 사람들은 그들이 인내하고 회유적 조치들을 위해 기다리면 자신들의 목표가 이루어질 수 있을 것이라고 주장했다. 그들이 옳았을 수도 있었다.

어쨌든 그 분리 후에 국교회 자체 안에서도 교회 생활이 현저하게 부흥하였다. 그래서 국교회는 생각만큼 그렇게 손상되지 않았다. 더욱이 1874년 의회는 성직 임명권을 폐지하였다. 이것은 본래 찰머스 자신이 목표했던 것 그 이상의 것이었다. 그러나 그 분리의 자극이 없었더라면 과연 이러한 일들이 일어났을까?

자유 교회 분리의 또 다른 불행한 결과는 자유 교회가 그 모든 활력에도 불구하고 스코틀랜드 문화의 주요 원천들, 특히 대학으로부터 이탈했다는 점이다. 자유 교회의 신학은 협소하고 경직된 칼빈주의에 머물러 있었다. 만약 찰머스가 계속 살아있었더라면, 그 신학은 다르게 바뀌었을 것이다. 사실 자유 교회의 신학은 당대의 지적 도전에 부응하기 위해서 실제적으로 행한 작업이 아무것도 없었다. 그럼에도 불구하고 우리는 다음과 같이 주장할 수 있다. 스코틀랜드의 종교 생활은 분리를 통하여 잃은 것보다 얻은 것이 더 많았다. 그리고 자유 교회는 교회의 생활과 선교를 조직할 때 교회의 순전성과 독립성에 혹은 보다 더 거룩한 표현으로 구속주의 왕권에 최고의 중요성을 부여하는 모든 그리스도인들에게 귀중한 모범을 보여주었다.

우리는 이 기간에 다른 흥미거리가 전혀 일어나지 않았다고 가정해서는 안된다. 실제로 슐라이어마허가 독일에서 일으킨 신학적 발전에 필적하는 놀라운 발전이 있었다. 그러나 정작 스코틀랜드에서는 이것이 냉대를 받았다. 스코틀랜드에서 신학의 기초를 외적인 증거와 세련된 교리가 아니라 신자들과 기독교 공동체의 내적 삶에서 찾기 시작한 이들이 있었다. 두드러진 인물들은 린래든의 토머스 어스킨(Thomas Erskine, 1788-1870), 존 매클라우드 캠벨(John McLeod Campbell, 1800-72), 에드워드 어빙(Edward Irving, 1792-1834) 등이었다. 그들은 각각 상이한 방식으로 임박한 미래를 알려주는 전령들이었다.

오래된 스코틀랜드 명문가 출신인 어스킨은 영국 신학계에서 두드러진 역할을 담당했던 평신도 신학자 중의 한 사람이었다. 그래서 그는 스코틀랜드 교회(Kirk)의 엄격한 칼빈주의를 떠나는 데 자유로웠다. 당시 칼빈주의는 웨스트민스터 신앙고백과 소요리문답을 실제로 무오하다고 취급했고 성경도 이에 따라 해석하고 있었다. 공식적 신학은 하나님이 영원한 작정으로 선택한 자들, 오직 이 선택된 자들만 구원을 받도록 예정하셨고, 그리스도가 전 인류가 아니라 오직 선택된 자들을 위해 대속하셨다고 가르쳤다. 당시 유행하던 가르침 중에서 한 가지만 예로 들어도 충분할 것이다.

이것은 어스킨의 한 가까운 이웃이 어떻게 회중을 깨워 무관심에서 벗어나게 하였는가에 대한 것이었다.

> 당신이 세상의 모든 지식을 알고 모든 역사의 사건을 알고 당신의 하찮은 일상사의 모든 번잡한 정치를 안다고 해서, 그것이 지옥에 있는 당신에게 모든 소용이 있겠는가? 당신의 지식이 지옥에서 고문의 도구로 변하리는 것을 당신은 알지 못하는가? … 지옥은 회심하지 못한 모든 영혼을 기다리고 있다. … 사람이 저녁에 그의 침실로 물러갈 때가 있는 것처럼, 그리스도가 없는 모든 인간은 지옥으로 물러갈 것이다. … 불길이 타오를 준비가 되어 있고 불이 당겨지면서 훨훨 타오르고 있다.[2]

이런 종류의 가르침은 당연히 특별히 스코틀랜드나 칼빈주의에게만 있는 것은 아니었다. 어스킨과 그의 영향을 받은 자들은 그것을 하나님의 사랑과 조화시킬 수 없었다. 그러나 그가 전반적인 칼빈주의 전통에 반감을 가졌다거나 칼빈주의의 미덕을 인정하는 데 실패했다는 의미는 아니다. 어스킨은 칼빈주의가 하나님의 거룩과 위엄 앞에서 심오한 경외감을 일으킨다고 높이 평가했다. 그러나 칼빈주의의 실수는 사랑 대신에 능력을 최상의 신적 속성으로 만든 점에 있었다.

어스킨은 린래든에서 조용한 명상 생활을 하면서 자신과 상담이나 대화를 나누고 싶어하는 모든 사람과 편안하게 만났다. 어스킨을 알았던 사람들은 그 안에서 하나님의 실재에 대한 놀라운 증거를 발견했다. 그는 하나님이 모든 인간을 훈련시켜서 하나님의 자녀로 양육하려고 하신다고 믿었다. 또한 그의 일생 동안 그는 스스로 배우는 자였다. 사람들은 어스킨의 한 손에 진리가 주어져 있고 다른 한 손에 진리의 추구가 주어져 있다면, 그는 아마도 레싱처럼 후자를 선택했을 것이라고 말했다. 그 결과 보통 신학자들과 목사들에게 자신들의 의심을 털어놓았다면 당장에 정죄받았을 사람들이 어스킨에게 몰려왔다. 다음은 그가 어떤 질문자에게 제공한 답변

---

2) H. F. Henderson, *Erskine of Linlathen.* 1899, p. 76.

의 한 예이다.

> 나는 계속해서 제일 원리들로 돌아간다. 각 사람 안의 양심은 각 사람 안에 계신 그리스도이다. 그것은 위대한 빛의 원천에서 곧바로 나오는 광선이다. 아니 차라리 그것은 태양에 의해서 인도되는 눈이다. 아니면 그것은 고향인 바다에 대하여 속삭이는 어린이의 조가비이다. 혹은 그것은 하나님에 의해서 각 사람에게 드리워진 밧줄이다. 하나님은 그 밧줄에 의해서 각 사람을 인도한다. 종종 그 밧줄은 매우 느슨하게 놓여있다. 그래서 사람은 인도와 인도자를 의식하지 못한다. 그러면 그 줄은 팽팽해지고, 그 사람은 이끌림 받는 것을 느낀다. 그는 하나님을 의식한다. 위대한 일은 끊임없이 의무과 양심을 하나님과 동일시하는 것이다.[3]

이것은 케임브리지 플라톤주의자들의 가르침을 연상시킨다. 사실 어스킨은 그들과 많은 공통점을 갖고 있었다. 1820년대와 1830년대에 이르러 어스킨은 여러 책에서 자신의 사상을 체계화하였다. 그의 책들은 대규모로 판매되었고 판을 거듭하였다. 그러나 신학적 풍토는 그의 책들에게 비우호적이었다. 심지어 국교회보다 분리 교회 안에서 더 그러하였다. 스코틀랜드뿐만 아니라 영국에서도 그의 가르침은 위험하고 파괴적인 것으로 간주되었다. 옥스퍼드 운동의 제73번 소책자는 어스킨을 비판하기 위해서 씌어진 것이었다. 어스킨은 정통주의가 경계해야 할 당대의 합리주의의 전형적 인물로 간주되었다. 그러나 스코틀랜드 교회는 어스킨이 평신도였기 때문에, 그를 치리할 수 없었다.

반면에 매클라우드 캠벨의 상황은 달랐다. 그는 카드로스 근처 로우의 목회자였다. 그는 경건하고 헌신된 목사였다. 그가 성경을 공부하고 교인들을 방문했을 때, 그는 그들에게 생기있는 신앙이 결핍되어 있음을 보고 충격을 받았다. 그는 그들이 개별자인 자신을 향한 하나님의 호의를 진정으로 확신하지 못하기 때문에 그러하다고 결론을 내렸다. 이것은 캠벨로 하여금 다음과 같이 질문하게 만들었다. 만약 그리스도께서 모든 인간들을

---

3) W. Hannah, *Letters of Thomas Erskine* 1840-1870. 1877, p. 353.

위하여 죽으셨다는 것을 확신할 수 없는 사람이 있다면, 그 사람은 하나님이 자신을 특별히 사랑하신다는 것을 알 수 있을까? 그리하여 캠벨은 칼빈주의 정통을 무시하고 보편적 속죄를 믿게 되었다. 캠벨은 재능있는 설교가였다. 그래서 확신 이론과 보편적 속죄 이론에 기초하여 설교하는 소규모의 목회자들이 출현하기 시작했다. 이 목회자들은 신학적 심문관(inquisitors)의 추적을 받았다. 그 목회자들은 곧 "로우파 이단"(Row heresy)으로 알려지게 되었다. 캠벨과 그의 공모자들은 교회 법정에 소환되었다. 1831년 총회는 온건파와 복음주의자가 연합하여 거의 만장일치로 캠벨을 정죄하였고, 그는 목사의 직분에서 쫓겨났다. 그 이후로 캠벨은 글래스고의 독립 회중을 위해 봉사하였다.

캠벨은 나중에 1856년 「속죄의 본질과 그것의 죄 용서 및 영생과의 관계」(*The Nature of the Atonement and its Relation to Remission of Sins and Eternal Life*)라는 책을 출판했다. 일반적으로 이것은 19세기 스코틀랜드의 교의 신학에 가장 크게 기여한 작품으로 인정되었다(1959년 새 판이 출간되었다). 캠벨은 법정적 혹은 사법적 속죄론과 대리적·형벌적 속죄론을 비판했고, 이 교리를 도덕화 하기 위하여 애를 썼다. 그리스도의 사역은 인류 안에서 인류를 위하여 성부를 계시하는 것이고, 성부가 죄를 미워하고 죄인을 회심시켜 구원하려고 하는 사랑의 증인이라는 것을 드러내는 것이었다. 그리스도에 의해 이루어진 속죄는 인간을 미래적 형벌로부터 구원하고 미래의 행복을 획득하는 것이 아니라 오히려 인간에게 성부에 대한 그리스도의 지식과 사랑을 전달해주며 그들이 영생을 소유하도록 하는 데 그 본질이 있었다.

1831년 캠벨을 면직시킨 바로 그 총회는 에드워드 어빙에 대해서도 소송 절차를 시작했다. 그러나 어빙은 1833년까지 결정적으로 면직되지는 않았다. 아마 어빙은 캠벨이나 어스킨보다 더 천재였을 것이다. 그러나 그는 더 뛰어난 선동가였다. 어빙은 에든버러 대학에서 학위를 마친 후 몇년간 교수직에 있었다. 나중에 그는 글래스고 성 요한 성당에서 찰머스를 도왔다. 그것 때문에 그는 상당히 주목받는 인물이 되었다. 그러나 스코틀랜드의 어떤 교회도 그를 목회자로 초빙하지 않았다. 그는 런던의 스코틀랜드인 교회(Caledonian Church)의 부름을 받았다. 그 투쟁적인 교회는 런던에 있는 스코틀랜드 교회의 전초 기지였다.

여기서 어빙은 갑자기 설득력있는 설교로써 명성을 얻게 되었다. 그는 좋은 설교를 취사선택하는 대규모의 회중을 끌어들였다. 어빙은 곧 훨씬 더 큰 교회를 건축하였다. 바로 이 당시 1827년경 매클라우드 캠벨을 알게 된 어빙은 그와 같이 그리스도의 죽음만이 아니고 성육신의 온전한 목적을 강조하는 속죄 교리에 도달하게 되었다. 어빙은 그리스도가 자신과 인류를 동일시한 것은 그리스도의 인간성이 죄가 있다는 것을 암시한다고 가르쳤고, 어빙은 이로 인하여 이단의 혐의를 받게 되었다.

그 동안 어빙은 로우 지방에 있던 캠벨의 교구에서 일어난 발전에 접하게 되었다. 거기서는 사도들의 교회에 나타났던 성령의 은사들이 그리스도의 몸의 영속적인 은사(endowment)라고 주장되었다. 그리고 그 은사들은 그리스도인의 불신앙에 의해서만 제약된다고 하였다. 로우뿐만 아니라 도처에서도 명백한 기적적 치유와 방언이 돌출했다. 이것은 스코틀랜드 안에서 광범위한 관심을 일으켰다.

어빙은 본성적으로 열광주의자였다. 그래서 그는 그 은사들을 주저없이 받아들였다. 그리고 1831년 런던에서 그의 회중 가운데서도 유사한 현상이 일어났다. 거기서 그들이 질병에 대하여 취했던 한 가지 태도는 나중에 크리스찬 사이언스(Christian Science)의 전형적인 특징이 되었다. 1833년 어빙이 속한 스코틀랜드의 노회(presbytery)가 그를 면직함으로써 그의 목사 직분은 정지되었다. 그러나 나중에 어느 날 예언적 음성이 그의 복직을 선포했다. 그것에 근거하여 어빙은 (예언이 런던의 그의 교회에서 확립하였던) 새로운 사도직에 의해서 다시 안수받았다. 이것이 소위 가톨릭 사도 교회(Catholic Apostolic Church)의 출발이었다. 통상적으로 이들은 어빙파(Irvingites)로 불려지고 있으나 그 명칭은 그릇된 인상을 주기 쉽다.

어빙 자신은 1834년에 사망했고, 그래서 그는 가톨릭 사도 교회의 형성과 별로 관계가 없었다. 그러나 그 교회의 묵시적 특성은 그로부터 파생되었다. 그는 기적적 표징들의 재출현을 세계의 종말이 임박했다는 증거로 간주했다. 가톨릭 사도 교회의 목표는 신자들을 임박한 심판과 곧 계시될 영광에 준비시키는 것이었다. '어빙주의'(Irvingism)는 현대 기독교의 한 특색이 된 여러 오순절 분파들의 선구자였다. 그리고 역사적인 제도화된 교회들은 사도적 기독교의 본질적인 어떤 중요한 것을 상실하지 않았는가 하는 질문을 제기했다.[4]

어빙은 자유주의나 진보주의에 결코 동조하지 않았다. 그러나 어빙을 통해서 드러난 사실은 다른 곳과 마찬가지로 스코틀랜드에서도 이미 전통적 정통주의의 엄격하고 무정한 경직성에 대항하여 반란이 시작되었다는 점이다. 물론 어빙의 경우 그 반란은 어스킨과 캠벨과는 다른 방향을 취하였다. 그러나 그들은 모두 점점 더 심각해질 갈등들을 예견하고 있었다. 그들은 모두 그리스도의 위격 개념의 확장, 인간의 삶에 현재적으로 역사하는 성령 하나님, 성령의 공동체인 교회에 대해 보다 더 생생한 이해를 열망하였다.

---

4) Cf. Lesslie Newbigin, *The Household of God.* 1953, Chapter IV.

제 6 장

프랑스의 자유주의 가톨릭과 교황지상주의

나폴레옹 1세의 제국이 망하고 부르봉 왕조가 복권하자, 프랑스 교회는 다소 안심했다. 나폴레옹은 교회에 새 출발을 허락했고 분열을 치유했지만, 그의 목표가 지나치게 노골적으로 자신의 목적을 위해서 교회를 이용하는 것이었기 때문이었다. 부르봉의 복권은 그것과 더불어 가능한 한 구체제에 속한 것들을 많이 복구했다. 그러나 교회는 혁명 전에 소유했던 방대한 재산과 독점적 특권들을 회복할 수 없었다. 그렇게 하는 것은 불가능했다. 새로운 정교 협약을 체결하려는 시도는 실패로 입증되었다. 그래서 교회와 국가의 관계는 1801년 나폴레옹 정교 협약에 의해 계속 지배되었다.

복고기의 프랑스 성직자들의 입장은 철저히 갈리아적이었다. 그들은 제단(Altar)과 보좌(Throne)를 상호의존적이라고 여겼다. 또한 그들은 왕의 권위가 교회보다 우월함을 인정했고 교황의 권위를 최소화하였다. 루이 18세는 현명한 군주였다. 그는 프랑스가 아직도 종교 문제에서 깊이 분열되어 있으며 교회가 지나치게 힘을 과시하면 치명적 결과를 초래할 수 있다는 것을 깨달았다. 1824년 루이 18세를 계승한 샤를 10세는 정치적 야심에서 보다 반동적이었고 또 광적인 가톨릭 신자였다. 샤를은 비헌법적 조치들을 도모하다가 1830년 강제로 퇴위당했다. 이때 교회가 미리 샤를의 조치들을 축복했다는 소문이 널리 퍼졌다.

그리하여 교회는 스스로 문제를 일으켰다. 7월 혁명이 반(反) 성직자적 성격을 지녔다는 사실은 놀랄 만한 일이 아니다. 주교들은 부르봉가의 목적에 동조했다는 의심을 받았다. 많은 경우에 이러한 의심은 정당한 것이었다. 그러나 교황 피우스 8세(Pius VIII)는 현명하게 루이-필립의 신 체제를 인정하는 데 신속했다. 새로운 헌법 헌장에서, 비록 가톨릭 교회가 더 이상 국교가 아니라고 선언되었으나, 가톨릭 교회는 대다수 프랑스인의 종교로 인정받았다. 그리고 가톨릭 교회와 다른 교단들의 성직자들은 여전히 국가로부터 봉급을 받았다. 새 정부는 그 선임자들과 같이 전통적인 갈리아의 특권들을 유지하기로 결정했다. 그 특권에는 주교들의 임명도 포함되었다. 교회는 단순히 좋았던 옛날들을 동경하며 또 다른 부르봉 왕조의 복권을 기대할 것인가? 아니면 교회는 이제 혁명의 교훈들을 배우고 그럼으로써 스스로 새로운 상황에 적응할 것인가? 이것이 문제였다.

우리는 이러한 배경에서 프랑스 교회의 자유주의 가톨릭과 교황지상주의(ultramontane) 운동의 기원을 보아야 한다. 두 운동의 기원에서 중요한 인물은 펠리시테 드 라므네(Félicité de Lamennais, 1782-1854)였다. 라므네는 자기 인생 전반에 걸쳐 사회의 변화에 열정적 관심을 보였다. 첫 번째 단계에서, 그는 조셉 드 메스트르(Joseph de Maistre, 1753-1831)와 루이 드 보날드(Louis de Bonald, 1754-1840)의 전통주의와 연결되어 있었다. 이 두 작가는 당시의 모든 악을 프랑스 혁명에 귀속시켰다. 프랑스 혁명은 만인이 각자의 눈에 옳은 바대로 행할 자유를 부여했다. 회복의 유일한 희망은 권위에 대한 의존으로 돌아가는 데 있었다. 그 권위란 곧 전통의 권위, 교황제에 집중하는 교회의 권위 및 적법한 군주들이 보유하고 있는 국가의 권위를 의미하였다. 라므네는 비슷한 사상을 옹호하고 왕당주의와 교황지상주의를 결합하는 것으로 출발하였다. 그러나 그는 또한 초기부터 교회 개혁의 옹호자였다.

라므네는 복권된 부르봉 왕가가 부러진 갈대임을 깨달았을 때 그들에게 등을 돌렸다. 그리고 그는 가톨릭 교회 특히 교황제의 목적을 자유의 목적과 동일시하려고 애를 썼다. 달리 말하면, 그는 프랑스 혁명을 배척하는 대신에 그것에게 세례를 주기로 결심했다. 1830년 이전에 그는 이것이 교회에게 유일한 희망적 노선이라는 결론에 도달했다. 그래서 그는 프랑스의 교권이 왕권에 굴욕적으로 의존한다고 공격했다. 라므네는 교회가 왕의 통제에서 독립되기를 원하였다. 왕권은 교회의 자유를 제한했다. 또한 라므네는 교회가 사회를 향한 선교에서 교황의 지도력과 방향성에 의존하기를 바랐다. 이처럼 그는 교회가 시민적 정부로부터 배타적 특권과 후원을 얻으려고 추구한 전통적 정책을 포기해야 하며 그 대신 교회의 독자적인 영적 재원을 자유로이 개발할 수 있는 자유로운 체제를 환영해야 한다고 주장한 점에서 이미 교황지상주의자이면서 동시에 자유주의 가톨릭 신자였다. 또한 1830년 이전에 라므네는 그 주위에 그의 이상과 그의 목표를 공유하는 일군의 유능하고 열정적인 제자들을 끌어모았다. 그는 자신의 인격과 저술에 의해서 헌신을 고취하는 매력적인 능력을 갖고 있었다.

라므네를 고무시킨 또 다른 사건은 벨기에에서 가톨릭과 자유주의자들이 네덜란드로부터 독립하기 위하여 동맹(alliance)을 맺은 것이었다. 프랑스에서 7월 혁명이 발생했을 때, 라므네와 그의 친구들은 그들의 나라에서 유사한 동맹을 체결할 준비를 하였고 그것이 실현되기를 갈망하였다. 그는 결코 루이-필립의 부르주아 체제에서 많은 것을 기대하지 않았다. 그러나 그것은 공공연한 자유주의 체제였다. 그것은 출판의 자유를 포함한 헌법상의 자유 행위들을 보호하기로 약속하였다. 또한 바로 그 출판의 자유에 의거하여 라므네파(Mennaisians)의 신문인 「아브니르」(*Avenir*)의 출범이 가능하게 되었다.

라므네의 동료들은 앙리 도미니크 라코르데르(Henry Dominique Lacordaire, 1802-61), 샤를 몽탈랑베르(Charles Montalembert, 1810-70) 및 그의 정책에 다소 동조했던 일군의 다른 유능한 작가들을 포함했다. 「아브니르」는 대부분의 주교들이 여전히 집착하고 있었던 왕들의 신적 권한을 거부하고 국민 주권 이론을 채택했다. 그것은 양심의 자유, 정교 분리, 정부의 성직자 봉급의 폐지, 교육·출판·집회의 자유를 옹호했다. 이 신문은 단지 13개월만 존속했다. 그러나 이렇게 짧지만 흥분되는 경력 중에서 「아브니르」는 무수한 탁월한 평신도들뿐만 아니라 상당수의 신세대 프랑스 사제와 신학생들의 지지를 얻었다.

라므네파의 계획의 핵심 부분은 교황이 세속 권력과 (러시아, 오스트리아, 프로이센 사이의) 신성 동맹(Holy Alliance)의 주권자들에 대한 의존을 포기하고 오직 교황의 영적 권위만을 신뢰하고 세상을 헌법적 자유와 도덕적 혁신에 기초한 새로운 질서로 인도해야 한다는 것이었다. 냉정히 볼 때 라므네는 교황이 그런 종류의 일을 하리라는 소망을 가질 만한 근거가 없다는 것을 깨달았으나, 「아브니르」의 운동의 열정이 그의 희망을 유지시켰다. 그리고 그의 기대감 속에는 항상 낭만적인 묵시적 성향이 있었다.

그러나 1831년 11월 「아브니르」가 존속될 수 없다는 것이 분명해졌다. 주교들의 적대감은 이 신문의 유통을 감소시켰고 파산하게 만들었다. 시민왕(Citizen King)의 정부로부터 어떤 보상적 지원도 없었다. 정부는 그 신문의 정책이 위험하고 혁명적이라고 판단했다. 라코르데르는 교황 그레고리 16세에게 개인적으로 호소하기로 결정하였다. 그러나 "하나님과 자유의 순례자"는 영원한 도성에서 결코 환영받지 못했다. 오히려 그들의 행동은 전반적인 자유주의 가톨릭의 강령에 대한 불가피한 정죄를 재촉하였다. 1832년 8월의 교황의 회칙 「미라리 보스」(Mirari vos)는 자유주의 가톨릭에 대한 정죄를 마무리하였다. 교황은 라므네가 제안한 역할을 수용하기는커녕 오히려 「아브니르」가 옹호한 자유를 모른 척하였다. 실제로 교황은 그것들을 끔찍한 혁신 조치로 간주했다.

그레고리 16세는 경건하고 금욕적인 수도사였다. 그는 수도원처럼 교회를 통치하고 싶어했다. 그레고리가 유럽에서 일어나려고 하던 난국을 처리하려는 구상은 잠잠히 앉아서 안전을 도모하고 특히 교황의 위치를 보존하기 위하여 가능한 한 최선의 흥정을 하는 것이었다. 당시에 교황의 위치는 혁명 운동에 의해서 위협받고 있었다. 메테르니히와 차르를 진정시키려는 욕망 때문에, 그레고리 16세는 교리적 동기뿐만 아니라 정치적 동기로 「아브니르」를 정죄하였다.

회고해 보면, 바로 이 때 라므네가 교회와 단절하는 것은 불가피할 수밖에 없었던 것 같다. 그러나 그 단절이 금방 일어나지는 않았다. 교황지상주의자인 라므네가 처음에 자신에게 요구된 복종을 표현했기 때문이다. 그러나 그는 비통한 마음으로 그렇게 했다. 왜냐하면 가톨릭 교회에 대한 그의 희망이 밑바닥까지 철저하게 파괴되었기 때문이었다. 1834년 라므네는 「한 신자의 발언」(*Paroles d'un croyant*)이라는 책을 발표해 버렸다. 이 책은 그 다음 회칙 「싱굴라리 노스」(Singulari nos)에서 "작지만 굉장히 사악한" 책으로 묘사되었다.

이후로 라므네는 스스로 공화주의자, 민주주의자, 사회주의자로서 국민을 위해 자신을 헌신하게 되었고, 그는 교회의 역사에서 사라졌다. 반면에 「아브니르」에서 활동하였던 그의 동역자들과 친구들은 조만간 교회에 복종하고 그 안에 머물렀다. 그들 중에서 일부는 자유주의 가톨릭 운동의 불장난에 불과했던 것을 포기하였고, 다른 사람들은 교황이 부여한 한도 내에서 계속해서 자유를 추구하기로 결심했다.

자유주의 가톨릭 운동과 교황지상주의 운동은 — 두 운동은 비록 나중에 갈라져서 서로 대립하게 되었지만 현재는 하나의 운동이었다 — 힘든 역경을 겪었음에도 불구하고 지속되었다. 심지어 라므네와 「아브니르」의 영향과 별도로, 7월 정부는 분별력 있는 가톨릭교도들에게 그들이 더 이상 정부의 교회 지원에 의존할 수 없다는 것을 깨닫게 하였다. 새로운 상황은 교회가 자기의 고유한 재원을 개발하고 활용하도록 요구했다. 교회는 자신에게 허용된 자유를 이용해야 하며 더 큰 자유를 얻기 위해 노력해야 했다. 이것이 자유주의 가톨릭의 과제였다.

다른 한편으로, 정부의 보조가 제거됨으로써 프랑스 교회는 점점 더 교황에 기대는 경향을 갖게 되었다. 이제 정부는 사실상 비기독교화되었기 때문에, 보편적 관할권을 주장한 교황에 반대하여 프랑스 왕의 주장을 역설하던 옛 갈리아의 입장은 옹호될 수 없었다. 이제 교회는 그 고유의 내적인 영적 권위를 신뢰할 수밖에 없었다. 교황지상주의자들은 교회의 영적 권위는 그리스도의 지상의 대리자에게 신적으로 보장된 것으로부터 온다고 주장했다. 이와 같이 가톨릭 자유주의의 동기와 교황지상주의의 동기는 계속하여 나란히 존속하게 되었다.

결과적으로 1830년대와 1840년대의 프랑스에는 자유주의적이고 동시에 교황지상주의적인 하나의 가톨릭 진영이 존재하였다. 여기서 "자유주의적"이라는 말은 교회가 혼합된 사회에서 교회의 고유한 사역을 할 수 있는 자유를 확보하는 것을 추구한다는 제한적 의미로 사용된 말이다. 신앙적 공동체들의 부흥과 확장이 격려를 받았다. 교회사 연구가 더 많은 주목을 받게 되었다. 이것은 찬란한 과거 속에서 가톨릭 교회를 위한 논증을 발견하려는 시도였다. 갈리아 교회가 사용해온 교리나 실천보다 로마의 교리나 실천에 더 일치하는 예전과 도덕적 신학에 관한 작품들이 나왔다.

신세대 프랑스 사제들도 그들의 주교보다 교황에게 인도와 보호를 구하는 습관이 생겼다. 프랑스 주교들 중 연장자들은 아직도 갈리아 정신으로 충만해 있었고 자기의 성직자들을 오만한 독재자의 방식으로 다루는 경향이 있었다. 간단히 말하면, 전반적인 지속적인 흐름은 교황지상주의의 방향으로 가고 있었다.

그러나 이 시기에 가톨릭 교회가 제시한 주요 목표는 교육의 자유를 확보하는 것이었다. 즉 교회가 나폴레옹이 설립한 국립 대학 제도와 독립되어 교회만의 독자적인 학교들을 보유하는 것이었다. 심지어 복고 왕정 아래에서도 라므네는 대학의 독점적인 교육 통제권을 공격하였다. 당시는 정부가 공공연히 스스로 비기독교적임을 천명하고 또한 학교에서 가톨릭적인 교육은 말할 것도 없고 기독교적인 교육마저 제공된다는 보장이 없는 상황이었다. 이러한 상황에서 대학의 교육 독점에 대한 반대는 근거가 분명했다. 심지어 빅토르 쿠쟁(Victor Cousin) 같은 비기독교 철학자들이 대학 세계의 주요 권위자가 되었을 때 가톨릭은 더욱더 강렬하게 거부하게 되었다.

옛날에는 교회가 자체적인 불평을 개선하기 위하여 주교들이 사적으로 정부에 항의하는 방법을 사용했다. 그러나 이제는 부분적으로 정치 운동과 출판 투쟁을 조직화하는 데 성공한 벨기에 가톨릭교도의 영향을 받아서 프랑스인들도 교육의 자유를 위한 체계적 선전 운동에 관여하는 가톨릭 단체를 조직했다. 이 단계에서 그들은 교회를 위한 어떤 특권을 요구한 것이 아니라, 만인을 위한 (즉 가톨릭뿐만 아니라 개신교와 유대인들까지 배려한) 교육의 자유를 요구하였다. 이것은 미래의 교황지상주의의 지도자인 루이 뵈이요(Louis Veuillot, 1813-83)가 자신의 일간지 「우니베르」(*Univers*)에서 다룬 주제이며 동시에 자유주의 가톨릭 월간지인 「코레스퐁당」(*Correspondant*)의 주제이기도 했다. 이 두 정간물은 나중에 서로 충돌하게 되었다. 1848년 루이-필립의 체제가 몰락했다. 이때 프랑스의 전투적 가톨릭 교회는 그 이전보다 더(아니 그 이후보다도 훨씬 더) 잘 연합되었다. 라코르데르의 전기 작가는 이 시대를 이렇게 회상하였다.

> 원수(즉 대학의 독점)를 맞아 우리는 스스로를 조직했다. 우리는 신문, 모임, 프래그램, 이론들을 갖고 있었다. 우리는 보통법의 이름으로 자유를 요구했다. 자유는 우리 모두의 깃발이 꽂혀 있는 기둥이었다.[1]

이 자유화의 밀월과 더불어 교황 피우스 9세는 1846년에 자신의 교황직을 시작했다. 이 자유화의 밀월 기간은 다른 곳에서와 마찬가지로 프랑스에서도 가톨릭 교인들이 스스로 만인을 위한 자유의 깃발 아래서 싸우는 것이 옳다는 것을 믿도록 만들었다.

1848년의 혁명은 교회에 우호적이었다. 이것은 1830년의 혁명이 교회에 비우호적이었던 정도만큼 우호적이었다. 가톨릭교도는 자신들의 운명을 7월 왕정과 동일시하기는커녕 그것에 능동적으로 반대하였다. 왜냐하면 7월 왕정은 그들이 요구한 자유를 거부했기 때문이었다. 그러나 아직도 그들 중 많은 사람들은 심정상으로는 궁극적으로 부르봉 왕가의 복권을 희망하면서 다른 어떤 체제도 잠정적으로만 받아들이는, 정통주의자들

---

1) G. Weill. *Histoire du catholicisme liberal en France* 1828-1908. 1909, p. 77.

(legitimists)이었다.

처음에는 종교와 자유의 결혼이 완성된 것처럼 보였다. 혁명주의자들은 성직자들을 존경스럽게 대하였다. 파리의 대주교는 한때 새 정부에 들어가기도 하였다. 그리고 곧이어 피우스 9세도 파리 시민들에게 교회에 보여준 존경심에 대해서 축하하였다.

자유주의 가톨릭은 「새 시대」(*New Era*)라는 제목으로 새로운 잡지를 창간했다. 이것은 「아브니르」의 부활처럼 보였다. 「새 시대」는 가톨릭 교회와 민주주의 사이에는 원칙적인 대립이 없고 가톨릭 교인들이 피우스 9세의 모범을 따라서 민주주의 제도들을 수용할 시대가 왔다고 선포했다. 주교들은 동일한 취지의 선언문을 발표했다. 한두 달 동안 그 새로운 민주 국가에서 교회가 요청한 모든 자유가 교회에 주어질 것처럼 보였다.

그러나 우호적 전망은 신속하게 먹구름에 뒤덮이고 말았다. 1848년 6월 파리에서 폭력적인 프롤레타리아 봉기가 일어났다. 그 과정에서 바리케이드에 있던 대주교가 생명을 잃었다. 정부 병력은 그 봉기를 사정없이 진압했다. 그리고 국내의 모든 보수적 집단들은 자신들의 소유권과 법률과 질서의 유지를 위협하는 무정부적 혼돈에 질겁을 하였다. 갑자기 경로를 바꾼 혁명은 이후로 루이 나폴레옹, 쿠데타 및 제2제국의 도래를 향해 나아갔다.

이러한 발전의 양상은 가톨릭 교인들의 불안정한 연합을 바람에 날려버렸다. 본질상 귀족이었던 몽탈랑베르를 포함하여 대부분의 가톨릭 교인들은 자신들의 전통적 보수주의로 전향하였고 루이 나폴레옹의 독재 체제를 환영하였다. 그러나 몽탈랑베르는 곧 어리석게 그렇게 한 것을 후회했다. 그와 반대로 자유주의 가톨릭의 일부는 자신들의 민주적 확신을 확고하게 고수하였다. 이것은 가톨릭 사회의 분열의 지속적 원천이 되었다.

그러나 분열의 가장 쓰라린 원인은 교육의 자유와 가톨릭계 중등학교의 설립을 위한 투쟁이 한창일 때 일어났다. 새 헌법은 교육의 자유를 보장했다. 그러나 그것의 규정들은 아직 시행되지 않았다. 장차 오를레앙의 주교가 될 펠릭스 뒤팡루(Félix Dupanloup, 1802-78)가 지금 자유주의 가톨릭을 위한 기민한 책략가로서 전면에 나서게 되었다. 그가 발의한 결과, 루이 나폴레옹은 경건한 가톨릭 교인이자 유능한 정치가인 팔루 백작(Count Falloux, 1811-86)을 공립 교육의 장관으로 받아들였다. 팔루는 한 위원회를 임명하여 교육에 관한 새로운 법을 입안하게 하였다. 그리하여 팔루는 가톨릭교도가 대학 제도로부터 전적으로 분리되지 않고 그들만의 중등학교를 갖도록 타협을 이뤄내는 데 성공했다. 이 법은 1850년에 통과되었고 팔루법으로 알려졌다.

가톨릭교도는 그들만의 고유한 중등학교를 갖도록 허용되었으나, 이 가톨릭 학교들은 정부의 검열을 받아야 했고, 교사들은 대학에서 인정하는 학위를 소지해야 했다. 그리고 새로운 공교육 평의회(Council of Public Instruction)가 조직되었다. 이 평의회에는 대학 대표들과 교회 대표들과 더불어 개신교와 유대인의 대표들도 참석할 수 있었다. 평의회는 자유 학교들에 대하여 확실한 감독권을 갖고 있었다. 동시에 교회 대표들도 정부 학교와 대학을 감독하는 평의회에서 지위를 부여받았다. 그것은 대학과 교회의 이해 관계를 화해시키려는 의도에서 나온 교묘한 조치였다. 수년 내에 평의회의 규정 아래에서 프랑스에 수천 개의 가톨릭계 중등학교들이 설립되었다.

불행히도 팔루법은 극단적인 교황지상주의자들에 의해 가톨릭의 목적을 배반하였다는 비판을 받았다. 특히 뵈이요와 「우니베르」가 혹독하게 공격했다. 그들은 교육을 통제하는 대학의 모든 체계에 대하여 공공연하게 반대하였다. 그들은 가톨릭계 학교들이 정부의 어떤 검열이나 간섭도 받지 않고 전적으로 자유롭고 독립적이기를 바랐다. 그들은 팔루법을 대학에 대한 항복으로 간주했다. 그리고 그들은 가톨릭 대주교들이 개신교 목사들과 유대교 랍비들과 함께 공교육 평의회에 참여한다는 생각을 아주 싫어하였다. 더욱이 뵈이요는 팔루와 뒤팡루가 프랑스의 교권에 위임하지도 않고 참으로 진정한 교황청의 인준을 받으려고 제출하지도 않고 그 법을 결정했다고 하여 그 법을 공격했다.

이 논쟁은 아주 격렬했다. 그래서 교황이 프랑스 가톨릭교도에게 새로운 법을 잘 이용하라고 말해야 할 정도가 되었다. 뵈이요는 복종할 수밖에 없었다. 그러나 권위적인 혹은 비타협적인 교황지상주의자들과 자유주의 가톨릭교도 사이의 균열은 치유될 수 없었다. 왜냐하면 전자는 모든 것이 아니면 아무 것도 원하지 않았고, 후자는 할 수 있는 한 최선의 타협을 취할 준비가 되어있었기 때문이었다. 프랑스 가톨릭 교회 안에서 지금까지 함께 달려왔던 자유주의와 교황지상주의의 흐름이 분리되었고 이제부터 줄곧 지속적인 논쟁에 휩싸였다. (원리상으로 자유주의 가톨릭의 일부는 갈리아파였고, 일부는 교황지상주의자들이었다. 또한 기질상으로 그들 중 일부는 민주적이었고 일부는 보수적이었다. 이러한 사실에 의해서 그 논쟁은 아주 복잡해졌다.)

두 집단의 적대감은 점점 더 심해졌다. 그들은 정치적으로 서로 달랐다. 교황지상주의자들은 전적으로 권위주의적이었고 나폴레옹 3세를 칭송했다. 왜냐하면 그들이 혁명적 정신의 유해한 산물로 간주했던 자유 조치들을 나폴레옹 3세가 폐지했기 때문이었다. 뵈이요는 초기의 자유주의적 성명들로 돌아간 후 「우니베르」에 다음과 같은 내용을 게재했다. "누구든지 스스로 선한 아들, 선한 남편, 선한 시민, 선한 가톨릭 교인임을 드러내는 데 방해받지 않는다면, 우리는 다른 어떤 자유 조치들에도 상관하지 않겠다."

그들은 교육 정책에서도 서로 달랐다. 학교에서 이교도 고전 작품들을 사용할 것인가에 대해서 장기간 광적인 논쟁을 벌였다. 교황지상주의자들은 고대 언어들이 교부들의 작품 같은 기독교 문헌을 통해서만 교육되어야 한다고 주장했다. 그리고 교황지상주의자들은 신앙과 이성의 모순을 강조했고 가톨릭교도가 근대의 모든 사상과 철학에 대해 투쟁해야 한다고 주장했다. 그들은 또한 교회의 신앙을 프랑스의 주요 교구좌들이 사도적 기초를 가진다는 주장과 같은 가장 신빙성 없는 기적들과 전설들과 결부시켰다. 다른 한편으로, 자유주의 가톨릭교도는 현대 사상과 지식의 발전에서 참과 거짓을 구별하려 하였다. 그들은 최소한 지식인들과 계속 대화하기를 원하였다. 바로 이때부터 "성직자적"(clerical)이란 용어와 "반성직자적"(anti-clerical)이란 용어가 상용되기 시작했다. 이것은 이후로 내내 프랑스 국민을 괴롭혀온 하나의 현격한 차이를 상징하였다.

뵈이요가 탁월한 언론인이었다는 사실은 인정해야 한다. 그러나 그는 터무니없는 지위를 차지하였고 분별력이 부족하여 자신처럼 완고하거나 권위적이지 않았던 가톨릭교도를 공격하는 데 망설임이 없었다. 이렇게 함으로써 그는 가톨릭 교회와 새 학문 사이와 또 교회와 자유 단체(free societies) 사이에 일말의 화해가 가능하다고 믿었던 모든 사람들이 보기에 이루 헤아릴 수 없는 해악을 끼치고 말았다.

그동안 로마에서는 자유주의 가톨릭의 전망들이 유사한 역경을 경험하였다. 1848년의 혁명과 강제 유배를 경험한 교황은 자신이 초기에 지녔던 자유로운 제도들에 대한 열정을 갑자기 상실해 버렸다. 그리하여 교황 피우스 9세는 뚜렷하게 요새에 숨어버리는 태도(citadel mentality)를 취하게 되었다. 요새 정신은 교회의 유일한 희망이 모든 새로운 사상과 민주적 개혁들에 반하여 교회 자체를 강화하고 현재의 독재가 끝나는 더 나은 시대를 기다리는 데 있다는 것을 암시하였다. 라므네에게서 그렇게 강력한 추진력을 얻었던 운동이 이렇게 끝났다는 것은 하나의 역설이다.

제 7 장

콜리지와 모리스

철학자요 신학자였던 새뮤얼 테일러 콜리지(Samuel Taylor Coleridge, 1772-1834)는 영국 교회사에서 독보적인 위치를 차지하고 있다. 다양한 사상의 흐름이 그로부터 시작되었다. 콜리지는 많은 기독교 사상가들의 정신을 자극하여 작동시켰다. 그는 그 자신이 씨앗 같은 정신을 갖고 있었다고 평가되고 있다. 그는 세련되거나 일관된 체계 같은 것은 제시하지 않았지만 씨를 뿌리듯 맹아적 사상들을 뿌렸다. 종교적 주제에 관한 그의 저술은 단편적이었고 미완성이었다. 더욱이 그 중의 일부는 유작으로만 출판되었다. 특히 적절하게 제목이 붙여진 두 작품은 「성찰을 위한 기록」(*Aids to Reflection*)과 「탐구 정신의 고백록」(*Confessions of an Inquiring Spirit*)이었다.

새뮤얼 콜리지는 어떤 전문적·학문적 의미의 철학자나 신학자가 아니었다. 그는 결코 철학 사상을 충분히 섭렵하지 못하였다. 그러나 그는 항상 그 철학 사상의 주형틀에 자신의 개념을 부어서 주조하려는 선견자(seer)로 인정을 받고 있다. 콜리지는 눈에 안 보이고 귀에 안 들리며 인간의 마음의 인식에 들어오지 않는 것들을 언제나 배우고 있었으며 또한 "이와같이 그가 배웠던 내용은 비록 더듬거리는 목소리로 또한 우리가 오전 임무를 늦은 오후에 수행할 때마다 보이는 조급함과 산만함을 가진 채로 가르쳐지긴 했지만, 그를 … 세상이 종종 알아보지 못하는 교사와 선견자로 만들기에 충분했다"[1] 하는 정당한 평가를 받았다. 그는 심지어 브리튼의 플라톤으로 묘사되기까지 했다. 스탠리(A. P. Stanley)가 처음으로 콜리지를 읽었을 때, 그는 마치 자신이 새로운 원리를 자기 마음에 받아들인 것처럼 느꼈다고 말했다.

당시 영국의 대부분의 신학자들과 달리 콜리지는 독일어와 독일을 알았다. 그러나 그는 많은 원천들에서 자신의 영감을 끌어왔다. 그는 분명히 철학적 관념론에 매력을 느꼈다. 그는 보지 않는 세계의 실재를 확신했다. 보이는 세계 즉 자연계는 이 보이지 않는 세계에 의존해 있다고 보았다. 이런 연관성 아래에서 그는 "이성"(reason)과 "오성"(understanding)을 구분했다. 이성은 "인류의 독특한 능력"이다. 즉 그것은 정신(spirit)의 눈이며 그것에 의해서 영적 실재가 분별된다. 다른 한편, 오성은 감각적 대상들을 다루고, 그것들을 분석하며, 논리를 도구로 삼아서 그것들을 일반화하는 기능이다. 오성은 오직 추상적 피상적인 지식만을 낳는다. 반면에 이성은 실제적인 지식을 낳으며 인간들이 그들의 전 존재로서 참된 것에 반응하도록 만든다. 콜리지는 "파악하는(apprehend) 것과 이해하는(comprehend) 것은 별개의 것이다" 하였다. 왜냐하면 또 다른 인격 특히 하나님의 인격의 존재를 파악하면서도 그 존재를 이해하지 못하거나 아니면 기껏해야 매우 제한된 정도로만 이해할 수 있기 때문이다.

콜리지의 용어에서 오성은 대개 소위 "과학적 지식"에 상응한다. 즉 과학적 지식이란 "오직 시공 속의 특수자들의 수량, 품질 및 관계에만 관여하는" 지식이다. 과학적 지식이 전적으로 감각-경험에 근거해 있는 공리주의적 경험주의의 전성기와 근대 과학의 확장 시대의 여명기에, 더 높은 차원의 지식 즉 실재의 가능성에 대한 콜리지의 이론은 열등감을 가지고 그의 이론을 받아들인 사람들을 구원해 주었고 그들에게 형이상학과 신학 연구를 추구하도록 자신감을 주었다.

콜리지는 성경에 대한 태도를 통하여 생산적인 영향력을 제공했다. 그는

---

1) Julia Wedgwood, *Nineteenth-Century Teachers*. 1909, p. 27.

독일에서 성서 비평학의 초기 평론의 일부에 접하게 되었다. 이를 통하여 그는 영국에서 지배적인 인습적 가정들이 허용될 수 있는지 고심하게 되었다. 영국의 거의 모든 기독교인들은 여전히 성경을 구석구석 모두 균일하게 영감된 무오하고 권위적인 신탁의 개요로 받아들이고 있었다. 성경은 기독교적 진리를 위한 외적인 증거들의 저장고로서 이용되었다. 마치 신 존재가 페일리(Paley)의 시계 제작자 논증에 의해서 증명될 수 있는 것처럼, 계시의 진리들은 미래를 예보한다고 간주된 예언의 성취로부터 증명되고 또 자연법에 개입한다고 이해된 기적들로부터 증명될 수 있다고 생각되었다.

이렇게 기독교를 외적 증거들의 문제로 다루려는 전반적인 태도는 콜리지에게 혐오스러운 것이 되었다.

> 나는 자연 신학, 물리적 신학, 자연으로부터 하나님을 증명하는 것 같은 서적들이 유행하는 것을 대단히 두려워한다. 기독교의 증거들이라니! 나는 이 말에 넌더리가 난다. 인간으로 하여금 기독교가 필요하다는 것을 느끼게 하라. 당신이 할 수만 있다면 그가 기독교가 필요하다는 것을 스스로 깨닫도록 일깨워 주어라. 그러면 당신은 기독교 자체의 고유한 증거를 안전하게 신뢰할 수 있을 것이다.

성경에 대해서도 마찬가지였다. 콜리지는 만일 사람들이 성경의 완전 영감에 대한 선입견 없이 성경을 읽으면서 성경이 그들에게 설득력있게 말하는지 여부를 살펴본다면, 그들은 성경의 권위를 확신하게 될 것이라고 주장했다. 성경은 다른 문헌과 같은 방법으로 읽고 연구되어야 한다. 그러면 성경은 다른 문헌과 달리 심오한 것에 대하여 심오한 답변을 담고 있는 책이라는 것이 발견될 것이다. 성경의 신성함은 그 문자에 있는 것이 아니라 그 영에 있다. 성경의 진술들의 무오성이 아니라 신앙과 회개와 소망과 경외를 불러일으키는 그 능력에 성경의 신성함이 있다. 콜리지는 이렇게 비판적 연구 방법이 충격을 가져오는 것이 불가피하다고 내다보고 그 충격에 대비하여 사람들을 준비시켰다. 그러나 그 당시 그의 가르침에 유념한 사람은 거의 없었다.

우리는 콜리지가 기독교적 진리를 순전히 개인적 판단이나 개인적 영감의 문제로 만들었다고 추측해서는 안된다. 그와 반대로, 그의 사상에서는 교회가 본질적 위치를 차지한다. 콜리지는 "나는 영적 권위를 행사하는 교회가 없는 기독교는 공허하고 사멸한다는 확고한 원칙을 갖고 있다" 하였다. 개인적 판단은 그것이 교회의 판단, 교회의 전통 및 합법적 교훈의 열매를 참작할 때에만 정당하게 행사될 수 있었다. 그러나 진리 자체에 대한 충성은 대단했다. "진리보다 기독교를 더 사랑하는 것으로 출발하는 사람은 기독교보다 그의 분파나 교회를 더 사랑하게 되고 더 나아가 모든 것들보다 자기 자신을 더 사랑하는 것으로 마친다."

교회의 본성(nature)에 관한 콜리지의 가르침은 그 당시의 딱딱한 개념들과 달랐다. 여기서도 그는 다른 사람들이 따라오도록 논의의 주제에서 벗어난다. 그는 국가 교회로 인정되는 영국 교회와 그리스도의 보편적 혹은 가톨릭 교회의 일부로 인정되는 영국 교회를 구분하였다.

국가 교회는 왕국의 신분이었다. 모든 국가는 (군인, 은행가, 기업가, 무역업자 등과 같이) 국가의 물질적 복리에 기여하는 모든 계급 이외에도 국가의 건강을 위하여 (문학, 학문, 예술, 종교 등과 같이) 국가의 문화적 유산의 전달과 발전에 책임이 있는 또 다른 신분이나 계층을 필요로 한다. "영속적인 국가에 소속된 학자 계층, 국가의 식자 계층(clerisy), 교회는 올바르게 조직된 국가의 하나의 본질적 요소이다." 식자 계층(clerisy)은 성직자(clergy)와 동일하지 않다. 식자 계층(clerisy) 안에는 성직자 계급의 식자들(clerks)뿐만 아니라 (이 말의 고풍적 의미에서) 모든 식자들(clerks)이 포함되어 있다. 그러나 국가 교회가 역사적으로 전체 식자 계층의 책임들을 대표해 왔다. 이 점에 비추어 본다면, 식자 계층이 반드시 기독교적이어야할 필요는 없다. 영국 교회는 헌법의 핵심적 부분으로 설립되고 주어졌고 취급되었다. 왜냐하면 그 교회의 직무가 국가의 최상의 관심사에 기여하는 것이기 때문이었다.

국가 교회와 대조되는 것으로 가톨릭 혹은 그리스도의 교회가 있다. 비록 영국처럼 국가 교회가 그리스도의 교회인 곳에서는 그리스도의 교회가 국가 교회와 겹쳐 있지만 말이다. "그리스도의 교회는 이 세상의 어떤 나라나 왕국이나 영토가 아니다. 그것은 어떤 영토나 왕국이나 국가의 신분도 아니다. 그것은 집합적으로 이 모든 것들과 정반대이다. 그것은 세상과 정반대되는 것을 지탱하고 교정하고 돌보아 준다. 그것은 국가의 내재적인 불가피한 죄악과 결함들을 보상하는 대응 세력이다."

왕은 국가 교회의 수장이자 보호자인 반면에, 그리스도의 교회는 지상에 어떤 우두머리도 없고 지상의 재산이 전혀 필요없다. 왜냐하면 그리스도 자신이 그 교회의 유일한 수장이기 때문이다. 그리스도의 교회는 보편적 교회이고, "영국, 갈리아, 로마, 라틴, 그리스"의 교회가 아니다. 그러나 그리스도의 교회가 불가시적인 것은 아니다. 그것은 "가시적이고 공적인 공동체들"로 구성된다.

우리는 콜리지가 가톨릭 교회와 국가 교회 사이의 관계를 명확하게 해결하지 못했다는 것을 인정해야 한다. 그의 가르침의 양면에는 풍부한 상상력이 있었다. 비록 콜리지 자신의 사상의 자궁 안에서도 이 쌍둥이 개념은 서로 긴장 관계에 있었지만 말이다. 이 경우에도 그의 사상은 미래에 열매를 맺을 것이다. 비록 그의 뒤에 나타난 어느 사람도 그의 사상의 전 영역을 이해할 수 없었지만 말이다.

*

존 툴록(John Tulloch) 학장은 그의 뛰어난 책 「19세기 영국의 종교 사상 운동」(*Movements of Religious Thought in Britain During the Nineteenth Century*, 1885)에서 콜리지에 대하여 "영국에서 후기 종교 사상의 흐름은 모두 많든 적든 그의 영향을 받았다"고 말하였다. 그러나 그의 영향력은 쉽사리 명료하게 추적될 수 없었다. 부분적으로 그 이유는 그에게 빚진 자들이 자신들이 그의 모든 사변에 대하여 찬성했다는 인상을 주고 싶어하지 않았기 때문이었다. 예컨대, 1830년에 출판된 그의 평론 「교회와 국가의 헌법에 관하여」(*On the Constitution of the Church and*

State)는 (국가 교회가 아니라) 가톨릭 교회에 대한 옥스퍼드 운동의 가르침에 영향을 주었을 가능성이 높다. 그러나 이것을 확인할 수 있는 증거는 많지 않다. 그런데 영국의 많은 신학자들이 자기가 콜리지에게 많은 빚을 지었다고 독자들에게 분명히 밝혀주었다. 예컨대, 줄리어스 찰스 헤어(Julius Charles Hare, 1795-1855)는 다음과 같이 말하였다. "콜리지를 알았던 자들에게, 곧 자신의 영적인 생활을 육욕적인 오성의 굴레로부터 해방시켜준 자신들의 교사와 스승이자 신앙의 형성자인 콜리지에 대하여 감사와 사랑으로 빛나는 마음을 소유한 자들에게는 바티칸이 콜리지에게 가한 모든 중상 모략이 아무런 의미가 없을 것이다."

또한 아서 펜린 스탠리(Arthur Penrhyn Stanley, 1815-81)와 로울랜드 윌리엄스(Rowland Williams, 1817-70)와 프레더릭 데니슨 모리스(Frederick Denison Maurice, 1805-72) 등과 같은 이들도 콜리지의 영향을 받았다. 스탠리는 전형적인 광교회 성직자로서 웨스트민스터의 부주교(Dean)가 되었고, 윌리엄스는 「에세이와 서평」(*Essays and Reviews*)의 기고자 중의 한 명이었다.[2] 우리의 관심은 모리스에게 국한될 것이다. 그는 실제로 콜리지의 영향력에 비교될 만한 영향력을 미쳤다. 또한 그는 빅토리아 시대 신학자들 중에서 가장 독창적인 인물이었다.

모리스는 그의 일생 동안 다양한 평가를 받았다. 그의 동시대인들은 그에 대해서 매우 모순된 평가를 내리기도 하였다. 많은 사람은 그를 이해하기 어렵다고 생각했다. 이것은 아마도 그가 잘 알려진 어떤 사상의 학파들이나 교회 분파들도 추종하지 않았기 때문일 것이다. 그는 한 유니테리언 목사의 아들이었다. 그의 식구들은 모두 심오한 경건과 고상한 지성을 소유하고 있었다. 그들은 자기 조상들의 신앙과 다른 방향으로 나아갔다. 일부는 칼빈주의 비국교도로, 일부는 영국 성공회로 갔다. 모리스의 가족 안에서 이러한 종교적 분열이 발생했다. 이 비참한 분열 상태는 모리스로 하

---

2) 콜리지의 영향을 받은 신학자 목록에 존 스털링(John Sterling), 처치(R. W. Church), 호트(F. J. A. Hort) 등이 추가될 수 있을 것이다.

여금 사람들 사이의 종교적 견해들을 벗어나서 연합의 근거를 추구하도록 만들었다. 그는 영국 성공회에 들어갔다. 왜냐하면 그는 하나님에 의해 주어진 헌법을 가진 역사적 가톨릭 교회 안에서 사람들은 그들을 위해 이미 제공된 일치와 공동체 안에서 함께 하나되고 연합할 수 있다고 확신했기 때문이었다. 이것은 인간들이 그들 자신의 사상이나 개념들로부터 연합의 근거를 조작해 내는 것보다 나아보였다. 영국 교회는 모든 분파들과 당파로부터의 구원이었다. 이것이 그의 첫번째 주요 작품인 「그리스도의 왕국」(*The Kingdom of Christ*)의 주제였다. 모리스는 "인간은 자신들이 확언하는 바에 있어서 가장 정당하고 자신들이 거부하는 바에 있어서 가장 오류적"이라는 콜리지의 경구를 고수했다. 그래서 모리스는 기독교 세계 안의 주요 분파들과 영국 교회 안의 당파들과 사실 세속적인 철학과 운동들이 각기 근본적으로 참된 원리나 최소한 정당한 추구를 표상한다고 주장했다. 그들의 실수는 다른 이들에 반대하여 자기 자신의 진리를 배타적으로 주장한 것이었다. 이것은 오늘날 에큐메니컬 진영에서 거의 상투어가 되었다. 그러나 그것은 19세기에는 전혀 대중적인 견해가 아니었다.

모리스의 가르침에는 쉽게 이해되거나 피상적인 것이 없었다. 그는 모든 질문의 신학적 뿌리까지 파고 들어갔다. 그의 대부분의 책은 설교나 성경 주해의 형태였다. 모리스는 성경 안에서 보편적 공동체를 위하여 펼쳐지는 하나님의 목적에 대한 증거를 보았다. 성경은 콜리지처럼 모리스에게도 그 자체의 고유한 광명으로 아니 차라리 신적인 계시의 빛으로 빛을 비추었다. 그러므로 그는 고등 비평에 대하여 당황하지 않았다. 그는 비평적 연구에 정통하지는 못했다. 모리스는 (어떤 사람이 말한 대로 "시내산 위에서 셈하기" 같은) 오경의 숫자상의 오류에 너무 집착했던 콜렌소 주교(Colenso, 1814-83)처럼 멍청한 비평가들로 보이는 사람들에 대하여 인내심을 발휘하지 못했다. 동시에 모리스는 비평적 연구에 의해서 어떤 결론들이 입증되든 그 결론들을 기꺼이 받아들일 뿐만 아니라 받아들일 수밖에 없다고 직접 고백했다.

모리스의 경력에서 가장 심각한 사건은 그가 런던의 킹스 칼리지

(King's College)의 교수직에서 제명당한 일이었다. 그는 케임브리지 학부에서 공부하였고 헤어(J. C. Hare)의 학생이었다. 그러나 그는 학위를 취득할 수 없었다. 왜냐하면 그는 아직 그때까지 양심상 "39개 조항"에 서명할 수 없었던 비국교도였기 때문이다. 결과적으로 그는 영국 교회에 들어가서 성직을 추구하기로 결정했고, 그는 옥스퍼드에서 자신의 학위를 취득할 수 있었다. 시골 교구에서 잠시 머문 후, 그는 1836년 가이 병원(Guy's Hospital)의 원목이 되었다. 옥스퍼드 운동가들은 여태까지 모리스를 동지로 보아왔다. 그들은 모리스가 옥스퍼드에서 "39개 조항"에 서명한 것을 계속 유지한다고 쓴 글에 대해서 기뻐하였다. 그러나 모리스는 통상적으로 제안된 근거들과는 전혀 다른 근거에서 그렇게 했다. 물론 그는 그들과 마찬가지로 고교회적 교회 개념을 갖고 있었다. 퓨지가 세례에 관한 소책자를 출간했을 때, 모리스는 자신과 그들이 공존할 수 없음을 깨달았다. 왜냐하면 모리스는 모든 인간이 그리스도를 머리로 하는 족속으로 태어났으며 그것을 표시하는 것이 세례라고 주장했기 때문이다. 반면에 모리스가 볼 때, 퓨지의 가르침은 모리스에게 성례적 본성의 변환에 의해서 악마에게서 구출된 개인들을 제외하고 모든 인류가 악마에게 넘기워졌다는 것을 의미하는 것 같았다.

1840년에 모리스는 런던의 킹스 칼리지의 교수직에 임명되었다. 1846년 그는 링컨 대학 기숙사(Lincoln's Inn)의 채플린이 되었다. 그는 채플린과 교수를 겸직할 수 있었다. 그가 「신학 논문」(*Theological Essays*)을 발간하였을 때 그는 킹스 칼리지에서 위기를 맞았다. 이 글은 외면상으로는 교회의 전통적 신학에 반대하는 유니테리언들의 주장에 대처하기 위하여 씌어진 것이었으나, 전통적인 기독교 정통에 대한 공격으로 해석될 수도 있었다. 예를 들어, 모리스는 그리스도가 하나님의 진노를 가라앉힌다고 보는 속죄론을 거부했다. 그러나 그의 비평가들이 꼬투리를 잡은 것은 "영원한 생명과 영원한 죽음"에 대한 글이었다. 여기서 모리스는 빅토리아 정통주의 신학에서 가장 민감한 부위 중의 하나를 다루었다. 악인과 불신자들의 영원한 형벌에 대한 신앙은 기독교 신앙에서 절대적이고 근본적인 것으로 간주되었다. 만약 이 신념이 약화되거나 포기된다면, 도덕성은 그 강력한 구속력을 상실할 것이라고 생각되었다. 물론 도덕성을 지키는 구속력은 끝없는 고통의 장소나 상태로 이해된 지옥의 공포로 이해되었다.

모리스는 감상적이거나 인도주의적 근거 위에서 영원한 형벌의 믿음에 반항하지 않았다. 그는 이것이 성경 안에 계시된 내용과 모순된다고 주장했다. 성경에서 "영원함"은 "끝없는 지속"을 의미하지 않았다. 영생은 하나님과 그의 아들 예수 그리스도를 아는 것을 의미하고, 영원한 죽음은 하나님으로부터 분리됨을 의미하고, 이 둘은 모두 현재적 실재들이다. 모리스는 이 도전장을 던질 때 자신이 하는 행동을 알고 있었다. "내가 영원한 죽음에 관한 문장을 쓰고 있을 때, 나는 킹스 칼리지에서 나의 판결문을 쓰고 있었다."

예언은 신속하게 이루어졌다. 당장에 소란한 항의가 시작되었다. 그리고 종교 신문은 철저한 행동을 취하라고 요구했다. 기독교인 부모의 자제들이 그러한 교육을 받아야 한다는 것은 도저히 참을 수 없는 일이었다. 젤프 학장(R. W. Jelf, 1798-1871)은 온화하나 연약하고 순응적인 사람이었다. 젤프는 모리스에게 사퇴하라고 종용했다. 그러나 모리스는 자신이 정의로운 목적을 대변하고 있다고 확신하고서 계속하여 투쟁적으로 나아갔다. 드디어 1853년 10월 27일 대학 평의회가 소집되어 대응 조치를 결정하였다. 절대 다수가 모리스의 글에서 영생에 관하여 서술된 견해들, 특히 "미래의 악한 자들의 형벌과 심판 날의 궁극적 문제들을 다룬 견해들은 위험한 성향을 띠고 있고 킹스 칼리지의 신학생들의 마음을 동요시키기 위하여 고안된 것"이라고 결의하였다. 모리스는 해임되었다.

모리스가 관여했던 또 다른 유명한 신학 논쟁은 계시의 의미에 관한 것이었다. 이 논쟁은 모리스가 직접 주도한 것이다. (나중에 성 바울 성당의 부주교가 된) 맨슬(H. L. Mansel, 1820-71)은 1858년 옥스퍼드의 "뱀프턴 강의"에서 「종교 사상의 한계」(*The Limits of Religious Thought*)에 관하여 강연했다. 그는 탁월한 논리학자, 명석한 저술가, 문필의 달인이었다. 맨슬은 윌리엄 해밀턴을 통하여 칸트로부터 자기 철학을 끌어왔다. 맨슬의 주장에 의하면, 유한한 인간 정신은 오직 유한한 대상들만을 이해할 수 있으므로 절대 무한적 존재를 알 수 없다고 한다. 만일 사람들이 무한자에 대하여 주장한다면, 그들은 스스로 불가능한 모순에 도달할 것이다. 그러므로 우리는 유한한 인간은 사유에 의해서 하나님에 대하여 아무것도 알 수 없다는 점을 인정해야 한다. 교의학자들의 확신에 찬 주장과 합리주의자들의 뻔뻔한 거부들은 다같이 논리의 법정에서 배제되어야 한다. 양자는 모두 인간의 사상의 한계를 넘어서고 있기 때문이다.

그러나 맨슬은 계속해서 다음과 같은 주장을 펼쳤다. 비록 형이상학과 사변에 관하여 인간들이 확고하게 불가지적일(agnostic) 수밖에 없다고 할지라도, 기독교 계시는 그가 "규정적 진리"(regulative truths)라고 명명한 것을 제공한다. 규정적 진리는 하나님이 실제로 어떤 존재인가를 드러내지 않지만 그럼에도 불구하고 인간에게 하나님에 관하여 그들의 사랑과 삶을 어떻게 규정해야 하는지를 말해주는 진리이다. 성경은 초지일관 이러한 종류의 정보가 기적적으로 확증된 실체이다. 맨슬은 예언의 실현과 기적들로부터 도출해낸 옛 논증에 기초하여 성경의 완전한 영감을 주장하였다.

명백히 맨슬의 가르침은, 콜리지에게서 기원하고 모리스가 대변한 신학과 전적으로 모순되었다. 복음주의자들과 고교회 성직자들은 맨슬을 신앙의 옹호자로 보고 그에게 열광적인 갈채를 보냈다. 이 사실에 자극받은 모리스는 자신의 근본적인 확신들을 역설해야 한다고 결심하였다. 그리하여 모리스는 「계시란 무엇인가?」(*What is Revelation?*)란 제목으로 지루한 책을 저술하였다. 그리고 맨슬이 그 책에 응수했을 때 모리스는 「속편」(*Sequel*)으로써 그것을 더 철저하게 다듬었다. 모리스는 맨슬의 기독교 이해가 인간들에게 그들이 제대로 알지 못하는 하나님과 올바른 관계를 가질 만큼만 충분하게 말해주고 있다고 보았다.

반면에 모리스 자신의 신앙의 핵심은 인간들이 바르게 지켜질 수 있는 유일한 길은 하나님의 진정한 생명에 직접 의식적으로 참여하는 것이라는 것이었다. 그는 성경에 호소했다. 성경은 영생이 이미 얻을 수 있고 단순한 규정적 지식들이 아니라 하나님 자신을 아는 것에 그 본질이 있다고 말하고 있기 때문이었다. 모리스는 자신의 확신을 입증하기 위하여 교부들과 스콜라 학자들과 공동 기도서의 언어에도 호소하였다.

모리스는 이 논쟁에서 최선의 모습을 보여주지는 못하였다. 그는 맹렬하고 혹독하게 맨슬을 공격했다. 이것은 그의 가장 우호적인 친구들과 숭배자들마저 서운하게 하였다. 두 논쟁자들은 어느 곳에서도 상호 이해에 도달하지 못하였다. 비록 모리스가 기독교 복음의 근본적인 것을 위해 싸우고 맨슬의 입장이 정통이 안주하기에는 불가능한 것이었다는 것을 인정하더라도, 모리스는 그가 느끼고 보여준 들끓는 열정이 아니라 조용하게 철학적으로 논의될 필요가 있는 진정한 문제와 직면해 있었다. 이것은 의심의 여지가 없는 분명한 사실이었다. 하나님에 관하여 말할 때 사용하는 언어가 하나님에 관한 진리에 적절하지 않으며 그렇게 될 가능성도 없다는 것은 사실이 아닌가? 하나님에 대하여 쓰는 언어는 결코 유비적으로 참된 것이지 그 이상일 수는 없다. 그렇다고 해서 반드시 인간들이 이승에서 하나님에 관한 실제적·인격적 지식을 가질 수 있는 가능성이 부정되지는 않는다. 적절하게 결론을 내린다면 이렇게 정리할 수 있을 것이다. 모리스와 맨슬은 안개 속에서 싸우고 있었으며, 만약 그 안개가 걷혔다면 두 사람 모두 많은 것을 가르쳐줄 수 있었을 것이라는 것이다.

모리스는 「도덕적 형이상학적 철학의 역사」(*History of Moral and Metaphysical Philosophy*)를 저술했으며 생애를 마칠 때까지 케임브리지에서 나이츠브리지 석좌 교수에 임명되어 있었다. 이 석좌는 당시에 "결의론(決疑論, Casuistry), 도덕 신학, 도덕 철학"의 교수직으로 알려져 있었다. 그럼에도 불구하고 모리스는 평생토록 시종일관 신학자였지 학문적 의미에서 철학자는 아니었다. 그러나 그는 결코 편협한 신학자가 아니었다. 그는 성경이 종교뿐만 아니라 인류 전체의 생활에 관계되듯이 신학도 다른 모든 연구 주제들과 연관성을 가진다고 보았다. 모리스는 또한 실천 신학자였다. 이것은 그가 일생 동안 교육 사업에 헌신한 것과 기독교 사회 운동에 참여한 것에서 잘 알 수 있는 사실이다.

제 8 장

기독교 사회 운동

유명한 빅토리아 시대 사람 중에서 허버트 스펜서(Herbert Spencer)만큼 기독교와 사회주의를 싫어한 사람은 없다. 1848년부터 1854년까지 기독교 사회주의 운동은 그에게 별다른 인상을 심어주지 못한 것 같다. 비록 그가 그 당시 「이코노미스트」의 부 편집인이었지만 말이다. 우리가 아는 것은 1852년 그가 소풍 중에 찰스 킹슬리를 만났는데 그가 기쁘게도 성직자답지 않았다는 것을 발견하였고 킹슬리의 말을 조리있게 이해할 수 없었다는 것이 전부였다. 그러나 그의 「자서전」에서 스펜서는 만족스럽게 그의 아저씨, 토머스 스펜서 목사에 대하여 설명을 하였다. 토머스 스펜서 목사는 개인적 금욕주의를 박애적 실천과 사회 정의의 열정과 결합한 아주 복음주의적인 성직자였다. 허버트 스펜서는 그의 아저씨가 "반곡물법" 축하 연회에서 기도한 것을 기록하기 전에 그에게 다음과 같은 따뜻한 찬사를 바쳤다.

의식을 집전하고 찬양을 인도하고 기도를 올리고 그들의 영향력 있는 양떼들의 마음에 거슬리지 않는 명령을 내리는 것을 그들의 의무로 생각하는 영국 성공회 사제들과 달리, 그의 성직 이해는 백성과 왕의 잘못된 행위를 고발했던 옛 히브리 예언자들의 성직 이해와 비슷했다. 그는 정치적 불의를 노출시키고 평등한 법을 주장하는 것도 그의 역할이라고 주장했다.

우리는 토머스 스펜서 목사의 공로를 인정해야 한다. 그의 조카는 반곡물법 소동 당시 "국가에 의해 임명된 바른 교사들" 가운데 토머스 스펜서 외에 오직 한 명의 자유무역주의자로 자처하는 사람이 있었다고 주장하였다. 그러나 이러한 그의 주장은 사실과 다르다. 사실 1830년대와 1840년대에 아주 많은 성직자들이 토머스 스펜서와 같은 성향을 갖고 있었다. 물론 그들은 예외적인 인물이었다.

19세기 전반기에 정치 사회적 변화에 대한 전체 성직자들의 태도는 분명히 부정적인 것이었다. 1832년 개혁법에 대하여 "만장일치로 반대하는 유일한 계층이 있었는데 바로 영국 성공회 성직자들이었다." 비국교도들은 물론 정치적 개혁에 호의적이었다. 그렇게 하는 것이 그들에게 이익이 되었기 때문이다. 그러나 경제적 개혁 혹은 산업 혁명이 가져온 빈곤의 악을 치유하는 것에 대하여는 당시 비국교도와 웨슬리파 감리교도들도 영국 성공회와 동일한 태도를 보였다. 오직 원시적 감리교도들(Primitive Methodists)만이 이 규칙의 예외였다.

1825년 옥스퍼드 뱀프턴 강좌의 주제는 "인간 사회의 진보와 발전에 관련하여 생각해본 신적 계시의 체계"였다. 강사의 입장은 당시 기준으로 볼 때 자유주의적이고 인도적인 것이었다. 그러나 그는 당시 영국 산업 현장에서 노동자들이 하늘을 향해 부르짖는 무서운 악에 대하여 전혀 모르고 있었다. 물론 하늘을 대신한다고 자처하는 지상의 사람들도 이들의 부르짖음에 관심을 기울이지 않았지만 말이다. 그는 우아하게 "우리는 확대된 의미의 자선이야말로 사회를 인간화시키고 일상의 삶을 감미롭게 하고 우리의 자연에 닥치는 모든 재난을 완화하고 거의 정복하고 있다는 것을 알고 있다" 하였다. 그러한 경건한 정서는 영국민 대다수가 처해 있는 사회의 비인간적 상황에 대해 적절하게 답변한 것이 아니었다. 일상적으로 영국민들은 오두막집에서 살아야 했고, 남자뿐만 아니라 여자와 어린 아이들도 공장과 광산에서 오랜 시간 동안 노동에 종사해야 했었다.

우리는 이제 산업 혁명의 초기뿐만 아니라 중기 때도 기독교인들이 각성하지 못한 실패의 이면에는 장구한 이야기가 있다는 것을 알고 있다. 가장 오래된 원인은 토니(Tawney) 교수의 「종교와 자본주의의 흥기」 (*Religion and the Rise of Capitalism*)에 이르기까지 소급된다. 그는 르네상스와 종교개혁 이후의 몇 세기 동안 교회의 관심이 어떻게 점점 더 협소해졌는지 잘 보여주었다. 그래서 외형적으로 명백히 영적이지 않고 교회적인 것이 아닌 거의 모든 것이 하나님과 하나님의 계명의 이름으로 비판을 받지 않게 되었다는 것이다. "교회의 사회적 가르침이 중요하게 인정되지 않게 된 것은 교회가 이것을 생각하는 것을 그만두었기 때문이었다 … 그 자체의 철학을 보유하지 못한 기관은 당시의 유행을 받아들인다."

19세기 초에 유행하던 사회 철학은 미숙한 공리주의였다. 통제받지 않는 상업주의가 시대의 요구 사항이었고, 우리가 본 대로 교회의 가장 유명한 신학자, 페일리는 그의 윤리학에서 솔직하게 공리주의적 견해를 주장하였다. 버크는 "상업의 법칙은 자연의 법칙이고 하나님의 법칙이다" 하였다. 그러므로 상업의 법칙에 어떻게 해 볼 도리가 없었다. 간섭하지 말아라 (*Laissez faire*). 모든 개인은 자기 자신의 이익을 추구할 자유가 있고, 모든 것은 최대 다수의 최대 행복을 가져올 것이다. 이것은 최소한 상류층과 중산층에게는 자명한 공식 같은 것이었다. 그리고 정치 경제학의 전문가뿐만 아니라 교회의 기둥 같은 인물들에게도 그렇게 보였다. 그들을 비난하는 것은 현명하지 못한 일이다. 왜냐하면 우리도 동일하게 우리의 후손들에게는 말도 안되는 생각과 관습들을 오늘날 당연한 것으로 여기고 있기 때문이다.

그렇지만 심지어 당대의 종교 부흥도 신흥 산업 혁명이 초래한 지옥 같은 환경에 민감하지 못하였다는 것은 놀라운 일이 아닐 수 없다. 복음주의자들은 옥스퍼드 운동가들보다 사회적으로 더 예민한 양심을 갖고 있었으나, 어느 쪽도 시대의 징조를 읽어낼 수 없었다. 그러나 샤프츠버리가 어린이 노동 문제를 제기한 최초의 기독교인은 아니었다. 그로 하여금 이 문제와 씨름하게 한 사람은 사실 복음주의 성직자였다.[1] 그리고 일반적 예상을

---

1) J. C. Gill, *The Ten Hours Parson: Christian Social Action in the* 1830s. 1959.

뛰어넘어 복음주의자뿐만 아니라 국교회 성직자들이 노동자의 권익을 위해 많은 지지를 보냈던 것 같다.

성직자들이 사회 변혁의 제안을 두려워 하는 한 가지 이유는 "브리튼 사회주의와 협동조합"의 창시자 로버트 오언(Robert Owen)이 유토피안적일 뿐만 아니라 반기독교적은 아니더라도 반성직자적 태도를 갖고 있었기 때문이다. 1817년 그는 교회 제도권 사람들에게 충격적으로 들리는 "모든 종교를 고발함"이라는 책을 출판했다. 그러나 그의 진정한 공격 대상은 그가 잘 알고 있고 많은 비난을 유발하는 교회의 제도와 신학이었다. 오언은 "우주의 위대한 창조적 능력에 대한 서로 다른 개념들에 근거를 두고 있는 철저한 실천적 종교"를 주장하였다. 그의 가르침에는 많은 실천적 기독교가 있었고, 기독교인들은 종종 그러하듯이 그의 인격과 운동을 그의 표어와 주장에 의해 판단하는 실수를 하였다.

기독교의 차티스트들(Chartists)에 대한 반응도 마찬가지였다. 차티스트 운동은 비록 중산층과 노동자가 함께 1832년 개혁법의 통과를 위해 투쟁을 벌였음에도 불구하고 이 개혁법이 중산층에게만 유익을 주었기 때문에 발생하였다. 노동자들은 아직도 선거권과 피선거권이 없었고, 개혁된 하원은 귀족, 군인, 변호사, 부자들로 구성되어 결과적으로 유산 계급의 이익을 대변하였다. 투쟁의 연기가 사라졌을 때, 프롤레타리아들은 그들이 함께 쟁취한 개혁으로부터 아무런 이익도 얻지 못했고 또 자유 방임의 교리에 의해 지배되는 의회를 통해 그들의 삶과 노동의 조건을 개선할 가능성이 전혀 없다는 것을 깨달았다. 차티스트 운동은 정치적 개혁을 보다 더 민주적인 방향으로 더 광범위하게 전개하였다.

차티스트 운동은 1842년경 큰 힘을 얻었고 이후 그 수위가 줄어들었다. 그러나 이 20여년 동안 나라의 모든 보수적 세력은 이 운동을 기존 제도를 전복하는 혁명의 전조로 바라보았다. (사실상 차터 헌장의 내용은 대부분 결국 예상되던 혁명을 일으키지 않고 허용되었다.)

다음은 차티스트들의 한 지도자가 회고한 글이다. 우리는 이 글에서 차티스트들의 교회에 대한 태도를 잘 알 수 있다.

우리 중 누구도 "성직자"를 좋아하지 않았다. 우리가 그들에게 나쁜 감정을 갖고 있는 것은 아니었다. 그러나 우리들 대부분은 영국 국교회 전체가 돈 문제에 관심이 너무 많고 모든 성직자들이 사례를 받을 목적으로 움직이고 말을 하고 있다고 생각하였다. 그래서 우리 눈에 그들은 위선자 같이 보였기 때문에, 우리는 그들을 향해 일종의 경멸감을 갖고 있었다. 종교 전반에 대해서도 마찬가지였다. 내가 아는 한, 노동자들 사이에서 종교에 대한 일말의 적대감이 있었다. 우리는 종교를 사기라고 생각했고 분별 있는 사람이라면 고민할 가치가 없는 문제라고 보았다.

차티스트들은 기독교인들이라고 하는 사람이 어떻게 공장과 농촌의 가난한 사람들 가운데 만연되어 있는 비참한 상황에 대해 무관심할 수 있었는지 이해할 수 없었다. 그들은 그리스도가 그들의 운명을 개선시키기 위해 노력하였을 것이라고 생각했다. 그들이 바라는 것은 교회가 그리스도의 사회적 가르침을 실천적으로 증명해 보이는 것이었다. 당시 교회 안에는 그리스도인이 정치 문제에 개입하는 것은 잘못이라는 교리가 널리 퍼져 있었다. 그러나 차티스트들은 특히 국교회 성직자들과 비국교도들이 그들의 이해가 걸린 경우에 망설이지 않고 정치적 수단을 사용하는 것을 목도하였을 때, 이 정치 불개입의 교리를 이해할 수 없었다.

영국 성공회이든 비국교도이든, 차티스트 운동에 가담한 극소수의 성직자들은 비록 교회에서 여론이 아주 안 좋았으나 노동자 사이에서는 대단히 인기가 많았다. 고교회의 잡지 「기독교 비망록」(*The Christian Remembrancer*)은 토머스 스펜서 목사에게 어떻게 "그의 배교에 대해 파면과 출교의 벌을 받을 것을 고려하지 않고 … 그렇게 해로운 의견을 퍼뜨릴 수 있느냐" 하고 질문했다. 차티스트 운동을 비난하는 설교가 자주 강단에서 흘러나왔다. 다음은 19판을 거듭한 「차티스트 운동에 대한 폭로」(*Chartism Unmasked*)에서 뽑아낸 인용문들이다.

차티스트 지도자들에 의해 가르쳐지고 주장되는 교리들은 하나님의 영원한 말씀 안에 계시된 교리와 북쪽과 남쪽이 반대이듯이 정반대이다.

차티스트 지도자들은 "평등"의 교리를 설교하고 가르쳤다. 그러나 우리는 자연의 책이나 하나님의 책에서 그러한 교리를 본 적이 없다…

하나님의 말씀에 반대되는 또 다른 차티스트의 교리는 가난이 지존하신 하나님의 영원한 목적의 결과가 아니라 부당한 인간의 법의 산물일 뿐이라는 것이다. … 이것은 "가난한 자들은 지상에서 결코 없어지지 않을 것이다"라고 말한 성경에 의해 그 오류가 입증된다.

유니테리언들은 상당수가 차티스트 운동에 공감을 표시한 유일한 교파였다.

*

1848-54년의 기독교 사회주의 운동은 어떤 의미에서 차티스트 운동에서 나온 것이었다. 존 맬컴 러들로(John Malcolm Ludlow, 1821-1911), 찰스 킹슬리(Charles Kingsley, 1819-75), 모리스(F. D. Maurice), 토머스 휴스(Thomas Hughes, 1822-96) 등은 그리스도의 복음이 영국 노동자들에게 공식적 교회가 말하고 있는 것보다 더 좋게 말할 수 있다는 것을 깨달았다. 토머스 칼라일(Thomas Carlyle)은 기독교 사회주의에 영감을 준 사람으로 평가되었다. 그는 실제로 자유 방임의 교리를 격렬하게 비난했고 모리스와 킹슬리에게 깊은 인상을 심어주었다.

그러나 기독교 사회주의의 진정한 충격은 러들로로부터 왔다. 그는 평신도로서 프랑스에서 교육받았고 프랑스 사회주의자와 사회적 가톨릭 교인들을 알게 되었다.[2] 그는 민주주의의 실상을 공부하였고 1848년 프랑스 혁명의 열망을 공유하였다. 1848년 그는 파리에 있었고, 모리스에게 "사회주의가 프랑스 노동자들의 환상 속에서 뿐만 아니라 양심 속에서 분명한 발판을 확보한, 위대하고 진정한 힘"이라고 그의 신념을 편지에 적어 보냈

---

2) 산업 혁명의 결과에 대한 대륙의 기독교의 반응은 영국과 비슷했으나 특히 프랑스에서는 흥미로운 변화와 차이가 있었다. 나의 스코트 홀랜드 강좌, 「사회적 가톨릭 교회 백년사」(*A Century of Social Catholicism* 1820-1920, 1964)를 보라.

다. "사회주의는 인간의 미천한 본능이 아니라 고상한 충동에 호소하기 때문에, 기독교화 되든지 아니면 기독교를 그 뿌리까지 흔들어 버릴 것"이라는 것이었다.[3]

모리스는 이 편지로 깊은 감동을 받고 러들로에게 다음과 같이 편지를 썼다. "영국의 정치 혁명을 피하고 외국의 혁명에서 유익한 것을 배우기 위하여, 영국에서 신학의 혁명이 필요하다는 생각이 마음에 점점 더 명확해진다." 모리스, 킹슬리, 러들로는 함께 힘을 합쳐서 「국민을 위한 정치」(*Politics for the People*)라는 일련의 "시대를 위한 소책자"를 출판하기로 결정하였다.

이 시리즈는 불과 몇 달밖에 지속되지 못했으나, 그 내용은 아주 흥미롭고 다채로왔다. 이러한 종류의 글을 쓰는 데 특별한 감각이 있는 킹슬리는 "파슨 롯"(Parson Lot)이라는 서명으로 "차티스트들에게 보내는 편지"를 썼다. 러들로는 프랑스의 상황이 어떻게 발전되고 있는지 잘 전해주었다. 모리스는 대화체 글을 시도하였다. 그들은 노동자들로부터 많은 답장을 받았다.

킹슬리가 일반 대중의 사고 방식으로 말하는 법을 잘 알고 있다고 하더라도, 그의 생각은 모리스로부터 배운 신학에 근거를 두고 있었다. 왜냐하면 모리스는 신학의 이름으로 경쟁적이고 상업적인 자유방임주의의 모든 관점을 공격하였기 때문이다. 그는 사람들이 진정한 본성의 상태 즉 하나님에 의해 창조되고 그리스도에 의해 구속된 상태에 있지 않고, 서로 경쟁하고 각자 자기 이익을 추구하게 되어 있는 자기 만족적인 개인에 불과하다고 주장하였다.

그는 킹슬리에게 "경쟁이 우주의 법칙으로 제시되어 있다. 이것은 거짓이다. 우리가 그것이 순전히 거짓말이라고 선언해야 할 때가 왔다" 하였다. 우주의 진정한 법칙은 인간은 공동체 안에서 살도록 지음받았다는 것이다. 인간은 하나님의 자녀와 그리스도의 형제로서 서로 협력할 때 그들의 진

---

3) F. Maurice, *Life of F. D. Maurice*. 1884, I, p. 458.

정한 본성을 깨닫는다고 하였다.

정말로 혼자 사는 삶에서는 그러한 것이 없다. 인간은 가족, 부족, 국가 안에서 살고 결국 보편적 형제애를 가지고 살게 되어 있다. 만일 그들이 서로 의지하여 살고 일하지 않는다면 그들은 진정으로 인간적이지 않다. 모리스는 이것이 언젠가 실현될 것을 희망해야 하는 하나의 이상으로 보지 않았다. 그는 이것이 이미 존재하는 사실이라고 주장하였다. "당신들은 형제들입니다. 당신이 그 사실을 인정하든 인정하지 않든, 심지어 당신이 그렇지 않은 것처럼 행동할 때에도 형제인 것이 사실입니다. 당신은 당신의 본래의 모습이 되어야 합니다." 교회는 그 가르침과 공동체적 삶의 성격과 자질 안에서 이 진리를 증거하도록 부름을 받은 사회였다.

"사회주의"라는 용어는 사람들을 자극하고 흔들어 놓고 생각하게 하기 위한 의도로 채택되었다. "사회주의라는 말은 사람들을 동반자로 만드는 학문, 협력의 학문을 의미할 뿐이다." 그들이 자신들을 "기독교 사회주의자"라고 부른 것은 바로 그들이 기독교는 인간이 서로 대적하는 것이 아니라 서로 함께 일할 수 있는 사회 구조를 지지하고 있다고 믿었기 때문이다. 그들은 특별한 경제적 이론을 채택하지 않았고 토리당과 휘그당과 과격파들 모두가 사회 질서의 바른 이해에 기여할 수 있는 상당한 진리를 갖고 있다고 인정했다.

「국민을 위한 정치」는 발기인들에게 새로운 친구와 협력자를 붙여주었다. 오래지 않아 모리스는 차티스트 그룹과 함께 토론회를 열었다. 그러나 그들은 말하고 쓰는 것 이상의 노력이 필요하다는 것을 느꼈다. 그래서 재봉사, 건축업자, 인쇄업자 등을 위한 협력 기구를 만들기로 결정하였다. 그러나 모리스가 단체를 조직하는 것을 싫어하였기 때문에, 이 일은 많은 망설임 끝에 이루어졌다. 이 단체는 작은 성공밖에 거두지 못하였으나, 협동조합 운동의 기원에 중요한 역할을 담당하였다. 이들의 특별한 시도는 실패로 끝났다.

그러나 이들 기독교 사회주의자들은 몇 년 후 여론을 형성하는 데 많은 기여를 하였고 법률을 법제화하는 데 상당한 영향력을 행사했다. 모리스 자신은 노동자들은 온전한 교육의 기회를 부여받기까지는 그들 자신의 일을 풀어나갈 수 없겠다는 결론에 도달했다. 그래서 그는 노동자 대학의 설립으로 방향을 선회하였다. 그는 노동자 대학의 초대 학장이 되었다.

기독교 사회주의 운동은 국교회 성직자들로부터 동조를 받지 못했다. 당시 성직자들은 오래된 세례적 중생에 대한 고럼 논쟁(Gorham controversy)과 소위 교황의 공격(Papal Aggression)에 의해 야기된 흥분의 열기에 휩싸여 있었다. 영국에서 기독교 사회주의 운동의 첫번째 국면은 1854년에 끝났다고 한다.

그리고 1854년부터 1877년까지 영국 성공회 안의 어떤 단체도 신앙의 사회적 의미에 관심을 갖지 않았다. 이 기간에 영국 성공회는 그럴 마음만 있으면 자기 생각을 표현할 수 있는 기구를 확보하였다. 1852년 주교 회의(Convocation)가 다시 열리기 시작했다. 1861년부터 매년 교회 회의(Church Congress)가 열렸고, 주교 대회(diocesan conferences)도 열리기 시작했다. 1867년 램버스 대회(Lambeth Conference)가 최초로 개최되었다.

그러나 이러한 기관은 주로 종교적 문제에만 관심을 기울였고 사회 문제에 대해서는 말할 것이 없었다. 일부 성직자들은 개인적으로 사회 개혁을 위해 활동하였으나, 정의보다는 자선의 이유로 그렇게 하였다. 사회의 악은 자원적 행동에 의해서나 부자와 유력한 자들의 자비심을 자극하거나 가난한 사람들 스스로 일어서도록 설득함으로써 치유될 수 있다고 생각되었다. 노동 조합 운동은 영국 국교회의 도움 없이 전개될 수밖에 없었다.

1877년부터 새로운 세대의 고교회 성직자들이 사회 개혁의 명분으로 단체를 결성하기 시작했다. 그 해에 성 마태 조합(Guild of St Matthew)이 창설되었다. 이것은 원래의 소책자 운동과 모리스의 신학과 기독교 사회주의자들의 결합이었다. 이 조합의 창설자 스튜어트 덕워스 헤드럼(Stewart Duckworth Headlam, 1847-1924)은 모리스로부터 소책자 운동가들보다 더 자유로운 신학적 관점과 그의 삶의 특징이 된 사회적 의를 향한 열정을 이어받았다. 헤드럼은 영원한 형벌에 대한 전통적 가르침을 공격하거나 연극을 옹호하거나 함으로써 종종 그의 주교와 충돌하였다. "극장과 뮤직홀"에 대한 강의에서 그는 "지루함"(Dull)이라는 이름의 젊은 숙녀들에게 "이렇게 생명과 환희로 충만한 젊은 여인들을 보라"고 충고하였다. 후에 그는 오스카 와일드를 위해 보증을 서주는 용기를 보임으로써 큰 소동을 일으켰다.

성 마태 조합의 회원들은 불의가 발견되는 곳마다 그 불의를 공격하였고, 반드시 악습을 고치는 방법을 제시하였다. 헤드럼은 명백하게 불법적인 일을 관용하는 교회의 직분자들을 경멸하는 만큼 금권 정치가들을 경멸하였다.

"주교 회의가 교회의 목소리라고 말하는 것은 어리석은 일이다. 그것은 거의 교회의 우는 소리가 아니다."

이것은 그의 전형적인 말이었다. 이 조합은 결코 큰 단체는 아니었다. 그것은 교회의 강경파였고 의도적으로 노동자들의 복지를 위한 교회의 양심을 일깨우기 위해 충격 요법의 전략을 채택하였다. 조합은 노동 시간, 주택, 세금, 무상 교육 같은 문제에 대해 정부가 법을 만들도록 압력을 행사하였다.

존 몰리는 「교회 개혁자」(*The Church Reformer*)라는 잡지에 대해 "이 안에는 보통 신문 다섯 개를 채울 수 있는 충분한 양의 기사가 있다" 하였다. 그 회원 중에는 스텁스(H. C. Stubbs)와 셔틀워스(H. C. Shuttleworth)와 홀본의 성 알반 성당의 파더 스탠턴(Father Stanton)이 있었는데, 스텁스는 나중에 엘리의 대성당 주임 사제와 트루로의 주교가 되었고, 셔틀워스는 사제로서 최초로 제단 앞의 미사복과 강단 앞의 플란넬 의복을 결합시켰고, 파더 스탠턴은 부목사로 일생을 보낸 사람이었다. 후반기에 나중에 잔지발의 주교가 된 프랭크 웨스턴이 회원이 되었다. 제1차 대전 말기에 그가 동아프리카의 강제 노동에 반대하는 운동을 이끌고 「대영제국의 노예들」(*The Serfs of Great Britain*)이라는 팜플렛을 저술한 것은 전적으로 성 마태 조합의 정신 안에서 이루어진 일들이었다.

1889년에 창설된 또 다른 단체는 기독교 사회 연합(Christian Social

Union)이었다. 이것은 보다 더 품위가 있었고 더 학문적이었고 더 많은 회원을 갖고 있었다. 기독교 사회 연합은 성 마태 조합과 마찬가지로 소책자 전통과 모리스 전통이 결합된 모습을 보여주었으나, 그 안에는 다른 지적 흐름들도 있었다. 그린(T. H. Green, 1836-82)의 관념론 철학은 그의 제자들에게 사회 윤리의 체계와 시민의 의무를 다하려는 열정을 제공하였다. 또한 경제학의 법칙을 우주적 권위를 갖고 있어서 스스로 움직이도록 맡겨야 한다고 하는 옛 정치 경제학 대신에 경제 질서는 조정되고 통제되어야 한다는 새 이론이 나타났다.

원색적으로 고발하는 성 마태 조합과 달리, 기독교 사회 연합은 우선 기독교 신앙이 인간의 사회적 삶의 모든 질서와 관계하는 원리를 확립하고 그 다음 이 원칙을 적용하기 위하여 연구 그룹을 조직하는 데 총력을 기울였다. 기독교 사회 연합은 기독교인들이 모든 곳에서 인간의 복지에 관심을 가질 때 외면적·육체적 관점으로 바라보아야 한다는 개념을 영국 성공회 안에 심는 데 결정적인 영향을 주었다. 이 때부터 교회 회의와 주교 대회가 사회 정의에 대한 결의를 채택하는 것이 일상화되었다. 예를 들어 1895년 뉴캐슬 주교 대회는 합당한 임금이 "최초로 물품에 부여되는 채무"여야 한다는 결의를 통과시켰다. 이러한 주장은 당시 교회 안에서는 아주 새로운 개념이었다.

기독교 사회 연합은 많은 수의 평신도 회원을 갖고 있었다. 그러나 성직자들과 심지어 교회 고위층 인사들이 주로 이 단체를 지배하였다. 이 사실은 성직자들이 어떤 것을 말할 때 교회는 산업이나 정치에 대해 어떤 일을 행하고 있는 것이라는 의심쩍은 개념을 지지해 준다. 그러나 기독교 사회 연합은 아주 정치적인 몇 가지 일을 하였다. 그 지부는 저임금 노동을 근절할 목적으로 인근 회사와 공장의 노동 조건을 조사하였다.

이 기준을 통과한 좋은 회사들의 목록이 발표되었다. 그리고 사람들은 그들의 관행을 기독교 사회 연합 지부에 알려 달라고 요청받았다. 이것은 변화에 저항하는 상인들에게 개혁을 강요하기 위한 조치였다. 이것은 임시 조치에 불과할 수도 있지만, 사회 정의를 위한 책임을 보다 현실적으로 지각하는 방향으로 한 걸음 더 나아간 것이었다. 구세군에 의해 시작된 새로운 일들도 동일하게 말할 수 있다. 기독교의 사회적 사고는 20세기가 되어서야 이러한 책임을 보다 철저하게 인식하게 되었다.

제 9 장

슈트라우스에서 리츨까지

헤겔주의는 매력적이든 혐오적이든 19세기를 사로잡았다. 특히 독일 신학자들이 헤겔에 심취하였다. 여기서 다루는 두 사람 즉 슈트라우스(D. F. Strauss, 1808-74)와 바우어(F. C. Baur, 1792-1860)는 헤겔주의에 대해 긍정적 인상을 받았고, 나머지 한 사람 알브레히트 리츨(Albert Ritschl, 1822-89)은 헤겔주의뿐만 아니라 어떠한 형태의 기독교와 형이상학의 결합에 대해서도 격렬하게 반발하였다.

슈트라우스는 바우어보다 나이가 적었고 사실 한때 그의 학생이었으나, 연대기적으로나 신학적으로 바우어보다 앞서 활동하였다. 1835년 슈트라우스의 「예수의 생애」(*Life of Jesus*)가 출판되었을 때, 바우어는 기독교의 기원에 대한 해석 작업을 막 시작하고 있었고, 그의 연구는 명확하게 슈트라우스를 극복하려는 노력을 보여주었다. 「예수의 생애」는 무명의 젊은이를 일약 유명 인사로 만들었고, 기독교 초기 역사의 재건과 사복음서 연구에 큰 자극을 주었다.

슈트라우스는 철학 교사로서 헤겔주의의 사도로서 그의 인생 경력을 시작하였다. 그는 헤겔과 슐라이어마허의 문하생이 되기 위해 베를린에 갔으나, 진정으로 그를 끌어당긴 것은 바로 헤겔이었다. 그러나 헤겔은 그가 도착한 후 몇 주 지나지 않아 사망하였다. 슈트라우스는 슐라이어마허의 집에서 이 소식을 듣고, 눈치없이 "내가 베를린에 온 것은 그의 강의를 듣기 위해서 온 것인데!" 하며 탄식하였다. 그는 기독교를 영원한 진리의 표현으로 보고 역사의 무대는 이차적 관심사로 여긴 점에서 충실한 헤겔주의자였다.

슈트라우스에게서 그리스도는 오직 우연적으로만 개인적 인격이었다. 그리스도는 한 관념, 즉 역사의 과정이 성취되는 완성을 향하여 나아가는 인간성의 관념을 대표했다. 우주는 그 자체의 내재적 힘에 의해 발전하는 과정이기 때문에, 우주의 목적이 초월적 침입에 의해 전체 과정 중의 어떤 한 지점에서 성취된다는 것과 무한자가 유한자 안에 구현된다는 것은 생각도 할 수 없는 일이었다. 이상은 전 과정의 성과 안에서만 실현될 수 있다. 그 과정의 어느 한 점이나 한 인격은 궁극성을 획득할 수 없다.

이러한 가정을 마음에 두고, 슈트라우스는 예수의 생애에 접근하였다. 그는 그 시대에 통용되고 있던 정통적 해석과 합리주의적 해석을 모두 거부하였다. 정통주의자들은 복음서 기록에서 초자연적 요소와 자연적 요소를 모두 있는 그대로 받아들였고, 복음서 이야기를 조화시키기 위해 고심하였다. 합리주의자들은 복음서 기록을 원칙적으로 역사적인 것으로 받아들이고, 사실의 핵심과 그것을 기적으로 윤색한 것을 구분함으로써 복음서를 이해할 만한 것으로 만들려고 노력하였다. 그리고 복음서 기록이 실제 일어난 것을 과장하거나 오해함으로써 생성되었다고 설명하였다.

슈트라우스가 볼 때, 정통주의와 합리주의 사이의 논쟁은 출구 없는 막다른 골목으로 가고 있었다. 그들 사이의 타협은 오직 예수의 생애에 대한 새로운 해석, 즉 신화적 해석에 의해서만 극복될 수 있었다. 이것은 긍정, 부정, 대립의 종합이라는 헤겔의 리듬의 전형적 사례였다.

신화의 개념은 슈트라우스가 택하기 전에 성경의 기록에 적용된 바 있었다. 그러나 선배들이 신화의 개념을 예수가 세상에 들어오고 세상으로부터 떠나간 이야기를 위해서만 도입한 반면에, 슈트라우스는 그것을 복음서 이야기 전체에 적용하였다. 그는 신화가 개인이 머리로 창작한 것이 아니라 공동체의 상상력의 산물이라고 주장했다.

창시자가 갑자기 비극적으로 떠나서 그 창시자를 열렬히 경외하고 있는, 최근에 설립된 공동체를 한 번 생각해 보라. 이 공동체는 세상을 변화시킬 새로운 사상들로 가득 차 있다. 그리고 주로 배우지 못한 동양인들로 구성되어 있다. 그래서 그들의 사상을 추상적 개념이 아니라 구체적 상상의 형식의 상징과 이야기로 형성하고 표현하고 있다. 이 모든 것을 고려해 볼 때, 이러한 상황 속에서 실제로 일어난 일이 필연적으로 일어나게 된 것이라고 생각할 수 있다. 즉 예수에 의해 시작된 새로운 개념들이 있고 또 예수의 생애의 특별한 사건의 형태 속에서 그에게 적용된 옛 개념들이 있어서, 이 개념들을 마음에 생생하게 떠오르도록 하기에 적합한 일련의 거룩한 이야기가 형성된 것이다.

슈트라우스는 예수가 역사적 인물이라는 것을 부인하지 않았다. 신화는 무로부터 만들어진 것이 아니다. 예수는 자기 자신이 메시야라는 것을 믿은 순수하게 역사적인 인물이었다. 그는 그의 제자들에게 너무나 깊은 인상을 심어준 나머지, 그들은 상상력으로 그를 신적이고 초자연적인 그리스도로 변화시켜 신화로 만들었다. 이러한 변화의 자료는 이미 구약 성경 특히 메시야 예언과 초자연적인 메시야 전설 안에 예비되어 있었다. 예를 들어 변화산의 사건은 모세의 얼굴이 빛난 사건 때문에 예수의 생애 안에 자리를 잡게 되었다. 슈트라우스는 구약 성경 안에서 복음서 이야기 가운데 예수의 기적을 암시하는 자세한 자료를 발견하는 데 천부적인 독창성을 보여주었다. 기독교 신앙을 흔들거나 해체하는 것은 그의 의도가 아니었다. 전형적인 헤겔의 방식으로, 그는 자기 자신이 기독교 신앙을 합리적인 사람이 용납할 만한 방식으로 재해석하고 있다고 생각했다.

그의 연구의 장점은 복음서 이야기에 대한 일관된 해석에 있었다. 그의 연구의 약점은 그것이 비판적 문서 연구에 근거를 두고 있지 않다는 것이었다. 그는 공관복음서 사이의 문학적 관계의 이해에 대해 거의 기여를 하지 못하였다. 그는 마가 복음이 마태 복음과 누가 복음에 의존하고 있다고 주장했다. 그러나 그는 정통주의와 합리주의가 공통적으로 당연히 여기는 것, 즉 제4 복음서가 눈으로 목격한 기록이라는 전통을 부정하였다.

*

바우어는 슈트라우스의 책의 약점을 알아차렸다. 슈트라우스는 복음서 자체에 대한 적절한 비판 없이 복음서 역사의 비판을 시도했고, 그의 관심은 거룩한 역사를 절대적 철학의 감각적 형태로 해석한 것이라고 보았다. 한편 바우어는 역사가 진정으로 무엇인지 발견하고자 하였다. 그는 슈트라우스만큼 헤겔주의자였으나, 한층 더 진정한 역사가였다. 그는 신약 성경의 문헌의 성격, 즉 신약 성경의 다양한 책들의 기원, 구성, 시대, 그들 사이의 관계, 그들의 교회 발전상의 위치 등에 대하여 좀더 과학적인 탐구가 이루어져야 한다고 보았다. 이것이 이루어져야 기독교의 기원을 연구할 수 있다는 것이었다. 이것은 바우어의 진정한 공헌이었다.

그는 정통주의와 합리주의자와 슈트라우스와 달리, 기독교 운동은 출발부터 동질적이었다고 생각하지 않았다. 반대로 헤겔의 변증법이 그로 하여금 원시 기독교 안에서 갈등과 갈등의 해결 즉 정, 반, 합의 표징을 찾도록 해주었다. 종합은 2세기 후반에 분명히 드러났듯이, 가톨릭 교회의 교리와 제도 안에서 찾아볼 수 있었다. 그는 가톨릭 교회의 온전하게 드러난 모습 이면에 어떤 적대적 발전 과정이 있었는지 자신에게 질문해 보았다.

결과적으로 그는 신약 성경의 문학적 발전을 과격하게 재구성하였다. 그의 결론은 다음과 같았다. 사도 시대의 기독교에 관한 예기치 못한 사실은 새 종교의 성격과 목적에 대해 의견이 깊게 분열되어 있었다는 것이다. 교회는 두 그룹, 즉 유대주의자와 보편주의자로 분열되어 있었다. 원래의 사도들은 모두 유대주의자로서 유대 율법을 영속적으로 실천해야 한다고 주장했다. 메시야 예수는 유대교를 재확립하였다. 한편 사도 바울이 이끄는 보편주의자들은 복음이 유대인과 이방인에게 모두 동일한 용어로 전달되었다고 주장했다. 복음은 유대법과 유대 전통으로부터 해방되었다. 갈라디아서, 로마서, 고린도전후서 같은 바울의 진정한 서신에서 발견되는 모든 대립들, 이를테면 은혜와 율법, 신앙과 행위, 영과 문자 등은 이 대조적인 믿음 사이의 적대적 관계를 반영하고 있다.

바우어에 의하면, 바울은 원래의 제자들보다 예수를 더 잘 이해했다. 예수의 종교는 영적이고 보편주의적이었다. 예수는 과거의 종교 운동 안에서 최고의 요소를 분별해 내어, 이들로부터 미래의 종교를 형성하려 하였다. 그러나 예수는 미래의 종교를 세상 안에 들어오게 하기 위하여 유대인이 기대하는 메시야라고 주장해야 했다. 이것은 협소하게 유대적 의미에서 이해될 수도 있고 오해될 수도 있는 주장이었다. 원래의 제자들은 그렇게 이해했으나, 보편주의와 유대교 사이의 변증법적인 갈등의 싹은 예수 자신의 가르침 안에 잠재되어 있었다.

이러한 초기 기독교의 대조적인 형태 사이의 갈등은 아주 강했을 뿐만 아니라 오래 끌었다. 주후 150년 이후에 이르러서야 그 갈등은 분명하게 화해되고 종합되었다. 헤겔의 관점에서 볼 때, 그것은 모순에서 일치로 발전한 분명한 모범적 사례였다. 가톨릭의 종합은 종합이었을 뿐, 어느 한 쪽이 완전히 승리를 거둔 것이 아니었다. 가톨릭의 종합은 보편주의라는 점에서는 바울적이었고, 새 율법, 새 제사장, 새 의식 등을 마련한 점에서는 베드로적이었다.

모든 신약 성경의 문서는 이러한 변증법적 과정의 특징을 갖고 있었다. 어느 문서가 평화적 분위기를 띠면 띨수록, 그것은 분명하게 후기의 종합적인 국면에 해당되었다. 사도행전과 진정한 바울 서신이 차이를 보이는 것은 사도행전이 2세기 중반에 사도 시대에 기독교인을 분열시킨 갈등을 덮어씌우고 또 이제 막 얻은 조화를 더 증진시키려는 의도로 저술된 허구적 작품이기 때문이었다. 그리하여 사도행전은 안디옥에서 베드로와 바울의 갈등에 대하여 일체 언급하지 않았고, 바울은 유대의 의식법을 열심히 성취하고 먼저 유대인에게 복음을 전한 사도로 묘사하였고, 동시에 초기의 제자들은 토라가 이방인 회심자들을 구속하지 않는다고 선언한 최초의 사람들로서 보편주의적 태도를 갖고 있었다고 묘사하였다. 이러한 방법으로 사도행전은 그 종합을 이루었다.

마찬가지로 4복음서들은 각각 변증법적 과정의 서로 다른 국면을 반영하는 목적을 가지고 기록되었다. 바우어가 2세기 말에 기록된 것으로 본 제4 복음서에서 종합은 그 절정에 도달하였다. 예수를 그리스 철학의 로고스와 동일시한 것은 기독교 운동 안에 있는 모든 형이상학적, 윤리적 개념을 포용할 수 있는 기독교적 영적 지식(gnosis)을 정교하게 만들 수 있게 하였다.

바우어는 튀빙겐을 중심으로 하는 신학자들로 이루어진 튀빙겐 학파의 주요 인물이었다. 이것은 물론 로마 가톨릭 신학자들의 초기 튀빙겐 학파와 달랐다. 그러나 바우어는 아주 근면하고 존경할 만한 면모를 가진 사람으로서, 이 학파의 창시자요 탁월한 대변자였다. 그가 죽은 후 이 학파는 해체되었다. 그의 기독교 기원의 재구성은 전체적으로 시대에 뒤떨어진 것이었다. 그러나 비록 그가 잘못된 대답을 주었다 해도, 그는 많은 올바른 질문을 제기하였다. 슈트라우스는 복음서 이야기가 기독교인의 집단적 상상이 무의식적으로 신화를 만듦으로써 형성되었다고 설명한 반면에, 바우어는 복음서 이야기의 다양성이 예수의 삶에 대한 의식적·의도적 해석의 산물이라고 설명했다. 그는 그의 기독교 기원에 대한 설명에서 바울 같은 강력한 인물들이 중요한 역할을 담당했다고 한 점에서 슈트라우스보다 더 역사적 현실에 충실했다. 그는 내재적인 관념의 작용 그 이상의 작용이 — 이것이 아주 뚜렷한 것은 아니었지만 — 이루어지고 있다는 것을 보았다. 그럼에도 불구하고 슈트라우스와 바우어는 모두 근본적으로 기독교를 특별한 구체적 사건의 산물로 보지 않고 관념적인 진보적 과정의 일부분으로 보았다. 그리고 그들이 역사적 자료를 다룬 것을 보면 그들은 그들의 철학적 가정에 의해 지배를 받은 것 같다. 리츨이 이 두 사람을 반발하고 나온 것은 바로 이러한 이유 때문이었다.

*

알브레히트 리츨은 루터 교회 감독의 아들이었다. 아마도 이러한 환경이 그의 진지한 성향과 끊임없는 지성과 더불어 그를 신학자의 길로 들어서게 하였을 것이다. 그의 정신은 너무 강력하고 독립적이어서, 그는 어느 한 스승의 제자가 되거나 어느 한 학파의 일원이 될 수 없었다. 다른 한편으로 그는 일평생 배우는 학생이었고, 그의 가르침은 최종적인 체계에 도달하지 못하였다. 이러한 이유와 그의 둔감한 표현 방식 때문에, 그는 종종 일관성이 없다고 비난받았다. 그러나 그의 작품을 연구하는 사람들 사이에 어떠한 의견의 불일치가 있든지, 19세기 말 독일과 독일 너머의 다른 나라의 개신교 신학에 리츨만큼 강하고 광범위한 영향을 미친 사람은 없었다. 이것은 누구나 인정하는 사실이다. 따라서 우리는 그의 가르침의 주요한 특징에 주목해야 한다.

(1) 형이상학으로부터 신학의 분리. 리츨의 노력으로 기독교가 헤겔의 원리의 역사적 설명으로 전락되지 않게 되었다는 평가는 정당하다. 리츨은 튀빙겐 학파의 헤겔주의를 단순히 제3자로서 바라다 보지 않았다. 리츨은 그의 인생 경력 초기에 헤겔주의의 가장 촉망받는 학생 중의 한 명이었다. 그러나 그는 곧 헤겔주의뿐만 아니라 어떤 형태의 형이상학이든지 이들이 기독교 신학에 들어오는 것에 강력하게 반발하였다. 그는 기독교 계시를 모든 형태의 사변적 유신론으로부터 구분해 내기로 작정하였다.

그는 전통적인 신 존재 증명이 기껏해야 제일 원인, 지고의 존재, 절대자 이상의 것을 제공할 수 없는데, 이들은 하나님과 예수 그리스도의 아버지와 아주 다른 것이라고 생각했다. 신학은 플라톤, 아리스토텔레스, 헤겔, 기타 어떤 철학이든 철학과 손을 잡음으로써 막대한 손해를 입었다. 그 결과 신적 계시의 내용은 강제로 이질적인 지성적 체계의 틀 안에 주입되었다. 이러한 잘못된 과정은 오랜 역사를 갖고 있었다. 초기 몇 세기 동안 교회의 교리가 헬라화됨으로써 나쁜 선례가 발생했다. 이것은 젊은 리츨의 제자, 아돌프 하르낙(Adolf Harnack, 1851-1930)이 그의 「교리의 역사」 (*History of Dogma*, 1886-9)에서 확대시킨 주제였다.

리츨은 신학으로부터 형이상학을 추방한 반면에, 칸트의 인식론과 다른 그의 고유한 인식론을 분명하게 확보하였다. 칸트는 물 자체는 알 수 없고, 순수 이성에 의해 오직 현상만을 알 수 있다고 주장하였다. 리츨은 물 자체와 현상의 구분을 받아들였고, 그 활동과 외형과 분리되고 움직이지 않는 물 자체는 인식의 대상이 아니라는 것에 동의하였다. 그러나 그는 물 자체는 물 자체의 인간에 대한 활동과 우리의 물 자체에 대한 응답을 통하여 인식될 수 있다고 주장하였다. 그리하여 세상과 동떨어져 있는 하나님이 전통적인 유신론 증명이 시도해온 추론의 방식으로 증명될 수 없는 반면에, 하나님이 인간에게 인격적인 영향을 주는 계시를 통해서 인식될 수 있다고 하였다.

리츨은 "하나님이 행하시고 우리가 느끼고 지각하는 진정한 계시와 상관없이 하나님 자신에 관하여 어떤 것을 가르치는 모든 주장은 근거가 없는 것이다" 하였다. 기독교 신앙은 증명에 대한 지적 동의의 문제가 아니라 인격 대 인격의 응답의 문제이다. 여기서는 의지가 지성보다 더 큰 역할을 한다. 종교는 종교 자체의 성격을 갖고 있고 자신의 발로 설 수 있다. 종교는 인간의 사고나 경험 등 다른 형태에 의해 지탱되거나 방향을 지시받을 필요가 없다. 이것은 기독교 신앙이 철학적 비평이나 과학적 발견에 의해 지탱될 수 없는 것으로 평가되던 시대에 아주 매력적인 주장이었다. 리츨주의는 종교를 위하여 흔들리지 않고 독립적인 토대를 제공해 주었다. 리츨주의자들이 그들의 생각을 주장하는 한 가지 방식은 사실의 판단과 가치의 판단 사이에 분명한 선을 긋는 것이었다.

(2) 가치 판단. 리츨은 이 용어를 그의 생애 말기까지 채택하지 않았으나, 일단 이 용어가 채택된 후 이 용어는 그의 종교 인식론의 긍정적인 양상을 명확히 정리해 준 것 같다. 과학자들과 철학자들은 대상이 존재하는 대로 대상에 대하여 그리고 대상들 사이의 인과 관계나 다른 관계에 대하여 이론적 판단이나 사실적 판단을 하는 반면에, 신앙인은 그들 안에 기쁨이나 고통, 만족이나 불만족의 느낌을 일으키는 대상에 의해 가치 판단을 하게 되어 있다. 이 구분은 절대적인 것이 아니다. 왜냐하면 약간의 가치 평가가 없는 사실 판단은 있을 수 없고, 또 가치 평가된 대상이 존재한다는 것을 암시하지 않는 가치 판단도 있을 수 없기 때문이다.

리츨주의자들은 가치 판단이 순전히 주관적이라고 명확하게 말하지 않았다. 비록 그들에게 이러한 혐의가 있기는 하지만 말이다. 사실 판단과 가치 판단은 모두 실제로 거기에 있는 것에 관계되어 있다. 그러나 과학과 철학이 대상을 가능한 한 무심하게 설명하려고 시도하는 반면에, 종교는 대상을 그들의 실천적 가치, 즉 그들이 인간의 삶의 지고의 목적을 이루는 것인지 방해하는 것인지에 따라 판단한다. 리츨주의자들은 가치 판단이 열등한 종류의 지식을 생성시킨다는 것을 강력하게 부인했다. 이것은 그들의 예수의 인격에 대한 태도에서 나온 중요한 요점이었다.

(3) 역사의 예수. 슐라이어마허가 신학의 자료를 종교적 의식이라고 생각한 반면에, 리츨은 신학의 자료가 역사적 사실 즉 예수 그리스도 안에 나타난 하나님의 역사적 계시라고 주장하였다. 기독교의 모든 것은 바로 이 역사적 계시에 의존해 있다. 리츨은 기독교인이 그들의 신앙 문제에서 다른 종교로부터 배우는 것을 허용하지 않듯이, 과학이나 철학으로부터 배우는 것도 허락하지 않았다. 그는 신비적 체험에 호소하는 것에도 반대하였다. 신비적 체험 안에는 특별히 기독교적인 것이 없고, 그것은 그리스도의 역사적 계시에 무관심하게 만든다고 보았다.

슈트라우스와 달리, 리츨은 예수의 실재가 성경을 통하여 충실하게 전달되었다고 확신했다. 그는 대부분의 신약 성경의 문헌을 2세기의 작품으로 추정하고 그들을 그리스도의 사명에 대한 의도적이고 상반되는 해석의 집합으로 다루는 바우어의 이론에 반대하였다. 리츨은 복음서가 1세기에 기록되었다고 보았다. 그는 마가 복음의 우위성을 인정하였고, 거의 모든 바울 서신이 바울의 진정한 서신이라고 받아들였다. 그는 신약의 문헌들이 그리스도의 사역에 대한 통일되고 역사적으로 신뢰할 만한 증거를 제공하고 있다고 주장했다. 그렇지 않았으면, 그는 예수의 역사적 인격 안에 있는 계시 위에 그의 전 신학 체계를 세울 수 없었을 것이다.

그러나 리츨에게서 그리스도에 대한 신앙은 역사의 연구로부터 추론한 것이 아니라 가치 판단의 문제였다. 역사적 사실은 예수가 신자에게 나타나고, 그를 붙잡아 주고, 그를 자유케 하고, 그로 하여금 세상에 대한 하나님의 주권에 참여할 수 있게 하고, 그를 인과 관계의 기계적 구조의 노예로부터 해방시킬 때만, 모든 신자에게 하나님의 계시가 된다. 다음은 그리스도의 신성을 선언하는 리츨의 독특한 방식을 잘 보여준다.

만일 내가 나의 구원을 위해 하나님이 나를 위해 행하신 능력을 신뢰함으로써 하나님을 나의 하나님으로 경배한다면, 그것은 바로 가치 판단이다. 그것은 칼케돈 신조같이 무심한 과학적 지식의 영역에 속하는 판단이 아니다. … 우리가 하나님과 신적인 것의 본성을 알 수 있는 것은 오직 그 신성이 우리의 구원에 어떤 가치가 있는지 판단하는 방법에 의해서 이루어진다. … 우리는 하나님을 계시에 의해서만 안다. 그러므로 만일 그리스도의 신성이 이해될 수 있다면, 우리는 그리스도의 신성을 그리스도가 우리에게 구원의 효력을 준 사건 안에서 우리에게 계시된 속성으로 이해해야 한다.

이것은 리츨이 그리스도의 사역에서 그리스도의 신성을 보았다는 것을 말해준다. 그리고 그리스도의 사역은 하나님의 나라를 시작하고 세우는 것이었다.

(4) 하나님의 나라와 구속. 리츨은 하나님의 나라에 대한 강조에서 공관복음의 핵심적 요소를 발굴해 내었다. 그는 기독교는 하나님의 나라와 또 개인의 구속이나 이신칭의라는 "두 개의 초점을 가진 타원"이라는 유명한 말을 했다. 그러나 그의 해석자들은 그가 구속의 교리를 하나님 나라의 교리에 종속시켰다는 데 의견이 일치하고 있다.

하나님은 사랑이시고, 하나님의 세상을 향한 목적은 도덕적 공동체와 형제애 안에서 함께 연합되어 있는, 모든 나라와 인종의 자유로운 영혼들의 왕국을 건설하는 것이다. 이 하나님의 나라를 여는 것이 그리스도의 소명이었고, 그는 이 목적을 위해 자기 목숨을 바쳤다. 리츨에게서 하나님의 나라는 종말론적이라기보다 윤리적이었다. 그는 종말론에 대해 말할 것이 별로 없었다. 그가 매혹되어 그의 모든 관심을 기울인 것은 역사 안에서 하나님의 나라가 점진적으로 세워지는 것이었다.

신자들은 그리스도에 의해 죄로부터 구속된다. 즉 사회 질서를 파괴하는 자기 주장으로부터 하나님 나라로 옮기워져서 하나님 나라의 일에 참여하게 된다. 그리스도의 구속의 목적은 개인적이 아니라 공동체적이다. 교회는 기도와 예배 안에서 연합된 하나님 나라의 일원들로 구성된다. 리츨은 교회는 무릎 꿇고 손을 모으고 기도하는 하나님의 나라이고, 하나님의 나라는 일을 위한 연장과 전쟁 무기를 손에 들고 서 있는 교회라고 하였다. 그가 신비주의를 정죄한 한 가지 이유는 그것이 개인을 하나님 나라의 도덕적·사회적 과제로부터 소원하게 만들기 때문이었다.

이러한 것이 리츨과 그의 제자들의 주요한 특징이었고, 그들은 감동적인 영향을 많이 끼쳤다. 한 프랑스 작가는 리츨주의가 여러 면에서 호소력이 있는 이유를 다음과 같이 설명했다.

비평의 공격에 의해 마음이 상한 사람들에게 리츨주의는 신앙과 구원은 우리의 역사적 탐구의 결과와 무관하다는 것을 확인해 준다. 교리적 논쟁에 지친 신학자들에게 그것은 모든 외부의 형이상학에서 자유로운 기독교를 제시해 준다. 신학이 자연 과학의 공격 앞에서 무너지는 것을 보고 두려워 떠는 학자들에게 그것은 자연 과학과의 모든 충돌이 불가능한 방법을 보여준다. 역사에 헌신한 학생들에게, 그것은 원시 교회의 발전을 보여준다. 소심한 그리스도인들에게 그것은 하나님은 당신에게 절대 화를 내지 않는다고, 하나님은 당신에게 당신이 하나님에게 돌아갈 수 있다고 선언하고 있다고 말해 준다. 지칠 대로 지친 비관주의자들에게 그것은 하나님의 나라의 진보를 위해 일하라고 외친다.[1]

---

1) H. Schoen, *Les Origines historiques de la theologie de Ritschl.* 1893, E. A. Edghill, *Faith and Fact: A Study of Ritschlianism.* 1910, pp. 59ff에서 재 인용.

제 10 장

영국의 과학과 기독교 신앙

빅토리아 시대는 기독교 신앙의 시대라는 말이 있고, 또 얼핏 보기에도 이러한 주장을 뒷받침하는 증거들이 많이 있다. 교회와 채플은 많은 예배자로 가득 찼다. 중산층과 상류 계층에서 정기적으로 교회에 가지 않는 사람들은 존경을 받지 못하였다. 이 시대는 많은 교회가 건축되고 재건된 시대였다. 복음주의 운동과 소책자 운동을 추종하는 이들이 많았고, 비국교회도 번창하였다. 신앙 서적과 신학 서적이 책, 소책자, 소논문, 설교집, 정기 간행물, 신문 등의 형태로 엄청나게 출판되었다. 또한 이 시대는 선교적 열정과 확장이 두드러진 시대였다. 확실히 이때 많은 사람들이 선조들의 신앙을 단순하고 확고하게 신뢰하였을 뿐만 아니라, 이 신앙을 실천하고 전파하는 데 헌신하였다. 이 모든 것들은 빅토리아 시대가 신앙의 시대임을 증거해 준다.

그러나 좀더 엄밀하게 당시 사정을 분석해 보면, 빅토리아 시대가 신앙의 시대였다는 주장에 대해 이의를 제기할 수도 있다. 겉으로는 종교적 일치가 이루어져 있었지만, 그 이면에서는 의심과 불신이 들끓고 있었다. 이 시대의 대표적인 사상가와 지성인들은 대부분 신앙의 문제와 씨름해야 했다. 그리고 당대의 영향력 있는 교사들은 비신앙인이거나 혹은 전통적인 정통 기독교와 다소 거리가 있는 신앙을 갖고 있었다. 토머스 칼라일, 존 스튜어트 밀, 조지 엘리엇, 제임스 앤소니 프라우드, 프랜시스 뉴먼, 존 몰리, 매슈 아놀드, 레슬리 스티븐, 토머스 힐 그린, 조지 메러디스 등 이 모든 교사들의 가르침은 전통적인 기독교 신앙을 파괴하지는 않았어도 흔들어 놓았던 것으로 보인다. "역사상 어느 시대도 상실된 신앙을 주제로 그렇게 상세한 글을 쓴 시대가 없었고, 종교 제도권 밖에 그렇게 많은 종교적 인물들을 배출한 시대도 없었다."[1] 더욱이 기독교 신앙을 부인하지 않은 교사들도 지속적인 의심의 압력을 받고 있다고 증거하였다.

빅토리아 시대의 많은 정통 성직자들의 특징인 거슬리는 목소리와 이단 사냥의 성향은 그들 자신의 신앙의 근거에 대한 불확신이나 불안을 감추기 위한 것이었을지도 모른다. 사람은 흔히 자신에 대하여 확신이 없고 자기에게 반대하는 사람이 옳을지도 모른다고 불안해 할 때, 흥분하여 큰 소리로 말하는 경향이 있다. 이 시대는 신앙의 시대라기보다 종교적으로 진지한 시대라고 말하는 것이 더 타당할 것이다. 오늘날과 달리, 당시는 어떤 분별있는 사람도 종교적 믿음의 문제를 무시할 수 있다고 생각할 수 없었다. 이것이 바로 그 시대와 이 시대의 큰 차이이다.

전통적인 기독교의 권위는 여러 방면으로부터 위협을 받았다. 논쟁이 한층 과열되어 있을 때, 자연 과학의 발견과 문학적 역사적 성경 비평이 선명하게 등장하였다. 이것은 이번 장과 다음 장에서 주의 깊게 살펴볼 주제들이다. 그러나 불신앙과 의심의 기원은 다른 곳에도 있었다. 특히 많은 사람들이 복음주의 정통과 가톨릭 정통 신앙으로부터 등을 돌리게 된 것은 (하나님의 편애, 대리적 속죄, 지옥의 영원한 고통 등) 기독교 구원 교리의 명백한 비도덕성과 비인간성과 또한 현세의 삶의 환경을 개선할 가능성과 의무를 모두 말살하는 것처럼 보이는 구원 교리의 피안성 때문이었다. 예를 들어, 프랜시스 뉴먼, 프라우드, 조지 엘리엇 등은 자연 과학이나 성경 때문이 아니라 바로 이러한 이유 때문에 정통 기독교에 대해 등을 돌리게 되었다.[2] 그들은 정통 기독교가 그들에게 기독교 구원의 우월성을 확신 있

---

1) Margaret Maison, *Search your Soul, Eustace*. 1961, p. 209.

2) H. R. Murphy, "The Ethical Revolt against Christian Orthodoxy in Early Victorian England." *American Historical Review*, July 1955.

게 믿도록 요구했던 것이 그들 자신의 윤리적인 이상과 기준보다 도덕적
으로 열등하다고 생각했다.

그럼에도 불구하고, 윤리적인 이유보다 자연 과학의 발전이 신앙에 보다
더 충격적인 도전을 주었다. 영국의 기독교는 다윈의 진화론이 미칠 영향
에 대해 독일만큼 대비를 하지 못하였다. 일부를 제외한 대부분의 신학자
들은 칸트 이후부터 계속 퍼져오던 누룩에 대하여 둔감하였고, 19세기 전
반기 동안 영국에서 종교적 신념은 비교적 새로운 지식에 의해 동요되지
않았다. 신앙의 동요가 있다고 하더라도 주로 사도적 계승, 교황권, 세례적
중생, 교회와 국가의 관계 등과 같은 문제였지 신앙의 근본 토대에 대한
것이 아니었다.

영국의 기독교인들은 성경이 다른 모든 책들과 다르다는 생각을 고수하
였다. 즉 성경은 하나님에 의해 보증을 받은, 하나님과 세상에 관한 지식의
창고였고, 모든 부분에서 사실이고 그 올바른 의미가 확증된다면 어떤 논
쟁도 해결할 수 있다고 보았다. 이들은 성경 자체뿐만 아니라 성경과 연관
된 개념의 틀도 완전히 신뢰할 만한 것이라고 받아들였다. 예를 들어, 모리
스는 1850년대에 여전히 이 세상의 역사가 6,000년이라고 하였다. 세상은
하나님의 갑작스런 명령에 의해 창조되었고, 모든 동물의 종과 인간은 이
미 완전한 종으로 창조되었다. 창세기의 아담과 하와, 족장들에 대한 이야
기들은 전적으로 역사적인 사건들이었다. 아담은 죄없는 상태에서 놀라운
축복을 누리며 지혜를 소유한 상태로 창조되었지만, 타락이라는 단 한 번
의 불순종의 결과로 이 모든 것을 상실하게 되었다.

이러한 신념을 확신하고 있는 사람들에 대한 최초의 불평은 지질학으로
부터 나왔다. 1830년대 찰스 라이엘 경과 버클랜드 학장은 그들의 저서를
통하여 암석과 화석들이 지질학적인 연속성이 있다는 것을 확립하였고, 또
지구의 연대가 당시 추정되던 에덴 동산의 연대보다 훨씬 더 오래되었다
는 것을 보여주었다. 그러나 전통주의자들은 1857년 과학자 고스(P.
Gosse)가 그랬듯이, 하나님이 인간의 신앙을 시험하시기 위하여 오해의
소지가 있는 화석들을 암석 속에 놓아두셨다고 하거나, 창세기 1장의 "날"

은 긴 시대를 의미한다고 주장함으로써 이러한 어려움에 대처할 수 있었다. 신학자들뿐만 아니라 과학자들도 이러한 대처 방법을 기꺼이 받아들였다.

다른 어려운 문제들은 약간의 창의력으로 극복될 수 있었다. 1833년 뱀프턴의 강좌의 한 강사는 모세가 이집트의 연대법을 사용하였다는 가정에 근거하여 족장들의 긴 수명을 해결해 보려 하였다. 이집트의 연대법은 12달이 1년이 아니라 3달이 1년으로 계산하였다. 그러면 창세기의 수명은 1/4로 축소될 수 있고, 므두셀라의 진짜 나이는 242세가 되었다. 상대적으로 단순하고 순수한 족장들의 생활과 그들의 유유자적한 삶의 방식을 고려한다면, 그들이 인간의 평균 수명보다 더 오래 살았다는 것은 믿을 만한 일이었다.

그러나 정통 기독교는 다윈의 「종의 기원」(*Origins of Species*)이 나오기 15년 전, 즉 1844년에 「창조의 자연 역사의 흔적」(*Vestiges of the Natural History of Creation*)이 출판되었을 때, 상당한 충격을 받았다. 이 책은 불티나게 팔려서 6개월 동안 4판을 거듭하였고, 1860년 11판이 나왔다. 이 책은 익명으로 출판되어 아무도 누가 그것을 썼는지 말할 수 없었기 때문에 더욱 흥미와 분노를 일으켰다. 몇 달 동안 이 책은 저녁 식사 때의 단골 주제가 되었다. 이 책을 쓸 가능성있는 저자들, 예를 들면 새커리(Thackeray), 프린스 알버트, 바이런의 딸 등의 이름들이 거론되었다. 40년 후 비밀이 밝혀졌다. 저자는 로버트 챔버스(Robert Chambers, 1802-71)라는 스코틀랜드인이었는데, 그는 전문 과학자가 아니라, 이것저것 관심이 많은 다작의 저술가이며 편집자였다. 그의 이름을 따서 「챔버즈 백과사전」이 출판되기도 하였다.

「창조의 자연 역사의 흔적」은 자연 전체가 단 하나의 통일된 법에 의해 다스려진다는 가정에 근거하여 물리학적이고 생물학적인 발견들을 개관하였다. "우주의 체계가 자연 법칙의 지배를 받는다는 것을 인정한다면, 생물의 종이 이 세상에 들어오게 된 것도 또한 이 법칙에 따라 이루어진 것이 확실하다." 이 책은 하나님의 세상 창조가 아니라 세상 창조의 방식에 관한 당시 공인된 견해에 의문을 제기하였다. "전능하신 조물주가 인격적이고 직접적인 작업을 통하여 현존하는 모든 종의 조상들을 만들었다"는 믿음은 불합리하고 미신적인 것이다. "영원자는 미리 모든 것을 준비했으나, 모든 것을 그가 세워넣은 법칙의 작용에 맡겨 놓았다."

비록 「창조의 자연 역사의 흔적」의 종의 발전에 관한 이론은 다윈의 이론과 원리적으로 동일하고 전통적인 정통 기독교에 대하여 다윈과 동일한 문제를 제기하였지만, 믿음의 위기는 후일로 연기되었다. 신학자들은 이 책을 논박할 필요가 없었다. 왜냐하면 과학자들이 이 일을 해주었기 때문이다. 그리고 사실 챔버스는 겨우 아마추어 수준이었고 종종 자신의 저작 내용을 제대로 파악하지도 못했던 실정이었다. 과학의 전문가들이 챔버스의 오류에 달라붙어서 수고스럽게도 그 오류를 밝혀냈다. 1850년경 진화의 개념을 위해 옳은 말을 할 수 있는 과학자는 거의 없었다. 과학자들에 의한 「창조의 자연 역사의 흔적」의 반박은 신자들에게 거짓된 안전감을 주었다. 그래서 아주 진지하게 진화를 다루는 일은 다윈에게 맡겨졌다.

라마르크와 이래즈머스 다윈과 「창조의 자연 역사의 흔적」의 저자 같은 사람들이 생물학적 진화의 이론을 발전시키는 동안, 그들의 이론은 번뜩이는 추측의 속성을 띠고 있었고 또 갑작스런 창조의 교리를 믿을 만하게 해주는 것 같은 증거들 위에서 주장되었다. 찰스 다윈이 한 일은 진화론에 의해서만 설득력 있게 설명될 수 있는 방대한 자료를 수집함으로써, 진화론을 단지 조야한 추측으로 보는 입장을 불가능하게 만든 것이었다. 자연도태가 종의 기원의 원인이라는 그의 이론은 그의 작품을 한층 더 충격적인 것으로 만들었다.

고등 동물과 인간이 저등한 형태의 생명에서 생존을 위한 투쟁의 결과로 진화하였다는 결론은 분명히 창세기의 문자적 정확성에 치명타를 입혔다. 더욱이 인간의 창조와 타락에 대한 전통적 기독교의 교리가 폐기되어야 할 것 같았다. 인간은 하나님의 직접적이고 인격적인 행동이 아니라 비인격적이며 자연적인 법칙과 힘의 작용에 의해 생긴 것 같았다. 인간은 하나님과 연합할 수 있는 충분한 능력을 갖고 창조되었으나 이러한 능력은 첫째 인간인 아담과 하와의 불순종 때문에 상실하였다는 가정에 근거하고 있는 기독교 신앙의 구조는 이제 크게 흔들리게 되었다. 그리스도의 사역은 이 원초적인 재난을 교정하는 것이었다. 타락이 발생하지 않았다면, 구속과 속죄의 교리도 위기에 처하게 되는 것이었다. 퓨지 박사가 말한 대로, "인간이 인간 본성의 완전한 형태를 가지고 초자연적인 은혜를 받은 상태로 완전한 선택의 자유를 가지고 창조되었고, 타락으로 인하여 그리스도에 의해 회복될 때까지는 선택의 자유가 없다는 것은 우리 신앙의 기본 토대이다."

우리는 다윈의 작품이 왜 그렇게 큰 불안을 일으켰는지 알 수 있다. 주교 중에서 가장 유창하고 교양 있는 주교였던 새뮤얼 윌버포스(1805-73)는 「계간 평론」(*Quarterly Review*)의 논문을 통하여 그리고 1860년 옥스퍼드에서 열린 "브리튼 협회" 모임의 연설에서 공격의 책임을 맡았다. 「계간 평론」에서 그는 다윈은 "하나님의 영광을 피조물에 제한시키는 경향"을 보이는 잘못을 범하고 있고, "자연도태설은 하나님의 말씀과 절대로 양립할 수 없고," 그것은 "피조물과 창조주의 관계에 대한 계시와 모순되고," 그것은 "자연을 모욕하는 견해"라고 주장하였다. 브리튼 협회 모임의 보고서는 전혀 명확하지 않았다.

윌버포스는 헉슬리에게 다음과 같이 말했던 것 같다. "만일 어떤 사람이 원숭이를 그의 할아버지로 생각하고 그의 가계를 추적하려고 한다면, 그는 그의 할머니 쪽에서도 동일하게 그러한 방법으로 그의 가계를 추적할 것인가?" 이것은 빅토리아 시대 사람들이 여성에 대해 갖고 있는 감상적 태도를 보여주는 설명 방식이다. 그러자 헉슬리는 옆 사람에게 "주님이 그를 내 손에 붙이셨다"고 중얼거리며 그의 말의 결론에서 다음과 같이 일침을 놓았다. "내가 선택해야 한다면, 지식과 달변을 이용하여 진리 탐구에 목숨을 바치는 사람들을 호도하는 사람의 후손이 되기보다는 차라리 겸손한 원숭이의 후손이 되는 것을 택하겠다."

또 다른 전통적 신앙의 옹호자는 다음과 같은 말로 그의 열정적인 담화를 끝냈다. "나의 조상이 낙원에 있도록 놔 두시오. 그러면 나도 당신의 조상이 동물원에 있도록 허락하겠소." 곧 추기경이 될 대주교 매닝은 자연에 대한 새로운 견해를 "야만적인 철학, 즉 하나님이 없고 원숭이가 우리의 아담"인 철학이라고 하였다. 이렇게 격분하는 사례들은 허다하였고, 상당히 오랫동안 계속되었다. 1886년 치체스터의 학장 버곤(J. W. Burgon, 1813-88)은 둘도 없는 완고한 보수주의자로서 다음과 같이 썼다.

> 자연 철학자가 인간은 진화의 생산물이고 원숭이의 자손이라고 주장할 때, 우리는 그의 가정을 비웃음으로 반박하지 않을 수 없다. 그의 주장은 성서의 근본 계시들과 분명히 조화될 수 없다. 이 가정은 과학적인 증명이 전적으로 결여된 채 근거 없이 제시되었고, 리차드 오언 경 같은 뛰어난 자연 과학자들에 의해 경멸을 받았다.

사실 오언(Owen)처럼 진화론의 타당성을 인정하기를 거부하는 과학자들이 여전히 있었다. 신학자들은 자연스럽게 이러한 상황을 충분하게 이용하게 되었다. 실제로 과학자들의 둔감함은 적당한 증거를 평가할 자격이 없는 신학자들의 둔감함에 대하여 상당한 변명거리를 제공하였다고 할 수도 있었다.

그렇지만 기독교 신앙인들 중에는 처음부터 다윈에 의해 놀라지 않은 과학자와 신학자들이 있었다. 그들은 다윈의 발견이 지니는 영향력을 인식하였고, 그들이 그의 발견을 숙고해야 한다고 생각했다. 이 가운데는 다윈의 친구이며 미국의 저명한 식물학자인 아사 그레이(1810-88)가 있었다. 그는 진화론과 정통 기독교의 신앙을 결합시켰다. 아사 그레이의 친구이고 앞으로 성 바울 신학교의 학장이 될 리처드 윌리엄 처치(1815-1890)도 신학적 입장에서 그러한 견해를 갖고 있었다. 「종의 기원」이 출판되었을 때, 그는 놀라지 않고 그것을 존중하는 마음으로 검토하고 그레이에게 "진화론을 고차원적이며 영적인 차원의 개념들과 양립할 수 없다고 여기는 것은 놀랍게도 단편적인 생각이다"라고 편지를 써보냈다. 몇 년 전, 그는 이렇게 말한 적이 있다. "나는 성서 기자들이 실수한 것을 발견했다 하더라도, 그들이 내 마음 속에 넣어 준 하나님에 대한 믿음을 절대로 포기하지 않을 것이다." 1860년 3월 호르트는 웨스트코트에게 이렇게 썼다. "당신은 다윈의 글을 읽어 보았나요? 그것에 관하여 얼마나 당신과 얘기하고 싶은지 모르겠군요. 난해한 부분이 있지만, 나는 다윈을 반박할 수 없다고 생각하게 됐습니다. 어쨌든 그런 책을 읽는 것은 큰 기쁨입니다."

점차 생각있는 기독교인들은 과학의 발전을 두려워하는 대신 오히려 환영해야 한다고 느끼게 되었다. 대중적 차원에서, 이것은 성 마태 조합의 회원들의 태도였다. 이들은 세속주의자들에게 믿음을 전하고자 시도할 때, 이 문제를 다루어야 한다고 생각했다. 예를 들어, 스튜어트 헤드럼은 1879년 설교에서 다음과 같이 말하였다.

> 과학자들이 무오한 책이라는 우상을 박살내고 소위 신적인 규율집이라는 족쇄를 깨뜨렸으니 하나님께 감사하십시오. 왜냐하면 그렇게 함으로써 그들은 위엄있는 예수 그리스도를 드러내는 것을 도왔기 때문입니다. … 예수 그리스도는 하나님의 말씀이십니다. 그는 여러분의 과학적 연구에서 당신에게 영감을 주고 당신을 격려하고 당신을 강하게 세워주십니다. 그는 라이엘이나 다윈 안에서 지혜가 되십니다.
>
> 하나님께서 며칠만에 세상을 창조하셨다고 생각하는 것보다 여러 시대에 걸쳐서 그의 영으로 세상을 창조하셨다고 생각하는 것이 하나님을 훨씬 더 위엄 있는 하나님으로 이해하게 해 줍니다.

나이 많은 퓨지 박사도 그의 노년에 「비과학, 반 과학, 반 신앙」(*Unscience, not Science, Adverse to Faith*)이라는 제목의 대학 설교에서 할 수 있는 한 진화론을 극복하기 위하여 노력하였다. 그는 다윈의 이론이 증명되었다는 것을 허락하지 않았다. 그러나 그는 진정한 신학이 어떤 물리학적 이론에 거룩한 신적 진리의 속성을 부여하는 것도 부정하였고, 신학이 진화론적 가정을 모두 배제해야 한다는 것도 부정하였다. 만일 이 사건이 증명된다면, 이성적 존재가 비이성적인 조상으로부터 나온 것이 놀라운 기적을 포함한다고 하더라도 인간이 열등한 생명의 형태로부터 진화하였다는 것은 인정할 수 있을 것이다. 어쨌든 영혼은 물리학의 대상은 아니다. 퓨지는 인간이 저등한 동물로부터 진화하였다는 것이 증명할 수 없는 것이라는 것에 의지하였다. 이것은 위험한 입장이었다. 왜냐하면 과학이 잃어버린 고리(missing link)를 발견하는 것이 항상 가능하기 때문이었다.

이 당시 기독교 변증학은 진화라는 자연적 과정이 있을 만하다고 인정하는 경향이 있었다. 그리고 하나님의 창조 행위가 과학 이론에서 말하는 간격이나 틈새에서, 즉 무기 물질과 유기적 생명 사이와 이성적 존재인 인간과 비이성적 동물 사이에서 찾아볼 수 있다고 가정하였다. 이것은 이 간격이 결코 메워지지 않을 것이라는 믿음에 기독교 신앙을 고정시키는 것이었다.

이 입장의 약점을 간파한 사람은 소책자 운동의 전통에 서 있는 옥스퍼드의 한 젊은 신학자였다. 그는 더 나아가 이 입장은 하나님의 세상에 대한 관계에 관하여 이단적 개념을 포함하고 있다고 말하였다. 그는 바로 오브리 무어(Aubrey Moore, 1848-90)였다. 그의 요절은 영국 신학계의 크나큰 손실이었다. 무어는 월리스(A. R. Wallace)의 진화론에 관심을 가졌다. 월리스의 진화론은 다윈의 이론과 비슷하지만, 하나님의 직접적인 개입을 위한 여지를 남겨놓았다는 점에서 달랐다. 월리스는 저등한 형태로부터 인간의 진화를 주장하였다. 그러나 그는 자연 도태는 인간에게 원숭이의 두뇌보다 단지 조금 더 우월한 두뇌를 주었을 — 그는 이것을 "이단"이라고 불렀다 — 것이지만, 사실 인간의 두뇌는 원숭이의 두뇌보다 훨씬 더 크다고 주장했다. 그리하여 더 고차원적 지성이 이 시점에서 인간을 만들기 위해 자연 도태에 개입하였다는 것이다. 그러나 무어는 이러한 사상과 아무런 관련이 없었다.

월리스가 과학적 입장에서 이것을 정당하게 이단이라고 불렀는지 여부를 결정하는 것은 필요하지 않다. 그러나 확실히 종교적 입장에서 그것은 이상한 비정통적 견해이다. 만약 기독교인들이 믿는 대로, 인간을 창조하기 위하여 이러한 법칙을 사용한 "고차원적 지성"이 저등한 형태의 생명을 창조하는 데 이 법칙을 사용하신 하나님과 동일한 하나님이라면, 원인의 구분으로서 월리스의 구분은 사라지고 만다. 그리고 만약 "고차원적 지성"이 동일한 하나님이 아니라면, 우리는 사도신경의 첫째 항목을 반박하는 것이다. 기독교가 인간과 나머지 가시적 피조물 사이에 어떠한 선을 긋든지, 그것은 확실히 인간을 하나님의 작품으로 주장하지 않는 것이고, 나머지 피조물을 "도움을 받지 않는 자연"에 맡기는 것이다.

무어는 "특별한 창조"(special creations)의 개념을 좋아하지 않았다. 그는 특별한 창조가 신앙의 한 부분이 아니라 주로 밀턴에 의해 대중화된 17세기의 산물이라고 보았다.

> 진화를 지지하는 과학적인 증거와 상관없이, 이론으로서 진화론은 "특별한 창조"보다 훨씬 더 기독교적이다. … 우발적 개입의 이론은 역으로 일상적 부재의 이론을 함축하고 있다. … 이 이론은 지난 세기의 이신론과 잘 어울린다. 왜냐하면 이신론은 항상 소위 부재 지주와 같은 하나님에 대해 말하기 때문이다. 그러나 이보다 더 성경과 교부들의 언어에 반대되는 것을 생각해 볼 수 없다. 아타나시우스에게 있어서 신적 로고스의 내재는 자연 안에서의 적응과 일치를 설명해준다. 특별한 창조는 이신론의 과학적인 유비이다. 질서, 발전, 법칙은 기독교의 하나님 이해의 유비들이다.

무어는 어떤 이들이 자신의 신학의 토대로 삼고 있는 "단절" 혹은 간격의 개념은 과학이 진보하면서 이성으로 이해될 수 있게 됨으로써 사라질 시대가 올 것이라고 말하였다. 그는 또한 창세기에 있는 역사 이전의 사건에 대한 이야기에 의존하는 대신, 역사에서 그대로 드러난 인간 본성의 무질서에 대한 추론에 의지하여 타락의 교리를 재해석하였다. 거의 동시에 케임브리지의 신학자 메이슨(A. J. Maison)은 "만일 인간의 정신이 다른 동물들 속에 있는 유사한 능력으로부터 발전한 것이라는 것이 증명될 수 있다고 해도, 기독교인들은 마음의 동요를 느끼지 않고 하나님의 능력과 지혜를 찬양할 새로운 재료를 발견할 것이다" 하였다.

그리고 호르트는 창세기의 처음 몇 장은 "역사의 문제로서 현재 우리의 이해를 넘어서는 주제들에 관하여 중요한 실제적 진리들을 제시하고 있는 비유 혹은 우화로서 하나님에 의해 선택된 것이다" 하였다.

이렇게 하여 1890년경 적어도 대학에 있는 신학자들은 자연 과학의 발전에 대하여 더 이상 마지 못해 인정하는 태도를 그만두고, 오히려 그것이 하나님의 선물이라고 주장하였다. 이러한 현장의 변화는 의심할 여지없이 현명한 것이었으나, 이것은 아마도 너무 손쉬운 방법이었을 것이다. 왜냐하면 세상을 바라보는 과학적 방식과 신학적 방식 사이에는 창세기에 대한 논쟁에서 명확하게 나타나는 것보다 더 깊은 간격이 존재하기 때문이다. 태도와 전제에 관한 깊은 갈등을 미해결의 상태로 남겨두고 거기서 타협할 수 있었다. 그러나 우리가 앞으로 보겠지만, 신학자들은 자연 과학뿐만 아니라 성서 비평에서 이루어진 발전과 관련하여 기독교 신앙을 재해석하기 위하여 포괄적인 시도를 하게 되었다. 우리는 앞으로「종의 기원」의 출판 이후 몇 달 동안 나타났던 각종 출판물에 의해 시작된 엄청난 반응을 다루어야 한다.

제 11 장

성경과 광교회

영국의 19세기는 신앙의 위기로 가득 차 있었다. 그 중에 1860년 2월 「에세이와 서평」(*Essays and Reviews*)이 일으킨 위기가 가장 심각하였다. 그 논쟁은 처음 4, 5년간 격렬하게 일어났다. 그리고 그친 것 같다가 다시 쏟아지는 소나기처럼 1869년에 다시 한 번 격렬하게 일어났다. 이 모든 일은 빅토리아 시대의 종교와 특별히 영국 성공회의 실상을 잘 보여준다. 그러나 이것은 덕스러운 이야기는 아니다. 먼저 이 논쟁의 부정적 면모를 살펴보자.

1860년 웰링턴 대학의 학장은 장차 캔터베리의 대주교가 될, 에드워드 화이트 벤슨(Edward White Benson, 1829-96)이었다. 「에세이와 서평」이 출판된 직후 벤슨은 복사본을 보조 교사 도서관에 제출하였다. 호전적인 복음주의 기관지 「레코드」(*The Record*)의 한 기고가는 이 사실을 알고, 학장이 학생들에게 해로운 책을 제공했다는 편지를 신문사에 보냈다. 이에 대하여 벤슨은 책을 제출한 곳은 학생들이 접근할 수 없는 교사들의 도서관이었고, 교사는 직업의 특성상 아주 다양한 작품을 연구하는 것이 바람직하다고 생각했다고 대답하였다. 「레코드」의 편집인은 일반 기독교인이 이러한 책임 회피를 용납하지 않을 것이라고 말하였다.

여러 에세이를 한 권으로 묶어 출판하려는 생각은 이전에 옥스퍼드 학생 지도 교사였던 윌슨(H. B. Wilson, 1803-88)에게서 나왔다. 그는 소책자 논쟁에서 자유주의적 노선을 취했던 사람이다. 그는 베일리얼 칼리지의 학생 지도 교수이며 장차 학장이 될 벤저민 자우엣(Benjamin Jowett, 1817-93)에게 자신의 생각을 피력하였다. 영국의 자유주의 신학자들 중에서 가장 영향력 있는 인물이었던 자우엣은 윌슨의 생각을 적극적으로 환영하였다. 그는 이미 상당 기간 동안 비평적 성경 연구에 관하여 글을 써 오고 있었고, 그것을 출판할 기회를 찾고 있었다. 자우엣은 스탠리(A. P. Stanley)를 끌어들이고자 하였으나 성공하지 못했다. 자우엣은 이 계획을 그에게 다음과 같이 설명하였다.

> 나의 목표는 영국 성공회의 테두리 안에서 우리가 자유롭게 생각하는 것을 말하는 것이다. 한 가지 중요한 사실은 어느 누구도 자신의 생각이 아닌 다른 사람의 생각에 대하여 책임이 없다는 것이다. 그러나 욕을 먹는 것이 이 계획의 본질적인 일부분이다. … 우리는 경솔하게 대중이나 대학을 자극하고 싶지 않으나, 이 혐오스런 폭력의 구조에 굴종하지 않으려고 한다. 이 체제는 가장 명백한 사실도 진술하지 못하도록 방해하며 참된 신학과 신학 교육을 불가능하게 만들고 있다.

결국 7명의 기고가들이 참여했다. 럭비의 교장인 프레더릭 템플(Frederick Temple, 1821-1902)은 "세계의 교육"에 대하여 썼다. 그의 에세이의 대부분은 현대의 독자에게는 진부한 강단의 수사학이라는 인상을 주지만, 성경에 대해 대담하게 연구하고 또 기꺼이 통념을 수정하도록 호소하였다. 람페터 대학의 히브리어 교수인 롤런드 윌리엄스(Rowland Williams, 1817-70)의 에세이는 표면적으로는 "분젠의 성경 연구"에 대한 평론이었다. 바론 폰 분젠은 런던의 대사를 역임한 프로이센의 외교관으로서 영국 사회에서 박식하고 열심 있는 기독교인으로 알려진 인물이었다. 이 주제를 통하여 윌리엄스는 이미 독일에서 견고하게 확립된 성경 비평 방법을 추천할 수 있었고 또 몇 가지 기독교 교리를 보다 수용할 만하게 해석하도록 제안할 수 있었다. 예를 들어, 속죄의 교리는 "구세주 육체의 고통이라는 대가를 통하여 하나님으로부터 얻는 것"이 아니라, "구세주의 영을 공유함으로써 악으로부터 구원받는 것"을 의미해야 한다는 것이다. 옥스퍼드의 기하학 교수, 바덴 포웰(Baden Powell, 1796-1860)은 그의 에세이에서 기독교는 더 이상 외적인 증거들 특히 기적들에 의해 검증되어야할 것이 아니라 도덕적이며 윤리적인 경험에 호소함으로써 검증되어야 한다고 주장하였다. 그와 다른 평론가들은 자신들이 콜리지의 영향을 많이 받았다는 것을 인정하였다.

윌슨(H. B. Wilson)은 "국가 교회"에 관한 글을 썼다. 이 글은 국가의 영적인 생활의 모든 요소를 포용하는 것을 목표로 하였고, 그 교리의 해석에서 가능한 한 융통성을 허용하였다. 또한 그는 비기독교인들이 영원히 지옥에 떨어질 것이라는 믿음을 의심했다. 케임브리지 출신인 굿윈(C. W. Goodwin)은 "모세의 우주 생성론"(Mosaic Cosmogony)에서 창조의 이야기는 그 시대 사람들의 필요에 따라 각색된 히브리 신화로 간주되어야 한다고 보았다. 마크 패티슨(Mark Pattison, 1813-84)은 "1688-1750년 동안 영국 종교 사상의 경향"에서 신학은 과거에 성장하여 왔기 때문에 미래에도 성장할 것으로 기대해야 한다는 암시를 주었다. 자우엣은 성경 해석에서 이성을 사용할 것을 조심스럽게 주장하며 이 책을 마무리하였다. 학생은 영감에 관한 선험적 관념에서 출발하는 것 대신에 저자들이 실제로 의도한 것이 무엇인지를 정확하게 확정하여야 한다. 이렇게 해석한다면, 성경은 하나님의 점진적 계시를 증거하고 있다는 것을 알 수 있다. 그는 모든 지식의 경향들이 기독교에 반대할 때 기독교는 잘못된 위치에 있는 것이라고 말하였다. "비평의 결과를 무시하는 것이 더 이상 불가능한 때가 이미 왔다."

「에세이와 서평」이 한 가지 주제를 갖고 있다고 한다면, 그것은 이미 50여 년 동안 독일 사상가들의 마음을 사로잡았던 역사 비평적 성경 연구를 영국 성공회 안에 순응시키는 것이었다. 만일 영국의 신학이 침체에 빠지지 않았다면, 이 기획은 때를 잘 맞춘 것이었을 것이다. 그러나 여기서는 이후의 사건의 전개 양상을 살펴볼 것이다.

1860년 10월 「에세이와 서평」에 대한 최초의 진지한 공격이 개시되었다. 이 공격은 전혀 예기치 않은 곳에서 터져나왔다. 그것은 「웨스트민스터 평론」에서 "신 기독교"(Neo-Christianity)라는 제목으로 실린 익명의 논문이었다. 이 논문의 저자는 사실상 프레더릭 해리슨(Frederick Harrison, 1831-1923)이었다. 그는 고교회파였다가 과학과 성경 비평의 영향으로 그의 신앙이 흔들리는 체험을 하였다. 그리하여 그는 영국에서 콩트의 실증주의와 인간성의 종교를 대표하는 대변인이 되었다. 그는 물론 「에세이와 서평」이 현대 사상을 인정한 것에 동의하였다. 그러나 그는 실제로 평론가들에게 "당신들은 성경에 관하여 이렇게 합리적인 견해를 채택하고 교회에 남아있을 필요가 없다"라고 말하였다. 정통 신앙과 성경 무오의 전통적 체계와 깊이 연관되어 있는 교회가 새로운 지식과 사이좋게 지낼 수 있다고 생각하는 것은 어리석은 일이다. 평론가들은 정통 신앙이 붕괴되고 있는 폐허에서 나와야 하고, 옛 신앙이 현대화될 수 있다고 주장하지 말아야 한다.

이 논문은 「에세이와 서평」의 적대 진영으로부터 더 강한 공격을 받았다. 최근에 다윈주의에 푹 빠져 있었던 새뮤얼 윌버포스(Samuel Wilberforce)는 「계간 평론」(*Quarterly Review*)에서 다시 정통 신앙의 대변자로 등장했다. 대단한 문장가인 윌버포스는 먼저 「에세이와 서평」의 문학적 장점들을 인정하였다. 그러나 이 책 안에 진정으로 참신한 것은 없고, 저자들이 교회 안에서 높은 지위를 갖고 있지 않았다면 별로 관심을 끌지 못했을 것이라고 비판하였다. 그는 그들의 가르침이 기독교 전통과 일치하지 않고 그들이 교회에서 갖고 있는 직분과도 일치하지 않는다고 하였다. 이 점에서 그는 해리슨과 같은 의견이었다. 그는 일부 평론가들을 향해 거의 정체를 드러낸 무신론자, 명백한 회의주의자, 방종한 자, 뻔뻔하고 경솔한 자라고 비난하였다. 그는 템플과 자우엣이 나쁜 무리에 의해 이끌려 간 것을 알고 있었기 때문에 그들에 대해서는 어느 정도 부드럽게 말하였다. "우리는 럭비의 학장의 인격이 평론가 템플 박사의 이론보다 우위에 있다고 진정으로 믿는다. 그렇지 않다면 우리는 신앙뿐만 아니라 그의 제자들의 도덕을 걱정해야 할 것이다."

그 다음 스탠리(A. P. Stanley)는 「에든버러 평론」에서 사태를 진정시키고자 노력하였다. 그는 평론가들과 입장을 같이하지는 않았으나, 그들에게 침묵을 강요하고 그들을 교회에서 몰아내려는 시도에 대하여 반대하였다. 스탠리는 그들의 입장이 어떠하든지 항상 교회의 선동가에 의해 공격당하는 사람들을 옹호해 왔다. 그는 영국 성공회의 경계를 협소화시키려는 어떤 시도에도 반대하였고, "탐구가 정문에서 거부될 때 의심이 창문으로 들어온다"는 자우엣의 말을 지지하였다.

그러나 이제 성직자들이 무언가 근본적 조치를 취해야 한다고 목청을 높여 주장하기 시작했다. 그 결과 조용히 시작되었던 「에세이와 서평」은 불티나게 팔렸다. 디즈레일리는 그것이 기독교 세계를 흔들었고 "치체스터 성당의 탑들을 무너뜨린" 것 같다고 하였다. (실제로 1861년 2월 성당의 중앙 탑의 기둥이 무너졌다.)

주교들은 많은 항의를 받았다. 그들은 긴급하게 사적인 모임을 열었다. 캔터베리의 대주교 섬너(J. B. Sumner, 1780-1862)는 늙고 쇠약해져서 새뮤얼 윌버포스가 모임을 주재했다. 그러나 모든 주교들은 허둥대기만 하였다. 예전에 소책자 운동가들에 의해 이단으로 몰렸던 히어포드의 햄던 주교는 이제 극단적인 정통의 옹호자가 되었다. 그는 이 문제는 불신앙과 기독교 사이의 문제이므로 기소해야 한다고 하였다. 주교들은 우선 신자들에게 확신을 줄 목적으로 교서를 발표하였다.

런던의 주교 테이트(A. C. Tait, 1811-82)도 이 교서에 서명한 사람들 중의 한 명이었다. 템플, 자우엣, 스탠리는 모두 테이트의 옛 친구로서, 이 일이 있기 얼마 전에 우연히 각자 풀함 관저로 그를 방문했고, 여기서 테이트가 다소 「에세이와 서평」에 동의하고 있다는 인상을 받았다. 그들은 테이트가 어떻게 그의 생각과 일치하지 않아 보이는 교서에 서명하였는지 이해할 수 없었다. 템플과 테이트 사이에 길고 고통스런 서신이 교환되었다. 전임 럭비의 학장이었던 테이트가 현직 럭비의 학장인 템플을 공개적으로 그리고 공식적으로 비난한 것이다.

주교들은 후속 모임을 가진 후 교회 법정에 기소하기로 결정하였다. 그러나 이것은 말하기는 쉬워도 실행하기는 어려운 일이었다. 윌리엄스와 윌슨만이 교회 법정에 소환될 수 있었다. 두 사람은 성경의 영감을 부인한 죄목으로 기소되었고, 윌슨은 한 가지 더 영원한 형벌의 교리를 부인하였다는 죄목이 추가되었다. 두 소송은 장기화되었고, 보수적인 성직자들에게 실망스럽게도 윌리엄스와 윌슨에 대한 대법원(Court of Arches)의 판결은 추밀원(Privy Council)의 사법 위원회에 상소되었다가 파기되었다. 1864년 2월에 내린 이 판결을 두고, 한 재담가는 대법관 웨스트베리가 "지옥을 풀어주고, 영국 성공회의 정통주의자들로부터 영원한 저주라는 그들의 마지막 희망을 빼앗았다"고 평하였다.

이제 윌버포스는 주교 회의에서 「에세이와 서평」을 정죄하도록 주교들을 설득했다. 오직 두 사람만이 반대하였는데 그 중의 하나가 테이트였다. 그때 테이트는 자신의 독자적인 입장을 회복하고 있었다. 반면에 퓨지 박사는 샤프츠버리 경과 「레코드」 신문과 부정한 관계를 맺고, 11,000명의 성직자와 137,000명의 평신도를 설득하여 그들의 성명서에 서명하도록 하였다. 여기서 그들은 그들의 믿음을 다음과 같이 표현하였다.

> 영국과 아일랜드의 교회는 전 세계 보편 교회와 함께 하나님의 말씀을 포함할 뿐 아니라 하나님의 말씀인 모든 성경의 영감과 신적 권위를 아무 유보 없이 지체하지 않고 주장하는 바이다. 그리고 더 나아가 우리의 복되신 주님의 말씀 안에서 저주받은 자의 형벌이 의인의 생명과 함께 영원하다는 것을 가르치는 바이다.

이 논쟁의 마지막 소동은 5년 후 글래드스턴이 템플을 엑서터의 주교에 지명하였을 때 일어났다. 퓨지와 샤프츠버리는 함께 연합하여 이 임명에 반대하였다. 나라 전체가 떠들썩하였다. 한 주교는 「타임스」 신문에 다음과 같이 기고하였다. "템플을 임명한 것은 큰 충격이다. 영국 성공회가 일시적으로 이 충격에서 벗어날 수는 있겠으나, 이후에는 이전과 같을 수 없을 것이다." 대부분의 주교들은 템플의 주교 취임식에 참석하는 것을 꺼렸다. 이제 대주교가 된 테이트만이 그 당시 그렇게 심하게 아프지 않았더라면 참석하였을지도 모른다.

템플이 엑서터의 주교에 취임하자마자 논쟁의 폭풍이 약화되기 시작했다. 그는 경탄할 만한 주교라는 것이 증명되었고, 19세기가 끝날 무렵 그는 캔터베리의 대주교가 되었다. 이 모든 사건의 전모는 교회의 무모한 선동의 어리석음과 부당함을 잘 보여준다. 「에세이와 서평」의 논쟁은 같은 시기에 발생한 나탈의 콜렌소(Colenso of Natal) 주교의 소송 사건에 의해 더욱 복잡하게 얽히게 되었다. 성경에 관한 한, 동일한 쟁점이 문제가 되었고, 오경에 대한 콜렌소의 견해는 한참 맹렬히 불타오르던 불에 기름을 끼얹었다.

*

「에세이와 서평」의 기고자들과 스탠리와 콜렌소는 모두 "광교회파"(Broad Churchmen)로 분류될 수 있으나, "광교회"(Broad Church)라는 용어는 고교회나 저교회보다는 그 의미가 덜 명확하였다. 광교회파는 고교회파인 앵글로-가톨릭이나 저교회파인 복음주의자들과 달리, 하나의 그룹으로 조직되지 않았다. 더욱이 광교회파라는 말은 적절한 용어가 없어서 위의 두 그룹에 참여하지 않은 사람들, 예를 들어 곧 언급하게 될 "케임브리지의 3인"(Cambridge Triumvirate) 같은 사람을 지칭하는 용어로 사용될 수도 있었다.

스탠리는 전형적인 광교회파로서 이 칭호를 좋아하였다. 그가 웨스트민스터 수도원장이 되었을 때, 그는 영국 성공회의 생명력을 저해하고 국가에 대한 교회의 사명을 방해하는 편협한 당파심과 맞서 싸우기로 작정하였다. 그래서 그는 모든 학파의 대표자들을 수도원에서 설교하도록 초청하였다. 그러나 키블, 퓨지, 리든 같은 고교회파 성직자들은 설교를 거절하였다. 비록 퓨지는 다른 두 사람보다 더 망설였지만 말이다. 그들은 스탠리를 괘씸하게 생각했다. 왜냐하면 스탠리는 콜렌소를 도와주었고, 「에세이와 서평」에 대한 정죄에도 반대하였기 때문이다. 리든의 표현대로, 스탠리는 "영국 사람들의 마음으로부터 예수 그리스도의 신앙을 파괴하고 말살하기 위하여 노력하는 자들과 운명을 함께한" 자로 생각되었다.

그렇게 말하는 것은 광교회 성직자들에게는 확실히 부당한 것이었다. 테이트는 복음주의에 대한 깊은 확신과 관용적 관점을 결합시킨 성직자였다. 그는 사적으로 다음과 같은 말을 하였는데, 그의 말은 문제의 핵심을 잘 드러내었다.

> 우리가 원하는 것은 신앙이 깊으면서도 자유로운 단체이다. 가장 큰 재앙은 자유주의자들이 신앙이 부족하고 신앙인들이 관용이 부족한 것이다.

그러나 이렇게 일반화하기에는 문제가 있다. 예를 들어, 스탠리는 어느 모로 보나 진정한 신앙인이었으나, 자우엣과 같은 다른 사람들은 거의 도덕적이고 지적인 기독교를 믿는 듯했다. 이러한 것을 고려할 때, 그렇게 많은 경건한 성직자들이 광교회파를 두려워했던 이유를 이해할 수 있다.

그 당시 「에세이와 서평」을 반박한 가장 진지한 시도는 훗날 요크의 대주교가 된 톰슨(W. Thomson, 1819-90)에 의해 편집된 "신앙의 도움"(Aids to Faith)이라는 제목의 심포지움 보고서였다. 그러나 이것은 지적인 존경을 받을 수 없었다. 그것은 전통적인 성경관, 오경의 모세의 저작권과 역사성, 창세기 1장과 2장에서 창조 이야기의 통일성 등을 옹호하는 최후의 노력이었다.

한편 헨리 시지윅(Henry Sidgwick, 1828-1900)은 1861년 2월 20일자 「타임스」 신문에 매우 합리적인 소견을 발표하였다. 이 합리적 요청에 응답하는 일은 다른 사람에게 맡겨졌다. 시지윅의 편지의 내용은 다음과 같았다.

> 제가 영국의 지각있는 평신도를 대신하여 「에세이와 서평」의 골치아픈 문제에 대해 몇 마디 해도 되겠습니까?
>
> 간단히 말해서 우리 모두가 원하는 것은 비난이 아니라 반박입니다. 이러한 경우 교회의 검열로 충분하던 시대는 지났습니다. 현재 많은 평신도는 신학적 난제를 탐구할 자격이 없다고 하더라도 신학적 논쟁을 듣고 결정할 능력은 있습니다. 이들은 권위로(ex cathedra) 문제를 덮어버리는 것에 만족하지 않을 것이고, 또한

새로운 사변으로부터 끔찍한 결론을 이끌어내는 것도 두려워하지 않을 것입니다. 왜냐하면 철학과 역사는 동일하게 우리에게 "안전"한 것이 아니라 참된 것을 찾으라고 가르쳤기 때문입니다.

그는 웨스트코트가 이 점을 인식한 성직자라고 인용하였다. 물론 퓨지와 리든은 성서 비평학자의 주장에 대답할 필요성을 모르고 있는 것은 아니었다. 퓨지는 다니엘서의 역사성을 옹호하기 위하여 다니엘서를 열심히 연구하였다. 리든은 1866년 뱀프턴 강좌에서 「우리 주님의 신성」(*The Divinity of Our Lord*)에 대하여 유창하고 인상적인 강연을 하였다. 그러나 그들은 모두 진정으로 비평 이전의 사람들이었다.

「에세이와 서평」이 나오기 전에도, 케임브리지의 친구들인 웨스트코트, 라이트푸트, 호르트는 출판인 맥밀리언의 권유로 그들의 입장에서 비평가들에 대처할 목적으로 신약 성경 전체의 주석을 출판할 계획을 세웠다. 그들은 벤슨이 합류하기를 바랐으나, 그는 다른 관심을 갖고 있었다. 라이트푸트는 바울 서신을 다루고, 호르트는 공관복음과 야고보서와 베드로전후서와 유다서를 다루고, 웨스트코트는 요한 문서를 다루기로 하였다. 이 계획은 결코 완전히 실행되지 못했다. 몹시 까다로운 성격의 호르트는 자기 몫의 일부만을 감당하였다. 그러나 여러 바울 서신에 대한 라이트푸트의 주석과, 요한 복음과 히브리서에 대한 웨스트코트의 주석은 아주 탁월한 주석이었다. 물론 이 주석들은 이제 이후의 지식의 발전에 의해 보충되어야 할 필요가 있지만 말이다.

그들의 신약 성경 주석의 특징은 웨스트코트가 1890년 더럼의 주교로서 라이트푸트를 승계할 때 받은 찬사를 보면 잘 알 수 있다.

무엇보다 웨스트코트는 성경을 연구하는 학생으로서 그의 정확한 언어학적 능력을 성경 연구에 도입했고, 아무리 사소한 것이라도 무의미한 부분은 없다는 경건한 애정으로 성경 본문을 연구하였다. 그는 본문의 통계와 자료를 다루는 솜씨에서 어느 누구보다 훌륭했으나, 이 본문에 의해 압도당하지 않았고 또한 기계적이거나 무미건조하지도 않았다. 그는 주석이 무엇보다도 역사적이어야 하지만, 역사 그 자체에 만족하지 말아야 한다고 단호하게 주장하였다. 그는 모든 문자적 혹은 기계적 영감 개념으로부터 자유로우면서도 어느 축자영감론자도 따라올 수 없을 정도로 깊은 외경심을 가지고 성경의 문자 하나하나를 다루었다[1]

「에세이와 서평」이 출판되었을 때, 웨스트코트는 상당히 염려하였다. 그는 자기 자신이 이 책 자체를 싫어하는지 아니면 이 책에 대한 공격을 싫어하는지 확신이 서지 않았다. 그는 그 당시 해로우 대학의 학장이었는데, 호르트에게 "나는 아직 라이트푸트에게 말하지 않았으나, 「에세이와 서평」과 전통주의 사이의 중도의 길이 있다는 것을 보여줄 필요가 있다고 생각합니다"라고 편지를 썼다. 그는 후에 이렇게 말하였다. "내가 아는 한, 「에세이와 서평」의 저자들에게 반대하여 글을 쓰는 사람들은 「에세이와 서평」이 나오게된 어려운 문제들을 잘 모르고 있었다."

웨스트코트는 라이트푸트와 호르트가 그와 함께 신학 평론집을 준비하는 데 협력하기를 원하였다. 이 신학 평론집은 그들이 계획한 주석의 입문서로서 사용될 것이었고, 동시에 당면한 위기에 대처하기 위한 것이었다. 신학 평론집은 성육신을 신학의 중심에 놓고, "한쪽은 성육신을 위한 준비, 다른 한쪽은 역사 내의 성육신에 대한 이해"로 구성하려 하였다. 그러나 라이트푸트는 이러한 제안에 호의적이지 않았고, 그의 주석 작업만 부지런히 해나갔다. 그래서 신학 평론집의 계획은 취소되었다. 웨스트코트는 성경을 비평적으로 접근하였을 뿐만 아니라 하나님의 자기 계시의 과정 전체를 증언하는 것으로 보고 접근하였다. 그는 "처음부터 끝까지 하나님은 성경에서 인간과 대화를 나누고 있는 것으로 보인다" 하였다.

웨스트코트는 성경은 다른 책과 동일하게 연구되고 해석되어야 한다는 자우엣의 주장에 동의하였으나, 이 말은 웨스트코트에게서 무언가 다른 것을 의미하였다. "그것은 모든 아주 세밀한 부분, 모든 본문의 문자까지 상세하게 관심을 기울여야 한다는 것을 의미했다. 모든 학문적 자료들은 각각의 문장, 절, 단어 하나하나에 활용되고 집중되어야 한다." 이것은 자우

---

1) *Durham University Journal.* 10 May 1890. See C. K. Barrdett, *Westcott as Commentator.* 1959, p. 2.

엣의 방법은 아니었다. 자우엣은 신약 성경의 언어가 고전 그리스어처럼 정확한 전달 수단이라고 생각하지 않았고, 미세한 학문적 연구에 약했다. 웨스트코트는 다른 극단으로 갔는지 모른다. 그는 모든 단어와 구절에서 너무 많은 의미를 발견하였기 때문에, 성경에 오류가 있다는 것을 인정하지 않으려 하였다. 여기서 그는 호르트와 달랐다. 호르트는 좀더 날카로운 인식을 갖고 있었고, 성경 안에 인간적인 요소가 있다는 것을 기꺼이 인정하였다.

그러나 웨스트코트는 예언서를 먼 미래의 사건에 대한 기적적인 예언이라고 여기는 옛 생각을 고수하지 않은 점에서 리든과 전통주의자들과 달랐다. 그는 예언서를 그리스도 안에 나타난 하나님의 계시에 대한 세상의 점진적 준비로 이해했다. 웨스트코트에게서 기적은 그리스도의 신성에 대한 증거도 아니었다. 기적은 그리스도 신성에 자연스럽게 수반되는 것이었다.

라이트푸트의 갈라디아서 주석은 대부분의 신약 문헌의 연대를 2세기로 잡은 바우어와 튀빙겐 학파의 이론을 사실상 무너뜨렸다. 그는 철저한 역사 비평적 연구가 독일의 성경 비평학자들과 다른 결론에 도달했다는 것을 보여주었다. 라이트푸트가 사실에서 이론으로 나아간 반면에, 독일의 비평가들은 이론에서 시작하여 사실을 그 이론에 끼워맞추었던 것이다.

호르트는 비록 많이 저술하지는 않았으나, 오늘날 셋 중에 가장 훌륭한 신학자였다고 인정받고 있다. 호르트는 웨스트코트의 소심함이 없었고, 주로 역사가였던 라이트푸트와 비교할 때 보다 더 신학자다운 면모를 갖고 있었다. 호르트는 신약 성경에 대한 웨스트코트와 호르트의 주석 작업에 더 큰 책임을 지고 있었고, 지금도 버곤 학장에 의해 여전히 옹호되고 있고 소위 흠정역 성경 안에 들어가 있는 「공인 본문」(Textus receptus)에 대한 보수적 애착을 끊어버렸다.

"케임브리지 3인"의 약점은 신약 성경 연구에 너무 몰두한 나머지, 구약 성경의 비평적 연구가 제기하는 문제들과 씨름하지 않았다는 것이다. 그들의 신약 성경 연구는 과도기 단계였다. 그들은 복음서들의 문학적 관계와 역사적 성격에 대해 미래의 연구가 어떻게 나아갈지 예상하지 못했다. 그러나 그들은 그들의 방법으로 더 나아갈 새로운 세대의 학자들을 준비시켰다. 1881년 10월, 「교회 계간 평론」(*Church Quarterly Review*)에 기고한 한 저자는 케임브리지 신학 학파는 "케임브리지의 고교회파에 속한 많은 젊은 세대에게 깊은 영향을 주었다"고 하였다. 그러나 이 새로운 접근 방법을 성공회의 가톨릭 전통과 화해시키려고 시도한 곳은 바로 옥스퍼드였다. 우리는 "세상의 빛"(Lux mundui)를 다룰 때 이 내용을 더 살펴볼 것이다.

제 12 장

영국의 자유 교회

영국에서 현재 "자유 교회"(Free Churches)로 알려진 교회는 겨우 19세기 후반에 와서야 이 이름을 얻게 되었다. 그 이전에는 대부분 "비국교도"(Dissenters, Nonconformists)라는 용어가 사용되었다. 그러나 이러한 기독교 공동체들을 위한 포괄적 명칭은 그 교회들 사이에 존재하는 중요한 차이점을 덮을 수 없었다. 만일 차이점이 없었다면, 그들은 의심의 여지 없이 완전히 연합하였을 것이다. 18세기 복음주의 부흥 운동에서 유래한 감리교와, 종교개혁 및 16, 17세기의 사건에서 영국 성공회로부터 분리된 옛 비국교도는 서로 달랐다. 이들 가운데는 회중교회 혹은 독립교회와 침례교회와 장로교회가 있고, 보다 과격한 좌파로서 퀘이커와 유니테리언이 있었다. 이 단체들 사이에는 그 명칭에 나타나는 대로 명백한 차이점이 있다.

또한 원칙상 교회와 국가의 결합을 반대하는 비국교도와 원래 교회와 국가의 결합에 반대하지 않으나 실질적으로 양심상 그들의 나라에 국가 교회로 세워진 영국 성공회에 순응할 수 없는 비국교도도 서로 차이가 있었다. 회중교회와 침례교회는 전자에 속하고, 장로교회와 감리교회는 적어도 자신들의 원래의 전통에 따르면 후자에 속한다. 예를 들어 장로교회는 스코틀랜드에서 국교회로 확립되었다.

19세기 영국 자유 교회들의 역사는 해방, 확장, 조직으로 나누어 살펴볼 수 있다. 그들의 발전은 복합적으로 작용하여 영국의 종교 생활과 사회 생활에 큰 영향을 주었다. 우리는 곧 그들의 발전 양상을 살펴볼 것이다.

*

1828년 "심사율"과 "시 정부법"의 폐지는 비국교도에게 국가의 정부에 참여할 수 있는 권리를 허용한 것이지만, 그들이 바라는 완전한 시민적·종교적 평등에 이르기 위한 첫번째 단계에 불과하였다. 역사가 오래된 대학들은 여전히 그들에게 문호를 개방하지 않았다. 비국교도들은 그들의 채플에서 결혼할 수 없었고, 또 반드시 국교회의 의식을 따라 교회 묘지에서 장례식을 해야 했다. 그렇지 않으면 장례식도 치를 수 없었다. 그들은 양심상 찬성하지 않는 국교회를 위해 억지로 교회세를 납부해야 했다. 1828년의 조치는 이러한 자격 제한을 철폐하는 길로 인도하는 문을 열었다. 그러나 말 그대로 겨우 문을 연 것에 불과하였다.

우리는 심사율과 시 정부법의 폐지는 국교도와 국교회 사이의 관계를 개선하였을 것이라고 추측할 수 있다. 그러나 실제 벌어진 상황은 정반대였다. 비국교도들은 국교회가 다른 전통적 특권에 강하게 집착할 것이고 더 이상 양보하지 않을 것이라는 것을 예상했다. 한편 비국교도들은 해방을 위한 투쟁의 일 회전에서 승리를 거두었기 때문에, 일부러 힘을 빼고 치거나 그들의 국교회에 대한 적개심을 숨기거나 약화시킬 생각이 없었다. 1832년 비국교도와 연대한 휘그당이 개혁법을 통과시켰다. 이로 인해 비국교도들은 국회에 실질적 대표를 파견할 수 있었고, 다른 불만의 원인들을 제거하는 일에 한층 더 박차를 가할 수 있게 되었다. 국교회가 주요한 방해 세력이었기 때문에, 그들은 당연하게 국교회 자체를 강하게 공격하였다. 우리가 앞에서 보았듯이, 이 때는 아직 교회 위원회가 개혁을 주도하기 전이었고, 그래서 국교회는 여러 가지 이유로 인하여 아주 취약한 상황이었다. 이러한 개혁이 없었다면, 국교회는 전복되었을 수도 있었다.

그러나 일단 교회 개혁이 시작되자, 국교회는 보다 강하게 변화되어 공격에 잘 견딜 수 있게 되었다. 열성적인 과격파들이 예상하는 것보다 항상 더 강한 보수주의는 자신을 재정비하였고, 어쨌든 보수주의 세력은 권력의 중심지를 장악하였다. 국교회는 비난을 받게되자 오히려 그들의 특권과 전통을 방어하기 위해 하나로 뭉쳤다. 이렇게 하여 국교회와 비국교도 사이의 관계는 개선되기는커녕 더 악화되었고, 완전한 평등을 부여하는 것은 오랫동안 지연될 수밖에 없었다. 확실히 권력과 특권에 대한 집착이 국교회 성직자들로 하여금 비국교도의 권리들을 인정하기를 꺼리게 만드는 가장 큰 원인이었다. 하지만 종교의 통일이 한 나라의 도덕적 건강과 사회적 유대를 위한 필수 요건이라는 옛 생각과 옛 원리가 많은 성공회 사람들의 마음을 지배하고 있었다는 것을 기억해야 한다. 이들은 비국교도가 하나의 악이라고 생각했다. 필요하다면 관용할 수도 있지만 말이다. 그러나 비국교도는 여전히 악으로 남아있었다. 이 비국교도라는 악은 묵인되어서도 안 되고 필요한 것도 아니었다.

이제 짧게 비국교도의 자격 제한이 어떻게 제거되었는지, 혹은 긍정적으로 표현하여 종교적 평등이 어떤 단계를 거쳐 실현되었는지 살펴보자. 결혼 예식을 오로지 국교회 안에서만 행해야 한다는 조건은 비교적 수월하고 신속하게 제거되었다. 1836년 별다른 이론 없이 통과된 두 개의 법안은 정당하게 허가받은 비국교도의 채플에서도 결혼 예배를 드릴 수 있도록 허락했다. 또한 실제로 순전히 세속적인 결혼을 위한 장치도 마련되었다. 다른 문제들은 오랫동안 갈등을 일으켰다.

교회세. 법에 의하면, 모든 교구는 교구 교회라는 조직을 유지해야만 하고, 교구 총회(vestry)에 모인 교구 위원들(churchwardens)과 교구 신자들(parishioners)은 때때로 모든 납세자들로부터 세금을 걷을 권한이 부여되어 있었다. 이 교회세는 교구의 유지뿐만 아니라 교회의 예배와 직분자들 예를 들어 교구 목사에게 사례하기 위하여 징수되었다. 1834년 교회세를 폐지하는 첫번째 법안이 상정되었다. 그러나 강제적 교회세가 폐지된 것은 34년 후인 1868년이었다. 물론 그 사이에 일련의 법안들이 도입되었다. 이따금 여러 가지 타협안들이 제시되었으나, 보수주의자들은 항상 양보 조치를 국교회 해체를 초래하는 것으로 생각하였다. 비국교도들이 능력이 허락되는 곳에서는 법의 시행을 무효화시키고 그 결과를 책임짐으로써 그들의 부당한 처지를 알리며 여론에 호소하였다. 에섹스의 브레인트리에서 일어난 한 유명한 사건은 법적 소송으로 비화되어 16년을 끌었다. 비국교도들이 법정을 모독하였다는 이유로 감옥에 간 경우도 있었다.

　장례. 1852년까지는 교회 묘지를 제외하면 묘지가 없었다. 1852년 법안이 통과되어 시 정부들이 시립 묘지를 제공할 수 있게 되었다. 이 법은 인구 밀집 지역과 도시 지역의 상황을 완화시켜 주었다. 그러나 영국의 모든 마을에 흩어져 있는 비국교도들의 고통을 제거해 주지는 못했다. 매년 비국교도들이 자기 교회의 목사에 의해 교회 묘지에서 장례식을 치를 수 있도록 허용하는 법이 국회에 상정되었다. 그러나 그것은 계속 거부되었다. 교구 목사들은 이 법안에 격렬하게 반대하였다. 1880년이 되어서야 이 법이 통과되었다. 대주교 테이트는 이 법을 지지함으로써 교구 목사들의 분노를 샀다. 어느 주교는 그에게 "대규모로 신성 모독과 혼란이 일어날 것입니다" 하였다. 그리고 한 목사는 이렇게 썼다.

　　　이 조치는 간단한 것처럼 보입니다. 그러나 그것은 주교 제도에 대하여 교묘하고 교활하게 타격을 가하고 있고, 주교의 봉헌과 성직자의 직제와 공동기도서의 권위를 무너뜨리고 있습니다. 대주교께서 이교도와 이단들로부터 정직한 조치를 기대할 수 있다고 생각하시니 놀랍습니다. 대주교께서 교회의 수장으로서 사랑을 베푸시듯이, 용기를 내어 이단과 분파의 독사를 억눌러 달라고 간청하는 바입니다.

　이것은 매우 합리적 개혁이 불러일으킨, 예외적이지 않은 신랄한 반응이었다.

　교육. 교육의 영역에서 종교적 평등의 요구는 이보다 더 복잡한 역사를 갖고 있고, 이것은 아직도 완성되지 않았다고 말할 수 있다. 19세기 초반에는 국교회와 비국교도들은 모두 교육을 제공하는 것은 국가가 아니라 교회와 자발적 단체들의 임무라고 생각했다. 그러나 결국 두 그룹은 모두 전 국민을 위한 교육은 그들의 능력을 뛰어넘는 것이고, 국가가 책임을 져야 한다고 인정할 수밖에 없었다. 1870년 제정된 교육 육성법은 기존의 자발적 학교들과 나란히 공립 초등학교를 설립하였다. 공립 초등학교에서는 어떤 종교 교육이 이루어져야 하는가? 성공회는 분명한 교회의 가르침으로 교육하기를 원하였다. 반면에 비국교도들은 신앙 교육을 학교 밖에서 담당하는, 세속적 체계를 선호했다. 여기서 하나의 타협이 불가피하였다. 비교파적인 신앙 교육이나 "간단한 성경 교육"만을 허용하고, 특정 교파의 신조, 예를 들어 국교회의 요리문답서의 사용을 금지하는 선에서 타협이 이루어졌다. 이러한 조정은 1944년 버틀러 교육법에 의해 강화되었고, 비록 끊임없이 논란이 되고 있지만, 지금도 영국 교육 체계의 한 특징으로 남아있다.

1902년 보수당 정부가 자발적 학교의 대다수를 소유하고 있는 영국 성공회의 편을 들어 자발적 학교들에게 세금을 주었을 때, 자유 교회 신도들은 항의하였을 뿐만 아니라, 특정 교파를 위해 사용될 납세를 내지 말자는 수동적 납세 거부 운동을 일으켰다. 자유당은 자유 교회의 운동에 공감을 표시하여 1906년 총선에서 압승을 거둘 수 있었다.

종교 심사를 폐지함으로써 비국교도들이 역사가 오래된 대학들에 입학할 수 있도록 하자는 제안은 오랫동안 반대를 받았다. 사람들은 어떤 신앙을 갖든 혹은 불신자이든 묻지 않고 모든 이들에게 대학의 문호를 개방할 때 일어날 결과를 두려워 하였다. 1854년 의회가 옥스퍼드와 케임브리지에 대한 국교회의 독점적 지배를 철폐하는 첫번째 법안을 통과시켰을 때 (대학의 펠로우에 대한 종교 심사는 1871년에 가서야 폐지되었다), 버곤은 퓨지와 리든 같은 보다 냉정한 성직자들이 날카롭게 느낀 것을 보다 과장된 용어를 사용하여 다음과 같이 말하였다.

옥스퍼드는 전성기가 지났다. 나는 이것을 두려워한다. 해는 졌고 다시 뜨지 못할 것이다. 옥스퍼드는 결코 과거의 모습, 즉 국교회의 거대한 보육원일 수 없다. 옥스퍼드는 마침내 불결한 짐승들의 우리가 될 것이다. 물론 우리는 살아서 그 꼴을 보지 않을 것이다. 그러나 우리의 증손자들은 그것을 볼 것이다. 국교회와 옥스퍼

드는 더 이상 기독교적이지 않은 하원의 방종스런 투표에 의해서 그 자유와 생존
권을 상실하게 된 그 날을 후회하게 될 것이다.[1]

　이러한 감정의 표현은 작은 밀실에서 이루어진 것만이 아니었다. 그래서
국교회 성직자들이 오랫동안 1828년 조치의 논리적 귀결을 거부하는 것
과 관련하여, 전투적 비국교도들은 국교회 체제를 무너뜨리려고 결심하였
다. 이러한 운동에서 가장 적극적이었던 단체는 "영국 반(反) 국교회 연
합"이었다. 이것은 1844년에 조직되었고 1853년 "종교 자유 협회"로 개
칭되었고, 간단하게 "자유 협회"로 알려졌다. 이 단체의 지도자는 「비국교
도」(*The Nonconformist*)라는 신문의 편집자인 에드워드 미올(Edward
Miall, 1809-81)이었다. 그는 끊임없이 국민들에게 국교회제의 폐지를 호
소하였다. 이 신문은 국교회 제도 내의 악습들을 효과적으로 폭로하였다.
　영국 성공회의 국교회 체제를 해체하는 문제가 정치에서 전면에 부각된
때가 있었다. 특히 1869년 글래드스턴이 아일랜드의 국교회제를 폐지했을
때, 그를 지지하는 사람과 그를 반대하는 사람들은 모두 이 사건을 겨우
시작이라고 보았다. 자유당의 지도력을 계승한 조지프 챔벌레인과 찰스 딜
크 경은 모두 열렬한 국교회 폐지론자들이었고, 1870년대와 1880년대 초
기에는 폐지하자는 여론이 더 컸다. 그러나 그 이후 국교회 폐지론은 그렇
게 강하게 제기되지 않았다. 챔벌레인은 아일랜드의 지방 자치 문제로 자
유당과 결별하였고, 딜크 경은 유명한 이혼 사건으로 몰락의 길을 걸었다.
1906년 자유당이 의회에서 압도적으로 다수 의석을 회복하였을 때, 자유
당은 웨일스의 국교회제를 폐지하는 것 이상으로 나아가지 않았고, 거기서
그 상태로 머물렀다. 20세기에 와서 일부 국교도들은 자유 교회의 비국교
도들보다 더 강력하게 국교회제 폐지를 주장했다. 그러나 그것은 결코 정
치적 쟁점이 되지 못했다. 19세기에 종교적 평등으로 나아가는 길을 막았
던 고통은 20세기에 상당히 우호적 태도, 공감, 협력으로 대체되었다.

---

1) E. M. Goulburn, *Life of Dean Burgon*. 1892, I, 283.

*

19세기 자유 교회의 확장에 대해서는 별로 말할 필요가 없다. 비록 그것이 아주 중요하지만 말이다. 자유 교회들은 모두 빅토리아 시대의 전반적인 종교의 번영을 함께 경험하였다. 예배당이 도시와 시골에 아주 많이 세워졌고, 예배자들로 가득 찼다. 예를 들어, 1812년과 1836년 사이에 잉글랜드와 웨일스에서 독립 교회와 침례교회는 모두 두 배 이상 성장하였다. 심사율과 시 정부법의 폐지, 비국교도의 자격 제한의 철폐 운동, 복음주의 부흥 운동의 여파 등이 비국교도들의 열심을 자극하였다. 이 시기는 위대한 비국교도들의 설교의 시대였다. 찰스 하돈 스펄전(Charles Haddon Spurgeon, 1834-92)은 수많은 설교가 중에서 별 중의 별이었다. 자유 교회들이 평신도의 참여와 책임을 허용하고 개인적 모험심을 살려준 것이 국교회의 보수적인 교권주의보다 시대 정신에 더 잘 맞았다. 비국교도들은 그 당시 진취적인 자유주의와 더 잘 어울렸고, 종교적·도덕적으로 강한 세력이었을 뿐만 아니라 정치적으로도 강력하였다.

*

이것은 자유 교회들의 조직화 과정을 살펴볼 때 보다 더 분명해 질 것이다. 본래 회중교회는 지역 교회의 조직 너머의 그 어떤 조직도 수상하게 여긴다. 그러나 이러한 회중교회 제도도 하나의 조직으로 발전하였다. 각 지역 교회는 직접 머리이신 그리스도에게 의존해 있었다. 그러나 독립 교회의 수가 증가할수록, 그들이 어떻게 그들 상호간의 교제를 키워나갈 것이며, 어떻게 그들의 원리를 함께 증거할 것인가 하는 문제가 필연적으로 제기되었다. 1830년 이전에 주 연합회(County Associations)를 통해 이 문제를 해결하기 위한 몇 가지 조치들이 취해졌다. 산업 사회가 점점 복잡해지고 다른 기독교 단체들이 조직화되자, 보다 더 친밀하게 일치하고 협력할 필요성이 발생했다. 그래서 영국과 웨일스의 회중교회 연합회(Congregational Union)가 설립되었다. 비록 이 연합회가 처음에는 일반의 지지 같은 것을 확신할 수 없었지만 말이다.

그러나 회중교회 연합회는 어느 하나의 지역 회중이 할 수 없는 일들, 예를 들어 찬송가와 기타 문서들을 출판하고 국내외 선교를 조직화하고 새 예배당을 건축하는 일에서 아주 유용하다는 것을 입증하였다. 마침내 연합회 본부가 기념관(Memorial Hall)으로 알려진 런던의 한 거대한 건물 안에 자리를 잡게 되었다. 여기서 연합회의 간사(Secretary)는 다른 교파의 총회장과 비슷한 지위를 차지하였다. 이러한 발전이 보여주는 명백한 장점에도 불구하고, 회중교회 신자들은 때때로 중앙 집권화된 관료 체제의 간섭을 받지 말아야 하는데, 다른 교회보다 더 면제받는 것이 없다고 애석해 하였다.

침례교는 회중교회와 아주 가깝다. 두 교파는 종교개혁의 좌파로부터 기원하였다. 그들은 세례 교리와 세례 의식에서 서로 차이를 보였다. 침례교회는 교회 직제에서 독립적이라기보다 교파 연합적(connectional) 경향을 띠었다. 18세기의 침례교회는 내부 분열로 약화되었지만, 19세기 초부터 점차 회복되었다. 1801년 그들은 겨우 652개의 건물을 갖고 있었지만, 1851년에는 2,789개나 되었다. 그러나 아직도 일반 침례교회(General Baptists)와 특수 침례교회(Particular Baptists) 사이에 분열이 있었다. 전자는 아르미니우스주의였고, 후자는 극단적 칼빈주의였다. 그럼에도 불구하고 두 교파는 시간이 흐르면서 아주 가까워졌다.

1813년 침례교 연합회(Baptist Union)가 창설되어, 두 교회가 서로 만나는 장소로 사용되었다. 극단적 칼빈주의의 쇠퇴와 함께, 그들의 예정에 대한 견해는 입장의 차이를 해결하였다. 개방 성찬(open communion) 혹은 제한 성찬(closed communion)에 관한 논쟁, 즉 모든 신자들이 성찬식에 참가하는가 아니면 침례를 받은 자들만이 참여할 수 있는가 하는 문제는 더 이상 연합에 걸림돌이 되지 않았다. 개방 성찬론이 점차 특수 침례교회 사이에서 우세해졌다. 비록 소수파가 의견을 달리하여 "엄격한 특수 침례교회"(Strict and Particular Baptists)라는 분파를 조직하였지만 말이다. 1891년 일반 침례교회와 특수 침례교회는 하나의 조직으로 연합되었다. 1903년 이후로 회중교회의 기념관과 웨스트민스터의 영국 성공회

회관에 상응하여, 런던에 침례교회 회관이 생기게 되었다.

장로교는 17세기에 막강한 세력을 형성했으나, 18세기에는 감소하였고 대부분 유니테리언이 되었기 때문에, 19세기 초에는 그 숫자가 아주 적었다. 스코틀랜드 교회와 밀접한 관련을 갖고 있는 오늘날의 잉글랜드 장로교회는 1876년에 설립되었다. 장로교회는 다른 자유 교회보다 그 수가 매우 열세였지만 그 평판이 높았는데 이것은 목사의 교육 수준이 높았기 때문이었다. 웨일스의 장로교회는 복음주의 부흥 운동의 칼빈주의적 감리교를 통하여 새로운 생명력을 얻었다.

19세기 동안 감리교의 운명은 수시로 변하였다. 처음에 자베즈 번팅(Jabez Bunting)은 웨슬리안들에게 거의 전제적인 지도력을 행사했다. 이것은 웨슬리안들을 하나로 묶어주는 기능을 하였다. 그는 감리교 선교회(Methodist Missionary Society)의 실질적 창설자였고, 목사들의 교육의 질을 높이기 위해 많은 노력을 쏟았다. 그러나 1830년 이후 그의 독재적 방식은 불평을 일으켰고, 1840년대에 그를 지지하는 자들과 그를 비판하는 자들 사이에 심한 반목이 생겼다. 이것이 바로 광고지 논쟁(Fly-sheet controversy)이었고, 이 사건은 수치스럽고 비참한 결과를 낳았다. 이때 웨슬리 교회는 약 10만의 신도들을 잃었고, 쉽게 씻을 수 없는 쓰라린 유산을 남겼다.

그러나 19세기 후반, 번팅과 같은 능력을 갖고 있었지만 성격과 정책이 아주 다른 또 하나의 지도자가 나타났다. 그는 웨일스 출신의 휴 프라이스 휴스(Hugh Price Hughes, 1847-1902)였다. 그는 탁월한 자연적 은사들을 켈트적 정열과 결합시켰다. 그는 예언자적 열정이 있었고, 연설과 토론에서 유창하고 용기가 있었고, 유능한 언론인이었다. 그의 「감리교 타임스」(*The Methodist Times*)는 매주 24,000부의 신문을 발행하였다. 그는 감리교가 그 힘을 결집하고 새로운 지역을 얻게된 "전진 운동"(Forward Movement)에서 지도적 역할을 감당하였다.

아마도 그의 주요한 업적은 감리교도들에게 기독교는 사회적 복음이라는 것을 확신시켜 준 것일 것이다. 그는 기독교 사회주의자들의 가르침을 소화하고 발전시켰다. 그와 그의 동료들은 웨슬리주의가 원래 왕당파와 맺고 있던 관계를 끊어버리고, 다른 비국교도들과 함께 글래드스턴의 자유주의를 지지하였다. 그는 또한 감리교 일치 운동을 옹호하였고, 마침내 1932년에 존재하게 될 "웨슬리 원시 연합 감리교"(Weslyan, Primitive, and United Methodists) 연합의 선구자였다. 그는 어느 누구보다도 도덕적으로 잘못된 것이 정치적으로 정당할 수 없다는 것을 원리로 삼는 "비국교도의 양심"의 대변자였다. 비국교도의 양심은 절제, 술 장사, 도덕적 순결의 표준, 교육의 평등, 경마, 도박과 같은 문제와 관련하여 하나의 세력으로 부상하였다. 휴스는 로즈베리 경에 관하여 비국교도의 양심은 경마를 하는 총리를 관용하지 않을 것이라고 말하기도 하였다.

비국교도의 양심의 힘이 가장 뚜렷하게 드러난 경우는 그것이 아일랜드 자치당의 당수인 파르넬(Parnell)의 운명을 결정지은 일이었다. 그가 1890년 간통죄로 기소되었을 때 아일랜드 자치당은 그를 지지하고자 하였고, 파르넬도 유임하기로 결정하였다. 그러나 휴스는 파르넬이 그 자리를 물러나야 한다고 작정하였다. 휴스는 도덕적으로 타락한 지도자가 그 자리에 그대로 머물러 있는다는 사실을 참을 수 없었다. 글래드스턴은 처음에는 파르넬이 그 자리에 머물러야 한다고 생각했었다. 그러나 글래드스턴은 비국교도들의 압력 때문에 그의 마음을 바꾸었다고 한다.

이 사건에서 휴스의 행동이 정당화될 수 있는지 여부는 또 다른 문제이다. 이 사건은 "도덕적으로 잘못된 것은 정치적으로 정당할 수 없다"는 정식이 너무 간단하다는 사실을 보여준 사례였다. 정치의 핵심은 대부분 타협의 기술이다. 여기서 핵심은 자유 교회들의 세력이 절정에 달했던 19세기 말과 20세기 초에 가부간에 비국교도의 양심이 영국의 정치에서 강력한 영향력을 행사하였다는 것이다.

휴스는 모든 자유 교회들 사이에 보다 더 친밀한 교제를 증진하기 위하여 노력하였다. 과거에 비국교도들을 "자유 협회"보다 더 적극적인 토대 위에서 하나로 결합시키려는 시도가 있었지만 실패했었다. 1860년대에 영국 성공회 교회 회의(Anglican Church Congress)의 성공은 비국교도가 복음을 함께 증거하기 위해 동일한 방법을 채택해야 한다는 암시를 주었다. 그러나 그것으로부터 아무런 열매도 나오지 않았다.

1892년이 되어서야 제1회 자유 교회 회의(Free Church Congress)가 열렸다. 10개의 비국교도 교파에서 370명의 대표들이 참가하였다. 그러나 많은 지도자급 비국교도들이 불참하였다. 특히 존경받는 회중교회 지도자 로버트 윌리엄 데일(Robert William Dale, 1829-95)이 오지 않았다. 그는 비국교도들이 정치적 목적으로 심지어 정당으로 조직되는 것을 두려워하였다. 반면 그는 사회 정치적으로 책임있는 개별적 그리스도인을 만드는 것이 교회의 임무라고 주장하였다. 그러나 휴스와 다른 사람들은 기독교 재연합의 소망을 가지고 자유 교회의 일치 운동을 끊임없이 옹호하였고, 이 운동은 큰 힘을 얻었다.

"자유 교회 회의"는 1896년 "복음주의 자유 교회 협의회"(National Councils of Evangelical Free Churches)로 알려진 보다 항구적인 조직으로 변모하였다. 이 조직의 목적은 부정적인 것이 아니라 긍정적인 것이었고, 국교회제를 폐지하려는 "자유 협회"의 공격과 동일하지 않았다. 그것은 국교회제에 반대하려는 것이 아니라 복음을 위한 단체였다. "복음주의 자유 교회"라는 명칭을 택한 것이 바로 그 증거였다. 이제부터 자유 교회들은 전국적 단위뿐만 아니라 "지역 자유 교회 협의회"를 통하여 지역적 단위로도 협력하기 시작하였다. 1919년 "복음주의 자유 교회 연방 협의회"가 설립되었을 때 자유 교회의 일치 운동은 한 단계 더 발전하였다. 그러나 그 때쯤이면 영국의 자유교회 일치 운동은 훨씬 더 큰 운동 즉 현재 에큐메니컬 운동이라고 부르는 운동과 연계되었다.

제 13 장

교황 피우스 9세

1860년 1월 1일, 디즈레일리씨는 브리지 윌리엄스 여사에게 다음과 같이 편지를 썼다. "교황이 다 죽어가고 '교회의 장자'에게 배반을 당하는 꼴을 우리가 살아서 보다니요! 한 훌륭한 가톨릭 신자 부인이 어제 진실은 너무나 분명하다고 말했어요. 인류는 더 이상 교권의 권위를 인정하지 않을 것이라고요." 교황권이 다 쓰러지는 듯이 보였다. 1859년 교황령은 대부분 "교회의 장자"인 나폴레옹 3세의 묵인 아래 사르디니아의 왕 빅토르 엠마뉴엘 2세에 의해 유린되었다. 그 이듬해 빅토르 엠마뉴엘은 이탈리아의 왕으로 선언되었다. 교황의 세속 권력은 비운의 운명을 겪을 것처럼 보였고, 실제로 그러하였다. 비록 최종적인 조치는 1870년이 되어서야 취해졌지만 말이다.

19세기에 교황 자신과 대다수의 가톨릭교도들은 세속 권력을 교황권의 영적인 권위를 적절히 수행하기 위해 꼭 필요한 것으로 간주하였다. 피우스 9세는 교황령을 "예수 그리스도의 옷"으로 묘사하였다. 만일 그가 교황령들의 파산 과정을 관리해야 한다면, 그것은 순교자의 심정으로 해야할 것이다. 심지어 현재의 로마 가톨릭 교회도 그 때의 분위기를 다시 회상해 보기 어렵다. 그리고 이것은 피오 노노(Pio Nono)로 하여금 공감적으로 판단하기 어렵게 만든 요인이기도 하다.

피오 노노는 잠시 자유주의적 생각에 심취해 본 후, 나머지 여생 동안 어떤 종류의 개혁에 대해서도 맹목적이고 완강한 반대자가 되었고, 가장 비참한 상태로 교황권을 후계자에게 물려주었다. 반면 추기경 매닝 (Manning)은 "교황 피우스 9세의 역사가 기록될 때, 그는 가장 화려하고 장엄하며 강력한 인물, 즉 교황권을 계승하였던 어떤 교황보다 더 강한 권력을 가지고 교회의 전 영역에 걸쳐 영향력을 행사했던 인물이라고 발견될 것이다"라고 예언하였다. 진실은 어디에 있는가?

한 가지 분명한 것은 피오 노노의 성격이 대단히 매력적이라는 것이었다. 그의 지혜를 높이 평가하지 않던 뉴먼도 정당하게 그에 대해 다음과 같이 찬사를 보냈다.

> 그의 개인적 풍채는 어느 누구도 저항할 수 없었다. … 그가 대중적 인기를 누리는 주된 원인은 그의 풍채가 풍기는 매력이다. … 타협을 모르는 단호한 믿음, 용기, 인간적인 면과 신적인 면이 우아하게 조화되어 있는 모습, 유머, 재치, 괴로움을 완화시키는 장난기, 자연스러움, 진정한 달변 등이 그의 매력이었다.

피오 노노(피우스 9세)의 가장 매력적인 성격 가운데 한 가지는 공적으로 그에게 아주 나쁜 적으로 볼 수밖에 없는 자들, 예를 들어 카부어 (Covour), 빅토르 엠마뉴엘, 나폴레옹 3세에 대해서도 개인적 애정과 염려를 표현하였다는 점이다.

그는 어느 전임자들보다 더 오랫동안 교황으로 봉사했다. 다사다난했던 그의 오랜 통치 기간 동안 그는 여러 가지 정책을 펼쳤다. 그러나 현재 그는 가슴이 따뜻하였지만 지성이 약했다는 메테르니히의 의견에 동의하지 않는 자는 거의 없다. 다른 많은 교황들과 달리, 그는 제대로된 정치적·외교적 훈련을 받지 못했다. 그는 세상 물정에 대해 어두웠다. 그는 겨우 한 번 교황령 밖에 나가보았다. 혁명적인 변화의 시기에 교회를 이끌고 신기원을 이루는 정치적인 소용돌이를 겪어야만 했던 교황에게 이것은 상당한 약점이었다.

피우스 9세의 정책은 서로 관련이 있지만 세 가지 항목으로 나누어 살펴볼 수 있다. 즉 그의 "리소르지멘토"(risorgimento) 즉 이탈리아의 통일 운동에 대한 태도, 유럽의 자유주의 일반에 대한 반발, 그리고 교회 안에서 교황지상주의의 신장 등이다.

*

피오 노노가 이탈리아 각 주의 민주 연방의 첫번째 대통령이 될지도 모른다고 생각해 볼 수 있다. 이런 생각은 피우스 9세가 교황직을 처음 수행하는 두 해 동안 소문으로 퍼졌고, 또한 영향력있는 자유주의적 가톨릭교도인 빈첸초 지오베르티(1801-52)에 의해 지지되었다. 1846년부터 1848년까지 피우스 9세는 개혁 교황의 모습으로 나타났고, 이탈리아 민족주의자들의 우상이 되었다. 로버트 윌버포스는 1843년 모즐리에게 "우리는 급진주의자 교황이 모든 유럽에 반역을 가르치는 슬픈 상황에 처해있다"고 썼다. 이 당시 이탈리아를 방문했던 처치(R. W. Church)는 다음과 같이 말하였다. "피오 노노에 대한 국민들의 열정은 가히 중세적이다. 그들은 다른 어떤 것에 대해서도 말할 수 없다. '피오 노노 만세'라는 문구가 내가 다닌 작은 도시의 거의 모든 문마다 그 위에 씌어 있었다. 그를 기념하는 여러 비문에서 너무 웅장해서 그에게 붙일 수 없는 칭호는 없었다."

그러나 교황 아래에서 진행된 이탈리아 연방의 꿈은 1848년 사건들로 인하여 좌절되었다. 로마는 혁명파에 의해 장악되었고 피오 노노는 도망쳐야 했다. 어쨌든 피오 노노가 마치니(Mazzini)와 가리발디(Garibaldi) 같은 좀더 극단적인 자유주의자들과 오랫동안 협력할 수 있을 것이라고 믿을 수는 없는 일이다. 그들의 종교에 대한 입장은 화해할 수 없는 것이었다. 피오 노노는 무엇보다도 신앙인이었다.

그리하여 교황의 "리소르지멘토"에 대한 태도는 자유주의 일반에 대한 그의 태도, 그 시대의 모든 개혁 사상과 급진 사상에 대한 그의 태도, 프랑스 혁명으로부터 연원했던 유럽의 모든 나라들에 대한 그의 태도라는 더 광범위한 문제와 연결된다. "자유주의"라는 말은 미묘한 차이를 많이 갖고 있는 말이다. 넓게 말하면, 19세기의 자유주의자들은 프랑스 혁명에서 제기된 새로운 국가와 사회를 지지하는 자들이었다. 이들은 입헌적이고 대의적인 통치 방식과 종교의 관용과 교회와 국가의 분리를 선호하였다. ("자유 국가 안의 자유 교회"라는 말은 카부어와 몽탈랑베르가 모두 주장한 슬로건이었다.) 자유주의자들은 사실 모든 방면에서의 자유를 추구하였다. 언론의 자유, 결사의 자유, 교육의 자유 등등 말이다.

자유주의자들의 반대 쪽에, 드 메스트르(de Maistre)와 그의 제자들과 같은 자들이 있었다. 이들은 자유주의자들의 모든 사상이 법과 질서를 파괴할 것이고, 결과적으로 무정부 상태와 전제 정치를 초래할 것이고, 또 교회와 국가의 권위에 대한 기독교의 교리를 거부하는 결과를 가져올 것이라고 생각하였다. 이러한 반자유주의자들(anti-Liberals)은 교회와 국가 사이에 확고한 협력 관계가 회복되기를 바라고, 또 이와 함께 교회와 국가의 연합이 도덕을 감독하고 오류를 억압하기를 원하였다. 그러므로 기독교와 자유주의는 근본적으로 양립할 수 없는 것처럼 보였고, 기독교인과 자유주의자는 서로 적대적 태도를 보였다. 이렇게 하여, 그들은 자연스럽게 상대에 대하여 더욱더 적대적이고 이해하지 못하는 태도를 취하게 되었다. 여기에 교권주의와 반교권주의의 싸움이 결부되었다. 어느 진영도 상대편이 사회적 건강과 정치적 건강을 위하여 필수적인 몇 가지 원리를 주장하고 있지 않는지 여부를 묻지 않았다.

만일 자유주의자들이 자유주의 단체를 지지하고 권위주의를 공격하는 것이 옳다고 인정된다고 하더라도, 그들은 너무 낙관적이고 이상주의적이라고 말해야 한다. 비록 그들 모두가 현재 종종 드러나는 것만큼 단순한 사람들이 아니었지만 말이다. 그러나 그들은 인간이 일단 자유롭게 되고 교육의 기회를 받기만 하면, 동산 안의 모든 것이 사랑스러울 것이라고 생각하는 경향이 있었다. 인간 본성의 자연적 완전성, 진보의 불가피성, 지상 낙원에 대한 희미한 생각, 국민성에 대한 낭만적 생각들이 그들의 상상력을 사로잡았다. 기독교의 전통은 그들에게 현세의 존재의 유한성과 인류의 타고난 이기심에 관하여 기독교적인 어두운 현실을 가르쳐 주었다. 그리고 기독교 전통은 이와 함께 진화의 과정 안에 내재할 뿐만 아니라 세상을

초월해 있는 하나님에 대하여 증거하고 있고, 열방과 지상의 권세자들이
— 절대주의 왕들뿐만 아니라 민주적인 다수파들도 — 결국에 따라야 할
도덕적 권위에 대하여 증거하였다.

　다른 한편으로 교회는 자유주의자들로부터 많은 것을 배웠다. 즉 교회는
인간이 성숙하게 된다는 점과 성숙한 인간을 정치와 교회의 보호 아래에
두는 시대는 지나가고 있다는 것을 깨달았다. 교회는 권위주의보다는 자유
가 호흡하기 더 좋은 공기라는 점을 배울 필요가 있었다. 교회와 자유주의
의 충돌에 대하여 모든 비난을 피우스 9세에게 돌리는 것은 부당하다. 피
우스 9세는 자신이 물려받은 전통을 주장하였다. 그가 모든 영역에서의 자
유를 요구하는 운동과 교회를 갑작스럽게 화해하였다면 그것은 기적이었
을 것이다. 교회는 하룻밤 사이에 자신의 견해나 방향을 변개하지 않으며,
또한 대개 권력과 특권적 지위들이 아무리 낡은 것이라 할지라도 강제로
빼앗길 때까지 포기하지 않는다.

　피우스 9세가 비난받아야 하는 점은 그가 시대의 징후를 제대로 분별하
지 못했다는 것이다. 그는 교회가 새로운 정치 현실에 적응해야 한다는 것
을 인식하지 못했고, 또한 교회가 오랫동안 고수해 왔던 배타적 특권과 구
식의 기관들이 없다면 교회는 훨씬 더 견고한 입장에 있었을 것이라는 것
을 인식하지 못했다. 현명한 교황이었다면 교회로 하여금 새로운 역사적
환경을 이해할 수 있도록 교육하였을 것이고, 또한 교회 안의 소위 자유주
의 가톨릭교도들을 격려하였을 것이다. 이 그룹의 목표는 구 질서의 최선
의 것과 신 질서의 최선의 것을 조화시키는 것이었기 때문이다.

　사실 피우스 9세는 자유주의 가톨릭교도를 반역자로 다루었고, 그들의
모든 노력을 좌절시켰다. 예를 들어, 프랑스에서 피우스 9세는 교회의 운
동과 자유주의 운동을 동일시하려는 몽탈랑베르(Montalembert), 라코르
데르(Lacordaire), 뒤팡루(Dupanloup) 등의 시도에 반대하여 루이 뵈이
요(Louis Veuillot)의 광신적 독재 정치와 「유니베르」(Univers)를 지지하
였다. 프랑스에서 교황지상주의 혹은 온전한 가톨릭교도(integrist
Catholics)와 자유주의 가톨릭교도 사이의 갈등이 두드러졌고 오랫동안

지속되었다. 이탈리아에서는 1848년 이후에도 일부 자유주의적 가톨릭주의자들이 있었다. 그러나 피우스 9세는 그들이 기꺼이 교황권의 세속적 권력을 포기하는 자들이며 그래서 가장 위험한 적들과 한편이라고 간주하였다.

독일과 영국의 자유주의 가톨릭 운동은 정치적이라기보다는 좀더 지성적이었다. 그들은 철학과 과학 사상의 빛에 비추어 가톨릭의 신앙을 새롭게 표현하고 역사의 사실들을 좀더 비판적으로 대할 필요성을 해결하고자 하였다. 될링거 박사(Döllinger, 1799-1890)는 가톨릭 신학자와 역사가들로 구성된 뮌헨 학파의 중심 인물이었다. 그들은 개신교 신학자들이 행했던 것과 동일한 비판적 표준을 그들의 연구에 적용하려 하였다. 영국의 액튼 경(Lord Acton, 1834-1902)과 연합된 로마 가톨릭 그룹은 「램블러」(*Rambler*)와 그 뒤를 이어 「국내 국외 평론」(*Home and Foreign Review*)을 발행하였고, 많은 주제들에 대하여 진보적이고 독립적인 노선을 취하였다. 그러나 그들은 항상 로마로부터 의심을 받았다.

이러한 모든 자유주의적 가톨릭 단체와 자유주의적 경향은 1864년에 교황 회칙 「콴타 쿠라」(Quanta cura)와 「실라부스 에로룸」(Syllabus Errorum)에 의해 준엄하게 정죄를 받았다. 「실라부스 에로룸」에서 피우스는 교황으로서 그 동안 현대의 오류에 반대하여 가르쳐 온 것을 종합하였다. 피우스는 사실 1854년 동정녀 마리아의 무흠 잉태 교리를 확정한 이후 오랫동안 그러한 문서를 만들려고 신중하게 고려해 왔으나, 여러 가지 이유로 그 계획을 진행하지 못했다. 1863년 이 계획을 다시 추진하게 한 두 가지 사건이 발생했다. 하나는 벨기에 가톨릭교도들이 말리느에서 국제 회의를 개최한 사건이었다. 여기서 몽탈랑베르는 기탄없이 자유주의적 성향의 연설을 하였다. 그의 연설은 회의 석상에서 열렬하게 받아들여졌으나, 결국 완고한 가톨릭교도들의 분노를 샀고, 교황을 불쾌하게 만들었다. 다른 하나는 프랑스에서 르낭이 「예수의 생애」(*Vie de Jésus*)를 출판한 사건이었다. 완고한 가톨릭 교도들은 이 책을 수치의 책으로 선언하고 정부가 금지시켰어야 한다고 목청을 높였다.

「콴타 쿠라」와 「실라부스」는 1864년 12월에 발표되었다. 실라부스는 피우스 9세가 이전에 행했던 공식 연설에서 발췌한 것을 토대로 하여 작성되었다. 실라부스는 이성주의, 무관심주의, 사회주의, 공산주의, 자연주의, 프리메이슨, 정교 분리, 언론의 자유, 종교의 자유에 대하여 무제한적으로 정죄하였고, 또 "로마 교황은 진보, 자유주의, 현대 문명과 화해하고 일치할 수 있으며 또 그렇게 해야 한다"는 것을 부인하는 데서 절정에 이르렀다. 교황이 현대 사회와 전면전을 선포한 듯했다. 극단적 교황지상주의자들은 아주 좋아하였지만, 반면에 대다수의 가톨릭교도는 당황하였고 어찌할 바를 몰랐다. 반면 반교권적 언론들은 가톨릭이 진정한 정체를 드러낸 것에 대하여 기쁨을 감추지 못했다. 외교적 항의가 로마로 쏟아졌고, 가톨릭교도들은 설득력있는 설명이 다시 제시되어야 한다고 요청하였다. 그들은 교황의 말을 정당화할 수 없다는 것을 알고 있었다.

바로 이러한 시점에서 뒤팡루는 실라부스가 주는 명백한 인상을 설명해서 오해를 없애기 위하여 하나의 팜플렛을 출판했다. 그는 여기서 명제(thesis)와 가설(hypothesis)을 구분하였다. 명제는 이론적으로 이상적이고 바람직한 것이고, 가설은 현실의 상황에서 마땅히 행해야 할 옳은 것을 가리킨다. 뒤팡루는 실라부스는 명제와 관련있다고 주장하였다. 그것은 현 상황을 다루는 것이 아니며 현대 세계 속에서 가톨릭의 정책을 다루는 것이 아니었다. 혼란에 빠져 있던 가톨릭교도들은 그의 독창적인 이론을 안심하는 마음으로 받아들였고, 교황 자신도 그의 이론을 정당한 해석이라고 허용하였다. 사실 교황은 그가 일으킨 격렬한 반동에 의해 수세에 몰려 있었다. 그러나 파리의 지성인들은 이 이론을 우습게 여겼다. 그들은 명제와 가설의 구분이 무엇인가 하는 질문을 받을 때, 파리의 교황 대사의 세속적 생활 방식을 암시하면서 다음과 같이 대답하였다. "교황 대사가 유대인을 화형에 처해야 한다고 말하는 것이 명제이고, 그가 드 로트쉴드(de Rothschild) 씨와 함께 저녁 식사를 하러 가는 것이 가설이다."

실라부스는 왜 극단적인 언어를 사용하였는가? 이것은 교황과 그의 자문 위원들의 관심이 교황의 세속적인 권한에 대한 위협과 교황권 공격의 선봉에 서 있는 이탈리아 자유주의자들에게 고정되어 있었기 때문이었다. 교황은 이러한 위협들의 이론적 토대가 되는 교리들을 분명한 언어로 정죄하기를 원하였다. 만약 이 비난들 중의 일부를 원문에서 연구해 본다면, 그 비난의 효과는 어느 정도 완화된다. 그렇지만, 일반 대중이 그러한 것을 고려할 수 없었다면, 그 잘못을 용서받을 수 있을 것이다. 실라부스는 피오 노노가 자유주의의 참과 거짓을 구별하지 못한 어리석음과 실패를 가장 잘 보여주고 있다.

그는 인생의 끝에 가서 자기 자신의 한계를 솔직하게 시인하였다. 그는 임종 직전에 이러한 고백을 남겼다고 한다.

> 나는 나의 후계자가 나와 같이 교회에 대하여 깊은 애착을 가지고 선을 행하기에 열심을 품기를 바란다. 이것 이외에도, 나는 모든 것이 변하였다는 것을 볼 수 있다. 나의 체제와 정책은 전성기를 지났으나, 나는 이제 내 길을 바꾸기에는 너무 늙었다. 그것은 나의 후계자의 과제가 될 것이다.

그러나 우리는 그의 정책의 긍정적인 면, 즉 교황지상주의를 조장한 점을 인정해야 한다. 피오 노노는 교회와 현대 세계는 서로 타협할 수 없기 때문에 교회는 분명히 자신의 세력을 규합하여 장기전에 대비해야 한다고 생각했다. 교회는 자유주의의 모든 침략과 소위 현대성의 신랄한 자극(acids of modernity)에 대하여 자신을 방어할 수 있어야 했다. 윌프리드 워드는 이 입장을 이렇게 표현하였다. "피우스 9세는 기독교 세계가 배교하였다는 입장을 택하였다. 그러므로 가톨릭교도들의 적절한 조치는 중앙 권력에 대한 강력한 충성과 가톨릭 내의 일치와 외부 세계와의 단절이었다."

피오 노노는 특별히 교회의 중심으로서 교황권에 대한 충성을 조장할 수 있는 자격이 있었다. 그는 개인적으로 아주 매력적인 인물이었고, 다른 교황과 달리 사교 생활을 즐겼고 또 로마를 방문하는 모든 이들이 자신을 만나볼 수 있도록 배려해 주었다. 그는 하루 중 많은 시간을 개인과 단체의 의견을 들으며 지냈다. 그의 매력과 천진한 성격으로 인하여 그는 많은 사랑을 받았다. 그의 고난과 정치적 역경은 그에게 순교자의 후광을 가져다 주었다. 교황의 신비와 교황의 인격에 관한 건전하지 못한 칭송은 피우스 9세 때부터 시작되었다. 1842년 한 프랑스 사제가 로마를 방문하였을 때, 교황이 옆을 지나갈 때 사람들이 모자를 벗어 인사할 필요가 없었다는 사실에 의해 충격을 받았다고 한다. 최근까지 현대의 로마 가톨릭 교회는 그리스도의 대리자에 대해 큰 존경심을 갖고 있다. 이것을 조장하고 장려한 이는 바로 피오 노노였다.

교황에 대한 헌신은 한때 랭스의 대주교가 "교황에 대한 우상 숭배"라고 묘사할 만큼 심화되었다. 교황은 "인류의 대리 신"(vice-God of humanity)으로 호칭되었다. 성무일과서(breviary)에서 하나님께 드려진 찬양이 피우스 9세에게도 드려졌다. 교황이 후원하는 어느 예수회의 평론지는 교황이 명상할 때 하나님이 그 안에서 사유하신다고 설명하였고, 교황지상주의자인 프랑스의 한 주교는 교황을 성육신하신 말씀의 연속이라고 말하였다. 당시 이러한 감정들이 상당히 널리 퍼졌다. 이것은 성직자와 신자들이 피오 노노의 지도력 아래 한데 결집하여 그의 가르침을 수월하게 받아들였다는 것을 잘 설명해준다.

그러나 교황지상주의를 선전하는 자들이 많이 있었다. 이탈리아 밖의 프랑스에는 루이 뵈이요(Louis Veuillot)와 그의 지지자들이 있었고, 영국에는 매닝(Manning)과 워드(W. G. Ward)가 있었다. 워드는 아침 식사 때 그의 「타임스」를 읽듯이 매일 교황의 칙서를 읽었다 한다. 이 열렬한 교황지상주의자들은 그들의 노선에 따르지 않는 사람들을 모두 배교자와 비난자라고 비난하였다. 이러한 압력에 저항하기 위하여 상당한 용기가 필요하였다. 교황지상주의 운동이 절정에 달했던 제1차 바티칸 공의회를 이해하기 위해서 우리는 과도한 교황 숭배가 교회에서 널리 조성되고 있었고 그것을 비판하는 자는 신실하지 못하고 참 가톨릭 신자가 아니라고 교황지상주의의 형틀에 매이기 쉬웠다는 것을 기억해야 한다.

1864년 실라부스의 공표 직후, 피우스는 공의회의 소집을 고려하고 있다고 말하였다. 이때 자유주의 가톨릭교도들은 기뻐하였다. 이들은 교황이 진의를 내보이기 전에 공의회를 개최할 것을 촉구하였다. 이들은 교황이 교회의 유일한 권위로 보여지지 않을 것이라고 생각하였고, 공의회의 주교들이 교황지상주의의 도래를 억제할 것이라고 생각했다. 그러나 1869년 2월 교황청의 준(準) 공식적 기관이 다음의 글을 발표하였을 때, 깜짝 놀랐다.

> 모든 참된 가톨릭교도는 공의회가 짧게 끝날 것이라고 믿고 있다. … 그들은 최고위의 교황직의 교리적 무오류성의 선언을 기쁨으로 받아들일 것이다. 피우스 9세는 자신과 직접 관련이 있는 사항들을 제안할 때에는 자제하는 마음으로 자신이 주도하기를 원치 않았으나, 의견을 일치시켜 주시는 성령의 계시가 공의회에 참석한 신부들의 입을 빌어 교황에 관한 조항을 환호성 속에 규정할 것이라는 점은 전혀 놀라운 일이 아니다.

이 조항은 교황의 무오류성의 교리에 대한 첫번째 명시적 암시였다. 이 문제에 관하여 로마 가톨릭 교회에는 세 종류의 그룹이 있었다. 첫째 가장 극단적으로 교황의 무오의 교리를 규정하기를 바라는 교황지상주의자들이 있었다. 둘째 역사적·신학적 이유에 근거하여 이 교리에 반대하는 될링거 같은 자들이 있었다. 셋째 "기회파"(inopportunists)로서 이 교리를 적절히 한정한다면 거부하지 않겠으나 당시의 상황에서 이 교리를 규정하는 것은 시의적절하지 않다고 하는 이들이 있었다. 이 세번째 그룹은 제1차 바티칸 공의회에서 소수파의 입장이었다. 두번째 무오류성을 반대하는 그룹은 거의 공의회에 참여하지 못했다.

"기회파"는 공의회의 주최측에 교황 무오설을 환호 속에 통과시키려는 어떤 계획도 가능하지 않다는 것을 깨닫도록 힘을 썼다. 1869년 말 공의회가 열렸을 때, 공의회는 로마 가톨릭 교회의 가르침을 포괄적으로 진술할 준비를 하라는 과제를 부여받았다. 이것은 오랫동안 논의될 문제였다. 그러나 정치적 상황의 급변으로 이 과제를 달성할 전망이 없어졌을 때, 교황 무오성의 문제가 상정되었고 이 문제로 인해 일어난 논쟁은 공의회가 끝나기 전 잠잠해질 수 있었다.

세번째 "기회파"는 완강하게 저항하였다. 그들은 그 교리의 확정을 막지는 못하였지만, 극단적인 교황지상주의자들의 뜻에 맞지 않는 방식으로 그 교리를 제한하였다는 점에서 성공하였다. 그들은 그 칙령에 투표하기를 거부하였으나, 반대 투표하여 스캔들을 불러일으키느니 차라리 투표 전날 로마를 떠나기로 하였다. 약 60명의 주교가 이렇게 하였다. 1870년 7월 18일 성 베드로 성당에서 천둥번개가 치는 가운데 마지막 투표가 실시되었을 때, 533명이 찬성하고 2명만이 반대하였다.

다음 날, 프랑스와 프로이센은 서로 전쟁을 선포하였다. 8월 초에 프랑스 군대가 로마에서 퇴각하였다. 9월 초에 이탈리아 군대가 교황령을 침입하였고, 9월 말에 로마가 함락되었고 이탈리아 왕국이 세워졌고, 교황의 세속 권력은 종언을 고하였다. 이러한 상황에서 공의회는 그 일을 계속할 수 없었고, 무기한(sine die) 연기되었다.

공의회 이후 바티칸 칙령은 특히 글래드스턴에 의해 격렬하게 공격을 당했다. 많은 논쟁가들은 공의회가 매우 비양심적 방식으로 진행되었다는 생각을 퍼뜨렸다. 그러나 당시 자유로운 토론을 할 수 있는 충분한 여지가 있었고 소수파가 위협을 당하지 않았다는 것이 현재 분명한 사실이다. 물론 막후에서는 많은 음모가 있었지만, 그것은 교회의 회의에서는 관행이었고 아마도 불가피한 것이었을 것이다. 공의회가 끝나기 전, 교황 자신이 개인적 영향력을 행사하는 실수를 범한 것이 사실이지만, 그의 개입이 없었더라도 결과는 동일하였을 것이다.

피오 노노가 역사의 법정에서 책임을 져야 할 것은 바티칸 공의회에서 행한 그의 행적이 아니라 그가 시대의 징조를 읽은 것이나 잘못 읽은 것이다. 그의 모든 정책으로 인하여 로마 가톨릭 교회는 보다 폐쇄적 기관이 되었다. 모즐리가 말했듯이, "폐쇄적 단체들은 소위 새로운 사상에 접근하기 어렵고 새로운 사실을 깨닫지 못한다. 폐쇄적 기관은 외부로부터 새로운 영향을 받아 정신이 확장되는 것을 싫어한다. 그들의 자연적 성향은 그들 스스로 전 세상이 되는 것이다."

미래의 세대를 위해 로마 가톨릭 교회에 그 자취를 남긴 것은 다양한 해석의 여지가 있는 교황의 무오성의 칙령이 아니라 교황 피우스 9세의 전략이다. 일부 그의 후계자들은 현대 세계에 대하여 좀더 개방적이고 우호적인 태도를 취하였다. 특히 레오 13세가 그러하였다. 그러나 요한 23세의 극적인 통치가 시작되기 전까지는 피우스 9세가 절대적인 것으로 만든 전제적 형태가 본질적으로 변하지 않았다.

제 14 장

전례주의와 공동기도서의 개정

1863년 스탠리 학장은 로마를 방문하는 중에 피오 노노(피우스 9세)와 사적으로 대화를 나누었다. 헤어질 때, 교황이 그에게 말하였다. "퓨지를 아십니까? 그를 만나거든 나의 말을 전해주십시오. 저는 그를 종에 비유합니다. 종은 항상 신자들을 교회로 초대하기 위하여 울리며, 종은 항상 교회 밖에 있습니다." 많은 영국인들은 이 말을 좋아하였을 것이다. 왜냐하면 퓨지주의 혹은 앵글로 가톨릭파 혹은 전례주의(ritualism)는 영국 성공회를 로마화 하려는 시도라는 의혹이 널리 퍼져 있었기 때문이다. 이러한 의혹이 일으킨 많은 흥분들은 지금 회고해 보면 사소한 일들로 인하여 일어난 것이었다. 그러나 이 흥분들은 19세기와 20세기 초반 동안 영국 교회의 역사에서 지대한 역할을 담당하였다. 모든 동요가 무엇에 관한 것인지 이해하는 것이 필요하다.

옥스퍼드 운동은 초기에는 전례주의적이지 않았다. 즉 새로운 형식의 예배와 의식을 도입하는데에 관심이 없었다. 초기의 소책자 운동가들은 공동기도서에 매우 만족하였으며 그 지침을 매우 철저하게 준수하였다. 그들은 새로운 혁신자들이 아니라 옛 방식을 회복하는 자들로 보였다. 소책자 운동이 낯선 의식과 예전을 도입함으로써 교구 교회의 예배와 장식에 깜짝 놀랄 만한 영향을 주기 시작한 것은 약 1840년 무렵이었다. 처음에는 소수의 교회들만이 영향을 받았으나, 시간이 지나면서 전례주의는 영국의 대부분의 지역에 전파되었고 뜨거운 논쟁거리가 되었다. 전례주의는 많은 정도의 차이가 있었고, 비교적 극소수의 고교회 성직자들만이 전례주의에 전적으로 동의하였다. 전례주의는 제단의 등불, 성직복, 성체용 빵, 혼합된 성배(성찬식에서 포도주에 약간의 물을 혼합함), 십자가 성호, 향, 한 쪽 무릎 꿇기, 검은 가운 대신 중백의(surplice) 입고 설교하는 것, 중백의를 입은 성가대, 많은 찬양과 성가, 성수의 사용, 이동식 나무 제단 대신 고정된 석조 제단, 십자가와 입상, 동정녀 마리아와 성자 숭배, 성만찬의 보관과 경배, 비밀 고해 성사 등의 외적인 모습으로 가시적으로 나타났다. 이들 중 일부, 예를 들어 성가대가 중백의를 입는 것 같은 것은 영국 성공회 안에서 거의 보편화되었다. 그러나 대부분은 계속하여 앵글로 가톨릭 교회의 특별한 특징으로 남았다.

전례주의에 관한 논쟁들과 전례주의를 억제하고자 하였던 조치들을 상세하게 추적하는 것은 지루한 일이다. 전례주의를 발생시킨 원인과 전례주의를 반대하도록 했던 동기들을 구분하는 것이 보다 더 가치있는 일이다.

첫째, 옥스퍼드 운동은 성스러운 신비, 거룩한 교제로서 교회의 개념과 특히 교회의 예배와 성례 의식의 진지함과 장엄함을 회복시켰다. 소책자 운동가들로부터 이러한 가르침을 배웠던 사람들은 필연적으로 교회 예배의 형식과 방식에서 그 가르침을 실행하기를 원하였고, 전통적인 가톨릭 예배 가운데서 가능한 한 많은 것을 부활시키려 하였다. 이것은 종교개혁 이전의 영국의 교회의 의식을 회복하는 형태를 띠거나, 아니면 워드(W. G. Ward)의 정신을 따라 근대 로마 가톨릭 교회의 의식을 수용하거나 변화시키는 형태를 띠었다. 영국국교회 고교회파들 가운데 일부는 전자의 방식을 좋아하고 일부는 후자의 방식을 좋아하였다. 그들 사이의 차이는 로마 자체가 그 모방자들을 혼란에 빠뜨린 20세기 중반까지 지속되었다.

전례주의가 확장된 두번째 원인은 소책자 운동의 전통에 서 있는 많은 사제들이 도시 빈민가에 들어가서 사역을 한 것이다. 빈민가의 생활 환경은 끔찍하게 단조롭고 생기없고 우울하게 하였다. 이러한 환경에서 사는 사람들에게 영국 성공회의 전통적 예배 형식은 너무 지루하고 냉랭하며 호소력이 없고 무의미하였다. 어쨌든 그들은 귀를 통해서 배우는 것보다 눈을 통해서 더 많은 것을 배울 수 있는 사람들이었다. 그들로 하여금 좋은 색채와 음악과 극적인 행동을 통하여 교회와 성례의 의미를 생생하게 깨닫게 하는 것은 상식에 속한 일이었다. 빈민가의 전례주의 사제들은 종종 놀라운 헌신과 영웅적인 거룩함을 보여주었고, 자신을 불태워 빈민들과 버림받은 자들을 섬겼다. 그들의 양떼들은 이렇게 사심없이 섬기는 성직자들에게 열정적으로 반응하였다.

셋째, 많은 전례주의적 관습들은 비록 익숙하지 않고 비국교회적인 것처럼 보이더라도 사실 합법적인 것이고 허용될 수 있을 뿐만 아니라 실제로 국교회의 신조에 — 예를 들어 공동 기도서에 있는 소위 예배 용품 전례 법규(Ornaments Rubric)에 — 규정되어 있는 것이라고 주장할 수 있었다. 이 주제에 관하여 주어진 법적인 결정들은 다양하였고, 전례주의자들은 그들에게 호의적이지 않은 결정들을 개신교의 선입견의 탓으로 돌리기 쉬웠다. 그들은 제대로 이해되기만 하면 법은 그들을 지지해주고 있다고 확신했다. 그래서 주교와 다른 사람들이 그들을 방해할 때, 양심에 거리낌이 없이 전례주의의 관습을 고집할 수 있었다.

넷째, 옥스퍼드 운동의 고고학적인 요소가 전례주의의 확산에 큰 도움을 주었다. 사실 이 고고학적 요소는 케임브리지 대학에 더 많은 신세를 졌다. 당시 교회 건축과 비품에 대한 관심이 회복되었고 또 영국의 교구 교회를 다소간 그들의 원래의 상태로 회복시키고자 하는 갈망이 일어났다. 이로 인하여 사람들은 교회를 중세 시대처럼 장식하고 또 교회의 원래의 의식과 예식을 위해 사용하고 싶어했다.

전례주의의 성장에 한 몫을 담당한 다섯번째 상황은 영국 국교회의 남녀 종교 단체들의 부흥이었다.[1] 그들의 주요한 사역 중의 하나는 매일 예전 의식에서 하나님께 경배하는 것이었다. 그들은 공동 기도서가 수도원 공동체의 예배에 부적당하다는 것을 발견하고, 종교개혁 이전이나 로마 가

---

1) P. F. Anson, *The Call of the Cloister. 1955*; A. M. Allchin. *The Silent Rebellion. 1958.*

톨릭 교회의 자료로부터 많은 내용을 빌려와 채우는 경향이 있었다.

여기서 전례주의가 단지 외적인 의식과 예식의 문제만이 아니라는 것이 강조되어야 한다. 그것은 심오한 교리적인 확신, 특별히 성찬식에서 그리스도의 임재에 대한 확신을 상징화하고 보호하려고 하였다. 전례주의의 장점은 경건한 성례주의와 훈련되고 승리하는 영성에 있었다. 이것은 전통적인 국교회에서는 부족한 것처럼 보이는 것이었다.

그러나 이제 우리는 전례주의에 반대하고 대적하는 이유를 살펴보아야만 한다. 우선, 다른 민족들이 어떠하든지 영국인들은 교회에 대한 태도에 있어서 보수적이었고, 혁신적인 것을 싫어하는 경향이 있었다. 그 혁신이 좋든 나쁘든 무관심하든 상관이 없이 무조건 역정을 내었다. 새로운 찬송가의 가락이나 과격한 주임 사제에 대한 그들의 자연적 반응은 일단 부정적이다. 많은 반(反)전례주의적 감정은 이런 식으로 설명될 수 있다. 사실 일단 회중이 예배 의식의 혁신에 익숙해지면, 회중은 이 의식에 몹시 집착하는 경향이 있다.

둘째, 보통의 영국인들은 종교에서 단순성을 좋아하거나 좋아한다고 생각하고, 정교한 장식이나 복잡한 것을 싫어한다. 전례주의는 정교하고 기교적인 것처럼 보였다. 그런데 여기에 모순이 있다. 영국인들은 항상 왕실과 국가와 학교의 경우에는 정교한 의식과 화려한 것에 집착하여왔다. 그러나 19세기에 이르러 영국인들은 종교 문제에서 선을 긋고 단순성을 선호하였다.

셋째, 영국인들은 법을 존중하는 민족이고, 전례주의자들은 특히 초기에 법을 지키지 않는 사람으로 보였다. 비록 이미 지적한 대로, 법원의 결정이 상당히 혼란에 빠져 있었지만, 법원은 주로 전례주의에 반대하는 입장이었고, 전례주의 사제들은 교회법적으로 주교에 대한 순종의 서약을 어겼다는 의심을 받았다.

그러나 전례주의에 적대감을 일으키는 보다 심각한 원인은 전례주의가 로마 가톨릭을 향하고 있다는 두려움이었다. 이 두려움에는 맹목적 선입견과 합리적 이해가 함께 복합되어 있다. 종교개혁 이후, "교황 반대"(no popery)는 영국인들이 하나로 뭉치는 구호가 되었다. 그것은 때때로 스페인의 무적 함대(Armada), 화약 음모 사건(Gunpowder and Popish Plots), 고든 폭동(Gordon Riots)처럼 영국인들을 광적으로 몰고갔다. 이것은 많은 부분에서 비합리적이었으나, 다음과 같은 합리적인 인식과 함께 혼합되어 있었다. 즉 로마 가톨릭 교회가 영국이 소중하게 여기는 자유와 독립과 양립할 수 없을 뿐만 아니라 정치적인 것은 아니더라도 영적인 전제 정치의 위협으로 가득 차 있는 주장과 요구를 하고 있다는 것이다.

19세기 중반, 맹목적인 선입견과 합리적인 인식을 함께 일깨운 사건들이 발생하였다. 옥스퍼드 운동이 로마로 전향하여 분리하여 나가기 시작할 때, 특히 뉴먼이 이탈했을 때, 다음에는 무슨 일이 일어날까 하는 공포감이 있었다. 실제로 다음에 벌어진 일은, 「타임스」가 표현한 대로, "로마가 결코 포기하지 않았던 바 영국에 대한 절대적인 영적 지배권을 다시 회복하겠다는 주장이 대담하고 두드러지게 드러난 것이었다." 이것이 1850년에 일어난 그 유명한 "교황의 공격"(Papal Aggression)이다. 이때 피우스 9세는 영국에 로마 가톨릭 교회의 직제의 구조와 교구를 확립하였고, 웨스트민스터의 대주교로 임명된 추기경 니콜라스 와이즈먼(1802-65)은 화려한 문체의 사목 서신 "로마의 플라미니우스 문으로부터"를 발표하였다.

수상 존 러셀 경은 더햄의 주교에게 공개 서한을 보냈는데, 이것은 때맞추어 화약 음모 사건의 주모자 가이 포크스 체포기념일(Guy Fawkes day) 전날 밤에 전달되었다. "친애하는 주교님, 나는 당신이 '우리 개신교에 대한 교황의 최근의 공격'을 '오만하고 기만적'이라고 말한 것에 동감합니다. 그래서 당신이 그 문제에 대해 분개한 것같이 나도 분노하고 있습니다 …" 수상은 법률적 조치를 취하겠다고 약속했고, 전례주의자들을 공격하였다. "39개 조항에 서명하고 여왕의 수위권을 명백한 용어로 시인한 우리 국교회의 성직자들이 앞장서서 양떼들을 이끌고 한 걸음 한 걸음 나아가더니 드디어 벼랑 끝에까지 왔습니다." 그러나 그는 국민의 대다수는 "미신의 허례 허식을 경멸하고, 지성을 제한시키고 영혼을 노예로 만드는 노력들을 조롱하고 있다"고 확신했다. 교황의 공격에 관한 군중들의 소동은 곧 잠잠해졌으나, 전례주의에 대한 적대감의 불길은 더 맹렬하게 타올랐다.

이러한 적대감의 보다 근원적 원인은 전례주의가 주로 성직자의 운동이었다는 사실이었다. 성직자들은 종종 평신도의 반대와 저항에도 불구하고 자신들이 주도권을 잡고 낯선 의식과 예식들을 도입하였고, 마음이 준비되어 있지 않은 회중들에게 그들이 선호하는 의식을 강제로 부과하였다. 다른 무엇보다 이러한 과정이 국교회의 고교회파를 인기없게 만들었다.

이러한 분위기에서 전례주의를 억압하기 위한 일련의 조치들이 시행되었다. 이것은 주교, 왕립위원회, 의회의 입법, 법적 소송, 조직적인 탄원과 선동에 의해 이루어졌다. 빅토리아 여왕 자신도 대단히 염려하였다. 1874년의 "공중 예배 규제법"(Public Worship Regulation Act) 아래에서 많은 전례주의 성직자들이 투옥되었을 때, 사태의 흐름은 어느 정도 전환되었다. 이 조치는 전례주의를 억압하기는커녕 오히려 전례주의자들을 순교자로 만들었고, 그들의 주장을 촉진시켰다. 여론이 전례주의자들의 주장에 대해 아무리 적대적이라고 하더라도, 그것은 선하고 신실한 사람들이 양심적 확신을 포기하지 않는다고 하여 범죄자로 취급받는 것을 참을 수 없었기 때문이다. 당연히 "공중 예배 규제법"은 사문화되었으나, 전례주의에 대한 공격은 계속되었고, 심지어 성자 같은 링컨의 주교 에드워드 킹(1829-1910)은 많은 불법을 범하였다는 이유로 캔터베리 대주교(벤슨)의 법정에서 재판을 받았다.

＊

1903년 랜들 데이비드슨(Randall Davidson, 1848-1930)이 캔터베리의 대주교가 되었을 때, 그의 첫번째 공적인 행동은 램버스 공관에서 전례주의를 반대하는 효과적인 조치를 촉구하기 위해 찾아온 수백 명의 의원들을 영접한 것이었다. 이 문제에 대처하기 위해 새로운 시도가 이루어져야 한다는 것이 분명하였기 때문에, 데이비드슨은 수상인 밸푸어(A. J. Balfour)를 설득하여 또 하나의 왕립위원회를 구성하게 하였다. 이것은

"교회 징계 위원회"(Royal Commission on Ecclesiastical Discipline)로 알려졌다. 대부분의 위원들은 평신도였으나, 모두 국교회 신자들이었다. 위원회는 2년 동안 모여서 역사적 관점에서 이 주제를 철저하게 검토하였다. 징계 위원회의 위원이었던 데이비드슨은 종교개혁 이후로 국교회의 예배 의식에서 통일성이 없고 폭넓은 다양성이 있었다는 것을 발견하였다.

교회 징계 위원회는 두 가지 중요한 결론에 도달하였다. 이 두 결론은 문제의 근원에 이르는 내용이므로 인용할 가치가 있다.

첫째, 영국 성공회의 공중 예배법은 너무 협소하여 현 세대의 신앙 생활에 적합하지 않다. 공중 예배법은 가장 헌신적인 신자들을 포함하여 많은 신자들이 귀중하게 여기는 것들을 헛되이 정죄한다. 그런데 근대의 사상과 감수성은 의식에 대한 관심, 예배의 장중함에 대한 감각, 교회의 계속성에 대한 인식 등을 그 특징으로 하고 있다. 그러나 이러한 현대의 특징들은 현행 법 아래에서 잘 나타나지 않는다. 영적인 생명력과 활기가 부흥하는 놀라운 시대에, 교회는 살아있는 교회가 본래 갖고 있는 자기 적응력도 없이 전혀 다른 상황에서 나온 규칙 아래에서 일해야 했다…

둘째, 교회 훈련 기구가 와해되었다. 교회의 신앙과 가르침에 관한 문제에서도, 교회 법정에서 법을 실행하는 수단이 결여되어 있을 뿐만 아니라 어떤 면에서는 부적절하였다…

그리하여 위원회는 주교 회의가 권한을 위임 받아서 교회의 예배법에서 필요한 변화들을 검토하도록 제안하였다. 그리고 추밀원의 사법위원회와 다른, 최종적인 교회 항소심 법원을 제안하였다. 추밀원의 사법위원회는 세속적인 성격을 띠고 있다는 이유로 많은 반대를 받았었기 때문이다.

위원회는 1661년 이후로 개정되지 않았던 공동기도서의 개정 작업에 착수하였다. 이 일은 장기적이고 복잡한 기획이었다. 주교 회의의 수레바퀴는 시의적절하게 천천히 돌아가며 일을 처리하였다. 처음에는 아주 작은 변화만이 요구되고 우선적으로 전례 법규를 다양하게 해석할 수 있도록 허용하는 것이 필요하다고 생각되었다. 그러나 토론이 진행되면서 더 큰 폭의 개정 작업이 일어날 것처럼 보이기 시작했다. 그때 제1차 세계대전이 일어났고, 이로 인해 개정 작업은 중단되고 상황도 변화되었다.

주교 회의는 물론 전적으로 성직자들의 조직이었다. 그래서 개정 작업이 완료되기 전에 교회대표협의회(Representative Church Council)의 평신도위원회(House of Laity)의 자문을 받아야 한다고 미리 약속되어 있었다. 그러나 전쟁이 종결된 이후에도 평신도 대표 위원회의 자문을 받을 수 있을 것 같지가 않았다. 동시에 전쟁은 예배에서 큰 폭의 자유를 요구하게 하였다. 예를 들어, 전쟁 중에는 성찬 때 성체의 일부를 남겨두거나 임시 예전 의식을 실행하는 것이 일반화되었다. 그리고 공동기도서에는 없는 죽은 자들을 위한 기도가 많이 요구되었다. 더욱이 군목들은 예전을 실행할 때 더 많은 자유를 원하였다. 그래서 전쟁이 끝난 후, 상당한 수의 성직자들이 이전보다 더 포괄적인 개정을 검토하게 되었다.

전쟁 이후의 상황을 바꾸어 놓은 또 다른 요인은 1919년에 교회 총회(Church Assembly)를 존재하게 한 "실행법"(Enabling Act)이 통과된 일이다. 교회 총회는 평신도위원회를 포함하였고, 훗날 의회의 주재 아래, 교회를 다스리는 주요한 통치 기구가 되었다. 교회 총회는 처음부터 공동기도서 개정 작업에 착수하고자 하였다.

1920년부터 1927년까지 교회 총회와 특별히 주교 위원회(House of Bishops)는 공동 기도서의 개정을 구체화하는 일에 상당히 많은 시간을 투자하였다. 개정판은 구 기도서를 대체하는 것이 아니라 구 기도서에 대한 하나의 대안이 되고자 하였다. 많은 단체와 개인도 어떤 종류의 개정이 필요한지 의견을 많이 내었다. 특히 녹색 제안서, 회색 제안서, 오렌지 제안서로 알려진 세 종류의 제안서가 출판되었다. 녹색 제안서는 국교회의 고교회파를 대변하는 영국교회연합의 제안을 담고 있었다. 회색 제안서는 윌리엄 템플(William Temple, 1881-1944)이 이끄는 중도 또는 자유주의 교인들의 바람을 표현하였다. 오렌지 제언서는 보다 온건하고 전통적인 영국식 고교회 형태를 대변하는 알퀸 클럽(Alcuin Club)의 작품이었다. 복음주의자들은 구 기도서에 만족하거나 아주 사소한 부분만을 수정하기를 원한다고 공언하였기 때문에, 별도의 제안서를 내지 않았다.

많은 토론과 수정을 거친 후, 최종적으로 교회 총회의 모든 세 위원회에서 압도적 다수의 지지를 받고 개정판이 승인되었고, 이제 의회의 허락만을 남겨 놓았다. 불행하게도 교회 안의 두 집단, 즉 극단적 복음주의파와 극단적 고교회파가 이 법안에 강력하게 반대하였다. 전자는 개정판이 너무 가톨릭 쪽으로 갔다는 이유로, 후자는 가톨릭 쪽으로 충분히 가지 않았다는 이유로 반대하였다. 두 집단은 의원들이 개정안에 반대표를 던지도록 로비 활동을 벌였다. 이것은 의원들에게 개정안에 대한 교회의 분열이 실제보다 훨씬 더 심각하다는 인상을 주었을 것이다. 왜냐하면 개정안에 찬성하는 자들은 반대하는 자들과 동일한 열정으로 일하지 않았기 때문이다.

마침내 기도서 법안은 1927년 12월 12일 상원에 회부되었고, 삼일 동안 토론한 후, 찬성 241명 반대 88명의 투표로 승인되었다. 모든 것이 잘 진행되는 것처럼 보였고, 하원에서도 승인될 것 같았다. 그러나 하원에서 모든 상황이 꼬이고 말았다. 개정안을 제안하는 사람들의 연설은 비효과적이었던 반면에 반대하는 자들의 연설은 아주 성공적이었다. 특히 저교회의 지도자였던 내무장관 윌리엄 조인슨-힉스 경은 기도서가 국교회의 고교회파가 가톨릭화하려는 목적에 굴복하는 것이라고 공격하였다. 로슬린 미첼이라는 스코틀랜드 의원의 연설은 더 큰 인상을 남겼다. 그는 기도서 개정에 대하여 잘 알지도 못하면서 수사학적 열정을 동원하여 "교황 반대"(no popery)를 부르짖었다. 그리하여 개정안은 찬성 205명 대 반대 238명으로 부결되었다. 벨(G. K. A. Bell)이 「데이비드슨의 생애」에서 말했듯이, "하룻밤의 소동에 의해 하원은 20년 이상의 작업을 파괴해 버렸다."

분명히 그 문제는 그대로 잠잠해질 수 없었으나, 대체 무슨 일을 할 수 있었을까? 어떤 사람들은 교회가 하원의 반대에도 불구하고 공동 기도서 개정판을 채택해야 한다고 생각했다. 입법부가 국교회를 해체하고자 한다면 해체되어야 한다고 생각했다. 그러나 주교들은 중도의 길을 취하였다. 그들은 마침내 "교회의 고유한 영적 권위를 따라" 행동해야 한다고 말하였으나, 하원이 개정안을 오해하였다고 믿었고, 그리하여 분명한 의도를 반영하는 일부 수정안을 다시 제출하기로 결정하였다. 변화된 내용은 주로 성례에서 성체를 따로 남겨두는 조건을 엄격하게 규제하는 것이었다. 수정안은 교회 총회에서 승인되었지만, 1927년보다 적은 다수의 승인을 받았다. 이전에 개정안을 지지했던 성직자들은 의회에 대한 어떠한 양보에도 반대하였다. 성체 보관에 대한 새로운 규제는 많은 고교회파들을 소외시켰다.

1928년 6월 수정안이 하원에 다시 제출되었을 때, 더 심한 논쟁이 벌어졌다. 그러나 기도서에 대한 반대는 완화되지 않았고, 수정안은 근소한 차이로 거부되었다. 또 다시 어떻게 해야 하는가 하는 질문이 제기되었다. 또다시 주교들은 대세를 따라 결정하였다. 그들은 교회는 신앙을 명확히 규명하고 예배 형식을 결정하는 양도할 수 없는 권한을 유지해야 한다는 내용의 성명서를 발표하였다. 그리고 현 위기의 상황에서 교구를 관리할 때 1661년 기도서에서 벗어났지만 1928년의 제안에서 다루어진 것들은 허용할 것이라고 선언하였다. 현 위기는 약 40년 동안 계속되었다. 그러나 그 다음 기도서 개정에 대한 새로운 접근이 채택되었다. 즉 실험 기간 동안 대안적 예배를 허가하는 것이다. 이러한 접근의 최종적인 결과는 아직도 결정되지 않았다. 그것은 1970년 교회의 주요 자치 기관이 된 전국교회회의(National Synod)에 의해서 상세하게 검토될 것이다.

1927년과 1928년에 의회에 의한 기도서 개정판의 거부는 교회와 국가의 관계에 대하여 질문을 던지게 하였다. 1928년 이후로 교회는 여러 위원회를 임명하여 이 문제를 검토하도록 조치하였다. 그들은 보고서와 제안서를 만들었으나, 지금까지 그들이 이룩한 성과는 거의 없다. 다만 제2차 세계대전 이후 교회법을 개정하기 위하여 막대한 시간과 노력을 들인 것만이 예외적 성과이다.

1927년과 1928년에 기도서 개정의 실패에는 여러 가지 이유들이 있다. 분명히 로마 가톨릭 교회에 대한 두려움이 있었다. 비록 이 두려움이 아무리 비합리적이라고 할지라도, 이것은 교회 지도자들이 알고 있는 것보다 훨씬 더 강력한 힘을 발휘하였다. 그 다음 교회는 교회가 원하는 것에 대해 충분히 의견의 일치를 보지 못했다. 만일 개정안이 실제로 만장 일치의 찬성을 얻었다면, 의회도 아마 주저하지 않고 승인하였을 것이다. 아마도 성직자들을 훈련시키기 위한 계획의 일환으로 교회의 예배 형식을 개정하려는 모든 의도는 뜻대로 되지 않을 것이다. 개정판 공동 기도서는 주교들이 실행시킬 수 있기를 소망했던 타협이었다. 그 후, 교회는 교회 안의 당파 사이의 협상에 의해 예배 형식을 개정하는 것보다 더 좋은 방법이 있다는 것을 깨닫게 되었다. 즉 교구에서 실험을 허용하는 방법이 있었다.

마지막으로, 이 시기에 교회를 지도하는 데 책임이 있었던 대주교 데이비드슨은 그 자신이 기도서 개정 작업에 깊은 관심을 갖고 있지 않았다. 그는 교회가 해야 할 더 중요한 일이 있다고 생각했다. 그는 문제를 끝까지 해결할 준비가 되어 있었다. 그러나 그는 평신도들은 이 문제에 별로 관심이 없고 주로 성직자들이 관심을 기울이는 성직자들의 문제라고 간주했다. 그는 주로 평신도들의 뜻에 공감하였다. 누가 데이비드슨이 틀렸다고 말할 수 있겠는가?

제 15 장

스코틀랜드 정통의 위기

19세기의 모든 교회는 정통주의의 전통적 기준과 성경에 대한 비평적 연구 사이의 충돌을 경험하였다. 스코틀랜드 교회도 조만간 이 문제에 직면할 수밖에 없었다. 그러나 스코틀랜드에는 잉글랜드보다 더 오랫동안 새로운 학문과 인간주의적 정서를 막아낼 수 있는 요인들이 있었다. 1843년 스코틀랜드 교회가 분열되었을 때만 해도 성경과 웨스트민스터 신앙고백의 권위가 아주 견고했었다. 자유 교회뿐만 아니라 국교회도 흔들림이 없었고, 복음주의자들뿐만 아니라 온건주의자들도 동일한 입장이었다. "정치적-교회적 선동의 시기는 신학이 발전하기 좋은 시대가 아니라는 것과 또 어빙과 매클라우드 캠벨의 토론에서 개화할 가능성이 있었던 신학의 발전도 교회와 국가에서 중요한 쟁점이 나타나면 어김없이 저지되었다."

실제 자유 교회의 복음주의적 열정은 자유 교회로 하여금 엄격한 칼빈주의에 더욱더 집착하게 만들었고, 신학적으로 유연하지 않게 만들었다. 목사를 훈련하는 대학을 복수로 설립하는 일도 연기되었다. 왜냐하면 신학기관이 많아지면 교수들의 가르침을 감시하는 일과 이단으로부터 보호하는 일이 더 어려워질 것이기 때문이었다. 교회의 분열의 위기에 연루되지 않고 1847년에 연합장로교회로 통합된 소규모 교파들 가운데서 처음으로 칼빈주의 교리를 보다 유연하고 자유롭게 해석하기를 원하는 욕구가 나타났다.

스코틀랜드 교회의 분열 이후 30여년 동안, 자유 교회 안에서 자유 교회가 자랑하는 정통 신앙을 어지럽히는 사람이 하나도 나타나지 않았다. 마침내 강풍이 몰아쳤을 때, 이 바람은 전혀 준비가 되어 있지 않던 교회 위에 들이닥쳤다. 이곳의 여론의 분위기는 오랫동안 신학적 합리주의의 풍토 속에서 성경이 연구되어 왔고 고등 비평이 흡수되어 있던 독일이나 네덜란드와 아주 달랐다. 이 문제는 1875년경에 윌리엄 로버트슨 스미스 (William Robertson Smith, 1846-94) 사건을 통하여 쟁점으로 부각되었다. 이 사건은 1876년부터 1881년까지 자유 교회의 법원, 지도자와 일반 신자들의 초미의 관심의 대상이 되었다.

스미스는 교회 분열 당시 학문적으로 대성할 가능성을 희생하고 애버딘 근처의 시골 교구에서 여생을 보냈던 한 목사의 아들이었다. 윌리엄은 고향에서 학교 교육을 받은 후 14세의 나이에 애버딘 대학에 입학하였고, 이곳에서 대성공을 거두었다. 그 다음 에든버러의 뉴 칼리지로 가서, 그 유명한 히브리어 문법책의 저자인 구약 학자 앤드루 브루스 데이비드슨 (1831-1902) 아래에서 공부를 하였다. 그는 또한 독일에 가서 리츨의 강의도 들었다. 애버딘과 에든버러의 교수들은 스미스로 하여금 케임브리지로 가서 수학과 과학 연구에 전념하라고 강권하였다. 그러나 스미스는 목회에 대한 강한 소명감을 갖고 있었고, 아무것도 그의 발길을 돌이킬 수 없었다.

1870년 그가 신학 과정을 마쳤을 때, 자유 교회 총회는 곧바로 그를 애버딘 대학의 히브리어와 구약 비평학의 교수직에 임명하였다. 취임 강의에서 그는 그 당시 별로 특별한 관심을 일으키지 않은 용어를 사용하였으나, 이 용어는 훗날 전개될 일을 보여주었다.

고등 비평은 부정적인 비평을 의미하지 않는다. 그것은 성경을 역사의 기록으로서 공정하고 정직하게 바라보는 것을 의미하고, 성경의 진정한 의미와 역사적 배경에 도달하고자 하는 노력을 의미한다. … 이 비평이 신앙 없이 시작된다면, 즉 우리가 성경의 역사가 세속적 역사가 아니라 하나님의 구원하시는 자기 현현의 이야기라는 것을 잊는 때에, 이 비평의 과정은 신앙에 위험할 수 있다.

그 후 몇 년 동안 스미스는 유능하고 경건한 학자와 교수로서 차분하게 명성을 쌓았다. 그는 웨스트민스터 신앙고백의 칼빈주의 교리들을 수용하는 진지한 복음주의자였다. 그는 또한 독일을 계속 방문하여, 오경의 문서 자료설을 체계화하고 있는 율리우스 벨하우젠(1844-1918)과 친밀한 관계를 유지했다.

1875년 「브리태니커 백과사전」 신판이 출판되기 시작했고, 성경적 주제에 대한 항목들이 스미스에게 위임되었다. 이것은 그가 자기 견해를 표현할 수 있는 첫번째 중요한 기회였다. 첫 항목의 제목은 "천사"였다. 천사의 인격성 혹은 비인격성에 대한 솔직한 견해는 약간 세인의 입에 오르내리게 되었으나, 그것은 중요한 주제도 아니었고 그 자체로서 큰 분쟁을 일으키지도 않았다. 그러나 "성경"를 주제로 하는 다음 항목에서 사정이 달라졌다. 이것은 고등 비평의 관점에서 씌어졌을 뿐만 아니라, 몇 가지 논쟁점 예를 들어 오경의 기원, 시편의 저자 문제, 구약 예언의 비예언적 성격, 복음서의 복합적 구조에 대하여 진보적 결론들을 수용하는 데까지 나아간 것처럼 보였다.

그 당시 성경의 역사, 저자 문제, 축자적 무오성에 관한 전통적인 견해들이 교회 안에서 도전을 받지 않았기 때문에, 로버트슨 스미스의 논문은 혁명적인 것으로 보였을 뿐만 아니라, 성경의 무오적 권위에 의존하던 기독교 신앙의 중심을 공격하는 것으로 보였다. 그는 독일에서 널리 용납되었던 새로운 견해들에 이미 너무 적응이 되어 있어서, 그가 일으킨 소란에 자기가 놀라고 말았다. 한 친구가 그에게 그의 논문에 관하여 논쟁이 있을 것이라고 말하였을 때, 그는 "그렇지 않을거야"라고 말했다. 그는 한 사람의 기독교인으로서 그의 신앙이 그의 결론에 의하여 흔들리지 않는 것을 발견하였기 때문에, 그의 결론이 다른 사람들을 당혹스럽게 한 이유를 알 수 없었다. 그는 그의 결론이 자신이 진심으로 받아들이는 웨스트민스터 신앙고백과 전적으로 일치한다고 주장하였다. 당연히 웨스터민스터 신앙고백은 오경의 복합적인 성격에 대한 견해들을 명백하게 배제하지 않았다. 이 문제는 신앙고백이 작성되었을 때는 들어본 적도 없는 문제였다. 그러나 복음주의적 정통의 수호자들은 성경에 대한 모든 전통적 태도가 사실상 의심되고 있다는 것을 인식하였다.

국교회의 한 교수가 공격의 포문을 열었다. 그는 자유 교회 안의 이단의 사례를 드러내는 일을 싫어하지 않는 인물이었다. 즉각 로버트슨 스미스를 교수직에서 해임하라는 소동이 일어났다. 이 사건은 이미 말한 대로 5년 동안 진행되었고, 특별하고 극적인 문제들에 함께 연루되었다. 이 사건을 자세하게 추적하면, 우리는 교회 권징을 위한 장로교 체제가 어떻게 작동하는지 잘 알 수 있다. 사건의 전모는 아주 상이한 관점에서 씌어진 두 사람 즉 스미스와 레이니의 자서전에 상세하게 기록되어 있다.

에든버러 뉴 칼리지의 학장 로버트 레이니(Robert Rainy, 1826-1906)는 자유 교회의 유명한 지도자이고 대단한 교회 정치가였다. 그는 스미스와 그를 반대하는 극단파 사이의 중간 어느 지점에 서 있다. 그는 이 사건에서 부정직한 길을 추구하였다. 그는 교회 안에서 "합리적인" 혹은 "경건한" 비평의 가능성을 열어줄 타협점을 찾으려고 모색하였다. 반면에 그는 스미스의 오만하고 굽힐 줄 모르는 호전성이 그를 화나게 할 때는 스미스를 기꺼이 희생시킬 준비가 되어 있었다. 결국 스미스는 애버딘 대학에서 쫓겨났다. 그러나 소송이 진행되는 동안, 스미스는 아주 유창한 언변과 설득력있는 기술로 그의 주장을 진술하였기 때문에, 스코틀랜드의 교인들은 아무리 그들이 원하지 않더라도 자연스럽게 복음주의적 신앙과 성경 비평을 결합할 필요성을 느끼게 되었다.

소송 과정은 매 단계마다 일간 신문에 상세히 보도되었고, 스코틀랜드 전역에 엄청난 파장을 일으켰다. 사람들은 열차, 작업장, 시골 대장간에서 서로 논쟁하기 시작했다. 그 당시 스코틀랜드인들의 마음을 크게 움직였던 글래드스턴의 미드로티안(Midlothian) 운동도 그들이 신학 논쟁에 몰두하는 것을 막을 수 없었다. 로버트슨 사건은 하나의 전환점이었다. 왜냐하면 비록 스미스가 정죄를 받았더라도, 비판적인 자유의 이념과 성경에 대한 새로운 접근법이 인정되었기 때문이었다. 1881년 결정적인 투표가 있은지 며칠 후, 300명의 스미스의 친구와 지지자들이 모였다. 여기에는 대부분의 미래의 교회 지도자들이 포함되어 있었다. 그들은 다음과 같이 결의하였다.

> 우리는 총회의 결정이 자유 교회의 모든 목사와 임직자들에게 스미스 교수에 의해 제기된 비평 문제들을 자유롭게 탐구할 수 있는 여지를 주었다고 선언한다. 그리고 우리는 적법하게 비평적 연구를 수행하는 모든 사람을 최선을 다하여 보호하기로 서약한다.

린지(T. M. Lindsay, 1843-1914) 교수도 이 중의 한 사람이었다. 그는 버커의 린지 경의 아버지로서, 스미스가 주장한 주요 입장들을 공개적으로 발전시키는 데 헌신하였다. 그는 보수주의자들에게 도전하였고, 그들은 그를 반대하는 조치를 취하였으나 그의 도전을 중단시킬 수 없었다.

한 세대 안에, 하나님의 계시에 대한 역동적 개념과 성경의 영감에 관한 비-무오성(non-infallibilist)의 개념들이 스코틀랜드의 큰 교회들 안에 친숙하게 수용되었다. 그리고 웨스트민스터 신앙고백에 서명하는 조건들이 대폭 수정되어서, 제한적 속죄, 절대적 예정론, 전적 타락, 이단은 구원받을 수 없다는 주장 등의 문제에 관한 엄격한 입장이 완화되었다. 일시적으로 이단 사냥이 몇 번 더 벌어졌다. 그러나 결국 완고한 전통주의는 소수 분파와 탈퇴파 안에서 자리를 잡을 수밖에 없었다.[1]

스코틀랜드가 과거에 서 있던 곳에서 더 이상 서 있을 수 없게 된 또 다른 중요한 측면이 있다. 그것은 교회의 일치와 교회와 국가의 관계 문제였다. 19세기 후반, 스코틀랜드에는 여러 소규모 교회뿐만 아니라, 세 개의 주요한 장로교회가 있었다. 세 개의 주요 교회는 국교회(구 교회, Auld Kirk)와 자유 교회와 연합장로교회(U.P.s)였다. 자유 교회와 연합장로교회

---

1) 1890년 이후의 스코틀랜드 신학을 알아보기 위해서는 A. J. Mozley의 *Some Tendencies in British Theology* (1951)의 6장을 보라.

의 주요 차이점은 교회와 국가의 관계 문제에 있었다. 연합장로교회는 "자원주의자"(Voluntaries)이어서, 교회와 국가의 분리를 믿었다. 교회는 오직 교인들의 지원에 의존하는 자발적 단체이어야 하고, 국가 정부로부터 어떤 특혜나 기부금을 기대하지 말아야 한다. 한편 자유 교회는 비록 교회의 분열 이후 사실상 국교회 제도가 폐지되었다고 할지라도, 원칙적으로 국교회제 해체를 믿지 않았다. 자유 교회는 교회의 자유가 손상되지 않는 한도에서, 국가가 종교를 승인하고 지원할 것을 주장하였다.

이러한 원칙이 실제로 신앙의 신조문에서 문서화되지 않았다고 하더라도, 자유 교회 안에는 이러한 원칙을 신학적으로 중대한 원칙이라고 간주하는 사람들이 많았다. 이 문제를 제외하면, 자유 교회와 연합장로교회를 갈라놓을 문제가 거의 없었고, 양 교회의 사려 깊은 사람들은 항상 양 교회의 통합의 가능성을 염두에 두고 있었다. 1860년대와 1870년대 초기에 연합을 위한 협상이 오랫동안 진행되었고, 교회와 국가의 이상적인 관계에 대한 의견의 차이를 피차 허용하는 합의 계획이 완성되었다. 연합장로교회는 이 합의 계획을 토대로 전격적으로 연합을 준비하였다. 그러나 자유 교회 측에서 완고한 강경파가 출현함으로 인하여 연합 계획은 좌절되고 말았다. 이들은 그들이 국교회 제도에 관한 분열의 원칙으로(Disruption principle) 간주하는 것에 대해 어떠한 타협도 허용하지 않으려 하였다. 만약 연합을 위한 협상이 계속 진행되었다면, 제임스 베그(1808-83)가 이끄는 이들 강경파는 극단적으로 새로운 분열을 일으켰을 것이 분명했다. 그래서 이러한 파국을 피하기 위하여, 1873년 연합 계획이 포기되었다.

그럼에도 불구하고 양 교회의 많은 사람들은 상황이 호전되면 연합 계획이 다시 부활될 것이라고 기대하였다. 그것은 실제로 1890년대에 부활하였다. 레이니 학장은 초기에 연합을 옹호하였던 사람이었고, 자유 교회에서 어느 누구도 그의 지도력에 도전할 사람이 없었다. 극단적 보수주의자의 지도자인 베그 박사는 죽었고, 이제 보수파 중에서 그와 같은 역량을 지닌 인물은 나타나지 않았다. 연합장로교회는 만장일치로 이전과 동일한 계획안을 토대로 연합을 하고자 하였고, 처음에는 자유 교회 내의 반대가 대수롭지 않은 것처럼 보였다. 사실상 자유 교회 안에는 일부 스코틀랜드 국교회까지 포함하는 좀더 포괄적인 연합을 선호하는 사람들이 있었다. 그러나 이러한 생각은 구 교회(Auld Kirk)에 의해 단호히 거절되었다. 구 교회에서는 "비국교도들과의 책략"이라는 말까지 사용되었고, 레이니 학장이 "원칙이 없는 학장"(unprincipled Principle)으로 묘사되었다. 그래서 자유 교회와 연합장로교회와의 연합을 위한 길만 열린 것처럼 보였다.

북부의 하일랜드 지역은 자유 교회에서 극단적인 보수주의적 요소들이 많은 지역이었다. 레이니는 이 지역이 교회 연합에 반대할 가능성이 많다고 염려하였다. 하일랜드 지방의 사람들은 엄격한 칼빈주의 신학과 국교회 제도의 원리를 고수하고 있었다. 그러나 교회 총회에서 투표에 붙여졌을 때, 그들은 별로 표를 얻지 못했다. 그들은 연합 계획이 계속 추진되면 법적으로 소송을 제기하겠다고 위협하였다. 그러나 그들의 위협은 허풍으로 간주되었고 웃음거리가 되고 말았다. 유능한 법률가들은 자유 교회의 지도자들이 이 점을 염려할 필요가 없다고 조언하였다. 그래서 연합을 위한 협상이 진척되었고, 1900년 10월 자유 교회 총회에서 643 대 27표로 연합안이 통과되었다. 연합장로교회는 이것을 크게 환영하였다.

그러나 "자유파"(the Wee Frees)로 알려진 자유 교회 내의 극소수파가 이 조치에 계속 저항하겠다고 선언하였다. 그들은 "교회의 최고의 기준과 이차적 기준들 즉 엄격한 칼빈주의의 주장에 근거하고 또 국교회제를 유지하고 지지하는 국가 행정관의 권리와 의무에 대한 교회의 특별한 증거에 근거하여" 저항하겠다고 선언했다. 연합자유교회(United Free Church, U.F.s)의 통합이 이루어지자마자, 자유파들은 자신들이 진정한 자유 교회라고 주장하기 위해 법적인 절차를 밟았다. 그들의 주장대로라면, 대다수의 교회는 사라지고 교회의 재산에 대한 권리를 상실하게 된다. 자유파들은 자유 교회의 전 재산이 ― 기금, 예배당, 목사관, 대학, 총회 회관 ― 자신들에게 양도되어야 한다고 주장하면서, 국가의 법정에 소송을 제기하였다.

그들의 소송이 스코틀랜드의 두 법정에서 기각되었을 때, 그들은 마치 탄원할 자격을 부여받은 것처럼 상원에 탄원서를 제출하였다. 이 사건을 심리하기 위해 자질이 뛰어난 판사들이 임명되었고, 재판은 1904년 초에 열릴 예정이었다. 그런데 한 명의 판사가 3월 6일에 사망하였고, 그래서 판사들은 완전히 새로 심리할 수밖에 없었다. 양측은 아주 장황하고 복잡하게 자기 주장을 전개하였고, 이로 인해 소송이 많은 시간을 잡아먹게 되었다. 연합자유교회의 법률 고문단의 한 사람은 홀데인(R. B. Haldane)은 변호사였을 뿐만 아니라 헤겔주의 철학자였다. 그는 거침없이 예정론의 교리가 지니는 가장 난해한 신비로부터 논증을 시작하였다. 판사들은 거의 소화할 수 없는 그와 같은 형이상학의 향연에 초대되었다. 홀데인은 차원 높은 헤겔적 관점에서 볼 때 칼빈주의와 아르미니우스주의는 동일한 것이라고 주장하였다.

1904년 8월 드디어 재판이 열렸고, 자유파들이 5대 2로 승리하였다. 결과적으로 그들은 자유 교회의 전 재산에 대해 법적 소유권을 얻었다. 이것은 주로 하일랜드 산악 지방에 사는 비국교도 목사와 평신도들의 호주머니에 전국의 교회 건물과 기금들이 들어있다는 것을 의미하는 것이기 때문에, 아주 어처구니 없는 상황이 되고 말았다. 그러나 자유파들은 전혀 타협할 마음이 없었고, 그들이 끝까지 그들의 책임을 이행하겠다고 선언하였다. 이제 남은 유일한 방법은 법적 정의가 아니라 현실적 정의가 이루어지도록 영국 정부가 개입하는 것이었다. 왕립 위원회가 이 문제에 대하여 보고서를 제출한 후, 자유 교회의 재산을 적절하게 분할하는 법안이 의회에서 통과되었다. 자유파들은 관대하게 대우를 받았고, 그들은 "스코틀랜드 자유 교회"(Free Church of Scotland)라는 이름을 사용할 수 있는 권리를 확보하였다. 그들의 총회는 때때로 왕이 안식일을 위반한다고 항의할 때 매스컴을 타게 되었다. 그들은 약 25,000명의 신자수를 갖고 있다.

스코틀랜드 자유 교회 사건에서 쟁점이 되었고 또 신학자들뿐만 아니라 라스키(H.J.Laski) 같은 정치 이론가들에게 대단한 관심거리가 된 것은 교회가 고정적이고 정적이고 신탁 증서에 구속되어 있는 법적인 단체인가 아니면 교회의 교리와 원리를 새로운 상황에 적응시킬 고유한 권리를 가진 살아 있고 성장하는 유기체인가 하는 문제였다. 영국 정부가 상원의 판결을 실제적으로 뒤집은 일은 교회가 단순히 국가나 국가의 법의 피조물이 아니라 교회 자신의 고유한 삶에 대한 권리를 갖고 있다는 것을 인정한 것으로 크게 환영받았다. [2]

이제 스코틀랜드의 장로교회들은 좀더 포괄적 연합을 꿈꿀 수 있게 되었다. 이제 지난 세기의 싸움의 망령에 사로잡히지 않은 새로운 교회 지도자들의 세대가 등장하였다. 스코틀랜드 국교회도 국가와의 관계에서 교회의 영적 독립성을 명확하게 표현하는 수정안을 고려할 준비가 되어 있었다. 반면에 연합자유교회 안에서는 자원주의자(Voluntaries)라는 엄격한 분파가 소멸해 가고 있었고, 국가의 교회 승인과 국가의 통제로부터 교회의 자유를 결합하는 연합을 환영하는 경향이 점차 증가하였다.

그래서 협상이 시작되고, 제1차 세계대전 이전에 순조로운 출발을 보였다. 협상이 하나씩 하나씩 진행되었다. 1921년 스코틀랜드 교회의 신앙의 자율성을 인정하는 실행법(Enabling Act)이 의회에서 통과되었다. 이 실행법의 주요 내용은 다음과 같다.

> 이 교회는 주 예수 그리스도께서 교회 직분자들의 손에 통치권을 맡기신 보편교회의 일원으로서, 국가의 권위에 종속되지 않고 교회의 신적 머리이고 왕이신 그리스도로부터 그리고 오로지 그분으로부터만 교리, 예배, 정치, 권징 같은 모든 문제에 대하여 최종적으로 법률을 제정하고 재판하는 권한과 힘을 부여받고 있다.

아직도 극복해야 할 많은 재정 문제와 기타 다른 문제들이 있었으나, 1929년 연합이 완성되었다. 그리하여 오늘까지 스코틀랜드 교회(Church of Scotland)로 알려진 교회가 탄생하게 되었다.

교회와 국가의 새로운 관계는 — 그것이 이제 영국 헌법에 성문화되었

---

2) J. N. Figgis, *Churches in the Modern State. 1913, Chapter* 1.

다는 의미에서 새로운 것이었다 — 종교개혁 이후 왕을 대표하는 자로 항상 총회에 참석하였던 최고 판무관(Lord High Commissioner)의 역할에 변화를 가져왔다. 특별히 스튜어트 왕조의 왕들은 최고 판무관의 참석을 총회의 의사를 통제하고 점검할 수 있는 유용한 방법이라고 간주하였다. 이러한 교회와 국가의 관계를 표현하는 의식이 20세기까지 계속되었다. 매 회기의 끝에 최고 판무관은 "왕의 이름으로"라고 외치며 총회를 해산하고, 다음 해 총회 일정을 정하는 것이 관례였다.

1927년 새로운 형식이 채택되었다. 이제 최고 판무관은 "나는 여러분이 총회의 일정을 끝내고 다음 해 모월 모일에 총회를 열기로 하는 법을 통과하였다는 것을 이제 여왕 폐하에게 알릴 것입니다. 이제 여왕의 이름으로 여러분에게 작별을 고합니다" 하였다. 다른 말로 하면, 교회에 대한 국가의 승인과 관심을 상징하는 이 옛 직책은 계속 유지되었으나, 교회에 대한 그리스도의 유일하고 배타적인 수위권을 손상시키는 어떤 암시도 모두 다 제거되었다. 이것은 잉글랜드 신자들이 이 문제에 무관심하게 보인 것과 달리, 스코틀랜드 신자들이 이 문제에 대해 아주 민감했다는 것을 보여주었다.

제 16 장

가톨릭 근대주의

몇년 전 「뉴스 크로니클」(*News Chronicle*)은 일링턴에서 두 패의 젊은 이들이 서로 칼을 휘두른 사건을 보도하였다. 이 기사는 한 젊은이가 구경 꾼에게 "그들을 반항아(Teddy boys)라고 부르지 마라. 그들은 근대주의 자이다"라고 했던 말로 끝을 맺고 있었다. 이것은 "근대주의자" (modernist)라는 말이 지니는 다양한 의미 중에서 극단적인 예이다. 신학 계나 교회 정치적 상황에서 이 용어는 보통 사람이 용납할 만하다고 간주 하는 것보다 전통적 정통주의로부터 더 많이 이탈하는, 어떠한 입장이나 사고의 흐름이나 경향을 가리키는 데 사용되었다. 그러나 여기서 우리는 "근대주의자"와 "근대주의"라는 용어를 로마 가톨릭 교회에서 1890년경 에 시작되어 1907년 교황에 의해 정죄를 받고 1910년경 사실상 종언을 고했던 운동을 가리키는 것으로 사용할 것이다. 바로 이것이 근대주의라는 말이 처음 적용되었던 운동이었다.

피우스 10세는 그의 회칙 「파스켄디 그레기스」(Pascendi gregis)를 통 해 근대주의 운동을 정죄하였다. 만일 우리가 이 회칙을 읽게 되면, 우리는 근대주의자들이 전통적 기독교를 완전히 전복시키려고 음모를 꾸미고 있 는 로마 가톨릭 교회 내의 단체라는 인상을 받는다. 우리는 그들이 특정한 파벌이나 사상의 학파를 형성하고 또 정통주의 스콜라 신학 체계와 모순 되는 교리적 체계를 명시적인 것은 아니더라도 암시적으로 주장하였다고 생각하게 될 것이다. 특히 회칙은 근대주의자들의 성경 비평은 선험적 원리를 수용한 결과이고 그들의 가톨릭 가르침에 대한 전반적인 태도는 그들이 잘못된 철학적 전제들을 받아들임으로써 정도에서 벗어난 것이라고 주장하였다. 마지막으로 교황은 근대주의의 오류는 근대주의자들의 교만의 결과라고 단언하였고, 근대주의 운동에 대한 이러한 안일한 설명은 자연스럽게 주의를 끌었다. 1930년대 어느 한 작가는 「가톨릭 타임스」에서 이 문제를 다음과 같이 요약하였다. "이 운동은 주동자들이 지적인 교만의 유혹에 굴복하지 않았더라면 결코 시작되지 않았을 것이다. 이 운동은 약 30년 전에 교회 안에서 끝났다."

  근대주의자들은 교황이 처음부터 끝까지 그 운동을 부정확하게 대변하였다고 주장하였다. 그들은 그 당시에도 그렇게 말했고 그 후에도 기회가 있는 대로 그렇게 말하였다. 그들은 당파를 형성하거나 사상의 학파를 조직하였다는 것을 부인하였고, 또한 그들의 저작이 회칙이 주장하는 것만큼 논리적 체계를 갖추고 있다는 것도 부인하였다. 그들은 처음에 가톨릭 교회의 많은 전통적 교리와 현대 학문의 발견이 양립할 수 없다는 것에 충격을 받았고, 그래서 과학적 연구 방법과 역사 비평적 방법을 사용해야 하고 또 이 방법대로 논증해 나가야 한다는 의무감을 느꼈다. 그래서 그들은 많은 전통적 가르침을 재해석해야 한다는 것을 인식하고, 마침내 스콜라 체계의 전제에 질문을 제기하게 되었다. 비록 그들이 성자들이라고 주장하지는 않았지만, 그들은 그들의 운동이 과도한 교만 때문에 생긴 것은 아니라고 말하였다. 그것은 19세기 말 로마 가톨릭 신학의 상황과 교회의 형편에 의해 필연적으로 일어난 운동이었다. 그들이 추구한 것은 신실하고 충성스런 가톨릭교도로 남아있으면서 근대 세계에 맞도록 교회의 가르침을 개정하고 새롭게 표현하는 것이었다.

  이러한 상반된 주장을 판단하는 가장 좋은 방법은 이 운동의 과정을 개관하는 것이다. 그러나 먼저 근대주의자들이 어느 하나의 개혁 프로그램이나 정당의 강령 같은 것에서 결코 일치되지 않았다는 것을 말해야 한다. 예를 들어 그들 중 일부는 교리 개정보다는 사회 개혁에 관심이 더 많았다. 그들은 이런저런 방식으로 근대 세계와 근대 문화를 향해 가톨릭 교회가 새롭게 방향을 잡기를 바랐던 개인이나 친구와 동료들의 집단들이었다.

이 운동은 역사적 상황 속에서 이해되어야 한다. 19세기 초 로마 가톨릭 교회에 자유주의적 방향을 제공하려는 다양한 시도들이 있었다. 그러나 그들은 교회 안의 교황지상주의의 득세와 특별히 피우스 9세의 정책 때문에 모두 다 실패하고 말았다. 만일 그의 후임 교황이 그와 비슷한 관점을 갖고 있었다면, 19세기 말에 어떤 근대주의 운동도 나타나지 않았을 것이다. 당시 교회에서 만연되어 있던 풍조 아래에서, 조금이라도 전통적 정통 교리를 수정하려고 시도하는 것은 무익한 일로 보였을 것이기 때문이다. 레오 13세(1810-1903)는 1878년 교황이 되어 1903년 90세 이상의 나이로 죽을 때까지 예상외로 오랫동안 통치하였다. 그는 확신 있는 자유주의자로 묘사될 수 없으나 위대한 외교가였다.

레오 13세는 세상에서 교황권의 위신과 교회의 영향력을 회복하기 위한 유일한 방법은 근대 사회와 화해하고 어느 정도는 근대의 학문과 화해하는 정책을 추구하는 것이라는 것을 깨달았다. 그래서 그의 초기 행적 중의 하나는 지금까지 자유주의의 혐의를 받아 수모를 받아오던 뉴먼을 추기경으로 임명하는 것이었다. 사실 뉴먼은 액튼 같은 자유주의적 가톨릭은 아니었다.

그러나 교황의 신학자들은 그의 「기독교 교리의 발전」(*Development*)과 그의 「동의의 법칙」(*Grammar of Assent*)이 전통적인 스콜라 정통주의를 전복시키는 의미를 함축하고 있고 그가 전적으로 교황지상주의에 찬성하고 있지 않다는 것을 바르게 인식하였다. 레오는 뉴먼에게 추기경의 영예를 주는 것은 영국의 로마 가톨릭 교회에 도움이 될 것으로 판단했다. 레오는 뉴먼의 사상에 대하여 특별히 공감한 것 같지도 않았고 심지어 제대로 이해한 것 같지도 않았다.

레오는 자신이 건전한 학문의 친구로 간주될 뿐만 아니라 민주주의의 친구로 인정받기를 원했다. 예를 들어, 그는 프랑스 교회로 하여금 왕당파와 관계를 끊고 공화주의자들의 편에 서라고 압력을 행사하였다. 그는 역사적 탐구를 장려하였고, 바티칸의 문서국을 개방하였다. 그러나 그는 전통적인 교리, 예를 들어 성경이나 기독론과 관련된 교리를 본질적으로 수정하려는 시도를 허용하려고 시도하지는 않았다. 그럼에도 불구하고 그의 자유주의적 정책은 젊은 가톨릭 신학자들로 하여금 가톨릭 신학을 성경 비평과 종합하고 또 인간 지식의 진보와 종합하는 시도를 하도록 용기를 주었다. 바로 이 점이 중요했다. 로마 교황청은 돌이킬 수 없을 정도로 완고하게 전통주의에 빠져있는 것은 아니고 적어도 학자들이 골치아픈 주제들을 솔직하게 연구하는 것은 허용할 것 같아 보였다.

근대주의 운동은 레오의 정책이 조성한 분위기 속에서 태동하였다. 이 운동은 프랑스에서 시작되었고, 아마 프랑스가 가장 많은 근대주의자들을 보유하고 있었을 것이다. 유명한 교회 역사가 루이 뒤셴(Louis Duchesne, 1843-1922)은 비록 그 자신은 근대주의자가 되지 않았더라도 이 운동의 시작과 밀접한 관련이 있었다. 1877년 그는 파리의 가톨릭 인스티투트의 교수가 되었고, 교회 역사의 연구에 비평적인 방법을 적용하는 방식을 전파하였다. 그러나 초기에 일부 무분별한 연구 끝에, 그는 단호하게 모든 성경적 문제들을 회피하였고, 가능한 한 근대의 지식이 정통 교리에 대하여 제기하는 쟁점들을 피해 갔다. 그는 로마 가톨릭이 그런 분야들에서 전통적인 교리의 수정을 피할 수만 있다면 어떠한 교리의 수정도 허용하지 않을 것이라는 것을 깨달았고, 그래서 그는 근대주의자들의 희망을 함께 공유하지 않았다.

그러나 뒤셴의 제자이며 사제인 알프레 루아지(Alfred Loisy, 1857-1940)는 쟁점을 피해갈 의도가 전혀 없었다. 그는 그가 성경에 대한 교회의 태도를 혁신하도록 소명을 받았다고 느꼈다. 1890년 그는 파리 대학에서 교수가 되었다. 그러나 그가 근대 비평의 관점에서 강의를 시작하였을 때, 그는 곧바로 곤경에 처하였고, 1893년 교수직을 박탈당했다. 같은 해에 레오 13세는 성경의 완전한 무오성을 확증하는 칙서 「프로비덴티시무스 데우스」(Providentissimus Deus)를 발표하였다. 그러나 루아지는 이러한 타격에도 불구하고 가톨릭 교회와 비평을 종합할 수 있다는 가능성에 대한 믿음을 포기하지 않았다. 그는 당대의 가장 학문이 높고 존경을 받는 두 사람, 프리드리히 폰 휘겔(1852-1925) 남작과 프랑스 대주교 미뉴(Mignot, 1842-1918)의 우정에 용기를 얻어 그의 연구를 계속하였다.

1897년 루아지는 하르낙의 「교리의 역사」(*History of Dogma*)와 프랑스 자유주의 개신교의 지도자 오귀스트 사바티에(August Sabatier)의 「종교철학 개요」(*Outlines of a Philosophy of Religion*)에 대한 대답으로 가톨릭 변증서를 썼다. 변증서는 비록 그의 「회상록」(*Memoires*)에서 많은 부분을 인용하였다 하더라도, 전체적으로 출판된 적은 한 번도 없었으나, 하르낙의 좀더 대중적인 책 「기독교란 무엇인가?」(*What is Christianity?*)를 반박하는 형태를 취하고 있는 그의 「복음과 교회」(*L'Évangile et l'Église*, 1902)를 위해 자료를 제공하였다. 하르낙은 개신교 자유주의의 주요한 주창자인 리츨을 계승한 인물이었다.

하르낙에 의하면, 기독교의 본질은 그가 그리스도의 가르침의 본질로 간주했던 것으로서 하나님의 아버지되심과 인류의 형제됨이었다. 그것은 예수에 관한(about) 종교라기보다 예수의(of) 종교였다. 전통적인 기독교는 제도적 교회, 기독론과 다른 교리들, 가톨릭의 예전과 함께 원래의 단순한 복음을 왜곡하였다. 종교개혁은 복음을 회복하기 위한 시도였지만 겨우 부분적으로만 성공을 거두었을 뿐이다. 종교개혁은 교회주의(ecclesiasticism)를 일소하지 못했다. 이제 기독교를 참된 본질로, 즉 자녀로서 개인적으로 하나님의 아버지되심을 신뢰하는 것으로 환원시킬 때가 왔다.

개신교 자유주의의 기독교에 대한 관점은 이와 같이 아주 간단하게 요약되었다. 루아지는 이것을 반박하는 일에 착수하였고, 이 과정 중에 가톨릭 교회를 위한 새로운 변증을 제공하였다. 하르낙과 사바티에는 역사에 호소하였다. 루아지는 기독교를 신적 부성에 대한 신뢰와 동일시하는 것은 자의적 편견의 산물이라고 지적하였다. 만일 역사적 종교를 올바로 이해하고자 한다면, 우리는 그것을 유기적 발전 도상에 있는 전체로서 고려해야 한다. 역사적 종교는 그것의 항구적 특성에 의해 판단되어야 한다. 여전히 지속될 수 있다고 느껴지는 창시자의 가르침의 한두 요소나 거룩한 경전에 의해서 판단될 것이 아니다.

어쨌든 기독교의 기원을 객관적으로 검토한다면, 원래의 복음은 오로지 하나님의 아버지되심에 대한 개인적 신뢰에 대한 가르침만은 아니라는 것이 드러날 것이다. 원 복음은 종말적인 하나님의 나라의 선포에 주된 관심이 있었고, 예수가 메시야라는 주장은 하나님의 나라의 선포의 핵심적 부분이었다. 그러므로 기독교로부터 기독론을 분리해내는 것은 비역사적이다.

아무튼 루아지는 모든 종교는 사회적 형태와 상징적 형태로 구체화 되어야 하고 또 제도적이면서 동시에 교리적이어야 한다고 말하였다. 종말론적 하나님 나라와 메시야의 개념은 기독교가 세상 속으로 확산되기 이전에 그 속에서 조성되어야 했던 기본 틀이었다. 예수는 하나님 나라를 예언하였고, 뒤따라온 것은 교회였다. 위계적 성직자 구조, 교리, 예전을 가진 교회는 복음이 그 속에서 보존되고 표현되고 발전되어야 하는 필수적인 형태였다. 교회가 생존하고 인류를 향한 구원 사역을 행해야 한다면, 반드시 그러한 형태를 갖추어야 했다. 그러므로 로마 가톨릭 교회는 원래의 복음과 살아 움직이고 유기적인 연속성이 있는 것으로 간주되어야 한다.

「복음과 교회」의 주장을 요약해 보면, 이 책은 가톨릭 교회의 변증을 위하여 매우 이례적이고 흥미로운 길을 열어놓았다는 것을 알 수 있다. 「복음과 교회」는 폰 휘겔(von Hügel)과 미뉴(Mignot)뿐만 아니라 뉴먼파의 지도자 윌프리드 워드(Wilfrid Ward, 1856-1916)에 의하여 뜨겁게 환영을 받았다. 워드는 "그것은 뉴먼이 원하고 의도하였던 것을 완전히 알고 있다는 것을 보여주었다" 하였다. 루아지는 실제로 개신교 자유주의에 대한 형세를 역전시켰고, 기독교 기원에 대한 객관적이고 철저한 역사 비평은 환원적이고 축소된 형태의 개신교 경건이 아니라 충만하고 풍성한 가톨릭 교회의 공동체적 삶을 정당화한다는 것을 보여주었다.

그러나 이러한 작업을 하면서, 그는 물론 성경의 무오성에 대한 전통적 견해와 기독론적이고 교회주의적인 정통주의의 스콜라적 체계를 포기하였다. 어느 누구도 로마 당국이 공식적으로 이 새로운 변증을 당장 인정하리라고 기대하지 않았다. 그러나 로마 당국이 변증의 계속된 탐구를 허용하기를 희망하는 사람들은 많았다. 실제로 로마는 이 새로운 변증을 정죄하였다. 전통적 가르침이 어쨌든 수정이 필요하다고 제안하는 것 자체가 신성모독이었기 때문이었다. 결국 최근에 검사성성(Holy Office)은 그리스어 사본 안에 없다는 요한일서의 삼위일체 구절인 「콤마 요한네움」(Comma Johanneum)의 진정성이 안전하게 의심될 수 없다고 선언하지 않았는가?

이제 루아지는 70년 전의 라므네처럼, 가톨릭 교회가 다시 방향을 설정하는 꿈이 실현될 수 없다는 것을 곧 깨닫게 되었다. 어쨌든 그는 그를 존경하는 자들보다 이 꿈에 대해 확신이 적었지만 말이다. 만약 그가 비평가로서 성실성을 유지할 수 없었다면, 애매하게 가톨릭 신자로 남아있지 않았을 것이다. 당시의 상황에서, 이것은 그의 파문을 불가피하게 만들었다. 파문이 1908년까지 연기된 것은 오직 타협 때문이었다.

그러나 그동안 루아지의 작품과 다른 근대주의자들의 저작이 일부 프랑스의 젊은 사제들과 신학생들로부터 열광적인 지지를 얻게 되었다. 그리고 어느 정도는 해외로부터 지지를 받았다. 근대주의자들과 이 운동에 공감하는 자들은 그들의 관점에서 서로 다르고 교회의 공식적 가르침이 개혁되기를 바라는 정도에서 서로 달랐다. 그러나 그들은 교리를 어느 정도 개혁하거나 재해석할 필요성이 있다는 것을 인정한 점과 교회의 체제 안에 신선한 공기가 불어오기를 바라는 점에서 서로 일치하였다.

이제 조지 티럴(George Tyrrell, 1861-1909) 신부의 경우를 살펴보자. 그는 루아지보다 늦게 근대주의 운동에 참여하였다. 티럴의 이야기는 근대주의 운동의 다른 측면을 보여준다. 티럴은 아일랜드 출신으로 아일랜드 교회에서 자랐으나, 어린 시절 로마 가톨릭으로 개종하였다. 그는 예수회의 열렬한 회원이 되었고, 그의 인생 경력의 초기 단계에서 그는 스콜라주의 학자 중의 학자였으며 강력한 정통주의자였다. 1897년과 1900년 사이, 폰 휘겔과의 우정을 비롯한 다양한 요인들로 인하여, 그는 스콜라 신학의 한계를 명확히 깨닫게 되었다. 그는 계시와 교리를 무오하다고 보증된 명제의 집합으로 이해하는 논리적이고 합리주의적인 개념에 대해 점차 불만족하게 되었다. 한동안 그는 뉴먼의 입장을 따르기도 하고, 뉴먼의 제자인 윌프리드 워드의 입장에 머물기도 하였으나, 그는 곧 보다 더 급진적인 입장으로 나아갔다.

그는 가톨릭 교회의 생명이 하나님과 그리스도와 영적인 생활에 대한 충분한 경험을 매개한다고 확신하였다. 그러나 그는 교회의 신학 체계를 절대 진리에 대한 적절하거나 불변적인 진술로 간주할 필요도 없고 그래서도 안된다고 주장했다. 신학은 불가피하게 교회의 계속적인 생생한 경험을 부적절하게 표현한 것이다. 계시는 살아있는 경험에 있는 것이지 지적인 공식에 있는 것이 아니다. 공식적 신학자들의 연역적이고 정적인 합리주의와 비교해 볼 때, 이렇게 역동적인 계시 이해와 교리 이해는 많은 가톨릭 사람들에게 좋은 인상을 주었다. 이 견해는 교리와 과학적·역사적 지식 사이의 불일치를 제거하였다. 교리는 계시와 고전적인 종교적 체험으로 인도하는 직접적이고 단순한 안내자이고, 신학은 이 계시와 체험을 합리적으로 설명하려고 시도한다. 그러나 신학은 항상 개선과 발전을 의식하고 이 합리적 설명을 시도한다.

루아지는 새로운 가톨릭 변증을 시도했다. 여기에 다시 가톨릭 교회에 대한 새로운 변증의 형태가 있다. 이것은 더 깊이 연구할 가치가 있는 교리에 대한 접근 방식을 개척한 것 같았다. 그러나 그것은 예수회와 교황을 지배하던 스콜라주의 신학자들의 견해와 다른 것이었다. 스콜라 신학자들은 티럴이 정죄받게 하였고, 피우스 10세 때 엄격한 억압의 정책을 시행하기 위한 도구를 갖고 있었다. 레오 13세를 계승한 피우스 10세는 자유주의자로 보이는 것도 근대주의자에게 공감을 표하는 것도 원치 않았다.

그러나 근대주의 운동에 대한 정죄는 그 방법 면에서 아주 가혹하였다. 첫째, 교황은 교령 「라멘타빌리」(Lamentabili)에서 많은 명제들을 정죄하였는데, 이것은 가톨릭 학자들이 성경 비평을 온건하게 보수적으로 사용하는 것을 거의 불가능하게 만들었다. 그리고 회칙 「파스켄디」(Pascendi)에서 근대주의자들의 가르침으로 추정되는 주장들이 교묘하게 가상적 체계로 만들어졌는데, 이것은 전부 이단적인 것으로 정죄받았다. 마지막으로, 모든 교구에 감시 위원회가 임명되고 1910년에 모든 성직자에게 반(反)근대주의 서약이 부과되었다.

사실상 1910년까지 근대주의 운동은 거의 소멸되었다. 루아지는 교회와 관계를 단절했고, 티럴은 죽었고, 다른 지도자들은 파문당하거나 교회에 복종하고 남게 되었다. 근대주의자들이 단체를 조직하려는 모든 시도들은 다 실패하였다. 근대주의 운동은 아무 조직도 없었고 통일성도 없었다. 그것은 교황의 권력에 심각하게 도전할 수 있을 정도로 발전할 수도 없었다.

근대주의자들은 전멸당했다. 또한 신중하게 이 운동과 관계를 끊었으나 정통 신앙을 옹호하기 위하여 온건하게 비평의 방법들을 사용하기를 원한 로마 가톨릭 학자들도 희생되었다. 그리하여 피에르 바티폴(1861-1929)과 마리-조셉 라그랑주(1855-1938) 같은 신학자들의 작품은 교황과 교황청 성경위원회의 극단적으로 보수적인 선언에 따라야 했다. 성경위원회는 레오 13세에 의해 임명되었다. 성경위원회의 초기 위원들은 비교적 자유주의자들이었으나, 나중에는 보수적 신학자들로 채워졌다. 성경위원회는 로마 가톨릭 신자들로 하여금 오경의 모세 저작권, 이사야서의 통일성, 마태복음의 우위성, 히브리서의 바울 저작권 같은 견해들을 유지하고 적어도 질문을 제기하지 않도록 강제하였다. 그러나 이러한 보수적 견해들은 거의 모든 독자적인 학자들에 의해 포기된 의견이었다.

근대주의 운동은 주창자들의 의도와 정반대의 결과를 가져왔다. 그들은 교회를 동시대의 문화인들이 다닐 만하게 만들려고 하였다. 그러나 결과적으로 그들은 교회로 하여금 모든 새로운 지식을 정죄하도록 만들었다. 그들은 새로운 지식을 교회에 적응시켜 보려 하였는데 말이다. 로마 교회는 자신이 불변하는 기독교 전통의 유일 무오한 창고라는 주장을 반복하였다. 그것은 구식으로 옛날 장사를 하는 구형 회사의 주장과 비슷했다.

물론 실제로 로마 가톨릭 교회는 결코 자신이 바라는 바대로 일정하게 고정되어 있지는 않았다. 반(反)근대주의 조치들은 비록 폐지되지는 않았더라도 1914년 피우스 10세의 죽음 이후 그 적용 면에서 점차 완화되었다. 피우스 10세의 공포 정치는 그의 후계자 베네딕트 15세에 의해 완화되었다.

그후 교회 안에서 성경 연구가 부흥되었다. 로마 가톨릭 학자들은 근대주의자들에게 단호하게 부인되었던 비평의 방법들을 어느 정도 자유롭게 사용할 수 있었다. 게다가 교리의 역동적 특성과 발전과 재해석의 필요성을 인정하는 서적들을 출판하는 것이 가능하게 되었다. 1950년 피우스 12세가 동정녀 마리아의 승천 교리를 규정한 이후, 로마 가톨릭 신학자들은 교리의 발전 과정에서 전통이 생명력을 주고 창조적 역할을 한다는 것을 인정할 수밖에 없다는 것을 발견했다. 왜냐하면 누구나 동의할 수 있는, 마리아 승천 교리를 위한 역사적 증거가 하나도 없기 때문이었다. 이것은 많은 근대주의자들의 생각과 완전히 일치하는 개념이다.

당시 로마 가톨릭 교회가 근대주의 운동을 무분별하게 정죄하고 철저하게 억압한 것은 오히려 너무 두려운 나머지 강하게 반발한 것이고 또 소위 전통주의자들(integrists)이 자기 기득권을 지키기 위한 조치였다는 것이 오늘날의 평가이다. 사실 일부 근대주의자들은 진화론, 내재주의, 실용주의 같은 당대의 사고 방식의 마술에 푹 빠져 있었고, 극도로 억압받았을 때 역사적 기독교와 화해하는 것이 불가능한 것은 아니지만 아주 어렵다는 생각을 하였다.

그러나 이것은 교회가 그들이 제기한 문제들을 똑바로 보기를 거부함으로써 그들이 다소간 절망하게 된 이후의 일이었다. 만일 로마 당국이 그들을 존경과 이해로 대하였다 하더라도 그들이 그러한 정도까지 갔을 것이라는 것은 근거 없는 가정이다.

로마 당국자는 이렇게 말할 수 있다. 그들은 절대 다수가 농민인 교회의 통치를 책임지고 있고, 그들이 아무리 이 과정에서 교육받은 자들에게 걸림돌을 놓았다고 하더라도 목회적 배려상 단순한 신자들의 신앙을 보호하는 선택을 할 수밖에 없었다고 말이다. 그럼에도 불구하고 로마 교회처럼 스스로 위엄있는 주장을 하는 교회는 공포적 조치에 호소하지 않고도 근대주의 위기를 다룰 수 있어야 했고, 중요한 것과 중요하지 않은 것을 구별할 수 있어야 했고, 조만간 확실히 부닥칠 진정한 문제들을 해결하기 위해 최선을 다하고 있었던 정직하고 똑똑하고 헌신적인 사람들의 봉사를 활용할 수 있어야 했을 것이다.

제 17 장

영국 신학의 썰물과 밀물

1880년대 영국 신학은 여전히 쇠퇴기에 있었다. 실제로 다윈주의와 「에세이와 서평」에 대한 부정적이고 두려워하는 반응으로부터 회복하지 못했다. 그러나 앞에서 보았듯이,[1] "케임브리지 3인"으로 알려진 라이트푸트, 웨스트코트, 호르트의 작품들은 이미 새로운 신학의 기초를 놓았고, 밝은 미래를 보여주는 다른 표징들도 있었다. 영국 성공회 안에서는 퓨지와 리든이 지지하는 아주 보수적인 소책자 운동의 전통이 성 마태 조합의 스튜어트 헤드럼과 그의 동료들[2] 같은 자유 논객들에 의해 공격을 받았다. 그리고 쇼트하우스(J. H. Shorthouse, 1834-1903)의 유명한 소설 「존 잉글선트」(*John Inglesant*, 1881)는 생각있는 고교회파들이 보편적 신앙과 실천을 개방적이고 자유스런 신학과 결합할 방법을 찾고 있다는 것을 보여주었다.

자유 교회에서는 성경의 무오성과 대속적 속죄론과 칼빈주의의 사도인 스펄전이 "내리막"(Down Grade) 논쟁으로 알려진 논쟁에서 교회 안의 이단들을 공격하기 시작하였다. 이것은 보다 자유로운 견해들이 복음주의자들 사이에서 지지를 얻고 있다는 것을 잘 보여주는 사건이었다. 그러나

---

1) pp. 415-19을 보라.
2) p. 404를 보라.

무엇보다도 영국 신학의 흐름의 반전을 알리는 사건은 1889년의 「세상의 빛」(*Lux Mundi*)의 출판이었다. "근대 시대에 와서 이 책만큼 새 시대의 도래를 명확하게 알려주고 또 새 시대의 특징에 깊은 영향을 미쳤던 책은 없었다."

이 책의 기원은 1875년까지 거슬러 올라간다. 그때 모리스(Maurice)와 관념주의 철학자 그린(Green)의 영향을 받았던 옥스퍼드의 젊은 고교회 신학자들이 이따금 지속적인 토론 모임을 갖기 시작하였다. 이 모임의 일원이고 키블 대학의 초대 학장인 에드워드 스튜어트 톨벗(Edward Stuart Talbot, 1844-1934)은 소책자 운동가들에 대하여 다음과 같이 말하였다.

> 우리는 스스로 그들의 자녀이며 제자들이라고 생각한다. 그러나 우리는 그들의 연구를 반복한다거나 심지어 계속한다는 말을 들을 수 없다. …그들의 시대는 다시 기초를 놓고 뿌리를 튼튼히 깊게 내리는 시대였다. 그들이 옛 신학, 옛 전통의 흐름, 옛 교회 제도, 초자연적 전제와 힘에 호소하는 용기, 균형잡힌 지혜 등을 집중시키고 드러내는 것은 그들의 정책일 뿐만 아니라 의무였다. … 우리는 그들에게 많은 빚을 지고 있지만, 그것의 절반도 알지 못한다.

그러나 그는 자기 자신과 그의 동료들에게 다음과 같은 하나의 보편적 신학을 원한다고 말하였다.

> 하나의 보편적(Catholic) 신학, 즉 신학의 중심적 원리와 그 논리적 추론에 확실하게 자리를 잡고 있으면서도 다른 지식과 인간의 발전에 비추어 그 중심의 깊이로부터 새로운 의미를 만들어내는 신학을 나는 원한다. 이러한 신학과 함께, 어떤 의미에서는 불변하지만 다른 의미에서는 융통성이 있는 교회 제도를 원한다. 미래와 미래의 운동, 질문, 유혹, 장점, 발견들을 잘 이용할 수 있는 신학과 교회, 이것이 바로 우리가 원하는 것이다.

결국 "세상의 빛"으로 알려진 단체의 회원들은 약 12년 동안 만나서 그들의 문제를 철저히 토론하였고, 그 후 그들은 그들의 기독교 교리에 관한 공통된 견해를 하나로 모아 평론집을 만들기로 결정하였다. 이 책의 부 제목은 "성육신의 종교에 대한 연구"였다. 성육신은 기독교 신앙의 모든 영역을 비추는 주도적 주제였다. 신앙, 신론, 고난의 문제, 그리스도를 위한 역사의 준비, 교리의 발전에 관한 성육신과 교리의 기초로서 성육신, 속죄, 성령과 영감, 교회, 성례전, 기독교와 정치, 기독교 윤리 등에 관한 에세이들이 있었다.

저자들의 입장은 편집자 찰스 고어(Charles Gore, 1853-1932)가 쓴 서문에 잘 나타나 있었다.

> 우리는 "진리를 추측하는 자들"이 아니라 가톨릭 신조와 교회의 종으로서 저술하였다. 우리의 목표는 오로지 우리가 전해받은 신앙을 해석하는 것이다. 한편 우리가 살고 있는 시대는 지적인 면에서나 사회적인 면에서 심오한 변화의 시대이며, 새로운 필요와 새로운 관점들과 의문들이 가득한 시대라는 확신을 가지고 저술하였다. 그래서 우리는 다른 학문과 관련이 있는 신학의 바깥 분야에서 일어난 주요한 변화들을 포함시키고, 신학의 주장과 의미를 전반적으로 재진술할 필요가 있다고 확신하고 있다.

고어와 톨벗 외에도 홀런드(Henry Scott Holland, 1847-1918), 일링워스(J. R. Illingworth), 모벌리(R. C. Moberly) 등을 포함하는 평론가들은 강한 확신을 갖고 저술하였다. 그들은 역사적 기독교 신앙이 합리적으로 해석되기만 하면 합리적인 사람들에게 더 호감을 줄 것이라고 분명히 믿었다. 동시에 그들은 자신들이 직면해 있는 난제들을 솔직하게 다루고자 하였다. 그들은 하나님의 자기 계시가 점진적이라고 여겼다. 이로 인하여 그들은 성경 비평의 방법뿐만 아니라 성경 비평의 분명한 결과들을 수용할 수 있게 되었다. 그래서 그들은 특히 종교와 과학 사이의 주요 싸움터였던 구약에 관하여 교육받은 기독교인들을 크게 안심시켰다.

창세기의 처음 몇 장은 시와 전설로 취급되었다. 이스라엘의 역사는 미개한 초기 상태에서 예언자들의 윤리적 일신론으로 천천히 상승한 것으로 여겨졌다. 그리고 이 윤리적 일신론은 성육신 신앙에서 절정에 도달하고 그 이후로 교회의 성례적 생활로 연결된다고 보았다. 가장 큰 주목을 받은 논문은 고어의 영감론이었다. 이것은 보편적 기독교의 주창자가 비평의 원리를 수용한 첫번째 중대한 사례라고 한다. 고어는 복음서에서 그리스도가 오경의 저작권을 모세에게 돌리고, 시편 110편의 저작권을 다윗에게 돌린 사실에 직면하였다. 고등 비평가들이 무슨 말을 하든지, 옛 소책자 운동가들은 예수의 말씀으로 이 문제를 해결하였다.

고어는 인간으로서 그리스도의 의식의 본성을 고려함으로써 이 문제를 해결하였다. 성육신하신 주님의 지식이 당시의 상황에 의해 제한되어 있었다는 것을 인정하는 것은 가톨릭 신앙과 일치한다는 주장이었다. 고어는 성육신에 대한 뱀프턴 강좌에서 이러한 사고를 더 발전시킬 수 있었다. 여기서 그는 영원하신 말씀이 성육신하면서 진정한 성육신과 양립할 수 없는 한, 자신의 신적인 속성과 특권을 자신에게서 비우셨다는 사상에 기초를 둔 "케노시스"(kenotic) 기독론을 완성하였다.

리든은 고어가 「세상의 빛」에 글을 쓴 일로 인하여 괴로워하였다. 그는 고어에게 깊은 애착을 느끼고 있었고, 고어를 옥스퍼드 퓨지 하우스의 원장으로 임명할 때 일익을 담당했었다. 퓨지를 기념하여 설립한 연구소에서 고어와 같은 견해들이 나왔다는 것은 퓨지에 대한 배신처럼 보였다. 리든은 이러한 괴로움에 시달리다가 이듬해에 사망하였다고 한다. 이제 소책자 운동의 지도력은 25년 전 「에세이와 서평」에 대한 공격을 주도하였던, 타운톤의 대집사 조지 앤소니 데니슨(1805-96)에게 옮겨졌다. 그는 「세상의 빛」을 "퓨지 하우스의 이념으로부터 나온 부정"이라고 표현하였다. 「세상의 빛」의 합리주의는 보통 선거권, 웨일스의 국교회제 폐지, 세속주의 교육, 영국 해협 터널 계획과 함께 글래드스턴 통치 아래 영국의 타락을 보여주는 또 하나의 증후군으로 분류되었다.

그러나 이것은 과거의 목소리였다. 대다수의 국교회 신자들과 생각있는 성직자들에게 「세상의 빛」은 좋은 소식의 전달 매체였다. 그것은 1년 안에 10판을 거듭하였고, 다른 회원들의 작품과 함께 영국 성공회 안에 고어가 "자유주의 가톨릭 운동"이라고 부르기를 좋아한 것의 출현을 보여주었다. 20세기 처음 25년 동안 가장 탁월하고 영향력있는 신학자였던 고어는 죽을 때까지 「세상의 빛」의 입장을 유지하였다. 그는 여기서 물러나지도 않고 더 나아가지도 않았다. 그는 여기까지는 되었지만 그 이상은 안된다(thus far and no farther)고 말하는 것 같았다. 그래서 그는 1890년대에는 자유주의 진보 신학의 선구자처럼 보였지만, 그 후에는 정통 신앙의 옹호자의 역할을 맡고 있는 자처럼 보였다. 신앙의 토대를 재진술하거나 전통적 교리를 수정하는 일에서 고어보다 앞서 갔던 신학자들은 심지어 고교회 신학자들도 고어로부터 강력한 비난을 받았다. 고어는 주교로서 그들을 징계하려 하였다.

그러나 「세상의 빛」과 함께 전환된 흐름은 막을 수 없었다. 물론 몰려오는 물의 흐름의 성격과 효과를 검토할 만한 정당한 이유가 있었다. 확실히 「세상의 빛」의 출판 이후 20년 동안, 성경의 역사와 종교 철학의 연구의 물결은 제자리에 서 있지 않았다. 예를 들어, 이 기간 동안 하르낙의 자유주의 개신교 선언과 이에 대한 반응으로 가톨릭 근대주의가 그 모습을 드러냈다.

예수의 복음의 철저한 종말론적 견해, 즉 예수는 곧 세상의 종말을 기대하였다는 주장이 루아지뿐만 아니라 바이스(J. Weiss)와 슈바이처(A. Schweitzer)에 의해[3] 제기되어서, 신약을 연구하는 학생들에게 큰 파문을 던졌다. 윌리엄 제임스, 잉(W. R. Inge), 바론 폰 휘겔 등은 기독교 신학에서 종교적·신비적 경험의 중요성에 대하여 많은 관심을 기울였다. 그리고 철학에서 베르그송의 직관주의와 윌리엄 제임스와 실러(F. C. S. Schiller)의 실용주의가 기독교 지성에 상당한 영향을 주었다.

이러한 발전은 고어와 "세상의 빛" 학파에 의해 예상되지 못했고, 그들의 마음에 들지도 않았다. 그들은 이미 자유주의 개신교를 잘 알고 있었고, 이것을 불만족스럽게 생각하고 있었다. 이 자유주의 개신교는 광교회파의 보호 아래 영국에서 지지자를 찾고 있었다. 예를 들어 해치(E. Hatch, 1835-89)는 하르낙 자신이 인정하였듯이, 원래의 복음이 헬레니즘에 의하

---

3) p. 501를 보라.

여 왜곡되었다고 하는 하르낙의 이론을 그보다 먼저 주장한 사람이었다. "신(新) 신학"이라는 명칭이 붙은 자유주의 개신교의 극단적이고 피상적인 형태는 영국에서 20세기 처음 10년 동안 런던의 시티 템플의 유창한 설교가 캠벨(R. J. Campbell, 1867-1956)에 의해 널리 대중화되었다. 고어는 그의 책 「신 신학과 옛 종교」(*The New Theology and the Old Religion*, 1907)에서 신 신학을 너무나 효과적으로 공격하였기 때문에, 캠벨은 자기 주장을 철회하고 국교회 안으로 다시 들어왔다. 이 문제에서 고어는 영국 성공회 전체의 지지를 받았다. 회중교회의 신학자 포사이스(P. T. Forsyth, 1848-1921)도[4] 고어에 못지 않게 신 신학을 심하게 공격하였다.

  "세상의 빛"의 활동과 그들의 영국의 자유주의 가톨릭 운동의 이상은 국교회 고교회파에게만 결정적이고 지속적인 영향을 준 것은 아니었다. 1908년 옥스퍼드 대학에 입학한 프레스티지(G. L. Prestige, 1889-1955)는 1941년 "세상의 빛" 학파에 대해 다음과 같이 말하였다. "내 자신과 나의 옥스퍼드 동문들의 신학적 입장의 모든 토대는 「세상의 빛」의 저자들의 가르침에 근거를 두고 있었다." 그러나 그는 많은 옥스퍼드 학생들이 "국부적 반란을 일으키고 또 후방의 유리한 바위 뒤에서 불시의 공격을 가하는 경향이 있었다"고[5] 말하기도 하였다. "국부적 반란"이나 "후방의 유리한 바위 뒤에서 불시의 공격을 가하기" 같은 표현은 그가 글을 쓰고 있는 당시까지 젊은 신학자들의 성향을 공정하게 평가한 것은 아니었다. 이들은 비평과 재건의 길에서 고어 자신이 허용한 것보다 더 멀리 나아간 신진 신학자들이었다.

  「세상의 빛」이 출판되었을 때, 성경에 대한 비평적 접근은 주로 구약 성경에 대한 비평적 접근을 의미하였다. 그 당시 영국의 신약 성경에 대한 비평은 아직도 유아기였다. 고어와 그의 친구들은 전통적으로 역사적 사실

---

4) p.506를 보라.

5) *Theology*, March 1941, p. 166.

로 간주되어온 구약의 많은 부분들이 사실은 도덕적 목적을 가진 이야기나 혹은 널리 알려진 전설들로 구성되어 있다는 것을 기꺼이 인정하였다. 그러나 그들은 신약 성경은 완전히 역사적이라고 가정하였고 또 그렇게 주장하는 것이 기독교 신앙에 필수적이라고 생각하였다. 고어는 비평적인 연구 방법을 구약뿐만 아니라 신약에도 적용해야 한다고 주장하였다. 그리고 만약 비평적 방법을 올바로 적용한다면, 특별히 복음서의 완전한 역사성이 비평의 시험을 통과할 것이라고 확신하였다.

그러나 신약 성경에 대한 비평적 연구가 발전하고 또 그 비평의 도구들이 예리해지면서, 많은 기독교 학자들은 기독교의 기원에 대한 기록에서 사실과 해석의 관계와 역사와 신학의 관계가 "세상의 빛" 학파가 인식한 것보다 훨씬 더 복잡하다는 것을 깨닫게 되었다.

동시에 그들은 점차 가톨릭 신앙의 권위가 보통 이해하듯이 단순히 역사적인 증거들이나 사도들의 증언에 있는 것이 아니라 그리스도인의 경험의 전체적 연속성에 있다고 주장하게 되었다. 고어는 그리스도인의 경험에 호소하는 것을 전적으로 무시하지는 않았으나, 신약 성경의 역사적 신뢰성 위에 서 있었다.

새로운 세대의 신학자들이 「세상의 빛」이 이룩한 업적에 만족하지 않았다는 것은 1912년 옥스퍼드의 젊은 학자들이 또 다른 논문집을 출판하였을 때 분명히 증명되었다. 이 책의 제목은 「기초: 근대 사상에 따른 기독교 신앙의 진술」(*Foudations: a Statement of Christian Belief in Terms of Modern Thought*)이었다. 여기서 가장 큰 관심을 불러일으킨 글은 편집자 스트리터(B. H. Streeter, 1874-1937)의 "역사적 그리스도"였다. 여기서 그는 부활에 관한 부분에서 부활하신 주님의 현현의 실재를 "객관적 환상"이라고 주장하였고, 또한 제 삼일에 무덤이 비어 있었다는 증거를 결정적인 것으로 받아들인 반면에, 예수의 몸이 소생되었다는 것을 믿기를 거부하였다.

그 대신 그는 실제로 발생하였을 가능성이 있는 일들을 고도의 추리력을 동원하여 설명하였다. 그러나 스트리터의 논문이 흥미의 초점이 된 것은 그것이 영국 성공회 신학자가 당시 비평 작업의 발전에 따라 예수의 생애를 해석한 최초의 중요한 시도였기 때문이고, 또 슈바이처의 이름과 결부되어 종말론을 새롭게 강조했기 때문이다.

그는 복음서들이 예수의 사역에 대하여 연대기적으로 정확하게 설명하고 있지 않다고 생각하였다. 복음서들은 현대의 과학적 역사가들의 관심을 충족시키기 위해 기록된 것이 아니라 실제적이며 헌신적인 목적을 위하여 기록되었다. 그리고 슈바이처의 연구와 관련하여 그는 다음과 같이 말하였다.

> 현대의 예수전들은 급진적 관점이든 보수적 관점이든, 너무나 현대적이었다. 르낭의 유사 낭만주의적 그리스도와 합리주의적 자유주의의 "부르주아 그리스도"는 스콜라적 논리의 인격화된 추상이나 기독교 예술에 나타난 감상적인 나약함만큼이나 실제의 역사적 인물로부터 너무나 동떨어져 있다. 그러나 만일 여기서 우리가 슈바이처에게 동의한다 해도, 우리는 슈바이처 자신이 현대화의 비난을 모면할 수 없다는 생각을 떨쳐 버릴 수 없다. 그가 대담하게 대충 그린 모습은 갈릴리인의 옷을 입은 니체의 초인과 약간 비슷하다.

「세상의 빛」과 비교해 볼 때, 스트리터의 논문은 기독교 신앙의 역사적인 토대에 관하여 보다 현실적으로 이해시켜 주었다. 반면에 롤린슨(A. E. J. Rawlinson, 1884-1960)의 "권위의 원리"는 분명히 신조의 규정에 대한 보다 자유롭고 경험적 태도를 갈망하고 있다는 것을 보여주었다. 고어는 이 신조의 규정을 실제로 무오하다고 간주하였다. 롤린슨은 대부분의 국교도들보다 로마 가톨릭 근대주의자들에게 많은 공감을 갖고 있었다. 롤린슨은 다른 믿음의 분야처럼 종교에서도 권위가 필수적인 반면에, 권위가 무오성이나 법적 독재와 혼동되지 말아야 한다고 주장하였다. 권위는 영적인 실재에 대해 경험하고 말하는 자들, 특별히 성도들(saints)의 증언에서 오는 것이다.

기독교 신학은 "영적인 사람들의 현재와 과거의 경험과 관련되고 특별히 의심의 여지없이 사도 시대의 고전적이고 규범적인 기독교의 경험과 관련된, 역사적이고 형이상학적인 추론을 지적 용어로 표현한 것"으로 규정될 수 있다. 하나님이 교회를 인도하시겠다는 약속이 행동의 영역에서 죄를 범할 수 없음을 보증해 주지 못하는 것은 지성의 영역에서 무오성을 보증해 주지 못하는 것과 같다.

교회의 역사에서, 교회의 권위를 개인적인 탐구와 체계의 구성이라는 항해를 시작할 때 지성의 안내선 혹은 예비 교육으로 다루는 대신에, 마치 기계적으로 무오한 것처럼 다루고 신자들에게 믿어야 할 바를 전제적으로 부과할 권한이 있는 것처럼 다루는 경향이 있었다. 이것은 참으로 유감스런 일이다. 이러한 경향은 교황지상주의적인 근대의 로마 가톨릭 교회에서 절정에 달하였다.

이러한 기독교 교리에 대한 경험적 접근은 롤린슨과 윌 스펜스(Will Spens, 1882-1962), 셀윈(E. G. Selwyn, 1885-1959), 녹스(W. L. Knox)와 같은 자유주의적 국교도들의 저술을 통해 더욱 발전되었다. 그들은 자신들이 "세상의 빛" 학파의 의도를 상당히 넘어갔다는 것을 깨달았다. 그들이 소수 가톨릭 근대주의자들이 윤곽을 잡아놓은 사상의 방향을 따라가고 있다고 말하는 것은 정당한 평가이다. 이 그룹은 마침내 「가톨릭적 비평적 에세이」(*Essays Catholic and Critical*, 1926)라는 심포지움에서 그들의 신학을 표현하였다.

우리는 지금까지 신학의 자유화 물결을 국교회 고교회파 안에서 살펴보았다. 이것은 거기서 신학의 자유화가 가장 뚜렷했기 때문이었다. 그러나 영국 성공회와 자유 교회의 복음주의자들 안에서도 동일한 작업이 진행되고 있었다. 게다가, 1898년 "국교도 연합"(Churchmen's Union)으로 알려진 자유주의적 국교도의 새 단체가 조직되었다. 이들은 19세기의 광교회파를 계승하였다. 이들은 후에 "근대적 국교도"(Modern Churchmen) 혹은 "근대주의자들"(Modernists)로 알려지게 되었다. 그러나 그들은 가톨릭 근대주의보다 개신교 자유주의에 더 가까웠다.

이러한 발전은 도전이나 혼돈이 없이 일어나지 않았다. 사실 1920년대에 「기초」에 실린 스트리터의 논문과 보다 더 자극적인 다수의 출판물에 대한 경계심 때문에 영국 성공회 안에 강한 보수적 반동이 있었다. 이 시기의 국교회 고교회파의 문제아(*enfant terrible*)인 녹스(R. A. Knox, 1888-1957)는 자유주의 신학 운동 전체를 공격한 「흔들리는 돌」(*Some Loose Stone*)을 출판하였다. 그의 자유주의 신학에 대한 공격은 능숙하지만 피상적이었다. 용기있는 학자요 잔지바르(Zanzibar)의 주교인 프랭크 웨스턴(Frank Weston, 1871-1924)은 보다 더 진지하게 자유주의 신학에 항의하였다. 그는 자신의 교구에서 그들의 목적을 위하여 영국 신학자들의 자유주의적 가르침을 서슴없이 이용하는 이슬람 전도자들과 부딪쳤다. 옥스퍼드의 특별 연구원들(dons)이 그들의 탐구 결과를 잔지바르의 상황에 적응시키는 것은 어려운 일이었다. 주교들이 영국의 대학을 지배하고 있는 학문적 연구의 분위기에 공감하거나 인내심을 발휘하는 것도 어려운 일이었다.

영국 대학의 분위기는 평화적이지 않았다. 여러 해 동안, 교수와 고위 성직자와 신학자들 사이에 팜플렛 전쟁이 계속되었다. 당시 옥스퍼드의 주교였던 고어는 성직자들이 동정녀 탄생이나 예수의 육체적 부활 같은 신조의 조항들을 의심하거나 부인할 수 있는 자유가 있는지에 대하여 질문하였다. 자유주의 신학의 밀물이 썰물로 바뀐 듯했고, 적어도 신학적으로 재진술한 에세이들이 주교 회의에 의해 통제된 것 같았다. 그러나 현명한 지도자인 캔터베리 대주교 데이비드슨은 한 번 이상 충돌을 막았다. 예를 들어, 1914년 신조에 진술된 역사적 사실은 교회의 신앙의 본질적 부분이라고 확증하는 결의안이 다음의 부칙과 함께 통과되었다.

동시에 우리 세대가 역사 비평에 의해 제기된 새로운 문제에 직면하도록 부름받았다는 것을 인정하면서, 우리는 성직자나 평신도 사이에서 양심에 불필요한 부담을 지우지 않고 사상과 탐구의 자유를 부당하게 제한하지 않기를 원한다. 그러므로 우리는 진지하고 경건한 학생들의 사상과 작품 속에 나타난 시험적이고 잠정적인 주장들을 신중하게 다룰 필요성이 있다는 것을 강조하고자 한다.

1917년 헨슬리 헨슨(Hensley Henson, 1863-1947)이 주교에 임명되었을 때와 1921년 케임브리지의 거튼 대학에서 "근대주의적 국교도들"(Modern Churchmen)이 대회를 열고 기탄없이 그들의 의견을 표출하였을 때, 여러 번 논쟁이 벌어졌다. 이 논쟁 직후, 대주교는 국교회 고교회파, 근대주의적 국교도, 복음주의를 대표하는 사람들로 하나의 위원회를 만들어야 한다는 제안을 수용했다. 위원회는 일정 기간 동안 "영국 성공회 안에 현존하는 일치의 정도를 파악할 목적과 또한 기존의 차이점을 제거하거나 감소시키는 일이 얼마나 가능한지 탐구하는 목적을 가지고 기독교 교리의 본성과 토대를 고려해야" 했다.

그것은 대표성을 띨 뿐만 아니라 비중 있는 위원회였고, 현명하게 시간을 내어 철저하게 연구하였다. 위원회는 1922년에 임명되었으나, 1938년까지 보고서를 제출하지 않았다. 1925년 위원회의 초대 위원장이 사망하자, 윌리엄 템플이 그의 뒤를 이었고, 그는 1929년 요크의 대주교가 되었을 때에도 위원회의 심의 과정을 주관하였다. 이 위원회의 보고서 「영국 성공회의 교리」(*Doctrine in the Church of England*)는 비중 있는 책이었다. 그것은 상당히 자세하게 기독교 교리의 원천과 권위, 신론, 구속론, 교회와 성례, 종말론 등의 주제를 다루었다. 보고서는 만장일치로 채택되었다. 한편 위원회의 한 일원이었던 매슈스(W. R. Mattews)는 이 보고서가 성공회의 "39개 조항"을 대체할 것을 강력하게 희망하였다. 그러나 그의 희망은 좌절되었다.

「영국 성공회의 교리」는 양차 대전 사이에서 국교회 신학자들의 교리적 믿음을 가장 잘 진술한 문헌으로서, 지금도 신중하게 연구를 할 가치가 있다. 분별력있는 독자들은 위원회에 참여한 「기초」와 「가톨릭적 비평적 에세이」의 필자들이 이 결과물에 상당한 영향력을 행사하였다는 것을 알 것이다.

이 작품은 복음주의자들에 의해서도 동일하게 용납되었다. 실제로 이 시대가 영국 자유주의 신학의 전성기였다. 위원회가 보고서를 발표하기 전에, 대륙 신학의 탈(脫)자유주의의 경향이 이미 영국에 영향을 미치기 시작했다. 대주교 템플은 보고서의 서론에서 만약 위원회가 작업을 다시 시작한다면, "그 시각은 달라졌을 것이다"라고 말하였다. 아마도 다음 두 장(章)은 템플 주교의 말의 의도를 잘 설명해 줄 것이다.

제 18 장

키에르케고르

죄렌 키에르케고르는 1813년부터 1855년까지 살았다. 그런 키에르케고르가 근대 교회의 역사에서 이 시기에 나타나는 것은 이상하게 보일지도 모른다. 그러나 그는 실제적인 의미에서 19세기보다 20세기에 속한 인물이다. 그는 그의 시대에 그의 조국 덴마크에게 당혹스럽긴 하지만 큰 영향을 미쳤다. 비록 19세기 후반에 독일에서 몇몇 추종자들이 생겼다 하더라도, 그는 제1차 세계대전이 끝날 때까지는 유럽의 사상에 전반적 영향을 주지 못하였다. 전쟁 이후 19세기의 어떤 사상가보다도 그의 생애와 성격과 저술이 더 많이 연구되고 토론되었다. 그는 "실존주의" 철학의 발생에 기여하였고, 다음 장에서 살펴보게 될 위기의 신학에 결정적 자극을 주었다고 평가되고 있다. 그의 작품은 처음에 덴마크어로 씌어져서 대다수의 동시대인들이 접근할 수 없었다. 그러나 그의 저작은 이제 영어를 포함한 다른 언어로 모두 번역되었고, 그에 관한 문헌들이 방대하게 증가하였다.

키에르케고르는 자신의 경험, 특히 자신만의 독특한 경험을 사상으로 표현한 사람들 중의 한 사람이었다. 그를 대단히 존경하는 자들도 그의 경험이 비정상적이고 다소간 병적이라는 점을 인정한다. 그를 비방하는 자들은 여기서 한 걸음 더 나아간다. 그들은 그가 우리 시대에 숭배의 대상이 되었다는 사실을 유감스럽게 생각하고, 오늘날 많은 지성인들의 병적인 비합리주의의 전형을 그에게서 찾는다. 그러나 인정을 받든 유감스럽게 생각되든, 그가 특별한 영향을 주었다는 것은 의심의 여지가 없고, 우리는 이것을 설명해야 한다. 그의 사상은 자신의 경험으로부터 나온 것이기 때문에, 그의 생애에 대하여 알아야 할 필요가 있고 또 그의 특성과 신비스러울 정도로 밀접한 관련이 있는 아버지에 대하여 알아야 하겠다.

그의 아버지 미켈 페데르슨 키에르케고르(Michael Pedersen Kierkegaard)는 가난한 대가족에서 태어났다. 그는 유틀란트의 척박한 황야에서 자랐고 소년 시절 목동으로 일하였다. 어느 날 그는 황야의 언덕 위에 서서 하나님을 저주하였다. 이 행동으로 인하여 그의 영혼은 일생 동안 괴로워하였다. 왜냐하면 그는 프랑스에서 얀센주의자라고 불리는, 엄숙하고 우울한 형식의 극단적 신앙인이었기 때문이다. 그러나 그는 곧 물질적 번영을 누렸다. 코펜하겐에 있는 아저씨가 그를 자신의 사업으로 끌어들였고, 그는 너무나 일을 잘했기 때문에 40세에 사업에서 물러나 편안하게 살 수 있게 되었다. 그의 첫번째 아내는 아이를 낳지 못하고 1796년에 죽었다. 그는 곧 가정부와 결혼하여 7명의 자녀를 낳았다. 죄렌은 그 중의 막내였다.

처음부터 죄렌의 삶은 교양과 지성을 겸비한 아버지로부터 강한 영향을 받았다. 미켈 키에르케고르는 자기 주위에 지적인 친구들을 끌어들였다. 어린 시절부터 죄렌은 그들의 대화를 들었다. 이로 인하여 그의 정신은 자극을 받고 조숙하게 되었다. 만년에 그는 자기가 결코 진짜 아이들답게 지내지 못했고 놀이를 한 적도 학교 친구를 사귄 적도 없었다고 불평하였다. 학교 친구들은 그를 조롱거리로 만들었고, 그는 날카롭고 신랄한 재치로 보복하였다. 그의 신앙 교육은 엄격하고 진지하였으나, 아버지의 우울하고 근엄한 신앙의 영향을 받았다. 아버지는 죄렌이 성직자의 길을 가기를 원하였다.

대학생이 되었을 때, 그는 자신을 묶고 있는 구속복을 향해 반항하기 시작했다. 그는 신학 공부를 하는 데 10년을 보냈다. 그는 이 기간의 대부분을 문학과 철학을 탐독하고 토론과 논쟁에서 논증의 힘을 과시하면서 보냈다. 또한 그는 낭비하는 삶에 빠져들었다. 아버지는 비록 아들의 빚을 갚아 주었지만, 사랑하는 아들이 방황하는 것을 자기 자신의 죄, 특히 어린 시절 하나님을 저주했던 죄와 재혼할 때 지은 죄에 대한 벌이라고 생각했다. 그러나 아버지의 자책감이나 죄렌 자신이 아버지로부터 유산으로 물려받았다고 느끼는 자책감에 대하여 정확한 사실을 확인하는 것은 불가능하다. 왜냐하면 죄렌은 이 문제를 허구와 비유의 형식으로 포장하여 언급하였기 때문이다. 예를 들어 그의 일기에는 다음과 같은 혼란스러운 기록이 실려 있다.

> 나의 사후에, 어떤 사람도 정확히 말해서 나의 글 안에서 나의 생애를 채웠던 것을 설명해 주는 것을 하나도 찾지 못할 것이다. 아무도 나의 영혼 깊숙한 곳에서 모든 것을 설명해 주는 글을 찾지 못할 것이다.

그의 생애에서 다른 중대한 경험은 레기네 올센(**Regina Olsen**)과 약혼한 사건이었다. 그는 자신이 우울하며 불만스러워 하며 무언가 골똘히 생각하는 기질이 있다는 것을 알았다. 레기나의 자발적인 단순함이 자신으로 하여금 삶을 인내할 수 있도록 해 주고 그래서 그에게 안정감을 주기를 바랐던 것처럼 보인다. 그는 청혼하였고 또 허락도 받았다. 그러나 며칠 후 그는 자신이 실수한 것 같아서 고민하기 시작하였다. 그리고 1년 후, 약혼을 취소하였다. 그러나 외견상 잔인한 방식으로 파혼하였기 때문에 사람들로부터 비난을 많이 받았다. 그리고 소외감과 자신의 시대와 사회의 공인된 관습과 일치하지 않는다는 생각이 점점 더 강해졌다.

이 일에 대한 그의 반성들도 역시 허구적 형식으로 되어 있어서 해명하기 힘들다. 유산으로 물려받은 죄책감과 개인적 죄책감이 너무 깊이 뿌리박혀 있어서, 그가 결혼 관계에 적합한 사람인지 의심하였던 것 같았다. 자기 운명과 홀로 씨름해야 하는 고독한 삶이 그의 운명이 아닌가? 그의 우울하고 왜곡된 성격이 레기네에게 이해될 수 없었기 때문에, 그들의 연합은 진정한 정신의 결혼이 될 수 없는 것이었는가? 그러나 레기네에 대한 그의 사랑은 결코 약해지지 않았다. 그는 인생의 마지막까지 자신이 옳게 행동하였는지 하는 질문을 하며 혼란스러워 하였다.

1841년 키에르케고르는 28세가 되었다. 부친이 죽고, 그는 코펜하겐의 집과 살기에 충분한 정도의 재산을 유산으로 물려받았다. 그는 때때로 시골 목사가 되는 것도 생각해 보았으나, 안수를 받지는 않았다. 그는 자기 소명이 독자적인 작가가 되는 것이라고 믿었고, 그래서 그의 14년의 여생 동안 저술 활동에 몰두하였다. 그의 저술은 총 14권이나 되었고, 사후에 출판된 그의 일기와 다른 글들도 6권이나 되었다. 그는 비록 항상 고독한 삶을 살았지만 은둔자는 아니었다. 항상 코펜하겐의 거리를 걸으면서 모든 종류, 모든 계층의 사람들과 대화하였다. "그의 웃음은 모든 것을 설명해줄 수 있었고, 그의 웃음의 효과는 마치 태양이 별안간 구름을 뚫고 나오는 것과 같았다"고 한다. 그리고 "그의 말에는 항상 예기치 못한 어떤 것이 있었고, 순전히 말만으로 어떤 사람이 드라마나 소설 속에 있다는 느낌을 줄 수 있었다"고 한다.

그렇다면 그가 근본적으로 말하고자 한 것은 무엇이었는가? 그에게는 교리적 체계가 없었다. 마치 예술가나 시인이나 예언자처럼, 자신의 괴로운 경험을 반성하면서, 생각을 툭 던지거나 순간적으로 말을 탁 뱉었다. 그러나 우리는 그의 사상의 분명한 특징들을 생각해볼 수 있다.

첫째, 그의 사상은 반(反)헤겔주의이다. 헤겔주의는 당시 덴마크를 지배하고 있던 철학이었고, 덴마크의 지도적 신학자 한스 마르텐센(Hans Martensen, 1808-84)도 헤겔주의자였다. 자연, 역사, 신이 합리적 체계 안에 포괄되었고, 모든 것은 진화하고 있는 과정으로 간주되었다. 법, 문화, 문학, 예술 등 모든 것이 이 체계 안에서 자신의 고유한 위치를 갖고 있었다. 이 모든 요소를 구체화하고 조직화하는 것은 국가의 임무이므로, 기독교 국가는 하나님 나라의 실현이었다. 키에르케고르가 볼 때, 이러한 신학은 무기력한 것, 즉 "생기 없는 범주들의 발레"인 것 같았다. 신은 우주의 보좌 위에 앉아 있지 않고 그 대신 인간의 이성이 그 위에 앉아 있었고, 신은 인간 이성의 은총에 의해 그의 자리를 배정받았다. 세상은 도덕적 투쟁을 위한 전쟁터가 아니라 심미적 조화의 세계로 간주되었다. 죄는 절대 정신의 자기 계시에서 드러나는 필연적 단계일 뿐이었다. 모든 것이 점진적 변이로 설명되었다. 이와 같은 헤겔의 세상에서는 날카로운 경계선도 가파른 절벽도 없었다.

키에르케고르의 생각에, 이러한 사고 방식은 개인의 개성과 책임성을 파괴시키는 것이었다. 모든 것이 전체 안에 포섭되었다. 선과 악, 하나님과 인간 사이의 근본적 차이는 폐지되었다. 이들 사이에는 궁극적 차이가 없었다. 이것은 이들이 보다 높은 차원의 통일 속에서 조화되기 때문이었다. 인간을 죄로부터, 즉 자신의 참된 존재의 근원으로부터 소외된 죄로부터 구원하시는 신이 인간사에 직접 인격적으로 개입할 자리도 없고 그럴 필요성도 없었다. 그러나 키에르케고르에게서, 죄는 인간의 영적 도덕적 상태의 근본적 사실이었다.

죄는 키에르케고르의 생애와 활동에 깊은 그림자를 던졌다. 그는 개인들이 죄의 가공할 만한 세력을 보도록 하고, 예수 그리스도에 대한 살아있는 신앙에 의해 죄로부터 구원받는 유일한 길을 추구하도록 하는 것이 자신의 임무라고 생각했다. 죄는 단순한 교육이나 선한 행동으로 극복될 수 없었다. 여기서 필요한 것은 인간의 삶 전체의 변화인데, 이것은 오직 신앙이라는 결정적 행동 즉 하나님과의 새로운 관계로 뛰어드는 비약이나 도약에 의해서만 열리는 세계였다. 이러한 변화나 새 창조는 사변이나 권위적 체계의 수용이 아니라, 개인의 체험의 갈등 속에서 오직 주관적으로만 이루어질 수 있었다. 그는 70,000 패덤(fathom) 깊이의 바다에서 살기위해 몸부림치는 사람만이 진리를 이해할 수 있다고 말하였다.

이것은 헤겔의 체계 전체와 명백하게 모순되었다. 키에르케고르에게서 인생은 그의 책 제목처럼 "이것이냐 저것이냐"(either - or) 하는 선택의 문제였다. 반면 헤겔주의자들에게서 인생은 항상 "둘 다(both - and) 종합하는 것이었다. 반(反)헤겔주의는 의심의 여지 없이 키에르케고르의 가르침을 부정적으로 바라보는 시각이다. 그러나 반헤겔주의는 강조되어야만 한다. 왜냐하면 키에르케고르는 모든 철학적 체계에 대한 확신을 파괴하고 또 사람들로 하여금 자기 자신에게 돌아가게 함으로써 그들의 개별적 경험에 의하여 스스로 결정하게 하는 것을 그의 소명으로 생각했기 때문이다.

키에르케고르 사상의 두번째 특징은 기독교의 역설(paradox)을 강조한 것이었다. 그는 "역설이 없는 사상가는 정열이 없는 연인과 같다"고 말하였다. 그에 의하면, 기독교를 지적으로 증명하는 것은 불가능하다. 신앙은 지적 증명 혹은 성경이나 교회의 권위 위에 세워질 수 없다. 기독교 신앙은 화해할 수 없는 모순을 주장한다. 영원과 시간, 하나님과 인간 사이에는 무한한 질적 차이가 있다. 그러나 기독교는 영원과 시간 그리고 하나님과 인간이 신인(God-man) 안에서 연합되어 있다고 주장한다. 지성이 성육신의 사실을 받아들이는 것은 불가능하다. 성육신은 믿음의 비약에 의해서만 받아들여질 수 있는 모순이다. 많은 사람들은 키에르케고르가 파스칼과 공통점이 많다고 지적하였다.

인간의 모습을 한 하나님은 절대적 역설이고, 인간의 정신에 걸림돌이 될 수밖에 없다. 그러므로 신앙은 이해의 행위일 수가 없다. 신앙은 의지의 모험이다. 믿음에 반대되는 것들이 계속적으로 발생되기 때문에 계속 갱신되어야 하는 의지의 모험이다. 키에르케고르는 종종 비합리성을 자랑스럽게 여기는 것처럼 보이나, 그는 우리에게 역설로 나타나는 것이 하나님에게는 합리적이라는 것을 부인하지 않았다. 그래서 그는 그의 일기에 다음과 같이 기록하였다. "기독교의 진리 안에 있는 역설은 언제나 그 역설이 하나님을 위하여 존재하기 때문에 진리이다 하는 사실에 기인한다. 측정의 기준과 목적은 초인간적인 것이다. 오직 하나의 관계만이 가능한데 그것이 바로 신앙이다." 그의 관심은 대체적 안전 장치들, 예를 들어 철학적·교리적 혹은 교회적 체계에 대한 인간의 신뢰를 깨뜨리는 것이었다. 그리고 다른 모든 신뢰의 대상이 깨어졌기 때문에 진정으로 하나님만을 신뢰하는 자리로 사람들을 끌어내고자 하였다.

이제부터 키에르케고르와 그의 시대의 교회, 즉 덴마크 국가 교회와의 관계를 살펴보자. 덴마크 국가 교회는 전체적인 분위기 면에서 다른 지역의 국가 교회와 비슷하였다. 비록 스칸디나비아 교회가 다른 어느 곳보다 더 국가와 밀접한 관계를 맺고 있었지만 말이다. 비록 키에르케고르가 안수를 받지 않았다 하더라도, 그는 여전히 국가 교회의 일원으로 남아있었다. 민스터(Mynster) 주교는 그의 아버지의 절친한 친구였고, 죄렌 자신도 민스터의 가르침에 많은 빚을 졌다는 것을 인정하였다. 그럼에도 불구하고, 그의 기독교 신앙에 대한 해석은 분명히 모든 국교회의 조직과 공식적 신학에 대한 깊은 의문을 함축하고 있었다. 그러나 이것이 명백하게 드러난 것은 그의 생애의 마지막에 이르렀을 때였다. 결국 그는 교회에 대해 전면적인 공격을 가하는 쪽을 택하였다.

사건의 발단은 이러하였다. 1854년 1월 민스터 주교가 사망하였다. 그의 후임자가 될 마르텐센이 장례식 추도사를 읽으며, 민스터를 "진리의 참된 증인"이라고, 사도들에게까지 소급하여 올라가는 진리의 증인들의 연속 선상의 한 사람이라고 말하였다. 그러나 교회의 공식적 기독교에 대하여 진정으로 생각하고 있는 것을 말할 기회를 기다려온 키에르케고르에게, 이것은 너무 지나친 칭송이었다. 그는 그의 공격을 몇 달 연기하였다. 이것은 그가 주교직을 계승하기 위한 마르텐센의 후보 자격에 편견을 갖지 않게 하기 위해서 그렇게 했다고 한다. 그러나 공격을 개시하였을 때는 그 공격은 아주 강력하였다.

그는 마르텐센이 민스터를 "진리의 참된 증인"이라고 묘사한 사실에 집중하였다. 그는 이렇게 말하였다. "진리의 참된 증인은 그의 삶을 통하여 내적인 갈등, 두려움, 떨림, 유혹, 영적인 고뇌, 도덕적인 고통 등을 깊이 깨닫는 자이다. 진리의 증인은 가난, 굴욕, 멸시, 오해, 증오, 조롱, 경멸, 비웃음 속에서 진리를 증거하는 자이다. 진리의 증인은 순교자이다." 민스터가 진리의 증인이라는 생각은 그에게 수치스러운 것이었다. 민스터는 시세에 영합하는 자였고, 세상을 따르는 자였고, 눈치빠르고 성공한 교회 정치가였다. 그는 "주일마다 '조용한 시간'에 열변을 토하는 즐거움을 누린 후 월요일에 세상적인 생각으로 옷을 갈아입는" 사람이었다. 자신의 피로 진리의 인을 친 사람의 반열에 들어갈 수 있는 사람은 누구인가?

이러한 공격은 코펜하겐에서 엄청난 물의를 일으켰다. 그는 민스터와 오랫동안 교제했었고, 또 그가 지금까지 정치적으로 보수주의자이며 국가 교회의 지지자라고 생각되어 왔기 때문에, 그 충격은 더 컸다. 많은 사람들은 그가 미쳤다고 생각했다. 그리고 그가 계속하여 고상한 공적인 기독교의 사상을 공격하였던 일련의 논문을 발표하였을 때 그들은 그가 더 미쳤다고 생각했다. 국가 교회에서 선포된 기독교는 신약 성경의 기독교로부터 배교한 것이었다. 그것은 하나님을 우롱하려는 시도였다. 그것은 더 이상 그리스도의 참된 교회가 아니었다. 신약 성경의 기독교는 이 세상 어디에서도 발견될 수 없다. 교회의 역사는 점증하는 타락의 역사였다. 사도들이 단 하루 동안 3천명의 사람들을 교회로 끌어들였던 오순절 날에 교회의 역사가 시작하였다. 그렇게 많은 사람들이 어떻게 한꺼번에 교인이 될 수 있었겠는가?

덴마크 국가 교회의 성직자들 가운데 정직한 자는 한 사람도 없었다. 그들은 모두 안정된 자리에서 일용할 양식을 얻을 수 있는 직업으로서 성직을 시작했던 사람들이었고, 자리를 노리는 자들이었다. 국가 교회는 참된 교회일 수가 없었다. 국가 교회의 성직자들은 정부를 기쁘게 하는 일을 행할 수밖에 없는 행정 관료에 불과하였다. 기독교를 공적이고 고상하고 관례적으로 만들기 위한 "기독교 세계"라는 개념은 터무니 없는 것이다. 이 개념이 사람들에게 참된 기독교의 모습을 가리웠다.

> 웅장한 대성당에, 위대한 대 설교자(Geheime-General - Ober-Hof - Prädikant)가 나타났다. 그는 사교계에서 가장 호감을 받는 인물이다. 그는 선택 받은 자들 중에서 또 선택된 무리 앞에 서서 자신이 선택한 본문에 대하여 열정적으로 설교한다. "하나님은 세상의 천한 것들과 멸시받는 자들을 선택하셨습니다." 그런데 아무도 웃지 않았다.

그는 또 이렇게 말하기도 하였다.

> 우리는 교회의 완전한 재산 목록(inventory) 즉 종, 오르간, 발 난로, 자선함, 촛대 등을 갖고 있다. 그러나 기독교적으로 생각해 보면, 기독교가 존재하지 않을 때, 이

러한 재산 목록의 존재는 기독교에 유익하지 않고 실제로 해악이 된다. 왜냐하면 우리가 완전한 기독교 재산 목록을 갖고 있음으로 인하여 우리가 자연스럽게 또한 기독교를 갖고 있다는 오해를 불러일으키기 쉽기 때문이다.

그리고 미래와 관련하여 이렇게 말하였다.

확실히 모든 것들이 개혁되어야 한다. "세상에서 믿음을 볼 수 있을 것인가?" 하는 말이 무색하지 않을 정도로 어마어마한 변화가 있을 것이다. 수백만의 사람들이 기독교로부터 떨어져 나갈 것이다. 사실상 기독교는 존재하지 않게 될 것이다. 그래서 유치한 기독교에 의해 나약하게 길러진 상태에서 그들이 기독교인들이라는 허황된 생각에 빠져 있는 세대가 치명적 타격을 받아 다시 기독교인이 되는 것이 무엇인지 기독교인인 것이 무엇인지 배워야 하는 무서운 날이 올 것이다.

이렇게 여러 달 동안, 키에르케고르는 신랄하게 비꼬는 말과 재치있는 풍자로 계속적으로 공격하였다. 그는 공적인 기독교가 자극을 받아서 그에 대한 어떤 조치를 취할 것이고, 그래서 자신의 증언이 훨씬 더 효과적이 될 것을 기대하였다. 그러나 주교와 성직자들은 저자세를 취하기로 결정하고 그의 도전을 무시하였다. 반면 많은 평신도와 특히 학생들은 깊은 감동을 받았고, 키에르케고르가 기독교의 본성에 관하여 근본적인 질문을 제기하였다는 것을 인식하였다. 이 근본적 질문은 단순히 미친 사람이 지껄이는 소리로 묵살될 수 없었다. 키에르케고르가 사망한 후, 많은 사람들이 그의 가르침에 사로잡히고 붙잡히게 되었는데, 이들은 바로 그 첫 열매였다. 이제 그의 생명은 거의 다 쇠진하였다. 그는 계속 활동하였지만 병이 들었다. 그는 비록 교회와 화해하지 못하였지만, 믿음 안에서 죽었고 부활에 대한 확실한 소망 속에서 죽었다.

당연히 키에르케고르는 그의 시대에 들을 귀가 없고 이해할 수 있는 귀가 없는 사람들에게 말을 하였다. 그러나 이제 그는 19세기의 종교적 사상과 세속적 사상과 교회의 삶에 대하여 위대한 물음을 던진 자로 우뚝

서 있다. 1914년 이후 키에르케고르는 재발견되었다. 왜냐하면 이성의 시대의 여러 우상들에 대한 확신 즉 민주주의, 과학, 도덕적 이상주의, 자유주의 신앙이 약속한 용감한 신세계에 대한 확신이 파괴되었기 때문이었다. 키에르케고르는 집단주의 문화로 나아가고 또 인간 개인의 자유를 위협하고 있는 요인들을 이미 꿰뚫어보지 않았는가? 적어도 그는 혁명이 낳고 양육했던 진보적 기대에 빠져있지 않았다.

예를 들어, 키에르케고르는 다수파를 믿는 민주주의에 대하여 별로 좋은 인상을 받지 못했다. "모든 사람이 다른 사람과 똑같은 의견이라면, 천억 명이라도 한 명과 같다. 이들과 생각이 다른 한 사람이 나왔을 때에야 비로소 둘이 된다." "진리는 언제나 소수에게 있다. 그리고 그 소수는 언제나 다수보다 더 강하다. 왜냐하면 일반적으로 소수는 자신의 의견을 가진 자들로 구성되어 있기 때문이다. 그러나 다수의 힘은 착각이다. 그들은 의견을 갖지 않는 자들로 구성된 다수이기 때문이다."

키에르케고르는 자연과학의 발전에 대해서도 좋은 인상을 갖고 있지 않았다. 사람들은 과학의 발전이 인간을 포함하는 모든 것들을 설명할 수 있는 지식의 완전한 체계를 만들어낼 수 있다고 생각하였다. 그러나 사람의 인격에는 기계적으로나 진화론적 언어로 이해할 수 없는 것들이 있다. 그는 "과학이라는 장사(Sciencemongery)는 인간의 영혼의 영토를 침범하기를 원하기 때문에 특별히 우리에게 위험하고 또 우리를 타락시킨다. 과학으로 하여금 식물과 동물과 별들을 다루도록 하라. 그러나 그런 식으로 인간의 영혼을 다루는 것은 하나의 신성모독이다" 하였다.

그는 헤겔주의를 공격하면서 인간의 비인격화에 저항하였다. 그가 공격할 때, 헤겔주의는 거의 죽음 직전의 상황이었다. 그러나 마르크스주의는 변형된 헤겔주의였다. 마르크스는 헤겔의 제자였다. 그는 사실 스승의 개념들을 취하여 땅으로 끌어내렸다. 헤겔에게서 사상이 세계 정신의 표현이었듯이, 마르크스에게서 인간의 행동은 기계적으로 이해된 인과관계의 사슬의 한 부분이었다.

헤겔에게서 세계 역사의 필연성에 해당되는 것은 마르크스에게서 경제적 결정주의였고, 생산의 과정이 사변의 자리를 차지하였다. 헤겔의 체계와 마찬가지로 마르크스의 체계에서도 인간의 자유를 위한 자리가 없었다. 인간의 의식은 자기 자신의 진정한 실존이 없는 물질적 과정의 반영으로 선언되었다. 어쨌든 한 개인은 기계의 톱니바퀴의 한 날에 불과하다. 그 기계가 추상적인 사상으로 되어 있든 경제적 생산으로 되어 있든 마찬가지이다.

키에르케고르의 헤겔주의에 대한 항의는 핵심을 놓치지 않았다. 공산주의자든 전체주의자든 대중 문화에 빠진 사람이든, 집단주의라는 그물에 걸렸다고 생각하는 사람들은 개별적인 인간의 인격의 지위를 옹호하는 키에르케고르의 주장에 열심히 의지하여야 한다. 실존주의자들이 키에르케고르가 그들의 선구자 혹은 개척자라고 회고하는 이유도 바로 여기에 있다. 그는 모든 이상적 본질들, 추상적 체계들, 집단적 권위들에 대하여 인격적 존재의 우위성을 주장하였다.

키에르케고르에게서, 개별적 인간이 무엇보다도 경험의 갈등 속에서 자신의 심판자와 해방자로 만나게 되는 분은 하나님, 전적인 타자(the Wholly Other)였고, 또 개인적 실존의 실현을 가능하게 하는 것은 하나님과 대면하는 그의 결단이었다. 그러나 오늘날 우리는 하나님을 치워버린 또 다른 실존주의를 볼 수 있다. 이것은 인간을 그의 자유와 또 그 자유를 가지고 행하기로 결정하는 의무 속에서 궁극적으로 혼자 있는 것으로 보고 있다.

이런 점에서 장 폴 사르트르의 무신론적 실존주의가 키에르케고르에게 기원하였다고 말할 수 있다. 키에르케고르와 마찬가지로, 사르트르도 삶과 죽음의 문제들이 추상적 이론화의 대상이 아니라고 주장하면서, 그의 사상을 전달하는 가장 좋은 수단들은 철학적 논문이 아니라 드라마, 소설, 일기라고 한 것은 흥미로운 일이다. "실존주의란 무엇인가?" 하고 묻는다면, 아마 "가서 키에르케고르를 읽어보시오" 하는 것보다 더 나은 대답은 없을 것이다.

그러나 실존주의의 정의를 내려달라고 한다면, 칼 하임이 키에르케고르

의 사고 유형에 대하여 말한 것이 훌륭하다. "내가 단순한 방관자의 입장
이 아니라 나의 총체적 실존에 근거하여 어떤 명제나 진리를 이해하거나
동의할 수 없을 때, 그 명제나 진리는 실존적(existential)이라고 말할 수
있다."[1]

---

1) Paul Roubiczek, *Existentialism For and Against*, 1964.

제 19 장

위기의 신학

제1차 세계대전 이후에 유명해지기 시작하였고, 주로 카를 바르트(Karl Barth, 1886-1968)라는 이름과 관련된 "위기의 신학" 혹은 "변증법적 신학"이 순전히 키에르케고르를 재발견함으로써 등장하였다고 말하는 것은 우스꽝스런 일일 것이다. 그것의 발생과 특성을 이해하고자 한다면, 복합적인 상황과 요인들을 모두 고려해 보아야 한다.

첫째, 지성의 계몽과 도덕적인 노력을 통하여 진보가 불가피하게 이루어진다는 사상이 제1차 세계대전의 재앙으로 인하여 치명타를 입게 되었다. 전쟁의 비합리성과 무의미성에 사로잡혔던 비극적인 경험으로 인하여, 사람들은 삶이 정말로 간단하고 낙관적이며 진화론적인 방식으로 — 지난 시대에 널리 받아들여졌던 방식으로 — 설명될 수 있는지 의심을 품게 되었다. 기독교 신학과 설교가 당시 유행하고 있는 가정들에 너무 쉽게 적응하지 않았는가? 교회는 인간의 이성을 넘어서는 초월적인 메시지도 없고, 교회가 증언하고 해석해야 하는 위로부터의 계시도 없고, 부르주아 사회의 세련된 멋과 달리 선포해야할 다른 목표도 없지 않았는가? 우리가 이미 보았던 대로, 점점 더 발전해온 여러 형태의 자유주의 신학은 문명의 몰락이 뼈저리게 느끼게 하였던 고통스런 문제에 대하여 아무 할 말도 없는 것 같았다.

리처드 니버(Richard Niebuhr, 1894-1962)는 아마도 자유주의 신학에 불만족하여 반대하고자 하였던 자들에게 비쳐진 자유주의 신학의 모습을 가장 잘 요약한 신학자일 것이다. 그는 미국의 자유주의 개신교가 마침내 어떻게 되었는지 다음과 같이 묘사하였다.

> 하나님의 나라에 대한 낭만적 개념은 불연속성, 위기, 비극, 희생, 모든 것의 상실, 고난과 부활 등을 포함하지 않았다. 윤리에서는, 낭만적인 하나님 나라의 개념은 이해 관계의 자연적 일치 혹은 인간의 자비롭고 이타적인 특성에 대한 믿음에 의한, 개인의 이해 관계를 사회의 이해 관계와 화해시켰다. 정치와 경제에서는, 일치의 성장만을 보고 자기 주장이나 이기적 약탈을 무시함으로써 국가와 계급의 분열을 경시하였다. 종교에서는, 인간을 신격화하고 하나님을 인간화함으로써 하나님과 인간을 화해시켜 놓았다. … 구속주 그리스도는 그 안에서 인간의 종교적 능력이 충분히 계발된 스승이거나 영적 천재가 되었다. … 진화, 성장, 발전, 종교적 삶의 문화, 친절한 감정의 양육, 인도주의적 이상의 확장, 문명의 진보 등 이러한 모든 것들이 기독교의 혁명을 대체하였다. …
> 진노가 없는 하나님이 십자가 없는 그리스도의 사역을 통하여 죄 없는 인간들을 심판 없는 나라로 인도하였다.[1]

둘째, 자유주의 신학은 전쟁 발생 바로 직전에 내부로부터 심하게 흔들렸다. 1893년 초, 리츨주의 전통에서 성장한 신약 학자 요한네스 바이스(Johannes Weiss, 1863-1914)는 자신이 스스로 복음서를 연구해보니, 역사적 예수에게서 하나님 나라는 리츨이 가르쳤던 것과 다른 것을 의미하고 있었다고 확신하게 되었다고 말하였다. 리츨은 예수가 의식적으로 이 세상에서 영속적인 공동체를 원하였고 이 공동체를 통하여 하나님의 나라가 점진적으로 확장되고 건설될 것이라고 가정하였다. 그러나 복음서의 증거에 의하면, 예수가 선포한 나라는 하나님의 주권적 행위에 의하여 가까운 장래에 드러나게 될 종말론적 실체였다. 리츨의 하나님 나라의 개념은 과정, 역사적 진화, 진보라는 개념들을 거꾸로 신약 안으로 끌고 들어와서

---

1) H. Richard Niebuhr, *The Kingdom of God in America.* Harper Torchbook edn., pp. 191 ff.; cf. my *Essays in Liberality.* 1957, p. 16.

신약을 읽은 결과였다. 이 개념들은 19세기에 사는 사람들에게는 적합하고 이해할 수 있는 것이지만, 1세기 팔레스타인의 묵시적인 상황에서는 전혀 낯선 개념들이었다.

조지 티럴은 하르낙이 역사의 예수를 깊은 우물 속에서 보았는데, 실상은 그 밑바닥에 반사되어진 자신의 얼굴을 보았다고 말하였다. 이것은 핵심을 잘 지적한 말이다. 20세기 초 알버트 슈바이처(Albert Schweitzer, 1875-1965)는 그의 「역사적 예수의 탐구」(*Quest of the Historical Jesus*, 영역 1910)에서 19세기에 많이 출판된 자유주의적 입장의 예수전에 대하여 최후의 일격을 가하였다. 그는 근대적 정신에 받아들여질 수 있는 용어로 예수와 그의 메시지를 묘사해 내려는 모든 시도는 이미 파산하였다고 주장하였다. 후일 아프리카의 의료 선교사가 된 슈바이처는 그 후에 자신의 철학을 완성하였는데, 그 핵심적 개념은 "생명에 대한 외경"이었다. 그는 위기의 신학으로 나아가는 길을 준비하였으나, 위기의 신학에 참여하지는 않았다. 한 번은 그가 카를 바르트에게 다음과 같이 말하였다. "바르트씨, 당신과 나는 근대 사상의 붕괴라는 동일한 문제에서 출발하였습니다. 그러나 당신이 종교개혁으로 복귀하였고, 나는 계몽주의로 복귀하였습니다."

자유주의 신학은 가장 번창할 때에도 다른 약점들을 갖고 있었다. 자유주의 신학은 근대 과학과 철학과 역사 비평이 기독교를 공격하는 지적 도전을 해결하기 위하여 시작되었고 또 너무 성공적으로 이 일을 해내었기 때문에, 다른 나라의 학생들이 독일과 스위스의 대학에 몰려들어 와서 대단한 학식과 명성이 있는 신학 교수들의 제자가 되었다. 그러나 평범한 목사와 설교자와 평신도에 관한 한, 교수들의 가르침은 그들의 머리로 이해하기 힘들었고, 그들에게 비기독교적 인도주의와 거의 구별되지 않는 모호한 도덕적 이상주의로 보였다. 전쟁으로 인하여 도덕적 기준이 총체적으로 느슨해지고 윤리적 가치들이 파산되었을 때, 보다 예리한 날을 가진 복음이 요청되었다. 독일의 상황은 이보다 열 배나 더 심하였다. 독일은 전쟁의 긴장 위에 패배의 불행, 베르사유 조약의 지독한 규정, 바이마르 공화국의 실패를 경험하였기 때문이다.

바르트는 본래 리츨 학파의 자유주의 신학자였다. 그는 또한 독일의 "종교 사회주의자" 즉 기독교 사회주의자였다. 그리고 사회주의의 목표를 하나님의 나라와 동일시하기를 그만두었을 때에도 그는 사회주의자로 남아 있었다. 제1차 세계대전 동안, 그는 스위스의 국경 지역의 작은 마을의 교구 목사였다. 그는 알자스의 총성이 들리는 지역에서 설교하였다. 그는 그 당시 설교의 핵심 주제였던 자유주의적 사회적 복음이 희망이 없고 부적절하다는 것을 확신하게 되었다. 미쳐버린 세상에서 하나님의 실재를 확신하기를 간절히 대망하는 사람들이 거기에 있었다. 각 장마다 하나님의 실재에 관하여 말하는 성경이 거기에 있었다. 그리고 하나님의 말씀을 설교해야 했으나 효과적으로 설교할 수 없었던 사람이 거기에 있었다.

그 다음 키에르케고르가 그의 마음을 열었고, 역사를 정과 반이 모든 모순이 해소되는 거대한 종합으로 나아가는 과정으로 보는 관념주의적 세계관에 의심을 품게 하였다. 인간의 삶은 오히려 해결할 수 없는 모순이요 해답 없는 물음으로 보였다. 바르트는 키에르케고르뿐만 아니라 성경과 루터와 칼빈과 도스토예프스키를 읽었다. 그 후 바르트는 참된 하나님, 살아 계신 하나님은 인간의 수준으로 발견될 수 있는 어떤 하나님과 다르고, 철학자들이 존재한다고 주장하는 하나님과 전적으로 다르다는 점을 깨닫게 되었다. 인간은 자신의 곤경을 인정할 때까지, 그들의 최종적인 질문이 대답될 수 없는 질문이었다는 것을 발견할 때까지, 종교의 길을 포함하여 계몽주의로 내려갔던 모든 길들이 막혀버렸다는 것이 증명될 때까지, 인간은 참된 하나님의 진정한 말씀을 들으러 오지 않으려 한다. 시력을 회복할 수 있는 자들은 오직 소경들로서 자신이 소경임을 깨달은 자들뿐이다.

바르트가 1918년 「로마서 주석」을 출판하였을 때는 바로 이러한 사고 구조를 가지고 있었다.[2] 이 책은 로마서 본문을 주석하는 형식이었고, 바

---

2) 로마서 주석은 에드윈 호스킨스(Edwyn Hoskyns)에 의해 훌륭하게 영역되었다 (1933).

르트도 이것이 주석으로 판단되기를 원하였다. 그러나 이것은 이전에 있었던 주석과 달랐다. 그것은 다음과 같은 구절들이 많이 있었다.

> 우리는 인간의 언어가 절대자에게 나아갈 수 없다는 것을 알고 있다. 절대자는 만물의 끝이고 우리는 감히 절대자에게 손을 댈 수 없기 때문이다. … 반쯤은 진지하게 반쯤은 익살스럽게, 절대자에게 나아가는 모험을 감행할, 비정상적이고 불규칙적이고 혁명적인 — "혁명적"이라는 말의 가장 의미심장한 의미로 — 가능성이 있다. 로마서는 이렇게 절대자에게 나아가는 서신이다. 로마서는 만유 중의 유일한 분을 깊이 이해하는 일을 감행하는 신학이며 하나님에 대한 대화이다.
>
> 인간이 접근할 수 있는 길, "구원의 길"은 없다. 믿음에는 제일 먼저 올라가야 하는 사다리도 없다. 믿음은 자기 자신이 주도권이 있고, 자기 자신이 전제이다. … 믿음은 모든 사람에게 단순하고도 어렵다. … 믿음은 모든 사람에게 허공으로의 비약이다. 믿음은 모든 사람에게 동일하게 불가능하기 때문에 모든 사람에게 가능하다.

바르트의 「로마서 주석」은 한 세대 동안 냉정하고 객관적인 성서학이 발전된 이후 출판되었고 바울의 로마서를 20세기에 속달 우편으로 번역하였기 때문에 신학계에 갑자기 충격을 주었다고 한다. 마치 바르트가 문을 열고 초월자 하나님, 미지의 하나님, 전적인 타자인 하나님께서 세상에 다시 돌아오시도록 한 것 같았다. 그는 자신이 예언자나 학파의 창시자로 환영받고 있다는 것을 발견하였다. 그러나 그는 늘 이것을 부인하였다. 다른 사람들은 그의 이해할 수 없는 모순들과 인간의 모든 잠재 능력에 대한 비난과 전적 타락 교리의 부활을 슬프게도 전시의 감정의 표현으로 간주하고 또 일순간 하늘로 치솟아 번쩍거리다가 곧 원래의 상태로 사라지고 마는 불꽃 정도로 생각했다.

그러나 적어도 이러한 일은 일어날 수 없었다. 바르트 자신은 상황을 그대로 내버려둘 수 없다는 것을 달았다. 그래서 계시로서 그에게 다가왔던 것의 의미를 해명하는 일에 착수하였고, 남은 여생 동안 최대의 신학적 진지함으로 이 문제와 씨름하였다. 「교의학」(*Dogmatics*)이라는 그의 거대한 작업은 결코 완결되지 않았다. 그는 서슴없이 그의 마음을 바꾸었고 또는 이전에 피력하였던 의견을 수정하였다. 이것은 그의 제자가 되고자 하는 자들에게는 매우 당황스러운 일이었지만 그에게는 큰 명예가 되는 것이었다. 사방에서 그는 시대의 가장 위대한 신학자라고 인정받았다. 많은 로마 가톨릭 사람들도 그렇게 여겼고 그의 사상을 연구하기 위해 노력하였다. 바르트의 「로마서 주석」이 "신학자들이 노는 운동장에 폭탄같이 떨어졌다"고 말한 사람은 바로 독일 가톨릭 신학자였다. 여기서 이 폭탄 투하의 장기적인 효과가 무엇인지 말하는 것이나 바르트 신학의 영향력에 대해 정확한 평가를 내리려고 하는 것은 아직 시기상조이다. 우리는 다만 몇 가지 제한적 언급만을 할 수 있을 것이다.

첫째, 바르트가 하나님에 관하여 말해야만 했던 것은 그가 인간에 대하여 말해야 했던 것보다 더 중요한 것 같다. 그뤼네발트의 성화 "십자가"에 있는 세례 요한처럼, 바르트는 불가사의하고 형언할 수 없이 위엄 있는 초월자 하나님을 길고 앙상한 손가락으로 가리키었다. 그는 어느 누구도 단순히 인간에 관하여 큰소리로 말함으로써 하나님에 관하여 말할 수 없다고 주장하였다. 반면에 바르트는 인간을 모욕하면 모욕할수록 더욱더 하나님을 영화롭게 하고 있다고 상상했던 것처럼 보인다. "자연 신학"과 인간의 이성에 대한 바르트의 공격은 교정책으로서 정당화되어 왔다. 그러나 그는 하나님과 인간 사이에 접촉점의 가능성을 남겨 놓지 않은 듯했다. 그러나 이것은 그가 초기의 진술들을 수정했던 내용들 중의 하나이다.

둘째, 많은 사람들은 바르트의 가르침이 인간의 노력과 책임이라는 신경을 끊어버렸다는 첫 인상을 받았다. 만일 믿음이라는 기적적인 은사가 없이는 인간이 악 이외에 아무것도 할 수 없다면, 만일 하나님 나라를 건설하는 일에서 무언가 할 수 있는 일이 있다는 생각이 전적으로 하나님을 모독하는 것이라면, 만일 인간이 해야 하는 일이 하나님의 나라가 종말론적 실체로서 주어지기를 기다리는 것이라면, 수동적인 기대의 태도를 취하는 것 외에 할 수 있는 것은 아무것도 없는 것이다. 그러나 바르트의 가르침과 모범의 실제적 결과는 수동적인 태도와 전적으로 달랐다. 독일 고백 교회로 하여금 기독교의 증거를 타락시키는 나치에 저항하도록 자극했고,

이 때문에 추방된 사람이 바로 바르트였다. 그는 결코 평화주의자가 아니었다. 제2차 세계대전 동안 그는 "영국인에게 보내는 편지"를 보냈다. 여기서 그는 "이 전쟁에 무조건 참여해야 한다는 것을 깨닫지 못하는 기독교인들은 신문뿐만 아니라 성경을 읽으면서 잠에 **빠졌음**에 틀림없다" 하였다. 그는 항상 기독교인들의 정치적 의무에 대하여 분명하고 기탄없는 태도를 취하였다.

셋째, 비록 바르트의 가르침을 싫어하는 일부 사람들이 그를 신학적 반동주의자 또는 몽매주의자라고 언급하였다고 하더라도, 그는 결코 그렇지 않았다. 예를 들어, 그는 결코 비평적 성경 연구를 배반하지 않고, 비평적 연구로부터 출발하였다고 주장하였다. 역사적 예수와 기적에 대한 그의 태도는 대다수의 영국 신학자들보다 더 급진적이었고 심지어 회의적이기까지 하였다. 그는 그의 모든 신학의 근본을 이루고 있던 그리스도의 부활이 역사적 사실로서 경험적으로 증명할 수 있다고 주장하지 않았다.

그가 칼빈주의라는 주장도 마찬가지였다. 확실히 바르트는 하나님의 영광과 위엄에 관한 칼빈의 가르침을 다시 소생시켰다. 그러나 예정론 문제에 있어서, 바르트는 그것에 대하여 많은 언급을 하였더라도, 칼빈과 다른 내용을 말하였다. 칼빈에 의하면, 하나님은 자의적인 뜻에 따라 일부는 구원으로 예정하고 나머지는 불가피한 저주에 그대로 방치하신다. 바르트는 그리스도 안에서 선택되고 예정된 새로운 구원받은 인류의 머리를 보았다. 그래서 바르트에 의하면, 모든 사람이 죄인인 한에서 저주로 예정 받았고, 그리스도 안에서 구속을 받은 한에서 구원으로 예정받았다. 사실 1934년 포튜어스(N. W. Porteous) 박사가 「판단 기준」(*The Criterion*)에서 지적하였듯이, 바르트는 비록 안이하거나 낙관적인 방식은 아니더라도 보편 구원론자인 것처럼 보인다. 10여년이 지난 후, 정통주의 칼빈주의자 반 틸(C. van Til) 박사는 「신 근대주의」(*New Modernism*)이라는 책에서 바르트는 위험스러운 자유주의 신학자라고 비난하였다.

우리는 바르트가 위기의 신학을 손에 넣은 채 혼자서 탁월하게 우뚝 서 있는 것처럼 말하였거나, 모세가 하나님의 성산에 홀로 올라갔던 것처럼 말하였다. 그렇게 말하더라도 지나친 과장은 아닐 것이지만, 사실 다소간에 바르트가 이끄는 곳으로 그를 따라온 일군의 신학자들이 있었다. 많은 사람들이 의심의 여지 없이 그를 너무 맹목적으로 따랐다. 이것은 천재적인 사람의 경우 흔히 있는 일이다. 그러나 바르트는 그와 다른 입장을 취하는 것을 주저하지 않은 에밀 브루너(Emil Brunner, 1889-1966) 같은 탁월한 협력자들이 있었다. 브루너는 영어권 세계에서 더 이해하기 좋다는 말을 들었다. 이것은 부분적으로 그의 저작이 덜 방대하기 때문이고 또 그의 신학이 덜 역설적이기 때문이었다.

영어권 독자들에게는 다음의 사실을 지적할 가치가 있다. 카를 바르트의 아들 마르쿠스(Markus)는 제2차 세계대전 전 영국에서 신학을 공부한 후에 「회중교회 계간지」(*The Congregational Quarterly*, 1939년 10월)에 한 논문을 썼다. 여기서 그는 실제로 영국인들이 그의 아버지의 메시지를 가장 잘 파악하는 방법은 영국의 "실천적인 사람을 위한 신학자" 포사이스(P. T. Forsyth)로부터[3] 배우는 것이라고 말하였다. 포사이스가 그의 책들을 통하여 바르트와 같은 주장을 하고 또 매우 수사적이긴 하지만 영어식 표현과 영국적 배경을 가지고 바르트와 같은 주장을 전개했다는 것은 분명한 사실이다. 포사이스가 1914년 이전에 키에르케고르를 알고 있었던 몇 안되는 신학자 중의 한 명이었다는 것은 의미가 있다. 키에르케고르를 알고 있는 또 다른 사람은 제임스 데니(James Denney, 1856-1917)였다.

독자들은 이제 "위기의 신학"(theology of crisis)과 "변증법적 신학"(dialectical theology)이라는 표현에 대하여 설명을 듣기를 원할지도 모르겠다. 여기서 "위기"(crisis)라는 말은 문명과 신학이 중대한 전환점이라는 일상적 의미의 위기에 처했다는 사실이 아니라, 인간이 자신의 힘으로 그의 운명의 문제들을 해결하고자 노력할 때마다 인간이 항상 떨어지게 되는 영원한 위기(*Krisis*) 즉 심판을 가리킨다. 하나님의 심판과 정죄는 모든 사람과 제도와 문화는 물론이거니와 또한 모든 교회 위에 천둥 구름

---

3) Cf. p. 480

처럼 내려온다. 그리고 이 심판이 인정될 때에만, 인간은 하나님의 자비와 용서를 발견할 수 있다. 다른 말로, 위기의 신학에 의하면, 하나님의 심판은 역사의 종말 때뿐만 아니라 언제나 항상 작용하고 있다. 그리고 심판이 늘 일어나고 있는 표지를 읽는 것이 설교자와 신학자의 과제이다.

"변증법적 신학"이라는 표현은 여기서 물론 정과 반을 통하여 합으로 나아가는 내재적인 변증법적 과정이라는 헤겔적 의미로 사용된 것이 아니다. 왜냐하면 변증법적 신학은 발전이라는 수평적 차원에서 종합을 추구하지 않기 때문이다. 인간의 실존이라는 수평선은 매 순간마다 하나님의 초월이라는 수직선에 의하여 교차되는데, 이러한 교차는 사람들이 생각하거나 말하거나 행동하는 모든 것들의 역설적 특성을 잘 드러내준다. 인간의 최고의 사상과 교리와 업적도 "예"(Yes)뿐만 아니라 "아니오"(No)라는 말을 들어야 한다. 만일 하나님이 예수 그리스도 안에서 계시되었다고 말한다면, 또한 하나님은 숨어계시고 익명적 존재라고 말해야 한다. 만일 교회가 그리스도의 몸이라고 말한다면, 또한 교회는 비참한 죄인들의 무리라고 말해야만 한다. 이러한 애매함은 역사가 존속하는 한, 구속받은 인류를 포함하여 모든 인간적인 일들의 특징이 될 것이다. 변증법적 신학은 항상 비판적이다. 그 신학이 변증법적인 교회는 자신이 항상 개혁되어야 할 필요가 있다는 것을 깨달을 것이고, 종교개혁이 과거에 단번에 최종적으로 성취되었다고 주장하지 않을 것이다. 교회는 가장 확신있게 선포하는 순간에도, 교회의 연약함을 의식함으로써 겸손을 유지할 것이다. 자랑하는 자는 오직 주 안에서 자랑해야 한다.

이러한 후기 키에르케고르 학파 안으로 들어온 다른 영향력있는 신학자들이 있었다. 비록 그들을 카를 바르트와 같은 그룹으로 묶는 것은 오해의 여지가 있지만 말이다. 미국의 라인홀드 니버(Reinhold Niebuhr, 1892-1971)는 개신교 자유주의 신학의 도덕적 이상주의에 대항하여 바르트만큼이나 격렬하게 반발하였다. 그의 책 「도덕적 인간과 비도덕적 사회」(*Moral Man and Immoral Society*)을 출판하였던 1930년대 이후로, 니버는 기독교 윤리, 국내 국제 정치의 영역에 변증법적 신학의 방법론을 적용하였고, 현대의 사건들에 대하여 예언자적 주석이라고 일컬어지는 작업을 계속하였다. 그의 기독교 교리에 대한 관심은 바르트보다 덜 직접적이고 덜 정확하였으나, 니버는 "원죄"와 "이신칭의"의 개념을 사회 정치적 쟁점들을 조명하는 범주로 복원하고 재해석하기 위하여 어느 누구보다 더 많은 일을 감당하였다.

니버의 영향력은 미국 너머로 확장되었고, 특별히 제2차 세계대전 전후로 영국에서 강력한 영향력을 발휘하였다. 그는 영국을 방문하는 중에 「신정치인」(*New Statesmen*)과 다른 세속적 잡지들로부터 글을 써달라고 부탁을 받은 극소수의 신학자 중의 한 명이었다. 이제 기독교 사상은 현실적으로 되고 이상적이기를 그만두었다. 이렇게 된 것은 니버가 아주 단순하게 보이는 윤리적인 결정들도 복잡성을 갖고 있다는 것을 증명하였기 때문이었다.

1934년에 니버는 이렇게 말하였다. "모든 사회적 목적들은 개인과 집단의 이기주의 안에서 하나의 완고한 관성에 부딪치게 된다. 이 완고한 관성에 대한 분명한 이해를 가지고, 여러 사회적 관계에서 고상한 조화를 이루기 위하여 노력할 때 이에 알맞는 적절한 정치가 가능해진다." 그는 또 "고전적 종교의 특징은 그것이 가장 철저한 비관주의를 경험한 후에 낙관주의를 위한 토대를 발견한다는 점이다" 하였다. 그는 1943년 기퍼드 강연에서 다시 "기독교 계시 안에 포함되어 있는 진리는 인간이 진리를 완전히 알 수 있다는 것이 가능하지 않고 또한 아는 척하는 잘못을 피하는 것도 가능하지 않다는 인식을 포함한다" 하였다. 1960년 라인홀드 니버는 카를 바르트와 같이, 자신의 초기의 몇몇 주장들이 지나치게 극단적이었다고 시인하였다. "내가 신정통주의가 메마른 정통주의나 새로운 스콜라주의로 변하고 있다는 것을 발견할 때, 나는 내가 마음으로 자유주의자이고 또 자유주의에 대한 나의 많은 강한 비난들이 분별 없이 행해졌다는 것을 발견하게 된다."

1933년 이후로 독일에서 추방되어 미국에서 정착한 폴 틸리히(**Paul**

Tillich, 1886-1965)도 역시 아주 뛰어난 신학자였다. 바르트의 신학은 적어도 의도에 있어서는 전적으로 성경적이었고 그는 또한 철학이 신 인식을 위한 보조적 길을 제공하는 것을 허락하지 않았다. 반면에 틸리히의 신학은 고도로 형이상학적이었고, 그는 신학자들이 모든 세대에 걸쳐 해설해야 하는 신적 진리에 대하여 어떠한 성경적 규범이 있다는 것을 부인하였다.

틸리히의 견해에 의하면, 신학자들은 모든 세대의 철학적 탐구와 철학적 탐구가 제기하는 물음에 대하여 항상 깊은 관심을 가져야 한다. 그리고 예수 그리스도의 의미가 철학이 제기한 질문에 대한 대답 안에서 진술되어야 한다. 틸리히의 작품에서는 형이상학과 ― 그가 "새로운 존재"(The New Being)라고 부른 것의 철학 ― 성경에서 나온 용어와의 상관 관계(correlation)가 있었다. 이것은 그의 사상을 좀더 복잡하게 만들었을지 모르나, 그것은 또한 바르트가 할 수 없는 방식으로 일반 지성과 대화하는 일을 착수할 수 있었다는 것을 의미했다. 그는 종교적 사상과 세상적 사상 사이의 깊은 간격에 다리를 놓기 위해 결정적인 작업을 시도했다.

루돌프 불트만(Rudolf Bultmann, 1884-1976)도 또한 복음을 제시하는 형식은 현대인의 자기 실존 이해를 고려해야 한다고 믿었다. 이것이 그가 복음을 "비신화화"(demythologize)할 필요성을 강조한 이유이다. 그는 성경은 이제 믿을 수 없는 고대인의 세계관 즉 삼층적 우주관의 틀 안에서 기록되었다고 말한다. 하늘과 지하에 초자연적 존재들이 있어 이들이 하늘과 지하로부터 땅으로 온다는 세계관말이다. 그는 복음의 긍정적 내용을 이러한 신화적 세계관으로부터 분리하기를 원했다. 이 신화적 세계관은 복음의 진정한 내용을 이해하는 데 장애가 되기 때문이다. 그는 비신화화가 하나님의 말씀의 매체로서 성경의 권위를 거부하는 것을 포함하지 않을 것이라고 주장하였다.

비신화화는 성경이 낡은 믿음으로부터 자유롭게 되고 과학적인 세계관을 자명하게 받아들이는 사람들에게 다가갈 수 있는 유일한 길이었다. 불트만이 복음을 제시하는 그의 방법은 실존주의 철학의 언어에 의한 것이었다. 그러나 그의 주장의 핵심은 비록 다른 철학이 더 만족스럽게 간주된다고 하더라도 계속 유효할 것이다.

제 20 장

동방 정교회

동방 정교회의 19세기와 20세기도 역시 "혁명의 시대"였다. 그들의 변화들은 주로 그들 자신의 역사와 환경에 의해 결정되었다. 그러나 그들이 프랑스 혁명의 힘의 영향을 전혀 받지 않은 것은 아니었다. 비록 프랑스 혁명과 여기서 흘러나온 힘들이 동방 교회에 직접적이고 즉각적인 영향을 주지는 않았지만 말이다. 특히 프랑스 혁명과 러시아 혁명 사이에는 분명히 차이점뿐만 아니라 유사점이 존재한다.

18세기 말, 동방 교회는 서방 교회만큼이나 다양하여 아주 혼란스러웠다. 그러나 동방 교회는 크게 세 개의 교회로 구분될 수 있었다.

첫째, 고대 시대 5세기 이래 콘스탄티노플, 알렉산드리아, 안디옥, 예루살렘 등 네 명의 총대주교를 수장으로 하는 교회들이 있었다. 총대주교(patriarchal)는 신분상으로 자기 관구 주위의 영역에 대한 관할권을 갖고 있었고 또 수도대주교(metropolitan)를 임명할 권한이 있었다. "새 로마"인 콘스탄티노플의 총대주교는 "에큐메니컬 총대주교"(Oecumenical Patriarch)라고 불리웠다. 콘스탄티노플 총대주교와 서방의 총대주교인 로마의 교황 사이에는 오랫동안 수위권 다툼이 있었다. 이것은 11세기의 대분열이 있을 때까지 계속되었다. 그러나 비록 에큐메니컬 총대주교가 이 싸움에서 패배하였다 하더라도, 그는 동방에서 수위권을 계속 유지하였다.

소아시아, 발칸, 지중해 동부 지역이 회교도 오토만 제국의 지배 아래 들어갔을 때, 이 지역의 교회의 운명은 암담하였다. 그들은 겨우 생존을 허락받은 이방인들처럼 비참한 삶을 살았고, 일종의 게토 안에 갇힌 상태로 살았다. 그러나 에큐메니컬 총대주교의 권한은 다른 총대주교와 지역 전체와 비교해 볼 때 더욱더 증대되었다. 이는 투르크인들이 그를 기독교인의 대표자로 이용하고 그를 교회의 수장으로뿐만 아니라 국가의 수장으로 만드는 것이 더 유리하다고 판단했기 때문이었다. 그는 사실상 오토만 제국의 신하가 되었고, 파나리오트(Phanariots)라고 하는 — 이 말은 콘스탄티노플의 그리스 지역인 파나르(Phanar)에서 유래하였다 — 그리스 관리들의 조직 체제를 관장하였다. 이 파나리오트들은 세금을 징수하는 일을 맡았고, 예수 시대의 세리들처럼 비난의 대상이었다. 술탄은 아주 부패한 체계를 통해 총대주교를 선출시켰다. 18세기에 63년 동안 48명의 총대주교가 있었다고 한다.

둘째, 러시아 교회는 자율권을 얻기 위한 오랜 투쟁 끝에, 1589년 모스크바 총대주교직 창설을 허락받아 독립하였다. 그때 러시아 교회는 동방 교회 가운데 가장 규모가 크고 영향력이 있는 교회였고, 신비로운 "제3의 로마"(Third Rome) 교리를 만들어 가고 있었다. 이 "제3의 로마"의 교리에 따르면, 차르는 비잔틴 황제들의 합법적 계승자이며 "거룩한 러시아"(Holy Russia)는 보편적 기독교 제국의 이상을 이어받은 국가였다. 그러나 러시아 교회는 17세기에 "옛 신자들"(Old Believers)이 러시아 교회의 예전을 그리스적으로 개혁하려는 움직임에 항의하여 갈라져 나감으로써 뼈아픈 분열을 경험하였다. 그리고 표트르 대제(Peter the Great, 1672-1725) 때 러시아 교회는 자율성을 크게 훼손당하였다. 그는 서구화 정책을 추진하면서 모스크바 총대주교직을 폐지하고(1721), 그 대신 소위 "성의회"(Holy Synod)를 — 이 위원회는 차르에 의해 임명된 평신도 "행정관"(Procurator)에 의하여 집행되었다 — 만들었다. 러시아 교회는 볼세비키 혁명 때까지 이런 식으로 통치되었다.

셋째, 이 외에도 여러 가지 다양한 기원을 갖고 있는, 많은 동방 교회들이 있었다. 일부 교회들은 고대 교회의 네스토리우스파(Nestorians)와 단성론파(Monophysites)로부터 기원하였다. 다른 교회들은 비잔틴 교회의 선교 활동의 열매였다. 그리고 로마 교황과 교류하지만 그들의 고유한 의식과 관습을 유지하도록 허용받은 공동체들 즉 "가톨릭 동방"(Uniate) 교회들도 있었다. 이들 동방 교회의 이야기는 아주 흥미로운데, 그것은 그들이 경험한 혁명적 변화 때문이 아니라 반대로 고대의 기독교 생활과 예배 형태를 거의 화석화된 상태로 보존해온 끈질긴 고집 때문이었다. 그러나 우리는 여기서 에큐메니컬 총대주교의 교회와 러시아 교회만 살펴볼 것이다.

19세기 동안, 발칸 국가들은 쇠퇴하고 있는 오토만 제국(Sublime Porte)으로부터 점차 독립하였고, 발칸의 교회들도 자치(autocephalous)의 권리 즉 자신의 수장을 선출하고 스스로를 다스리는 권리를 획득하게 되었다. 서유럽의 혁명 운동과 민족 운동들에 의해 자극을 받은 독립 투쟁은 확실히 영웅적인 것이었으나, 모든 것이 덕스러운 것은 아니었다. 예를 들어, 그리스 반란자들은 1821년 투르크의 지배로부터 모레아(펠로폰네소스)를 해방시킨 후 1만에서 1만 5천에 이르는 회교도들을 대량 학살하였다. 술탄은 이에 대한 보복으로 그리스 파나리오트(Phanariot Greek), 에큐메니컬 총대주교를 처형하였다. 그의 시체는 삼일 동안 전시된 후 폭도들에게 넘겨졌고 폭도들은 그의 시체를 이리저리 끌고 다니다가 마침내 바다에 던져 버렸다. 그리스인들은 마침내 영국과 프랑스와 러시아 연합 함대가 터키와 이집트 함대를 격파한 나바리노 해전(1827)을 통해 정치적 해방을 확보하였다. 1829년 그리스는 독립 군주 국가로 승인되었다.

그리스 교회는 반란군의 성격과 의도에 대한 의심 때문에 전적으로 독립 전쟁을 지지하지 못하였으나, 의회는 1833년 교회의 자치권을 선언하였고, 러시아의 예를 따라 교회를 통치할 "성의회"(Holy Synod)를 조직하였다. 이것은 에큐메니컬 총대주교가 기꺼이 동의할 수 없는 조치였다. 총대주교는 1850년에야 비로소 이러한 상황을 받아들였다.

세르비아인들은 터키의 지배로부터 독립하기 위하여 좀더 오랫동안 투쟁해야 했다. 그들은 19세기 초기에 부분적으로 정치적 자율권을 얻었고,

벨그라데의 대주교는 1832년 에큐메니컬 총대주교에 의해 세르비아의 메트로폴리탄으로 승인받았다. 그러나 세르비아는 1878년에 완전히 독립하였고, 세르비아 교회는 1879년에 자치 교회가 되었다.

불가리아 교회는 술탄이 에큐메니컬 총대주교의 통제 아래로 두었던 1767년까지 자신의 독립을 유지하였다. 에큐메니컬 총대주교는 그리스인 주교를 불가리아의 교구에 계속 임명하였다. 이로 인하여 19세기 동안 내내 치열한 투쟁이 계속되었고, 터키 정부는 기독교인들 사이의 반목을 교묘하게 이용하였다. 글래드스턴이 크게 분개하였던 1876년의 "불가리아의 대학살"(Bulgarian Atrocities) 사건은 이 싸움의 부산물이었다. 불가리아인들은 이 사건 직후 부분적인 정치적 독립을 얻었고, 1908년 완전히 독립하였다. 그러나 불가리아 교회의 독립은 1945년에 와서야 비로소 에큐메니컬 총대주교로부터 승인을 받았다.

루마니아는 1880년 정치적으로 독립하였고, 루마니아 교회는 1885년에 독립하였다. 1925년 부쿠레슈티의 대주교는 "루마니아 교회의 총대주교"라는 칭호를 채택하였다. 에큐메니컬 총대주교들의 지배를 받아왔던 다른 교회들, 예를 들어 몬테네그로와 알바니아 교회들도 조만간 자치권을 획득하였다. 이리하여 (터키인들이 행정적 편의를 위해 확대하고 강화하였던) 에큐메니컬 총대주교의 권한과 총대주교의 직접적인 지배를 받는 신도들의 수는 크게 감소하였다. 이들은 1922년 그리스와 터키의 전쟁으로 인하여 그리스인들이 소아시아로부터 철수하였을 때, 훨씬 더 많이 감소하였다. 이제 에큐메니컬 총대주교는 오직 터키에 있는 네 개의 수도대주교구와 서유럽과 아메리카에 흩어져있는 정교회의 디아스포라 일부 교구들에게만 직접적인 관할권을 갖고 있다. 그러나 그는 여전히 그의 전통적인 특권들을 고수하고 있고, 자치 교회들로부터 명예상의 수위권을 인정받고 있다.

이러한 발전들은 동방 교회의 내적 생활에 어떠한 영향을 주었는가?

먼저 그리스 교회를 예로 들어보자. 의회가 교회의 자치권을 선언한 후 곧바로 의회는 수도사가 6명도 안되는 4백여개의 수도원을 폐쇄하였다.

그러나 이러한 조치는 아마도 수도원 운동에 유익을 주었을 것이다. 교구 사제들은 대부분 교구 식구들처럼 소작농으로 살았고, 사제들의 신앙적 활동은 주로 성만찬을 집례하는 것이었다. 그러나 그들의 지위와 교육을 향상시키기 위한 조치들이 마련되었다. 19세기 순회 설교자들에 의해 국내 선교가 크게 부흥되었다. 그러나 순회 설교자들은 18세기 영국에서 감리교가 그러했던 것처럼, 교회 당국자들과 종종 충돌하였다.

20세기 초 대부분 평신도로 구성된 "조에"(Zoë)라는 중요한 신학자들의 단체가 창설되었다. 회원들은 매년 한 달 동안 공동체 생활을 하였고, 남은 11개월은 전국에 흩어져서 설교하고 가르치며 성경 읽기를 지도하였다. 그들의 저널 「조에」는 17만명의 독자를 갖고 있었다. 이 운동은 농민을 위한 조직뿐만 아니라 지식인을 위한 다른 많은 조직들을 탄생시켰다. 예전에 대한 이해를 심화시키고, 성만찬을 더 빈번하게 행하도록 격려하고, 교회의 메시지와 생활에 대한 관심을 일깨우기 위하여 많은 단체들이 조직되었다. 아테네와 살로니카의 대학 안에는 신학부들이 있었다. 대다수의 학생들은 평신도로 남아서 중등 학교에서 종교를 가르쳤다. 그러나 일부 고위 성직을 맡기로 예정된 학생들은 서유럽에 가서 공부하였다. 성서 비평 작업은 논쟁이 없지는 않았지만, 그리스 신학자들에 의하여 소화되었다. 그리스 신학자들은 이미 에큐메니컬 사상에 아주 가치있는 공헌을 하였다.

그리스는 교회의 활력을 갱신하기 위한 여건들이 발칸의 다른 국가들보다 더 나았다. 그러나 발칸의 모든 국가에서 어느 정도의 부흥이 일어났다. 그러나 그들은 회교의 지배 아래 너무 오랫동안 방어적 입장을 취하고 있었고, 그들의 종교는 항상 국가의 야망과 국가 상호간의 경쟁 관계에 너무 깊이 관련되어 있었고, 그들은 나라의 정치적 격동에 의하여 항상 동요되었기 때문에, 교회 개혁자들은 아주 극복하기 힘든 장애물을 안고 있었다. 발칸의 교회들은 서방과 접촉하는 것을 환영하였다. 에큐메니컬 총대주교인 아테나고라스(Athenagoras, 1886-1972)는 교황 바오로 6세, 캔터베리 대주교 피셔(Fisher)와 램지(Ramsey)와 만남을 가졌다. 서방의 기독교인들은 동방의 예전적 전통과 수도원 안에 보존되어 있는 영성의 보화로부터 배울 점이 많다는 것을 깨닫게 되었다.

19세기 동안과 1917년 혁명 전까지 러시아 교회의 역사는 여러 가지 모습을 갖고 있었다. 교회는 "성의회"에 의해 통치되었다. "성의회"는 평신도 행정관(Procurator)에 의해 주관되었고, 시간이 흐르면서 그것은 교회를 이전보다 더 긴밀하게 차르의 전제정에 묶어놓았다. 행정관은 원래 "성의회"에 봉사하는 관리에 불과하였지만, 이제 그는 차르의 대표자로서 국가의 장관이 되었고, 교회에 대하여 거의 독재적 권력을 행사하였다. 이것은 특별히 포베도노스테프(K. P. Pobedonostev)의 오랜 통치 기간(1880-1905) 동안 아주 심하였다. 그의 전체적 입장은 극단적 보수주의였고, 그는 정교회를 차르 정권의 주된 보루이며 통일시키는 끈으로 만들고자 노력하였다. 그는 열렬한 신자였지만, 교회가 마치 국가의 하부 기관인 것처럼 통치하였고, 교회를 모든 형태의 불안과 선동을 막는 데 이용하였다. 종교적 선전과 종교 문헌의 검열권을 독점하고 있는 교회는 이 목적을 위한 강력한 도구였다.

행정관은 주교의 임명을 조종했고, 주교들은 항상 한 교구에서 다른 교구로 움직여 다녀야 했기 때문에 거의 영향력을 행사할 수 없었다. 게다가 각 교구에는 행정관의 통제를 받는 평신도 관리들이 있었다. 관료적 형식주의와 뇌물과 부패가 성행했다. 포베도노스테프는 당연히 러시아 사회의 모든 자유주의와 개혁주의 세력의 미움을 받았고, 그와 함께 교회도 미움의 대상이 되고 말았다. 교회를 지탱하는 것은 교육받지 못한 농부들의 헌신이었다. 물론 여기에는 미신적 요소들도 같이 있었다.

1905년의 혁명적 격동들은 포베도노스테프를 몰락시켰다. 그 당시 정치개혁을 선호하였던 소수의 성직자들이 있었고, 또 교회의 체제 전체의 개혁을 갈망하였던 거대한 분파들이 있었다. 많은 사람들은 교회의 진정한 대표적 공의회(council) 혹은 공회(synod)를 구성하여 "성의회"를 폐지하고 교회의 자치권을 총대주교에게 다시 주어야 한다고 생각하였다. 차르는 적절하다고 생각되는 때에 그러한 공의회를 소집하겠다고 말하였으나, 결코 그의 약속을 지키지 않았다. 한 가지 더 언급해야 할 사실은 악명 높은 수도사 라스푸틴(Raspuitn, 1872-1916)의 사악한 영향력에 의하여 황실의 평판과 교회의 명예가 대단히 손상되었다는 것이다. 이것은 교회 역사의 아주 어두운 측면이다. 이것은 개혁가와 혁명가들이 교회를 차르 정권과 동일시한 이유와 교회가 혁명이라는 최종적 위기에 미처 대처하지 못한 이유를 잘 설명해 준다.

그러나 19세기 러시아 정교회 안에는 보다 밝은 측면들도 있었다. 영성과 신학이 모두 부흥하였다. 영성의 부흥은 "스타르치"(startsi) 혹은 장로들(elders)에 의하여 이루어졌다. 서방의 독자들이 익숙하게 알고 있는 "스타레츠"(staretz)의 모습은 도스토예프스키의 소설 「까라마조프의 형제들」에 나오는 신부 조시마(Zossima)라는 인물이다. 그들은 반드시 그런 것은 아니지만 대개 수도사들이었다. 그들은 공식적인 교회의 직분을 갖고 있지 않았다. 그들은 엄격한 금욕적 삶을 살았고, 영혼뿐만 아니라 육신을 치유하는 은사들을 갖고 있었고, 다수의 신자들의 방문을 받았다. 그들은 18세기 영국의 복음주의 각성 운동과 비슷한 운동을 일으켰다. 그들 중 많은 사람들은 특별히 「필로칼리아」(*Philokalia*)를 통하여 교부들의 저작에 몰두하였다. 「필로칼리아」는 영의 생활에 대한 교부들의 글을 모아 놓은 선집으로서 대단한 인기를 누렸다. 이러한 종류의 영성은 활동적인 것이 아니라 정적주의적인 것이었다.

한 젊은 정교회 사제가 종교의 본성에 관하여 서방의 동료 학생에게 이렇게 이야기하였다. "우리는 당신들 서방인들이 갖고 있는 종교의 의미를 이해할 수 없습니다. 당신들은 항상 하나님을 위하여 무언가 행하기를 원하는 것처럼 보입니다. 우리의 종교 개념은 정반대입니다. 하나님 앞에 조용히 머물러 있는 것이고 하나님이 우리를 위하여 행하시도록 맡기는 것입니다." 기독교인들로 하여금 영웅적 인내심으로 가혹한 시련을 견딜 수 있게 해 준 것은 바로 이러한 종류의 영성이었다. 그러나 이러한 영성은 그들에게 사회 정의나 정치적 개혁을 위해 무언가 일해야 한다는 의무감을 주지 않았을 것이다.

17세기 말에 모스크바에 신학원(academy)이 설립되었고, 19세기 전반기 동안 페테르스부르크(1809), 키에프(1819), 카잔(1842)에 세 개의 신학원이 더 설립되었다. 학생들은, 당시 대부분의 교구에서 설립되었고 사제뿐만 아니라 평신도 종교 교사를 훈련하던 신학교(seminaries)로부터 모집되었다. 신학원의 신학 교육에 큰 변화가 왔다. 피터 모길라(Peter Mogila, 1596-1647)에 의해 러시아에 도입되었던 라틴 스콜라주의 대신에, 이제 교부들의 전통 안에 있는 정교회 신학의 고유한 자료들을 다시 교육하게 되었다. 이 당시 교부들의 작품은 다른 어느 유럽 언어보다도 러시아어로 더 많이 번역되었다. 또한 러시아의 식민지의 팽창과 더불어 극동에서 정교회의 선교 활동이 시작되었고, 이와 함께 성경과 예전이 많은 토속 언어로 번역되었다.

러시아의 지성인들은 19세기 내내 서방에서 들어온 자유주의 사상과 철학적 사변의 사조에 노출되어 있었다. 이 서방의 사상은 일부 왕당파(the Tsars)에 의하여 선호되었다. 물론 다른 사람들은 반대하였지만 말이다. 많은 지성인들은 전적으로 기독교로부터 소외되어 있었다. "서구화파"(Westernizers)와 "친슬라브파"(Slavophils) 사이에 뿌리깊은 갈등이 계속 되었다. 서구화파들은 러시아가 자신을 서구의 문화와 무제한으로 동일시하기를 원하였고 러시아가 과학과 세속주의의 발전에 참여하기를 바랐다. 반면에 친슬라브파들은 러시아가 자신의 고유한 전통을 지키기를 원하였고, 세상에 대한 "거룩한 러시아"의 사명이라는 옛 개념을 근대화하려고 하였다. 그러나 이러한 그룹들은 날카롭게 경계가 그어져 있지 않았고, 두 그룹의 주요한 주제들이 많은 변화를 보이기도 하였다. 친슬라브파는 일반적으로 기존 교회 제도에 비판적이었다고 하더라도, 정교회의 정신에는 당연히 공감하고 있었다.

코미아코프(A. S. Khomiakov, 1804-60), 표도르 도스토예프스키(Fyodor Dostoyevsky, 1821-81), 솔로비에프(V. S. Soloviev, 1853-1900)와 같이 몇몇 심오한 기독교 사상가들이 있었다. 이들은 러시아 영성의 오랜 전통으로부터 영감을 받았다. 그리고 혁명 직전에는 니콜라스

베르자예프(Nicholas Berdyaev, 1874-1948), 세르기우스 불가코프 (Sergius Bulgakov, 1871-1994) 같은 지성인들이 있었다. 이들은 세속주의나 마르크스주의에 반대하여 기독교 신앙을 재발견하였고, 망명 중에 정교회 신학을 혁신한 선구자가 되어 서방에 큰 영향을 주었다.

마침내 1917년 혁명이 일어났을 때, 1905년 이후 계속되어온 교회 개혁 운동은 열매를 맺게 되었다. 케렌스키 임시 정부는 교회가 공의회를 소집하도록 허용하였고, 교구들은 공의회에 참석할 265명의 성직자와 299명의 평신도를 선출하였다. 1917년 8월 공의회는 새로운 교회 헌법을 승인하였다. 교회 헌법은 총대주교직의 부활, 각 교구의 주교 선출과 평신도의 교회 행정 참여를 규정하고 있었다. 임시 정부가 공산주의자들에 의해 전복된지 6일 후인 10월 31일, 모스크바의 메트로폴리탄인 바질 티콘 (Basil Tikhon, 1865-1925)이 총대주교로 선출되었다. 교회는 이렇게 하여 "구 제도"에서 떨어져 나와 민주적인 정신으로 스스로를 개혁할 기회를 얻었다. 그러나 교회의 지도자들은 어느 누구보다도 10월 혁명에서 볼셰비키들이 승리할 것을 전혀 예견하지 못하였다. 교회가 혁명적 상황에 대하여 자신의 태도를 결정해야 할 시점에 이르렀을 때, 새로운 교회 헌법은 결실을 맺을 수 없게 되었다. 이제 교회의 대변인이 된 총대주교의 노선이 갈팡질팡했다는 것은 이상한 일이 아니다.

볼셰비키들은 러시아 교회를 제대로 이해할 능력이 없었다. 그들은 교조적 마르크스주의자들이었고, 그들에게서 종교는 제거되어야 할 "민중의 아편"이었다. 엥겔스에 의하면, 기독교는 지배 계급이 하층 계급에게 굴레를 씌우는 데 사용하는 지배 계급의 특권이 되었다. 이러한 견해는 서유럽에서는 어느 정도 정당화될 수 있을지 모르지만, 러시아에서는 비현실적인 분석이었다. 왜냐하면 러시아 교회는 본질적으로 민중의 교회였고 지배 계급들은 대부분 교회를 멀리하였기 때문이다. 공산주의자들이 종교를 근절하기 위하여 어떠한 조치를 취하였든지간에, 그것은 지배 계급이 아니라 농부들에게 큰 타격을 입혔다. 마르크스적 도그마와 러시아 교회의 성격 사이의 괴리는 부분적으로 1917년 이후 공산주의자들의 대 교회 정책이 이러저리 흔들린 이유를 어느 정도 설명해 준다. 그러나 공산주의자들의 최종 목표는 종교를 근절하는 것이었다.

1918년 1월 교회와 국가의 분리와 교육의 세속화가 법령으로 선포되었다. 교회의 재산은 아무런 보상없이 몰수되었고, 교회 자신은 법률상으로 존재할 자격을 박탈당하였다. 교회는 지역 당국이 허용하는 곳에서만 예배 처소를 사용할 수 있었다. 이러한 법령과 이에 대한 교회의 항의로 인하여 교회에 반대하는 폭동이 일어났다. 그럼에도 불구하고, 1918년 10월 티콘은 레닌에게 교회는 하나님께서 허락하신 모든 형태의 지상 정부를 축복한다는 메시지를 전달하였다. 그는 레닌이 죄수들을 석방하고 피 흘리는 것을 중지시킴으로써 권력 쟁취를 축하하는 기념식을 거행하라고 권면하였다. 정부가 파괴를 그만두고 질서와 정의를 세우라고 하였다. 이듬해 티콘은 신자들에게 자극적 행동을 자제하고 신앙과 반대되지 않는 한 정부의 요구 사항들에 순종하라고 부탁하였다.

1921-2년의 기근 동안 티콘이 외국 교회들에게 구제 자금을 호소하였을 때, 더 큰 갈등이 일어났다. 정부는 교회가 배고픈 자들에게 도움을 주었다는 칭찬을 받게 하고 싶어하지 않았다. 그래서 정부는 구제 자금을 국가 재정으로 전용하였다. 또한 정부는 이제 기근 구제의 목적으로 교회의 모든 재산을 몰수하는 법을 제정하였다. 티콘은 성별되지 않은 기물들의 양도를 허용하되 성별된 기물들 예를 들어 예전에 사용되는 그릇들은 양도할 수 없다는 성명서를 발표하였다. 그 대신 신자들은 그에 상당하는 액수를 기부해야 했다. 이 성명서로 인하여 또 다른 박해의 물결이 들이닥쳤다. 정부는 교회가 기근의 희생자를 돕는 것을 거부한다고 주장하였다. 주요 성직자들이 공개 재판을 당하였고, 페테르스부르크의 수도대주교는 다른 사람들과 함께 총살을 당하였다. 티콘 자신은 수감되었다. 그리고 이 무렵 한 그룹의 사제들이 총대주교의 가르침에 반대한다고 선언하고 소위 "살아있는 교회"(Living Church)를 조직하였다. 이로써 교회의 곤경에 더하여 교회가 분열되고 말았다.

티콘은 1년 동안 수감된 후, 자신의 지난 "과오"를 공적으로 시인하고 또 자신이 소비에트 정부의 적이 아니라는 것을 선언하고 풀려났다. 그는 1925년에 사망하였고, 그의 유언에서 신자들에게 정부에 충성하라고 되풀이하여 호소하였다. 그는 후계자를 정규적으로 선출하는 것이 불가능하다는 것을 예견하고, 세 명의 수도대주교들을 그의 대리자로 지명하였다. 이 세 명의 대리자들은 구금당하여 더 이상 활동할 수 없었다. 그러나 1927년부터 1943년까지 수도대주교 세르기우스(1867-1944)는 티콘의 유언에 근거하여 정교회를 지도할 수 있었다.

소비에트 정부가 교회에 대한 정책을 바꾸고 새로운 총대주교를 선출하도록 허락하기 시작한 것은 제2차 세계대전이 발발한 이후였다. 먼저 세르기우스 자신이 총대주교로 선출되었고, 1944년에 알렉시스(Alexis, 1877-1970)가 세르기우스를 승계하였고, 1971년에 피멘(Pimen, 1910-)이 알렉시스를 계승하였다. 이 두 사람은 세르기우스와 동일한 정책을 추진하였다. 그리고 교회가 재건되었다. "살아있는 교회"(Living Church)는 지금까지 불신을 받아 왔었다. 그래서 그들에게 양도되었던 교회의 건물들이 정교회로 복귀되었다. 정부는 종교에 대한 적대감이나 반(反) 종교적 선전과 교육을 포기하지 않았다. 그러나 교회의 정치적인 충성심이 유지되고 또 교회가 순수한 종교 활동만 한다면, 교회에 관용을 허락하는 것이 편리하다는 것을 발견했다.

이러한 상황에서, 교회 생활이 상당히 부흥한 것처럼 보인다. 그리고 서방의 기독교인들과 새롭게 접촉을 시작하게 되었다. 그러나 모든 선교 활동이 금지되고 교육 활동에서 배제됨으로 인하여 교회는 계속하여 심각한 장애 상태에 있는 것이 사실이다.

제 21 장

미국의 기독교

역사가들에게 "미국 혁명"(American Revolution)으로 알려진 사건은 우리가 다루는 시대 이전에 일어났다. "독립 전쟁"(1775-83)의 결과로 북미의 13개 영국 식민지들이 자유를 획득하여 독립 국가가 되었다. 그러나 미국의 역사는 그 후에도 오랫동안 혁명적이었다고 묘사하는 것이 적절할 것이다. 그리고 혁명이 안정의 반대를 의미한다면, 미국의 종교의 역사는 아주 뚜렷하게 혁명적이었다. 19세기 동안 미국에서 종교가 활발하게 발전한 데에는 많은 요인들이 작용하였다. 영국의 교회들이 혁명의 가을을 지내고 있는 반면, 미국은 혁명의 봄을 맞이하였다.

얼핏보기에 미국의 기독교는 유럽에서 건너왔기 때문에 유럽 기독교의 재현일 것이라고 생각할 수 있다. 정말로 미국의 기독교는 이식된 것이었다. 그러나 이식된 토양과 환경과 개척자들의 특징은 미국의 기독교로 하여금 독자적인 방식으로 발전하게 하였다. 식민지 개척은 미국의 남부와 중부보다 북부가 더 효과적이었다. 남부와 중부의 정착민과 이주민들은 한 종족이었을 뿐만 아니라 단일한 형태의 기독교인 로마 가톨릭 신앙을 믿었다. 그러나 북부는 — 특별히 장차 미합중국을 형성할 지역은 — 사정이 달랐다. (우리는 규모 면에서 그 자체가 대륙적인 이 대륙의 북부 지역에 우리의 관심을 한정시킬 것이다.) 유럽에서 이곳으로 건너온 정착민과 이주민들은 앞서거니 뒤서거니 하며 모두 이질적인 형태의 유럽의 기독교를 가지고 들어왔다. 유럽에서 여러 나라에 흩어져있던 "기독교 세계"가 미국이라는 하나의 나라 안에 이식된 것이다.

이러한 상황은 그 자체로서 각 조각이 각각의 모양과 색깔을 보존하고 있는 종교적 모자이크나 혹은 아둘람 동굴의 정적인 대치 벽화 같은 모습을 만들어내었다. 그러나 초기의 정착민들이 유럽의 전통과 제도를 이식한 것이 아니라 오히려 그것들로부터 벗어나기를 원하였던 정치적 종교적 급진주의자들이었듯이, 뒤어어 물밀듯이 들어온 이민자들도 대부분 유럽의 삶에 불만족하여 그것보다 더 나은 삶과 종교를 찾아온 사람들이었다. 이리하여 미국은 거룩한 불만은 아니더라도 급진적 이상주의의 새로운 유입을 끊임없이 받아들였다. 이주민들은 유럽에서 종교적 급진주의를 억제하였던 억압으로부터 도망쳐 나온 사람들이었다. 그들은 자신들이 원하는 것을 자유롭게 실험하고 실행하였다.

식민지 시대에 하나 혹은 두 개의 교회가 국교회 체제였고 19세기 초까지 잔존한 것이 사실이지만, 혁명은 이미 국교회 체제의 종말을 보증하고 있었다. 정교 분리는 미국의 생활 양식에서 하나의 원리가 되었다. 헌법은 "미국에서는 어떤 공직이나 공적인 책임에 대한 자격 요건으로서 어떠한 종교 심사도 요구할 수 없다"고 규정하였다. 그리고 1791년 헌법의 제1 수정 조항은 "의회는 종교의 국교화를 고려하거나 종교의 자유로운 실천을 금지하는 어떤 법률도 제정할 수 없다"고 선언하였다. 그래서 사적이거나 집단적인 종교 활동은 아무런 제한을 받지 않게 되었다. 미국은 자유 방임(*laissez-faire*)의 이념의 천국이 되었다.

사람들로 하여금 새로운 세계를 찾아 떠나게 하였던 독립적인 개척자 정신은 서부 지역으로의 이동과 변경의 확대로 인하여 더욱더 환영을 받고 자극을 받았다. 변경의 상황은 다른 모든 분야와 마찬가지로, 종교에서도 강한 개인주의와 방종적인 개인주의를 부추겼다. 변경의 상황은 미국 기독교의 특별한 행동주의뿐만 아니라 왕성한 분열의 원인이 되었다.

그러나 이러한 특징들이 혁명 직후에 직접적으로 뚜렷하게 나타나지는 않았다. 영국의 복음주의 부흥 운동에 상응하는 대각성 운동은 혁명 당시 이미 힘을 잃었다. 독립 선언 이후의 세대는 다른 관심사에 몰두해 있었고, 지도적 사상가들은 영국 계몽주의의 합리주의적·이신론적 모습을 반영하고 있었다. 종교는 생명력을 잃었다. 18세기 말, 신자들은 전체 인구의 10%도 되지 않았다고 한다. 1789년의 장로교 총회는 당시 상황을 다음과 같이 묘사하였다.

> 우리는 고통스럽고 불안한 마음을 가지고, 동료 시민들 사이에서 일반적으로 종교적 원리와 예배가 게으르게 지켜지고 있고, 종교의 법과 기관에 대한 무례함과 경멸적 태도가 아주 만연되어 있고, 많은 경우 무신론적 경향을 보이는 불신앙이 팽배해 있다는 것을 보고 있다. 종교의 쇠퇴에 비례하여 공중 도덕은 타락하여 방탕으로 흐르고 있다.

만일 위의 내용이 동부의 해안 지역의 상황을 묘사한 것이라 한다면, 새로운 서부 지역에서는 그 형편이 말할 수도 없을 것이다.

그러나 이미 제2차 대각성 운동으로 알려진 사건들이 진행 중에 있었고, 이로 인하여 일련의 부흥 운동이 다시 살아나게 되었다. 이 대각성 운동은 뉴잉글랜드 지역의 회중교회와 장로교와 감리교 안에서 시작되었다. 특별히 대학의 학생들 사이에서 크게 일어났는데, 예를 들면 티머시 드와이트(Timothy Dwight, 1752-1817)가 학장일 때 예일대학 학생들이 대표적 사례였다. 많은 새로운 대학이 기독교의 후원 아래 설립되었다. 많은 선교 협회와 자선 단체들이 교파적 차원과 초교파적 차원으로 여기저기서 일어났다. 바로 이때 미국교육협회(1815)와 미국성서공회(1816)와 미국주일학교 연합회(1824)가 창설되었다. 해외로 나가는 십자군 정신과 묵시적 대망의 분위기가 팽배하였다. 부흥 운동은 교회 기관이 상대적으로 안정되어 있고 학문과 신학이 존경을 받고 있는 동부에서는 꾸준하고 온건한 형태로 표출되었다. 그러나 남부와 서부와 변경 지역에서는 사정이 달랐다.

서부로 이동하는 사람들을 장로교가 제일 먼저 따라갔지만, 영혼을 가장 많이 추수한 교회는 감리교와 침례교였다. 감리교와 침례교는 보다 자유로운 방식으로 복음을 전도했고, 더 유연한 교회 직제를 가지고 변경 지역의 상황에 효과적으로 적응하였다. 그들은 목회자의 높은 교육 수준을 포기하였고, 단순하고 감정적인 복음 설교를 통해 갑작스런 회심을 얻으려고 노력하였다. 종종 야간에도 열렸던 천막 집회들은 부흥 운동에서 중요한 역할을 담당하였고, 때때로 광적인 현상들을 수반하기도 하였다.

천막에서 타오르는 번쩍이는 불빛이 밀집한 무리들 위로 비치고, 사방의 긴 천막 행렬은 다시 그 빛을 반사하고 있었다. 나무들 사이로 걸려있는 수 백개의 촛불과 등불들 그리고 앞뒤로 흔들거리며 번쩍이는 수많은 횃불들은 나부끼는 나뭇잎 사이로 희미한 불빛을 비추었고 또 깊은 숲속까지 희미하고 흐릿한 모습을 드러나게 해주었다. 엄숙한 찬송 소리와 열정적인 설교와 진지한 기도가 밤 바람을 따라 널리 퍼졌다. 흐느끼는 소리, 외치는 소리, 고함치는 소리가 크게 감동받은 사람들의 입에서 터져나오고, 많은 사람들은 경련을 일으키며 갑자기 땅에 뒹굴기도 하였다. 이 모든 상황은 굉장한 흥미를 불러일으켰고 감정을 최고도로 흥분시켰다.

이것은 부흥 운동이 전문적 운동에 의해 타락되기 이전의 초기의 순수한 모습이었다. 그러나 영국에서 온 두 명의 방문객은 이러한 장면을 목격한 후에 "그들은 모두 고린도 교회의 비정상적 행위들을 부활시키고 있었다. 마치 이것들이 피하기 위해서가 아니라 모방하기 위하여 기록되어진 것인양 말이다" 하고 보고하였다. 그들의 평가는 실제로 부당한 것이 아니었다.

서부에서 이러한 발전은 몰몬교(**Mormons**), 셰이커교(**Shakers**), 재림교(**Second Adventists**) 같은 분리주의적 분파를 양산했을 뿐만 아니라 옛 교회의 체계에 불화를 일으켰다. 1801년 장로교와 회중교회는 연합 계획(**Plan of Union**)을 채택하고 함께 힘을 모아 서부를 복음화하려고 시도하였다. 그러나 심한 알력 때문에 결국 1837년 폐기되었다. 사실 부흥 운동은 일치가 아니라 분열을 낳았다. 오래된 교회들은 여전히 신학적 정확성을 원하고 또 교육 수준이 높은 목회자를 갈망하였다. 그들은 자유주의 (libertarianism), 감정주의, 부흥사들의 무절제함을 탐탁지 않게 바라보았다. 이로 인하여 장로교, 루터교, 퀘이커교 안에서 분열이 일어났다. 그러나 부흥 운동이 분열의 유일한 원인은 아니었다.

뉴잉글랜드에서는 보편구원론(Universalism)과 유니테리언주의 (Unitarianism)는 칼빈주의 정통 신학으로부터 떨어져 나갔다. "보편구원론자들은 하나님은 너무도 선하시기 때문에 도저히 인간을 저주할 수 없다고 믿었고, 반면에 유니테리언들은 인간은 너무도 선하여 도저히 저주를 받을 수 없다고 주장했다"는 말이 있다. 이 둘 사이의 차이는 신학적이라기보다는 사회적이었던 것처럼 보인다. 보편구원론자들은 대개 평범한 교육을 받은 지방 사람들이었고, 유니테리언들은 보스턴에 본부를 두고 있는 뉴잉글랜드 협회에 속한 최고 수준의 성직자들이었다. 윌리엄 엘러리 채닝 (William Ellery Channing, 1780-1842)은 그들의 예언자였다. 유니테리언들은 신학에 있어서는 자유로웠으나, 다른 모든 측면에서는 극단적으로 보수주의였기 때문에 그들의 신학적 자유에는 한계가 있었다.

랠프 월도 에머슨(Ralph Waldo Emerson, 1803-82)은 유니테리언의 목사로서 생애를 시작하였으나 곧 관계를 끊고 독자적인 철인이 되었다. 그는 이렇게 말하였다. "옛 것은 노예를 위한 것이다. 혼자서 가라. 좋은 모델을 거부하라. 심지어 인간의 상상 속에 있는 거룩한 모범을 거부하라. 획일성을 벗어던져라. 그리고 사람들에게 직접 자기 안에 신성이 있다고 알려주어라." 열렬한 사회 개혁가이며 신학적 급진주의자인 파커(T. Parker, 1810-60)는 유니테리언 정통주의가 너무 협소하다는 것을 발견했다. 그는 보스턴에 있는 자신의 회중교회에서 봉사하였다.

노예 제도는 미국 기독교를 훨씬 더 광범위하게 분열시킨 또 하나의 원인이었다. 18세기에 뉴잉글랜드는 노예 무역의 중심지였다. 비록 퀘이커교도들이 노예 무역에 대하여 격렬하게 항의하였지만 말이다. 혁명 전후로, 자유주의적이고 인도주의적인 사상들이 확산되고 "모든 인간은 태어나면서부터 자유롭고 독립적이다" 하는 믿음이 널리 퍼지면서, 노예 무역 기관이 비난을 받게 되었고, 수많은 노예 제도 반대 협회들이 창설되었다. 19세기가 시작될 무렵 거의 모든 사람들이 노예 제도를 폐지해야 한다는 의무감을 느끼고 있었다.

그러나 불행하게도 바로 그 무렵, 방적기와 직조기의 발명은 면화를 위한 새로운 시장을 창출하였고, 조면기의 발명은 면화가 남부 주들에게 가장 큰 이익을 안겨주는 주요 생산물이 되게 하였다. 결과적으로 노예 제도는 남부의 경제적 기반을 위한 필수 요소로 간주되었고, 곧 남부의 교회들도 주저하지 않고 성경에서 노예 소유권을 정당화하는 교훈과 실례를 찾기 시작했다. 반면 북부에서는 노예 폐지 운동이 점점 더 강하게 일어났다. 이러한 이익과 신념의 충돌은 결국 남북 전쟁(Civil War)을 일으켰고, 또한 메이슨-딕슨 라인(Mason-Dixon line)을 따라 대부분의 교회를 남북으로 분열시켰다. 감리교 감독교회와 침례교회는 1840년대에 분열되었고, 장로교회와 다른 교회들은 남북 전쟁이 다가오면서 분열되었다. 개신교 감독 교회(Protestant Episcopal Church) 즉 성공회와 로마 가톨릭 교회만이 예외였다.

이때 발생한 분열들은 아직도 완전히 회복되지 못하였고, 오히려 다른 분열 원인들로 인하여 더욱 복잡하게 되었다. 남북 전쟁 후, 미국 교회들은 과학적 진화론과 성서 고등 비평 문제로 동요하기 시작했다. 여기에 대한 첫번째 반응은 잉글랜드와 스코틀랜드에서와 마찬가지로 부정적이었고, 여러 가지 이단 재판들이 있었다. 19세기 말 신학적 자유주의는 성공을 거두었다. 그러나 미국에서 성경과 교리에 관한 보수주의는 유럽의 개신교회보다 더 강력하고 더 많은 신자를 확보하고 있었다. 이러한 현상은 "바이블 벨트"(Bible Belt)로 알려진 지역과 부흥 운동이 강한 영향력을 행사한 곳에서 더욱더 현저하였다. 소위 근대주의-근본주의 논쟁의 결과로 많은 교회들이 더욱 심하게 분열되었다.

"근본주의"(fundamentalism)라는 용어는 1895년 나이아가라에서 열린 보수적 복음주의자들의 성경 대회에서 유래하였다. 그들은 "5가지 근본 교리"(five fundamentals) 즉 성경의 무오성, 예수 그리스도의 신성, 동정녀 탄생, 대속적 속죄론, 주님의 몸의 부활과 임박한 재림 등을 주장했다. 1909년부터 1915년까지 이 목적을 위해 12권의 「근본 교리들」(*The Fundamentals*)이 출판되어 아주 광범위하게 배포되었다. "근본주의 목사들은 중요한 예외가 있긴 하지만, 대개 자유주의자들보다는 교육 수준이 낮았고, 전반적으로 덜 복잡하고 덜 부유한 회중들로 만족해야 했다. 그러나 그들은 보통 사람들과 가까이 살았고, 광대한 시골 지역에서는 아주 지배적인 세력이었다."

그러나 이 무렵, 진보적인 개신교 신학자와 설교가들은 "사회 복음"(social gospel)을 전하는 사도들이 되었다. 소극적 차원에서, 사회 복음 운동은 보수적 복음주의자들의 개인주의와 경건주의에 대한 반발이었다. 그러나 적극적 차원에서, 그것은 기독교 신앙의 사회적 의미와 공공 생활이 이루어지는 모든 영역에서 사회 정의를 확립하는 신자들의 의무에 관심을 기울인 것이었다. 이들에게서 교회의 사명은 이 땅 위에 하나님의 나라를 건설하는 것이었다. 사회 복음은 미국 기독교의 뿌리깊은 행동주의와 박애주의를 새로운 방향으로 인도하였다. 확실히 사회 복음은 지나치게 도덕주의적이고 유토피아적이었다. 나중에 라인홀드 니버를 비롯한 기독교 현실주의자들은 정치적으로 보다 급진적이고 동시에 진정으로 성서적이라고 주장하는 현실주의의 이름으로 사회 복음 운동을 날카롭고 가혹하게 비판하였다. 그러나 사회 복음은 미국 기독교인들의 정서 속에 깊이 스며들어 있게 되었다.

20세기에 이르러, 주요 개신교 교파들은 자신의 독특성과 사회적 계층을 그대로 유지하는 반면에 또한 에큐메니컬 운동의 흐름을 따라 여러 가지 분야에서 협력하게 되었다. 1908년 연방 교회 협의회(Federal Council)가 조직되었고, 1950년에는 모든 초교파적 사역을 조정하는 전국 교회협의회(National Council of Churches of Christ)가 조직되었다.

미국의 로마 가톨릭 교회 입장에서, 19세기는 여러 가지 면에서 개신교

보다 훨씬 더 혁명적인 시대였다. 첫째, 아일랜드와 유럽으로부터 이민이 유입된 후, 가톨릭 인구 수와 전체 인구 중에서 가톨릭 신도가 차지하는 비율이 크게 증가하였다. 1830년 가톨릭은 겨우 인구의 3%밖에 되지 않았으나 남북 전쟁이 일어날 당시에는 미국의 최대 교파가 되었고, 그 후로도 숫자가 계속하여 증가하였다. 이민의 물결은 계속되었다. 1845년부터 1846년까지 아일랜드의 감자 기근과 1848년 유럽 혁명의 실패가 거대한 이민의 물결을 일으켰다. 이와 같이 엄청난 수적 성장은 거대한 교회 건축만 가져온 것이 아니라 많은 고민거리도 가져왔다. 교구는 증가되어야 했고, 사제들은 새로 훈련받아야 되었고, 교회의 삶은 빠르게 진보하고 있는 급격한 사회 발전 속에서 최선의 형태로 조직되어야 했다.

미국의 가톨릭 교회는 1790년까지 자신들의 주교가 없었다. 주교직의 확대의 필요성을 느끼게 될 무렵, 주교직에 가장 적당한 사제들은 대부분 프랑스인들이었다. 그들은 프랑스 혁명의 결과로 이주하여 온 사제들이었고 당연히 민주주의 제도를 좋아하지 않았다. 그들은 개인의 경건과 교양 면에서는 뛰어났으나, 영어를 구사할 수 없었다. 그래서 그들은 설교할 수 없었고, 신도들의 눈에 이방인 침입자들처럼 보였다.

아일랜드 이주민들의 수가 증가하면서, 영어를 말하고 영어에 익숙한 주교들이 더 많이 요구되었다. 프랑스인 주교들이 살아있는 한, 마찰이 불가피했다. 게다가 미국으로 건너온 아일랜드 사제들 가운데는 고국에서 고위 성직자들과 갈등을 일으킨 바 있었던 개성적인 모험가들이 많았다. 그들은 파벌의 형성에 유리한 자유로운 상황에서 훨씬 더 큰 갈등을 일으킬 수 있었다. 주교들은 큰 혼란에 대처해야 했고, 한동안 분열의 위협도 있었다.

주교들에게 또 하나 골치아픈 문제는 "평신도 신탁 위원회"(lay trusteeship) 제도였다. 국가법에 의하면, 교회의 재산은 평신도 신탁자 위원회에 의해 관리되어야 했다. 이러한 제도는 개신교 교파들에게는 아주 적절하였다. 가톨릭 교회는 이 신탁 제도가 교회법과 일치하지 않음에도 불구하고 지금까지 이 제도를 채택해서 이용해 왔다. 사실 주교들이 없을 때는 다른 대안이 없었다. 그러나 이제 주교들이 있게 되자, 많은 신탁 위원들은 그들의 민주적 권리에 집착하는 경향을 보이기 시작했다. 그들은 교회 재산과 건물 등을 관리할 권리뿐만 아니라 그들의 목자를 선출하는 권리까지 주장했다. 두번째 주장은 어쨌든 주교들이 찬성할 수 없는 주장이었고, 어떤 경우에는 평신도 신탁 위원들이 자격 없는 사제들의 목회 사역을 더 기뻐하는 아주 방종한 가톨릭 신자들이었기 때문에 더더욱 그러하였다. 몇 가지 악명 높은 사건들이 있었고, 주교들은 19세기의 중반까지는 그들의 권위를 효과적으로 행사할 수 없었다.

이러한 내부의 갈등은 곧 외부의 갈등으로 이어졌다. 농촌 출신의 아일랜드계 가톨릭 이주민들은 미국에 도착한 후 도시에 정착하였다. 독일계 가톨릭 이주민들이 서부로 이주하여 농부가 되었던 반면에, 아일랜드계는 대개 도시 생활을 하였다. 교회는 아일랜드계 신자들이 도시에 머물도록 격려하였다. 왜냐하면 그들이 도시에서 사는 것이 목회하기도 쉽고 그들의 신앙의 타락을 막는 것도 쉬웠기 때문이었다. 그러나 가톨릭 프롤레타리아들이 도시에 집중하여 사는 것은 곧 본토 미국인들의 분노를 일으켰다. 그들은 값싼 노동력의 유입으로 그들의 생활 수준이 떨어지는 것을 발견했다. 아일랜드계 이주민들은 종종 수완이 좋고 난폭하고 즉흥적인 사람들이었다. 그리고 그들은 교황주의자요 성직자 중심적인 사람들이었다. 이 모든 것을 고려해 볼 때, 이러한 외국인들의 침입은 청교도주의에 뿌리를 두고 있는 미국의 생활 방식을 위협하는 것처럼 보였다.

동부의 도시들에서, 자신들을 "본토 미국인"(Native Americans)으로 간주하는 사람들은 이민을 제한하고 가톨릭의 확산을 방지하고 가톨릭교도의 정치적 권한을 박탈하는 운동을 전개하기 시작하였다. 1850년과 1860년 사이에 "가톨릭 반대"(no popery)를 외치는 폭동이 일어났고, "노나싱당"(Know-Nothings)이라는 이름의 본토 미국인들의 비밀 단체가 조직되었다. (그들은 심문을 받으면 "나는 그것에 대하여 아무것도 모르오"라고 대답하였다.) 마리아 몽크의 거짓 계시 같이 수녀원의 삶에 대한 나쁜 소문들이 유포되었다. "노나싱당"은 남북 전쟁으로 인하여 무색하게 되었지만, 이 운동은 "미국보호협회"(American Protective Association)

와 "큐클럭스클랜"(Ku-Klux Klan)이라는 단체를 통하여 그 후에도 활동을 계속하였다.

아일랜드계 가톨릭 이민자들이 적대적인 대우를 받은 또 한 가지 이유는 사제들이 그들로 하여금 자급자족적인 공동체를 형성하여 살면서 가능한 한 개신교 시민들과 접촉하지 말도록 지도했기 때문이었다. 그리하여 가톨릭교도는 미국의 민주 정치에서 이질적 요소가 되었고, 그들은 국가의 정치 문화적 생활에 참여할 수 없었다. 19세기 후반기에 몇몇 영향력있는 가톨릭 지도자들이 나타났다. 추기경 제임스 기번스(James Gibbons, 1834-1921)는 이러한 고립 정책을 깨뜨리기로 작정하고 가톨릭을 미국화하는 정책을 채택하였다. 성 바울 성당의 대주교 존 아일랜드(John Ireland, 1838-1918)도 1889년 가톨릭 회의(Catholic Congress)에서 다음과 같은 설교를 하였다.

> 우리는 우리의 시대에서 살아야 하고, 우리 시대를 알아야 하고, 우리 시대와 접촉하며 살아야 한다.…19세기보다 13세기를 더 잘 이해하는 것은 좋은 것이 아니다…우리는 우리 시대가 느끼는 문제에 관하여 우리 시대가 이해하는 언어로 우리 시대에게 말해야 한다. 만일 우리가 우리 시대의 귀를 갖고 있다면, 우리 시대 안에 있어야 하고 우리 시대 안에 속해 있어야 한다. 동일한 이유로, 우리 나라에 대한 철저한 공감이 필요하다. 미국의 교회는 예루살렘이나 로마의 교회처럼 물론 보편적(Catholic)이어야 한다. 그러나 교회의 옷이 지역 환경으로부터 색깔을 취하는 한, 교회는 미국적이어야 한다. 교회의 눈썹을 이국적 색조로 칠하지 말고, 교회의 외투에 외국의 안감을 대지 말라.

그러나 이러한 정책을 가톨릭 원리를 희석시키고 타협시키는 것으로 보는 다른 부류의 성직자들도 있었다. 그들은 교회와 국가의 분리라는 미국의 교리를 이상적인 것으로 생각하지 않았다. 이 주제에 대한 논쟁이 오랫동안 계속되었으나 아직도 종결되지 않은 상태이다. 19세기 말 미국화 정책에 찬성하는 프랑스의 몇몇 가톨릭 자유주의자들이 이 정책의 계몽적이고 민주적인 정신을 찬양하고 유럽을 방문한 미국화 정책의 대표자들을 환대하였다. 그러나 이 사실로 인하여 미국화 논쟁은 더욱더 복잡하게 되었다. 이로 인하여 바티칸은 경계심을 갖게 되었고, 1899년 레오 13세는 회칙 「테스템 베네볼렌티아이」(Testem Benevolentiae)를 공표하였다. 여기서 교황은 "일부 사람들이 미국화의 항목 아래에 구성하는" 수많은 의견들을 정죄하였다. 예를 들면, 좀더 근대적이고 인간적이라는 이상한 구실로 초자연적 덕보다 자연적인 덕들을 찬양하는 것, 겸손과 사랑과 순종을 배제시킬 정도로 활동적인 덕을 강조하는 것, 비신앙인을 신앙으로 인도할 새로운 방법을 채택할 필요가 있다는 것 등을 정죄하였다. 그러나 미국과 프랑스의 미국화주의자들(Americanist)은 즉시 교황이 정죄한 의견들 가운데 어느 하나도 주장한 적이 없다고 선언하였다. 그래서 미국화주의를 보통 "허깨비 이단"(phantom heresy)이라고 묘사하는 사람도 있다.[1]

사실 그 당시 바티칸은 미국 교회의 상황을 제대로 이해하지 못했다. 미국화주의자들의 정책은 점점 더 확산되었고, 의심의 여지없이 교회의 입장을 강화하고 전망을 밝게 해 주었다. 반면 미국 가톨릭 교회가 교회 생활의 조직과 실천적 측면에 너무 지나치게 몰두함으로써 신학을 소홀히 하고 미국 문화에 실질적으로 기여하지 못하였다는 사실은 미국 가톨릭의 약점이 되었다. 그러나 최근 이러한 약점이 보강되기 시작했다.

---

1) 이 사건의 전말을 알아보려면 다음의 책을 보라. T. T. McAvoy, *The Great Crisis in American Catholic History* 1895-1900. 1957.

제 22 장

선교 운동

19세기가 서구 교회들에게 위협적인 좌절의 시기이면서 동시에 놀라운 확장의 시기였다는 것은 신학적 역설이라기보다는 사회학적 역설이다. 이 점은 로마 가톨릭과 개신교 교회들에게 동일하게 적용되는 사실이다. 왜냐 하면 유럽에서 교회들이 지금까지 의존해왔던 정부의 지원을 대부분 상실 하였을 뿐만 아니라 종종 정치적 탄압을 당하였고 또한 지식인과 노동자 들이 기독교로부터 점차 멀어져간 반면에, 서방 기독교는 기독교가 전파되 지 않은 세계 모든 지역에 확장되었기 때문이다. 그래서 래투렛 교수는 그 의 「기독교 확장사」(*History of the Expansion of Christianity*)에서 19 세기는 1세기 이후 가장 위대한 세기라고 말할 수 있었다.

여러 분야에서 혁명적 변화가 일어났다. 사회의 구조가 변화되고, 지식 이 확장되고 물리적 힘이 정복되고, 기아와 가난과 질병과 무지와 전쟁 같 은 만성적 문제들이 정복되었다. 그런데 이러한 변화 중에서 어떤 것들은 기독교의 세계 선교에 불리하게 작용했고 또 어떤 것들은 유리하게 작용 하였다. 우리는 말하자면 지금까지 유럽의 교회들이 자기 나라에서 당한 손실들을 관찰한 셈이다. 그러나 지금부터는 이러한 손해들이 해외에서 얻 은 이득에 의해 어느 정도 상쇄되었는지 살펴볼 차례이다. 우리는 여기서 여러 대륙에서 전개되었던 교회의 확장을 나라마다 하나씩 열거할 수는 없다. 다만 교회 확장의 외적·내적 원인들을 대략적으로 고려하며 그 장점과 단점들을 평가할 수 있을 뿐이다. 그리고 선교의 역사 그 자체보다는 모교회의 관점으로부터 기독교의 확장을 다룰 것이다. 먼저 선교 사역에 유리했던 몇 가지 외적 요인과 사회학적 요인을 살펴보도록 하자.

새로운 기계의 발명과 새로운 운송 수단과 여행과 통신 수단들은 상인들뿐만 아니라 선교사들에게도 유리하게 작용하였다. 1세기 교회의 사도들의 선교는 "로마의 평화"(pax romana)와 그것이 가져다주는 많은 이득으로부터 큰 유익을 얻었다. 마찬가지로 19세기 기독교의 선교는 "영국의 평화"(pax britannica)와 그것이 상징하는 모든 것들에 의하여 훨씬 더 광범위한 도움을 받았다. 게다가 19세기는 특별히 영국의 식민지 팽창의 시대였고, 여지껏 발이 닿지 않았던 처녀지들과 아직까지 서구에 폐쇄적이었던 고대의 땅과 문명들이 서구의 상업과 문명에 대하여 문호를 개방하는 시대였다. 선교사들은 이전에 결코 들어가 보지 못한 곳인 만큼 더욱더 그곳에 가고 싶어하였다.

산업 혁명도 기독교의 해외 선교에 큰 도움을 주었다. 이것은 아마도 산업 혁명에 가장 깊이 연루된 나라들이 해외에서 기독교 전파에 가장 적극적이었다는 점을 고려하면 바로 입증될 것이다. 대영 제국, 미국, 프랑스, 벨기에, 독일, 북이탈리아들이 모두 여기에 해당된다. 배의 국기를 따라간 선교사들은 어쨌든 본국 정부의 보호에 의지할 수 있었다. 다른 상황에서는 행정 관리와 상인들이 도움이 되지 않는 곳과 또 개인적으로 교회로부터 고립되는 지역에서도 선교사들은 본국 정부의 보호를 기대할 수 있었다. 정부는 기독교 선교를 직접적으로 지원하지는 않았다. 그러나 정부는 기독교 학교들을 학교이기 때문에 지원하였다. 반(反)성직자적 성향을 갖고 있는 프랑스 정부도 본국에서는 교회를 공격하였지만 해외에서는 교회를 프랑스 문화의 보급 기관으로 알고 지원하였다. 우리가 알고 있듯이, 기독교인들은 대중 교육의 선구자였다. 그들은 가는 곳마다 학교를 설립하였고 이 학교는 아프리카와 동양 사람들이 가장 원하는 것을 제공하였다.

또 한 가지 더 기억해야 할 것은 상업과 제국의 팽창이 고대의 원시 문화를 깨뜨리고 해체하거나 적어도 이 문화를 동요시킴으로써 기독교에 개방적인 분위기를 만들었다는 점이다. 왜냐하면, 자연과 마찬가지로 사회도 진공의 상태를 혐오하기 때문이다. 탐욕과 무모한 모험심뿐만 아니라 세상의 미래에 대한 밝은 낙관주의도 세속적 확장 운동을 추진시키는 힘으로 작용하였다. 기독교인들은 당연히 이러한 서구의 확장의 폐해로부터 면제되어 있지 않았다. 비록 그들이 독자적인 관점을 갖고 있기도 하였지만 말이다.

이러한 것들은 기독교의 해외 확장에 유리하게 작용하였던 외적이고 사회학적인 요인들이었다. 그러나 기독교 세계 내부에서 이렇게 유리한 상황을 활용하려는 새로운 열정과 헌신이 고조되지 않았더라면, 19세기는 위대한 선교적 확장의 세기가 되지 못했을 것이다. 이 선교적 열정과 헌신이 바로 선교 운동의 핵심이었다. 사실 전반적으로 유럽의 가톨릭과 개신교 교회는 모두 기독교 신앙에 대한 새로운 도전들을 해결하지 못하였고, 한참 진행 중에 있는 사회적·정치적·경제적 혁명을 따라 교회의 사상과 구조를 적응시키지 못하였다. 그러나 바로 동일한 시기에 교회 안에는 진정한 영적 부흥이 있었고, 새로운 운동과 제도들이 일어났고, 무엇보다도 열방에 복음을 전해야 한다는 미증유의 의무감으로 충만해 있었다.

18세기 교회는 이러한 의무감을 경험하지 못했다. 선교적 의무감은 전혀 새로운 요소였다. 1796년 스코틀랜드 교회의 총회에서 한 연설자는 "파더스 앤 브레드런"(Fathers and Brethren)의 해외 선교 계획을 승인하지 말자고 총회를 설득하였다. 그는 "나는 선교 운동의 열정이 너무 낙천적이고 환상적인 견해이고 또 그 목표가 의심스럽게 때문에 더욱 위험하다는 것 외에는 달리 생각할 수가 없다" 하였다. 또 다른 사람은 "해외의 야만적인 이방인 나라에 복음의 지식을 전파하는 것은 터무니없다고 생각한다. 그것은 자연의 질서를 앞지르거나 심지어 뒤집는 것이다"라고 말하였다. 해외 선교는 잉글랜드보다 스코틀랜드에서 더 오랫동안 반대를 받았다. 잉글랜드의 복음주의 각성 운동은 회심한 사람들로 하여금 여지껏 복음이 전파되지 아니한 지역에 복음이 선포되는 것을 보고 싶어하도록 감동을 주었다. 이러한 충동으로 인하여 침례교선교회(1792), 런던선교회

(1795), 교회선교회(1799), 영국과 해외 성서공회(1804), 감리교선교회 (1813) 등 많은 선교 단체들이 설립되었다.

　로마 가톨릭 교회도 이에 못지않은 선교의 열정의 부흥을 경험하였다. 스페인과 포르투갈 정부는 제국의 전성기 때에 주요한 선교 후원자가 되었다. 그들은 특히 예수회의 선교를 도와 주었다. 그러나 제국의 힘은 약해졌고, 1773년 예수회가 교황에 의해 해산되었다. 그러나 다시 한 번 프랑스 혁명과 나폴레옹 전쟁의 대 실패(*debacle*) 이후, 특별히 프랑스에서 놀라운 선교의 열정이 회복되었다.[1] 1815년 이후 100년 동안, 이전의 어느 100년 동안보다 더 많은 수도회와 회중이 설립되었다. 어마어마한 숫자의 남녀들이 교회를 섬기는 일에 헌신하였다. 그들은 관상적인 삶뿐만 아니라 교육 사업과 선교 사업, 가난한 자들과 병자들을 돌보는 일에 전념하였다. 독신에 대한 가톨릭의 전통적 존경심이 수도회의 성장을 도왔다. 독신자들은 본국과 해외에서 결혼한 자들이 쉽게 시도할 수 없는 일들을 감당할 수 있었다. 19세기 초 예수회는 재건되었고, 곧 선교 사역의 선두에 서게 되었다. 평신도 경건의 부활은 영의 출현(apparitions), 순례, 감성적 신앙 훈련, 기적의 숭배 등과 같이 경건주의로 흐르기만 한 것이 아니라, 열정적인 선교사를 모집하는 좋은 토대가 되었다.

　이제 교회와 국가의 관계에 대한 갈리아주의와 페브로니우스주의 개념의 영향력이 느슨해지고, 새로운 교황지상주의가 일어나면서, 가톨릭 선교 사업이 힘을 얻기 시작했다. 교회는 더 이상 정부의 통제를 받지 않았다. 지금까지 정부는 자발적인 교회 활동에 대하여 항상 미심쩍게 생각하는 경향이 있었다. 비록 교황이 가능한 한 자유주의 헌법에 반대하고 라므네 (Lamennais)가 지지한 자유를 반대하였다 하더라도, 교황은 이 자유 사상을 이용하는 데 꾸물거리지 않았다. 교황은 국가의 힘에 의지하지 않고도 자기 세력을 조직하고 새로운 전도의 도구로 활용할 수 있었다. 국가에 대한 의존에서 해방된 후, 교회는 자율적으로 행동할 새로운 힘을 얻게 되

---

1) S. Delacroix, *Les Missions contemporaines*, 1800-1957. 1958.

었다. 로마 가톨릭 교회는 긴밀하게 연결되고 중앙집권적으로 조직되고 엄격하게 훈련받은 군대로 변형되었다. 다른 관점에서 보면 이것은 중대한 약점을 갖고 있었다. 그러나 이러한 변화는 범세계적인 선교 전략을 추진할 수 있게 해주었다. 그리고 로마 가톨릭 교회가 교회의 무오성에 근거하여 신자들을 위험한 사상과 혼돈스런 질문으로부터 보호하는 정책을 택한 것은 어쨌든 단순한 생각을 하는 사람들에게 효과적인 선교사를 배출하게 하는 데 도움이 되었다.

개신교 선교사들도 대부분 비슷한 확신을 갖고 나아갔다. 적어도 초기 단계에서 개신교 선교사들은 근대주의의 독(acids)에 의해 영향을 받지 않은, 분명하게 규정된 칼빈주의 신학이나 보수주의 신학을 갖고 있었다. 개신교는 그 시대의 개인주의와 잘 어울린다는 점에서 로마 가톨릭의 중앙 집중적 조직보다 훨씬 더 큰 장점을 갖고 있었다. 개신교는 개인의 진취적 정신을 인정하기 쉬웠고, 자신들의 내적인 역동성 이외에 어떠한 통제도 받지 아니하는 단체들의 사업도 쉽게 허용할 수 있었다.

1865년 제임스 허드슨 테일러가 설립한 중국내지선교회(China Inland Mission)는 아주 놀라운 사례였다. 이 선교회는 교파적 배경을 갖고 있지 않았지만 중국에 있는 어떤 선교 단체보다 더 컸다. 개신교는 로마 가톨릭이 할 수 없었던 이와 같은 방식으로 프리랜스 형태의 확장을 허용하였다. 구세군도 같은 해인 1865년에 설립되었고 영어권 세계와 그 너머에 빠르게 확산되었다. Y.M.C.A.와 Y.W.C.A. 같은 자율적이고 초교파적인 운동이 거의 범세계적인 규모로 신속하게 조직되었다. 그들은 풍부한 재정적 지원을 받았는데, 이것은 기독교의 힘이 강한 나라들의 부가 증가하였기 때문에 가능했다.

그러나 이러한 전체적 그림에는 또 다른 면도 있다. 이것은 이 위대한 선교적 확장의 물결이 1914년경 이후로 저지되고 약해진 이유를 설명해준다. 결국 19세기에 무슨 일이 일어난 것인가? 세계의 대부분의 지역에서, 기독교 선교는 전체 인구에 비하여 아주 작은 입지를 확보하였을 뿐이었다. 예를 들어, 양차 대전 사이에 인도의 기독교인은 전체 인도 인구의 겨우 2퍼센트였고, 중국의 기독교인은 1퍼센트였고, 일본은 0.5퍼센트였다. 물론 많은 나라에서 기독교인은 기독교 학교와 다른 기관과 회심자들의 질적 수준을 통하여 그들의 실제 숫자가 암시하는 것보다 더 많은 영향력을 행사할 수 있었다. 그러나 19세기 선교 운동은 심각한 결점과 약점을 갖고 있었다. 이것은 모든 인간적 사업의 결점과 약점과 별도로, 19세기 선교 운동 그 자체의 내재적 문제였다.

첫째, 유럽 제국주의 시대에 선교사들은 무역상이나 행정 관리들처럼 유럽의 지배를 상징하고 있다고 말하는 것은 아주 불공정한 일이다. 그러나 선교사들은 여전히 아프리카와 동방의 민족들에게 여전히 그러한 모습으로 비추어졌다. 그들은 유럽 문화의 대행자로 왔다. 비록 동일한 유럽 문화의 다른 측면들을 갖고 있지만 말이다. 행정 관리들이 유럽의 통치 방식의 수출업자이듯이, 선교사들은 선교지에서 유럽의 종교의 수출업자였다. 대부분의 선교사들은 여전히 유럽을 자신의 고향으로 생각하였다. 비록 로마 가톨릭의 선교사들은 특히 수도사와 수녀들을 중심으로 종종 선교하러 간 나라에서 영구히 정착하기도 하였지만 말이다. 그러나 대부분의 선교회 주위에는 제국주의적이든 식민주의적이든 이국적 분위기가 배어있었다. 주목할 만한 예외가 있긴 하지만, 선교사들은 정치적으로 정적주의적이거나 보수적이었다. 만일 그들이 급진주의적 경향을 가졌더라면, 그들은 거의 용납받지 못했을 것이다.

둘째, 인도 같은 나라에서 지배 계층이나 고위 카스트 신분들은 거의 회심자를 내지 못하였다. 선교는 가난한 자와 소외된 사람들 가운데서 훨씬 더 큰 성공을 거두었다. 이것은 자연스럽고 바람직한 현상일 수 있다. 그러나 장기적 안목을 가진 선교 정책가라면, 한 민족을 기독교화 하는 최상의 방법은 토착민 지도자들을 기독교화 하는 것이라는 것을 깨달았을 것이다. 여기서 대부분의 선교사들의 지적 편협성이 작용하였다.

셋째, 19세기 선교의 주된 동기는 가능한 한 많은 이교도들을 그들 앞에 놓인 영원한 저주로부터 구원하려는 복음주의적 열정이었다. 이것은 개신교와 로마 가톨릭에 모두 공통적이었다. 가장 큰 목적은 내세에서 영원한 생명을 위해 가능한 한 많은 영혼들을 구하는 것이었다. 이것은 아주 강력한 동기였고, 하나님이 비기독교인들을 관대하게 다루시는 자유주의 신학이나 타종교의 가치를 보다 분별력있게 평가하는 신학으로부터 오는 동기보다 더 강력한 동기였다. 비기독교적 종교와 문화 안에 있는 모든 것은 다 악하다는 단순한 견해가 오랫동안 선교사들의 생각을 지배하였다. 지각 없는 이교도들은 나무와 돌을 숭배한다는 것이었다. 물론 선교사 개인들은 종종 그들의 신조보다 더 인간적이었다. 19세기 후반기에 가서야, 타종교를 좀더 이해하려는 연구가 추진되고 고등 신앙과 원시 신앙이 구별되기 시작하였다.

넷째, 선교사들은 그들 자신의 서구 문화가 전적으로 우월하다는 생각에 일말의 의심도 가지지 않았다. 그러므로 그들이 취한 방법은 그들이 기독교에 대하여 할 수 있는 모든 것을 서구적 형태로 이식하는 것이었다. 그리하여 아프리카와 동양과 남태평양 제도에 있는 교회와 예배당은 당시 유럽에서 유행하고 있던 신 고딕 양식으로 건축되었다. 토착민 사제들은 유럽의 성직자들처럼 옷을 입었고, 심지어 토착민 주교들은 18세기 영국 고위 성직자들의 승마복을 입었다. 그런데 이 승마복 의상은 종종 스코틀랜드 하일랜드 사람들의 장례식 복장과 비슷했다. 유럽의 음악과 미술과 생활 양식이 알맹이는 없이 겉모습만 수출되었다. 선교사들은 모두 다음과 같은 테니슨(Tennyson)의 시구를 반복하였을지도 모른다. "중국(Cathay)의 한 시대보다 유럽의 오십 년이 더 낫다." 이제 이것과 전혀 다른 태도가 일반화되었지만, 이미 기회는 지나가고 말았다.

동일한 이유로, 선교회는 대부분 토착민 교역자와 토착민 교회 지도자들을 훈련할 필요성을 너무 늦게 깨달았다. 이 점에서는 로마 가톨릭 교회가 좀더 머리가 일찍 깨었고 보다 멀리 내다 보았다. 아마도 로마 가톨릭은 어쨌든 명백하게 국제적 교회였기 때문에 그렇게 할 수 있었을 것이다. 영국 선교사들은 대영 제국의 힘이 영원히 계속되리라고 생각했던 것 같다. 아무튼 그들은 역사가 오래된 동양의 문명과 아프리카의 신흥 민족들이 아주 빠른 시일 내에 유럽의 지배와 보호에 분개하고 독립에 성공할 것이라는 것을 예견하지 못하였다. 이러한 과정이 더 빨리 진행되면서, 기독교 선교회들은 그들이 아주 불리한 처지에 놓여 있음을 깨달았다. 토착 지도력을 가진 토착 교회를 만들어 내지 못한 실패는 이제 가능한 한 최선으로 수정되어야 했다. 현재 선교회들이 설립한 기독교 공동체들은 유럽 교회 또는 미국 교회의 해외 선교부가 아니라 자신의 고유한 권한을 가진 교회로 인정받고 있다. 우리는 그들을 "신생 교회"(Younger Churches)라고 부른다. 서구 출신의 선교사들은 이제 가능하기만 하면 현지 교회 지도자들 아래에서 기쁘게 일한다. 그들은 자신을 신생 교회를 운영하기 위하여 온 감독자가 아니라 신생 교회를 돕기 위해 초청받은 동료로 생각한다. 신생 교회는 여전히 외부의 도움을 환영하고 있고, 이제 과격한 민족주의와 반(反)식민주의적 충동에 의해 움직이지 않고 있다. 이런 점에서 신생 교회의 정신은 마땅히 찬사를 받을 만하다.

물론 세계의 다른 지역의 상황을 고찰하면, 부분적으로 이러한 일반적 진술을 제한할 필요가 있다. 예를 들면, 서부 아프리카의 교회는 동부와 중앙 아프리카의 교회보다 토착 교회로서 훨씬 더 많이 발전하였다.

선교 운동의 가장 큰 약점은 그것이 서구 기독교뿐만 아니라 서구의 교파주의까지 이식했다는 것이었다. 신앙은 만민과 열방을 한 분이시며 모든 사람의 아버지되시는 하나님과 화해시킬 뿐만 아니라 사람들을 서로 화해시킨다. 그런데 이 신앙이 종종 이미 분열되어 있는 사람들을 더욱더 심하게 분열시키기도 하였다. 기독교는 종교적 분파와 파당의 모습으로 들어왔다. 기독교는 회심자들에게 그들 자신의 역사와 전통에 적합한 형식으로 세워진 보편적 교회 안으로 편입되는 경험을 주는 것 대신에, 회심자들을 교파별로 분열시켰다. 각 교파의 믿음과 실천의 차이는 유럽이나 미국에서는 설명할 수 있는 것이지만, 선교지에 수출하기에는 전적으로 부적합한 것이었다. "북 중국인이 미국 남침례교에 가입함으로써 이미 내전에 시달리고 있는 중국에 미국 남북 전쟁의 분열의 유산이 하나 더 추가되었을 때, 기독교는 정신적 혼동과 고통 이외에 무엇을 의미할 수 있겠는가?" 중국 민족을 통일시키는 일이 다른 기관들의 몫이 되었다는 것은 놀라운 일이 아니다. 각 나라의 기독교 선교 운동의 현실이 그들이 선포하는 복음의 내용과 얼마나 큰 차이가 났는지를 생각해볼 때, 선교 운동이 선교 사역을 위해 노력한 만큼 발전하였다는 사실이 오히려 놀라운 일이 아닐 수 없다. 본국보다 해외에서 교회 일치 운동을 더 강하게 전개하지 않을 수 없었던 이유는 바로 뒤늦게라도 이러한 선교 사역의 자기 모순성을 깨달았기 때문이다. 이러한 결정적인 장애물에도 불구하고 그들이 또한 그만큼 유익한 사역을 감당할 수 있었다는 것은 또 그들이 희생적으로 봉사했다는 증거가 되기도 한다. 선교는 선교사들의 희생적 봉사에 의해 활력을 얻어 온 것이 사실이다.

20세기에 이르러 교파적 협력과 국제적 협력이 점차 증대되었다. 세계의 일부 지역에서는 교회들이 완전히 통일되기도 하였다. 에큐메니컬 운동에 의해 새로운 정신이 고양되면서, 선교 책임자들은 점차 교파와 국가의 경계를 넘어 협력하게 되었다. 이 선교 협력 운동에서 가장 중요한 기관지는 1912년 창설된 「국제 선교 평론」(*International Review of Missions*)이었고, 절대적으로 필요했던 기관은 1921년 창설된 국제선교협의회(International Missionary Council)였다.

선교지에서는, 교회와 선교회의 상호 관계와는 별도로 하더라도, 많은 문제들이 발생하였다. 그런데 이러한 문제는 국제적·초교파적 기반 위에서 가장 효과적으로 해결될 수 있었다. 예를 들어, 신생 교회와 정부의 관계는 독재적이고 민족주의적인 정부가 하나의 이상으로서의 19세기 자유민주주의를 대체하고 들어설 때, 더욱 중요하고 골치아프게 되었다. 이 새로운 정부는 분명하고 공격적인 이념에 헌신하고 또 국가의 정책을 따르지 않는 운동과 조직들에게 관용을 베풀지 않는 경향이 있었다. 이러한 상황에서, 소수파인 기독교 공동체들이 서로 협의하고 또 가능하면 함께 행동하는 것은 분명히 상식적인 일이었다. 국가와 교회에 관한 유럽의 전통적 논의와 교리들은 여전히 유용한 가르침을 주고 있으나, 그것이 전혀 새로운 환경에 처한 교회를 위하여 직접적인 지침을 줄 수는 없었다.

다시 말해, 서로 다른 교회의 기독교인들이 공통된 생각에 도달하고 서로 상충되는 증거를 피하기 위한 목적으로 함께 유용하게 연구할 수 있었던 심각한 문제들이 선교지에서 아주 많이 발생하였다. 예를 들어, 일부다처제 사회에서 회심한 사람들의 부부 관계에 대하여 어떤 조치를 취하여야 하는가? 또한 비기독교적 종교와 문화에 대하여 좀더 긍정적이고 공감하는 태도가 형성되면서, 신생 교회는 교파에 관계없이 다음과 같이 동일한 질문을 하게 되었다. 타종교는 어느 정도나 "복음의 준비"(praeparatio evangelica)로 간주될 수 있고, 또 타종교의 경전은 어느 정도나 구약에 상응하고 심지어 구약을 대체하는 것으로 간주될 수 있는가? 그리고 기독교 선교는 얼마나 정당하게 진정으로 토착화될 수 있는가? 예를 들어, 이교도 부족의 입회 의식들(initiation rites)을 정화하고 세례주기 위한 시도들을 해야 하는가, 아니면 전적으로 회피해야 하는가?

이 모든 문제들의 배후에는 깊은 신학적 쟁점들이 놓여 있었다. 이것은 카를 바르트와 위기의 신학에 의해 크게 영향을 받은 화란의 신학자, 헨드릭 크래머(Hendrik Kraemer, 1889-1965)가 그의 「비기독교 세계 안의 기독교 메시지」(*The Christian Message in a Non-Christian World*, 1938)를 출판하였을 때 잘 입증되었다.[2] 그는 이 책에서 교회의 선교에 대한 자유주의 신학의 가정, 즉 하나님께서 이스라엘 사람과 그리스도 안에서 보여주신 특별 계시 옆에 타종교들을 통한 일반 계시가 있다는 생각에 이의를 제기하였다.

또한 이보다 2년 전에, 독일의 가톨릭 신학자 오토 카러(Otto Karrer)는 타종교에 대하여 훨씬 더 자유로운 입장을 취하는 「인류의 종교」(*Religions of Mankind*, 1936)라는 아주 훌륭한 책을 저술하였다. 여기서 그는 다음과 같이 썼다. "만약 우리가 인류를 향한 하나님의 보편적(universal) 계시 즉 그 정도의 차이는 있지만 누구나 다 접근할 수 있는

---

2) 그는 1956년 후속서로 「종교와 기독교 신앙」(*Religion and the Christian Faith*, 1956)을 출판하였다.

계시를 거부한다면, 그리스도 안에 드러난 특별(special) 계시를 믿는 것
은 불합리하다." 이러한 신학적 논쟁은 지금도 여전히 계속되고 있다. 이제
"선교학"(Missiology)이라고 부르는 신학 연구 분과가 새로 나타나게 되
었다. 그리고 가톨릭과 개신교가 모두 이 선교학에 함께 공헌하고 있다.

제 23 장

에큐메니컬 운동

"에큐메니컬"이라는 용어는 범세계적(world-wide)이라는 뜻이다. 그것은 현대적 의미뿐만 아니라 전통적 의미로 사용된다. 전통적으로, 이 용어는 지역 공의회와 지역의 신조와 구분하여, 보편적으로 받아들여지는 교회의 신조와 공의회를 가리키는 데 사용되었다. 이러한 의미로 이 용어의 철자를 "신앙의 에큐메니컬 문서"(oecumenical documents of the faith)라는 표현처럼, "에큐메니컬"(oecumenical)로 쓰는 것이 편리하다. 이 용어의 현대적 의미는 19세기부터 사용되기 시작했다.

현대적 의미의 "에큐메니컬"(ecumenical)은 확실히 보편성(universality)의 이상을 의미한다. 에큐메니컬은 기독교 세계의 갈라진 교회들이 분열되어 있음에도 불구하고 공통적으로 가지고 있는 것을 가리키고 또 교회들이 보여주어야할 일치(unity)에 도달하려는 교회들의 의지를 가리킨다. 처음에 에큐메니컬 운동은 전통적 의미에서 "에큐메니컬"(oecumenical)이라고 말할 수 없었다. 왜냐하면 그것이 에큐메니컬 운동에 참여하지 않고 있는 로마 가톨릭 교회에 의해 공식적으로 승인되지 않았기 때문이다. 이제 기쁘게도 이러한 한계는 제거되었고, 아주 활발한 "보편적 에큐메니즘"(Catholic ecumenism)이 존재하게 되었다.

에큐메니컬 운동을 알리는 선행적 사건들은 16세기까지 소급될 수 있고, 우리는 16세기 이래로 교회의 분열에 다리를 놓기 위한 많은 시도들이 있었다는 것을 발견할 수 있다. 비록 이러한 시도들이 흥미로우나 실패로 끝나고 말았지만 말이다. 그러나 에큐메니컬 운동은 1910년 에든버러 국제선교대회(International Missionary Conference)에서 시작되었다는 것이 일반적인 의견이다. 에큐메니컬 운동은 19세기 동안 초교파적인 여러 단체들, 특히 복음주의 연맹(Evangelical Alliance, 1846)에 의해 잘 준비되었다. 특별히 중요한 것은 여러 나라들의 기독교 학생 운동을 하나로 묶어주었던 세계학생기독교연맹(World's Student Christian Federation)이었다. 훗날 에큐메니컬 운동의 창시자 및 지도자가 될 사람들은 바로 이러한 단체의 후원 아래 만나서 서로서로 잘 알게 되었다. 그들의 교파적 배경이 무엇이든지, 그들은 자기들이 생각해왔던 것보다 훨씬 더 많은 점들을 타 교파 교회와 공유하고 있다는 것을 깨달았다. 그리고 서로 친구와 동역자로 행동할 수 없다면 이 세상에서 그리스도와 그의 뜻을 섬기고 살 수 없다고 생각했다.

에큐메니컬 운동은 크게 세 가지 흐름을 따라 발전되었다. 첫번째 흐름은 에든버러 대회의 존재 이유였던 선교 운동이었다. 이 대회가 임명한 계속 위원회는 바로 「국제 선교 평론」(*International Review of Missions*)을 발행하였고, 국제선교대회(IMC)의 묘판이 되었다.

두번째 흐름은 "생활과 실천"(Life and Work) 운동이었다. 이 흐름은 신앙이 사회의 전반적인 생활 즉 정치, 산업, 교육, 국제 관계 등에 영향을 미치도록 하기 위하여 기독교인들이 어떻게 서로를 도울 수 있는지 그 방법을 찾고자 하였다. 물론 이미 이것에 선행하는 여러 가지 사건들이 있었다. 예를 들면, 19세기 기독교 사회주의 운동과 미국의 "사회 복음" 같은 것이다. 그러나 "생활과 실천"은 나단 쇠더블롬(Nathan Söderblom, 1866-1931)이라는 한 명의 탁월한 건축자와 환상가를 갖고 있었다.

쇠더블름은 스웨덴 루터교 목사의 아들이었다. 그는 어릴 때 북극권에서 멀지 않은 매우 단순한 지역에서 살았다. 청년 시절, 그는 파리에서 스웨덴인 교회의 목사로 시무하였다. 그의 목회 사역은 그다지 엄격하지 않았다. 그래서 여기서 시간을 절약하여 고대 종교들 특히 페르시아 종교를 연구할 수 있었다. 그의 연구는 마침내 「살아계신 하나님」(*Living God*)이라는 기퍼드 강좌로 열매맺었고, 이것은 1933년 유작으로 출판되었다. 그 다음 죄더블롬은 웁살라와 라이프치히에서 종교사 교수가 되었다.

1914년 웁살라 대주교좌가 공석이 되었을 때, 스웨덴 국왕은 대주교 자리에 추천된 두 명의 유명한 주교들보다 상대적으로 덜 알려진 교수를 임명하였다. 보수적 지도자들은 충격을 받았지만, 국왕의 선택은 현명했다. 여러 다른 나라에서 얻은 죄더블룸의 경험은 그에게 신학 사상의 흐름에 대하여 잘 알 수 있게 해 주었다. 그는 기독교의 일치와 사회 정의에 대한 교회의 증언에 열정적인 관심을 갖고 있던, 준비된 에큐메니컬 지도자였다.

죄더블룸은 제1차 세계대전 기간에도 전쟁의 재난에 의해 흔들릴 수 있는 것보다 더 깊은 기독교인들의 일치가 있다는 것을 보여주는 대회를 개최하고자 하였다. 이것은 불가능한 것으로 판명되었지만, 그의 갈망은 1925년 스톡홀름 "생활과 실천 세계기독교대회"(Universal Christian Conference on Life and Work)에서 성취되었다. 여기서 두 그룹 사이에 뿌리깊고 오래 지속된 분열이 있었다. 한 그룹은 교회의 임무는 현재의 악한 세상으로부터 영혼을 구원하여 영원한 운명을 준비하도록 하는 것이라고 하였고, 또 다른 한 그룹은 교회의 임무는 이 세상을 변혁시키는 것을 포함한다고 주장하였다. 이러한 것은 때때로 "세상 거부적"(world-renouncing) 태도와 "세상 긍정적"(world-affirming) 태도로 불리웠다. 그리고 각각 여러 가지 다양한 입장들이 많이 있었다.[1] "생활과 실천" 운동에서 처음부터 이러한 입장의 차이가 드러난 것은 어쩔 수 없는 일이었다.

1925년 스톡홀름 대회가 구체적인 결과를 만들어냈다고 말할 수는 없지만, 그것은 다양한 전통에 속한 기독교인들로 하여금 서로를 이해할 수 있도록 도와 주었고, 전쟁 기간 동안 적대적 진영에 있고 여전히 서로를

---

1) Ernst Troeltsch, *The Social Teaching of the Christian Churches*. Eng. trans., 1931; H. Richard Niebuhr, *Christ and Culture*. 1952.

의심해왔던 교회 지도자들이 서로 인격적 관계를 맺을 수 있도록 해주었다. 이 대회는 인간성의 자유롭고 온전한 발전을 재산이나 이익보다 더 높은 가치로 세우는 것과 같은, 확실한 일반적 원리를 확립하였다. 그리고 "기독교 세계주의"(Christian internationalism)를 선언하였다. 그러나 문제는 어떻게 이러한 일반적 원리를 실제 정치에서 실행할 수 있을까, 누가 이 일을 맡을 것인가 하는 것이었다. 우리는 이 점에 관하여 뒤에서 다시 언급할 것이다.

영국의 기록에 의하면, 이와 유사한 대회가 1924년 버밍엄에서 개최되었다고 한다. 이 대회를 준비하기 위하여 로마 가톨릭을 포함하여 영국의 모든 교회의 대표자들이 참여하였다. 비록 로마 가톨릭은 실제로 대회가 개최되기 전에 물러나야 했지만 말이다. 이 대회는 "코펙"(Copec), 즉 "정치, 경제, 시민권에 관한 대회"(Conference on Politics, Economics, and Citizenship)로 알려졌다. 우리는 12권의 대회 준비 보고서에서 기독교 사회 사상이 이 무렵 영국 교회 안에 아주 깊이 스며들어 있었다는 것을 알 수 있다. 이 대회는 윌리엄 템플(William Temple)에 의해 주재되었다. 그는 "생활과 실천"뿐만 아니라 에큐메니컬 운동의 모든 분야에서 지도적 역할을 감당하였다.

세번째 흐름은 "신앙과 직제"(Faith and Order) 운동이었다. "신앙과 직제"의 주창자는 미국 감독교회의 찰스 해롤드 브렌트(Charles Harold Brent, 1862-1929)였다. 그는 필리핀의 주교였고, 나중에 서 뉴욕의 주교가 되었다. 1910년 브렌트는 "우리 주 예수 그리스도를 하나님과 구세주로 고백하는 전 세계의 모든 기독교 교파"의 대표자를 초청하여 신앙과 직제 대회를 열자고 미국의 개신교 감독교회를 설득하였다. 그러나 교회는 이러한 거대한 제안을 듣고 곧바로 무모하게 행동에 뛰어드는 기관이 아니었다. 17년 후에야, 1927년 로잔에서 제1차 신앙과 직제 세계 대회가 열렸다. 400명의 대표들이 참석한 이 대회는 여러 가지 중요한 성격을 띠고 있었다.

비록 로마 가톨릭 교회는 참여하지 않았지만, 동방 정교회의 대표들이 참석하였다. 그래서 동방 교회와 서방 교회가 하나의 끈으로 연결되었고, 서방 기독교인들이 동방 정교회를 더 잘 이해할 수 있는 길이 열리게 되었다. 물론 이것은 볼셰비키 혁명 이후 서방 교회가 서방에 정착한 러시아 신학자들과 접촉하기 시작하면서 이미 열리기 시작하였지만 말이다. 로잔 대회의 또 다른 주요한 특징은 참석 대표자들의 자격이었다. 각 교회는 그들의 가장 유능한 성직자들을 보냈다. 예를 들면, 영국 교회의 대표는 가장 비중있는 대표자인 고어 주교와 헤드럼 주교였다. 더 나아가, 각 교회의 기본적 토대가 되는 일치에 대한 자각과 함께, 각 교회 사이의 차이점에 대한 솔직한 대화가 있었다. 모든 사람들은 이제 더 진행시켜야 할 사업이 이제 막 시작되었다고 느꼈다.

그러므로 에큐메니컬 운동에는 분명히 구별되는 세 가지 흐름이 있다. 다음으로 중요한 사건은 1928년 예루살렘에서 개최된 선교 대회였다. 바로 여기에서 "오래된"(Older) 교회와 "신생"(Younger) 교회라는 용어가 처음 사용되기 시작했다. 인도와 중국과 아프리카는 서방이 보기에 더 이상 선교 대상으로 간주될 수 없었다. 이들은 교회의 세계 선교를 공동으로 추진하는 협력자였다. 또한 서방 교회 자체가 선교적 상황에 있다는 것을 보기 시작하였다. 이를 묘사하기 위하여 곧 "후기 기독교"(post-Christian)라는 말이 만들어질 것이다. 명목적으로 기독교적인 나라들을 포함하여 서방의 모든 나라들에 무신론적 세속주의가 깊이 침투해 들어가고 있는 것처럼 보였다. 이것은 훗날 "프랑스, 선교의 나라"(*France, pays de mission*)라는 표어에 잘 나타나 있다.

제2차 세계대전 직전에 또 다른 일련의 에큐메니컬 대회들이 열렸다. 그러나 대회와 대회 사이에 위원회와 출판을 통하여 상당한 연구가 이루어졌다. 또한 이제 여러 지역에서 서로 상응하는 유사한 발전들이 나란히 진행되었다. 영국에서는 코펙(Copec) 이외에도, 1920년 램버스 대회(Lambeth Conference)가 "모든 기독교인에게 고함"(Appeal to all Christian People)을 발표하였고, 영국 성공회와 자유 교회의 대표자들 사이에 재연합의 가능성을 타진하는 대화가 있었고, 또한 영국 성공회와 로마 가톨릭 사이에서도 벨기에의 말린(Malines)에서 추기경 메르씨에 (1851-1926)와 할리팍스 백작 (1839-1934)의 지도 아래 대화가 있었다. 이 두 가지 대화에서 결정적인 열매는 없었다. 그러나 이러한 대화는 적어도 갈라진 교회의 신학자들이 대화할 수 있는 사이가 되었다는 것을 보여주는 징표가 되었다.

다른 곳에서는 교회가 실제로 연합되기도 하였다. 스코틀랜드 교회와 연합자유교회가 연합한 것도 이 무렵이었다. 1932년 영국 감리교의 세 지류들이 하나로 통합되었다. 1925년에는 캐나다 교회의 네 그룹이 캐나다연합교회(United Church of Canada)로 연합되었다. 남인도 교회연합 (Church Union for South India)의 계획이 서서히 그 모습을 드러내었다. 이것은 감독 교회와 비 감독 교회 사이의 연합이 될 것이라는 점에서 중요한 의미가 있다.

이 모든 흐름에는 다양한 동기들이 작용하고 있었다. 하나가 되는 것은 그리스도의 교회의 본성이고 분열은 본질적으로 수치스러운 것이라는 확신이 점차 널리 퍼졌다. 또한 연합에는 경제적인 이유도 강하게 작용하였다. 예를 들어, 교역자들이 부족하다고 느껴지기 시작할 때, 중복되거나 경쟁적인 조직이 기독교의 노력을 터무니없이 낭비한다는 지적이 있었다. 또한 연합된 교회가 분열된 교회보다 더 강한 입장에서 우호적인 정부들과 협력할 수 있고 또 적대적인 정부에 저항할 수 있다는 인식이 확산되었다. 이 마지막 동기는 전체주의가 강해지면서 점점 더 중요한 비중을 차지하였다. 다음 에큐메니컬 대회가 1937년부터 1938년까지 열렸을 때, 세계는 이미 세계 대전의 무서운 협박과 위협 아래 놓여 있었다.

이 두 대회는 영국에서 열렸다. 1937년 옥스퍼드에서 "생활과 실천" 대회가 열렸고, 곧바로 에든버러에서 "신앙과 직제" 대회가 열렸다. "생활과 실천"은 그 주제를 "교회, 공동체, 국가"(Church, Community, and State)로 잡았다. 이 주제는 당시 모든 교회들에게 절박한 문제들이었다. 올드햄 (J. H. Oldham, 1874-1969)은 1910년 에든버러 이후 계속하여 에큐메니컬 운동의 중심에 있었던 베테랑으로서 이 대회를 주관하였다. 이 대회는 준비 단계에서 아주 학문적으로 탁월한 일련의 책들을 출판하였다. 올드햄은 만일 기독교 신앙이 세상의 삶에 대하여 창조적으로 관련되지 않는다면, 성직자와 신학자와 교회의 총회들이 무엇이 행해져야 한다고 결정을 내려도 충분하지 않다는 것을 스스로 깨달았고 남들도 깨닫게 하였다. 신학자들은 훈련을 받지 않았고, 성직자들은 이해 관계가 얽혀 있었기 때문에, 정치와 산업과 국제 관계가 어떻게 나아가야 한다고 말할 자격이 없었다. 이러한 모든 세속적 영역들은 현대에 와서 고도로 전문적이고 복잡하게 되었고, 전문가로서 체험적으로 내부의 지식을 가지고 있는 사람들만이 무엇을 할 수 있고 무엇이 행해져야 하는지 말할 수 있었다. 사회의 유익한 변화들은 권력의 자리에 있고 그들의 말이 구체적으로 실현될 수 있는 평신도들에 의해서 일어나야만 한다.

그리하여 옥스퍼드 대회는 모호한 일반화와 추상적 결정들에 대하여 강하게 반대하였고, 제2차 세계대전 동안과 그 이후에도 계속하여 "평신도 연구소"(lay institutes)와 "프런티어"(frontier) 운동 같은 것을 장려하였다. 그래서 기독교인 평신도들로 하여금 그들이 사회적으로 책임지고 있는 영역에서 — 정부나 행정, 교육이나 산업, 법률이나 다른 전문직에서 — 발생하는 문제들을 서로 이해하도록 도와주고 또 이 문제들에 대하여 올바른 결정을 내릴 수 있도록 도와 주는 방법을 모색하였다. 가장 인상적인 예는 전후 독일에 설립된 복음주의 학술원(Evangelical Academies)이었다. 여기서는 저널리스트, 전문 기술인, 의사 같은 평신도 그룹들이 기독교인으로서 그들의 신앙을 그들의 직업과 관련시키는 것에 관하여 배우기 위해 학술원 상급 과정에 다니고 있다. 이 모든 운동은 스위스 보세이의 에큐메니컬 인스티튜트(Ecumenical Institute)에 거점을 두고 있고, 이곳에서는 동일한 종류의 국제적 강좌들이 편성되어 있다.

이러한 모든 발전은 평신도들을 위한 새로운 신학이 필요하다는 것을 보여 주었다. 평신도 신학은 현대 세계의 생활에 대처해야 하는 사람들을 현실적으로 내리 누르는 문제들을 해명하는 신학이 될 것이다. 전통적이고 관습적인 신학은 이제 순전히 교회와 성직자들의 관심에 의하여 너무 많이 지배되었고 또 권력의 중심부와 성장지에서 실제로 진행되고 있는 것을 겨우 희미하게 아는 사람들에 의하여 조작되어온 것 같았다. 올드햄이 전쟁 중에 편집하여 발행하기 시작한 「기독교 소식」(*Christian News-Letter*)은 이러한 여러 가지 문제들을 잘 보여주었다.

1937년 "신앙과 직제" 에든버러 대회에는 123개 교회의 대표들이 참석하였다. 독일 복음주의 교회(German Evangelical Church)는 대표를 파견하지 못했다. 나치 정부가 여권 발급을 거부했기 때문이다. 이것이 예고하는 것의 심각성은 별도로 하더라도, 이것은 이 대회의 큰 손실이었다. 왜냐하면 독일 교회는 항상 공헌할 수 있는 내용이 많았기 때문이다. 그럼에도 불구하고 에든버러 대회와 옥스퍼드 대회는 너무나 빨리 전쟁에 휩쓸려 들어가서 서로 단절되어 의사 소통을 하지 못했던 교회의 지도자들을 하나로 강하게 묶어 주었다. 전쟁에서 서로 정반대의 위치에 서 있던 기독교인들의 관계는 제2차 세계대전 때는 설교자와 신학 교수들이 전쟁을 미화했던 제1차 세계 대전 때만큼 그렇게 심하게 악화되지 않았다.

그러나 1937년 대회는 한 가지 긍정적인 결과를 낳았다. 세계교회협의회는 에큐메니컬 운동의 참여자들을 보다 긴밀하게 항구적으로 결합시키고 또한 에큐메니컬 운동의 다양한 흐름을 조정하는 일을 할 것이다. 1937년 대회에서 세계교회협의회(World Council of Churches)의 헌법을 초안하기 위한 위원회가 선출되었다. 이 헌법 기초 작업은 전쟁이 일어나기 전에 이미 상당히 진전되었으나, 전쟁으로 인하여 불가피하게 중단되었다. 그러나 연합국과 나치 점령 지역의 교회 지도자들은 주로 치체스터의 주교 벨(G. K. A. Bell)의 대담하고 기발한 조치를 통해 서로 연락을 주고 받을 수 있었다. 전쟁이 끝났을 때, 세계교회협의회를 준비하는 일이 급속도로 진행되었다.

전쟁 전에 열린 세번째 에큐메니컬 대회는 마드라스 근처의 탐바람에서 열린 국제선교대회였다. 470명의 대표자 중 절반 정도가 신생 교회 출신이었다. 그리스도의 이름으로 모인 회의 가운데 이 대회만큼 많은 언어가 한꺼번에 사용된 적이 없었다. 참석한 대표자들은 그들 사이에 평등 의식이 가득했다고 증언하였다. 당시 공식적으로 특권을 가진 대표들이 적었다고 한다. 탐바람 대회는 모든 곳에서 특별히 신생 교회에서 기독교인 지도력을 훈련시키는 기준을 높여야 한다는 것을 강조하였다. 대회의 참석자들은 "현재의 신학 교육은 모든 기독교 사업 중에서 가장 약한 부분 가운데 하나이다"라고 확신했다. 만약 전쟁이 일어나지 않았더라면, 보다 풍성한 일들이 많이 이루어졌을 것이다.

1948년에 암스테르담에서 세계교회협의회가 정식으로 발족되었다. 44개의 국가, 147개의 교회의 대표자들이 참석하였다. 참석하지 않은 주요 교회는 여전히 자신들이 유일한 참된 교회라고 배타적으로 주장하는 로마 가톨릭 교회와 경쟁적인 국제 기구를 설립한 극단적 보수주의 개신교 교회와 러시아 교회였다. 모스크바 공회(Moscow Synod)는 세계교회협의회를 반(反)민주적인 성격의 정치적 목적을 갖고 있는 비(非)교회적 집단이라고 비난했다. 그러나 그 후에 모스크바와 세계교회협의회의 본부가 있는 제네바 사이에는 보다 우호적인 관계가 형성되었다.

세계교회협의회는 하나의 초대형 교회(super-church)라고 주장하지 않았고, 또 연합 교회(united Church)를 대체한다고 하지도 않았다. 세계교회협의회는 참여한 회원 교회들 사이의 상호 협력과 이해를 증진하고 모든 곳에서 기독교인의 일치를 추구하는 운동을 돕는 것을 목표로 하는 교회들의 협의회이다. 세계교회협의회는 이전에 구분되었던 세 가지 흐름의 활동들을 통합하고, 또한 이 무렵 시작된 에큐메니컬 운동의 또 다른 흐름 즉 1939년 암스테르담과 1947년 오슬로에서 세계 대회를 개최한 기독교 청년 운동(Christian Youth movements)을 통합하였다.

세계교회협의회는 평화와 조화가 지배적 분위기라고 할 수 없다. 항상 심각한 긴장이 작용하고 있었다. 첫째 이 운동 안에는 로마 가톨릭적 요소와 개신교적 요소 사이에 긴장 관계가 있다. 그리고 동방 정교회는 항상 자신의 고유한 입장을 가지고 서방 교회의 관점을 못마땅하게 생각하는 경향을 보여왔다. 앵글로 색슨계의 행동주의와 (앵글로 색슨 사람들이 보기에) 대륙의 신학자들의 종말론적 정적주의 사이에도 긴장이 있었다. 미국 서부에서 온 한 대표자는 1948년 암스테르담에서 카를 바르트의 강연을 들은 후, 이렇게 말하였다. "만약 내가 바르트라면 이 회의를 그만두고 낚시하러 갈 것이다. 그리고 낚시를 할 때, 바늘에 미끼를 끼지도 않을 것이고 낚싯줄을 물어 던지지도 않을 것이다. 왜냐하면 나는 주님께서 물고기가 물 밖으로 튀어 올라오게 하셔서 곧바로 나의 프라이팬 안으로 집어넣으실 것을 바랄 것이기 때문이다." 미국인들은 1937년의 옥스퍼드 대회에서도 동일한 인상을 받았다. 그들은 대륙의 기독교인들이 "앉으시오, 인자(人子)의 형제들이여. 모든 것을 하나님께 맡기세요" 한다고 표현하였다.

이것은 확실히 바르트의 가르침을 오해한 것이다. 그러나 자칭 바르트의 제자들이 이렇게 오해할 만한 구실을 제공하였을 것이다. 1954년 일리노이 주 에반스턴에서 제2차 세계교회협의회 총회가 열렸을 때에도 동일한 긴장이 흘렀다. 더욱이 이번 총회의 주제는 그리스도인의 희망이었다. 그러나 어떠한 긴장이 있었든지, 이 모임에 참석하였던 사람들은 모두 그들이 함께 머물러서 인내심을 가지고 그들의 차이점을 제거해 나가야 한다는 결론을 내리게 되었다. 제네바에는 세계교회협의회의 거대한 조직이 있다. 그 안에서 협의회의 많은 부서와 직원들은 열심히 일을 하면서 회원 교회들에게 많은 일들을 공급하고 있다. 때때로 사람들은 에큐메니컬 운동이 거대한 중앙집권적 관료주의의 수렁에 빠지지 않을까 두려워하기도 하였다.

세계교회협의회 회원 교회가 많이 있는 나라에서는 각각 이에 상응하는 발전들이 있었다. 영국에서는 로마 가톨릭을 제외한 모든 영국 교회들이 1942년 윌리엄 템플의 주도로 영국교회협의회를 조직하였다. 영국교회협의회는 교육, 교회 지원, 청년 사역 등 다양한 초교파적 활동을 담당하고 조정하였다. 영국교회협의회는 때때로 특별 위원회를 후원하여 「원자력의 시대」(*The Era of Atomic Power*, 1946) 같은 보고서를 작성하게 하였다. 일부 도시와 지역에서는 지역 교회협의회가 영국교회협의회와 상호 관계를 맺었다.

에큐메니컬 운동의 가장 심각한 한계는 오랫동안 그것이 역삼각형(top-heaviness) 형태라는 것이었다. 많은 사람들이 이것에 대하여 동의하고 있다. 에큐메니컬 운동은 몸이 없이 머리가 되려는 경향이 있었다. 이 운동에 실제로 참여한 사람들은 — 평신도이든 성직자이든 신학자이든 — 대부분 교회의 지도자였다. 모든 교파의 일반 신자들은 이 운동과 보조를 맞추지 못하고 있고, 대개 그들의 대표들이 서로 긴밀하게 가까워지고 있다는 사실도 알지 못한다. 1960년대에 이르러 이러한 약점이 많이 개선되었다. 매년 1월 "기독교 일치를 위한 기도 주간"뿐만 아니라 다른 때에도, 모든 교파의 기독교인들은 이제 공동 기도, 공동 예배, 기타 많은 종류의 활동을 함께 행하는 것에 익숙해졌다. 그러나 교회 연합(church union)의 길에는 아직도 많은 장애물이 놓여 있다. 그 한 예로 1969년 오랫동안 준비되어 온 영국의 성공회와 감리교의 연합 계획이 수포로 돌아갔다. 반면에 1972년 영국 장로교와 회중교회는 연합개혁교회(United Reformed Church)로 통합하는 데 성공하였다. 그리고 로마 가톨릭 교회의 광범위한 참여로 인하여, 에큐메니컬 운동은 모든 차원에서 고무적이고 풍성한 열매를 거두게 되었다. 한 세대 전에는 생각도 할 수 없었던 여러 종류의 협력이 이제는 당연하게 이루어지고 있다.

긴밀한 교회 일치에 대한 장애물은 결코 신학적인 것만이 아니다. 소위 "비신학적 요인"이라고 부르는 것이 더 중요할 수도 있다. 다시 말해, 진정으로 교회를 분열시키는 것은 교회의 신앙과 직제에 대한 공공연한 차이들이 아니라, 각 지역에서 일반 교인들이 흔들리는 것을 원하지 않는 전통적 건물과 관습과 사회학적 동질 그룹에 대한 고집과 집착일 수도 있다. 교회 연합이 교회 대표들에 의하여 합의된 때에도, 연합의 실현을 방해하는 가장 힘든 장애물은 바로 이러한 비신학적 요인들이었다. 교회 지도자들이, 그들이 가는 대로 그들의 교회를 이끌어가는 것보다 더 많은 일을 할 수 있을지 감히 누가 말할 수 있겠는가? 자주 인용되는 말이지만, 윌리엄 템플은 에큐메니컬 운동을 "우리 시대의 위대한 새로운 사실"이라고 말하였다. 그러나 이것이 예언자적 통찰에 속할지 아니면 부질없는 기대에 속할지 아무도 속단할 수 없다.

제 24 장

흥분의 십년

하나님은 밀가루를 반죽하셨을 뿐만 아니라 누룩을 만드셨고, 식물을 몹시 사랑하시는 것처럼 발효도 사랑하신다(에머슨).

발효(fermentation): 이 과정의 특징은 발효되는 물질에서 열의 방출과 함께 거품이 일어나고 그 결과로 물질의 속성들이 변화되는 것이다.(옥스퍼드 영어 사전)

1960년대 동안 세계 전반은 동요와 흥분으로 들끓었다. 전쟁과 전쟁의 위협과 아프리카 정치의 혁명적 변화와 권력의 이동 외에도, 인간의 달 착륙에서부터 전 세계 대학의 법 질서의 붕괴에 이르기까지 역사상 유례가 없는 일들이 일어났다. 이 시대의 놀라운 격동의 특징을 생생하고 풍부하게 남긴 기록으로는 크리스토퍼 부커(Christopher Booker)의 「새 것 중독증」(*The Neophiliacs*, 1969)이 있다.

지금까지 교회는 세상의 생활과 제도가 항상 다소간 유동적이고 강렬한 것과 비교해 볼 때 안정과 보수의 피난처로 간주되었다. 그러나 이번 십년 동안 교회는 가장 보수적인 로마 가톨릭을 포함하여 변화와 혁신을 바라는 보편적인 흥분과 열정의 분위기에 감염되었다. 물론 우리는 과장을 피해야 한다. 여러 가지 방면에서 교회는 이전에 하던 일을 계속하였다. 비록 재원이 부족하고, 회중이 줄고, 교역자들이 심각하게 빠져나가고, 앞으로 점점 더 부족하게 되고 역경이 많아질 것이라는 경고가 있지만 말이다. 그리고 어쨌든 교회의 동요는 세계적으로 일어나지도 않았고 획일적으로 드러나지도 않았다. 아마도 이 기간에 일어난 일들은 "발효적 동요"(fermentation)와 "흥분"(effervescence)으로 표현될 수 있을 것 같다.

이러한 일반적 진술을 예증하기 위하여, 여기서는 우선 로마 가톨릭의 혼돈을 살펴보고 그 다음은 서구의 비(非) 로마 교회의 기독교 사상의 새로운 방식을 고찰함으로써 십년의 기간을 돌아보려 한다. 기독교 사상의 새로운 방식은 바로 "신 신학"(new theology)과 "신 도덕"(new morality)을 가리킨다.

추기경 론칼리(Roncalli, 1881-1963)가 1958년 교황으로 선출되었을 때, 전반적으로 그가 "피우스"라는 이름을 택하지 않았다는 안도감이 있었을 것이다. 그러나 어느 누구도 그의 5년 동안의 교황직이 어떤 결과를 가져올지 추측할 수 없었다. 그를 뽑은 추기경단은 "어느 누구도 그들이 뽑은 사람의 진정한 인격이나 그의 취임이 가톨릭 교회와 세계 전체에 어떤 의미를 줄 것인지 조금도 감을 잡지 못했다"고 한다.[1] 로마 교황청에서 요한 23세를 뭐라고 생각했든지, 그는 재빨리 그의 비공식적이고 관습적이지 않은 방식과 그의 온화한 인간 관계를 통해 외부의 세계를 매혹시켰다. 바티칸의 분위기가 새로워지고 신선한 공기가 권력의 회랑 안으로 들어오고 있다는 것이 분명해졌다. 시대에 적응하는 것(bringing up to date)을 의미하는 아조르나멘토(Aggiornamento)가 당시의 표어였다. 만일 요한 23세가 제2차 바티칸 공의회를 소집하는 결정적 조치를 취하지 않았다면, 그는 잠시 동안 교황직에 어색한 모습을 제공한, 사랑스럽고 깨끗하고 선한 노인이라는 이미지를 남기는 것으로 끝났을 것이다.

1959년 1월 25일 그는 깜짝 놀랄 만한 발표를 하였다. 그의 발표 내용은 거의 쿠데타로 묘사될 수 있을 정도였다.

---

1) Carlo Falconi, *The Popes in the Twentieth Century.* 1967, p. 313.

사실 그것으로 교황 요한은 그의 전임자들의 권위주의적 독백에 종언을 고하였고, 주교와 사제와 평신도들을 포함하여 교회 전체를 향하여 말을 하였다. 그는 로마의 중앙집권적 조직과 교황청의 특권에 일격을 가하였고, 국가 교회와 대륙의 교회들의 복수주의(pluralism)와 연방주의(federalism)의 길을 열어 놓았다. 그는 교회의 영적 사명의 우위성을 다시 재건하였고, 교회의 변호사의 법률주의(legalism)와 교회의 외교관의 세속주의(temporlism)를 교회의 목회적 목적 아래에 두었다. 그는 평신도에게 보다 더 큰 책임성을 부여함으로써 교회 공동체의 진보적인 세속화를 촉진시켰다. 마지막으로 그는 어떤 의미에서 가톨릭 교회를 에큐메니즘의 선봉에 세웠고 다른 기독교 교파뿐만 아니라 타종교의 신앙도 포괄하는 방향으로 나아가게 하였다.[2]

그러나 교황 요한이 놀라운 발표를 하였을 때, 그 결과는 잠재되어 있는 것이었고 미리 예견될 수는 없었다. 1959년 1월과 공의회 첫번째 회기가 시작된 1962년 10월 사이에, 교황청의 보수주의 세력은 만반의 준비 작업을 하였고, 공의회가 안전하게 전통적 흐름을 따라 진행되리라고 확신하였다. 회의가 시작되었을 때, 대다수의 주교들이 더 이상 교황청의 지시를 따르려고 하지 않는다는 사실이 명백해졌다. 주교들은 성공적으로 그들의 길을 제시하였고, 교황의 지지도 얻었다.

비록 요한 23세가 공의회의 끝을 보지는 못하였더라도, 그가 죽기 전에 그의 대담한 제안이 신기원을 이룰 것이라는 것이 분명해졌다. 공의회가 최종적으로 채택한 문서들은 교리의 기초, 교회의 본성과 교회의 정치 구조, 종교의 자유, 에큐메니컬적 관계 등의 문제를 다루었는데, 여기서 분명한 가르침과 정책의 변화를 보여주었다. 이뿐 아니라, 요한 23세는 깜짝 놀란 세상 사람들과 또 교회 자체에게 모든 부류의 로마 가톨릭 신자들 가운데 너무 오랫동안 그들에게 부과되었던 중앙집권적인 권위주의의 구속복에서 해방되기를 의식적으로든 무의식적으로든 기다려 온 사람들이 많다는 것을 보여주었다.

---

2) ibid., p. 329.

몇년 후, 교회의 전체 분위기가 적지 않게 변하였다. 이 변화를 나타내주는 현상 가운데 몇 가지만 인용해 보도록 하자. 로마 가톨릭의 신학자들은 [3] 이제 교리와 기타 주제와 특히 믿음의 토대에 관한 작품들을 벌을 받지 않고도 출판할 수 있게 되었다. 이것은 그들의 무덤 속에서 피우스 10세와 피우스 11세는 말할 것도 없고 피우스 12세를 발칵 뒤집어 놓을 일이었다. 예수회 신학자이며 과학자인 페레 테이야르 드 샤르뎅(Pére Teihard de Chardin, 1881-1955)의 저술은 그의 생전에 출판이 금지되었다. 그러나 다른 나라에서는 베스트셀러가 되었고, 아주 개방적인 종교적 대화를 자극하였다. 제2차 바티칸 공의회는 제1차 바티칸 공의회가 교황의 권위를 일방적으로 강조한 것을 주교들의 보충적 권위를 강조함으로써 균형을 잡았다. 그래서 갑자기 "단체성"(collegiality)이라는 말이 유행어가 되었다. 또한 대중들의 순종적 태도와 성직자들(hierarchy)의 교황에 대한 무비판적 복종과 교회의 다른 직제들의 성직자를 향한 복종은 사라지기 시작했다. 그리고 추기경과 주교들은 교황에 대하여, 사제들은 그들의 주교에 대하여 근대 시대에 생각도 할 수 없는 독립성을 가지고 맞서 있는 것으로 보였다.

로마 가톨릭은 갑자기 비판적 가톨릭이 되었다. 루터와 종교개혁과 다른 비(非)로마적 전통에 대한 논쟁적 태도들도 변화하였다. 우리는 이미 에큐메니컬적 관계 안에서 새로운 개방성과 자유의 분위기가 도입되었다고 말한 바 있었다.[4] 이 모든 것과 함께, 예전과 예배 형식이 놀랍도록 변화되었다. 여기에는 라틴어를 모국어로 대체시키는 것도 포함되어 있었다. 하나의 거대한 교회가 도대체 이렇게 신속하게 새로운 관점을 획득하였다는 말인가?

이러한 변화들이 논쟁이나 반대 없이 시작된 것은 아니었다. 당연히, 로마 교황청과 기타 다른 기관은 혁신과 아조르나멘토에 대해 저항하였다.

---

3) e. g. Hans Küng, Karl Rahner, S. J., Edward Schilebeeckx, O. P., etc.
4) p. 553을 보라.

교황청은 스스로 권력을 포기하고 싶어도 포기하기 힘들다는 것을 발견했다. 게다가 요한 23세의 계승자의 태도는 모호하게 이중적이었다. 바울 6세(1897-1978)가 1963년 교황으로 선출되었을 때, 그는 요한 23세와는 전혀 다른 기질과 재능을 가진 사람이라고 알려졌다. 그러나 그는 이미 시작된 개혁을 재치있고 강하게 강화할 것이고 아조르나멘토의 정책을 추진할 진보주의자로 생각되었다. 많은 측면에서 그는 개혁을 추진하였다. 그러나 다른 측면에서 그는 반동적 영향에 휩싸였고 또 단체성(collegiality), 대화(dialogue), 탈중앙집권화(decentralization) 등의 온전한 의미를 수용하지 않으려 하는 것 같았다.

이것은 교황이 산아 제한과 피임에 대한 교회의 태도에 대한 문제를 자신의 결정에 맡기라고 유보하였고, 그에게 조언하는 위원회의 보고서를 무시했을 때 명백하게 드러났다. 그의 회칙 「후마나이 비타이」(Humanae vitae, 1968)는 교회 안팎에서 많은 비판을 받았다. 이 회칙에 동의하지 않는 사람들은 이 회칙의 비무오성(non-infallible)을 강조하였고, 그 증거로 이용하였다. 마찬가지로, 라틴 교회에서 사제의 독신에 대한 바울 6세의 엄격한 태도와[5] 또 사제의 훈련 규율을 공개적으로 재고하려는 움직임을 막으려는 그의 의지는 어떤 지역에서는 박수 갈채를 받았지만 특히 네덜란드 같은 다른 지역에서는 분노를 일으키고 거부당했다. 현재의 상황에서는 교황의 입장이 바람직하지 않다는 것을 인정해야 할 것 같다. 로마 가톨릭 교회에서 얼마나 많이 동요(fermentation)가 진행된 것인지 말하는 것은 아직 너무 이르다. 한 가지 확실한 것은 피우스 10세가 근대주의 운동을 사정없이 억누르듯이 시계를 거꾸로 돌리거나 요한 23세 이전의 상태로 복귀시키는 것은 불가능하다는 것이다.

*

---

5) 로마와 교류하고 있는 동방의 유니아트 교회(Uniate Churches)는 결혼한 사제들을 허용하고 있다.

1960년대의 기독교의 동요는 또 다른 방향으로부터 접근될 수 있다. 이 것은 덜 일관적이고 덜 구체적인 결과를 내었고, 그 성과에 대하여 별로 확신을 주지 못할 것이다. 제2차 세계대전 이후, 영국과 다른 나라의 신학 은 활발하지 않아 보였다. 어떤 새로운 이단도 어떤 정통주의도 눈에 띄지 않았다. 영국의 신학자들은 그들의 방식대로, 바르트와 브루너가 대륙에서 발전시킨 신정통주의 신학을 다소간 흡수하였고, 그렇게 하는 과정에서 신 정통주의 신학을 부드럽게 하고 그 가시를 제거하였다. 독일에서는 복음은 "탈신화화"되어야 한다는 루돌프 불트만의 주장에 의해 활발한 논쟁이 일 어났었다. 그러나 불트만은 너무 과격한 신약 성경 비평가이고 철학적으로 너무나 지나친 실존주의자였기 때문에, 영국에서는 많은 추종자를 얻을 수 없었다.

영국에서 한 가지 유행한 신학이 있다면, 그것은 "성서 신학"(biblical theology)의 발전이었다. 이것은 때때로 "후기 자유주의적"(post-liberal) 혹은 "후기 비평적"(post-critical) 신학으로 알려졌다. 자유주의와 근대주 의 시대의 폭풍은 안전하게 가라앉았고 이제 신학자들이 다시 신앙과 그 신앙적 추론을 적극적으로 설명하는 데 집중할 수 있게 되었다는 것이 일 반적 생각이었다. 영국의 한 신학 저널의 편집자는 그의 독자들을 흥분시 키고 그들의 편지를 받은 주제는 믿음의 근본 쟁점들이 아니라 세례와 감 독 제도 같은 문제들이었다고 말하였다. 성서 신학자들은 자기들끼리 이야 기하는 것을 즐겼을 뿐, 다른 사람들을 대화에 끌어들이지 못하였다. 이 시 기는 신학이 발효 상태가 아니라 밀가루 반죽 상태였다.

1960년대는 당분간이라도 이 모든 것을 변화시켰다. 새로운 신학의 발 효에 공헌한 가장 유명하고 또한 악명높은 사건은 1963년 울위의 주교 존 로빈슨(John Robinson, 1919-)가 그의 책 「신에게 솔직히」(*Honest to God*)를 출판한 일이었다. 로빈슨은 이전에는 케임브리지 대학 교회의 유 능한 주임 사제와 훌륭한 신약 학자와 현대 성서 신학의 주창자로 알려져 있었다. 그는 잠시 휴식을 갖는 동안, 남 런던의 새로운 경험을 바탕으로 「신에게 솔직히」를 하나의 선언문이 아니라 자기 생각을 정리하고 또 하나님, 그리스도, 교회, 기도 등에 관하여 기존의 생각들에 대한 불만을 표시하기 위해 저술하였다. 1612년 존 로빈슨(c. 1575-1625)이라는 사람은 "주님은 자신의 거룩한 말씀으로부터 쏟아져 나오는 많은 진리를 갖고 있다"는 유명한 말을 하였었다. 울윅의 주교는 그 대신에 오늘날 루돌프 불트만, 폴 틸리히, 디트리히 본회퍼의 저술들로부터 쏟아져 나오는 많은 진리를 갖고 있다고 말하는 것처럼 보였다.

신학 전문가들은 곧 이 권위있는 신학자들이 서로 많은 차이가 있다는 것을 관찰하였으나, 이 신학자들이 관찰한 것은 별로 의미가 없었다. 왜냐하면, 「신에게 솔직히」가 아주 빠른 속도로 세계적으로 베스트셀러가 되었고, 보편적인 화젯거리가 되었기 때문이다. 이러한 놀라운 반응이 어느 정도나 이 책의 저자가 주교이고 그것이 일요 신문의 선정적 제목을 단 기사로 시작되었다는 사실 때문에 일어난 것인지 어느 누구도 확신할 수 없다. 확실히 어느 주교도 버밍엄의 전임 주교로서 생전에 캔터베리 대주교와 언쟁을 벌였던 바너스(Barners) 이후로 이렇게 큰 소동을 일으킨 일이 없었다.

일부 경건한 자들은 「신에게 솔직히」에 의해 충격을 받았으나, 다수의 독자들은 이것이 신학에서 새로운 접근의 필요성을 솔직하고 정직하게 시인한 것이고 또 기독교 신앙의 요지를 새로운 준거틀로 표현한 것이라고 환영하였다.

비록 로빈슨의 "마음으로부터의 외침"(*cri de coeur*)이 멀리까지 도달하였다 하더라도, 그의 외침은 고독한 목소리가 아니었다. 왜냐하면 그와 동시에 로마 가톨릭의 극적인 발전들 외에도, 각각 독자적으로 나타났으나 신학을 동요시킨 많은 책들이 나타났기 때문이다. 그 한 예로 일군의 케임브리지 신학자들은 의미있게 「싸운딩스」(*Soundings*)라고 제목을 정한 에세이집을 출판하였다. 그들의 목적은 교회에서 무관심하게 무시되거나 억눌려지고 있는 많은 기본적인 문제들에게 관심을 기울이도록 유도하는 것이었다. 동시에 그들은 이 문제에 대하여 어떤 신속한 대답을 기대하는 것은 시기상조라고 생각하였다. 지금은 해결책을 만들거나 새로운 신학 체계를 세울 때가 아니라, 가능성을 타진할 때라는 것이었다.

얼마 안있어, "신 신학"(new theology)이라고 잘못 이름 붙여진 신학에 대하여 찬성하거나 반대하는 출판물이 홍수처럼 쏟아져 나왔다. "신 신학"이라는 명칭은 그것이 기독교 신앙에 대한 적극적·건설적 재해석이 신학자 협의회에 의해 시작되었다는 것을 의미하기 때문에 오해를 일으킬 소지가 많았다. 반면에 실제로 일어난 것은 필요를 만족시키는 것이 아니라 오히려 그 필요성을 표현하기 위하여, 다양한 독자적이고 불완전한 에세이들이 출판되었다는 사실이다.

미국의 일군의 젊은 신학자들은 "신 신학"은 아니더라도 "신 인간학"을 들고 나타났다. 그러나 소위 "신의 죽음"(death of God)의 신학자와[6] "기독교 무신론자"는 공통된 정신을 가진 결집력있는 집단을 형성하지 못하였고, 그들이 말한 것은 겉보기만큼 실제로 새로운 것도 아니었다. 19세기에 이미 포이어바흐는 신학을 인간학으로 변형시켰고, 니체는 신이 죽었다고 선언하였다. 더욱이 이들 미국 신학자들은 포이어바흐나 니체가 말한 바를 단순히 반복하지도 않았다. 그들을 하나로 분류하게 만드는 것은 그들이 공통적으로 현대 문화의 전적인 세속화를 진지하게 받아들이기로 작정했다는 것이다. 모든 면에서 하나님에 대한 언급으로 일관되어 있던 중세 시대의 거룩한 문화와 대조적으로, 우리의 문화는 하나님의 개념이 없이 발전하였다. 본회퍼는 비록 그 자신은 기독교 무신론자가 아니었지만, 그들의 전제를 명확하게 진술하였다.

> 인간은 작업 가설(working hypothesis)로서의 하나님을 의존하지 않고도 모든 중요한 문제를 해결하는 법을 배웠다. 과학, 예술, 윤리에 대한 질문에서 이것은 이미 확인된 사실이다 ⋯ "하나님" 없이도 모든 것이 예전처럼 잘 돌아가고 있다는 것이 분명하게 드러났다.

---

6) 이들 가운데 가장 유능한 자는 Thomas Altizer, Paul van Buren, William Hamilton, Gabriel Vahanian 등이었다.

미국의 "신의 죽음"의 신학자들이 이렇게 현대 문화의 세속화를 인정하는 것으로부터 시작하는 동안, 그들은 독자적 사상의 흐름을 따라 가기도 하고 서로 다른 목적을 갖기도 하였다. 어떤 이들은 20세기에 기독교인이 될 수 있는 유일한 방법은 세속화의 공리를 받아들이는 것이고, 하나님의 개념이 없는 신앙을 세우는 것이라고 주장했다. 어떤 이들은 특정한 언어 분석학의 형식을 따라 "하나님"이라는 용어가 무의미하다는 주장을 받아들였다. 또 다른 이들은 문화의 세속화를 사실로 받아들였으나, 그것을 기독교 신앙을 위한 규범으로 수용하지는 않았다. 그들은 이러한 문화의 세속화 현상을, 하나님을 배척하는 듯이 보이는 문화 속에서 하나님의 초월적이고 말로 표현할 수 없는 신비를 경험하는 방식을 발견하고 가르치라는 도전으로 받아들였다. 본회퍼의 표현대로, 세속화는 "하나님에 대한 거짓 개념을 버리고 성경의 하나님을 위하여 싸울 채비를 하라"는 부름이었다.

"신의 죽음"의 운동은 실제로 두 가지 상반되는 방향으로 움직일 수 있었다. 한편으로, 그것은 현대의 세속적 무신론의 전제들로 넘어갈 수 있었다. 다른 한편으로, 그것은 하나님에 관하여 말하는 경박하고 상투적인 방식들을 모두 파괴함으로써 — 신학자와 설교가와 전도자들이 모두 여기에 길들여져 있었다 — 하나님이 없다고 하는 세상에서 하나님이 직접 말씀하시는 것을 들을 수 있도록 할 수 있었다. 다른 말로 하면, 기독교 무신론은 "우리가 당신에 대하여 말할 때, 태양은 수치스러워 머리를 내리고, 일식으로 어두워진다"는 진리를 재발견하게 될 것이다.

"세속적 기독교"는[7] 자칭 철저하게 새로운 기독교 신학의 또 다른 이름이었다. 이 "세속적 신학"에 대해서도 동일한 말을 할 수 있다. 세속적 기독교는 당연히 현대 문화의 세속화를 전제로 삼았다. 그것은 세속화를 슬

---

7) 글래스고 대학의 교수 고(故) 로날드 그레고르 스미스(Ronald Gregor Smith, 1913-68)는 가장 예민하고 복잡하게 이 주제를 주장한 사람 가운데 하나였다. 그의 책 「세속적 기독교」(*Secular Christianity*, 1966)를 보라.

퍼하는 대신에 그것을 하나님의 섭리로 받아들였고, 세속화를 교회와 종교적 제재에 의해 조정된 문명에서는 불가능했던 성숙과 성인됨(coming of age)에 도달할 수 있는 조건을 마련해 준 것으로 인정하였다. 일부 자칭 "세속적 기독교인들"은 더 나아가 기독교의 복음은 올바로 이해된다면 전적으로 이 세상에서 세속적 실존과 인격적 관계에 관한 것이라고 주장하였다. 그래서 그들은 인간의 운명이 미래에 성취된다는 초월적 세계와 영원한 세계에 대한 모든 사상을 제거해야 한다고 하였다.

오늘날 인간의 (성취는 말할 것도 없고) 현세적 생존이 그 어느 때보다 더 위협받고 있는 역사의 시점에서 신앙을 고백한다고 하는 기독교인들이 그들의 신조에서 가장 설득력있는 항목, 즉 이 세상에 속하지 아니한 왕국의 실재를 선포하는 항목을 내버리라고 제안하였다는 것은 하나의 아이러니이다. 그러나 교회의 역사를 포함하여 역사는 이러한 아이러니들 즉 정반대로 변하는 신조와 이념들로 가득차 있다. 그래서 포사이스(P. T. Forsyth)는 다음과 같이 말하였다.

> 어떤 사상의 성공 자체가 그 사상과 모순되고 억압하고 대체하는 상황을 만들 때, 이것은 역사의 아이러니이다. 가톨릭 교회는 교황주의가 된다. 진리를 위한 관심은 종교 재판으로 변한다. 수도회는 청빈을 서약하지만 부로 인하여 죽고 썩는다. 부흥 운동은 너무나 번창하여 이기적인 교회가 된다. 자유는 확보되자마자 곧바로 독재가 된다.

1960년대에는 "세상은 입술에는 달콤하지만 혀로 맛보면 쓰다. 세상은 처음에는 만족을 주지만 마지막에는 만족을 빼앗아 간다. 세상은 바깥에서는 즐겁게 보이지만, 안으로 악과 비참한 현실이 감추어져 있다"라는 뉴먼(J. H. Newman, 1801-90)의 목소리가 전혀 들리지 않았다.

외관상 "방임적"(permissive) 사회나 수용할 수 있을 것 같은 "신 도덕"(new morality)을 교회의 성직자들이 주창했다는 것도 하나의 아이러니였다. 물론 "신 도덕"에는 가치 있고 긍정적으로 말할 수 있는 것들이 많이 있다. 도덕적 법전과 행동의 유형은 변화하는 사회의 상황을 고려하여 항상 점검되어야 할 필요가 있다. 이러한 의미에서 도덕적 법전과 행동의 유형은 상대적인 것이지 절대적인 것이 아니다. 더욱이 신약에서 엄격한 율법주의로부터 구원받는 것으로 표현된 기독교는 새로운 형태의 율법주의로 다시 돌아갈 가능성이 얼마든지 있었다. 기독교는 이 새로운 율법주의의 형태로부터 해방되어야 한다. 전통적인 기독교 도덕은 교과서적 도덕이 되고 또 사람들을 보행용 끈(leading strings)에 매어두는 경향이 있었다. 그리고 개인의 자유와 책임의 가치와 중요성과 개인의 양심의 권리와 의무를 충분히 강조하지 않았다.

소위 "상황 윤리"는 이러한 사실에 관심을 기울였고, 그래서 도덕적 결정을 내리는 것은 어떤 일반적 규칙이 적절한지 묻고 그 규칙에 따라 행동하는 것이 아니라 오히려 각 사건의 상황과 가능성을 고려하고 이 특별한 경우에 가장 좋은 길이 무엇인지 판단하는 통찰력을 갖는 것을 의미한다는 사실에 집중하였다. 소위 "신 도덕"의 주창자들이 이러한 것들을 주장하는 한, 그들의 주장을 환영할 만한 충분한 이유가 있었다. 그들이 대중의 방임이나 방종의 요구에 굴복했다고 비난하는 것은 불합리하다.

그러나 "신 도덕"의 대변인으로 알려진 이들은 종종 모든 종류의 방종을 고무시키는 것은 아니더라도 정당화하고 있는 것처럼 보이고 또 매우 단순화하고 그릇된 방식으로 율법의 윤리를 사랑의 윤리와 대조시키고 있는 것처럼 보였다. 이것은 특히 그들의 발언이 언론에 보도될 때 그러하였다. 기독교는 "사랑하라 그리고 네가 원하는 것을 행하라"는 말 이외에 아무 말도 안한다는 인상을 주었다. 그리고 기독교는 이제 선한 삶과 공동의 선을 위하여 취해야 하는 행동의 규범에 대하여 결정적으로 단호하게 선언할 수 있는 것이 없다는 인상을 주었다.

그리고 이것은 어떤 온전한 기준의 틀을 갖고 있지 않은 개인과 또 도덕적 혼란과 무정부 상태로 표류해 가고 있어서 새롭고 가혹한 전체주의에 대한("자유는 확보되자마자 곧바로 독재가 된다") 대항을 준비하고 있는 사회가 둘다 행동의 규범에 대한 안내와 증거를 필요로 하고 있는 때에도 그러하였다. 오랜 기독교 역사를 통하여 그리고 기독교의 많은 형태에서 지나치게 도덕주의적이었고 몹시 비판적이고 까다로왔던 기독교가[8] 이 시점에 와서 도덕적으로 무감각하고 시대의 쾌락주의를 반영하는 가벼운 모습이 된 것은 확실히 역사의 아이러니였다.

1960년대의 활기가 곧 시들고말 것인지 여부를 말하는 것은 아직 시기상조이다. 어쨌든 그것은 이 책의 저자로 하여금 1961년 처음 출판되었을 때 그가 내린 결론적 에필로그를 수정하게 하지 않았다.

---

8) "율법주의적 도덕주의는 기독교 세계의 역사에서 어두운 파멸의 그림자처럼 놓여 있었다"(에밀 브루너).

제 25 장

에필로그

이 책은 필요한 한계 안에서 18세기 이래 영국과 유럽의 교회에서 진행되었던 일에 대해 공정하고 묘사적인 인상을 주고자 하였다. 만일 "혁명의 시대"가 이제 안정성의 시대로 바뀌었다면, 보다 더 쉽게 몇 가지 결론을 내릴 수 있을 것이다. 그러나 악명 높게도 이 시대는 안정된 시대가 아니다. 광의의 의미로 혁명은 계속되고 있고, 속도가 느려진다거나 일정하게 안정된 리듬으로 — 어떤 역사적 시대들은 이러한 안정된 리듬 안에서 조용해 지기도 하였다 — 복귀하고 있다는 징표도 보여주지 않고 있다. 그러나 세계의 미래나 교회의 미래에 관하여 예언하는 것이 여기서 우리가 할 일은 아니다. 과거에 대한 몇 가지 평가도 잠정적인 중간 보고서일 뿐이다.

교회는 혁명의 시대를 견디어 냈는가? 17세기 중반 토머스 풀러(Thomas Fuller)가 「영국 교회사」(*Church History of Britain*)를 쓸 때, 한 재치있는 사람이 그에게 "영국 성공회의 역사 서술 작업이 끝나기 전에 영국 성공회가 망하지 않도록" 그의 역사를 빨리 쓰는 것이 좋겠다고 말했다고 한다. 이 시대에 교회를 사랑하지 않는 많은 사람들은 교회가 무너지거나 위축될 것이라고 기대했다.

그리고 때때로 그러한 기대가 이루어질 것처럼 보이기도 하였다. 또한 이미 교회 제도가 심판을 받았고 그들이 품고 있는 신앙이 죽음과 부활을 통해서만 살아남을 수 있다고 생각하는 기독교인들도 많이 있었다. 예를 들어, 1852년 위대한 영국의 설교자 브라이턴의 로버트슨(F. W. Robertson of Brighton)은 다음과 같이 말하였다.

> 우리의 "비할 데 없는 교회"에 관하여, 교회는 10여 년 후 산산조각이 나고 이 폐허로부터 하나님은 해체와 부패로부터 항상 새로운 생명의 형태를 발전시키는 하나님의 일반적 경륜을 따라, 내가 기다리고 있는 어떤 것을 재건축할 것이라는 예언자적 정신이 왜 필요하지 않겠는가?

가시적 사회로서의 교회가 죽음을 당하고 사라진다고 주장하는 것은 크리스마스 신앙과 아주 상반되는 것은 아닐 것이다.

그러나 교회는 망하지 않았다. 비록 어떤 나라에서 한때 그러한 일이 정말로 일어날 것 같기도 하였지만 말이다. 만일 사상과 발명, 정치 사회적 구조, 생활과 노동의 조건 등에서 일어난 혁명적 변화에 대해 충분한 조치를 취한다면, 그리고 만일 교회가 혁명 이전의 질서나 "구 체제"(*ancien régime*)에 뿌리를 두고 있다는 것을 명심한다면, 그렇게 많은 옛 특징을 그대로 갖고 있는 교회가 생존했다는 것은 적어도 아주 놀라운 일이다. 교회는 그들이 어쩔 수 없이 연루된 혼란에 준비를 잘했기 때문에 살아남은 것이 아니었다. 교회는 혁명이 일어났을 때 바로 새로운 환경에 적응하고 쐐기를 박아 시간을 버는 능력을 보여주었기 때문에 살아남은 것도 아니었다.

반대로, 우리는 현대 교회 역사에서 교회가 얼마나 변화를 거부했는지, 재난의 날에 얼마나 맹목적이고 근시안적이었는지, 그들 가운데 있는 자칭 개혁자들에게 얼마나 돌을 던지고 그들을 침묵케하고 그들을 내팽개치고 싶어했는지, 얼마나 마음으로 공감하는 능력과 민감하게 인정을 베푸는 능력이 부족했는지 잘 살펴볼 수 있었다. 만일 교회가 이러한 상상적 공감성과 예민한 인정을 갖고 있었다면, 교회가 지상의 특권과 정부의 적극적인 지원을 상실하였을 때, 사람들의 마음 속에 확고한 입지를 구축했을지도 모른다.

그럼에도 불구하고, 만일 교회가 어느 정도 시대와 함께 변하고 그들의 가르침과 실천을 새로운 사상의 분위기와 새로운 사회 구조에 적응시키지 않았다면, 교회는 사회 주변부에서 겨우 살아남아 하나의 역사적 기념물이 될 뻔하였다. 우리는 이러한 적응에서 다소간 성공한 여러 가지 다양한 책들을 검토해 보았다. 그들이 적절하지 못하고 그릇되었다고 할지라도, 그들을 전적으로 비효과적인 것으로나 지속적 가치와 지침이 없는 것으로 무시하는 것은 어리석은 일이다. 20세기 기독교인들은 전반적으로 그들이 극복했다고 주장하는 19세기 "자유주의자들"보다 덜 모험적이었다. 20세기의 기독교인들은 아직도 그들에게서 배울 점이 많이 있다. 나치에 의해 순교당한 용기 있는 독일 신학자 디트리히 본회퍼는 그의 「옥중서신」(*Letters and Papers from Prison*)에서 다음과 같이 썼다.

> 오늘날 19세기에 대하여 관심이나 공감을 갖고 있는 사람은 거의 없다 ··· 사람들은 우리 자신의 할아버지들에 의해 ··· 성취된 것을 거의 생각하지 않는다. 그들이 알고 있는 것 가운데 얼마나 많은 것들이 이미 망각되어 버렸는가! 나는 사람들이 어느 날 갑자기 19세기의 풍성함에 깜짝 놀랄 것이라고 믿는다. 지금은 그렇게 경멸받고 그렇게 알려져 있지 않지만 말이다.

그러나 기독교 사상과 제도의 개혁가들의 성취에 대하여 아무리 공정하게 평가를 내린다고 하더라도, 교회가 그렇게 적게 변하고 그들의 모습을 그대로 갖고 있는 상태로 살아남아 있다는 것은 어쨌든 여전히 놀라운 일이다. 같은 해에, 프레더릭 로버트슨(Frederick Robertson)은 영국 성공회의 붕괴를 예언했고, 제임스 마티노(James Martineau)는 영국 교회들이 새로운 일치를 실현할 것이라고 생각하였다. 그는 "앞으로 기독교 세계에서 일어날 일치는 어떠한 것이든 우리가 아직까지 알고 있는 어떤 것과도 다를 것이다. 마치 공장이 수도원과 다르고 기관차가 짐마차와 다르고 「타임스」 신문이 채색 사본과 다른 것처럼 말이다" 하였다. 지금까지 교회는 연합하지 않고 또 별로 변혁되지 않고도 살아남았다. 교회가 아주 낡은 관점을 가지고 그들이 갖고 있는 많은 기반을 유지할 수 있었던 이유는 교회 자체의 생명력 때문이라기보다는 교회를 대체할 수 있는 만족할 만한 대안이 나타나지 않았기 때문이라고 생각한다.

화이트헤드(A. N. Whitehead)는 "현세적 사실의 변화 속에 성육신화 되어 있는 영원한 위대성을 대중들이 이해하도록 명확하게 제시할 수 있는 종교가 승리할 것이다"라고 예언하였다. 교회는 자기 안에 스며들어 있는 옛 모습에도 불구하고 희미하게 슬쩍 나타나서 강하게 자기 주장을 하는 어떤 새로운 신앙들보다 최후의 궁극적 내용에 대해 더 많이 말해야 한다. 비록 그렇게 하는 사람이 많지는 않지만 말이다. 건설적 신앙으로서 마르크스주의와 파시즘은 그들의 열매로 자유인들을 배척한다. 아마도 "과학적 인간주의"는 서구에서 대부분의 지성인들과 또 많은 비지성인들이 믿는 바를 가장 정확하게 표현한 것이라고 생각된다. 그러나 그것은 인간과 인간의 공동체의 전체적 필요를 채워준다고 약속할 능력은 거의 없었다. 그들은 지금까지 자기들이 잘못 행한 것을 이제 잘할 수 있다고 증명하는 것보다 교회를 비판하는 일에 훨씬 더 능숙하다.

나폴레옹 3세는 "나를 믿어라. 사람들은 어떤 것을 대체할 때까지는 그것을 절대로 파괴하지 않는다"라고 예리하게 말한 적이 있다. 이것은 다른 기관뿐만 아니라 기본적이고 지속적인 인간의 필요를 만족시키는 것을 목적으로 하는 종교 기관에도 해당되는 이야기이다. 많은 기독교인들은 과학과 휴머니즘(humanism)의 열매를 흡수하였다. 비록 교회가 아직 그들의 가르침과 관습을 고쳐야 하는 의무를 정직하게 인정하지 않았고 또 그들이 제시하는 전통적인 신앙을 현대 세계 속에 성육신화 하는 일을 충분히 이행하지 않았다고 하더라도, 개인적으로 그렇게 하는 기독교인들은 많았다. 20세기 중반까지 기독교 사상가들은 그들의 숙제를 시대에 맞게 감당하지 못하였다. 이 무렵, 광범위하고 새로운 문제들이 언어 철학자들과 프로이트 심리학자들에 의하여 기독교 사상가들에게 제시되었다.

대체로 교회는 살아남았고 교회의 미래는 아직도 열려있다. 그러나 반면에 교회는 공평한 관찰자에게 교회가 부흥할 것이고 또 교회가 더 이상 필요치 않은 세상에서 단순히 생존하는 모습으로 끝나지는 않을 것이라는 확신을 줄 수 있을 것 같지도 않다. 현재 교회에서 가장 활발하게 성장하고 있는 것으로 보이는 운동들의 전망을 평가하는 것은 아직은 시기상조이다.

예를 들어, "예전 운동"은 공동체 예배를 "현세적 사실의 변화 과정 속에 성육신화 되어 있는 영원한 위대성"을 대중들의 이해 속에 일깨우는 공동체의 활동으로 회복시키려 하고 있고, "성경의 재발견" 운동은 성경을 인간의 기원과 운명과 또 인간이 영원과 현재를 향해 서 있는 관계에 대한 진리의 계시로 다시 보려고 한다. 이러한 운동은 현재 영적으로 해방받지 못한 많은 사람들의 상상력을 사로잡고 그들의 충성을 얻을 수 있었다.

다른 한편으로, 그러한 운동들은 희망을 가지고 시작되었다가 "소수의 신입 회원을 얻은 후 작은 분파로 남는" 것으로 끝날 수도 있다. 교회의 경계를 확장하는 것 대신에 좁히기를 원하는 것 같은 열정적인 젊은 성직자들도 있다. 그러나 폴 틸리히가 말했듯이, "종교가 특별한 사람의 특별한 관심이 되고 모든 사람의 궁극적 관심이 되지 않으면, 그것은 넌센스이거나 신성모독이다."

크리스토퍼 도슨은 한때 "오늘날 사람들은 그들의 영적 뿌리를 유지하면서 사회의 기존 질서와 접촉하는 일을 잃어버린 사람들과 사회적 접촉을 유지하면서 그들의 영적 뿌리를 상실한 사람들이라는 두 부류로 구분된다" 하였다. 프랑스 혁명 이후 교회의 역사를 개관하는 것은 현대인의 영혼과 많은 기독교인의 영혼 속에서 이러한 분열을 인식하는 것이다. 현대 교회의 역사는 이 분열이 치유될 수 있는지 여부를 정확하게 말할 수 있도록 해주지 않는다.

참고문헌

BURGESS, H. J., *Enterprise in Education: The Work of the Established Church in the Education of the People Prior to 1870* (S.P.C.K., London, 1958).

CARPENTER, S. C., *Church and People, 1789–1889: A History of the Church of England from William Wilberforce to 'Lux Mundi'* (S.P.C.K., London, 1933).

CHADWICK, W. O., *The Victorian Church*, 2 vols. (A. & C. Black, London, 1966–70).

CLARKE, B. F. L., *Church Builders of the Nineteenth Century: A Study in the Gothic Revival in England* (S.P.C.K., London, 1938).

DAVIES, HORTON, *The English Free Churches* (O.U.P., London, 1952).

ELLIOTT-BINNS, L. E., *English Thought 1860–1900: The Theological Aspect* (Longmans, Green, London, 1956).

ELLIOTT-BINNS, L. E., *Religion in the Victorian Era* (Lutterworth Press, London, 1936).

HALES, E. E. Y., *The Catholic Church in the Modern World: A Survey from the French Revolution to the Present* (Eyre & Spottiswoode, London, 1958).

LATOURETTE, K. S., *Christianity in a Revolutionary Age*, 5 vols. (Eyre & Spottiswoode, London, 1959–63).

LLOYD, ROGER, *The Church of England in the Twentieth Century*, 2 vols. (Longmans, Green, London, 1946, Vol. I; 1950, Vol. II).

MACKINTOSH, H. R., *Types of Modern Theology: Schleiermacher to Barth* (Nisbet, London, 1937).

MACQUARRIE, J., *Twentieth Century Religious Thought* (S.C.M. Press, London, 1963).

NICHOLLS, J. H., *History of Christianity 1650–1950* (Ronald, New York, 1956).

STORR, V. F., *The Development of English Theology in the Nineteenth Century, 1800–60* (Longmans, Green, London, 1913).

TULLOCH, JOHN, *Movements of Religious Thought in Britain During the Nineteenth Century* (Longmans, Green, London, 1885).

WAND, J. W. C., *A History of the Modern Church from 1500 to the Present Day* (Methuen, London, 1946).

WARRE CORNISH, F., *A History of the English Church in the Nineteenth Century*, 2 vols. (Macmillan, London, 1910).
WEBB, C. C. J., *A Study of Religious Thought in England from 1850* (Clarendon Press, Oxford, 1933).
WILLEY, BASIL, *Nineteenth-Century Studies* (Chatto & Windus, London, 1956; Penguin Books, London, 1964).
WILLEY, BASIL, *More Nineteenth-Century Studies* (Chatto & Windus, London, 1956).
WOOD, H. G., *Belief and Unbelief since 1850* (C.U.P., Cambridge, 1955).

1. 갈리아 교회: 혁명과 나폴레옹

HALES, E. E. Y., *Revolution and Papacy 1769–1846* (Eyre & Spottiswoode, London, 1960).
McMANNERS, J., *The French Revolution and the Church* (S.P.C.K., London, 1969).
PHILLIPS, C. S., *The Church in France 1789–1848* (Mowbray, London, 1929).

2. 독일의 신학적 재건

BARTH, KARL, *From Rousseau to Ritschl* (S.C.M. Press, London, 1959).
CREED, J. M., *The Divinity of Jesus Christ* (C.U.P., Cambridge, 1938).
HARRIS, HORTON, *David Friedrich Strauss and his Theology* (C.U.P., Cambridge, 1973).

3. 영국의 기독교, 1790-1830

COWHERD, R. G., *The Politics of English Dissent* (Epworth Press, London, 1959).
HOWSE, E. M., *Saints in Politics: The 'Clapham Sect' and the Growth of Freedom* (University of Toronto Press, Toronto, 1952).
OVERTON, J. H., *The English Church in the Nineteenth Century 1800–33* (Longmans, Green, London, 1894).
WATKIN, E. I., *Roman Catholicism in England to 1950* (O.U.P., London, 1957).

4. 영국 성공회의 부흥, 1830-45

BRILIOTH YNGVE, *The Anglican Revival* (Longmans, Green, London, 1925).
BROSE, O. J., *Church and Parliament: The Reshaping of the Church of England 1828–60* (O.U.P., London, 1959).
CHURCH, R. W., *The Oxford Movement: Twelve Years 1833–45* (Macmillan, London, 1891).
FABER, GEOFFREY, *Oxford Apostles* (Faber & Faber, London, 1933).
WEBB, C. C. J., *Religious Thought in the Oxford Movement* (S.P.C.K.,

London, 1928).

5. 스코틀랜드의 갈등

HENDERSON, H. F., *Erskine of Linlathen: Selections and Biography* (Oliphant, London and Edinburgh, 1899).

McLEOD CAMPBELL, J., *The Nature of the Atonement* (James Clarke & Co., London, 1959).

WATT, HUGH, *Thomas Chalmers and the Disruption* (Thomas Nelson, Edinburgh, 1943).

WHITLEY, H. C., *Blinded Eagle: An Introduction to the Life and Teaching of Edward Irving* (S.C.M. Press, London, 1955).

6. 프랑스의 자유주의 가톨릭과 교황지상주의

DANSETTE, A., *Religious History of Modern France* (Nelson, Edinburgh, 1961).

PHILLIPS, C. S., *The Church in France 1848–1907* (S.P.C.K., London, 1936).

VIDLER, A. R., *Prophecy and Papacy: A Study of Lamennais, The Church and the Revolution* (S.C.M. Press, London, 1959).

7. 콜리지와 모리스

COLERIDGE, S. T., *Confessions of an Inquiring Spirit* (A. & C. Black, London, 1956).

HIGHAM, FLORENCE, *Frederick Denison Maurice* (S.C.M. Press, London, 1947).

VIDLER, A. R., *F. D. Maurice and Company* (S.C.M. Press, London, 1966).

8. 기독교 사회 운동

BINYON, G. C., *The Christian Socialist Movement in England: An Introduction to the Study of its History* (S.P.C.K., London, 1931).

CHRISTENSEN, T., *Origin and History of Christian Socialism 1848–54* (Universitetsforlaget, Aarhus, 1962).

INGLIS, K. S., *Churches and the Working Classes in Victorian England* (Routledge & Kegan Paul, London, 1963).

JONES, P.D'A., *The Christian Socialist Revival 1877–1914* (Princeton University Press, 1968).

MAYOR, S., *The Churches and the Labour Movement* (Independent Press, London, 1967).

RECKITT, M. B., *Maurice to Temple: A Century of the Social Movement in the Church of England* (Faber & Faber, London, 1947).

VIDLER, A. R., *A Century of Social Catholicism 1820–1920* (S.P.C.K., London, 1964).

WICKHAM, E. R., *Church and People in an Industrial City* (Lutterworth

Press, London, 1957).

9. 슈트라우스에서 리츨까지

EDGHILL, E. A., *Faith and Fact: A Study of Ritschlianism* (Macmillan, London, 1910).

MOZLEY, J. K., *Ritschlianism* (Nisbet, London, 1909).

REARDON, B. M. G., *Liberal Protestantism* (A. & C. Black, London, 1968).

SCHWEITZER, A., *The Quest of the Historical Jesus* (A. & C. Black, London, 1910).

10. 영국의 과학과 기독교 신앙

GILLISPIE, C. C., *Genesis and Geology: A Study in the Relations of Scientific Thought, Natural Theology, and Social Opinion in Great Britain. The Impact of Scientific Discoveries Upon Religious Beliefs in the Decades Before Darwin* (Harper Torchbooks, New York, 1959).

LACK, DAVID, *Evolutionary Theory and Christian Belief* (Methuen, London, 1957).

11. 성경과 광교회

DAVIDSON, R. T., and BENHAM, W., *The Life of A. C. Tait* (Macmillan, London and New York, 1891).

FABER, GEOFFREY, *Jowett* (Faber & Faber, London, 1957).

HORT, A. F., *Life and Letters of F. J. A. Hort*, 2 vols. (Macmillan, London, 1896).

PROTHERO, R. E., *Life and Correspondence of Arthur Penrhyn Stanley* (Murray, London, 1893).

12. 영국의 자유 교회

EDWARDS, MALDWYN, *After Wesley* (Epworth Press, London, 1935).

EDWARDS, MALDWYN, *Methodism and England* (Epworth Press, London, 1943).

PEEL, A., *These Hundred Years: A History of the Congregational Union 1831–1931* (Congregational Union, London, 1931).

THOMPSON, D. M. (Ed.), *Nonconformity in the Nineteenth Century* (Routledge & Kegan Paul, London, 1972).

UNDERWOOD, A. C., *A History of the English Baptists* (Kingsgate Press, London, 1947).

13. 교황 피우스 9세

AUBERT, R., *Le Pontificate de Pie IX* (Bloud et Gay, Paris, 1952).

HALES, E. E. Y., *Pio Nono: A Study in European Politics and Religion in the Nineteenth Century* (Eyre & Spottiswoode, London, 1954).

WARD, WILFRID, *William George Ward and the Catholic Revival* (Macmillan, London, 1893).

14. 전례주의와 공동기도서의 개정

BELL, G. K. A., *Randall Davidson* (O.U.P., London, 1938).

JASPER, R. C. D., *Prayer Book Revision in England 1800–1900* (S.P.C.K., London, 1954).

MARSH, P. T., *The Victorian Church in Decline* (Routledge & Kegan Paul, London, 1969).

SPARROW SIMPSON, W. J., *The History of the Anglo-Catholic Revival from 1845* (Allen & Unwin, London, 1932).

15. 스코틀랜드 정통의 위기

BLACK, J. S., and CHRYSTAL, G., *The Life of William Robertson Smith* (A. & C. Black, London, 1912).

FLEMING, J. R., *A History of the Church in Scotland 1843–74* (T. & T. Clark, Edinburgh, 1927).

FLEMING, J. R., *A History of the Church in Scotland 1875–1929* (T. & T. Clark, Edinburgh, 1933).

SIMPSON, P. CARNEGIE, *The Life of Principal Rainy*, 2 vols. (Hodder & Stoughton, London, 1909).

16. 가톨릭 근대주의

BARMANN, L. F., *Baron von Hügel and the Modernist Crisis in England* (C.U.P., Cambridge, 1972).

REARDON, B. M. G., *Roman Catholic Modernism* (A. & C. Black, London, 1970).

VIDLER, A. R., *The Modernist Movement in the Roman Church* (C.U.P., Cambridge, 1934).

VIDLER, A. R., *A Variety of Catholic Modernists* (C.U.P., Cambridge, 1970).

17. 영국 신학의 썰물과 밀물

CARPENTER, JAMES, *Gore: A Study in Liberal Catholic Thought* (Faith Press, London, 1960).

MOZLEY, J. K., *Some Tendencies in British Theology from the Publication of 'Lux Mundi' to the Present Day* (S.P.C.K., London, 1951).

RAMSEY, A. M., *From Gore to Temple* (Longmans, Green, London, 1960).

VIDLER, A. R., *20th Century Defenders of the Faith* (S.C.M. Press, London, 1965).

18. 키에르케고르

HOHLENBERG, JOHANNES, *Søren Kierkegaard* (Routledge & Kegan Paul, London, 1954).

KIERKEGAARD, S., *Journals* (O.U.P., London, 1938).

LOWRIE, WALTER, *A Short Life of Kierkegaard* (O.U.P., London, 1943).

19. 위기의 신학

BARTH, KARL, *The Epistle to the Romans* (O.U.P., London, 1933).
BETHGE, E., *Dietrich Bonhoeffer* (Collins, London, 1970).
HORTON, W. M., *Contemporary Continental Theology* (Harper Bros., London and New York, 1938).
WILLIAMS, D. D., *Interpreting Theology 1918–52* (S.C.M. Press, London, 1953).

20. 동방 정교회

CURTISS, J. S., *Church and State in Russia: The Last Years of the Empire, 1900–17* (Columbia University Press, New York, 1940).
HAMMOND, PETER, *The Waters of Marah* (Rockliff, London, 1956).
MEYENDORFF, JEAN, *L'Église Orthodoxe, hier et aujourd'hui* (Éditions du Seuil, Paris, 1960).
TIMASHEFF, N. S., *Religion in Soviet Russia 1917–42* (Sheed & Ward, London, 1943).
ZERNOV, N., *Eastern Christendom* (Weidenfeld & Nicolson, London, 1961).

21. 미국의 기독교

DRUMMOND, A. L., *Story of American Protestantism* (Oliver & Boyd, London and Edinburgh, 1949).
MAYNARD, T., *The Story of American Catholicism* (Macmillan, New York, 1941).
SPERRY, W. L., *Religion in America* (C.U.P., Cambridge, 1945).
SWEET, W. W., *The Story of Religions in America* (Harper Bros., London and New York, 1930).

22. 선교 운동

LATOURETTE, K. S., *A History of the Expansion of Christianity* Vols. IV and V (Eyre & Spottiswoode, London, 1938–46).
NEILL, STEPHEN, *A History of Christian Missions* (Penguin Books, London, 1964).

23. 에큐메니컬 운동

DUFF, EDWARD, S. J., *The Social Thought of the World Council of Churches* (Longmans, Green, London, 1956).
FEY, H. E., *The Ecumenical Advance 1948–1968* (S.P.C.K., London, 1969).
GOODALL, N., *The Ecumenical Movement* (O.U.P., London, 1961).
GOODALL, N., *Ecumenical Progress: a decade of change in the Ecumenical Movement 1961–1971* (O.U.P., London, 1972).
ROUSE, RUTH, and NEILL, STEPHEN, *A History of the Ecumenical Movement 1517–1948* (S.P.C.K., London, 1954).

24. 흥분의 10년

Cox, H. E., *The Secular City* (S.C.M. Press, London, 1965).
HALES, E. E. Y., *Pope John and his Revolution* (Eyre & Spottiswoode,

London, 1965).

KÜNG, H., *The Living Church: Reflections on the Second Vatican Council* (Sheed & Ward, London, 1963).

OGLETREE, T. W., *The 'Death of God' Controversy* (S.C.M. Press, London, 1966).

ROBINSON, J. A. T., *Honest to God and the Debate* (S.C.M. Press, London, 1963).

ROBINSON, J. A. T., *Christian Freedom in a Permissive Society* (S.C.M. Press, London, 1970).

● 독자 여러분들께 알립니다!

'CH북스'는 기존 '크리스천다이제스트'의 영문명 앞 2글자와
도서를 의미하는 '북스'를 결합한 출판사의 새로운 이름입니다.

펭귄 교회사 시리즈

근현대교회사

1판 1쇄 발행 1999년 8월 25일
1판 중쇄 발행 2021년 4월 21일

발행인 박명곤
사업총괄 박지성
편집 채대광, 김준원, 박일귀, 이은빈, 백지선, 김수연
디자인 구경표, 한승주
마케팅 박연주, 유진선, 이호, 김수연
재무 김영은
펴낸곳 CH북스
출판등록 제406-1999-000038호
대표전화 070-4917-2074 **팩스** 031-944-9820
주소 경기도 파주시 회동길 37-20
홈페이지 www.hdjisung.com **이메일** main@hdjisung.com
제작처 영신사 월드페이퍼

© CH북스 2000

※ 이 책은 저작권법에 따라 보호받는 저작물이므로 무단 전재와 복제를 금합니다.

※ 잘못 만들어진 책은 구입하신 서점에서 교환해드립니다.

※ CH북스는 (주)현대지성의 기독교 출판 브랜드입니다.

"크리스천의 영적 성장을 돕는 고전"
세계기독교고전 목록